Fontane und sein Jahrhundert

Ausstellung vom 11. September 1998 bis 17. Januar 1999
im Märkisches Museum
Stiftung Stadtmuseum Berlin

Seine Theodor Fontane bittet die
kleine Gedenken freundlich anzunehmen.
Berlin d 20. Nov. 1895.

Fontane
und sein
Jahrhundert

Herausgegeben von der

STIFTUNG STADTMUSEUM BERLIN

Mit Beiträgen von
Anne Franzkowiak, Thomas Friedrich,
Bettina Machner, Bärbel Reißmann,
Lothar Schirmer, Andreas Teltow,
Trude Trunk, Martina Weinland
und Hela Zettler

Henschel Verlag Berlin

Konzept und Projektleitung:
Lothar Schirmer

Mitarbeit und Organisation:
Trude Trunk

Ausstellungsarchitektur:
Holger Wallat

Gestaltung:
Ines Wenzel, Irina Tlusteck, Lutz Simon

Aufbau-Koordination: Hannelore Bolz, Martina Weinland

Aufbau:
Eckehard Ret, Klaus Vogel, Stefan Petri, Siegfried Lahr, Susanne Ernst,
Jenny Wrase, Jan Röber, Jörg Hiecke

Konservatorische Betreuung und Restaurierung:
Ingo Timm, Albrecht Henkys, Lothar Brokof, Volker Busch, Marianne König,
Christina Dill-Friedrich, Marina Ehrenberg, Hans-Detlef Brune,
Michaela Bredenbeck, Annegret Haas, Jakob Wedemeyer, Rolf Herzberg

Leihverkehr:
Barbara Fischer, Cornelia Böhnstedt

Photographie:
Christel Lehmann, Fotostudio Bartsch

Redaktion:
Dominik Bartmann, Wolfgang Gottschalk

Lektorat:
Mechthild Frick

Einband- und Kataloggestaltung:
Maja Thorn

Produktion:
Günter Hennersdorf

Wissenschaftlicher Beirat:
Prof. Dr. Tilo Brandis, Prof. Ulrich Eckhardt, Dr. Gotthard Erler,
Hans-Werner Klünner, Prof. Dr. Helmuth Nürnberger, Dr. Hermann Rudolph,
Dr. Wolfgang Trautwein, Dr. Hanna Delf von Wolzogen, Prof. Dr. Peter Wruck

Die Themenbereiche wurden erarbeitet von:
Dietmar Andres (X), Anne Franzkowiak (II), Thomas Friedrich (VIII),
Manfred Gräfe (X), Nele Güntheroth (II), Gerd Heinemann (VIII),
Eberhard Kirsch (II, X), Manfred Krause (X, XI), Petra Louis (VI),
Bettina Machner (III, V, XI), Bärbel Reißmann (VI, IX), Angelika Ret (III, V, VI),
Lothar Schirmer (I, VI), Heinz Seyer (X), Andreas Teltow (X), Silvia Thyzel (II),
Trude Trunk (I, VII), Martina Weinland (IV, V, VIII), Uwe Winkler (Chronik),
Hela Zettler (IX)
Mitarbeit: Heidi Börner, Annette Bossmann, Ines Hahn, Barbara Hoffmann,
Ulrike Griebner, Barbara Jotow, Irmgard Jung-Hoffmann, Christina Müller,
Renate Müller, Ines Pannek

Auf dem Umschlag, vorn: Hanns Fechner, Bildnis Theodor Fontane, 1896
(Kat. XIa/1)
sowie (v.o.n.u.) Kat. IIb/6, IId/1, IV/25, VIb/2, Xc/19 und VIIa/28.
Auf dem Umschlag, hinten: Theodor Fontane, Banderole zum Manuskript
Havelland, 1882 (Kat. Xa/26)
Frontispiz: Zander&Labisch, Fontane am Schreibtisch sitzend, 1894
(siehe Kat. XIa/2)
Vorsatz: Geographische Anstalt von Wagner & Debes, Leipzig, Berlin, innere Stadt,
1887, Blattgröße: 15,9 x 23,8; aus: Mittel- und Norddeutschland. Handbuch für
Reisende von K. Baedeker, Verlag von Karl Baedeker, Leipzig, 221887, Plan 4
Nachsatz: Richard Andrees, Provinzen Brandenburg und Posen, Mai 1886
Blattgröße: 26,8 x 41; aus: Richard Andrees, Allgemeiner Handatlas, Verlag von
Velhagen & Klasing, Bielefeld und Leipzig, 21887, Karte 28
Vor- und Nachsatz: Sammlung Wolfgang Gottschalk, Berlin

Die Deutsche Bibliothek – CIP-Einheitsaufnahme
Fontane und sein Jahrhundert : [Ausstellung vom 11. September 1998 bis 17. Januar
1999, Veranst.: Stiftung Stadtmuseum Berlin, Ausstellungsort: Märkisches Museum
Berlin] / [Red.: Dominik Bartmann ; Wolfgang Gottschalk]. – Berlin : Henschel, 1998
ISBN 3-89487-309-4

Satz und Lithographie: LVD GmbH, Berlin
Druck und Binden: Westermann Druck Zwickau
Gedruckt auf alterungsbeständigem Papier mit chlorfrei gebleichtem Zellstoff
Printed in Germany

ISBN 3-89487-309-4

Benutzerhinweise

Zitiert wird, soweit möglich, nach der Großen Brandenburger Ausgabe des
Aufbau-Verlages (GBA), ansonsten nach der Ausgabe der Nymphenburger Verlagshandlung (NA), die Briefe nach der Ausgabe des Carl Hanser Verlages (HA).

Auf den Objekten befindliche Bezeichnungen werden nur ausnahmsweise – wenn
inhaltlich von Bedeutung – mitgeteilt. Beziehen sie sich auf den Titel des Objektes,
so ist dies durch Kursivdruck hervorgehoben. Die Maße sind stets in Zentimetern
(Höhe vor Breite) angegeben. Sie beziehen sich bei Arbeiten auf Papier grundsätzlich auf die Blattgröße.

Fehlen bei den Standortnachweisen spezifizierte Angaben – in der Regel handelt es
sich um die Inventarnummern –, so ließen sich diese nicht ermitteln, oder es existieren keine.

Abkürzungen

B.	Breite
beschr.	beschrieben
Dbl.	Doppelblatt
Dm.	Durchmesser
Ebl.	Einzelblatt
Fa.	Firma
G.	Gewicht
H.	Höhe
L.	Länge
Lwd.	Leinwand
M.	Mitte
max.	maximal
Nl.	Nachlaß
Nr.	Nummer
o.	oben
o. A.	ohne Angabe(n)
Slg.	Sammlung
T.	Tiefe
u.	unten
u.a.O.	und andere Orte
v. l. n. r.	von links nach rechts
v. o. n. u.	von oben nach unten

Leihgeber

Bad Freienwalde
Evangelische Kirchengemeinde
Berlin
Dietmar Andres
Axel Springer Verlag AG
Berliner Bank AG
Berliner Panoptikum
Berlinische Galerie, Landesmuseum für Moderne Kunst,
Photographie und Architektur
Bezirksamt Charlottenburg von Berlin
Consistorium der Französischen Kirche
Deutsches Historisches Museum
Evangelische Kirchengemeinde St. Marien-St. Nikolai
Geheimes Staatsarchiv – Preußischer Kulturbesitz
Landesarchiv
Landesbildstelle
Sammlung Friedrich
Staatliche Museen zu Berlin – Preußischer Kulturbesitz
– Kunstbibliothek
– Kupferstichkabinett
– Museum für Vor- und Frühgeschichte
– Nationalgalerie
Staatsbibliothek zu Berlin – Preußischer Kulturbesitz
Stiftung Archiv der Akademie der Künste Berlin-Brandenburg
Technische Universität Berlin, Plankammer
Universitätsbibliothek der Humboldt-Universität
Zentral- und Landesbibliothek, Zentrum für Berlin-Studien
Blankenhain
Agrarmuseum
Britz-Chorin
Klosterverwaltung Kloster Chorin
Coburg
Staatsarchiv
Darmstadt
Hessisches Landesmuseum
Düsseldorf
Kunstmuseum Düsseldorf
Erlangen
Klaus Lionnet

Frankfurt am Main
Museum für Post und Kommunikation
Glindow
Märkisches Ziegeleimuseum
Hamburg
Hamburger Kunsthalle
Köln
Edward John Semon
Theaterwissenschaftliche Sammlung der Universität zu Köln
Wallraf-Richartz-Museum
Leipzig
Museum der bildenden Künste
Marbach am Neckar
Schiller Nationalmuseum/Deutsches Literaturarchiv
Meiningen
Meininger Museen – Kulturstiftung Meiningen
München
Bayerische Verwaltung der staatlichen Schlösser, Gärten
und Seen
Städtische Galerie im Lenbachhaus
Neuruppin
Evangelische Kirchengemeinde
Heimatmuseum Neuruppin
Potsdam
Stiftung Preußische Schlösser und Gärten
Berlin-Brandenburg
Theodor-Fontane-Archiv
Rostock
Archiv der Hansestadt Rostock
Warnemünde
Sammlung Eschenburg
Wiesbaden
Museum Wiesbaden
Wuppertal
Von der Heydt-Museum
Zürich
Kunsthaus Zürich
und private Leihgeber, die nicht namentlich genannt
werden möchten

Für die Unterstützung des Ausstellungsprojektes danken wir:
- der Senatsverwaltung für Bauen, Wohnen und Verkehr
- dem Bundesministerium des Innern
- der Gesellschaft für Theatergeschichte e.V.
- der Trigon Wohn- und Gewerbebauten GmbH
- der Grundkreditbank eG – Köpenicker Bank
- dem Verlag Der Tagesspiegel GmbH
- der Berliner Kindl Brauerei AG
- den Bischöflichen Weingütern Trier
- der Theodor-Heuss-Bibliothek Berlin-Schöneberg

Vorwort

Fontane, der Berliner, der – wie die meisten Berliner – nicht aus dieser Stadt stammt, Fontane, der im kollektiven Gedächtnis nicht als Apotheker, Journalist oder Theaterkritiker weiterlebt, sondern als der Wanderer durch die Mark, dieser Fontane hat seinen richtigen Platz in dem Berliner stadtgeschichtlichen Museum, das nicht nach Berlin benannt ist, sondern Märkisches Museum heißt.

Als das Museum 1874 gegründet wurde, war Berlin noch die zentrale Stadt der preußischen Provinz Brandenburg; der Name Märkisches Provinzial-Museum gab damals genau wieder, was gemeint war. Ein Jahr später schon schied Berlin indessen aus dem Provinzialverband Brandenburg aus; dies war der Beginn moderner stadtberlinischer Eigenstaatlichkeit. Dennoch behielten Gebäude und Institut den Namen Märkisches Provinzial-Museum bis weit in unser Jahrhundert bei, den Kurznamen Märkisches Museum bis heute.

Dem entspricht auch das Gebäude, das seit kurzem aus dem Dornröschenschlaf erwacht und Zerstörungen, Verunstaltungen und sinnentstellende Einbauten abschüttelt. Der Bau von Ludwig Hoffmann kehrt ins öffentliche Bewußtsein zurück; schon interessieren sich Architekten wieder für diese postmoderne Baukunst avant la lettre, bald wird das architektonische Meisterwerk im allgemeinen Bewußtsein wieder verankert sein. Dann aber werden viele fragen, warum das Gebäude des stadtgeschichtlichen Museums Berlins nicht Berliner Baugeschichte zitiert, nicht das friderizianische Rokoko und nicht Schinkels Klassizismus. Mir scheint, die Antwort heißt „Fontane". Ich wage sogar die These: Ohne Fontanes Beschreibung der Mark in seinen Wanderungen und seinen Romanen hätte Hoffmann eine andere Architektur entworfen und wäre vom Magistrat eine andere Architektur gewählt worden.

Vermutlich meinte Walter Stengel – Direktor des Märkischen Museums von 1925 bis 1952 – dies, wenn er in seiner Schallplattenführung von 1949 auf Theodor Fontane Bezug nahm, „der als Märker und zugleich echter Berliner der Hausgott und heimliche Ehrenpräsident des Museums genannt werden kann."

Fontanes Erben jedenfalls hatten es so gesehen: Der Nachlaß Theodor Fontanes wurde von der Erbengemeinschaft nach dem Tod der Witwe, Emilie Fontane, dem Märkischen Provinzial-Museum übergeben auf der Grundlage des gemeinsamen Testamentes der Eheleute Emilie und Theodor Fontane vom 7. März 1892. Laut Inventarbuch VI 4, Eintrag vom 17. März 1902, handelte es sich um den Schreibtisch mit zugehörigem Schreibsessel, Tintenfaß und Papierkorb, ein Pappkästchen mit präparierten Gänsefedern und eine Stahlbrille. Im Hausarchiv des damaligen Märkischen Museums wurde dazu vermerkt:

„Von den Theodor Fontane'schen Erben auf Grund des letzten Willens des Dichters dem Märk. Museum geschenkt, dazu: die Manuscripte seiner schon gedruckten Werke, die in dem Schreibtisch liegen." Dieser Nachlaß wurde durch bereits vorhandene Sammlungsbestände des Museums ergänzt, so etwa durch das 1896 von Hanns Fechner gemalte, 1899 von der Stadt Berlin erworbene Porträt Theodor Fontanes.

Schon bald nach dem Tod Theodor Fontanes am 20. September 1898 hatten die Leitung des Museums und die Witwe zusammengearbeitet: Die Direktion des Märkischen Provinzial-Museums ließ 1899 am Wohnhaus Fontanes in der Potsdamer Straße 134 c eine Gedenktafel für den Dichter anbringen.

Das Märkische Museum und sein Architekt haben ihrer Dankbarkeit und ihrer Verpflichtung mit einem „Fontane-Zimmer" Ausdruck gegeben; dazu ist in unserem Jahrbuch (Band II) mehr nachzulesen. Auch wir wollen dieser Verpflichtung entsprechen und bemühen uns derzeit um Mäzene oder Sponsoren für einen Abguß des Fontane-Denkmals aus dem Tiergarten, dessen Original aus konservatorischen Gründen im Lapidarium sichergestellt werden mußte. Für unsere Ausstellung ist das Marmor-Original noch einmal im Freien vor dem Gebäude des Märkischen Museums zu sehen. Uns ist es darum zu tun, Theodor Fontane dort ständig zu haben. Kurzum, Theodor Fontane ist im Märkischen Museum zu Hause, in seinem Hause. Deshalb war es auch nicht nur folgerichtig, sondern für uns unverzichtbar, daß wir uns seit 1995 um die Fontane-Ausstellung anläßlich des 100. Todestages bemühten. Wir haben widrige Umstände in Kauf genommen und vieles andere zurückgestellt, um diese Fontane-Ausstellung veranstalten zu können, die für uns Lust und Pflichtaufgabe zugleich ist. Dafür mußten wir nicht nur auf Erwerbungen verzichten, sondern auch darauf, uns mit eigenen Präsentationen an der Würdigung der meisten anderen Gedenktage zu beteiligen, die das kulturelle Jahr 1998 in Brandenburg oder Berlin bestimmen. Die Äußerungen des Wanderers und des Autobiographen Fontane gestatten es uns aber, – mit ihm – auf die Zisterzienser in der Mark und auf die Revolution von 1848 in Berlin einzugehen und so den Bogen zu schlagen zu dem Gedenken an die Gründung des Klosters Chorin vor 725 und an die bürgerliche Revolution vor 150 Jahren.

Auch sonst entnehmen wir Fontanes Texten die Stichworte, um Schätze auszubreiten, die wir auf diese Weise erstmalig oder nach langer Zeit wieder oder prominenter als sonst präsentieren können. Die der Geschichte der Stadt Berlin gewogenen Besucher werden, hoffen wir, mit uns fordern, daß das Stadtmuseum Berlin in die Lage versetzt werden soll, diese und weitere Kostbarkeiten möglichst ständig im sinnvollen Zusammenhang zu zeigen. Ohne Umschweife: Wir hoffen, mit Fontanes Hilfe – und wohl auch in seinem Sinne – neue Freunde, Förderer und Bundesgenossen zu finden; insbesondere Bundesgenossen bei dem Bemühen, den Bau des Märkischen Museums wieder voll herzustellen und, wo möglich, auszubauen. Das Abgeordnetenhaus von Berlin hatte dazu schon 1993 aufgefordert. Der erste Schritt ist bereits getan; fast alle Nachkriegseinbauten und Provisorien sind beseitigt; die Besucher unserer Fontane-Ausstellung erleben als erste wieder Ausstellungsräume, die teilweise seit über 40 Jahren unzugänglich waren. Für eine korrekte Restaurierung dieser Räume fehlten aber Zeit und Geld; fürs erste mußten Reinigung und Behebung von Schäden reichen. Alle sollen und dürfen sehen, wie viel noch zu tun ist und daß wir Hilfe nötig haben.

Hilfe von Freunden hatten wir auch für die Fontane-Ausstellung nötig – sie ist uns in reichem Maß zuteil geworden. Dafür danke ich zunächst allen Leihgebern. Die Bereitschaft fast aller, die wir angesprochen haben, sich für die ganze Dauer unserer Ausstellung von Wichtigem und Unverzichtbarem zu trennen, war eindrucksvoll und selbst über unsere hohen Erwartungen hinaus sehr groß.

Ich danke auch den Kollegen von der Nationalgalerie der Staatlichen Museen zu Berlin, die ihre Ausstellung „Fontane und die bildende Kunst" mit unserer Ausstellung koordiniert und uns kollegial in vielfältiger Weise unterstützt haben. Die erkennbare Zusammengehörigkeit beider Kataloge, gegenseitige Berücksichtigung bei Werbung und Öffentlichkeitsarbeit – wobei das Stadtmuseum mehr Nehmender als Gebender ist – sind Zeichen für eine Kooperation, die über das übliche Maß hinausgeht, weil sich beide Häuser ihrem gemeinsamen Thema „Theodor Fontane" verpflichtet fühlen.

Auch sonst habe ich Anlaß, allen denen zu danken, ohne deren energische Leistungen unsere Ausstellung und der vorliegende Katalog schwerlich hätten zustande kommen können; insbesondere den Mitgliedern des wissenschaftlichen Beirats, der Senatsverwaltung für Bauen, Wohnen und Verkehr, dem Museumspädagogischen Dienst Berlin sowie dem Kurator der Ausstellung, Herrn Dr. Lothar Schirmer, und allen, die ihn in seiner Arbeit unterstützt haben.

REINER GÜNTZER
Generaldirektor des Stadtmuseums Berlin

Zum Geleit

„Berliner Republikaner

> *Der Apfel fällt nicht weit vom Stamme.*

Berliner Jungen scharten sich
Vor ein'ger Zeit allabendlich
Nicht weit vom Kupfergraben,
Und schrieen gottserbärmiglich:
‚Wir brauchen keenen Kenig nich,
Wir wollen keenen haben!

Da endlich packt ein Fußgensdarm
Nicht eben allzu zart am Arm
Den allergrößten Jungen,
Und spricht: ‚He, Bursch, juckt Dir das Fell?
Du Tausendsapperments-Rebell,
Was hast du da gesungen?'

Doch der Berliner comme-il-faut
Erwidert: ‚Hab Er sich nicht so,
Und laß Er sich begraben.
Wozu denn gleich so ängstiglich?
Wir brauen keenen Kenig nich,
Weil – wir schon einen haben.'"

Die *Berliner Republikaner* zählen zu meinen liebsten Texten Theodor Fontanes – und das aus mehreren Gründen: Einmal natürlich wegen des berlinischen Mutterwitzes, mit dem Fontane seinen Berliner Jungen listig dem Gensdarmen gegenübertreten läßt. Dies machte den weit verbreiteten Text so beliebt, zu einer Zeit, da Berlin noch nicht die Hauptstadt einer Republik war, und sagt etwas über das Engagement des 1848ers Fontane. Es zeigt den Autor aber auch als literarischen Karikaturisten, der mit wenigen Strichen eine Geschichte erzählen und seinen Figuren Leben einhauchen kann - Eigenschaften, die er als Theaterkritiker auf dem Parkettplatz 23 der Königlichen Schauspiele im Schauspielhaus am Gendarmenmarkt vermißte. Diesem Lebendigwerden begegnen wir bei Fontane natürlich in seinen Romanen in noch ganz anderer Form, wenn er uns seine großen Frauengestalten, den überlebten Adel oder die Emporkömmlinge der neuen Zeit vorstellt und sie uns wie alte Bekannte vertraut sind.

Oftmals wird Fontane als berlin-brandenburgischer Heimatdichter bezeichnet. Richtig ist, daß er seine Heimat bereist und beschrieben hat wie kaum ein anderer, daß er uns die Augen geöffnet hat für die Schönheit und die Kultur der Mark und Berlins.

Richtig ist, daß die großen Figuren aus seinen Romanen immer auch typische oder auch gerade untypische Vertreter ihrer gesellschaftlichen Gruppe sind, die eine enge Verwurzelung nicht nur mit dieser Gruppe, sondern auch gerade mit ihrer topographischen Umgebung zeigen und dadurch an Authentizität gewinnen. Richtig ist aber auch, daß dieser Mann die Heimat im Herzen und die Welt im Blick hatte, ist er doch in seiner Zeit als Korrespondent der *Zentralstelle für Preßangelegenheiten* in London, während der er u. a. in den Weiten des schottischen Hochlandes unterwegs war, und als Kriegsberichterstatter angeregt worden, die Dinge daheim mit anderen Augen als denen des Alltags zu betrachten und schließlich zu beschreiben. Die Qualität dieses Schreibens hat er selbst, der er als Literat ein Spätberufener war, selbst deutlich unterschätzt, schreibt er doch 1889 an seinen Verleger Wilhelm Hertz: *„Alles, was ich geschrieben, auch die Wanderungen einbegriffen, wird sich nicht weit ins nächste Jahrhundert hineinretten, aber von den ‚Gedichten' (Ribbek und s. o.) wird manches bleiben."* Nun, hier hat Fontane Unrecht behalten, glücklicherweise, möchte ich hinzufügen. Der gelernte Apotheker aus Neuruppin ist nach wie vor einer der meistgelesenen Autoren seines Jahrhunderts, dessen Auflagen auch heute noch, mehr als 100 Jahre nach seiner pessimistischen Voraussage, selbst erfolgreiche Schriftsteller unserer Tage mit Respekt (und stillem Neid) erfüllen. Günter Grass schlägt mit seinem *Weiten Feld* noch heute die literarische Brücke zu seinem wilhelminisch-republikanischen Kollegen und schuf damit das weitbeachtete literarische Startsignal zur publizistischen Auseinandersetzung mit dem Wahlberliner mit französischen Wurzeln anläßlich seines 100. Todesjahres, das auch den Anstoß für die Ausstellung der Stiftung Stadtmusem Berlin gab, der dieser Katalog gewidmet ist.

„Ohne Vermögen, ohne Familienanhang, ohne Schulung und Wissen, ohne robuste Gesundheit, bin ich ins Leben getreten, mit nichts ausgerüstet als einem poetischen Talent und einer schlecht sitzenden Hose", schrieb Fontane 1893 in einem Brief an Georg Friedlaender. Dafür hat er es dann aber weit gebracht, dieser *„märkische Goethe"*, wie ihn Kurt Tucholsky 1919 in *Fontane und seine Zeit* charakterisierte. *„Was diesen Mann uns unvergleichlich macht"*, schrieb Tucholsky, *„das ist – wie bei Goethe – die Luft, in der er lebte und die er atmete. Das ist jene Aura um die Dinge seines Seins herum, dieses undefinierbare, das Fontane zu einem Symbol macht, zu einem Symbol seiner Zeit, und mehr: zu einer ganzen kleinen Welt. Sie ist dahin."* In der Tat, diese Welt des Biedermeiers und des Wilhelminismus sind dahin, der Geist der 1848er Revolution, der uns spät, aber doch unsere Verfassungsrechte bescherte, unlängst bei den

Feierlichkeiten zum 150. Jahrestag neu beschworen, aber „Fonty" – wie er bei Grass alias Theo Wuttke auftaucht – lebt nicht nur in den Herzen seiner zahllosen Anhänger (nicht nur in Berlin und Brandenburg) fort. Und Theodor Fontane und sein literarisches Werk sind nicht nur ein Symbol für seine Zeit. Sie sind auch ein sehr aktuelles Symbol für das gemeinsame kulturelle – und in diesem Zusammenhang auch naturräumliche Erbe der Berliner und Brandenburger, der beiden Königskinder, die nach der Wende – noch – nicht in einem Land zusammenkommen konnten bzw. noch nicht zusammenkommen mochten, obschon sie Fontane auf seinen Spuren gemeinsam durch Berlin und Mark folgen. Was lag daher näher, als daß diese beiden Länder den 100. Todestag „ihres" Schriftstellers gemeinsam zum Anlaß nehmen, an den Orten seines Wirkens sein Werk und seine Zeit den Menschen vorzustellen, sie an eine Zeit zu erinnern, die zu unserer Geschichte, aber auch immer wieder überraschend zu unserer Gegenwart gehört? Was lag da näher, als in dem Stadtmuseum Berlin, als im Märkischen Museum diesen Mann und seine Zeit vorzustellen, schöpfend aus dem großen Schatz der Depots dieses traditionsreichen Hauses am Köllnischen Park, das schon vom eigens errichteten Bauwerk her die märkische Tradition zeigt, ohne die die berlinische nicht zu verstehen ist (und umgekehrt)?

Fontanes Medium war die Sprache. In *Unwiederbringlich* schreibt er 1891: „*Das Menschlichste, was wir haben, ist doch die Sprache, und wir haben sie, um zu sprechen.*" Und er wußte in Sprache zu fassen, was er sah, was ihn bewegte, was er bewegen wollte. Ohne Triller und Schnörkel, präzise und doch einfühlsam. „*Er war*", schreibt Heinrich Mann 1948, „*der wahre Romancier, in Skepsis wie in Festigkeit, zu seinen Tagen der einzige seines Ranges.*"

Ich würde mich sehr freuen, wenn sich möglichst viele Berliner, Brandenburger und ihre Gäste aus aller Welt von dieser Ausstellung und ihrem Katalog ansprechen ließen, wenn sie Auge und Ohr freimachen können für einen Bummel durch die Welt dieses großen Schriftstellers, der sich vorstellt mit: „*Ich bin ganz einfach nur Fontane.*"

PETER RADUNSKI
Senator für Wissenschaft, Forschung und Kultur

I. Stationen eines Jahrhunderts

Lothar Schirmer

„Die Musik klang wundervoll; kleine Mädchen streuten Blumen, und so ging es den etwas ansteigenden Kirchhof hinauf, zwischen den Gräbern hindurch und zuletzt auf das uralte, niedrige Kirchenportal zu. Vor dem Altar stellten sie den Sarg auf einen mit einer Versenkungsvorrichtung versehenen Stein, unter dem sich die Gruft [. . .] befand. Schiff und Emporen waren überfüllt; bis auf den Kirchhof hinaus stand alles Kopf an Kopf. Und nun trat Lorenzen an den Sarg heran, um über den, den er trotz aller Verschiedenheit der Meinungen so sehr geliebt und verehrt, ein paar Worte zu sagen.
‚Wer seinen Weg richtig wandelt, kommt zu seiner Ruhe in der Kammer.‘ Diesen Weg zu wandeln, war das Bestreben dessen, an dessen Sarge wir hier stehen. Ich gebe kein Bild seines Lebens, denn wie dies Leben war, es wissen's alle, die hier erschienen sind. Sein Leben lag aufgeschlagen da, nichts verbarg sich, weil sich nichts zu verbergen brauchte. Sah man ihn, so schien er ein Alter, auch in dem, wie er Zeit und Leben ansah; aber für die, die sein wahres Wesen kannten, war er kein Alter [. . .]"[1]

Am 20. September 1898 stirbt in seiner Berliner Wohnung in der Potsdamer Straße 134 c Theodor Fontane. Vier Tage später findet auf dem Friedhof der Französisch-reformierten Gemeinde in der Liesenstraße in der Äußeren Friedrich-Wilhelm-Stadt (im heutigen Bezirk Mitte) seine Beerdigung statt. Die zitierte Szene ist jedoch nicht einem aktuellen Bericht einer Berliner Tageszeitung entnommen, sondern stammt aus dem letzten Werk des zu Grabe Getragenen, ist Teil der fiktiven Trauerrede auf den alten Dubslav von Stechlin, der eindeutig autobiographische Züge trägt. Im *Stechlin* plauderte Theodor Fontane noch einmal über die großen Zusammenhänge der Dinge, die ihn zeitlebens bewegt hatten, vom Werden und Vergehen, von Neuem und Altem. Das alte Preußen, ein Preußen längst vergangener Zeiten, das auch *„wie die Mark was war"*, klingt in dem Roman ebenso an wie das Schicksalsjahr *„Anno 6"* mit der Niederlage gegen Napoleon in Jena und Auerstedt, gleichwohl auch 1813 mit dem Sieg bei Großgörschen. Den Rheinsberger Tagen des Prinzen Heinrich steht ein *„Schimmer von Sozialdemokratie"* gegenüber, und das neue Bildmedium Photographie, das neue Fortbewegungsmittel Veloziped werden mit dem *Brandenburgischen Kinderfreund*, dem allgemeinen Lehr- und Lesebuch aus dem Jahr 1800, kontrastiert. *„Ich respektiere das Gegebene. Daneben aber freilich auch das Werdende, denn eben dies Werdende wird über kurz oder lang abermals ein Gegebenes sein. Alles Alte, soweit es Anspruch darauf hat, sollen wir lieben, aber für das Neue sollen wir erst recht eigentlich leben."*[2]

Die reale Situation auf dem Berliner Friedhof hat deutliche Ähnlichkeiten mit der fiktiven Situation am Stechlin-See. Die Berliner Tagespresse berichtet von einer *„glänzenden Trauerversammlung"*, die seit Jahren so nicht mehr stattgefunden habe. *„Die Kapelle konnte kaum den vierten Theil der Erschienenen fassen, sie war lange vor der auf elf Uhr angesagten Feier überfüllt. Einige Minuten vorher begann denn auch der Traueract vor dem blumenüberhäuften Sarge, vor dem die nächsten Angehörigen Fontane's Platz genommen hatten. Alles was in Berlin zur Literatur gehört, war zur Trauerfeier erschienen."*[3] Die in dem Zeitungsbericht nachfolgend erwähnten Namen sind tatsächlich angesehene Vertreter des literarischen Lebens in der deutschen Reichshauptstadt – die Publizisten Julius Rodenberg und Ludwig Pietsch, die Schriftsteller Hermann Sudermann, Ludwig Fulda, Julius Wolff und Gustav Kadelburg, der Germanist Erich Schmidt, die Theaterdirektoren Oscar Blumenthal, Otto Brahm, Sigmund Lautenburg und Raphael Löwenfeld, der Regisseur Max Grube, die Schauspieler Paula Conrad-Schlenther und Richard Kahle sowie der Maler Adolph Menzel, um nur einige zu nennen. Die Trauerrede hält Karl Frenzel, Theaterkritiker der *Nationalzeitung* und langjähriger Antipode Fontanes, als dieser 20 Jahre lang für die *Vossische Zeitung* die Aufführungen des Königlichen Schauspielhauses rezensiert hatte. Frenzel verschweigt nicht, daß der Verstorbene erst im Alter zu allgemeiner Anerkennung und *„zum Bewußtsein seiner schriftstellerischen Bedeutung gekommen"* sei, sagt jedoch voraus, daß Fontane, der *„hervorragendste und originalste Schriftsteller deutscher Literatur"*, für die Jugend ein unvergeßliches und bewunderungswürdiges Vorbild bleibt: *„Seine Werke und sein Beispiel werden, nachwirkend in die Ferne der Zukunft, seines Namens Gedächtniß und die Kunde von der Schönheit und Eigenart seiner Kunst [. . .] in unserem Volke lebendig erhalten."*[4]

Insbesondere *Der Stechlin* wird für die literarische Moderne zum Belegstück, daß Fontane einer der ihren ist. Thomas Mann spricht 1910 sogar von Fontane als *„unserem Vater"*: *„Wo in deutscher Prosa gibt es zum zweitenmal eine solche Gehobenheit bei so viel scheinbarer Anspruchslosigkeit? Er war ein Sänger, auch wenn er zu klöhnen schien. Und er ist unser Vater, – die wir, einer überholten, doch zählebigen Ranglehre zum Trotz, dem deutschen Roman als Kunstform die ästhetische Ebenbürtigkeit neben Drama und Lyrik zu erwirken gesonnen sind."*[5] Aus ganz anderen Motiven dagegen preist, ebenfalls 1910, der Germanist Konrad Burdach, Mitglied der Berliner Akademie der Wissenschaften, Fontane. Anläßlich der Enthüllung des von Max Klein geschaffenen Denkmals im Berliner Tiergarten nennt er Fontane einen *„modernen Dichter, der wie kein zweiter preußisches*

I/1 und XI b/6

Heldentum, die Ruhmestitel preußischer Könige und ihrer Armee, der die Arbeit des preußischen Volkes verkörpert hat."[6] Beide so unterschiedliche Positionen sind durchaus fontanesk, dem Alten verhaftet, das Neue erstrebend.

Die Persönlichkeit Fontanes muß in ihrer Ambivalenz verwirren – er besingt 1847 in Balladen und Liedern die Heldentaten preußischer Generäle früherer Zeiten und beteiligt sich ein Jahr später an der Berliner Märzrevolution. Könnte dies noch – Fontane ist am 30. Dezember 1819 in Neuruppin geboren – als Jugendsünde gelten, so reicht dieses Erklärungsmuster 50 Jahre später nicht aus, wenn er sich 1895 mit dem konservativsten Teil Brandenburgs befaßt und einen Band über das *Ländchen Friesack und die Bredows* schreibt, 1896 jedoch erklärt, die bessere Welt beginne beim vierten Stand. Lineare Interpretationen müssen angesichts derartiger scheinbarer Widersprüche, derer es viele gibt, scheitern. Notwendig dagegen ist es, sie zu analysieren und sie aus der Sicht Theodor Fontanes auf seine Zeit, die diese Widersprüche selbst in sich trägt, aufzuzeigen. Ihm muß dies bewußt gewesen sein, als er 1894, im Anschluß an seinen 75. Geburtstag, dichtet:

> „Hundert Briefe sind angekommen,
> Ich war vor Freude wie benommen,
> Nur etwas verwundert über die Namen
> Und über die Plätze, woher sie kamen.
>
> Ich dachte, von Eitelkeit eingesungen:
> Du bist der Mann der ‚Wanderungen',
> Du bist der Mann der märk'schen Geschichte,

> Du bist der Mann der märk'schen Gedichte,
> Du bist der Mann des Alten Fritzen
> Und derer, die mit ihm bei Tafel sitzen,
> Einige plaudernd, andre stumm,
> Erst in Sanssouci, dann in Elysium,
> Du bist der Mann der Jagow und Lochow,
> Der Stechow und Bredow, der Quitzow und Rochow,
> Du kanntest keine größren Meriten
> Als die von Schwerin und vom alten Zieten,
> Du fandst in der Welt nichts so zu rühmen
> Als Oppen und Groeben und Kracht und Thümen,
> An der Schlachten und meiner Begeisterung Spitze
> Marschierten die Pfuels und Itzenplitze,
> Marschierten aus Uckermark, Havelland, Barnim,
> Die Ribbecks und Kattes, die Bülow und Arnim,
> Marschierten die Treskows und Schlieffen und Schlieben,
> Und über alle hab ich geschrieben.
>
> Aber die zum Jubeltag da kamen,
> Das waren doch sehr sehr andre Namen,
> Auch ‚sans peur et reproche', ohne Furcht und Tadel,
> Aber fast schon von prähistorischem Adel:
> Die auf ‚berg' und auf ‚heim' sind gar nicht zu fassen,
> Sie stürmen an in ganzen Massen,
> Meyers kommen in Bataillonen,
> Auch Pollacks und die noch östlicher wohnen;
> Abram, Isack, Israel,
> Alle Patriarchen sind zur Stell,
> Stellen mich freundlich an ihre Spitze,
> Was sollen mir da noch die Itzenplitze!
> Jedem bin ich was gewesen,
> Alle haben sie mich gelesen,
> Alle kannten mich lange schon,
> Und das ist die Hauptsache…, ‚kommen Sie, Cohn'."[7]

Die Ausstellung „Fontane und sein Jahrhundert" geht von zwei Prämissen aus. Sie ist keine Literatur-Ausstellung im Sinne einer Lese-Ausstellung, auch wenn ihr Anlaß der 100. Todestag eines großen und bedeutenden Schriftstellers ist. Daher wird die Ausstellung das Lesen Fontanescher Werke nicht ersetzen. Sie ist aber ebensowenig eine Ausstellung über das 19. Jahrhundert, in dem auch Fontane gelebt und gewirkt hat. Sie versucht vielmehr darzustellen, wie Fontane seine Zeit erlebt und sie aus seiner Sicht in seinen Werken überliefert hat, das Vergangene wie auch die Projektion des Zukünftigen eingeschlossen. Dabei werden die starren Zeitgrenzen überschritten. Denn der Berliner Schriftsteller Theodor Fontane, seit 1833, wenn auch mit teilweise längeren Unterbrechungen, in der Stadt ansässig und die Entwicklung von der preußischen Residenzstadt zur Metropole des Deutschen Reiches, zu „Fontanopolis", miterlebend, wäre undenkbar, wenn nicht der Große Kurfürst 1685 die französischen Hugenotten aufgenommen hätte, nicht gänzlich uneigennützig, aber dem Toleranzgedanken verpflichtet. 1885, zur 200-Jahr-Feier jenes Ediktes von Potsdam, verfaßt Fontane

Hugo Vogel, *Der Empfang der Refugiés durch den Großen Kurfürsten*, 1885, Prag, Narodni Galerie

das Festspiel, das von der Französisch-reformierten Gemeinde in der Berliner Philharmonie aufgeführt wird. Überschritten werden die Zeitgrenzen auch von Fontane selbst, indem er mit seinen *Wanderungen durch die Mark Brandenburg* die im märkischen Sande fließenden Quellen der Kultur offenlegt, eine „*Belebung des Örtlichen*" erreicht und nach umfangreichen Archivstudien die Vergangenheit einer Region mit seiner Phantasie belebt.

Die zweite Prämisse hängt mit dem Ausstellungsort, dem Märkischen Museum, zusammen, das, 1874 von der Stadt Berlin als Märkisches Provinzial-Museum gegründet, sein markantes Ausstellungsgebäude, von dem Berliner Stadtbaurat Ludwig Hoffmann entworfen, aber erst 1908 eröffnen konnte. Der Museumsneubau erweckt bewußt den Anschein, als wäre er in Jahrhunderten gewachsen, da der Architekt Elemente der Gotik und der Renaissance verwendete und originale Architekturfragmente und Bauplastiken sowohl am Außenbau als auch im Inneren zusammenfügte. Mit den unterschiedlichen Stilen der Innenräume schuf Hoffmann die Grundlage für eine emotional ansprechende und anschauliche Ausstellungsgestaltung. Dieser zu Beginn des 20. Jahrhunderts neue Typ eines „Erlebnismuseums" gruppierte sich in zwei Obergeschossen um zwei Innenhöfe, die dem Besucher die Orientierung erleichtern sollten. Beide Rundgänge mit teilweise historischen Räumen sind jetzt erstmals seit langen Jahren wieder für das Publikum zugänglich. Dies erforderte für die Ausstellungsgestaltung einen behutsamen Umgang mit der Bausubstanz, ohne aber auf eigene Akzente zu verzichten. Daher sollten die originalen Museumsräume in ihren architektonischen Proportionen zumindest sichtbar bleiben, auch wenn die Ausstellungsgestaltung im

Arrangement der weitgehend originalen Ausstellungsstücke einen eigenen Gestus entwickeln mußte.

So wie Männer im Verständnis des 19. Jahrhunderts Geschichte gemacht haben, so haben Ereignisse das Bild der Geschichte jenes Jahrhunderts geprägt. Nach- und miterlebt zunächst aus provinzieller Perspektive, in Neuruppin und Swinemünde lebend, werden dem jungen Fontane von seinem Vater, einem Napoleon-Verehrer, ausschnitthaft Episoden vergangener Zeiten vermittelt, die in ihm sogar den Wunsch entstehen lassen, Professor der Geschichte zu werden. Tatsächlich beginnt der Sohn eines Apothekers aber eine Apothekerlehre. Leidenschaft bereitet es ihm nicht, Extrakte zu kochen und den Berlinern Lebertran zu verkaufen; es zieht ihn in die Lesecafés, die ihm zu einer zweiten Bildungsstätte werden. Das Café Stehely am Gendarmenmarkt wird dem Apothekergehilfen zum Stammcafé, in der Zeit des preußischen Polizeistaates ein Ort der Opposition, an dem politische und literarische Debatten in einer Halböffentlichkeit geführt werden. Zum Jahreswechsel 1839/40 kann Fontane zwei Erfolge verbuchen; er schließt seine Apothekerlehre ab, und im *Berliner Figaro* erscheint seine erste Novelle, *Geschwisterliebe*.

Fast noch ein Jahrzehnt ist Fontane aus finanziellen Gründen weiterhin als Apotheker tätig, zuletzt im Krankenhaus Bethanien; in dieser Zeit wendet er sich zugleich intensiv der Literatur zu, übersetzt Lyrik englischer Arbeiterdichter, dann auch Shakespeares *Hamlet*, profiliert sich als Liberaler und tritt für politische Freiheiten und deutsche Einigung ein, um schließlich von dem literarischen Sonntagsverein *Tunnel über der Spree*, von Moritz Saphir 1827 gegründet, aufgenommen zu werden, dem er von 1844 bis 1865 angehört. Der Verein – sein Name

I/5

ironisiert den zur Zeit seiner Gründung bestaunten Tunnelbau unter der Themse –, von Kritikern als „*Kleindichterbewahranstalt*" verspottet, hat für Fontane eine außergewöhnliche Bedeutung. Zum einen tritt er in einen kontinuierlichen Gedankenaustausch über Literatur und Kunst ein – Mitglieder des *Tunnels* waren u. a. die Schriftsteller George Hesekiel, Theodor Storm und der spätere Nobelpreisträger Paul Heyse, der Kunsthistoriker Franz Kugler sowie der Maler Adolph Menzel. Zum andern findet er dort in dem Kammergerichtsrat Wilhelm von Merckel – Urheber des polemischen Reimes *Gegen Demokraten helfen nur Soldaten* – einen Freund, der ihn protegiert.

Doch zunächst ist erst die Revolution 1848 zu überstehen. Fontane schildert in *Von Zwanzig bis Dreißig* retrospektiv seine Erlebnisse, die teilweise mit dem realen Geschehen nicht übereinstimmen; er kämpft eher hinter den Barrikaden, wird schließlich Wahlmann für die Frankfurter Nationalversammlung und veröffentlicht in der *Dresdner Zeitung* Artikel mit so provozierenden Überschriften wie „*Das Polizeiregiment ist in Blüte*", in dem es heißt: „*Die Demokratie weiß, daß man sie haßt und fürchtet; sie beansprucht keine Liebe, aber einen – ehrlichen Kampf.*"[8] Fontane gilt als „*rother Republikaner*" und ist – nach seinen eigenen Worten – „*ein Reactionair vom reinsten Wasser*". Auf Vermittlung Merckels tritt Fontane ins *Literarische Kabinett* ein, eine Einrichtung zur Zensur der preußischen Presse, und wird so zum Staatsbediensteten. Dies sichert ihm zunächst eine finanzielle Existenz – die Heirat mit Emilie Rouanet-Kummer, ebenfalls hugenottischer Herkunft, wird endlich möglich.

Eine neue Welt eröffnet sich ihm, als er nach England versetzt wird. Der aus dem Provinzstädtchen Neuruppin Stammende hatte bereits 1844 kurz die Zweieinhalbmillionenstadt London besucht – Berlin zählte damals etwas mehr als 400 000 Einwohner – und sich für den Inselstaat begeistert. England war Inbegriff für Freiheit, für politischen und technischen Fortschritt. Für Fontane wurde England zu einem Impulsgeber in zweifacher Hinsicht. In der Fremde, mit dem Blick von außen, faßt er den Plan, seine Heimat, die Mark Brandenburg, zu bereisen und zu beschreiben, den er, nach Berlin 1859 zurückgekehrt, verwirklicht. 1862 erscheint der erste Band der *Wanderungen, Die Grafschaft Ruppin*, dem noch vier weitere bis 1889 folgen sollten. Fontanes *Wanderungen durch die Mark Brandenburg* sind weniger Reiseberichte, eher Sozial- und Lokalgeschichte, in deren Mittelpunkt historische Persönlichkeiten stehen, die er in einem für ihn so charakteristisch werdenden Plauderton den Lesern bildhaft vorstellt, eine unterhaltsame Wissensvermittlung in novellistischer Form. In Fontanes Reisebildern verschränken sich Sagen, Anekdoten und Episoden, um mit Geschichten Geschichte zu erzählen, die Unterweisungsmethode seines Vaters aus Kindheitstagen aufgreifend. Die Sprache malt Bilder, schildert kleine Reisebegebenheiten, vermittelt Beschreibungen der Natur am Wegesrand, Eindrücke von Orten und Menschen, die er besucht und denen er begegnet – Elemente einer atmosphärisch verdichteten Landschafts- und Milieuschilderung. Die Streusandbüchse Mark wird zur Kulturlandschaft, indem ihre Geschichte lebendig wird.

In der Fremde sieht Fontane auch, wie er seinem *Tagebuch* anvertraut, einen Shakespeare, „*unbeschnitten und unverstümmelt*"[9]. In London erlebt er ein Volkstheater, das mit den Berliner Königlichen Schauspielen nicht vergleichbar ist, über deren Aufführungen er seit 1870 im Auftrag der *Vossischen Zeitung* berichten wird. Die Londoner Erfahrungen machen es ihm leicht, in dem ungewohnten Metier eines Theaterkritikers schnell zu reüssieren. Genau beobachtend und das Besondere einer Theateraufführung erkennend, werden seine Kritiken zu lesenswerten Plaudereien über Theater, bissig und sarkastisch teilweise, oft witzig, mit Wortspielen durchsetzt und vor allem sehr persönlich. Wenn Fontane sich abends im Theater langweilt, ist dies morgens in der Zeitung zu lesen; er gesteht freimütig, daß er, wenn auch selten, eine Aufführung vorzeitig verlassen hat. Und nicht immer berichtet er von der Handlung und den Schauspielern auf der Bühne. In seiner ersten Kritik – *Wilhelm Tell* am 17. August 1870 – teilt er kaum etwas über die Aufführung mit, beschreibt aber ausführlich die patriotische Begeisterung des Publikums, das das Geschehen auf der Bühne mit dem ausgebrochenen Deutsch-Französischen Krieg verbindet, den schönen Schein des Theaters so in die Wirklichkeit des Lebens übertragend.

Fontane pflegt auch einen neuen Stil der Theaterkritik. Seine Rezensionen unterscheiden sich gänzlich von denen Karl Frenzels, der sein akademisch erworbenes Wissen vor dem Leser ausbreitet, um dann erst auf die konkrete Aufführung einzugehen. Fontane ist dagegen ganz direkt und folgt keiner Schablone. In ihren Urteilen sind beide Kritiker so verschieden aber nicht, vor allem die Gastspiele des Meininger Hoftheaters betreffend, das nach der *Julius Cäsar*-Aufführung 1874 jährlich in Berlin seine neue Auffassung einer historisch getreu gestalteten und realistischen Schauspielkunst zeigt. Von Fontane erfahren wir darüber zwar nur indirekt, wenn er die Aufführungen des Königlichen Schauspielhauses mit denen des Theaters aus der thüringischen Residenzstadt vergleicht und oftmals ironische Hinweise gibt, die Berliner mögen sich doch bitte einmal in Meiningen erkundigen, wie eine Inszenierung arrangiert, wie eine Ausstattung wirkungsvoll gebaut oder ein Zusammenspiel zweier Darsteller angelegt wird. Als Moderner im Sinne von Thomas Mann erweist sich Fontane dann, als er den Naturalismus, die *Freie Bühne* und insbesondere Gerhart Hauptmann fördert.

Bevor Fontane 1870 seinen Kritikerstuhl, den Parkettplatz 23, eigentlich recht eingenommen hat, verläßt er ihn, um für wenige Monate von Schauplätzen ganz anderer Art zu berichten, denen des Deutsch-Französischen Krieges. Über die ersehnte Einigung des Reiches unter Preußens Führung mehr als beglückt, schildert er die Kriegsereignisse, obwohl kurzfristig in Gefangenschaft geraten, mit einem unparteilichen Blick, nicht ausschließlich aus pro-preußischer Sicht. Neben schlachtenmalerischen Passagen, neben dürren Detailschilderungen entsteht aber auch ein Bild vom Grauen des Krieges. Nach 1864 und 1866, nach Deutsch-Dänischem und Deutsch-Österreichischem Krieg, wird der Journalist Fontane hier noch einmal zum Kriegsberichterstatter, zum Chronisten seiner Zeit, zu dem er auch in seinem umfangreichen Prosawerk wird.

In den letzten 20 Jahren seines Lebens schreibt Fontane 17 Romane und Erzählungen. In ihnen spiegeln sich erneut die Stationen seines Jahrhunderts – die Jahre des preußischen Unterganges 1806 in *Schach von Wuthenow*, die Befreiungskriege in *Vor dem Sturm*, die Jahre der Restauration in *Unterm Birnbaum*, aber vor allem seine unmittelbare Gegenwart in den Berliner Gesellschaftsromanen, in denen die Frauengestalten in Abhängigkeit von einer männerdominierten Gesellschaft hervorstechen. Fast immer ist eine Frau Hauptfigur, die Handlung kreist um die Ehe, ihre Anbahnung, die Verhinderung von Mesalliancen und um Ehebruch. Die Lösungen sind verschieden, Scheidung, Sich-Bescheiden, Freitod oder Beseitigung des Liebhabers. Immer sind es Frauen, in das starre Korsett von Moralkodex und Konventionen gepreßt, die aufbegehren oder eigene Wege suchen und zumeist scheitern. An den Konflikten, denen sie ausgesetzt sind, schildert Fontane die Erschütterungen seiner Zeit, die er in den Worten seiner Gestalten kritisiert – denn: Fontane läßt kritisieren. Mitunter gehen die Konflikte zwischen Männern und Frauen auf historisch verbürgte Ereignisse

I/13

zurück – *L'Adultera, Effi Briest* –, werden von ihm jedoch stofflich verändert, um die gesellschaftlichen Bindungen zu verdeutlichen, so wie die exakte Beschreibung eines bestimmten Ortes mehr als nur eine realistische Wiedergabe ist. Fontane beschreibt damit zugleich seine Bewohner und wird so zu einem Berliner Schriftsteller. Der poetische Realismus in Fontanes Romanwerk sucht, wie in seinen *Wanderungen*, einen Weg zwischen Wirklichkeit und Fiktion, ist nicht bloßes Abbild, sondern mit Phantasie durchsetzte Geschichte.

Die Ausstellung „Fontane und sein Jahrhundert" will mit Gemälden, Zeichnungen, Druckgraphiken, Skulpturen, historischen Photographien, auch Handschriften und Erstausgaben einen Blick in die Welt Fontanes ermöglichen und ein Panorama seines Jahrhunderts bieten. Die Legitimation dafür nimmt das Stadtmuseum Berlin einerseits aus dem kulturpolitischen Auftrag, Geschichte und Kultur Berlins darzustellen, andererseits aus der Verpflichtung, die aus der 1902 erfolgten Übergabe der Werkmanuskripte an das damalige Märkische Provinzial-Museum entstanden ist, nämlich das literarische Werk Fontanes zu bewahren, zu erschließen und der Öffentlichkeit zugänglich zu machen. Für eine Institution gilt schließlich auch das, was für eine Romanfigur gilt: das Alte, sofern es Anspruch darauf hat, zu lieben, um das Neue, das Werdende, leben zu können.

Anmerkungen

1 Theodor Fontane, Der Stechlin; NA VIII, S. 350 f.
2 Ebd., S. 251
3 Berliner Börsen-Courier, 24.9.1898
4 Ebd.
5 Thomas Mann, Über das Verhältnis zu Fontane, in: Gesammelte Werke, Bd. 13, Frankfurt am Main 1990, S. 817
6 Konrad Burdach, Theodor Fontane, in: Deutsche Rundschau, 144, 1910, S. 71
7 Theodor Fontane, Als ich 75 wurde. An meinem 75ten, in: Gedichte; GBA, Bd. 2, S. 466 f.
8 Theodor Fontane, Dresdner Zeitung, 15.11.1849; NA XIX, S. 54
9 Theodor Fontane, Tagebücher; GBA, Bd. 1, S. 105

I/2

I/1   **Max Klein**

Denkmal Theodor Fontane, 1908–1910

Marmor; H. 250, B. 110, T. 110
Berlinische Galerie   (Abb. S. 12)

Das am 7. Mai 1910 am Rande des südlichen Tiergartens in der Nähe der heutigen Thomas-Dehler-Straße enthüllte Standbild ist das letzte große Denkmal, das im kaiserlichen Berlin einem Dichter zu Ehren errichtet worden ist. Fontane, als „Wanderer der Mark" dargestellt, stützt sich mit der rechten Hand leicht auf seinen Spazierstock, aufmerksam, fast nachdenklich blickt er vor sich, wie lauschend ins Weite. Mit pathetischen Worten beschließt der Germanist Konrad Burdach, Mitglied der Berliner Akademie der Wissenschaften, seine Festrede: „*Wenn Theodor Fontanes echtes Bild, wie es Max Klein zu bilden unternahm, sich entschleiert, dann soll man die Fanfare blasen! Dann soll der alte Friderizianische Kriegsmarsch erschallen, dem Berliner Poeten und Journalisten zu Ehren. Sein Wort und sein Wesen hat uns gestärkt, fürs Leben zu sterben. Er hat uns aber mit seinem Wirken und mit seinen Schriften auch die schwerere Kunst gelehrt: fürs Leben zu leben! Und stärker als der Klang eherner Instrumente tönt aus seiner Lehre die Fanfare der ewigen Freude: Mensch zu sein.*"
Konrad Burdach, Theodor Fontane, in: Deutsche Rundschau, 144, 1910, S. 72

I/2   **Anna von Kahle**

Büste Theodor Fontane, 1881

Gips, gelblich getönt; H. 40
Stadtmuseum Berlin, SKU 68/6

„*Am Dienstag oder Mittwoch war ich auch bei Fräulein von Kahle, um mir die Büste von Eva*

Dohm [Tochter des befreundeten Journalisten Ernst Dohm] *anzusehn. George begleitete mich. Er sagte nachher sehr richtig: ,es mag eine gute Büste sein; aber daß es nicht Eva Dohm ist, darauf leb ich und sterb ich.' Keine Spur von Aehnlichkeit. Danach ist mir denn doch der Muth vergangen, 20 Sitzungen an mein Thonbild zu setzen. So viel liegt mir nicht dran, als ,männliche Portraitbüste' mit im Katalog zu stehn.*" (Theodor Fontane, Brief an Emilie Fontane, 26.3.1880; HA 3, S. 71) – Fontane war kurze Zeit später doch bereit, sich porträtieren zu lassen.

I/3   **Max Wiese**

Büste Theodor Fontane

Gips, gelblich getönt; H. 28,5, B. 16,8
Stadtmuseum Berlin, VII 75/147 Y

I/4   **Max Wiese**

Reduktion des Neuruppiner Fontane-Denkmals, 1907

Gips, gelblich lackiert; H. 32
Stadtmuseum Berlin, VII 85/63 Y

Anläßlich des 80. Geburtstags am 30. Dezember 1899 regten Repräsentanten des öffentlichen Lebens in Berlin und Brandenburg, zu denen auch der Vorsitzende der Direktion des Märkischen Provinzial-Museums Ernst Friedel zählte, die Errichtung eines Fontane-Denkmals in des Dichters Geburtsstadt Neuruppin an. Erst am 6. Juni 1907 konnte die feierliche Enthüllung stattfinden. Gemäß der Vorgabe, das Denkmal solle ein Zeichen des Dankes der Mark Brandenburg sein, stellte der Bildhauer Fontane als ruhenden Wanderer dar.

I/5   **Carl Breitbach**

Porträt Theodor Fontane, 1883

Öl auf Lwd.; 91 x 71
Privatbesitz   (Abb. S. 14)

Das repräsentative Bildnis kennzeichnet deutlich Fontanes Profession, über deren gesellschaftliche Anerkennung der Dargestellte reflektiert: „*Die Berühmten und Unberühmten, Freien und Unfreien, die Romane- und Stückeschreiber, die Journalisten und Essayisten – der armen Lyriker ganz zu schweigen –, alle sind meines Wissens einig darüber: die Stellung eines Schriftstellers ist miserabel. Welchem Lande nach dieser Elendsseite hin der Vortritt gehört, mag schwer festzustellen sein, doch wird sich vielleicht sagen lassen, daß Preußen-Deutschland immer mit in erster Reihe figuriert hat und erfolgreich bemüht ist, sich auf dieser alten Höhe zu halten. Die, die mit Literatur und Tagespolitik handeln, werden reich, die, die sie machen, hungern entweder oder schlagen sich durch. Aus diesem Geld-Elend resultiert dann das Schlimmere: der Tintensklave wird geboren.*"
Theodor Fontane, Die gesellschaftliche Stellung der Schriftsteller; NA XXI/1, S. 491

I/6   **Hugo Vogel**

Der Empfang der Refugiés durch den Großen Kurfürsten, 1885

Öl auf Lwd.; 80 x 100
Consistorium der Französischen Kirche zu Berlin, 22

Mit dem Edikt von Potsdam (1685) lud Kurfürst Friedrich Wilhelm die nach der Aufhebung des Edikts von Nantes in Frankreich verfolgten Hugenotten, denen seit 1598 freie Glaubensausübung zugesichert war, nach Brandenburg ein. Er sicherte ihnen einen staatsrechtlichen Sonderstatus sowie umfangreiche Privilegien zu: Neben Steuerfreiheit, Handels- und Zugangsrechten zu bestimmten berufsständischen Organisationen gewährte er ihnen religiöse, rechtliche, bildungspolitische und administrative Autonomie. Die Aufnahme von Glaubensflüchtlingen – das gilt auch für die aus Wien vertriebenen Juden ebenso wie für die Salzburger Protestanten – lag nicht ausschließlich in religiöser Toleranz des Großen Kurfürsten begründet; der wirtschaftliche Aspekt stand im Vordergrund. Hugenotten wie Juden förderten durch neue Produktionstechniken und -verfahren die wirtschaftliche Entwicklung des Kurfürstentums Brandenburg. Bis 1700 ließen sich fast 1400 Flüchtlinge aus französischen Gebieten in Brandenburg nieder; Theodor Fontanes hugenottische Vorfahren, Strumpfwirker aus der Gascogne, lebten seit 1694 zunächst in Eberswalde, später in Berlin.

I/7   **F. Albert Schwartz**

Feier zum 200jährigen Gedächtnisse des Ediktes von Potsdam, begangen von der Französisch-reformirten Gemeinde zu Berlin, 29. Oktober 1885

8 Photographien; jeweils 13,4 x 21
Stadtmuseum Berlin

Den Festabend in der Philharmonie, Bernburger Straße, an dem mehr als 2000 Personen teilnahmen, leitete der Choral „*Ein' feste Burg ist unser Gott*" ein, dem sich der von Theodor Fontane gedichtete Prolog anschloß:
„*Zweihundert Jahre, daß wir hier zu Land / Ein Obdach fanden, Freistatt für den Glauben, / Und Zuflucht vor Bedrängnis der Gewissen. / Ein hochgemuter Fürst, so frei wie fromm, / Empfing uns hier, und wie der Fürst des Landes / Empfing uns auch sein Volk. Kein Neid ward wach, / Nicht Eifersucht, – man öffnete das Tor uns / Und hieß als Glaubensbrüder uns willkommen. / Land-Fremde waren wir, nicht Herzens-Fremde. / So ward die Freistatt bald zur Heimstätte, / Zur Stätte neuer Lieb, und was seitdem / Durch Gottes Ratschluß dieses Land erfahren, / Wir lebten's mit, sein Leid war unser Leid, / Und was es freute, war auch unsre Freude. / Wohl pflegten wir das Eigne, der Gemeinde / Gedeihn und Wachstum blieb uns Herzenssache, / Doch nie vergaßen wir der Pflicht und Sorge, / Daß, was nur Teil war, auch dem Ganzen diene. / Mit fleiß'ger Hand, in allem wohl erfahren, / Was älterer Kultur und wärmerer Sonne / Daheim entsproß und einem reicheren Lande –/ So wirkten wir. // Doch unser Tun zu*

I/7b

I/7d

I/7g

I/7h

rühmen,/Es ist nicht das, was diesem Feste ziemt,/Heut ziemt's uns nur, zu huld'gen und zu danken.//Und dieser Dank, was lieh' ihm größre Kraft/Und Inbrunst als ein Rückblick auf das Leid,/Das einst aus unsrer Heimat uns vertrieben.//Erklinge denn Musik und führ herauf,/Im Widerspiel zu dieser Stunde Glück,/Uns Bilder aus der Zeit der Hugenotten!"
Theodor Fontane, Gedichte; GBA, Bd.1, S. 270 f.

Im ersten Teil des Festabends wird in sechs „lebenden Bildern" aus der Zeit der Hugenottenkämpfe von 1572 bis 1685 an den Wunsch der Hugenotten nach Glaubensfreiheit erinnert, beschrieben mit Texten von Theodor Fontane, vorgetragen von Elisabeth Rachfall im Kostüm eines Genius der Geschichte. Die vielfach behauptete Mitwirkung von Theodor Fontane jun. und Mete Fontane an der Darstellung der „lebenden Bilder" ist nicht nachzuweisen.

a) Erstes Bild – Karl IX. stellt das neuvermählte Paar, Heinrich von Bourbon und Margarethe von Valois, seinem Hof vor. 23. August 1572

Zur Musik aus dem ersten Akt der *Hugenotten* von Giacomo Meyerbeer heißt es im Text: „*Tot ist der Haß,/Wach wird die Liebe, 'der Vermählung Tag' –/So hofft das Herz – ,wird Tag auch der Versöhnung'./Die Fürsten stehn vereint, und in der Freude/Des ganzen Volkes stimmt ein der Hugenott.*"
Theodor Fontane, Gedichte; GBA, Bd. 2, S. 93 – Im Folgenden: Ebd., S. 93-95

b) Zweites Bild – Karl IX. schießt, am Fenster des Louvre stehend, auf die im Hof jubelnden Hugenotten; während Catharina von Medici und ein päpstlicher Legat Schach spielen, weist Margarethe von Valois den mit gezogenem Degen hereinstürmenden Heinrich von Navarra zurück. 24. August 1572
Das Bild erinnert an die blutigen Ereignisse der Bartholomäusnacht in Paris: „*Ein Schrei geht durch Europa,/Als es vernimmt: Ein Fürst schießt auf sein Volk.*"

c) Drittes Bild – Heinrich IV. und das unterzeichnete Edikt von Nantes. 13. April 1598

Nachdem das Haus Valois erloschen ist, übernehmen die Bourbonen die königliche Regentschaft in Frankreich. Heinrich IV. hebt den Glaubenszwang auf. „*Er will die Freiheit, Glück und Recht für alle,/Wes Glaubens auch: und daß Gesetz es werde,/Verbrieft er es mit seinem eigenen Namen/Und unterzeichnet das Edikt von Nantes.*"

d) Viertes Bild – Die in der Stadt La Rochelle Zuflucht suchenden Hugenotten ergeben sich Ludwig XIII. in Gegenwart des Kardinals Richelieu. 29. Oktober 1628
Nach dem Mord an Heinrich IV. – „*Und jener Dolchstoß, der ins Herz ihn traf,/Traf auch das unsre*" – ist die Glaubensfreiheit der Hugenotten beendet, das Edikt „*nur toter Buchstab*" noch. „*Anhebt aufs neu Bedrückung und Verfolgung,/In feste Plätze flieht der Hugenott,/Und La Rochelle wird letzte Zufluchtstätte./Man ringt verzweifelt, aber ach, umsonst.*"

e) Fünftes Bild – Dragoner Ludwigs XIV. verfolgen die Hugenotten. 1685
Hugenotten – „*Sie sind nicht bloß Abtrünnige der*

I/9

Heimat wird, in dramatisierter Form vorgestellt. Das Festspiel, von Theodor Fontane jun. verfaßt, setzt mit dem Widerruf des Edikts von Nantes 1685 ein und behandelt den weiteren Verlauf. Es wird von drei „lebenden Bildern" unterbrochen. Das erste Bild – der Große Kurfürst empfängt eine Deputation der geflüchteten Hugenotten – ist nicht erhalten; das zweite Bild huldigt der Freundschaft Friedrichs II. mit Heinrich August Baron de la Motte Fouqué, preußischer General hugenottischer Herkunft, der im Siebenjährigen Krieg von den Österreichern gefangengenommen worden war.

h) Neuntes Bild – Apotheose. 1885   (Abb. S. 17)
Das Festspiel führt die Ereignisse bis in die unmittelbare Gegenwart fort: *„Und wieder hundert Jahre sind entflohn. –/Zum weiten Reich erwuchs der Marken Land./Ein Heldenkaiser folgt jetzt auf den Thron./ [...] Und dankerfüllten Herzens gegen Gott/Stimmt der längst deutsch gewordene Hugenott/Aufjauchzend an: ,Heil Dir im Siegerkranz!'"* Bei diesen Worten öffnet sich die Hinterdekoration für das feierliche Finale. In der zeitgenössischen Beschreibung vermischt sich der dokumentierende Bericht mit dem Enthusiasmus des Berichtenden: *„Von der Kaiserkrone überragt erschien, beschattet von den Fittichen des schwarzen Adlers, auf goldenem Grunde das Reliefbild des Großen Kurfürsten. Daneben die Kolossalbüsten des Kaisers und der Kaiserin, umgeben von den Büsten der preußischen Könige, zu den Füßen des Großen Kurfürsten der brandenburgische Adler. Das Ganze in herrlicher Pflanzendekoration. Die Musik spielte die Nationalhymne; die ganze Versammlung erhob sich und sang dieselbe stehend mit. Es war ein überwältigender Augenblick."*

Richard Béringuier, Ausführliche Beschreibung der Feier zum 200jährigen Gedächtnisse des Ediktes von Potsdam, Berlin 1885, S. 67 f.

Kirche,/Nicht bloß von Papst und Rom, nein, auch des Königs" – werden als Hochverräter gejagt, ihr Hab und Gut werden geplündert und an die Katholischen verkauft. *„Nur Schwert bringt Heilung,/Und in den Frieden einsam frommer Herden/Einbricht der Wolf."*

f) Sechstes Bild – Ludwig XIV. unterzeichnet die Aufhebung des Ediktes von Nantes. 18. Oktober 1685
Die Leidensgeschichte der Hugenotten hat ihren Höhepunkt erreicht: *„Der Freibrief ist vernichtet, ist zerrissen,/der Calvinist steht außer dem Gesetz,/Und rechtlos worden, nimmt er seinen Stecken/und läßt sein Land. Gott mit Dir, Hugenott!"*

g) Achtes Bild – König Friedrich II. von Preußen begrüßt den gelähmten General de la Motte Fouqué im Garten zu Potsdam. 1763   (Abb. S. 17)
Im zweiten Teil des Abends wird die weitere Geschichte der Hugenotten, der Verlust der Heimat und die Aufnahme in der Fremde, die zur neuen

I/10

I/8 Johann Gottfried Schadow

Pferdekopf der Quadriga auf dem Brandenburger Tor, 1791–93

Kupfer, getrieben; H. 125, B. 45, T. 157
Stadtmuseum Berlin, VII 76/211 Y

Der Kopf, das einzige erhaltene Teil der im Zweiten Weltkrieg schwer beschädigten Schadowschen Quadriga, gehörte zu dem äußeren rechten Pferd des von einer geflügelten Viktoria gelenkten Siegeswagens. Mit dem Raub der Quadriga 1806 und ihrer Rückführung 1814 setzte eine Politisierung des Tores ein, das in erster Linie zum Träger der Quadriga geworden war; seine eigentliche Bedeutung für die Stadtbegrenzung ging fast verloren.

I/9 Karl Wilhelm Wach

Königin Luise als Hebe vor dem Brandenburger Tor, 1812

Öl auf Kupfer; 61,7 x 46,2
Stadtmuseum Berlin, GEM 94/3

Wachs Darstellung der 1810 verstorbenen Königin Luise als Hebe, Göttin ewiger Jugend, vor dem Brandenburger Tor und mit preußischem Adler zu ihren Füßen geht auf ein verschollenes Gemälde, entstanden 1802, von Peter Eduard Ströhling zurück. Im Unterschied zu Ströhlings Werk fehlt bei Wach die Quadriga, die im Dezember 1806 auf Befehl Napoleons I. demontiert und nach Paris verbracht wurde. Nach dem Sieg der preußisch-deutschen Befreiungsarmeen kehrte die Quadriga 1814 auf ihren angestammten Platz zurück. *„Durch die Verknüpfung eines gegenwärtigen Zustandes (Fehlen der Quadriga) mit einem vergangenen (Luise in der Blüte ihres Lebens), durch die Gleichsetzung des Unzeitgleichen, erfährt Ströhlings Bildfindung eine völlige Neudeutung. Die gottgleich entrückte Gestalt der vom Volk geliebten und verehrten Königin, die in Tilsit am 6. Juli 1807 eine demütigende Unterredung mit Napoleon über Friedensbedingungen geführt hatte und in der Folge zugunsten von Reformen in die Staatsgeschäfte eingriff, wird zur Überwindung des Napoleonischen Jochs beschworen. So gesehen kommt Wachs Gemälde der Rang einer preußisch-patriotischen Ikone zu.“*
Dominik Bartmann, in: Berlinische Notzen, 1994, S. 82

I/10 Theodor Rocholl

König Wilhelm I. und Bismarck bei Königgrätz, 1907

Öl auf Lwd.; 122 x 194
Von der Heydt-Museum Wuppertal, 106

In der Schlacht bei Königgrätz wurde am 3. Juli 1866 der „Bruderkrieg" zwischen Preußen einerseits sowie Österreich und Sachsen andererseits zugunsten Preußens entschieden. Im „Frieden von Prag" konnte Bismarck mit seiner „Politik der Mäßigung" Preußens Machtstellung mit dem Zusammenschluß der norddeutschen Staaten zum Norddeutschen Bund festigen. Damit war der wichtigste Schritt auf dem Weg zur deutschen Einheit vollzogen; denn Österreich schied aus dem politischen Verband der deutschen Staaten aus und überließ die Neugestaltung Deutschlands Preußen.

I/11 Adolph Menzel

Borussia, 1868

Öl auf Lwd.; 112,5 x 61,5
Stadtmuseum Berlin, Dauerleihgabe der Bundesrepublik Deutschland, GEM 66/43

Anders als die vor allem nach 1871 gemalten Germania-Figuren wendet sich die Menzelsche Borussia mit besorgtem, mitleidvollem Blick dem Volk, verkörpert in der Familie am unteren Bildrand, zu und greift, den Hermelinmantel zurückschlagend, nach ihrem kostbaren Halsschmuck, um ihn zu opfern. Diese Geste entspricht dem Anlaß, für den Menzel das Gemälde geschaffen hat, einem Basar „zum Besten der Nothleidenden Bevölkerung in Ostpreußen", der im Februar 1868 im Berliner Schloß stattfand. Über Menzel schreibt Fontane: *„Von Kopf zu Fuß loyal, allem Utopischem abgeneigt, ist er doch zugleich durch und durch ein Mann der Freiheit und als solcher immer da zu finden, wo von alter Zeit her die richtigen Preußen, die Leute von festem Rückgrat, gestanden haben. Und dies haben – Gott sei Dank – vordem wie heute noch ihre Widersacher überdauert."*
Theodor Fontane; NA XXIII/1, S. 519

I/11

I/14

I/12 Unbekannter Künstler

Bismarck als Waffenschmied, nach 1895

Bronze; H. 68, B. 28, T. 28
Stadtmuseum Berlin, SKU 89/5

Auch wenn Bismarck in Fontanes Romanen nicht selbst auftritt, ist die reale Gestalt Bismarck in vielen Gesprächen präsent. Fontane schreibt am 4. März 1894 an Maximilian Harden: *„In fast allem, was ich seit 70 geschrieben, geht der ‚Schwefelgelbe‘* [Bismarck war Oberst der Halberstädter Kürassiere, die gelbe Uniformkragen trugen] *um, und wenn das Gespräch ihn auch nur flüchtig berührt, es ist immer von ihm die Rede wie von Karl oder Otto dem Großen.“* (HA 4, S. 336) Fontane und Bismarck sind sich nur einmal persönlich begegnet, anläßlich eines Empfangs am 24. Februar 1891, zu dem der Chefredakteur der *Norddeutschen Allgemeinen Zeitung*, Emil Friedrich Pindter, geladen hatte.

I/13 Carl und Richard Bieber

Otto von Bismarck als Schmied
des Deutschen Reiches, um 1890

Eisen, bronziert; H. 194, B. 100, T. 60
Stadtmuseum Berlin, SKU 82/4   (Abb. S. 15)

Zu den zahlreichen allegorischen Überhöhungen gehört auch das Bild Bismarcks vom „Reichsschmied". In dieser Darstellung erschien der Reichskanzler, der der führende politische Denker im Prozeß der deutschen Einigung unter preußischer Vorherrschaft war, in allen Bereichen der bildenden Kunst. Das Standbild schmückte einst als Fassadenfigur eine Berliner Stadtvilla.

I/14 Anton von Werner

Entwurfsskizze für den
Siegesdenkmalfries, 1871

Öl auf Lwd; 58 x 202
Stadtmuseum Berlin, VII 93/15 X

Angesichts der deutschen Kleinstaaterei notiert Fontane 1842 in seinen *Korrespondenzen aus der „Eisenbahn"*: *„Deutsche Einigkeit! Mit blutendem*

Herzen schreib' ich es nieder, sie ist ein Traum", der erst dann Wirklichkeit werden kann, wenn *„jedes deutsche Herz nach einem Ziele strebt, für eine Freiheit kämpft, und will's der Himmel – stirbt. Wer aber kennt die Zukunft! Wer bürgt uns dafür, daß nicht ein zweiter Napoleon als Sieger durch die deutschen Lande zieht!"* (NA XIX, S. 19) Fast 30 Jahre später besingt Fontane die ersehnte deutsche Einheit in *Verse für die Berliner „Siegesstraße"* und vor allem in *Kaiser Blanchebart.* (Vgl. Gedichte; GBA, Bd. 3 und 1, S. 211 und 222 f.)

Wilhelm I., auch Barbablanca genannt, ist die zentrale Figur in der Proklamierungsszene auf Werners erstem Entwurf für den Siegesdenkmalfries der Siegessäule, auf dem der Weg zur deutschen Einheit szenisch dargestellt ist, ausgehend von der Germania (links), die von Napoleon jenseits des Rheins bedroht wird, endend mit den bewaffneten Personifikationen deutscher Stämme (rechts), die den aus tausendjährigem Schlaf erwachten Kaiser Barbarossa umschweben. Damit setzt Anton von Werner die These vom „deutschen Beruf Preußens" ins politisch passende Bild.

I/15 Carl Steffeck

Der Ausritt. Kronprinz Friedrich Wilhelm und Princess Royal Victoria, 1856

Öl auf Lwd.; 105 x 122
Axel Springer Verlag AG, Berlin

I/15

Friedrich Wilhelm, der spätere 99-Tage-Kaiser Friedrich III., und die englische Prinzessin Victoria heirateten am 25. Januar 1858 in St. James in London. Fontane, der sich zu dieser Zeit in London aufhielt, notierte in seinem Tagebuch: *„Gearbeitet. (Unsre Prinzen auf Jagd. Der Hofball. Die Revue bei Woolwich."* (Tagebücher; GBA, Bd. 1, S. 304) Über die Braut heißt es an anderer Stelle: *„Ihr Herz empfand ähnliches wie das der Mutter, und die farblosen Wangen deuteten auf Gram im Glück, auf Leid in Freude. Aber eines unterschied sie von der Mutter: das Herz der Tochter war jung, und wo die Jugend ist, da ist Kraft und ist Hoffnung."*
Theodor Fontane; NA XVIII, S. 171

I/16   Albert Kiekebusch

Blick von der Schleusenbrücke zum Berliner Schloß, 1892

Öl auf Lwd.; 72 x 100
Stadtmuseum Berlin, GEM 87/8

Die beiden zentralen Straßenzüge in Berlins Mitte spielen im Prosawerk Fontanes gelegentlich eine Rolle. In *Vor dem Sturm* begegnet Lewin von Vitzewitz zwei Freunden auf einem Spaziergang zwischen Universität und Pariser Platz, in *Schach von Wuthenow* findet auf der Straße Unter den Linden die Schlittenfahrt statt – die Handlungen beider Romane spielen zu Beginn des 19. Jahrhunderts. In *L'Adultera* sieht Jacobine Gryczinski, Schwester Melanie van der Straatens, auf ihrer Heimfahrt von einem Diner im Hause ihres Schwagers das erleuchtete Arbeitszimmer Kaiser Wilhelms I. *„Erst als sie zwischen dem Palais und dem Friedrichsmonumente hinfuhren, richtete sie sich wieder auf, weil sie jenen Allerloyalsten zugehörte, die sich schon beglückt fühlen, einen bloßen Schattenriß an dem herabgelassenen Vorhange des Eckfensters gesehn zu haben. Und wirklich sie sah ihn und gab in ihrer reizenden, halb kindlichen, halb koketten Weise, der Freude darüber Ausdruck."* (GBA, S. 40) – Das Gemälde zeigt das Schloß vor dem Abriß der Häuser an der Schloßfreiheit, an deren Stelle 1893 das Denkmal für Kaiser Wilhelm I. errichtet wurde.

I/17   Franz Skarbina

Gendarmenmarkt im Winter, 1910

Mischtechnik auf Papier; 55,7 x 74
Stadtmuseum Berlin, GHZ 69/3

Von der Südseite gesehen, rückt ein Teil der Fassade des Schinkelschen Schauspielhauses, ein Segment des Portikus des Französischen Doms mit seinem Westtrakt sowie das Gebäude Jäger-/Ecke Charlottenstraße, in dem sich das Café Stehely befand, ins Bild. Der Ausschnitt – Kultur, Kirche und Kommerz symbolisierend – wirkt wie eine gemalte Kulisse, in der die Passanten in winterlicher Jahreszeit agieren.

I/16

I/17

I/18   Julius Jacob

Die Stadtbahnanlagen an der Jannowitzbücke, um 1891

Wasser- und Deckfarben; 116,3 x 221,5
Stadtmuseum Berlin, GHZ 83/11   (Abb. S. 22)

Der Wasserstraßen- und Schienenverkehr, die Mischung aus Wohn- und Fabrikbauten mit ihren qualmenden Schornsteinen, das Verkehrsgewühl auf der 1881–1883 neu errichteten Jannowitzbrücke zeigen ein realistisches Bild der aufstrebenden Hauptstadt und Industriemetropole Berlin. An der Jannowitzbrücke beginnt im *Stechlin* der Ausflug zum Eierhäuschen am Plänterwald. *„Das Wetter war prachtvoll, flußaufwärts alles klar und sonnig, während über der Stadt ein dünner Nebel lag. Zu beiden Seiten des Hinterdecks nahm man auf Stühlen und Bänken Platz und sah von hier aus auf das verschleierte Stadtbild zurück. ‚Da heißt es nun immer', sagte Melusine, ‚Berlin sei so kirchenarm; [...] Ich sehe die Nikolaikirche, die Petrikirche, die Waisenkirche, die Schloßkuppel, und das Dach da, mit einer Art chinesischer Deckelmütze, das ist, glaub ich, der Rathausturm."*
Theodor Fontane, Der Stechlin; NA VIII, S. 126

I/18

I/19   **Julius Jacob und Wilhelm Herwarth**

Der Potsdamer Bahnhof und seine Umgebung, um 1891

Feder, Wasser- und Deckfarben; 110 x 217,5
Berliner Bank AG, Berlin, 41

Zentraler Blickfang ist der Turmbau des 1872 er-
bauten Bahnhofs, links steht das *Hotel Fürstenhof*, in dem Eberhard von Poggenpuhl während
seines Berliner Aufenthalts von seinem literarischen Schöpfer Fontane einquartiert wird, rechts
geht der Blick bis zu einer Häuserreihe am Land-

wehrkanal. In *Cécile* führt Gordons Weg über
den Potsdamer Platz, „*der auch heute wieder wegen Kanalisation und Herstellung eines Inselper-
rons unpassierbar war. Wenigstens in seiner Mitte.
So mußte Gordon denn an der Peripherie sein
Heil versuchen, was ihn freilich nur in neue Wirr-
nisse brachte. Denn es war Markt heute, der, wie
gewöhnlich an dieser Stelle, zwischen Straßen-
damm und Häuserfront abgehalten wurde. [...]
Weithin standen die Himbeertienen* [Hängeeimer]
*am Trottoir entlang, nur unterbrochen durch
hohe, kiepenartige Körbe, daraus die Besinge*
[Heidelbeeren] *blauschwarz und zum Zeichen*

*ihrer Frische noch mit einem Anfluge von Flaum
hervorlugten. In Front aber, und zwar als besondere Prachtstücke, prangten unförmige verspä-
tete Riesenerdbeeren auf Schachtel- und Kisten-
deckeln, und dazwischen lagen Kornblumen und
Mohn in ganzen Bündeln, auch Goldlack und
Vergißmeinnicht, samt langen Bastfäden, um,
wenn es gewünscht werden sollte, die Blumen in
einen Strauß zusammenzubinden. Alles primi-
tiv, aber entzückend in seiner Heiterkeit und
Farbe.*"
Theodor Fontane, Cécile; NA IV, S. 26 f.

I/19

II. Schicksal als Chance?
Rückblicke auf die Kindheit

Anne Franzkowiak

„Ohne Vermögen, ohne Familienanhang, ohne Schulung und Wissen, ohne robuste Gesundheit, bin ich ins Leben getreten, mit nichts ausgerüstet als einem poetischen Talent und einer schlecht sitzenden Hose. (Auf dem Knie immer Beutel). Und nun malen Sie sich aus, wie mir's dabei mit einer gewissen Naturnothwendigkeit ergangen sein muß. Ich könnte hinzusetzen mit einer gewissen preußischen Nothwendigkeit, die viel schlimmer ist als die Naturnothwendigkeit.“[1]

IIb/2

Dieses leicht bittere Resümee über die ungesicherte Lebensbasis, die schicksalgleich seinen Werdegang bestimmen sollte, zog Theodor Fontane 1893 in einem Brief an den Freund Georg Friedlaender. Wenige Monate zuvor hatte er seinen autobiographischen Roman *Meine Kinderjahre* vollendet. Darin zeichnete er das Bild eines hoffnungsvollen Knaben, *„unschuldigen Herzens und geweckten Geistes [...], voll Anlauf und Aufschwung, ein richtiger Junge, guter Leute Kind. Alles war Poesie. Die Prosa kam bald nach, in allen möglichen Gestalten, oft auch durch eigene Schuld.“*[2] Der zweiundsiebzigjährige Fontane suchte, von quälenden Schicksalsfragen gedrängt, Zuflucht in der eigenen Kindheit. Nachdem er im Frühjahr 1892 an einer Influenza erkrankt war, mit seelischen Störungen in der Folge, hatte er die Korrekturen am Roman *Effi Briest* nicht fortsetzen können. Überdies gelähmt vom Gedanken an den eigenen Tod – er befürchtete, im selben Alter wie sein Vater zu sterben –, folgte er schließlich dem Rat seines Arztes und beschäftigte sich mit seiner Autobiographie. Der gedankliche Rückzug in die frühen Jahre erwies ihm einen großen Dienst, schrieb er sich doch an diesem Buch aus einer schweren Krise wieder gesund. Als wäre ihm *„noch eine Frist gegönnt“*, arbeitete er *„unter dem Antrieb einer zur Eile mahnenden Stimme“*, immer vom *„Gefühl der gezählten Tage“*[3] beeinflußt. Als Ergebnis der Selbsttherapie, die ihn aus der leidgeprägten Gegenwart entfliehen ließ, entstand sein autobiographischer Roman *Meine Kinderjahre*, die nahezu einzige Quelle zu Fontanes Kindheit.

Nur knapp geht er rückblickend auf seine ersten Lebensjahre im „prosaischen“ Neuruppin ein, in dem er am 30. Dezember 1819 im Haus der *Löwen-Apotheke* zur Welt gekommen ist. Zum eigentlichen Schauplatz seiner Kinderzeit wählt er jedoch die Swinemünder Jahre von 1827 bis 1832, *„eine glückliche Zeit“*, die unauflösbar mit dem stimmungsvollen Ort verbunden ist. Obwohl der unzureichende familiäre Rückhalt, die unsichere wirtschaftliche Basis und die damit verbundene fragmentarische Bildung die Selbstzweifel bis in das hohe Alter genährt haben, gelingt es Fontane, sich im wiederholten Erleben der

Kinderzeit mit den Problemen, die seine *„jämmerliche Lebensgesamtstellung“* verursachten, zu versöhnen. Immer wieder überspielt er mit Skepsis und Ironie sein zeitweiliges Unbehagen über das im Leben Erreichte. In einem Brief an seine Frau vom 23. August 1891 schreibt er: *„Es ist alles leidlich geglückt, [...] denn ein Apotheker, der anstatt von einer Apotheke von der Dichtkunst leben will, ist so ziemlich das Tollste, was es gibt.“*[4]

Dennoch hat das poetische Talent Fontanes vielfältige Prägungen und Anregungen in der Kindheit erhalten, von denen das späte Romanwerk nicht unbeeinflußt ist. Auffällig argwöhnisch urteilt Fontane über das Niveau seiner allgemeinen Bildung. Mit leichter Ironie stellt er fest, kaum über das Erlernte der ersten zwölf Lebensjahre hinausgekommen zu sein. *„Einige Lücken wurden wohl zugestopft, aber alles blieb zufällig und ungeordnet, und das berühmte Wort vom ‚Stückwerk‘ traf auf Lebenszeit buchstäblich und in besonderer Hochgradigkeit“*[5] bei ihm zu. Der in den *Kinderjahren* aufgezeichnete Bildungsweg verläuft, verglichen mit dem bürgerlicher Knaben seiner Zeit, durchaus nicht ungewöhnlich. Die allgemeine Schulpflicht war in Preußen zwar 1717 verordnet worden, doch im ersten Drittel des 19. Jahrhunderts noch längst nicht überall durchgesetzt. Schulen, die eine solide Ausbildung anbieten, fehlen vielerorts. Die grundlegenden Kenntnisse im Lesen, Schreiben und Rechnen vermitteln meist private Hauslehrer. In seiner Geburtsstadt Neuruppin besucht der siebenjährige Fontane zunächst die Klippschule, verläßt sie aber nach kurzer Zeit wieder, weil der Vater die erst 1819 erworbene *Löwen-Apotheke* veräußern muß, um entstandene Schulden zu begleichen. Die den finanziellen Verhältnissen der Familie angemessenere Apotheke findet er im pommerschen Swinemünde, wohin die Familie 1827

IIa/2

übersiedelt. Die weitere Ausbildung des Sohnes mit Sorgfalt zu bedenken, ist dem Vater nicht gegeben, *„der schnell mit der Sache fertig war [...] die Stadt hat nur eine Schule, die Stadtschule, und da diese Stadtschule die einzige ist, so ist sie auch die beste"*.[6] Fontane wird nur wenige Wochen Schüler dieser Schule sein. Die Mutter, die nach einer überstandenen Nervenkur in Swinemünde eintrifft, traut ihren Augen kaum, als sie ihren „Lieblingssohn" mit den auffällig schönen blonden Locken inmitten der ungekämmten, in Leinwandjacken und Holzpantoffeln gekleideten Swinemünder Jungen sehen muß. Standesgemäßheit, äußere Erscheinung und gute Manieren sind ihr weit wichtiger als das Lernen selbst, und so wird beschlossen, *„mich vorläufig wild aufwachsen zu lassen und ruhig zu warten, bis sich etwas fände. Um mich aber vor Rückfall in dunkelste Nacht zu bewahren, sollte ich täglich eine Stunde bei meiner Mutter lesen und bei meinem Vater einige lateinische und französische Vokabeln lernen, dazu Geographie und Geschichte."*[7] Der Vater, ein fleißiger Journal- und Zeitungsleser mit einer Passion für Geschichte und Geographie, vermittelt, seinen Vorlieben entsprechend, ausschnitthafte Geschichtsbilder. Dank der väterlichen Erzählweise bleiben diese dem Knaben zeitlebens erhalten und dienen ihm dauerhaft als *„Schatzkästlein"* für seine literarische Arbeit. Die angewandte *„sokratische Methode"*, die anhand fortlaufender Fragestellungen das selbständige Denken des Jungen anregt, ergänzt der Vater mit gemeinsamen Inszenierungen historischer Geschehnisse und ermöglicht dem Schüler so eine imaginäre Teilnahme an der Historie.

„‚Kennst du Latour d'Auvergne?' so begann er dann in der Regel.

‚Gewiß. Er war le premier grenadier de France.'

‚Gut. Und weißt du auch, wie man ihn ehrte, als er schon tot war?'

‚Gewiß.'

‚Dann sage mir, wie es war.'

‚Ja, dann mußt du aber erst aufstehen, Papa, und Flügelmann sein; sonst geht es nicht.'

Und nun stand er auch wirklich von seinem Sofaplatz auf und stellte sich als Flügelmann der alten Garde militärisch vor mich hin, während ich selbst, Knirps der ich war, die Rolle des appellabnehmenden Offiziers spielte."[8]

Die väterlichen Unterweisungen verlaufen beinahe vergnüglich, in freundschaftlicher und vertrauter Atmosphäre, ohne einen Ansatz von Strenge und Gängelei. Zuweilen müssen sie der Mutter vorenthalten werden, da ihr *„Zweifel an der Methode kommen"*. Schließlich wird es der väterliche Einfluß gewesen sein, der den zehnjährigen Knaben den Berufswunsch „Professor der Geschichte" äußern läßt.

Nach diesem Zwischenspiel erhält der junge Fontane das Angebot, im Hause des Swinemünder Kommerzienrats Krause gemeinsam mit dessen Kindern von einem Privatlehrer unterrichtet zu werden. Die aus zahlreichen Autobiographien bekannten Lehrmittel dieser Zeit verwendet auch er: als erstes Lesebuch den *Brandenburgischen Kinderfreund* und, vorab, die Bibel. Der Lehrer Dr. Lau, ein Schüler des Philosophen Friedrich Daniel Schleiermacher (1768–1834), hinterläßt bleibende Spuren, denn er gibt dem erworbenen Wissen des Knaben *„das bißchen Rückgrat"*. Während dieser Zeit entsteht – rein zufällig – Fontanes erstes überliefertes Gedicht. Dr. Lau erwartet von seinem Zögling einen schriftlichen Glückwunsch zum bevorstehenden Geburtstag des Vaters. Verzweifelt über die Aufgabe, kritzelt Fontane seine Gedanken auf den schon mit Schrecken betrachteten linierten Briefbogen:

„Lieber Vater,

Du bist kein Kater.

Du bist ein Mann,

Der nichts Fettes vertragen kann;

Doch von den Russen hörst du gern,

Wie sie den Polen den Weg versperrn etc. . . .

In solcher Reimerei, drin ich von Zeile zu Zeile sozusagen lapidar gegenüberstellte, was mein Vater sei und nicht sei, was er möge und nicht möge, ging es weiter zwei Seiten lang. Als Dr. Lau damit durch war, schlug er auf den Tisch und sagte: ‚Das ist gut, das wollen wir nehmen; darüber wird sich dein Vater freuen.'"[9] Nur *„kein Kater"* verändert Dr. Lau in *„Stadtberater"*, denn dies trifft auf das Mitglied des örtlichen Magistrats zu.

Dr. Lau steht nur für eine kurze Zeit zur Verfügung; weitere zwei Hauslehrer folgen, die Methoden wechseln, an eine kontinuierliche Ausbildung ist nicht zu denken. Interessiert verfolgt der zehnjährige Knabe die internationalen Ereignisse, zunächst im Guckkasten einer Jahrmarkts-Schaubude. *„Alle diese augen-*

blendenden, immer wieder in Gelb und Rot und nur ganz ausnahmsweise (wenn es Russen waren) in Grün auftretenden Guckkastenbilder taten aber, trotz aller ihrer Gröblichkeit und Trivialität oder vielleicht auch um dieser willen, ihre volle Schuldigkeit an mir und prägten sich mir derart ein, daß ich über die Personen, Schlachten und Heldentaten jener Epoche besser als die Mehrzahl meiner Mitlebenden unterrichtet zu sein glaube."[10] Bald werden die Bilderbogen von der Zeitung abgelöst, die täglich mit dem Dampfer *Kronprinzessin Elisabeth* aus Stettin eintrifft.

Bis zu seinem zwölften Lebensjahr erfährt Theodor Fontane kaum die Zwänge des autoritären preußischen Schulsystems. „[...] *nicht als eine Schul- und Lernezeit voll Gequält- und Gedrilltwerdens, sondern als eine Zeit unausgesetzten Spielens*"[11] empfindet er seine Kindheit. Ungebunden, ohne häusliche Pflichten, verfügt er tagtäglich über genug Zeit *„für die Beschäftigung nach freier Wahl"*, die er meist spielend im Freien verbringt. Zwar bewohnt der Knabe mit den drei Geschwistern ein gemeinsames Kinderzimmer, doch ist dieses *„am vernachlässigsten"*, fehlt doch *„grad in der Mitte, ein großes Stück Diele [...], so daß der Dünensand, darauf das Haus ohne Untermaurung stand, zum Vorschein kam. Später söhnte ich mich mit diesem Dielenloch freilich aus, denn gerade diese Sandstelle wurde, wenn wir bei schlechtem Wetter nicht hinaus konnten, zum bevorzugten Spielplatz für uns Kinder, wo wir mit vier würfelförmigen Steinen unser Lieblingsspiel spielten."*[12]

Wie seine Romanfigur Effi Briest bevorzugt er die Schaukel im malerischen Garten des Hauses. *„Schöner aber als alles das war, für mich wenigstens, eine zwischen zwei Holzpfeilern angebrachte, ziemlich baufällige Schaukel. Der quer überliegende Balken fing schon an morsch zu werden, und die Haken, an denen das Gestell hing, saßen nicht allzu fest mehr. Und doch* konnt ich gerade von dieser Stelle nicht los und setzte meine Ehre darin, durch abwechselnd tiefes Kniebeugen und elastisches Wiederemporschnellen die Schaukel derartig in Gang zu bringen, daß sie mit ihren senkrechten Seitenbalken zuletzt in eine fast horizontale Lage kam. Dabei quietschten die rostigen Haken, und alles drohte zusammenzubrechen. Aber das gerade war die Lust, denn es erfüllte mich mit dem wonnigen und allein das Leben bedeutenden Gefühle: Dich trägt dein Glück."*[13] Ohne auf die eigene Sicherheit zu achten, verfällt er dem Reiz, das Schicksal herauszufordern; wohl nur im Überschreiten der Grenzen spürt er einen Triumph, in dessen Nähe zugleich auch die Gefahr des Absturzens lauert. Dieser *„täglichen Verführung"* erliegt Fontane auch beim Baden im Meer. Seine Schwimmkünste reichen nur knapp zum Überwinden der Entfernungen zwischen den einzelnen *„Reffs"*. Von Todesängsten befallen, gewinnt er zwar den Boden unter den Füßen zurück, hat aber rückblickend das Gefühl, nicht aus eigener Kraft, sondern mit der Hilfe eines rettenden *„Schutzengels"*, der seine Swinemünder Kindheitsjahre beschützt, die Gefahr gebannt zu haben.

In den Spielen der Swinemünder Honoratiorenkinder nimmt Fontane stets die führende Position ein. Schon früh zeichnet sich das Wesen eines die Unabhängigkeit liebenden Einzelgängers ab. Prägende Freundschaften oder geschwisterliche Kontakte werden kaum erwähnt. *„Stärker und gewandter als die Schul- und Straßenjungen"* fühlt er sich ohnehin, die natürliche Veranlagung für das Turnerische läßt ihn zum *„brillanten Stelzenläufer"* werden. Doch ein ungeahntes Glücksgefühl vermittelt ihm seine größte Passion, das Versteckspielen. „[...] *eigentliches Versteckspiel nach meiner damaligen Anschauung war etwas viel Großartigeres, Poetisch-Phantastischeres und jedenfalls gleichbedeutend mit einem völligen stundenlangen Ver*

IIb/6

schwinden, wozu der riesige Heuboden, den wir auf unserem Hofe hatten, eine nicht zu übertreffende Gelegenheit bot. Bis unter den First eines langen Stallgebäudes lag das Heu dicht aufgeschichtet, und in die tiefen und engen Löcher, die sich hier und da zwischen den Dachbalken und der Heumasse befanden, ließ ich mich leise hinabgleiten. Da saß ich dann endlos, unter beständigem Herzklopfen, vor Enge und Schwüle beinahe erstickend und immer nur durch die glückselige Vorstellung aufrechterhalten: ‚Und wenn sie dich suchen bis an den Jüngsten Tag, sie finden dich nicht.‘"[14] Nach Abbruch des Spiels erscheint er triumphierend als Sieger aus seinem Versteck, „mit dem Ausdruck höchster Geringschätzung".

Reizvoll sind auch die Spiele am Bollwerk, zumal besonders gefährlich und zudem verboten. Hierzu zählt das Klettern auf Schiffen, Strickleitern und Mastkörben. Außerdem eignet sich die ländliche Umgebung Swinemündes gut für das „Kampieren im Freien" und die dazugehörigen kriegerischen „Taten" der gegeneinander kämpfenden, mit Korbsäbeln und Rundschilden bewaffneten Swinemünder Kindergruppen. Besonders beliebt ist eine Waldstelle in der Nähe von Heringsdorf, „Störtebeckers Kul". Ein tiefes Erdloch, das wohl schon dem Seeräuber Störtebeker zu Ende des 14. Jahrhunderts als Lagerplatz nach seinen Beutezügen auf der Nord- und Ostsee gedient hat, versetzt den jungen Fontane in ein „ungeheures Hochgefühl: Störtebecker und ich. Was mußte ich für ein Kerl sein!"[15] „Allerhand süße Schauer" überkommen ihn, der sich selbst am sagenhaften Ort in der Rolle Störtebekers fühlt. Als Hauptmann führt er die Truppe der Bürgerkinder, die an körperlicher Kraft den Jungen der Schiffer und Hafenarbeiter unterlegen sind. Eine offene Konfrontation zwischen beiden Kindergruppen läßt Fontane eine erste Niederlage erleben und deutet auf das Ende der poetischen Kinderjahre. „Ich hatte durch Jahr und Tag hin geglaubt, in erster Reihe durch mich selbst und zum zweiten durch allerlei kleine Künste, denen ich die stolzesten Namen gab, eine Machtstellung einnehmen zu können. Das erschien mir als etwas Besonderes. Blieb mir dies aber in alle Zukunft hin versagt, so hatte das andre keinen Wert mehr für mich [...]"[16]

Doch nicht nur abenteuerliche Spielmöglichkeiten bietet die malerisch am offenen Meer gelegene Kleinstadt. Auch ein geheimnisvoller Zauber liegt über der anheimelnden „kleinen Schifferstadt mit den Giebelhäusern", in denen sich unheimliche Geschichten abspielen, die die kindliche Lust an diesen Phänomenen anregt. Empfangen vom bis dahin nicht gekannten Rauschen des Meeres, verspürt der Knabe bereits bei der Ankunft in Swinemünde den Hauch des Unheimlichen, der diese Stadt zu umgeben scheint. Die kleine „Seele, die schon damals nach allem, was einen etwas aparten und das nächtlich Schauerliche streifenden Charakter hatte"[17], verlangt ohnehin begierig danach. Schon im eigenen Haus, das an der Großen Kirchenstraße/Ecke Färberstraße gegenüber der Christuskirche von 1792 lag, sorgt der verstorbene Apotheker Geisler, vom Dienstpersonal zuallererst wahrgenommen, für unruhige Nächte. Man glaubt „De oll Geißler geiht wedder üm [...] He

kuckt wedder in all sien Kisten und Kasten‘, und wirklich, man hörte deutlich, wie die Deckel der großen Kräuterkisten auf- und wieder zugeschlagen wurden."[18] Theodor Fontane – das „phantastische Kind" – kann die unheimliche Situation im eigenen Kinderzimmer verstärkt erleben, denn dort steht der Lehnstuhl des alten Geisler, in dem er auch gestorben ist. Hier, am ereignisbeladenen Ort, vernimmt er „das Klappen und geheimnisvolle Rumoren". Es versetzt den Knaben in eine Phantasiewelt, so „daß von Prosa der Umgebung keine Rede mehr sein konnte".[19] Ferner entdeckt Fontane auf einem der fünf Dachböden des Wohnhauses einen sogenannten Glücksbringer, Relikt einer längst vergangenen, unheilvollen Swinemünder Begebenheit: das Rad, mit dem der Mörder Hannacher gerichtet worden ist.

Das für den Knaben beeindruckendste Ereignis geschieht im Frühjahr 1828: die Hinrichtung eines Swinemünder Mörderpaares. Aus Habgier haben Mohr und seine Frau zwei Jahre zuvor eine Swinemünder Witwe und ihre Mitbewohnerin ermordet. Beide erhalten die Todesstrafe, die öffentlich vollstreckt wird. Das Ende gestaltet sich dramatisch. Das Paar wird bis zum Schafott von der bewaffneten örtlichen Bürgerschaft begleitet. An der Spitze geht der Vater Theodor Fontanes.

Rätselhafte und unheimliche Ereignisse ziehen noch den „alten Fontane" elementar an. Motivisch kehren sie im Romanwerk wieder. So erlebt Effi Briest, die Hauptfigur des gleichnamigen Romans, der 1895 fertiggestellt wird, eine dem Swinemünder Spuk vergleichbare Geschichte. Apart und phantasievoll verfügt auch sie, wie der junge Fontane, über genügend Einbildungskraft, die sie in Kessin – wie Swinemünde ein Ort am Meer – den spukenden Chinesen auf dem Dachboden des Hauses hören läßt. Das Motiv des Spuks „steht [...] nicht zum Spaß da, sondern ist ein Drehpunkt für die ganze Geschichte", schreibt er am 19. November 1895 an Joseph Viktor Widmann.[20] Wesensverwandt ist Effi dem Knaben Theodor auch in ihrer Lust, das Schicksal herauszufordern. Gleich ihm klettert und schaukelt sie, „am liebsten immer in der Furcht, daß es irgendwo reißen oder brechen und [sie] niederstürzen könnte. Den Kopf wird es ja nicht gleich kosten."[21] In den Kinderjahren wie im Romanwerk zeichnet Fontane Bilder kindlicher Spiel- und Traumwelten, die Wesenszüge und Lebensansichten der Romanfiguren verbergen. So begibt sich das Kind Theodor wiederholt am Meer in Gefahr. Das Wasser, ein vielfach angstbesetztes Element, weist auf die Grenzen zwischen Leben und Tod, zwischen Bindung und Freiheit. Auch Effi Briest erlebt dies. Das kindliche Spiel reflektiert den Ernst des Lebens; Autobiographisches findet Eingang in das literarische Schaffen. Analog dem Knaben im Spiel, der die eigenen Grenzen an den Naturgewalten mißt, konfrontiert Fontane seine Romanfiguren auf der Suche nach dem eigenen Glück mit den geltenden gesellschaftlichen Normen.

Den Schauplatz seiner Kinderzeit, Swinemünde, verwendet Fontane in seinen Romanen gleich mehrfach. Er stellt nicht nur den räumlichen und atmosphärischen Hintergrund für die Ehegeschichte Effi Briests dar. Auch der schon in den achtziger Jahren erschienene Roman *Graf Petöfy*, in dem die Schauspielerin Franziska Franz den Ort ihrer Kindheit beschreibt, erinnert an ein Seestädtchen mit Swinemünder Charme. *„Da haben wir zunächst unsern Strom, dessen breite Wasserfülle schon die Nähe des Meeres ahnen läßt. Und keine tausend Schritte vor seiner Mündung, da wächst die Stadt auf und zieht sich einreihig an einem Pfahlwerk entlang, an dessen steil abfallender Wasserseite die Schiffe liegen, groß und klein, mit ihren vergoldeten Namen am Spiegel und einer überlebensgroßen, in Holz geschnittenen Figur am Bug. Auf dem breiten Damm aber, der dem Schlängellauf des Flusses folgt, bewegen sich Handel und Verkehr wie unter einem Walde spalierbildender Maste. Denn zu beiden Seiten erheben sich diese Maste, sowohl auf den Schiffen wie vor den Häusern gegenüber."*[22]

Das Swinemünde der Kinderzeit, *„ein unschönes Nest"* und zugleich *„von ganz besonderem Reiz"*[23], bietet eine wechselvolle Kulisse und birgt, jahreszeitlich bedingt, existentielle Bedrohungen durch Sturm und Hochwasser. Im Erwarten solcher Gefahr verwandelt sich der reale Ort in der Phantasiewelt des Knaben zum sagenumwobenen Vineta, jener angeblich vor der Ostseeinsel Wollin versunkenen Stadt. Das einst beschauliche Swinemünde ist 1824 eines der ersten preußischen Seebäder geworden. Handel und Schiffahrt vermitteln dem Ort zunehmend eine weltoffene Atmosphäre. Englische Matrosen und russische Dampfschiffe – mit einem besucht selbst Zar Nikolaus das kleine Seebad – gehören wie die Schiffsverbindung Stettin-Swinemünde bereits zum Alltag des jungen Fontane. Dem typischen Charakter kleiner Seestädte entsprechend, setzen sich die Bewohner des Ortes zusammen, Schiffer und Hafenarbeiter, *„bankrutte Kaufleute"* und – meist nordeuropäischer Herkunft – die Honoratiorenfamilien, zu denen auch die Fontanes gehören. Deren Alltag wird bestimmt von den gegensätzlichen Charakteren und Idealen der Eltern, die dem Knaben kaum Sicherheit vermitteln.

Die wiederholt erlebten Spannungen formen seine Lebensansichten und bleiben für die Zeichnung der späten Romanfiguren nicht folgenlos. So tragen männliche Gestalten des öftern die typischen Züge des Vaters, eines *„humoristischen Visionärs"*, der sympathisch, aber lebensfremd ist. Sie folgen seiner im Kindheitsroman vertretenen Ansicht, daß Heiraten eben nur *„eine Sache für vernünftige Menschen"*[24] ist. Der Vater Louis Henri Fontane entstammte einer in Berlin lebenden Familie, die der französischen Kolonie – den Refugiés – angehörte. Er besuchte bis 1809 das *Gymnasium zum Grauen Kloster. „Von guter Schülerschaft konnte bei den zwei Meilen Wegs, die jeden Tag zurückgelegt werden mußten,* [Louis Henris Vater war seit 1807 Kastellan im Schloß Niederschönhausen] *nach eignem Zeugnis meines Vaters nicht wohl die Rede sein."*[25] Die Bildung blieb mangelhaft, dem Schulabschluß stand offenbar eine schon früh ausgeprägte Vorliebe für die gascognesche Lebenskunst mit „bon sens" und „savoir faire" entgegen. Eine Lehre begann Louis Henri 1809 in der Berliner *Elephanten-Apotheke.* Noch vor ihrem Abschluß aber folgte er dem Aufruf König Friedrich Wilhelms III. und meldete sich als freiwilliger Jäger zu den Be-

IIa/15

freiungskämpfen 1813/14. Das Staatsexamen schließlich, das ihn zum Betreiben einer Apotheke berechtigte, legte er 1819 ab. Das Apothekerdasein füllte sein Leben jedoch nicht aus. Die Neigung zu den eher noblen Passionen verführte ihn zum „Whist en trois" und sollte ihn bereits in den ersten Jahren seiner Ehe *„ein kleines Vermögen"*[26] verspielen lassen. 1819 heiratete er Emilie Labry, die wie er französischer Herkunft war, jedoch ein gänzlich anderes Naturell besaß. Ihre südfranzösische Heftigkeit war von einem ausgeprägten Sinn für Repräsentation, bürgerliches Standesbewußtsein und Besitzdenken begleitet. Ihr nüchterner Blick für das Reale und eine ihr nachgesagte Strenge werden sich im Verlauf der Ehejahre wohl verstärkt haben, mußte sie doch die leichtsinnige Lebensart ihres Mannes ausgleichen, um die siebenköpfige Familie zu erhalten. 1847 trennt sich Emilie von ihrem Mann. Sie kehrt nach Neuruppin zurück, jener Stadt der ersten glücklichen Ehejahre.

Erst der lebenserfahrene Fontane erkennt ihren *„Sinn für [...] Superiosität"* und ihre Überlegenheit *„an Charakter, auf den doch immer alles ankommt"*.[27] Wesensverwandt scheinen Mutter und Sohn jedoch nicht zu sein. In völliger Verkennung seines kindlichen Charakters hat sie dem zwölfjährigen Sohn zu Weihnachten neben dem gewünschten Korbsäbel einen aus Leder geflochtenen *„Kantschu"* - eine kurze Peitsche - geschenkt. Die Kränkung ist nachhaltig. Noch 1856 schreibt er an die Mutter über den Sinn von Erziehung, *„Strenge ist gut und Tadel ist gut; aber es giebt Naturen, die beides nicht ertragen können und die der steten Aufmunterung und selbst übertriebener*

Apotheke zum Schwan
Spandauer Strasse Ecke Heidereutergasse
c. 1820.

IId/1

Anerkennung bedürfen. [...] Ich war auch außer mir, als ich einen Säbel und einen – Ochsenziemer zu gleicher Zeit geschenkt erhielt und eine ähnliche Independenz steckt wohl in uns allen."[28] Die erzieherischen Anweisungen der zu Beginn des 19. Jahrhunderts zahlreich erschienenen pädagogischen Leitfäden, etwa von Johann Heinrich Pestalozzi oder Johann Jakob Salzmann, werden die Fontanes kaum auf ihre Kinder angewendet haben. Großzügig, mitunter fast nachlässig, bieten sie den Kindern Spielraum und erziehen durch ihre *„vorbildliche Gesinnung"*. Es *„hätte noch besser gepaßt, wenn der Zustand des sich gar nicht oder doch nur wenig um uns Kümmerns ein permanenter gewesen und jederzeit in seiner vollen Reinheit aufrechterhalten worden wäre. Leider aber war dies nicht der Fall; vielmehr wurde durch dann und wann auftretende Versuche, mit den herkömmlichen pädagogischen Mitteln einzugreifen, unser normaler Nichterziehungsprozeß gestört, teils nutzlos, teils geradezu schädigend. Ich kann mich nämlich nicht entsinnen, jemals mit einem vollen Recht bestraft worden zu sein, entweder war es im Maß verfehlt oder ganz und gar ungerechtfertigt.*"[29]

Der oft nicht durchsetzungsfähige, an Strafmaßnahmen kaum interessierte Vater wird von der strengen Mutter beauftragt, begangene Missetaten des Knaben zu ahnden, was den Effekt natürlich schmälern muß. Theodor Fontane, der selbst Vater von vier Kindern werden wird, erlebt vergleichbare Situationen und zeigt ein dem eigenen Vater ähnliches Verständnis in Erziehungsfragen. Friedrich Fontane, ein Sohn Theodors, berichtet einmal über die mütterliche Verzweiflung, die sein unerklärlich langes Ausbleiben verursacht hat. Die ersehnte, aber zu späte Rückkehr im Schein der Laternen fordert ihren Tribut. Doch der eher strafunwillige Vater entscheidet vor allem in *„Rücksichtnahme auf die strenger denkende Lebensgefährtin [...] Verlangt doch die weibliche Psyche, ohnehin gar nicht so häufig zur Gnade geneigt, als man dem schwächeren Geschlecht zutrauen sollte, unweigerlich Strafe für umsonst ausgestandene Angst.*"[30] So überlagern sich im Kindheitsroman die Wesenszüge Theodor Fontanes wiederholt mit denen des eigenen Vaters. Zeitlebens gilt diesem allerdings der Vorwurf, durch seinen Lebenswandel die finanzielle Basis für eine standesgemäße Ausbildung der Kinder zerstört zu haben.

Zunächst noch haben sich Fontanes Eltern für die gymnasiale Ausbildung des zwölfjährigen Theodor entschieden. Sie führt ihn nach Neuruppin zurück; frühzeitig auf sich selbst gestellt, findet er Obhut in einem der Familie bekannten Predigerhaus. Das unkontinuierlich in den Swinemünder Jahren erworbene Wissen reicht für die Aufnahme in die Quarta des Gymnasiums. In dieser Gymnasialstufe treffen Schüler mit unterschiedlichsten Lernerfahrungen zusammen. Sie sind geprägt von den Methoden der noch jungen bürgerlichen Privatschulen oder von dem herkömmlichen Unterricht privater Hauslehrer. Vorzeitige Schulabgänge bereits nach der Quarta oder Tertia infolge wirtschaftlicher Zwänge gelten zu dieser Zeit keineswegs als unüblich. Nur etwa ein Drittel der Gymnasiasten legt das Abitur ab. Die Mehrheit der Schüler erhält am Gymnasium nur die Allgemeinbildung bis zum 14. Lebensjahr. Mit dem bisher erworbenen Geschichtswissen nimmt Theodor Fontane nach nur kurzer Zeit eine anerkannte Position unter den Mitschülern ein. Er gibt selbst den Primanern, die an den plastischen Historiendarstellungen interessiert sind, Nachhilfe. Knapp anderthalb Jahre später jedoch beschließt der Vater einen Schulwechsel des Sohnes an die erst 1824 gegründete städtische Gewerbeschule in Berlin, die von Karl Friedrich Klöden geleitet wird. Eine kühne Entscheidung des Vaters, auf die altsprachliche Bildung zugunsten von Naturkunde, Mathematik und neuen Sprachen zu verzichten! Oder ist es die Suche nach einem Bildungsweg jenseits eines Studiums, das die Familie ohnehin nicht hätte finanzieren können? Das bestehende preußische Schulsystem kommt im Zeitalter der beginnenden industriellen Revolution dem Bildungsbedürfnis des Bürgertums nur unzureichend entgegen. Nach langen Auseinandersetzungen mit dem preußischen Staat beschließt der Berliner Magistrat, eine höhere Bürgerschule zu gründen. *„Diese Anstalt soll den Namen Berlinische Gewerbeschule führen und bestimmt sein, jungen Leuten, deren Vorkenntnisse und Verhältnisse es gestatten, für die zukünftige Betreibung von Gewerben eine wissenschaftliche und also eine höhere Vorbereitung zu verschaffen, als zum gewöhnlichen mechanischen Betriebe desselben erforderlich ist.*"[31] Die

Schüler dieser Einrichtung sollen über eine allgemeine Schulbildung verfügen, entsprechend den für die Tertia der herkömmlichen Gymnasien geforderten Kenntnissen. Führende Wissenschaftler unterrichten an dieser Schule, so der Chemiker Friedrich Wöhler, der Botaniker Johann Friedrich Ruthe und der Mathematiker Jakob Steiner. Theodor Fontane verbringt an der Gewerbeschule seine Ausbildungszeit von 1833 bis 1836 und schließt sie mit dem „Einjährigen" ab. Während dieser Zeit wohnt er bei seinem Onkel August, einem Halbbruder des Vaters. Mehr noch als der Vater neigt jener zu Leichtsinn und Bummelei und ist dem Knaben ein warnendes Beispiel. Während seiner Gewerbeschulzeit wird er den Wohnsitz mehrfach wechseln. Mit dem Umzug in die Sommerwohnung, die August Fontane 1834 vor dem Oranienburger Tor im Liesenschen Lokal mietet, werden die besten schulischen Vorsätze zunichte gemacht. Der einstündige Schulweg verführt ihn, wie schon den Vater, zunächst zur „Bummelei" und später zur „Tagesschwänzung". Zu den botanischen Exkursionen, die der Biologielehrer Ruthe in die Rudower Wiesen oder in Britz unternimmt, erscheint Theodor Fontane nur selten. Der Weg ist mühevoll, das botanische Interesse gleichwohl vorhanden, und so begibt er sich selbst in die nähere Umgebung. Zwischen Grunewald und Jungfernheide, Rehbergen und Schlachtensee untersucht er ohne den Anflug eines schlechten Gewissens Moose und Farne. Diese Exkursionen dienen einem – wohl halbherzig

formulierten – Berufswunsch, Botaniker zu werden. Nach dem häuslichen Mittagessen müssen die Nachmittagsstunden dem bisherigen Tagesverlauf angepaßt werden. An der Ecke Schönhauser-/Weinmeisterstraße liegt das Café des Freundes Anthieny, das „Stehely des Nordostens". Hier vertieft er sich beim Kaffee in die zeitgenössische Literatur, den *Beobachter an der Spree* oder den *Berliner Figaro*.

Das Resultat von Gymnasial- und Gewerbeschulbildung ist, daß er, „*anstatt eine Sache wirklich zu lernen, um alles richtige Lernen überhaupt kam und von links her die Gymnasialglocken, von rechts her die Realschule habe läuten hören, also mit minimen Bruchteilen einerseits von Latein und Griechisch, andrerseits von Optik, Statik, Hydraulik, von Anthropologie [...], von Metrik, Poetik und Kristallographie*"[32] seinen Lebensweg antreten muß. Für die bereits verspürte dichterische Neigung erhält er keinerlei Bildungsangebote. Anders ergeht es dem Dichterfreund Paul Heyse, dem literarischen Wunderkind des 19. Jahrhunderts. Dieser verlebt eine ähnlich zwanglose Kindheit wie Fontane am Berliner Weidendamm. Die Eltern – der Vater ist Philologe – achten auf eine zielgerichtete Ausbildung. Nach dem Schulabschluß am Berliner Friedrich-Wilhelm-Gymnasium studiert Heyse klassische Philologie, Kunstgeschichte und Romanistik. Bildungsreisen nach Italien folgen. Der Zugang zu den bekannten Berliner Salons wird ihm von der eigenen Familie vermittelt. Finanziell stets abgesichert, kann

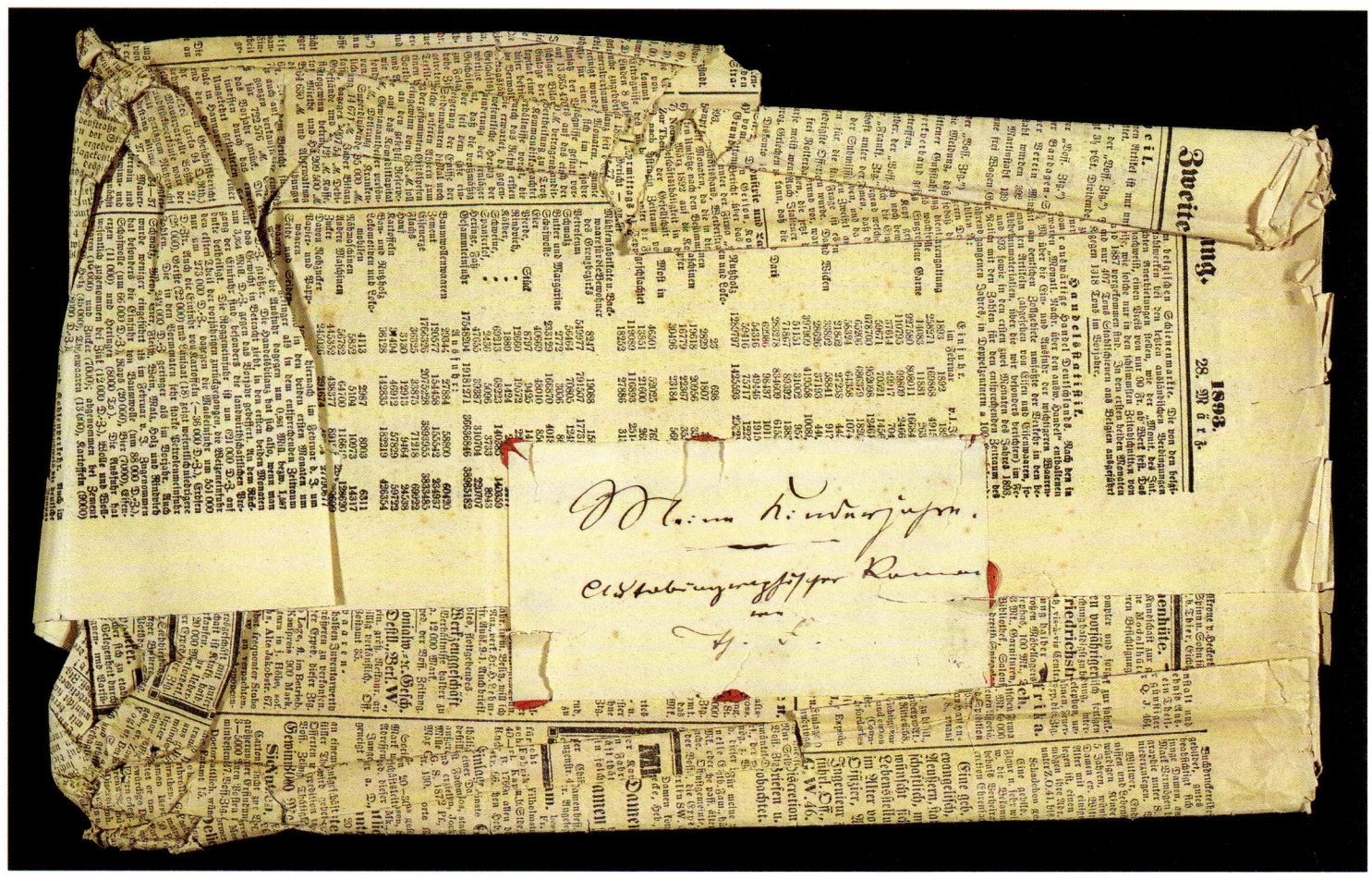

Banderole für das Manuskript *Meine Kinderjahre*, zusammengeklebt aus: Zweite Beilage der *Vossischen Zeitung*, Nr. 147, 28. März 1893, Stadtmuseum Berlin

er sich am Hofe Maximilians II. in München, an den er 1854 berufen wird, ganz der Dichtkunst widmen.

Für Theodor Fontane dagegen ist der Traum zu studieren bereits mit dem Schulwechsel nach Berlin verflogen. Zu Ostern 1836 beginnt er seine Lehrzeit in der Roseschen Apotheke in Berlin, die, nahe der Garnisonkirche, in der Spandauer Straße liegt. Hier versucht er, seine literarischen Interessen während des Herstellens der Mixturen zu pflegen. Er fühlt sich nicht zum Apotheker berufen und leidet unter der verpaßten Chance einer soliden Ausbildung. Eine eigene Apotheke kann er, der unbemittelt und in finanzieller Not lebt, nicht erwerben. 1849, die Apothekerlehre ist längst abgeschlossen, schreibt er an den Freund Bernhard von Lepel: *„Der Egoismus meines Vaters, der immer Geld hatte für Wein und Spiel, und nie für Erziehung und Zukunft seiner Kinder, hat schlimme Frucht getragen. Man ließ mich Apotheker werden, weil man das Geld verprassen wollte, was zur Ausbildung der Kinder hätte verwendet werden müssen, und jetzt, wo sich die Reue darüber leise im Herzen regt, ist es zu spät [...]"*[33]

Zeitlebens verfolgt ihn die Angst, das väterliche Los zu teilen, dem unaufhaltsamen Bankrott ausgeliefert zu sein. Mit der von eigenen Leiderfahrungen geprägten Sicht nimmt Theodor Fontane 1892 in den *Kinderjahren* jeglichen Vorwurf an den Vater zurück. *„Und so fügte sichs denn, daß er, der in guten Tagen in diesem und jenem wohl manches versäumt hatte, schließlich doch der Begründer des bescheidenen Glückes wurde, das dieses Leben für mich hatte."*[34] Verständnisvoll betrachtet er den schwachen und liebenswerten Vater. Jugendlich und unerfahren, ist er mit dem Erhalt einer Familie und dem Führen der Geschäfte überfordert gewesen. *„Denn wie er ganz zuletzt war, so war er eigentlich"*[35], sagt er vom Vater, und ist doch selbst *„berufen, die idealen Vorzüge dieser Lebensstufe, als Milde, Güte, Gerechtigkeit, Humor und verschlagene Weisheit, kurz, jene höhere Wiederkehr kindlicher Ungebundenheit und Unschuld, der Menschheit aufs vollkommenste vor Augen zu führen."*[36]

Theodor Fontanes Kindheitsgeschichte spiegelt seine gesamte Lebensgeschichte. Im *„ersten Lebensjahre stecke der ganze Mensch. [Er] habe diesen Satz bestätigt gefunden"*, so stimmt Fontane den Leser seines Kindheitsromans bereits im Vorwort ein. Kindheit und Alter, Beginn und Abschied umrahmen den Lebenskreislauf und rücken dichter zusammen. Die gesammelten Lebenserfahrungen interpretiert er im Hinblick auf die frühen Kindheitserlebnisse. So sind es vielleicht auch die von der Mutter vermittelten calvinistischen Einflüsse, die ihm rückblickend den Weg und das Ziel des Lebens als vorherbestimmt erscheinen lassen – gelenkt von einer *„Rätselmacht"*, wie im Romanwerk oft motivisch verwendet. Das Schicksal scheint für Ausgleich zu sorgen. *„Der Liebling der Musen"* – so Fontane über den charismatischen Dichter Paul Heyse – erfährt uneingeschränkten Ruhm für seine Kunst bereits zu Lebzeiten. Als ein dem ästhetizistischen Kunstideal des späten 19. Jahrhunderts verpflichteter Dichter, der 1910 als erster deutschsprachiger Schriftsteller den Nobelpreis für Literatur erhält, fällt er mit dem Untergang dieser Epoche aber fast völlig in Vergessenheit. Paul Heyse hält die Inhalte und deren künstlerische Umsetzung in Fontanes späten Romanen für zu trivial. Er schreibt am 4. Januar 1909 an Heinrich Spiro in bezug auf den Roman *Mathilde Möhring*: *„[...] vielleicht waren an dieser Verirrung seines Credo die Mängel seiner Jugendbildung schuld, die durch alle Liebenswürdigkeit seines Naturells nicht ganz aufzuwiegen waren."*[37] Doch gerade im Bewußtsein unvollkommenen Wissens hat Fontane sein Interesse am Zeitgeschehen überaus lebendig gehalten. So konnte er seinen besonderen Sinn für das scheinbar Alltägliche und die genaue Beobachtung des gesellschaftlichen Lebens ausbilden. Die Frage *„[...] worin wurzelt [...] das Glück?"*[38] stellte er nicht nur zur eigenen Positionsbestimmung in seinen zahllosen Briefen. Es ist die Frage, die auch Fontanes Romanwerk bis heute – über sein Jahrhundert hinaus – aktuell bleiben läßt.

Anmerkungen

1 Theodor Fontane, Brief an Georg Friedlaender, 3.10.1893; HA 4, S. 299
2 Theodor Fontane, Meine Kinderjahre; NA XIV, S. 184
3 Theodor Fontane, Brief an Julius Rodenberg, 30.10.1892; HA 4, S. 226. Brief an Paul Schlenther, 26.11.1892; HA 4, S. 236. Brief an Georg Friedlaender, 30.1.1893; HA 4, S. 245
4 HA 4, S. 145
5 Theodor Fontane, Meine Kinderjahre; NA XIV, S. 185
6 Ebd., S. 121
7 Ebd., S. 122
8 Ebd., S. 125
9 Ebd., S. 133
10 Ebd., S. 113
11 Ebd., S. 144
12 Ebd., S. 38
13 Ebd., S. 42
14 Ebd., S. 146
15 Ebd., S. 173
16 Ebd., S. 178
17 Ebd., S. 26
18 Ebd., S. 35
19 Ebd., S. 39
20 HA 4, S. 506
21 Theodor Fontane, Effi Briest; NA VII, S. 194 f.
22 Theodor Fontane, Graf Petöfy; NA II, S. 58 f.
23 Theodor Fontane, Meine Kinderjahre; NA XIV, S. 52
24 Ebd., S. 19, 167
25 Ebd., S. 10 f.
26 Ebd., S. 21
27 Ebd., S. 16
28 Theodor Fontane, Brief an Emilie Fontane (Mutter), 14.3.1856; HA 1, S. 490 f.
29 Theodor Fontane, Meine Kinderjahre; NA XIV, S. 140
30 Theodor Fontane jr. (1856–1933), Beziehungen zu meinem Vater, in: Fontane-Blätter, 1974, Heft 20, S. 261
31 Festschrift zur Feier des fünfzigjährigen Bestehens der Friedrich-Werderschen Gewerbeschule zu Berlin am 18.10.1874, S. 32
32 Theodor Fontane, Von Zwanzig bis Dreißig; NA XV, S. 107
33 Theodor Fontane, 5.10.1849; HA 1, S. 86
34 Theodor Fontane, Meine Kinderjahre; NA XIV, S. 40
35 Ebd., S. 157
36 Thomas Mann, Aufsätze, Reden und Essays 1893–1913, Berlin/Weimar 1983, Bd. 1, S. 184
37 Zitiert nach: „Paul Heyse, Münchner Dichterfürst im bürgerlichen Zeitalter", Katalog, Bayerische Staatsbibliothek, München 1981, S. 163
38 Theodor Fontane, Meine Kinderjahre; NA XIV, S. 146

IIa/1

IIa/1

Silhouetten der Eltern

Scherenschnitte nach Photoreproduktion; 11,8 x 18
Theodor-Fontane-Archiv, Potsdam, A I 446

IIa/2   **Helmut Raetzer**

Porträt Louis Henri Fontane, 1859

Bleistift; 13,2 x 10,5
Theodor-Fontane-Archiv, Potsdam, A I 4   (Abb. S. 24)

Das Porträt entstand während der zurückgezogen
verbrachten späten Lebensjahre des Vaters (1796
bis 1867) in Schiffmühle. Emilie hatte sich bereits
1847 von ihrem Mann getrennt. Die vierte, gemeinsam erworbene Apotheke in Letschin mußte
wie die vorhergehenden der Schulden wegen verkauft werden. Die Spielleidenschaft des Vaters,
sein nur schwach ausgeprägter Realitätssinn und
seine *„ganz ungeschäftliche Natur"* (Theodor Fontane, Meine Kinderjahre; NA XIV, S. 21) haben den sozialen Abstieg der Familie herbeigeführt.

IIa/3   **Unbekannter Photograph**

Die *Löwen-Apotheke* in Neuruppin, um 1930

Photographie; 23,8 x 17,9
Stadtmuseum Berlin, IV 97/39 V

Louis Henri Fontane erwarb 1818/19 mit einem
Darlehen seines Vaters die 1788 erbaute *Löwen-
Apotheke* in Neuruppin. Das ursprünglich zweigeschossige Gebäude wurde 1867 um ein Stock-
werk erhöht.

IIa/4   **Unbekannter Künstler**

Die *Löwen-Apotheke* in Neuruppin, um 1830

Zeichnung (Reproduktion); 13,4 x 12,4
Theodor-Fontane-Archiv, Potsdam, A I 124

*„In ihrer Ruppiner Apotheke verlebten meine
Eltern die ersten sieben Jahre ihrer Ehe, vorwie-*

*gend glückliche Jahre, trotzdem sich schon da-
mals das zeigte, was dieses Glück früher oder
später gefährden mußte."*
Theodor Fontane, Meine Kinderjahre; NA XIV, S. 17

IIa/5   **Unbekannter Künstler
nach Carl Zopf**

Die *Löwen-Apotheke* in Neuruppin, nach 1877

Aquarell über Bleistift, gehöht; 22,9 x 35,9
Stadtmuseum Berlin, VII 60514 W

IIa/6

Spieltisch, um 1830

Mahagoni; H. 69,5, B. 86,5, T. 87,5
Stadtmuseum Berlin, VII 89/60 Z

IIa/7

Stuhl, um 1820

Kirsche auf Eiche; H. 93, B. 43, T. 52
Stadtmuseum Berlin, KGH 26/65

IIa/8

Schlafsofa, um 1830

Holz, Textil; H. 97/48, L. 230, T. 75
Stadtmuseum Berlin, I 53/209

*„Der Sekretär mit der quietschenden Klappe war
[…] ein Lieblingsplatz meines Vaters, aber der
bevorzugteste war doch das große kissenreiche
Schlafsofa, das zwischen dem Ofen mit den roten
Glasurtropfen und der alten Gehäuse-Wanduhr
stand. […] eingebettet in die Seegraskissen hielt
mein Vater, der zu seinen vielen Prachteigen-
schaften auch die eines immer tüchtigen Schläfers
hatte, seine Nachmittagsruhe, bei der er die Zeit*

IIa/4

IIa/5

IIa/9

nie ängstlich maß und sich oft erst erhob, wenn die Dunkelstunde schon da war. [Manchmal lag er] auch ausgestreckt auf dem Sofa, aber auf seinen Arm gestützt, und sah durch das Gezweig eines vor dem Fenster stehenden schönen Nußbaumes in das über den Nachbarhäusern liegende Abendrot. [...] Wenn ich dann an das Sofa herantrat und seine Hand streichelte, sah ich, daß er geweint hatte. Dann wußte ich, daß wieder eine ‚große Szene' gewesen war, immer infolge von phantastischen Rechnereien und geschäftlichen Unglaublichkeiten, um derentwillen man ihm doch nie böse sein konnte. Denn er wußte das alles und gab seine Schwächen mit dem ihm eignen Freimut zu. Weningstes später, wenn wir über alte Zeiten mit ihm redeten. Aber damals war das anders, und ich armes Kind stand, an der Tischdecke zupfend, verlegen neben ihm und sah tief erschüttert auf den großen, starken Mann, der seiner Bewegung nicht Herr werden konnte. Manches war Bitterkeit, noch mehr war Selbstanklage. Denn bis zu seiner letzten Lebensstunde verharrte er in Liebe und Verehrung zu der Frau, die unglücklich zu machen sein Schicksal war."
Theodor Fontane, Meine Kinderjahre; NA XIV, S. 50 f.

IIa/9 Johan Frederik Clemens / Johann Carl Richter nach Edward Francis Cunningham / Heinrich Anton Dähling

Friedrich der Grosse begleitet von den Prinzen seines Hauses und seinen Generalen kehrt vom Manoeuvre bei Potsdam nach Sans-Souci zurück, 1808

Kupferstich; 60,7 x 79,8
Stadtmuseum Berlin, XI 1708 W

„Über dem mit buntem Wollstoff überzogenen Sofa aber hing das [...] Prachtstück aus der Erbschaft meines Großvaters, ein nach dem bekannten Bilde des Malers Cunningham gefertigter großer Kupferstich, der die Unterschrift führte: Frédéric le Grand retournant à Sanssouci après les manœuvres de Potsdam, accompagné de ses généraux. Wie oft habe ich vor diesem Bilde gestanden und dem alten Zieten unter seiner Husarenmütze ins Auge gesehen, vielleicht meinen Lieblingshelden in ihm vorahnend."
Theodor Fontane, Meine Kinderjahre; NA XIV, S. 50

IIa/10

Schreibsekretär, um 1830

Birke, hell; H. 161, B. 108, T. 53
Stadtmuseum Berlin, Mö 15,55

IIa/11

Standuhr, um 1820

Erle, Kiefer; H. 226, B. 50,5, T. 27
Stadtmuseum Berlin, KGH 10/64

IIa/12

Boston-Spielkasten mit Karten und Marken, 1. Hälfte 19. Jh.

Luxuspapier auf Karton, Glas; H. 9, B. 19, L. 25
Stadtmuseum Berlin, VI 14359

„Mein Vater hing dem Spiele nach; ich auch. Aber während seine Spiele L'hombre, Whist und Boston hießen, des edlen Pharaos ganz zu geschweigen, hießen die meinigen, um nur ein paar zu nennen, Klinker und Knut und Anschlag und

Versteck." Dem Reiz des Kartenspielens konnte der Vater nicht widerstehen. Seine Spielleidenschaft war auch nicht von seiner Familie zu bremsen. Theodor Fontane erinnert sich, daß er, seine Mutter und zwei jüngere Geschwister während der Rückfahrt von einem Ausflug im Sommer 1829 oder 1830 von einem wolkenbruchartigen Gewitter überrascht wurden. „Ich sprang also vom Bock und half meiner Mutter und den Geschwistern, so gut es ging, aber trotzdem, als wir kaum zwei Minuten später in den dunklen Hausflur eintraten, waren wir total durchnäßt und stapften auf den Fliesen umher, um den Regen abzuschütteln. Aus der Küche kam jetzt eins der Mädchen, einen Blaker in der Hand. ‚Gott, Madame ...' Aber unser in seine Whistpartie vertiefter Vater erschien noch immer nicht und wurde erst sichtbar, als meine Mutter, die mit einem Male klar in der Sache sah, die zur Gehilfestube führende Tür hastig aufriß und mit nicht mißzuverstehender Ausgesprochenheit hineinrief: ‚Guten Abend, Louis; wir sind da.' ‚Nun, das ist ja gut; eben muß es eingeschlagen haben.' Und während er diese Betrachtungen anstellte, legte er die letzten Trumpfkarten auf den Tisch und sagte: ‚Drei Trick, macht einen Rubber von sieben; Doktor, Sie geben.' An Begrüßung war nicht zu denken, und meine Mutter zog sich empört in ihre Stube zurück."
Theodor Fontane, Meine Kinderjahre; NA XIV, S. 144, 107 f.

IIa/13 Unbekannter Künstler

Trauriges Bild der Französischen Retirade in Thüringen, um 1815

Radierung, koloriert; 19,3 x 23,1
Stadtmuseum Berlin, VII 76/65 W

IIa/14

Tintenfaß, 19. Jh.

Zinn, Keramik; H. 5,1, Dm. 17,1
Stadtmuseum Berlin, VI 11555

IIa/15 Pierre Barthélemy Fontane

Porträt Emilie Fontane, 1817

Pastell (Reproduktion); 23 x 17,5
Theodor-Fontane-Archiv, Potsdam, A I 164   (Abb. S. 27)

„[...] meine Mutter [...] war ein Kind der südlichen Cevennen, eine schlanke, zierliche Frau von schwarzem Haar, mit Augen wie Kohlen, energisch, selbstsuchtslos und ganz Charakter, aber [...] von so großer Leidenschaftlichkeit, daß mein Vater halb ernst, halb scherzhaft von ihr zu sagen liebte: ‚Wäre sie im Lande geblieben, so tobten die Cevennenkriege noch.'"
Theodor Fontane, Meine Kinderjahre; NA XIV, S. 18

IIa/16

Nähtisch, Berlin um 1830

Kiefer, Linde, Mahagoni-Furnier; H. 75,5, B. 52, T. 42
Stadtmuseum Berlin, KGH 12/81

„[…] *meine Mutter hielt es aber doch für ihre Pflicht,* […] *namentlich im Lesen, nachzuhelfen, und so stand ich jeden Nachmittag an ihrem kleinen Nähtisch und las ihr aus dem 'Brandenburgischen Kinderfreund', einem guten Buche mit nur leider furchtbaren Bildern, allerlei kleine Geschichten vor."*
Theodor Fontane, Meine Kinderjahre; NA XIV, S. 24

IIa/17

Armlehnstuhl, um 1850

Nußbaum, Leder; H. 137, B. 67, T. 56
Stadtmuseum Berlin, I 52,300 K

Vor einem der Fenster des Salons befand sich ein Podest mit einem Maroquinlehnstuhl, *„auf dem meine Mutter, eine Stickerei oder Häkelarbeit in der Hand, schon vormittags zu residieren pflegte. Der Blick, den sie von diesem Trittbrett aus hatte, war sehr gefällig."*
Theodor Fontane, Meine Kinderjahre; NA XIV, S. 44

IIa/18

Nähkorb, um 1820

Mahagoni, Bronze, Textil; H. 51,3, Dm. 38
Stadtmuseum Berlin, Nachlaß Wolff

IIa/19

Der Brandenburgische Kinderfreund. *Ein Lesebuch für Volksschulen*

Hg. F. P. Wilmsen
Berlin: Deckersche Geheime Ober-Hofbuchdruckerei 1823
Stadtmuseum Berlin, 451

IIb/1   **Wilhelm Barth**

Neuruppin, 1836

Öl auf Lwd.; 105 x 142
Stiftung Preußische Schlösser und Gärten
Berlin-Brandenburg, GK I 6711

IIb/2   **Johann Gabriel Poppel /** **Georg Michael Kurz** **nach Julius Gottheil**

Neu Ruppin, um 1855

Stahlstich; 27,4 x 37
Stadtmuseum Berlin, VII 60/1208 W   (Abb. S. 23)

„Am 27. März 1819 waren meine Eltern in Ruppin eingetroffen; am 30. Dezember selbigen Jahres wurde ich daselbst geboren."
Theodor Fontane, Meine Kinderjahre; NA XIV, S. 20

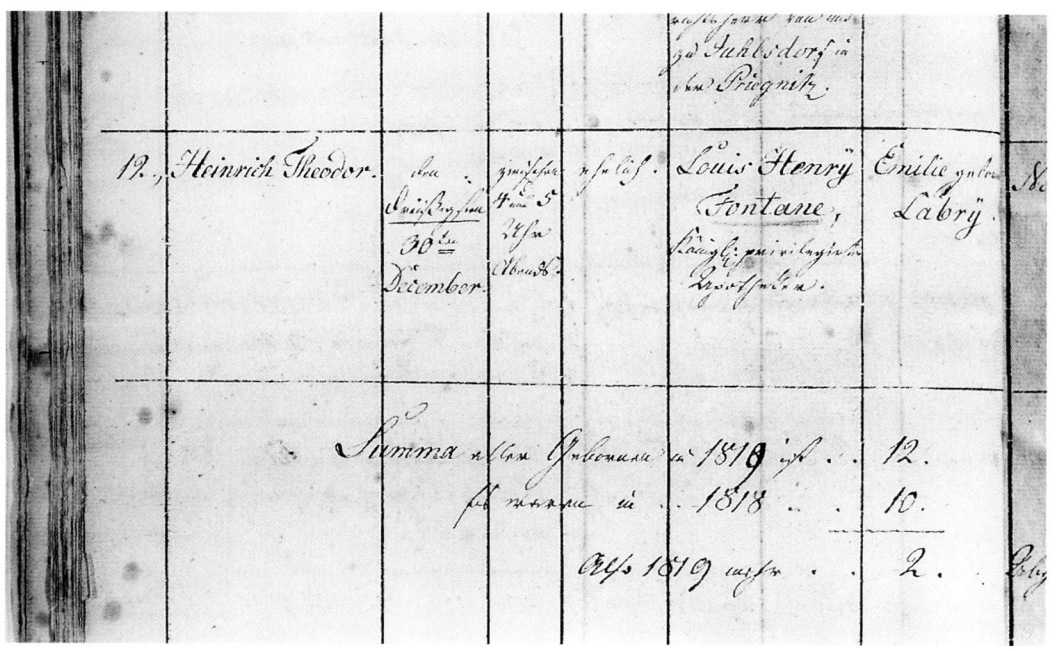

IIb/3

IIb/3

Geburtseintrag Theodor Fontanes, 1819

Aus: Kirchenbuch der Evangelisch-reformierten
Gemeinde Neuruppin, S. 42/43
Reproduktion; 29,6 x 20,9
Evangelische Kirchengemeinde, Neuruppin

IIb/4   **Friedrich Rosmäßler**

Das obre Bollwerk in Swinemünde, 1837

Stahlstich; 20,9 x 25,5
Stadtmuseum Berlin, G 271/56 K

„Hier am Strome […] *lief auf fast eine Viertelmeile Wegs das 'Bollwerk' hin, eine Uferstraße, wie sie nicht poetischer gedacht werden konnte. Gerade daß hier alles nur ein Mittelmaß hielt und nirgends an das Große der wirklich großen Handelsemporien erinnerte, gerade dies Mittelmaß der Dinge lieh allem etwas überaus Anheimelndes* […]"
Theodor Fontane, Meine Kinderjahre; NA XIV, S. 52

IIb/4

IIb/5

IIb/5　　Friedrich Rosmäßler

Swinemünde von der alten Fähre, 1837

Stahlstich; 20,9 x 25,5
Stadtmuseum Berlin, VII 79/2207a W

*„Es giebt doch wirklich eine Art genius loci und
während an manchen Orten die Langeweile ihre
graue Fahne schwingt, haben andre unausgesetzt ihren Tanz und ihre Musik. Diese Beobachtung habe ich schon als Junge gemacht; wie
spießbürgerlich war mein heimathliches Ruppin,
wie poetisch das aus bankrutten Kaufleuten bestehende Swinemünde, wo ich von meinem 7. bis
zu meinem 12. Jahre lebte und nichts lernte. Fast
möchte ich hinzusetzen Gott sei Dank. Denn das
Leben auf Strom und See, der Sturm und die Ue-
berschwemmungen, englische Matrosen und russische Dampfschiffe, die den Kaiser Nicolaus
brachten, – das war besser als die unregelmäßi-
gen Verba, das einzig Unregelmäßige, was es in
Ruppin gab.“*
Theodor Fontane, Brief an Georg Friedlaender,
22.10.1890; HA 4, S. 66

IIb/6　　Friedrich Rosmäßler

Der Leuchtthurm in Swinemünde, 1837

Stahlstich; 20,9 x 25,5
Stadtmuseum Berlin, VII 79/2207b W　　　(Abb. S. 25)

IIb/7　　A. Schwartzkopff

*Plan von dem Ausfluss des Swine-Stroms
in die Ost-See bei der Stadt Swinemünde*,
aufgenommen 1823

Maßstab 1 : 4000
Lithographie; 35,6 x 33,5
Stadtmuseum Berlin, IV 98/16 R

Swinemünde wurde 1748 von Friedrich dem Großen angelegt und bekam 1765 die Stadtrechte
verliehen. Zu Beginn des 19. Jahrhunderts erhielt
der Ort, der 1824 zu einem der ersten preußischen Seebäder wurde, sein internationales Gepräge. Fontane schätzte die Einwohnerzahl *„gegen viertausend, wovon aber kaum der zehnte
Teil städtisch-bürgerlich und ein noch viel, viel
kleinerer Bruchteil gesellschaftlich in Betracht
kam.“* – *„[...] nicht mehr als zwanzig Familien“*
bildeten die Swinemünder Honoratioren.
Theodor Fontane, Meine Kinderjahre; NA XIV, S. 57

IIb/8　　Unbekannter Photograph

Ansicht der *Adler-Apotheke*
in Swinemünde, um 1870

IIb/8

Photographie (Reproduktion); 7,4 x 10,8
Theodor-Fontane-Archiv, Potsdam, A I 165

Der Kirche *„gegenüber und nur durch die Straßen-
breite von ihr getrennt, stand ein mit Feuerherds-
Rot gestrichenes Haus, dessen endlos aufsteigen-
des Dach wohl fünfmal so hoch war als das Haus
selber. Drei, vier umherstehende, von einem
Holzgitter eingefaßte Kastanienbäume ließen,
außer dem hohen Dache, wenig erkennen.“*
Theodor Fontane, Meine Kinderjahre; NA XIV, S. 32 f.

IIb/9

Richtrad, Pommern, 18.Jh.

Holz, Eisen; Dm. 90
Stadtmuseum Berlin, VI 7964

Insbesondere ein Objekt, das auf dem zweiten
Boden des Swinemünder Hauses lagerte, beflü-
gelte die Phantasie des jungen Fontane - ein
Richtrad, das der vormalige Besitzer der *Adler-*

Apotheke als Glücksbringer erworben hatte. *„Ehm erzählte [...], daß es das Rad sei, womit der Mörder Hannacher – aber das sei nun schon lange, das Jahr vorher, ehe die Franzosen ins Land kamen – vom Leben zum Tode gebracht worden sei."*

Theodor Fontane, Meine Kinderjahre; NA XIV, S. 36

IIb/10   Jacob Hyrtel
nach Moritz von Schwind

Kinder-Belustigungen 6.

Wien: J. Trentsensky um 1830
Lithographie, koloriert; 24,6 x 36,7
Stadtmuseum Berlin, SM/Ku 94/43

„Ich war stärker und gewandter als die Schul- und Straßenjungen, mit denen ich anfänglich (später änderte sichs) in Berührung kam, und diese Kraft und Gewandtheit zu zeigen, war ich in so hohem Maße beflissen, daß ich, im Rückblick auf meine Kinderjahre, diese ganze Zeit nicht als eine Schul- und Lernzeit voll Gequält- und Gedrilltwerdens, sondern als eine Zeit unausgesetzten Spielens vor Augen habe, so sehr überwogen die Spielstunden alles andere, sowohl dem Zeitmaß wie dem Interesse nach."

Theodor Fontane, Meine Kinderjahre; NA XIV, S. 144

IIb/11   Adolph Menzel

Der Holzplatz, 1844

Radierung; 27,3 x 30,5
Stadtmuseum Berlin, GDR 79/65

IIb/12

Ländliche Kinderspiele, um 1850

Berlin: Winckelmann & Söhne
Lithographie; 17,6 x 37,7
Stadtmuseum Berlin, KJ 98/1 Ku

Theodors äußere Gestalt, seine Geschicklichkeit und Phantasie ließen ihn in Swinemünde schnell zum Anführer einer Schar junger „Seeräuber" werden. Dabei blieben Auseinandersetzungen mit anderen Jungengruppen nicht aus. *„Einmal, als wir zu dreien oder vieren auch wieder diese Stelle besuchten, trafen wir schon ein paar andere Jungen da, Schifferjungen, etwas älter als wir, aber nicht viel. [...] Wir waren sehr unzufrieden mit der vorgefundenen Gesellschaft, und schon während wir die Schlittschuhe anschnallten, fielen anzügliche Worte. Besonders der Führer der Gegenpartei war ein muffliger Junge, häßlich und stubsnäsig, und seine trotzige Art ärgerte mich so, daß ich auf ihn zufuhr und ihn in einen dicht neben uns aufragenden Erlenbusch werfen wollte. Aber es mißglückte. Entweder ich glitt aus, oder er war stärker als ich, kurzum, ich kam zu Fall und lag zu seinen Füßen."*

Theodor Fontane, Meine Kinderjahre; NA XIV, S. 179

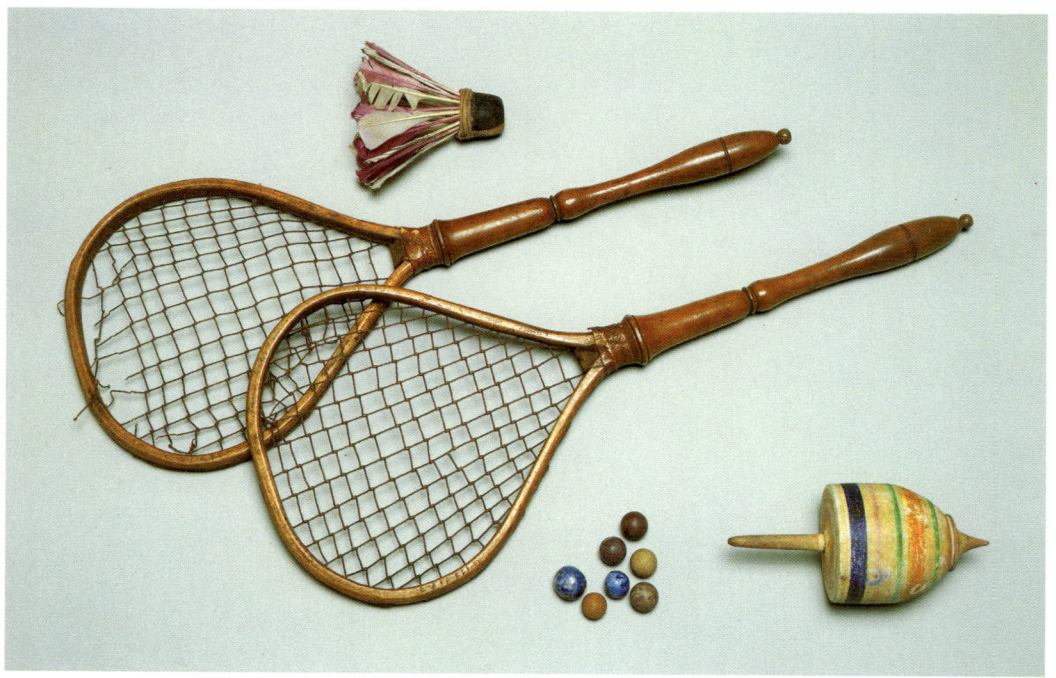

IIb/14-16

IIb/13

Schlittschuhe, 1. Hälfte 19. Jh.

Holz, Eisen, Leder; L. 35,5
Stadtmuseum Berlin, II 89/409 L

„Jeden Nachmittag gegen Sonnenuntergang gingen wir hinaus, um auf diesen Tümpeln Schlittschuh zu laufen. Es war ein herrliches Vergnügen, das Eis blink und blank, und wenn dann der Mond wie eine kupferne Scheibe aufging und sein seltsames Licht durch die Erlen und Binsen warf, die den Tümpel einfaßten, so wurde ich jedesmal von einem geheimen Schauer erfaßt. Ich gab dann das Holländern und das Buchstabenmachen (immer ein lateinisches E) auf etliche Minuten auf und sah in den Mond."

Theodor Fontane, Meine Kinderjahre; NA XIV, S. 179

IIb/14

Federballschläger mit Federball,
1. Hälfte 19. Jh.

Holz, Leder, Vogelfedern; B. 21, L. 51,5
Stadtmuseum Berlin, II 70/44a, b L

IIb/15

Kreisel, 1. Hälfte 19. Jh.

Holz; H. 17, Dm. 7,5
Stadtmuseum Berlin, II 98/60 L

IIb/16

Murmeln, 1. Hälfte 19. Jh.

Ton, z. T. glasiert; Dm. ca. 1,6-2,1
Stadtmuseum Berlin, II 98/59 L

Das Spielen war ein Vergnügen für den heranwachsenden Theodor. Er konnte nicht nur brillant Stelzen und hervorragend Schlittschuh laufen. Nach seinen Erinnerungen war er ein eifriger Ballspieler, legte Burgen an, turnte am Reck, schaukelte mit Begeisterung, ließ Drachen steigen, kämpfte mit Lanzen und Säbeln, schoß mit Schlüsselbüchsen und Kanonen, war ein Feuerwerkskünstler, beschäftigte sich leidenschaftlich mit Papparbeiten und spielte am liebsten Klinker, Knut, Anschlag und Verstecke.

IIb/17

Waldteufel, 1. Hälfte 19. Jh.

Pappe, Holz, Schnur; H. 13,2, Dm. 8,6
Stadtmuseum Berlin, II 78/164 L

IIb/18

Knut-Spiel, 1. Hälfte 19. Jh.

Naturstein; Dm. ca. 2
Stadtmuseum Berlin, II 98/61 L

„Ja, häßlich, eng und vernachlässigt war alles, am vernachlässigsten aber war die Kinderstube, drin, grad in der Mitte, ein großes Stück Diele fehlte, so daß der Dünensand, darauf das Haus ohne Untermaurung stand, zum Vorschein kam. Später söhnte ich mich mit diesem Dielenloch freilich aus, denn gerade diese Sandstelle wurde, wenn wir bei schlechtem Wetter nicht hinaus konnten, zum bevorzugten Spielplatz für uns Kinder, wo wir mit vier würfelförmigen Steinen unser Lieblingsspiel spielten. Dies Lieblingsspiel hieß ‚Knut', war also vielleicht dänischen Ursprungs und lief darauf hinaus, daß man, den vierten Stein hoch in die Luft werfend, ihn im Niederfallen, unter gleichzeitigem Aufraffen der in Sande liegengebliebenen drei andern Steine wieder auffangen mußte."

Theodor Fontane, Meine Kinderjahre; NA XIV, S. 38

IIb/19

Wechselbildspiel *Die Stufenjahre des Menschen*, um 1860

Farblithographien; gesamt 71,5 x 9,2
Bez.: *Zehn Jahre ein Kind. Zwanzig Jahre ein Jüngling. Dreißig Jahre ein Mann. Vierzig Jahre wohlgethan. Fünfzig Jahre Stille stahn. Sechszig Jahre geht's Altern an. Siebenzig Jahre ein Greis. Achtzig Jahre schneeweiß. Neunzig Jahre Kinderspott. Hundert Jahre Gnade vor Gott.*
Stadtmuseum Berlin, SPG 72/14

IIb/23

Guckkasten mit Kulissenbildserie *Soldatenrasttag*, 2. Hälfte 18. Jh.

Holz, Papier, 6 Kupferstiche, koloriert; H. 49,9, B. 11, L. 15,1/je 9,1 x 13,8
Stadtmuseum Berlin, SPG 86/125

IIb/24

Zinnfiguren *Parade in Berlin*, um 1830

Fa. Soehlke, Berlin
Zinn, farbig gefaßt; H. je ca. 6
Stadtmuseum Berlin. II 78/1–147 L

IIb/25

Kanone mit Protze (Modell), 1. Hälfte 19. Jh.

Holz, Metall; H. 20, B. 25, Gesamtlänge 50
Stadtmuseum Berlin, VI 22937

„Herbst 31 war mir von einem Berliner Anverwandten eine Kanone als Geschenk verehrt worden, nicht etwa ein gewöhnliches Kinderspielzeug, wie man es beim ersten besten Kupferschmied oder Zinngießer kaufen kann, sondern eine sogenannte Modellkanone, wie man ihnen nur in Zeughäusern begegnet – ein wahres Prachtstück an Schönheit und Eleganz, die Lafette fest und sauber, das Geschützrohr blitzblank und wohl fast anderthalb Fuß lang. Ich war selig und beschloß alsbald, zu einem Bombardement von Swinemünde zu schreiten. Zwei Jungens meines Alters und mein jüngerer Bruder bestiegen mit mir ein an ‚Klempins Klapp' liegendes Boot, und nun fuhren wir, die Kanone vorn am Steven, flußabwärts. Als wir etwa in Höhe des Gesellschaftshauses waren, hielt ich die Zeit zum Beginn der Beschießung für gekommen und gab drei Schuß ab, bei jedem Schuß abwartend, ob wir vom Bollwerk aus beobachtet und in dem Ernst unsres Tuns gewürdigt würden. Beides blieb jedoch aus. Was aber nicht ausblieb, das war, daß wir inzwischen in die Strömung hineingeraten waren und, von dieser gefaßt und getrieben, uns mit einem Male zwischen den Molendämmen sahen. Und nun erfaßte mich eine furchtbare Angst."
Theodor Fontane, Meine Kinderjahre; NA XIV, S. 150

IIb/19

Legespiel *Myriorama*, um 1820
II. Folge: Italiän Scenen

Nürnberg: Friedrich Campe
24 Lithographien, koloriert; je 19,7 x 6,9
Stadtmuseum Berlin, VI 22739

Das Myriorama [Myria (griechisch) = Zehntausendschau] ist eine Art landschaftlichen Kaleidoskops. Es besteht aus einer in bunten Farben ausgemalten Landschaft, welche senkrecht in viele Teile so zerschnitten ist, daß die Schnittlinien überall aneinanderpassen und die einzelnen Landschaftsstücke vielfach von neuem zusammengesetzt werden können, so daß eine Vielzahl von verschiedenen Bildern entsteht. Produzent des Spiels, Friedrich Campe (1777–1846), war ein Neffe des philanthropischen Pädagogen Joachim Heinrich von Campe.

IIb/20

Baukasten *Der Telegraph*, um 1820

Nürnberg: Friedrich Campe
Pappe, Holz, Farblithographien; H. 4,7, B. 7,4, L. 22,5
Stadtmuseum Berlin, VI 19319

Mit diesem Baukasten – zu jener Zeit auf dem neuesten technischen Stand – konnten die Kin-

der ein wichtiges Kommunikationsmittel der Erwachsenenwelt erlernen und in ihr Spiel einbeziehen. Optische Telegraphen wurden schon im Altertum angewandt (Feuerzeichen). Eine Weiterentwicklung waren auf Türmen angebrachte Balken, mit deren senkrechter oder waagerechter Stellung Nachrichten weitergegeben werden konnten. Unser Spiel zeigt schon die modernere Variante, die 1793 von den Gebrüdern Chappe konstruiert wurde. Sie befestigten drei Balken an einem weithin sichtbaren Ort, so an einem Gestell, daß sie in vielfachen Kombinationen eine große Anzahl bestimmter Zeichen geben konnten. So wurde z. B. zwischen Paris und Lille mit solch einem Apparat unter Benutzung von 20 Stationen in 2 Minuten telegrafiert.

IIb/21

Baukasten *Angenehme architektonische Unterhaltung*, um 1820

Holz, Pappe; H. 4,8, B. 11,2, L. 13
Stadtmuseum Berlin, VI 13628

IIc/1 Franz Krüger

Knabe mit Schulmappe, um 1825

Schwarze und weiße Kreide; 22,4 x 19
Stadtmuseum Berlin, GHZ 74/23

IIc/2 Friedrich von Schiller

Sämtliche Werke

Stuttgart/Tübingen: J. G. Cotta'sche Buchhandlung
1822-1826
Stadtmuseum Berlin, 19. Jh 5/4/4

IIc/3 Friedrich Eberhard von Rochow

*Der neue Kinderfreund. Ein Lesebuch zum
Gebrauch in Stadt- und Landschulen*

Neu hg. von W. C. C. von Türk,
Brandenburg: von Wiesike ⁴1831
Stadtmuseum Berlin, SM/LB 88/292

IIc/4 Theodor Fontane

Geschichten-Buch, um 1832

Handschrift; 19,5 x 16,5
Staatsbibliothek zu Berlin – Preußischer Kulturbesitz,
Nachlaß Fontane 11

*„Theodor Fontane hat es aus geschrieben gans al-
lein es ist gewiß war ihr könnt es mir glauben alle
samt und sonders denn ich lüge nicht das könt ihr
glauben er ist ein ehrlicher Neuruppiner."* Diese
Aussage bestätigten ihm sechs Schulkameraden,
darunter sein Bruder Rudolf, mit ihrer Unterschrift auf der letzten Seite des um 1830 in Swinemünde verfaßten Geschichtenbuches. Bereits
elfjährig hatte Fontane *„eine ausgeprägte Vorliebe für die Historie gehabt"* (Theodor Fontane,
Brief an Theodor Storm, 14.2.1854; HA I, S. 375). So entstand dieser Geschichtsabriß von der Teilung
des fränkischen Reiches bis zum Spanischen
Erbfolgekrieg vermutlich nicht als Schulauf-
gabe, sondern als freiwillige Arbeit. Es ist das
früheste noch erhaltene handschriftliche Dokument Theodor Fontanes.

IIc/5 Moritz Daniel Oppenheim

Bildnis der Brüder Jung mit ihrem
Erzieher Ackermann, 1826

Öl auf Lwd.; 101 x 117
Wallraf-Richartz-Museum Köln, 1108

Der junge Fontane besuchte anfänglich die städtischen Volksschulen in Neuruppin und Swinemünde, die jedoch als nicht standesgemäß und
als unzureichend empfunden wurden. Vorübergehend wurde er deshalb vom Vater unterrichtet, dessen *„sokratischer Methode"* die Mutter
mit Mißtrauen begegnete. Ab Frühjahr 1828 ergab sich die Möglichkeit, am Privatunterricht
im Haushalt des Kommerzienrats Krause teilzunehmen. *„Dr. Lau, so hieß der neue Hauslehrer,
war ein vorzüglicher Pädagog, weil er ein vorzüglicher Mensch war, und wenn ich oben gesagt*

habe, daß ich eigentlich alles den Anekdoten meines Vaters zu verdanken hätte, so muß ich doch
den guten Dr. Lau ausnehmen. Dieser verstand
es auch, einem allerlei kleine Geschichten, woran
eine Kinderseele hängt, zu vermitteln, aber weil
er zugleich ein geschulter Mann war, so tat er das
alles in Ordnung und Zusammenhang, und das
bißchen Rückgrat, das mein Wissen hat, ver-
dank ich ihm."*
Theodor Fontane, Meine Kinderjahre; NA XIV, S. 130

IIc/6 Karl Friedrich Becker

Weltgeschichte

Berlin: von Duncker und Humblot ⁷1838
Stadtmuseum Berlin, 1770

*„Am 30. Dezember [1831] war mein Geburtstag.
Ich erhielt diesmal nicht bloß viele, sondern für
unsere kleinen Verhältnisse sogar sehr wertvolle
Geschenke: Schellers Lexikon, Stielers Atlas,
Beckers Weltgeschichte, sämtlich noch jetzt in
meinem Besitz und sehr von mir gehegt."*
Theodor Fontane, Meine Kinderjahre; NA XIV, S. 180

IIc/7 Reinhart Jähns

Hof der Friedrichswerderschen
Gewerbeschule Niederwallstraße 12
mit der Wohnung des Direktors
Karl Friedrich Klöden, um 1840

Bleistift; 22 x 31,4
Stadtmuseum Berlin, VII 60/1367 W   (Abb. S. 38)

Nach knapp einjähriger Gymnasialzeit in Neuruppin wurde Fontane Schüler an der 1824 gegründeten städtischen Berliner Gewerbeschule,
die Karl Friedrich Klöden leitete. Im Gegensatz
zu den herkömmlichen, altsprachlich profilier-
ten Gymnasien vermittelte dieser neue Schultyp
vorrangig einen naturwissenschaftlich orien-
tierten Unterricht, insbesondere in Vorbereitung auf die gewerblichen Berufe. Diese neue Berliner Lehranstalt, die eine allgemeine Schulbildung, entsprechend den Aufnahmebedingungen
für die Tertia in den Gymnasien, voraussetzte,
war Resultat langjähriger bildungspolitischer
Auseinandersetzungen zwischen dem Magistrat
und den staatlichen Behörden und entsprach
zunächst den Forderungen nach adäquaten Lehranstalten für den bürgerlichen Nachwuchs. Anerkannte Wissenschaftler wie der Chemiker
Friedrich Wöhler und der Mathematiker Jakob
Steiner wurden zur Vermittlung des Unterrichts
an diese Schule verpflichtet. Fontane verbrachte
hier seine Schulzeit von 1833 bis 1836.

IIc/5

IIc/7

IIc/9

*Die Friedrich-Werdersche Gewerbeschule
in Berlin nach ihrer prinzipiellen Stellung
und ihrer geschichtlichen Entwicklung*
Festschrift zur Feier des 50jährigen Bestehens

Berlin: J. Draeger's Buchdruckerei 1874
Stadtmuseum Berlin, 9044

IIc/10   **Karl Friedrich Klöden**

*Programm zur Prüfung der Zöglinge
der Gewerbeschule. Schulschriften,
26. März 1834*

Berlin: Naucksche Buchdruckerei 1832–1837
Stadtmuseum Berlin, 1954

IIc/11   **Johann Friedrich Ruthe**

*Versuch einer Naturgeschichte der
Mark Brandenburg und der Niederlausitz.
Flora der Mark Brandenburg und der
Niederlausitz*

Berlin: Heinrich Adolph Wilhelm Logier 1827
Stadtmuseum Berlin, 6536

IIc/8   **Carl Fischer
nach W. Kalchbrenner**

Porträt Karl Friedrich Klöden, nach 1846

Lithographie; 46,5 x 35,2
Stadtmuseum Berlin, VII 63/688 W

Mit einer abgeschlossenen Lehre als Goldschmied
und einiger Erfahrung im Zeichnen von Landkarten erhielt Klöden (1786–1856) um 1813 erste
Einblicke in die pädagogische Arbeit. In der Pla-
mannschen Erziehungsanstalt, die Pestalozzis
erzieherische Grundsätze in Berlin vermitteln
sollte, erteilte er seine ersten Unterrichtsstun-
den. Fast dreißigjährig begann er das Studium
der Naturwissenschaften und der Theologie an
der Berliner Universität. Bevor er vom Regierungsrat und späteren Berliner Bürgermeister
Bärensprung 1824 als Direktor der Friedrich-
Werderschen Gewerbeschule eingesetzt wurde,
verbrachte er sieben Jahre in Potsdam mit der
Leitung eines Lehrerseminars. Klöden führte
die Schule 30 Jahre lang mit Erfolg. Er selbst betrieb umfangreiche Studien zur märkischen Geschichte und veröffentlichte sein vierbändiges
Werk *Die Mark Brandenburg unter Kaiser Karl
IV. bis zu ihrem ersten Hohenzollerschen Regenten, oder die Quitzows und ihre Zeit* (1836). Der
Lehrer Klöden fand in Fontanes autobiographischen Schriften kaum Erwähnung. Im Gegensatz dazu bot er dem „Wanderer Fontane" reichlich Stoff zur Auseinandersetzung.

IIc/8

IIc/12   H. Lichtenstein, Fr. Klug (Hg.)

*Kupfer-Sammlung besonders zu
F. P. Wilmsens Handbuch der Naturgeschichte für die Jugend und ihre Lehrer,
aber auch zu jedem andern Lehrbuche der
Naturgeschichte brauchbar*

Berlin: Verlag der Buchhandlung von Carl Friedrich Ame-
lang 1831
Stadtmuseum Berlin, 19. Jh. 1/4/1

IIc/13

Botanisiertrommel, um 1840

Metall, farbig gefaßt; L. 42,5, Dm. 9 x 13,5 (oval)
Stadtmuseum Berlin, SPG 114

IIc/14

Bücherschrank, um 1830

Kiefer, Mahagoni-Furnier, Buxus-Fadeneinlagen;
H. 195, B. 124, T. 42
Stadtmuseum Berlin, KGH 20/65

IIc/15   F. Albert Schwartz

Wall Straße No. 72, 73, 1887

Photographie; 20,8 x 25,5
Stadtmuseum Berlin, IV 70/557 V

IIc/16   F. Albert Schwartz

Große Hamburger Straße No. 29, 1887

Photographie; 20,4 x 25,7
Stadtmuseum Berlin, IV 70/245 V

Während seines ersten Aufenthaltes in Berlin,
als Schüler der Gewerbeschule, bezog Theodor
Fontane 1833 ein Zimmer in der Wohnung August Fontanes, eines Halbbruders des Vaters, in
der Burgstraße 18, wo dieser zugleich sein Maler-
utensilien-Geschäft betrieb. Der immer fidele
Onkel, der zwischen „Schein, Putz und Bummelei" lebte, mußte die Wohnung bereits Ostern
1835 gegen eine sehr bescheidene Unterkunft in
der Großen Hamburger Straße 30/30 a eintau-
schen. *„Dieser Neubau war ein Doppelhaus, dessen gemeinschaftlicher Hof durch eine traurig
aussehende niedrige Mauer in zwei Längshälften
geteilt wurde. Trotzdem alles ganz neu war, war
alles auch schon wieder wie halb verfallen, häßlich und gemein, und wie der Bau, so war auch
– ein paar Ausnahmen abgerechnet – die gesamte Bewohnerschaft dieser elenden Mietska-
serne. Lauter gescheiterte Leute hatten hier, als
Trockenwohner, ein billiges Unterkommen gefunden: arme Künstler, noch ärmere Schriftsteller
und bankrutte Kaufleute, namentlich aber Bürgermeister und Justizkommissarien aus kleinen
Städten, die sich zur Kassenfrage freier als statt-
haft gestellt hatten."*

Theodor Fontane, Von Zwanzig bis Dreißig; NA XV,
S. 107, 111 f.

IIc/15

IIc/16

Uebergang der Russischen Armee über die Weichsel.
Die Stadt Warschau wird von den Russen von allen Seiten eingeschlossen und bedrängt.

Original u. Eigenthum.   Wiederdruck zur 150jährigen Jubiläumsfeier.   Neu Ruppin zu haben bei Gustav Kühn.

IIc/19

IIc/17   August Fontane

Philippine Fontane (Tante Pinchen), 1835

Reproduktion nach einem verschollenen Gemälde
im Märkischen Museum; 13,6 x 9,3
Theodor-Fontane-Archiv, Potsdam, A I 478

IIc/18   August Fontane

Selbstporträt, 1835

Reproduktion nach einem verschollenen Gemälde
im Märkischen Museum; 11,4 x 7,8
Theodor-Fontane-Archiv, Potsdam, A I 156

IIc/19

*Uebergang der Russischen Armee
über die Weichsel, 1830*

Neuruppin: Gustav Kühn
Farblithographie; 34 x 42
Stadtmuseum Berlin, IV 61/498 S

IIc/20

*2 Schlachtstücke. bei Leipzig. bei Waterloo,
um 1840*

Berlin: Winckelmann & Söhne; London: A. N. Myers & Co
Teilkolorierte Lithographie; 43,5 x 36
Stadtmuseum Berlin, IV 61/1722 S

IIc/21

Guckkasten, Ende 18. Jh.

Holz, Glas; 115 x 47 x 52
Stadtmuseum Berlin, VI 18559

*„Ich hatte von früh an einen Sinn für die politi-
schen Vorgänge, wie sie mir unsere Zeitung vermittelte. Bis zu meinem zehnten Jahre freilich
blieb mir diese Lektüre [...] vorenthalten, was
denn zur Folge hatte, daß mir die geschichtlichen
Ereignisse der zwanziger Jahre: die Freiheits-
kämpfe der Griechen, samt dem sich anschließenden russisch-türkischen Kriege, lediglich durch
eine Jahrmarktsschaubude zur Kenntnis kamen.
Alle diese augenblendenden, immer wieder in
Gelb und Rot und nur ganz ausnahmsweise (wenn
es Russen waren) in Grün auftretenden Guckkastenbilder taten aber [...] ihre volle Schuldigkeit
an mir und prägten sich mir derart ein, daß ich
über die Personen, Schlachten und Heldentaten
jener Epoche besser als die Mehrzahl meiner Mitlebenden unterrichtet zu sein glaube.“*
Theodor Fontane, Meine Kinderjahre; NA XIV, S. 113

IIc/22   Wunder

Die Schlacht von Grochow

Nürnberg: Friedrich Campe
Radierung, koloriert; 24 x 40
Heimatmuseum Neuruppin, 04082

IIc/23

*Der griechische Seeheld Canaris zerstört
die Türkische Flotte*

Nürnberg: Friedrich Campe
Radierung, koloriert; 17,5 x 26
Heimatmuseum Neuruppin, 03703

IIc/24   Wunder

*Der russische Winterfeldzug gegen
Chiva 1839 und 1840*

Nürnberg: Friedrich Campe
Radierung, koloriert; 19,5 x 28,5
Heimatmuseum Neuruppin, 04073

IIc/25   Geißler/Wunder

*Vollständiger Sieg der Griechen über
die Türken bei Salona, den 26. Juli 1824*

Radierung, koloriert; 18 x 26,5
Heimatmuseum Neuruppin, 04087

IId/1   Monogrammist A. W.

*Apotheke zum Schwan,
Spandauer Straße/Ecke Heidereutergasse,
um 1820*

Lithograpie, koloriert; 24,9 x 20,8
Stadtmuseum Berlin, VII 60/1090 W   (Abb. S. 28)

Vor allem auf Wunsch des Vaters wählte der junge
Fontane den Beruf des Apothekers. Am 1. April
1836 trat er als Lehrling in die in Berlin, Spandauer Straße 77/Ecke Heidereutergasse, gelegene Apotheke *Zum weißen Schwan* des Wilhelm Rose (1792–1867) ein. Seinen Lehrherrn
beschreibt Fontane als kleinlichen und knause-
rigen, jedoch von der eigenen Vollkommenheit
überzeugten Bourgeois. Die trotzdem reichlich
vorhandene Muße nutzte Fontane speziell gegen
Ende des bis September 1840 während Aufenthaltes zum Verfassen zahlreicher Gedichte und
Prosaarbeiten. *„Die Lehrzeit war wie herkömmlich auf vier Jahre festgesetzt [...] Der alte Wilhelm Rose aber, mein Lehrprinzipal, erließ mir ein
Vierteljahr, so daß ich schon Weihnachten 1839
aus der Stellung eines ‚jungen Herrn‘, wie wir
von den ‚Kohlenprovisors‘ genannt wurden, in
die Stellung eines ‚Herrn‘ avancierte.“*
Theodor Fontane, Von Zwanzig bis Dreißig; NA XV, S. 9

IId/2

Kessel, 19. Jh.

Kupfer; H. 33, Dm. 45
Stadtmuseum Berlin, VI 6733

Kessel dieser Art wurden im 18. und 19. Jahrhundert sowohl im Haushalt als auch gewerblich genutzt. Der Apotheker Wilhelm Rose, Fontanes Lehrer, stellte in einem Kessel dieser Art einen Quecken-Extrakt für den Export speziell nach England her. *„Mir fiel die Herstellung desselben zu, und so saß ich denn, tagaus tagein, mit einem kleinen Ruder in der Hand, an einem großen eingemauerten Zinnkessel, in dem ich, unter beständigem Umherpätscheln, die Queckensuppe kochte. Schönere Gelegenheit zum Dichten ist mir nie wieder geboten worden [...]"*
Theodor Fontane, Von Zwanzig bis Dreißig; NA XV, S. 25

IId/4   **Wilhelm Loeillot**

Das Krankenhaus der Diakonissen-Anstalt Bethanien bei Berlin, um 1850

Lithographie, koloriert; 17,4 x 24,8
Stadtmuseum Berlin, VII 94/78 W

„Ein Sonnenstrahl des Glücks hat mich getroffen. Ich bin in Bethanien bei freier Wohnung und Station, mit 20 rth. monatlich angestellt." (Theodor Fontane, Brief an Bernhard von Lepel, 17.9.1848; HA I, S. 41) Im September 1848 übernahm Theodor Fontane in dem ein Jahr zuvor eröffneten Diakonissenhaus Bethanien (heute zum Bezirk Kreuzberg gehörig) die Aufgabe, zwei Schwestern in der Pharmazie zu unterweisen, um diese zu befähigen, die hausinterne Apotheke zu betreiben. Währenddessen wohnte er im benachbarten Ärztehaus und blieb bis zum 30. August 1849.

IId/2

Lehrzeugnis Theodor Fontanes
Ausgestellt von Wilhelm Rose,
Berlin, 9. Januar 1840

Papier, gesiegelt; 33,5 x 21,5
Theodor-Fontane-Archiv, Potsdam, F 3

Transkription: *„Theodor Fontane aus Swinemünde trat im April des Jahres 1836 als Lehrling in mein Geschäft und hat seine Lehrjahre mit dem heutigen Tage vollendet. Stets betrug er sich so, wie es einem gesitteten und verständigen Jünglinge geziemt: die ihm obliegenden Geschäfte versah er mit Eifer und Treue und benutzte seine Mußestunden fleißig zum Studium pharmazeutischer und anderer damit verbundener Wissenschaften. Möge er, der noch einige Zeit als Gehülfe in meiner Apotheke verbleiben wird, so fortfahren!"*

IId/4

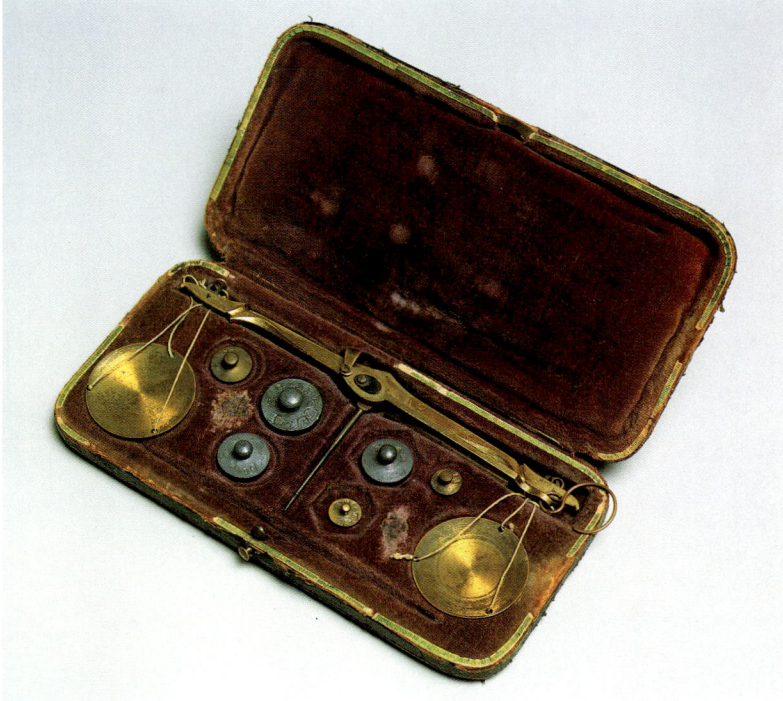

IId/8

Aus dem Besitz Theodor Fontanes

Messing; H. 9, B. 15, T. 1, Waagschalen Dm. 3,5,
Etui H. 1,8, B. 8, L. 16,5
Stadtmuseum Berlin

*„Ich bin 30 Jahre alt, im märkischen Sande gebo-
ren, an der Ostsee großgezogen, und meines Standes – Apotheker. Warum ich das bin? Mein Vater
sprach: ‚car tel est notre plaisir‘; zudem war er
selbst Apotheker; ein andrer Grund liegt nicht
vor.“*
Theodor Fontane, Brief an Gustav Schwab, 18.4.1850; HA 1,
S. 115

IId/9

Reiseapotheke, 18. Jh.

Holz, Messing; H. 25,5, B. 23,5, T. 19
Stadtmuseum Berlin, VI 5097

IId/10

Viereckige Apothekenflasche, 18. Jh.

Glas, bemalt; H. 11, Grundfläche 5 x 5
Stadtmuseum Berlin, VI 7439

IId/11

Apothekenflasche, 1. Hälfte 19. Jh.

Grünes Glas mit Aufschrift *Lign. Quassiae. p*; Dm. 8, H. 20
Stadtmuseum Berlin, II 86/88 A

IId/12

Viereckige Apothekenflasche, 18. Jh.

Glas, bemalt, mit Aufschrift *Rosar*; H. 19,5,
Grundfläche 8 x 8
Stadtmuseum Berlin, VI 3114

IId/13

Apothekenbüchse, 18. Jh.

Holz, bemalt, mit Aufschrift *Lap. Carpion*; Dm. 7,5, H. 13
Stadtmuseum Berlin, VI 4237

IId/14

Apothekenbüchse, 19. Jh.

Holz, mit Aufschrift *Sem. Milusolis*; Dm. 9, H. 16
Stadtmuseum Berlin, II 82/363 G

Die Apotheke zeigt noch heute die Ausstattung
der Fontanezeit. Während sich in den Revolu-
tionsjahren 1848/49 in Berlin und Europa die Ereignisse überstürzten, *„war ich auch literarisch
tätig, und zwar mit ganz besondrer Lust und
Liebe. Was kaum wundernehmen durfte. Denn
zum erstenmal in meinem Leben stand mir so
was wie volle Muße zur Verfügung; ich brauchte
mir die Stunden nicht abzustehlen und war in un-
getrübter Stimmung, was fast noch mehr bedeutet als Muße. Mancherlei, was ich bald danach
herausgab, ist in jenen bethanischen Tagen entstanden […]“*
Theodor Fontane, Von Zwanzig bis Dreißig; NA XV, S. 372

IId/5

Hai, 17./18. Jh.
Wahrzeichen einer alten Spezerei in Berlin

H. 75, B. 40, L. 70
Stadtmuseum Berlin, VIII 881

In seinem erzählerischen Werk verarbeitete Fontane ständig Erinnerungen, Eindrücke und Erfahrungen seines eigenen Lebens. Das trifft in
besonderem Maße auf die Altersromane zu, die
parallel zu den *Kinderjahren* entstanden. Die
phantastische, fast gespenstische Atmosphäre
der väterlichen Apotheke in Swinemünde mit einem getrockneten Butt unterhalb der gewölbten
Decke des Laboratoriums begegnet wieder in
Effi Briest bei der Beschreibung des Innstetten-
schen Hauses in Kessin. *„Quer über den Flur fort
liefen drei, die Flurdecke in ebenso viele Felder
teilende Balken; an dem vordersten hing ein Schiff
mit vielen Segeln, hohem Hinterdeck und Kano-
nenluken, während weiterhin ein riesiger Fisch*

*in der Luft zu schwimmen schien. Effi nahm ihren
Schirm, den sie noch in den Händen hielt, und
stieß leis an das Ungetüm an, so daß es sich in eine
langsam schaukelnde Bewegung setzte. ‚Was ist
das, Geert?‘ fragte sie. ‚Das ist ein Haifisch.‘ ‚Und
ganz dahinten das, was aussieht wie eine große
Zigarre vor einem Tabaksladen?‘ ‚Das ist ein junges Krokodil. Aber das kannst du dir alles morgen viel besser und genauer ansehen; jetzt komm
und laß uns eine Tasse Tee nehmen.‘“*
Theodor Fontane, Effi Briest; NA VII, S. 209

IId/6   **Theodor Fontane**

Simson's Tod

In: *Berliner Figaro*, 10, 6. Februar 1840
Staatsbibliothek zu Berlin – Preußischer Kulturbesitz,
ZTG 715

Im Dezember 1839 wurde erstmals eine literarische Arbeit Theodor Fontanes in einer Berliner
Tageszeitung, dem *Berliner Figaro*, veröffentlicht – seine Novelle *Geschwisterliebe*. In dieser
Zeitung folgte von Januar bis März 1840 der Abdruck einiger in den Jahren 1837-1839 entstande-
ner Gedichte, zu denen auch *Simson's Tod* gehört.

IId/7   **Friedrich Leopold Thiele**

*Laub-Moose der Mittelmark in
getrockneten Exemplaren mit vorgedruckten
kurzen Beschreibungen nebst Angabe
des natürlichen Standorts*

Berlin: Trewitsch und Sohn 1832
Stadtmuseum Berlin, 6515

III. Auf der Suche
Vom Apotheker zum Staatsdiener · Vom Tunnelianer zum freien Schriftsteller

Bettina Machner

„Fünfzig Jahre werden es ehstens sein,
Da trat ich in meinen ersten ‚Verein'.
Natürlich Dichter. Blutjunge Ware:
Studenten, Leutnants, Referendare.
Rang gab's nicht, den verlieh das ‚Gedicht',
Und ich war ein kleines Kirchenlicht.

So stand es, Anno 40 wir schrieben,
Aber ach, wo bist du Sonne geblieben,
Ich bin noch immer, was damals ich war,
Ein Lichtlein auf demselben Altar,
Aus den Leutnants aber und Studenten
Wurden Genräle und Chefpräsidenten."[1]

IIIa/18

Fontane reflektiert als Siebzigjähriger in dem kleinen Gedicht über seine *Lebenswege* die wichtige Zeit im literarischen Sonntagsverein *Tunnel über der Spree*. Im Vergleich zu seinen Freunden, die Karriere gemacht hatten, sieht er sich selbst noch im Alter als *„kleines Kirchenlicht"*.

Im Sommer 1843 war der junge Apothekergehilfe Theodor Fontane von seinem Freund, dem Berufsoffizier Bernhard von Lepel, in den *Tunnel* eingeführt worden. Fontane war zu diesem Zeitpunkt in literarischen Kreisen kein Unbekannter mehr. Selbstbewußt und mit Stolz blickte er auf erste Publikationen zurück. Von Dezember 1839 bis Januar 1840 war in seinem „Leib- und Magenblatt", dem *Berliner Figaro*[2], seine erste Novelle *Geschwisterliebe* in fünf Fortsetzungen erschienen. Weitere zwölf Gedichte folgten bis März, unter vollständiger Angabe seines Namens. Aus seiner Feder stammte auch das satirische Epos *Burg*, außerdem hatte er für Zeitungen, Zeitschriften und Almanache in Leipzig, Stuttgart und Berlin geschrieben.

Fontane war ständig auf der Suche nach Wegen, aus dem tristen Alltag des Apothekerdaseins in die Welt der Literaten zu fliehen. Debatten in Lesecafés genügten ihm nicht mehr, er strebte nach Gedankenaustausch in literarisch-künstlerischen Vereinigungen. Vom *Platen-Klub* über den *Lenau-Verein* in der frühen Berliner Zeit sowie dem *Herwegh-Klub* in seinem Leipziger Jahr kam er schließlich zum *Tunnel*. In dem autobiographischen Roman *Von Zwanzig bis Dreißig* beschreibt Fontane die Gesellschaft, auf die er traf und der er 22 Jahre lang eng verbunden bleiben sollte: *„Also lauter ‚Werdende' waren es, die der Tunnel allsonntäglich in einem von Tabaksqualm durchzogenen Kaffeelokale versammelte: Studenten, Auskultatoren, junge Kaufleute, zu denen sich […] alsbald auch noch Schauspieler, Ärzte und Offiziere gesellten, junge Leutnants, die damals mit Vorliebe dilettierende Dichter waren, wie jetzt Musiker und Maler. Um die Zeit, als ich eintrat, siebzehn Jahre nach Gründung des Tunnels, hatte die Gesellschaft ihren ursprünglichen Charakter bereits stark verändert und sich aus einem Vereine dichtender Dilettanten in einen wirklichen Dichterverein umgewandelt. Auch jetzt noch, trotz dieser Umwandlung, herrschten ‚Amateurs' vor, gehörten aber doch meistens jener höheren Ordnung an, wo das Spielen mit der Kunst entweder in die wirkliche Kunst übergeht oder aber durch entgegenkommendes Verständnis ihr oft besser dient als der fachmäßige Betrieb."*[3]

Ursprünglich hatte der Verein sich als eine Art Narrengesellschaft gesehen. Die Zusammenkünfte unterlagen strengen, ihrem Charakter nach aber spaßig-spielerischen Ritualen, die auf Ideen von Moritz Gottlieb Saphir basierten. Saphir, gebürtiger Ungar, Sohn eines jüdischen Kaufmanns, war Redakteur und Kritiker. 1825 hatte er beim Berliner Polizeipräsidenten den Antrag gestellt, *„sich zu literarischen Zwecken ein Jahr hindurch in Berlin aufhalten zu dürfen"*.[4] Er war aus Wien gekommen, aus der Stadt, die er seines bösen Wortwitzes wegen verlassen mußte. 1826 gründete er in Berlin die Zeitung *Schnellpost für Literatur, Theater und Geselligkeit*, die unter dem Motto *„Nur frisch, holpert es gleich über Stock und Stein, den Trott rasch ins Leben hinein"* stand. Damit begab sich Saphir in

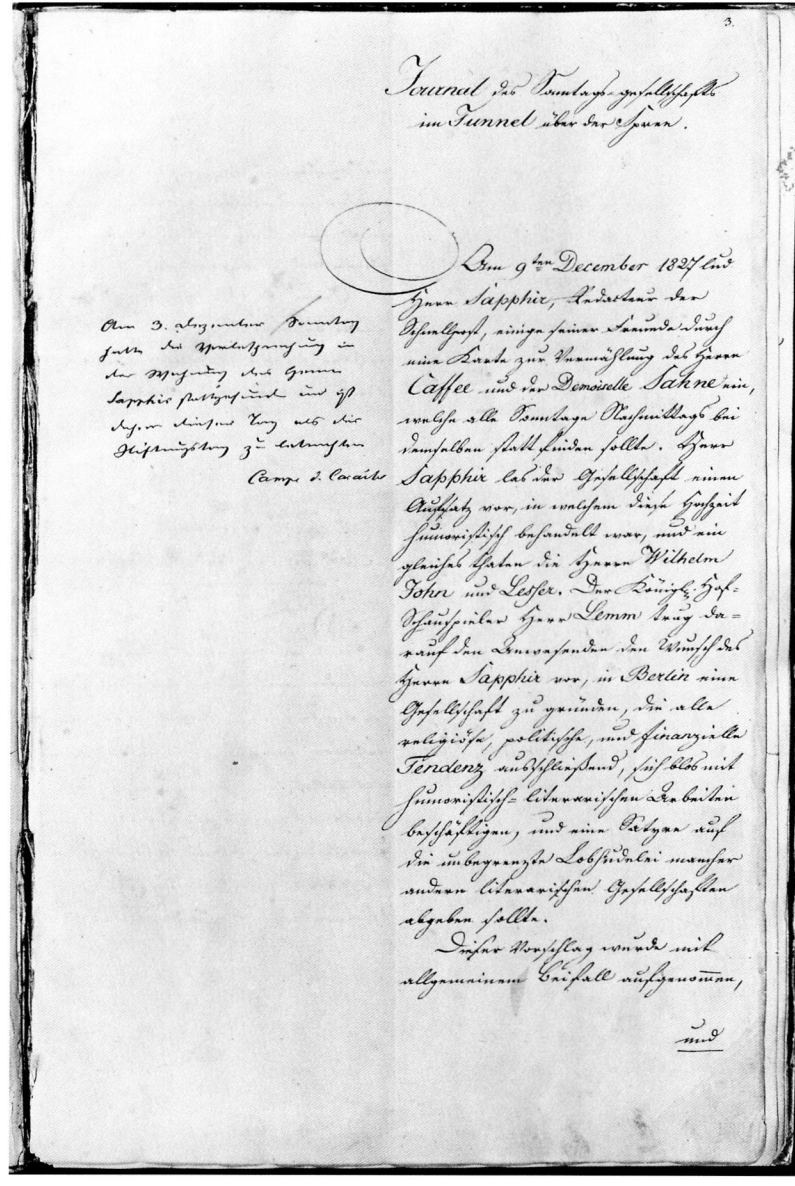

IIIa/2

direkte Konkurrenz zu den etablierten Zeitungen wie etwa der *Haude- und Spenerschen*[5] und der *Vossischen Zeitung*[6] oder dem *Gesellschafter*[7]. Saphir ergriff in seinem Blatt entschieden Partei für die königlichen Bühnen. Aufführungen und Darsteller des Königsstädtischen Theaters dagegen kritisierte er scharf, er überschüttete sie mit Spott und Hohn. Davon betroffen waren Schauspieler wie Louis Angely oder die vielgepriesene Sängerin Henriette Sontag, ebenso verhöhnte er die Autoren der aufgeführten Stücke. Trotz dieses offensichtlich provozierenden Auftretens suchte er Aufnahme und Anerkennung im Berliner Gesellschaftsleben.

Dieses war seit dem 18. Jahrhundert durch zahlreiche Salons und literarische Vereine geprägt. Voraussetzung für die Zugehörigkeit war allein Bildung. Hier begegneten sich Künstler und Kunstinteressierte, Adlige und Bürger, Gelehrte und Offiziere, Christen und Juden. Den glänzenden Mittelpunkt der Gesellschaften der Frühromantik aber bildeten Frauen. Dieselben Besucher, die sich bei Henriette Herz getroffen hatten, kamen in den berühmtesten Berliner Salon, den der Rahel Levin,

verheiratete Varnhagen von Ense. Hier pflegten sie Konversation, lieferten Proben ihres künstlerischen Schaffens, debattierten über Poesie, Musik, Philosophie und politische Tagesfragen. Mit Aufkommen der Restauration und Reaktion war jedoch das Ende der freizügigen Salons besiegelt. Von nun an gaben reine Männergesellschaften, patriotische Geheimbünde, die von Adligen oder Beamten geführt wurden, den Ton an. Aus den geselligen Treffen wurden Organisationen mit strengen Statuten und Tagesordnungen, die sich nicht mehr im Hause eines Gastgebers trafen, sondern in Hinterzimmern von Kneipen und Cafés. Oft nannten sich die Gesellschaften nach dem Tag, an dem sie allwöchentlich zusammenkamen.

Auch Saphir bemühte sich um Aufnahme in einen dieser Bünde, nämlich in die durch den Kriminalrat Julius Eduard Hitzig 1824 gegründete *Mittwochsgesellschaft*; in ihr trafen sich bis 1856 die führenden Köpfe des geistigen Lebens der Stadt, um die besten literarischen Neuerscheinungen des In- und Auslands zu besprechen. Nachdem sein Ansinnen abgelehnt worden war, lud er am 3. Dezember 1827 einige Freunde in seine Wohnung ein, um einen eigenen literarischen Verein zu gründen. Bereits drei Tage später fand die *„Vermählung des Herrn Caffee mit der Demoiselle Sahne"* statt, eine Feierlichkeit, die sich an jedem Sonntagnachmittag wiederholen sollte. *„Der Königl. Hof-Schauspieler Herr Lemm trug darauf den Anwesenden den Wunsch des Herrn Sapphir vor, in Berlin eine Gesellschaft zu gründen, die alle religiöse, politische, und finanzielle Tendenz ausschließend, sich blos mit humoristisch-literarischen Arbeiten beschäftigen, und eine Satyre auf die unbegrenzte Lobhudelei mancher andern literarischen Gesellschaften abgeben sollte."*[8] Mitglieder der neuen Gesellschaft waren vor allem Mitarbeiter seiner eigenen Zeitung, die Hofschauspieler Friedrich Wilhelm Lemm und Louis Schneider sowie Kaufleute und Militärs. Der literarische Sonntagsverein gab sich den Namen *Tunnel über der Spree*. Die Bezeichnung brachte den ironischen, karikierenden Charakter des Vereinslebens der ersten Jahre zum Ausdruck. Zu dieser Zeit war die Aufmerksamkeit der Welt und der Berliner auf den Bau des ersten Unterwassertunnels, auf den Tunnel unter der Themse in London, gerichtet. Das Projekt stand unter Leitung des Ingenieurs Marc Isambart Brunel. Die Bürger Preußens begegneten diesem technischen Wunderwerk mit Unverständnis und Hohn. Als der Bau 1828 wegen eines Wassereinbruchs zeitweilig eingestellt werden mußte, schienen die Spötter mit ihrer Skepsis auch recht behalten zu haben. 1832 reimte das *Tunnel*-Mitglied Emil Jacobi:

„Der Brunnel hat zwar auch gemacht
In London seines Tunnels Schacht.
Doch fehlet seinem Werke
Die Stärke."[9]

Erst als das Bauvorhaben seinem erfolgreichen Abschluß entgegenging, zollten die Tunnelianer dem Ingenieur Hochachtung und ernannten ihn zu ihrem Ehrenmitglied. Wilhelm John dichtete nun mit ganz anderer Intention:

„Unser Vetter Brunnel
Ist ein wackrer Mann,
Gräbt an seinem Tunnel,
Was er graben kann;
Kühn wie er ersonnen
Diesen Riesenplan,
Hat er's Werk begonnen.
Läßt dem Ziel es nahn.
[...]
Trete unser Tunnel
In demselben Gleis,
Jeder sei ein Brunnel
Hier in unserm Kreis."[10]

Die *Tunnel*-Mitglieder erklärten Till Eulenspiegel, den weisen Narren, zu ihrem Schutzpatron. Als Ideal galt *„unendliche Wehmut und ungeheure Ironie"*. An der Spitze stand der Präsident, das „angebetete Haupt", er trug als „Szepter" einen etwa übermannshohen Stab, auf dessen oberem Ende eine vergoldete Eule saß. Jede Zusammenkunft wurde mit dreimaligem Aufstampfen desselben eröffnet. Das Siegel war befestigt an einem Stiefelknecht, dessen zwei ungleichartige Zinken in tiefsinniger Symbolik eben die unendliche Wehmut ausdrücken sollten.[11] Dem Präsidenten stand ein Sekretär zur Seite. Jedes Mitglied erhielt bei Aufnahme einen mehr oder weniger treffenden Decknamen. Die Mitglieder wurden unterschieden in produktive, „Klassiker", und unproduktive, „Makulaturen"; Gäste wurden als „Runen" bezeichnet. Die künstlerischen Beiträge, Gedichte, Zeichnungen oder Kompositionen, hießen „Späne". Zum Vortrag derselben hatte sich der Künstler auf den sogenannten Mokierstuhl am Vorlesertisch zu setzen. Schon die Bezeichnung macht deutlich, daß sich die Kritiker unter Umständen über den Beitrag lustig machen würden. Neben humorvoller wurde auch ironisch-sarkastische Kritik geübt, zumeist mündlich.[12] Dem vorsätzlichen Unsinn entsprechend, hieß in den ersten Jahren das Abgelehnte „gut" und Geglücktes „schlecht".

Erst einige Jahre später, als Saphir der Gesellschaft schon nicht mehr angehörte[13], begannen die Mitglieder des *Tunnels* ernsthafter zu streiten. Eröffnungsritual und Feierlichkeiten jedoch blieben über Jahrzehnte hinweg erhalten. Höhepunkt des Jahres bildete das regelmäßig am 3. Dezember begangene Stiftungsfest, an dem der Sekretär seinen Jahresbericht verlas. An diesem Tag wie bei allen weiteren Festen wurde die alte Narrenfreude, wenn auch in gemäßigter Form, immer wieder heraufbeschworen. Der Verein von 1827/28, in dem noch der Witz regierte, entwickelte sich ab Mitte der dreißiger Jahre zu einer seriösen Gruppierung, die nach außen aber keine Wirkung anstrebte. Das Hauptgewicht der Arbeit lag unzweifelhaft auf literarischem Austausch und Diskussionen. Fragen der Politik wurden im *Tunnel* nicht erörtert. Die Statuten von 1835 legten eindeutig fest: *„[Die] eigentliche Tätigkeit des Vereins beschränkt sich 1. auf das Vorlegen künstlerischer Produktionen der Mitglieder (Späne), 2. auf ihre Beurteilung durch den Verein."* Weiterhin war bestimmt worden, daß der Verein alles zu vermeiden

IIIa/26

habe, *„was ihn in einen Konflikt mit der übrigen literarischen Welt bringen könnte, mithin auch eine jede dazu führende Veröffentlichung seiner Tätigkeit und jede Einmischung in die Streitigkeiten literarischer Parteien."*[14]

Auch am 30. Juli 1843, als sich Fontane erstmalig aktiv an einer Sitzung beteiligte, eröffnete der Präsident die Zusammenkunft, indem er bedeutungsvoll mit dem Szepter dreimal aufstampfte. Anschließend verlas der Sekretär das Protokoll des vorangegangenen Treffens. Nach dessen Genehmigung folgte die obligatorische Frage nach vorliegenden „Spänen". Fontane trug an diesem Nachmittag vier Gedichte vor. Er war als Anhänger des Vormärz in den *Tunnel* gekommen. Drei der vorgetragenen Gedichte, *Eine Linde, Der Trinker* und *Der blinde König*, entsprachen nicht dem im *Tunnel* gepflegten unpolitischen Ton.

Die ersten *Tunnel*-Besuche Fontanes fielen in die Zeit seines Berliner Militärjahres. Es war bestimmt kein Zufall, daß er sich für das Kaiser-Franz-Garde-Grenadier-Regiment Nr. 2 in der Neuen Friedrichstraße entschieden hatte. Denn hier tat der langjährige Freund Bernhard von Lepel seinen Dienst. Die „Franzer" standen zudem in dem Ruf, das literarische Regiment der Berliner Garnison zu sein. Viele der hier Stationierten betätigten sich künstlerisch. Hier hoffte Fontane, Gleichgesinnte zu finden. Lepel wurde sein direkter Vorgesetzter. Da Lepel zu dieser Zeit dem *Tunnel* vorstand, durfte er selbst keine neuen Mitglieder vorschlagen. Diese Aufgabe übernahm der Kammergerichtsrat Wilhelm von Merckel. Er vertrat am 15. September 1844 den Aufnahmeantrag des Apothekergehilfen Theodor Fontane. Lafontaine wurde sein *Tunnel*-Name, ein Beispiel dafür, wie willkürlich und unbeschwert, aber doch witzig die Mitglieder bei der Vergabe vorgingen. Denn außer der französischen Herkunft verband den jungen Fontane kaum etwas mit dem Fabeldichter La Fontaine.[15]

Die Vergabe von Decknamen sollte die *Tunnel*-Mitglieder, die aus unterschiedlichsten sozialen Schichten und gesellschaftlichen Positionen kamen, gleichstellen. Fontane, der Apothekergehilfe bürgerlicher Herkunft, ohne Abitur, damit auch ohne Chance, einen akademischen Titel zu erlangen, war wenigstens für einige Stunden in der Woche den Studenten, Referendaren, Beamten und Offizieren gleichgestellt. Im *Tunnel* sollte allein das poetische Vermögen für das Ansehen des einzelnen entscheidend sein.

Am 15. Dezember 1844 erzielte Fontane seinen ersten und für ihn wegweisenden großen Erfolg im *Tunnel*. Er trug zum Abschluß der Zusammenkunft das Gedicht *Der Tower-Brand*[16] vor, das unter dem Eindruck seiner ersten Reise nach London entstanden war. Vom 25. Mai bis 10. Juni des Jahres hatte er einen Neuruppiner Freund, Hermann Scherz, auf einer Reise

IIIa/21

nach London begleitet. Scherz hatte für den mittellosen Fontane die Reisekosten übernommen. Die Freunde nahmen an der wahrscheinlich allerersten touristisch organisierten Gruppenreise teil.[17] England war für Fontane das „gelobte Land". Tief beeindruckten ihn die Überlegenheit der englischen Rechtsordnung und die englische Polizei. Das in deutschen Zeitungen kritisierte katastrophale Elend der Arbeiter in den Industriebezirken nahm er nicht zur Kenntnis, das alltägliche Leben ignorierte er. Von nun an beschäftigte ihn immer wieder der Gedanke, sich für längere Zeit in London niederzulassen. *Der Tower-Brand* war eine historische Reminiszenz; Geschichte und Romantik verschmolzen zu einem gespenstischen Nachtstück. Damit entsprach Fontane der Forderung des *Tunnels*, tagespolitische Fragen nicht zu thematisieren. Merckel, der Protokollant der Sitzung, kommentierte den Beitrag in humorvollem Ton: „Um [...] mit einem eklatanten Effekt die Sitzung zu schließen, zündete Lafontaine den Tower an. Einem Zuge der Geister der in diesem Gebäude suczessiv Erschlagenen, der endlich mit Jubel das glimmende Tannenscheit begrüßt, und mit Brandfackeln durch die Gemächer fliegt, einem Sturme, der sich ins Feuer und dieses in den Turm wirft, und der Hyperbel, daß die durstigen Flammen die durch Blut und Thränen feuerfest gemachten Brandmauern wie Becher ausleeren, konnte kein sterblicher Verein widerstehen. Der Brand wurde stürmisch da capo verlangt, und als die Mauern zum zweitenmal leer waren, rief man den genialen Brandstifter eben so stürmisch heraus."[18]

Für etwa ein Jahrzehnt wurde die Ballade Fontanes bevorzugte poetische Form. Seinem Freund Wilhelm Wolfsohn schrieb er am 10. November 1847: „Das Lyrische hab' ich aufgegeben, ich möchte sagen blutenden Herzens. Ich liebe eigentlich nichts so sehr und innig wie ein schönes Lied und doch ward mir gerade die Gabe für das Lied versagt. Mein Bestes, was ich bis jetzt geschrieben habe, sind Balladen und Charakterzeichnungen historischer Personen [...]"[19] Die Form der Ballade stellte für Fontane einen Kompromiß dar. Sie bildete eine Art Übergangsstufe zum Epos und zum Drama und gleichzeitig eine Resignation gegenüber dem Lyrischen. Die Popularität des Balladendichters Fontane ist nicht zuletzt auch darauf zurückzuführen, daß im hochangesehenen *Morgenblatt für gebildete Leser*[20] seit 1843 Gedichte Fontanes gedruckt worden waren. Mit den 1847 erschienenen ersten sechs *Feldherrenballaden* stellte Fontane dem von ihm erlebten Preußen ein anderes Preußentum gegenüber, heroische und positive Ideale aus preußischer Vergangenheit. Er konfrontierte das Preußen der Gegenwart mit den Persönlichkeiten der Geschichte, die ihm als Vorbild dienten, während er die Gegenwart parodierte. Die *Feldherrenballaden* erschienen gleichzeitig in der von Louis Schneider geleiteten Berliner Zeitschrift *Der Soldaten-Freund*[21].

Resümierend nennt Fontane als seine wichtigsten Erfahrungen im *Tunnel*, Kritik und Selbstprüfung erlebt sowie Anerkennung und Erfolg, ja sogar einen gewissen Ruhm erlangt zu haben. Fontane hatte eine angesehene Position erreicht. Paul Heyse verfaßte im Alter dazu folgende Zeilen:

„Da ging die Tür, und in die Halle
Mit schwebendem Gang wie ein junger Gott
Trat ein Verspäteter frei und flott,
Grüßt' in die Runde mit Feuerblick,
Warf in den Nacken das Haupt zurück,
Reicht' diesem und dem die Hand
und mustert mich jungen Fant
Ein bißchen gnädig von oben herab,
Daß es einen Stich ins Herz mir gab.
Doch: Der ist ein Dichter! Wußt ich sofort.
Silentium! Lafontaine hat's Wort.“[22]

IIId/2

Noch arbeitete der geachtete Dichter als Gehilfe in der *Polnischen Apotheke* des Medizinalrats Dr. Julius Eduard Schacht in der Friedrich-/Ecke Mittelstraße und empfand dieses Dasein als äußerst unbefriedigend. Hoffnung und Freude in sein Leben brachte die Verlobung mit Emilie Rouanet-Kummer am 8. Dezember 1845. Theodor und Emilie kannten sich aus ihren gemeinsamen Berliner Kindertagen. 1844 hatten sie sich wiedergetroffen, sie *„nahmen den alten herzlichen Ton gleich wieder auf, und die Leute wußten bald, was daraus werden würde. Sie hatten sich auch nicht verrechnet [...]“*[23] An jenem 8. Dezember war auch Emilie zur Geburtstagsfeier bei August, dem Onkel Theodors, eingeladen und bat den Freund in einem kleinen Briefchen, sie auf dem Heimweg zu begleiten. Fontane erinnerte sich in seinem autobiographischen Roman an das Zusammensein: *„Da wir beide plauderhaft und etwas übermütig waren, so war an Verlegenheit nicht zu denken, und diese Verlegenheit kam auch kaum, als sich mir im Laufe des Gespräches mit einem Male die Betrachtung aufdrängte: ,Ja, nun ist es wohl eigentlich das beste, dich zu verloben.' Es war wenige Schritte vor der Weidendammer Brücke, daß mir dieser glücklichste Gedanke meines Lebens kam, und als ich die Brücke wieder um ebensoviele Schritte hinter mir hatte, war ich denn auch verlobt. Mir persönlich stand dies fest. Weil sich aber die dabei gesprochenen Worte von manchen früher gesprochenen nicht sehr wesentlich unterschieden, so nahm ich plötzlich, von einer kleinen Angst erfaßt, zum Abschiede noch einmal die Hand des Fräuleins und sagte ihr mit einer mir sonst fremden Herzlichkeit: ,Wir sind aber nun wirklich verlobt.'“*[24]

Bis das Eheversprechen eingelöst werden konnte, mußte Emilie noch fast fünf lange Jahre warten. In diesen Jahren konnte und wollte Theodor keine Familie gründen. Erste Voraussetzung dafür schien das Staatsexamen zu sein. Theodor Fontane erhielt im März 1847 die Approbation als „Apotheker erster Klasse“. Trotzdem befriedigte ihn seine Tätigkeit in verschiedenen Apotheken weniger als je zuvor; eine eigene konnte er sich nicht leisten, und der Vater hatte die Apotheke in Letschin an den Schwiegersohn Sommerfeldt[25] verkauft. So nahm Fontane im September 1848 ein Angebot des Pfarrers Ferdinand Schulz an und ging für anderthalb Jahre in das neuerrichtete Krankenhaus Bethanien, um zwei Diakonissinnen pharmazeutisch auszubilden. In der Ruhe Bethaniens hatte er zudem aus-

reichend Zeit, sich neben seinem Arbeitsauftrag weiterhin auch dem poetischen Schaffen zu widmen. Fontane begann zu dieser Zeit in dem Organ des *Zentralausschusses der deutschen Demokratie*, der *Berliner Zeitungshalle*[26], erstmalig journalistisch als freier Mitarbeiter zu publizieren. Er formulierte seine demokratischen und revolutionären Ansichten in vier politischen Beiträgen. Unter Nennung des vollen Namens erschien der Aufsatz *Preußens Zukunft*. Darin richtete er sich offen gegen Preußen als das größte Hindernis auf dem Wege zu einem neuen Deutschland. Der Artikel erzielte große Wirkung und wurde sofort auch in weiteren Zeitungen abgedruckt. Der alte Varnhagen von Ense, Diplomat und Schriftsteller, der ein ausgezeichneter Kenner und Beobachter Preußens war, vermerkte am 31. August in seinem Tagebuch: *„Ein kleiner, trefflich geschriebener Aufsatz in der Zeitungshalle hier, von Th. Fontane unterschrieben, sagt geradezu, Preußen stirbt und muß sterben, es soll seinen Tod sogar eigenhändig vollziehen! Dies hat mich sehr ergriffen. Es ist viel Wahres darin. Und ich schreibe für einen Verurteilten, Sterbenden, Toten! Es ist entsetzlich!“*[27] In gleicher Tonart und mit gleicher Tendenz folgte *Das preußische Volk und seine Vertreter*. Fontane kritisierte die preußische Nationalversammlung, die im Begriff war, die Ergebnisse der Revolution zu verraten. Wenige Wochen später forderte er sogar die Absetzung der deutschen Fürsten und verwarf gleichzeitig den Plan zur Errichtung eines deutschen Kaiserreichs unter preußischer Führung.[28] Sein letzter Beitrag zu diesem Thema trug den Titel *Einheit oder Freiheit?* und kritisierte schließlich das preußische Militär als Hindernis der weiteren Entwicklung.[29]

Fontane lebte in einem permanenten Zwiespalt. Einerseits sympathisierte er mit der republikanisch-revolutionären Bewegung, andererseits faszinierte ihn das alte Preußen. Der politischen Zerrissenheit entsprachen auch die weiteren beruflichen Entscheidungen. Er faßte den Entschluß, nicht wieder in die „Giftbude"[30] zurückzukehren, sondern den Schritt in die Freiheit zu wagen und als freier Schriftsteller seinen Lebensunterhalt zu verdienen. Anfangs war er auch zuversichtlich, obwohl er die anstehenden Probleme sah. Er vertrat jedoch die Position, schlechter als es ihm schon ginge, könne es nun auch nicht mehr werden. „[...] *die Verse, von denen ich glücklicherweise manches auf Lager hatte, trugen mir mehr ein, als man [...] hätte vermuten sollen. Ich war in jenen Tagen in Beziehungen zur Firma Cotta getreten, in deren ‚Morgenblatt' meine Gedichte vom Alten Derffinger, dem Alten Zieten usw. und bald darnach auch meine Romanzen ‚Von der schönen Rosamunde' veröffentlicht worden waren, und als sich um ein geringes später ein paar mutige Männer fanden, die nicht bloß diese vorgenannten Sachen, sondern auch noch andre kleine Dichtungen als Buch herauszugeben gedachten, war ich obenauf, besuchte meine [...] Braut, überreichte ihr das ihr gewidmete Buch und versicherte ihr, ‚die schönen Tage von Aranjuez seien nicht wie gewöhnlich vorüber, sondern brächen jetzt an'. Ein ungläubiges Lächeln störte mich nicht [...]"[31]*

Von November 1849 bis April 1850 veröffentlichte Fontane in der bürgerlichen, radikal-demokratischen *Dresdner Zeitung* 29 chiffrierte politische Korrespondenzen. Die Verbindung brach er ab, als ihm ein Artikel von der Redaktion unveröffentlicht zurückgeschickt wurde. Trotz seines großen Einsatzes hatte er nur geringe Einnahmen und auch diese nur unregelmäßig erhalten. Wie groß seine Not war, wird in einem Brief vom 5. Oktober 1849 an Lepel deutlich: „*Kannst Du mir nicht sagen, mein lieber Lepel, warum ich zu gar nichts komme? Ich mache so geringe Ansprüche, und doch, – selbst das Kleinste wird mir verweigert. [...] und obschon ich gar nicht wählerisch bin, obschon ich all und jede Subaltern-Stellung, die nicht besondere Fachkenntnisse erheischt, mit Freuden annehmen würde, dennoch ist es nicht möglich, auch nur ein solches minimum zu ergattern. Es gibt mehr denn 2 Dutzend Posten zu denen ich nicht schlechter wie andre Menschenkinder zu verwenden wäre. Geschäftsführer einer Apotheke, Eisenbahnbeamter, Sekretär, Calculator, Registrator, Lehrer in Chemie, Geographie und Geschichte, Constabler-Wachtmeister, Redacteur einer gesinnungslosen Zeitschrift, ministerieller Zeitungsleser und Berichterstatter, Billetteur eines Theaters, Bücher-Croupier in der Königl. Bibliothek und noch hundert andre Dinge könnt' ich so gut werden wie alle Hinze und Kunze, denen das Glück des Lebens in Gestalt von 400 Thalern so reichlich zufließt. Sage mir, Lepel, woran liegt es? [...] Mir ist dies Junggesellenleben, wie ich es zu führen nun wiederum verdammt bin, ganz gründlich zuwider, und ich sehne mich nach einem Herd, sei er auch so klein, um nur gerade ein Töpfchen Kartoffeln dran kochen zu können."[32]*

Fontane hatte resigniert, er wußte, daß er sich auf einen Kompromiß einlassen mußte. Er hatte erkennen müssen, daß er ohne feste Anstellung nicht in der Lage war zu überleben, geschweige denn eine Familie zu ernähren. Deshalb bat er seinen Freund Lepel um eine Empfehlung an Wilhelm von Merckel, der zum Chef des *Literarischen Kabinetts*[33] ernannt worden war. Fontane warnte Lepel sogar, er solle dabei Vorsicht walten lassen: „*Ich gelte, namentlich Merckeln gegenüber, für einen rothen Republikaner und bin jetzt eigentlich ein Reactionair vom reinsten Wasser.*"[34] Die Antwort ließ auf sich warten. Unterdessen bemühte sich Fontane weiterhin, seine Artikel in verschiedenen Zeitungen unterzubringen. Für ein demokratisches Blatt wie die *Dresdner Zeitung* konnte er nun nicht mehr schreiben. Abermals debütierte er, diesmal in der *Deutschen Reform*[35], mit vier Feuilletons. Er schrieb über seinen *Tunnel*-Freund Christian Friedrich Scherenberg sowie drei Aufsätze über England. Endlich, im Juli 1850, während der Reise nach Schleswig-Holstein, erreichte ihn in Hamburg der Brief Merckels mit dem ersehnten Stellenangebot. Er zog also nicht an die Front als Kriegsberichterstatter oder gar als Mitglied der schleswig-holsteinischen Befreiungsarmee, sondern kehrte am 4. August nach Berlin zurück, um die angebotene Stelle so schnell wie möglich anzutreten. Seine Braut hatte er im Telegrammstil informiert: „*Schleswig-Holstein aufgegeben. Wenn dir's paßt, im Oktober Hochzeit.*"[36] Die Antwort Emilies lautete: „*Also Oktober! Alle Verwandten, wie du dir denken kannst, haben lange Gesichter gemacht; aber niemand hat zu widersprechen oder auch nur abzuraten gewagt.*"[37] Am 16. Oktober 1850 heiratete Theodor endlich seine Emilie in der Französischen Kirche in der Klosterstraße. Zuversichtlich begann das junge Paar das gemeinsame Leben. Sie mieteten im besten Wohnviertel der Stadt, in der ersten Etage der Puttkamerstraße 6, eine Vierzimmerwohnung.

Fontane begann im August im *Literarischen Kabinett*, einer Zensurstelle der preußischen Regierung, als Lektor. Er wertete in- und ausländische Presse aus und ließ die gewonnenen Erkenntnisse in die Lokalpresse einfließen. Zu verschiedenen Zeitungen sollte er Korrespondenzen aufbauen, die das Ziel verfolgten, über Preußen zu informieren und die Berichterstattung zu lenken. Doch schon zum Ende des Jahres wurde das *Literarische Kabinett* aufgelöst. Otto Theodor Freiherr von Manteuffel, seit 1848 preußischer Innenminister, wurde 1850 zum Ministerpräsidenten ernannt. Ihm sollte die neu zu gründende *Zentralstelle für Preßangelegenheiten* direkt unterstellt werden. Angesichts der zu erwartenden Veränderungen war Merckel im November von seinem Amt als Leiter zurückgetreten. Allen Mitarbeitern des alten *Kabinetts* wurde zum 31. Dezember gekündigt. Während sie in der neuen *Zentralstelle* wieder eine Anstellung erhielten, hatte Fontane den Zorn der Leitung auf sich gezogen. Er unterschrieb eine Petition der Belegschaft, die sich gegen die Umstrukturierung richtete, und übergab diese zudem noch persönlich. Damit war er als Mitarbeiter untragbar. Darüber hinaus war die Regierung dem Literaten gegenüber äußerst mißtrauisch, denn es war allgemein bekannt, daß er durch Protektion ins *Kabinett* aufgenommen worden war.

Va/4

An Lepel schrieb Fontane am 7. Januar 1851: *„Eilig strich ich noch 40 rth. Diäten für Monat December ein und verschwand für immer aus den heiligen Hallen, in denen ich 5 mal 4 Wochen Zeuge der Saucen-Bereitung gewesen war, mit welchen das lit: Cabinet das ausgekochte Rindfleisch Manteuffelscher Politik tagtäglich zu übergießen hatte. Gott sei Dank kann ich mir nachträglich das Zeugniß ausstellen, daß von meiner Seite kein Salz- Senf oder Pfefferkorn jemals zu der Schandbrühe beigesteuert worden ist.*"[38]

Sichtlich erleichtert verließ Fontane das *Kabinett*, doch mit der Kündigung geriet die Familie in eine scheinbar aussichtslose Lage. Das sicher geglaubte Einkommen fiel weg, die schöne Wohnung wurde unbezahlbar, Emilie erwartete ihr erstes Kind. Das erste notvolle Jahr der Eheleute war angebrochen. Verzweifelt suchte Fontane erneut, sich als freier Schriftsteller zu etablieren, jedoch vergeblich. Zwar kam im Mai 1851 die erste Ausgabe der *Gedichte* heraus[39], aber einzige regelmäßige Einnahmequelle waren Privatstunden in englischer Sprache, in Deutsch, Geschichte und Geographie. Das Ehepaar mußte einzelne Zim-

mer der Wohnung an Pensionäre untervermieten, was Emilie viel Arbeit und Ärger, aber wenig Geld einbrachte. Für fünf Wochen vertrat Fontane die Apothekenschwester in Bethanien. Am 14. August wurde der erste Sohn George Emile geboren. Trotzdem mußte die verzweifelte Familie in eine kleinere und billigere Wohnung in der Louisenstraße 35 umziehen. Bereits im März hatte sich Fontane an Friedrich Wilhelm IV. mit der Bitte um Unterstützung gewendet. Seinem Freund, dem Apotheker und *Tunnel*-Mitglied Friedrich Witte, schrieb er: *„Daß meine Ballade dem König vorgelesen wurde, daß ich gleichzeitig um eine Pension bettelte, werden Sie wohl aus meinem vorigen Brief ersehen haben. Die Ballade gefiel, das Gesuch ist noch immer ohne Antwort. [...] ich verachte diese feige, dumme und gemeine Sorte Politik und drei- und sechsfach die Kreaturen, die sich dazu hergeben, diesen Schwindel zu verteidigen, und tagtäglich auszurufen: ‚Herr v. Manteuffel ist ein Staatsmann!' Sie könnten mir meine frühere Stellung wieder antragen, ich will sie gar nicht. Man lebt nicht für den Tag, und wer sich dazu hergegeben hat, an unserem Manteuffelschen Hexenbrei mitzukochen,*

IIIb/2

der hat sich selbst um seine Zukunft gebracht, der ist ruiniert in der öffentlichen Meinung."[40] Bereits ein halbes Jahr später folgte resignierend an Lepel: „*Ich habe mich heut der Reaction für monatlich 30 Silberlinge verkauft und bin wiederum angestellter Scriblifax (in Versen und Prosa) bei der seligen ‚Deutschen Reform‘ auferstandenen ‚Adler-Zeitung‘. Man kann nun ’mal als anständiger Mensch nicht durchkommen. Ich debütire mit Ottaven zu Ehren Manteuffels. Inhalt: der Ministerpräsident zertritt den (unvermeidlichen) Drachen der Revolution. Sehr nett!*"[41]

Zerrissen von dem Widerspruch, seinem politischen Gewissen folgen zu wollen, aber die drückende materielle Not besiegen zu müssen, trat Fontane am 1. November 1851 erneut eine Stellung in der *Zentralstelle für Preßangelegenheiten* der preußischen Regierung an. Fast ein Jahrzehnt sollte er nun der preußischen Regierung dienen – in stetigem Zwiespalt, geprägt von familiären Sorgen, politischer Resignation und Zweifel an der Berufung zum Schriftsteller. Das Leben verlief in ständigem Auf und Ab, auf Anstellungen folgten Kündigungen, Gesuche wurden gestellt und abgelehnt. Scheinbaren Aufschwüngen folgten umgehend demütigende Niederlagen. Auch persönliches Leid der Familie überschattete die Jahre. Fontane selbst war phy-

sisch und psychisch stark angegriffen. Am 2. September 1852 erblickte der zweite Sohn, Rudolph, das Licht der Welt. Keine zwei Wochen später starb er. Von nun an litt Emilie unter panischer Angst vor dem Kindbett. 1853 gebar sie das dritte Kind, Peter Paul, das sie ein halbes Jahr später beerdigen mußten. 1855 folgte Ulrich, auch er wurde nur wenige Tage alt. Am 3. November 1856 wurde der fünfte Sohn, Theodor, geboren. Weitere vier Jahre später, am 21. März 1860, ging der sehnliche Wunsch des Vaters in Erfüllung; seine Tochter Martha kam auf die Welt. Ihr folgte 1864 das siebte und letzte Kind, Friedrich.

Hoffnungsvoller Einschnitt in seinem Dasein wurde für Theodor Fontane zweifelsohne der sechsmonatige Londonaufenthalt. Von der *Zentralstelle* für ein halbes Jahr beurlaubt, reiste er im April 1852 als Korrespondent der *Preußischen (Adler-) Zeitung*, die vom Ministerium Manteuffel herausgegeben wurde, in die englische Hauptstadt. Er arbeitete als freier Mitarbeiter und erhielt lediglich ein Reisestipendium, das ihm vom König gewährt worden war. Die Kosten des Aufenthalts konnte Fontane nur mit finanzieller Unterstützung des Vaters sowie von Freunden und mit Geldern aus dem „eisernen Fonds" des *Tunnels* decken. Anders als 1844 glich diese Reise nach London einer Flucht. Er wollte weg aus Deutschland und hoffte auf eine neue Existenzgründung. Fontane spielte sogar mit dem Gedanken, eine Apotheke zu kaufen; doch der Plan mißglückte.

Nach der Revolution von 1848 hatte es viele Gegner des Kabinetts Manteuffel nach England gezogen. Fontane traf zahlreiche Emigranten, für die er Sympathie empfand, die er auch nicht verhehlte. Der preußische Gesandte Christian Karl Josias Bunsen[42] bemühte sich, Fontane ins Lager der Opposition zu ziehen. Das aber widersprach Fontanes Prinzipien – er konnte nicht von Manteuffel leben und gegen ihn schreiben. Dabei empfand er jedoch deutlich und schmerzlich, daß er im Hause Bunsen genau das hätte finden können, was er in London suchte: Zuflucht, Anregung und Förderung. Bunsen war ein hochgebildeter Mann. Seine Opposition gegen Manteuffel beruhte auf einer Synthese von konservativen Anschauungen und Reformplänen nach englischem Vorbild. Fontane wurde sich einmal mehr bewußt, daß er in einem unüberwindbaren Zwiespalt stand und Kompromisse eingehen mußte. Da er in London keine Möglichkeit fand, eine Lebensgrundlage für seine Familie zu schaffen, kehrte er am 25. September nach Berlin zurück. Als literarischen Ertrag brachte er zahlreiche Reportagen, Feuilletons und Theaterkritiken mit. Vor allem aber hatte sich Fontanes Blick auf England gewandelt. Aus dem schwärmerischen Betrachter war der distanzierte Beobachter geworden. Die Faszination selbst blieb, aber in neuer Form.

In der Folgezeit redigierte er die Reportagen, die er für die *Adler-Zeitung* geschrieben hatte, und veröffentlichte das literarische Resultat 1854 im Verlag der Gebrüder Katz in Dessau unter dem Titel *Ein Sommer in London*.[43] Am 1. Oktober 1852 nahm Theodor Fontane seinen Dienst in der *Zentralstelle* wieder auf. Das Einkommen war so gering, daß er Privatunterricht erteilen mußte. Der Alltag hatte wieder Einzug gehalten.

Einzige Abwechslung und Bestätigung fand Fontane nach wie vor bei seinen literarischen Freunden im *Tunnel*. Bereits in den ersten Jahren seiner Mitgliedschaft hatte er häufig den Sekretär vertreten und die Veranstaltungen protokolliert. Für die Zeit von April 1850 bis Mai 1854 fungierte er selbst als Sekretär.[44] Darüber hinaus beteiligte sich Fontane mit zahlreichen „Spänen" an den *Tunnel*-Diskussionen. Er gehörte zu den produktivsten Mitgliedern. Hier konnte er Erfolge feiern, die ihm im Berufsalltag verwehrt blieben. Am 6. April 1851 hatte er sogar einen ausgeschriebenen Gedichtwettbewerb gewinnen können; seine schärfsten Konkurrenten waren Bernhard von Lepel und Paul Heyse. Für die Ballade *Der Tag von Hemmingstedt*[45] erhielt er als Preis den *Tunnel*-Pokal, der fortan ein Bord in Emilies Zimmer zierte. Nur wenige Tage später berichtete er seinem Freund Friedrich Witte über den Verlauf der Sitzung. Enttäuscht war er, daß gerade Kugler, Heyse und Eggers bei der Abstimmung gegen ihn votiert hatten, zugunsten von Lepel. Dies hatte ihn doch sehr *„verdrossen"*, denn Lepels Gedicht war nach eigener Aussage *„nicht fertig"*. Abschließend konstatierte er vorausahnend: *„Dem Tunnel bin ich total entfremdet."*[46] Obwohl es immer wieder zu Spannungen und Unstimmigkeiten kam, bildete der literarische Sonntagsverein gerade nach Fontanes Rückkehr aus London eine wichtige Größe in seinem Leben. In Preußen konnte er weder im Alltag noch mit seiner Dichtung wieder richtig Fuß fassen. So bestimmte in den folgenden Jahren zunehmend sein Lieblingsthema, die Geschichte Englands, sein Schaffen. Immer häufiger schrieb er Balladen nach englischen Stoffen. Den Plan, ein Maria-Stuart-Drama zu schreiben, verwarf er bald wieder, im *Tunnel* fehlten ihm zu Fragen der Dramatik die Gesprächspartner. Höhe- und fast schon Wendepunkt seiner Balladendichtung wurde der Vortrag des *Archibald Douglas.* Auf dem Stiftungsfest am 3. Dezember 1854 erzielte er damit einen triumphalen Erfolg.

Fontanes Wirken im *Tunnel* fand eine längere Unterbrechung wegen seines erneuten Aufenthaltes in England von 1855 bis 1859.[47] Nach der Rückkehr empfand er ähnlich wie 1852. Dreieinhalb Jahre hatte er den Kontakt aus der Entfernung gehalten, im Oktober des Jahres ließ er sich für ein Jahr zum Vorsitzenden des Sonntagsvereins wählen. Danach zog er sich jedoch immer stärker vom *Tunnel* zurück. Immer unregelmäßiger erschien er bei den Zusammenkünften. Perspektiven konnten ihm hier nicht mehr erwachsen, künstlerisch hatte er seine Vereinsfreunde überflügelt. Letzter Höhepunkt seines Wirkens in diesem Kreis war seine Shakespeare-Rede im April 1864. Darin beschrieb Fontane die Bilder, die ihm in der Erinnerung an England vor Augen traten, und die Zuhörer ließen sich in die Heimat des zu ehrenden Dichters entführen. Laut Protokoll nahm *Lafontaine* am 31. Dezember 1865 letztmalig an einer Sitzung des literarischen Sonntagsvereins *Tunnel über der Spree* teil.

Immer wieder hatten sich innerhalb des *Tunnels* kleinere Gruppen gebildet. Die bedeutendsten waren zweifellos *Ellora* und *Rütli*, die als Seitentriebe des *Tunnels* gegründet worden waren, ohne sich jedoch vom Mutterverein loszusagen. Im November 1852 begründete Wilhelm von Merckel die *Ellora*. Ihren Namen erhielt sie nach den indischen Höhlentempeln von Elura. Sinnbild war der Höhlen-Elefant. Es handelte sich bei dieser Runde um eine Art geselliges Kaffeekränzchen, an dem auch die Ehefrauen beteiligt waren. Zu ihr gehörten neben Fontane u. a. Friedrich Eggers, Wilhelm Lübke, Richard Lucae, Karl Zöllner und Wilhelm von Merckel. Emilie Fontane wurde von den Mitgliedern als besonders liebenswürdige *Ellora*-Mutter verehrt. Für die *Elloristen* stickte sie eine Vereinsfahne, die in ihrer Mitte einen großen indischen Elefanten zeigt. Alle Mitglieder erhielten ebenso wie im *Tunnel* Decknamen. Das praktizierte Vereinsgebaren – die Mitglieder widmeten sich gegenseitig Toaste und Geburtstagsgrüße – stellte eine Karikatur literarischer Vereine dar.

Parallel zur *Ellora* rief 1852 der Kunstschriftsteller Friedrich Eggers den *Rütli* ins Leben; am 9. Dezember 1852 wurde er im Hause Franz Kuglers[48] gegründet. Kugler bemühte sich, in seinem Haus etwas von der literarischen Atmosphäre und dem geistigen Niveau der berühmten Berliner Salons früherer Jahre wiederzubeleben. Aufnahme fanden jedoch nur Männer, die künstlerisch bereits einen Namen hatten. Mitglieder wurden u. a. Franz Kugler, Paul Heyse, Theodor Storm, Bernhard von Lepel, Wilhelm von Merckel, aber auch der Maler Adolph Menzel. Hier lernte Fontane den alten Joseph Freiherr von

IIIb/7

IIIb/12

Eichendorff, den großen und verehrten Romantiker, kennen.[49] Den *Rütli* bezeichnete Fontane als „*Tunnelsahne*", die *Ellora* als „*Sahnekränzchen*". Ihnen blieb Fontane auch noch treu, als der *Tunnel* für ihn schon lange Legende geworden war. Im *Rütli* trafen sich keine Dilettanten, sondern Meister zu künstlerischen und wissenschaftlichen Runden. Sie beteiligten sich an Friedrich Zarnckes *Litterarischem Zentralblatt*, am *Litteraturblatt* und am *Deutschen Kunstblatt*, das Friedrich Eggers auf Anregung von Franz Kugler herausgab. Schließlich entstand ein eigenes Publikationsorgan, das belletristische Jahrbuch *Argo;* die Mitarbeiter nannten sich Argonauten. Geplant war ursprünglich eine Vierteljahresschrift. Der erste Band erschien im Oktober 1853, herausgegeben von Kugler und Fontane. Die nächsten Bände folgten aber erst 1857 bis 1860 jährlich, nun von Eggers, Lepel und Theodor Hosemann redigiert.

Die Jahre von 1840 bis 1860 waren für Theodor Fontane geprägt von der Suche nach Verwirklichung. So widersprüchlich die politischen Ereignisse in Preußen verliefen, so verworren waren auch die persönlichen Wege des jungen Literaten und Familienvaters. Nach ersten zaghaften Versuchen in der Poesie wurde er zum gefeierten Balladendichter. Die Arbeit im literarischen Sonntagsverein *Tunnel über der Spree* sollte mitbestimmend für sein ganzes Leben werden. Der Jüngling mit großen Träumen und keinerlei finanziellem oder gesellschaftlichem Hintergrund wurde hier in „gehobene Kreise" aufgenommen. Immer wieder fand er mit Unterstützung der *Tunnel*-Freunde in scheinbar ausweglosen Situationen einen Neuanfang. Aufgrund ihrer Förderung erhielt er mehrfach Anstellungen im Staatsdienst und konnte Kontakte zu Zeitungen knüpfen, für die er dann arbeitete. Auf Anregung von Karl Zöllner sollte er sogar noch einmal in den siebziger Jahren eine Beamtenstelle an der Königlichen Akademie der Künste als Erster Sekretär antreten. Doch Fontanes Bestimmung lag nicht im Angestelltendasein. Sein eigentliches Metier war die Literatur. Der Weg dahin war noch weit und widerspruchsvoll. Das angestrebte Ziel erreichte er erst viele Jahre später.

Anmerkungen

1 Theodor Fontane, Lebenswege, in: Gedichte; GBA, Bd. 1, S. 28. Das Gedicht entstand 1887 oder 1889. Ein Entwurf der ersten beiden Strophen ist im Romanmanuskript *Frau Jenny Treibel* erhalten, auf der Rückseite der ersten Seite des dritten Kapitels (Stadtmuseum Berlin, V 83/7).

2 Der *Berliner Figaro* war eine Berliner Tageszeitung, die unter Redaktion von L. W. Krause von 1831 bis 1848 erschien.

3 Theodor Fontane, Von Zwanzig bis Dreißig; NA XV, S. 149 f.

4 Fritz Behrend, Geschichte des Tunnels über der Spree, Berlin 1938, S. 7

5 Die *Haude- und Spenersche Zeitung* erschien von 1740 bis 1874 als Berliner Tageszeitung.

6 Die *Vossische Zeitung* (eigentlich: *Königlich Privilegirte Berlinische Zeitung von Staats- und gelehrten Sachen*) galt als liberales Blatt jüdischer und industrieller Kreise.

7 *Der Gesellschafter oder Blätter für Geist und Herz* war eine von 1817 bis 1848 viermal wöchentlich erscheinende belletristische Zeitschrift, die von Friedrich Wilhelm Gubitz herausgegeben wurde.

8 1. Tunnelprotokoll vom 9. Dezember 1827; Protokollband 1, 1827/28 (Universitätsbibliothek der Humboldt-Universität zu Berlin)

9 Zitiert nach: Gotthard Erler, Peter Goldammer, Joachim Krüger (Hg.), Einleitung zu: Theodor Fontane, Autobiographische Schriften, III/2, Berlin 1982, S. 61

10 Ebd.

11 Theodor Fontane, Von Zwanzig bis Dreißig; NA XV, S. 155

12 Nur in Ausnahmefällen konnte der Antrag gestellt werden, daß die Kritik schriftlich formuliert werden sollte, z. B. wenn der Beitrag nicht vom Urheber vorgetragen wurde.

13 1829/30 mußte er nach kurzer Haft Berlin verlassen und ging nach Leipzig; dort gründete er einen zweiten *Tunnel*.

14 Zitiert nach: Fritz Behrend, Der Tunnel über der Spree. I. Kinder- und Flegeljahre 1827-1840, Berlin 1919, S. 122 (Sta-

tuten vom 8. April 1835, § 11 und § 12)

15 Als Grundlage für sein Werk benutzte Jean de La Fontaine (1621-1695) die gesamte damals bekannte Fabelüberlieferung.

16 Der Tower war bis 1509 Residenz der englischen Könige und wurde später Staatsgefängnis, Arsenal und Kaserne.

17 Vgl. Helmuth Nürnberger, Fontanes Welt, Berlin 1997, S. 98

18 Protokoll vom 15. Dezember 1844, in: Protokollband 18, 1844/45, Span Nr. 3301/11

19 HA I, S. 38

20 Das *Morgenblatt* war eine von 1807 bis 1865 täglich in Stuttgart erscheinende Literaturzeitung.

21 *Der Soldaten-Freund. Zeitschrift für faßliche Belehrung und Unterhaltung des Preußischen Soldaten*, Berlin 1838-1914

22 Zitiert nach: Hans Heinrich Reuter, Fontane, neu hg. von Peter Görlich, Berlin 1995, S. 183

23 Theodor Fontane, Von Zwanzig bis Dreißig; NA XV, S. 316

24 Ebd., S. 308 f.

25 Hermann Sommerfeldt (1820-1902) war der Ehemann der Schwester Jenny (1823-1904).

26 Die *Berliner Zeitungshalle* war ein Abendblatt. Bis zum März 1848 vertrat es die Interessen der Preußischen Seehandlung, im März 1849 wurde sein Erscheinen eingestellt.

27 Zitiert nach: Reuter, Fontane, a. a. O., S. 216

28 Vgl. Theodor Fontane, Die Teilung Preußens, in: Berliner Zeitungshalle, 14.10.1848 (NA XIX, S. 48 f.)

29 Vgl. Theodor Fontane, Einheit oder Freiheit?, in: Berliner Zeitungshalle, 7.11.1848 (NA XIX, S. 49-52)

30 Theodor Fontane, Brief an Bernhard von Lepel, 15.1.1850; HA I, S. 109 f.

31 Theodor Fontane, Von Zwanzig bis Dreißig; NA XV, S. 378. Im Jahr 1849 erschienen die beiden ersten Bücher Fontanes, der Romanzen-Zyklus *Von der schönen Rosamunde* (62 S., Dessau: Katz 1850) und die Balladen *Männer und Helden. Acht Preußenlieder* (40 S., Berlin: Hayn 1850). Beide Bände waren, wie es üblich war, auf das Jahr 1850 vordatiert.

32 HA I, S. 85

33 Das *Literarische Kabinett* war 1848 begründet worden, um die regierungsamtliche Presse zu organisieren und zu kontrollieren.

34 Theodor Fontane, Brief an Bernhard von Lepel, 8.4.1850; HA I, S. 113

35 *Deutsche Reform. Politische Zeitung für das constitutionelle Deutschland*. Das Blatt erschien in Berlin seit 1848, ab März 1851 nannte es sich *Preußische (Adler-)Zeitung. Organ für Politik, Wissenschaft, Kunst, Landwirtschaft, Handel und Gewerbe.* Es erschien bis 1853.

36 Theodor Fontane, Von Zwanzig bis Dreißig; NA XV, S. 379

37 Ebd.

38 HA I, S. 144 f.

39 Theodor Fontane, Gedichte. 1. Auflage (Miniaturausgabe), VIII, 296 S.; Berlin: Reimarus 1851

40 Theodor Fontane, Brief an Friedrich Witte, 1.5.1851; HA I, S. 166

41 Theodor Fontane, Brief an Bernhard von Lepel, 30.10.1851; HA I, S. 194

42 Bunsen wurde 1854 auf Veranlassung Manteuffels aus seinem Amt entlassen.

43 Theodor Fontane, Ein Sommer in London, VI, 281 S., Dessau: Katz 1854

44 96 Protokolle und drei Jahresberichte hat Fontane eigenhändig geschrieben, ein weiterer stammt von fremder Hand, ist von ihm aber unterschrieben.

45 Gegenstand der Ballade ist der Sieg der freien Dithmarschen Bauern über den dänischen König und die schleswigholsteinische Ritterschaft am 17. Februar 1500.

46 Theodor Fontane, Brief an Friedrich Witte, 1.5.1851; HA I, S. 166

47 Im Dezember 1854 wurde er Lektor der englischen Zeitungen in der *Zentralstelle* und wies sich so als der Fachmann für englische Angelegenheiten aus. Im August 1855 wurde Fontane nach London geschickt, um eine deutsch-englische Korrespondenz aufzubauen. Sie wurde bereits im März 1856 wieder eingestellt. Fontane blieb dennoch als halbamtlicher „Presseagent". König Wilhelm I. entließ unmittelbar nach Antritt seiner Regentschaft Manteuffel aus dem Amt. Daraufhin kündigte Fontane am 2. Dezember 1858 seine Londoner Stellung und verließ die Stadt am 15. Januar 1859.

48 Franz Kugler (1808-1858), Schwiegersohn des Kriminalrates Julius Eduard Hitzig und Schwiegervater Paul Heyses, war Rat im preußischen Kultusministerium, Kunsthistoriker und Dichter.

49 Vgl. Theodor Fontane, Von Zwanzig bis Dreißig; NA XV, S. 175

IIIa/1

IIIa/1 Unbekannter Künstler

Porträt Moritz Gottlieb Saphir, um 1829

Lithographie; 44,5 x 28
Stadtmuseum Berlin, VII 83/173 W

Moritz Gottlieb Saphir (1795–1858) initiierte im Jahre 1827 die Gründung des *Tunnels über der Spree*. Sein *Tunnel*-Name war Aristophanes. Saphir lebte von 1825 bis Ende 1829 in Berlin und arbeitete als Theaterkritiker. Er war Herausgeber zweier Zeitschriften (*Berliner Schnellpost*, *Der Berliner Courier*). Aus Berlin ausgewiesen, ging Saphir später wieder nach Wien. *„Letzterer in den ewigen Fehden, die zu führen ihm oblag, erwies sich moralisch und fast auch physisch einer Leibwache dringend bedürftig, welchen Doppeldienst der Tunnel ihm leisten sollte."*
Theodor Fontane, Christian Friedrich Scherenberg und das literarische Berlin von 1840 bis 1860; NA XIV, S. 216

IIIa/2 Moritz Gottlieb Saphir

Gründungsvermerk des literarischen Sonntagsvereins zum 3. Dezember 1827

In: *Protocolle des Sonntagsvereins, erstes Jahr vom 9ten December 1827 bis 30ten Novemb: 1828*
Handschrift; 35,5 x 22,5
Universitätsbibliothek der Humboldt-Universität zu Berlin, Nr.3   (Abb. S. 44)

Das erste *Tunnel*-Protokoll vom 9. Dezember 1827 enthält den lapidaren Vermerk Louis Schneiders, der mit seinem *Tunnel*-Namen unterzeichnete: *„Am 3. Dezember/ Sonntag hatte die Vorbesprechung in der Wohnung des Herrn Sapphir stattgefunden und ist daher dieser Tag als der Stiftungstag zu betrachten. Campe der Caraibe."*

IIIa/3 Unbekannter Künstler

Porträt Louis Schneider

Lithographie; 24,8 x 17,2
Stadtmuseum Berlin, GDR 75/17,68

Louis Schneider (1805–1878) war seit Gründung Mitglied des literarischen Sonntagsvereins, genannt wurde er Campe der Caraibe. Seit 1823 wirkte er am Königlichen Schauspielhaus in Berlin, wurde 1849 Vorleser König Friedrich Wilhelms IV. und war später journalistisch-literarischer Berater und Helfer König Wilhelms I. – Schneider *„war [...] unter den ersten Mitgliedern des Vereins und hing an ihm, durch ein halbes Jahrhundert, in immer gleicher Treue. Bis zum 18. März [1848] – von wo ab sich dann die Dinge freilich änderten – war es sein Verein, in dem seine Geschmacksrichtung und seine Gedankenwelt herrschte, trotzdem es nicht an Gegnern fehlte [...] Im ganzen aber durfte bis zu genannter Zeit – 18. März – gesagt werden: ‚Schneider ist der Tunnel, und der Tunnel ist Schneider.'"*
Theodor Fontane, Von Zwanzig bis Dreißig; NA XV, S. 233

IIIa/4 Unbekannter Künstler

Thames Tunnel: Wapping entrance; Queen Victoria and her Royal consort; Wednesday, 26. July 1843

Holzstich; 25,5 x 18,2
Universitätsbibliothek der Humboldt-Universität zu Berlin, Tunnel-Album, Bl. 12

IIIa/4

Als der literarische Sonntagsverein 1827 gegründet wurde, zog ein gigantisches technisches Vorhaben das allgemeine Interesse auf sich: der Bau des ersten Unterwassertunnels der Welt, eines großen Tunnels unter der Themse in London. Die Namensgebung *Tunnel über der Spree* war eine ironische Anspielung auf den seit 1825 unter Leitung von Marc Isambart Brunel im Bau befindlichen Themsetunnel. Während in Berlin der erste Tunnel unter der Spree (von Treptow nach Stralau) erst 1899 fertiggestellt werden konnte, wurde der Londoner Tunnel bereits 1843 eröffnet. Aus Hochachtung vor dieser technischen Meisterleistung wurde Brunel später vom Sonntagsverein zum Ehrenmitglied ernannt.

IIIa/5 Krigar

Schacht und Tunnel unter der Themse, 1827

Lithographie, auf Leinen gezogen; 53 x 65
Stadtmuseum Berlin, VII 81711W

IIIa/6

Verzeichniss der Mitglieder des literarischen Sonntags-Vereins: Tunnel über der Spree, nebst den Beinamen derselben. Geführt bis 1868

Handschrift; 21 x 18
Universitätsbibliothek der Humboldt-Universität zu Berlin

Aufgeschlagen: Nr. 59-69. – Unter Nr.66 ist vermerkt: „*Lafontaine (Schriftsteller Th. Fontane) Seine Lieder auf Preußens Helden, seine Balladen, die er vielfach aus der Percyschen Sammlung altenglischer Lieder, wie aus seiner Pandora-Büchse schöpfte, brachten ihm den Beinamen: der Helden ‚Percy-Büchse‘*"

IIIa/7 Theodor Fontane

William Shakespeare, Hamlet, Prinz von Dänemark, 1843

Handschrift; 17,5 x 11,5 (Doppelseite)
Universitätsbibliothek der Humboldt-Universität zu Berlin, HUB 39

IIIa/8 C. W. Greulich

Einweihungs-Lied des Sonntags-Vereins

Text: Moritz Gottlieb Saphir
Rückseite: Noten zum Text, Blatt 2: vollständiger Text
Handschrift; 25 x 34,5
Universitätsbibliothek der Humboldt-Universität zu Berlin

„1. Dem Sonntag vor allen soll herrlich im Klang, im Kreise erschallen ein Weihegesang! Viel herrlicher blüht ein freudig Gemüth im Lied! im Lied! im Lied!
[...]
7. Für uns nun Gesellen Ein Fäßchen zurecht. Die bräunlichen Wellen Sie munden nicht schlecht! Nun frisch sich bemüht In Reihe und Glied Fürs Lied, fürs Lied, fürs Lied."

IIIa/6

IIIa/9

Cassa-Buch des Sonntag-Vereins

Handschrift; 9 x 12,5
Universitätsbibliothek der Humboldt-Universität zu Berlin

IIIa/10 Hugo von Blomberg

Zyklus von 17 karikierenden Darstellungen von Personen aus dem *Tunnel über der Spree,* 1856

Aquarell; je 58 x 76,5
Stadtmuseum Berlin, GHZ 73/121, 1-17

Der literarischen Vereinigung *Tunnel über der Spree* gehörten auch bildende Künstler an. Der Maler und Schriftsteller Hugo von Blomberg (1820-1871), genannt Maler Müller, wurde 1852 Mitglied. Er schuf neben humorvollen Festdekorationen u. a. einen Aquarellzyklus zum Vereinsfest des *Tunnels* am 5. Februar 1856, in dem einzelne Mitstreiter karikiert werden. Die Blätter zeigen neben den Initialen (jeweils als Groß- und Kleinbuchstabe) des Übernamens, unvollständig dem Alphabet folgend, nachstehende Darstellungen und Zweizeiler:
1. „*A. a. Apollo stimmt der Leyer Ton/Up platdütsch spült Anakreon*"; links Lorbeerbekränz-
ter mit Leier, rechts Dudelsackpfeifer (Anakreon = Friedrich Eggers)
Friedrich Eggers (1819-1872), Kunstwissenschaftler, seit 1863 Professor an der Berliner Akademie der Künste, seit 1872 im preußischen Kultusministerium tätig, war Herausgeber des *Deutschen Kunstblattes* und 1857-1860 Mitherausgeber des Belletristischen Jahrbuchs: *Album für Kunst und Dichtung. Argo.*
„*Friedrich Eggers wurde bald nach mir Mitglied [1847]: ich hatte das Verdienst, ihn einzuführen. Er blieb im Tunnel fast dreißig Jahre lang, und nur wenige haben dem Verein länger angehört. Man hat in Eggers' Tunnelleben zwei Hälften voneinander zu scheiden. In der ersten Hälfte kam er nur zu halber Geltung; er nahm, weil zur Kugler-Gruppe gehörig, teil an den Ehren, die dieser Gruppe zuteil wurden, aber er sah sich durch ebendiese Zugehörigkeit doch auch gehemmt und benachteiligt. Das änderte sich erst, als er nach Heyses Übersiedlung nach München und nach Kuglers 1858 erfolgtem Tode von dem ehemaligen Triumvirat allein übrigblieb. Erst von diesem Augenblick an war er ganz und gar Tunnelianer und konnte dem Vereine seine ganz eigenartigen Talente widmen. Er war nämlich, weit über seine Kunst- und Literaturveranlagung hinaus, allem anderen vorauf ein Gesellschaftsgenie, das, in einem mir nicht zum zweiten Male begegneten*

Grade, die Gabe besaß, nicht bloß Vereine zu gründen, sondern auch durch Anwerbung neuer Mitglieder und Aufstellung neuer Programme den etwas atter werdenden Pulsschlag sofort wiederzubeleben."
Theodor Fontane, Von Zwanzig bis Dreißig; NA XV, S. 179

2. *„B. b. Das Bumboot fährt zur Bai hinaus / Der Bürger macht ein Buch daraus"*; links Schiffer im Ruderboot, rechts beleibter Herr mit Foliant und Spazierstock (Bürger = Heinrich Smidt)
Heinrich Smidt (1798-1867), ehemaliger Kapitän, Bibliothekar im preußischen Kriegsministerium, Schriftsteller (See-Novellist), war von 1830 bis zu seinem Tod Mitglied im *Tunnel*.
„Heinrich Smidt war ein Holsteiner, in Altona 1798 geboren, und wurde Seemann. Als solcher führte er ein eigenes Schiff und war wohl schon über dreißig Jahre alt, als er Veranlassung nahm, das unsichere Meer da draußen aufzugeben, um es mit einem für die meisten Sterblichen noch unsicherern Aktionsfelde zu vertauschen. Ihm aber glückte es; er fuhr nicht schlecht dabei; seine Gaben und Nicht-Gaben – diese fast noch mehr als jene – halfen ihm. Als ich in den ‚Tunnel' eintrat, war er wohl schon zehn Jahre Mitglied und einer von denen, die mir sofort freundlich ihre Hand entgegenstreckten. Da sich's aber um Heinrich Smidt handelte, muß ich, statt einfach von ‚Hand', eigentlich von einer ‚biederen Rechten' sprechen. Ich habe wenig Menschen kennengelernt, die so ausgesprochen Inhaber einer ‚biederen Rechten' gewesen wären. Alle gehörten selbstverständlich in die Kategorie der faux bonhommes, und ein wahres Musterexemplar dieser Gattung war auch Heinrich Smidt. […] Ich muß hinzusetzen, daß Heinrich Smidts ganze Erscheinung dazu angetan war, ihm ein unbedingtes Vertrauen entgegenzubringen. Er war der typische Schiffskapitän kleinen altmodischen Stils: mittelgroß, dicker Bauch und kurze Beine, mit denen er, sei's aus Gewohnheit, sei's aus Berechnung – ich halte letzteres für sehr wohl möglich – den bekannten Seemannsgang, das Fallen vom rechten aufs linke Bein, virtuos ausführte. Dazu Treuherzigkeitsmienen und vor allem auch Treuherzigkeitssprache. Der ‚Tunnel', der sich sonst nicht gerade durch Scharfblick auszeichnete, hatte doch, mir weit voraus, längst weg, was es mit der Bonhommeschaft dieses deutschen Marryat eigentlich auf sich habe, und wies ihm genau die Stellung an, die ihm zukam. ‚Es lag nichts gegen ihn vor', und danach wurde er behandelt, artig schmunzelnd, aber doch immer reserviert. Man nahm ihn nicht für voll und konnte ihn nicht dafür nehmen, denn ich sage nicht zuviel, wenn ich behaupte, daß in den zehn Jahren unseres gesellschaftlichen Verkehrs auch nicht ein einziger selbständiger Gedanke über seine Lippen gekommen ist. Er war im höchsten Grade trivial, dabei seine Gemeinplätze, selbstverständlich, wie Offenbarungen vortragend. Witz absolut ausgeschlossen. […] Seine Produktionen waren stupend; er konnte in einem fort schreiben, ohne ein Wort auszustreichen; sein Schaffen, wenn man's überhaupt so nennen durfte, hatte etwas Ehernes, Unerbittliches. Immer waren Massen auf Lager,

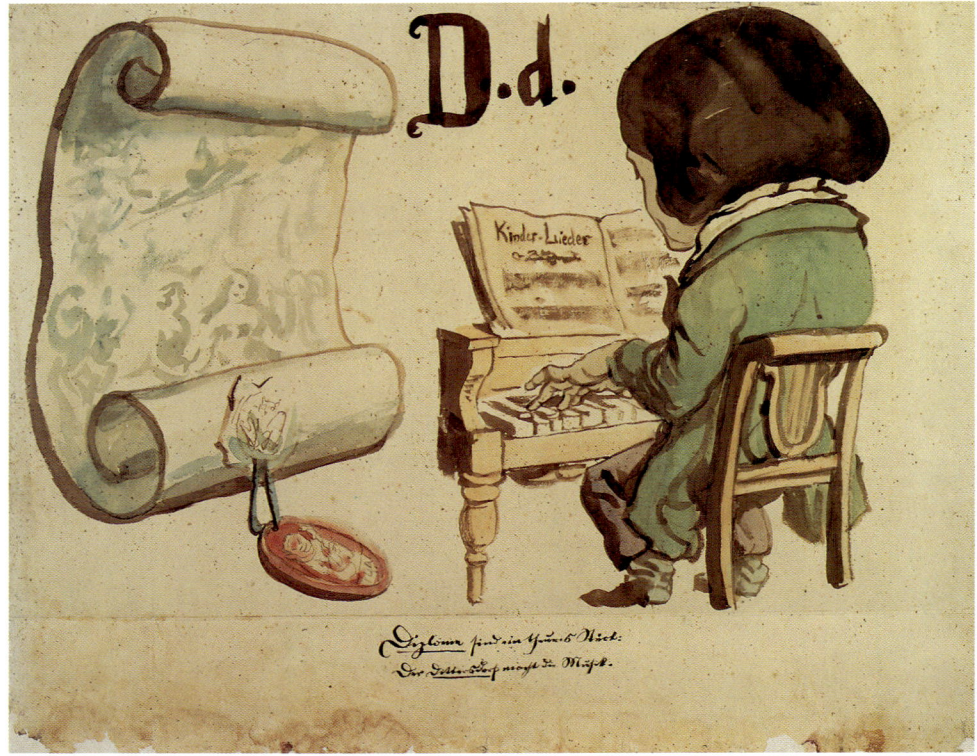

IIIa/10.4

und so kam es, daß man ihn im ‚Tunnel' als ein ‚Füllsel' betrachtete, das, wenn alles andere fehlte, jederzeit eingestopft werden konnte."
Theodor Fontane, Von Zwanzig bis Dreißig; NA XV, S. 221 f.

3. *„C. c. Den Chevalier das Wappen ziert / Von Claudius dies besungen wird"*; links Ritter mit Schild und Schwert (Chevalier = Karl Zöllner), rechts Herr mit Brille, die Hände gefaltet (Claudius = George Hesekiel)
Karl Zöllner (1821-1897), Jurist; Gerichtsrat am Berliner Stadtgericht, war seit den vierziger Jahren Mitglied im *Tunnel*. Die Familien Fontane und Zöllner waren jahrzehntelang eng befreundet. 1876 wurde Karl Zöllner Fontanes Nachfolger im Amt als Erster Sekretär an der Akademie der Künste in Berlin.
George Hesekiel (1819-1874), Journalist und Schriftsteller, trat 1849 in den *Tunnel* ein. Seit 1848 war er Mitarbeiter der *Neuen Preußischen (Kreuz-)Zeitung*, für die er bis zu seinem Tode den „französischen Artikel" redigierte.
„Hesekiel trat, sehr bald nach seinem Erscheinen in Berlin, in den ‚Tunnel' ein, wahrscheinlich durch Schneider eingeführt und empfohlen. Aber trotz dieser Empfehlung kam er zu keiner rechten literarischen Geltung, noch weniger zu Ansehen und Liebe. Der Grund lag zum Teil in seiner Zugehörigkeit zur ‚Kreuzzeitung'. Überflog man den zu einem Drittel aus Offizieren und zu einem zweiten Drittel aus adligen Assessoren zusammengesetzten ‚Tunnel', so mußte man – noch dazu nach eben erst erfolgter Niederwerfung einer revolutionären Bewegung – eigentlich mit Sicherheit annehmen, in einem derartig kombinierten Zirkel einem Hort des strengsten Konservatismus zu begegnen. Das war aber nicht der Fall. Im ganzen ‚Tunnel' befand sich, außer Hesekiel, kein

einziger richtiger Kreuzzeitungsmann […] Die ‚Tunnel'-Leute waren, wie die meisten gebildeten Preußen, von einer im wesentlichen auf das nationalliberale Programm hinauslaufenden Gesinnung […]"
Theodor Fontane, Von Zwanzig bis Dreißig; NA XV, S. 251 f.

4. *„D. d. Diplome sind ein theures Stück: / Der Dittersdorf macht die Musik"*; links Dokument mit Siegel, rechts Pianist am Klavier (Dittersdorf = Wilhelm Taubert)
Wilhelm Taubert (1811-1891), seit 1831 Dirigent der Hofkonzerte, seit 1841 an der Königlichen Oper, 1845-1869 Hofkapellmeister und 1875 Vorsitzender der musikalischen Sektion der Akademie der Künste, war von 1856 bis 1872 *Tunnel*-Mitglied.

5. *„F. f. Das Flöten führt zur Himmelsthür, / doch dem Archiv steht Fugger für"*; links zwei Herren, Querflöte spielend (Hesekiel und Bernhard von Lepel), rechts Petrus mit Himmelsschlüssel und Zigarre im Mund (Fugger = G. Wagner)
Der Kaufmann G. Wagner (Lebensdaten unbekannt) war seit 1834 Mitglied im *Tunnel*, er hatte das Amt des Archivars inne.

6. *„H. h. Das Hermelin fängt man nicht hier: / Der Hölty trinkt in Bayern Bier"*; links ein Hermelin, rechts antiker Krieger mit Lanze und Bierkrug (Hölty = Paul Heyse)
Paul Heyse (1830-1914), erfolgreicher Novellist und Dramatiker, 1910 erster deutscher Literatur-Nobelpreisträger, war ab 1849 *Tunnel*-Mitglied.
„Heyses Auftreten im ‚Tunnel' war nur kurz bemessen und blieb Episode. Schon Frühling oder Herbst 1851 ging er nach Bonn […] Man sah ihn

im ‚Tunnel' nur ungern scheiden [...] Sein großes Talent, nun, das war außer Frage, das ließ jeder gelten. Aber so gewiß man es gelten ließ, so gewiß empfand man auch: ‚Ja, dies Talent, so groß es sein mag, ist doch nicht unser Talent.' Im ganzen war der ‚Tunnel', trotz seines gelegentlich stark hervortretenden Freisinns, doch von jener altpreußischen Art, darin der Konservatismus in erster Reihe mitspricht, und so hörte man denn bald wieder lieber von Hohenfriedberg und dem Zietenritt, von Ligny und Waterloo. Heyse hatte die Form, war glänzend, aber das eigentliche ‚Tunnel'-Talent, weil dem Wesen des ‚Tunnels' entsprechend, war und blieb doch Scherenberg."

Theodor Fontane, Von Zwanzig bis Dreißig; NA XV, S. 177

7. „I. i. Der _Igel_ sticht so oft er kann: / Satyriker ist _Immermann_"; links ein Igel, rechts Herr mit Pfeil und Bogen (Immermann = Wilhelm von Merckel)

Wilhelm von Merckel (1803–1861), preußischer Kammergerichtsrat und Schriftsteller, war seit 1841 _Tunnel_-Mitglied. Auf Antrag Merckels wurde Theodor Fontane am 29. September 1844 in den _Tunnel_ aufgenommen. Von April bis November 1850 leitete Merckel das _Literarische Kabinett_ im preußischen Innenministerium, dessen Mitarbeiter Fontane im August 1850 wurde.

„‚Ich hatt' einen Kameraden, einen bessern find'st du nit' ... Dieser mir Unvergeßliche, dem ich durch mein Leben hin als einem freundlich väterlichen Helfer verpflichtet bleibe, war Wilhelm von Merckel [...]. Als ich 1844 Mitglied wurde, stand Wilhelm von Merckel schon in hohem Ansehen. Ich sah mich von Anfang an weniger durch Wort und Tat als durch sein Auge, das freundlich auf mir ruhte, beachtet und beinah ausgezeichnet. Es hing das wohl damit zusammen, daß er, über alles andere hinaus, in erster Reihe von Grund aus human war und in seinem tief eingewurzelten Sinne für das Menschliche, sich mit relativen Nebensächlichkeiten wie Standesunterschiede, Wissens- und Bildungsgrade gar nicht beschäftigte."

Theodor Fontane, Von Zwanzig bis Dreißig; NA XV, S. 295 f.

8. „K. k. _Kritik_, trotz Narziß, ward geübt: / Die _Karschin_ hat noch nie geliebt"; links Gestalt mit Medusenhaupt, einen Dolch in der Rechten, eine Gliederpuppe in der Linken, rechts Schauspielerin in Pose (Karschin = Karl Kette)

Karl Kette (1831–?), Justizrat und Rechtsanwalt am Kammergericht, war seit 1855 _Tunnel_-Mitglied.

9. „L. l. Zum _Leuchten_ ist das Licht gemacht: / Der _Lessing_ geht auf Gemsenjagd"; links brennende Kerze, rechts Jäger im Gebirge mit Gemse (Lessing = Franz Kugler)

Franz Kugler (1808–1858), Kunsthistoriker und Dichter, Professor an der Berliner Akademie der Künste und Dozent an der Universität, war seit 1854 Mitglied im _Tunnel_.

Er „war in seinen ‚Tunnel'-Tagen erst ein angehender Vierziger. Warum wir ihn trotzdem den ‚alten Kugler' nannten, weiß ich nicht recht, denn

IIIa/10.5

IIIa/10.7

stattlich, grad aufrecht, von blühender Gesichtsfarbe, war der Eindruck, den er machte, eher jugendlich. Vielleicht war sein Sokrateskopf schuld, daß wir ihn an Jahren ohne weiteres erhöhten. Er hatte sehr früh Karriere gemacht und war zu der Zeit, von der ich hier spreche, schon Vortragender Rat im Kultusministerium, wenn ich nicht irre als Nachfolger von Eichendorff. [...] Unter den mannigfachen Sachen, die Kugler während seiner zehnjährigen Mitgliedschaft zu Nutz und From-

men des ‚Tunnels' beisteuerte, waren aber, außer [...] kleineren Arbeiten, auch größere: Dramen und Novellen."

Theodor Fontane, Von Zwanzig bis Dreißig; NA XV, S. 169 ff.

10. „M. m. Die _Muse_ ist der Masken froh: / Mägdlein lehrt _Metastasio_"; links bekränzte Statue, zwei Masken haltend, rechts dozierender Lehrer vor einem Mädchenpaar (Metastasio = Karl Bormann)

IIa/10.17

13. „*Q. q. Die Quetschkartoffel schmeckt sehr fein:/Der Quästor sorgt für Speis' und Wein*"; links ein Gedeck, rechts Offizier mit Speisekarte Quästor, eigentlich ein Finanz- oder Kassenbeamter. Nicht identifizierbar.
„*Die äußere Ordnung: Vorbereitung, meist der Feste, lag in der Hand der Quästoren.*"
Fritz Behrend, Geschichte des Tunnels über der Spree, Berlin 1938, S. 75

14. „*R. r. Der Reiter reitet in die Schlacht:/Paul Rubens kommt erst um halb Acht*"; links reitender Husar, rechts auf einem Postament eine Gestalt mit Gehstock in der Pose Friedrichs des Großen, dahinter Wecker mit Beinen (Paul Rubens = Adolph Menzel)
Adolph Menzel (1815–1905), Maler und Graphiker, trat 1850 in den *Tunnel* ein.
„*Menzel beherrscht jeden Zweig seiner Kunst, aber freilich mehr noch beherrscht er sich selbst. Der Mensch in ihm wächst noch über den Künstler hinaus. Was dieser in seinem Hochmaß ist, ist er vor allem durch den Menschen, durch eine seltene Inkarnation von Fleiß, Pflicht und Mut. Dieser Mut ist seine vielleicht schönste und größte Seite. Nie schwankend, wo's gilt, nie bloßer Lebensklugheit nachgebend, ist ihm innerhalb der moralischen Welt alles Marchandieren fremd.*"
Theodor Fontane, Aufsätze zur Bildenden Kunst; NA XXIII/1, S. 519

15. „*T. t. Treff=König gern die Dame sticht:/Und Tiedge pflückt Vergißmeinnicht*"; links Spielkarte, rechts kniender Jüngling, an Vergißmeinnicht riechend (Tiedge = Hermann Kette)
Hermann Kette (1828–1908), preußischer Jurist, Regierungsrat, war seit 1847 Mitglied im *Tunnel*.

16. „*V. v. Der Voß kam zweimal und dann nie:/Der Vischer bildet Mensch und Vieh*"; links Fuchs in Mantel und mit Degen, rechts Bildhauer am Modellierblock (Peter Vischer = Wilhelm Wolff)
Wilhelm Wolff (1816–1887), Bildhauer, wegen

Karl Bormann (1802–1882), Pädagoge, 1849 bis 1872 Provinzialschulrat in Berlin, seit 1851 *Tunnel*-Mitglied. Jahrzehntelang war Fontane mit Bormann freundschaftlich verbunden.
„*Ein verstorbener Freund von mir (noch dazu Schulrat) pflegte jungverheirateten Damen seiner Bekanntschaft den Rat zu geben, Aufzeichnungen über das erste Lebensjahr ihrer Kinder zu machen, in diesem ersten Lebensjahre stecke der ganze Mensch. Ich habe diesen Satz bestätigt gefunden, und wenn er mehr oder weniger auf Allgemeingültigkeit Anspruch hat, so darf vielleicht auch diese meine Kindheitsgeschichte als eine Lebensgeschichte gelten.*"
Theodor Fontane, Meine Kinderjahre; NA XIV, S. 7

11. „*N. n. Neapel sieh', und stirb dann froh!/Den Novalis beißt Wanz und Floh*"; links der speiende Vesuv, rechts Gestalt in Nachthemd und Schlafmütze, in einem Koffer kramend (Novalis = Karl Johann Scheerer)
Karl Johann Scheerer (Lebensdaten unbekannt), Professor für Bergbau, war von 1832 bis 1856 *Tunnel*-Mitglied.

12. „*P. p. Die Polizei meint es sehr gut:/Petrarca schützet das Statut*"; links Wachtmeister mit Pickelhaube, einen Gassenjungen ergreifend, rechts Herr in Rüstung mit Lanze und Schild (Petrarca = Ludwig Lesser)
Ludwig Lesser (?–1867), Kaufmann, auch Übersetzer aus dem Italienischen, war Mitbegründer des *Tunnels*.

IIIa/11 – Löwe

IIIa/11 – Zwillinge

seiner hervorragenden Plastiken von Tieren auch „Tierwolf" genannt, war 1852 in den *Tunnel* aufgenommen worden.

17. „*W. w. Held <u>Wrangel</u> grüßt so Stadt als Hof:/ Die Bibliothek kennt <u>Willamow</u>*"; links der militärisch grüßende Wrangel in Uniform, rechts ein Offizier mit Bücherstapeln unter beiden Armen (Willamow = Fedor von Köppen) Fedor von Köppen (1830–1904), preußischer Offizier, Hauptmann im vierten Garderegiment, war ab 1852 Mitglied im *Tunnel*.

IIIa/11   Hugo von Blomberg

Zyklus von 12 karikierenden Darstellungen von Personen aus dem *Tunnel über der Spree*, um 1857

Aquarell; je 47,5 x 73,5
Stadtmuseum Berlin, GHZ 73/122, 1–12

Ausgehend von den Tierkreiszeichen stellt Blomberg einzelne, namentlich nicht näher bezeichnete Mitglieder des *Tunnels über der Spree* dar.

IIIa/12   Adolph Menzel

Selbstbildnis, 1853

Schwarze Kreide, weiß gehöht; 54 x 42
Stadtmuseum Berlin, VII 60/429 W

Zu *Tunnel*-Festen entwarf Adolph Menzel zahlreiche Einladungs- und Speisekarten, er porträtierte die Mitglieder des Vereins während ihrer Treffen. 1840 schuf er sein erstes großes Werk, etwa 400 Illustrationen zu Kuglers *Geschichte Friedrichs des Großen*.

IIIa/13

Aufnahmediplom des Sonntagsvereins für Wilhelm von Merckel, 1841

Lithographie, mit Siegel; 34,3 x 43,5
Stadtmuseum Berlin, V 69/26802

IIIa/14   Adolph Menzel

Der Sonntags-Verein zu Berlin [...] Seinem Ehren-Mitgliede [...] Herrn Wilhelm von Kaulbach, 1852

Feder; 55,1 x 44,2
Universitätsbibliothek der Humboldt-Universität zu Berlin, Tunnel-Album, Bl. 38

Wilhelm von Kaulbach (1805–1874), Historienmaler und Illustrator, wurde als Direktor der Münchner Kunstakademie am 3. Dezember 1850 auf Vorschlag von Friedrich Eggers zum Ehrenmitglied des Sonntagsvereins *Tunnel über der Spree* ernannt. Die Mitteilung erhielt er vermutlich erst nach dem Beschluß vom 17. Oktober 1852. Die Ausstellung dieses Diploms entsprach den Gepflogenheiten des Vereins.

IIIa/15

IIIa/15   Ludwig Burger

10 Jahr – Ein Kind. 20 Jahr – Ein Jüngling. 30 Jahr – Ein Mann. 30. Stiftungsfest, 1857

Lithographie; 27,5 x 18,5
Universitätsbibliothek der Humboldt-Universität zu Berlin, Tunnel-Album, Bl. 6

Ludwig Burger (1825–1884), Maler und Zeichner, war Mitglied des *Tunnels* von 1854 bis 1859. Er trug den *Tunnel*-Namen Callot. Burger illustrierte u. a. Fontanes zweibändiges Werk *Der deutsche Krieg. 1866* (Berlin 1869/70). „*Zeichnungen unseres Callot werden herumgereicht und, nachdem Worte lebhaftester Anerkennung laut geworden sind, mit ,Akklamation' beurteilt.*"

Theodor Fontane, Autobiographische Schriften. Sitzungsprotokolle und Jahresberichte des Tunnels über der Spree, Berlin 1982, III/1, S. 344

IIIa/16

selbst der Zeichnung allerhand Mängel vor. Diese
härteren Urteile erklären sich zum Teil daraus,
daß Stilke einer Schule und Kunstrichtung angehört, die mit jedem Tag an Terrain verliert
[…]"
Theodor Fontane, Aufsätze zur Bildenden Kunst. Hermann Stilke; NA XXIII/1, S. 439

IIIa/17   **Adolph Menzel**

Fasching der lieben Kleinen
Erinnerungsblatt an das Faschingsfest
der Berliner Tunnelgesellschaft, 1852

Feder in Schwarz; 26,3 x 33,5
Stadtmuseum Berlin, GDR 74/13

„Natürlich hatte der ‚Tunnel‘ auch seine Feste,
die, gerade während der Zeit seiner Blüte, mit Re-
gelmäßigkeit wiederkehrten: Faschingsfest, Stiftungsfest und ein Fest des Wettbewerbs oder der
Preisdichtung. Letzteres eine Art Sängerkrieg.
Das Faschingsfest bot meist nicht viel."
Theodor Fontane, Von Zwanzig bis Dreißig; NA XV, S. 157 f.

IIIa/18   **Hermann Karl Kersting**

Porträt Theodor Fontane, 1843

Kreide; 22 x 17,5
Privatbesitz   (Abb. S. 43)

Hermann Karl Kersting (1825-1850), Sohn des
Malers Georg Friedrich Kersting (1785-1847),
war Bruder von Richard Kersting, der in der
Dresdner *Salomonis-Apotheke* Kollege des jungen Fontane war. In einem Brief an seine Mutter
vom 15. September 1842 charakterisierte Richard
Kersting Fontane: „Er ist höchst liebenswürdig

IIIa/16   **Hermann Anton Stilke**

*Der Sonntags-Verein zu Berlin Tunnel über
der Spree. seinem Mitgliede, dem Herrn
Maler Ludwig Burger, genannt Callot, aus-
gefertigt am 13.12.1857*

Lithographie; 55,6 x 46,7
Stadtmuseum Berlin, VII 82/28c W

Hermann Stilke (1805-1860), Historienmaler,
Professor. – Die auf dem Blatt dargestellten Personen sind v. l. n. r.: Friedrich Christian Scherenberg (Schriftsteller), Franz Kugler (Kunstwissenschaftler, Schriftsteller), Theodor Fontane
(Schriftsteller), Wilhelm von Merckel (Kammergerichtsrat, Schriftsteller), Heinrich Smidt
(Bibliothekar), Friedrich Eggers (Kunstwissenschaftler), Emanuel Geibel (Dichter, Professor
in Lübeck) und Hugo von Blomberg (Maler,
Schriftsteller).
„Was man der Mehrzahl seiner historischen Bilder […] vorwirft, ist das, daß sie zu sehr das un-
zulängliche Gepräge der älteren Düsseldorfer
Schule verraten, daß sie etwas Gemachtes, Äußerliches, Arrangiertes zur Schau tragen und jener innerlichen Wahrheit und Energie entbehren,
die allein zu überzeugen vermag. Man tadelt die
Färbung als konventionell, als leblos, und wirft*

IIIa/17

durch seine offene, stets gleichbleibende sanfte Freundlichkeit, hat einigen Witz und einen großen Hang zu poetischer Schwärmerei. […] Und das beste für seine Achtbarkeit ist, daß er bei alledem ein recht tüchtiger Apotheker ist." Am 2. März 1843 schrieb er an seinen zweiten Bruder Ernst, der als Mediziner in Leipzig lebte: „Fontane ist ein prächtiger Kerl, der mit seinem scharfen Verstand, hellen Geist und und glühender Phantasie weit über mir steht, er liebt auch das Schöne und strebt nach dem Guten, aber sonst ein kurioser Kautz. Um Wissenschaft kümmert er sich gar nicht, Charakter habe ich noch nicht viel bemerkt, und daher sind seine Grundsätze schwankend, ohne inneren Halt. Er verteidigt nicht selten die niederträchtigsten Maximen, aber nicht eigentlich weil sie die seinen sind, sondern weil es ihm Gelegenheit gibt, seinen Scharfsinn glänzen zu lassen. Von Natur sehr sanft und gutmütig, kommen da bisweilen sehr jugendlich aussehende Widersprüche zum Vorschein, wie überhaupt sein geistiger Habitus viel Schönes, Edles, aber auch noch manches Unreife zeigt. Eitelkeit ist seine Hauptschwäche. Ich habe alles mögliche getan, um diesen scheußlichen Wurm, der dem schönsten geistigen Leben das Herzblut aussaugt, in ihm zu ertöten. Fontane gibt es auch zu, daß er eitel ist und daß Eitelkeit nicht eben etwas sehr großartiges sei, aber ganz verdammt er sie doch nicht. Er

meint, sie sei ein guter Sporn, der schon manch edles Produkt aus den gern ruhenden Geistern getrieben habe; Lord Byron, Goethe, Schiller u. a., auch Herwegh, Freiligrath haben vieles aus Eitelkeit geschrieben."
Zitiert nach: Reuter, Fontane, a.a.O., S. 143 f.

IIIa/19

Sitzungsprotokoll des *Tunnels über der Spree* vom 9. September 1844

(Nachtrag vom 6. Okober 1844)
In: Protokollband 1843/44
Handschrift; 34,5 x 21,5
Universitätsbibliothek der Humboldt-Universität zu Berlin

„*Hier fehlen die Protokolle von 3 Sitzungen am 15ten, 22ten und 29ten September 1844, ob und welche Späne vorhanden waren, bleibt dahingestellt, zu bemerken ist nur, daß der Apotheker Herr Fontane am 29. Septbr. unter dem Namen Lafontaine als Mitglied aufgenommen wurde, und zwar vorgeschlagen von Immermann.*"

IIIa/20

Sitzungsprotokoll des *Tunnels über der Spree* vom 29. Juni 1845

In: Protokollband 1844/45
Handschrift; 34,5 x 21,5
Universitätsbibliothek der Humboldt-Universität zu Berlin

Dieses Protokoll ist das erste, das Fontane führte. Es ist nicht unterschrieben, trägt jedoch die Überschrift „*Lafontainesches Protokoll*". Im Einführungspassus schildert Fontane, daß der gewählte Protokollführer Immermann (Wilhelm von Merckel) für längere Zeit Berlin verlassen werde, deshalb mußte interimistisch ein Vertreter gefunden werden, zu dem Sappho (Moritz Schmidt) gewählt wurde; nur für diese eine Versammlung am 29. Juni 1845 wurde Fontane „*zum Stellvertreter des Stellvertreters ernannt*".

IIIa/21   Unbekannter Künstler

Deckelpokal mit Inschrift auf Silberdeckel: *Tunnelpreis für Hemmingstedt 1851. Th. Fontane*, 1851

Grünes Glas, weiß überfangen, Goldmalerei; H. 32
Stadtmuseum Berlin, II 72/870A   (Abb. S. 46)

Nach geheimer Abstimmung, mit 16 gegen sieben Stimmen, erhielt Fontane am 6. April 1851 für seine Ballade *Der Tag von Hemmingstedt* den ersten Preis. „*Seitdem prangt ein großer und hübscher Glaspokal auf Emiliens Etagere.*" (Theodor Fontane, Brief an Friedrich Witte, 1.5.1851; HA 1, S. 166)

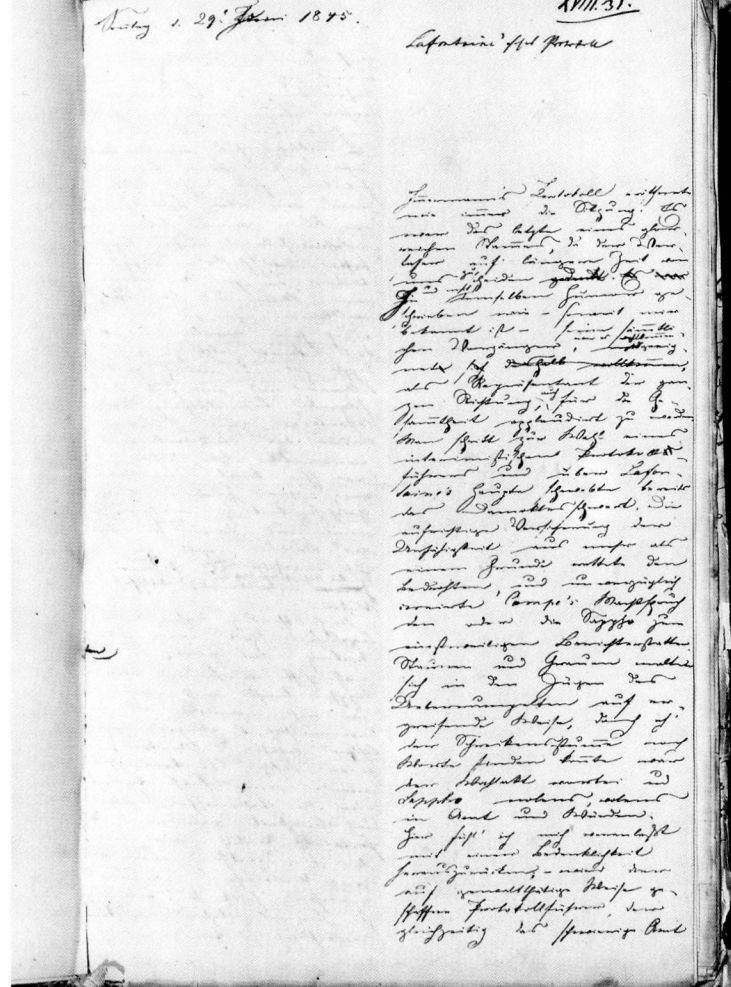

IIIa/19

IIIa/20

- *„Aber auch schon vorher, als ich einen Ehrenbecher, ein wahres Monstrum von Häßlichkeit – ich besitze ihn noch – einheimste, mischten sich in meine Siegesfreude sehr widerstrebende Gefühle. Wer damals im ‚Tunnel‘ konkurrieren wollte, mußte seinen Beitrag anonym abliefern und hatte nur das Recht, auf einem beigelegten Zettel den zu verzeichnen, der sein Gedicht in öffentlicher Sitzung vorlesen sollte. Die besten Kräfte – wie sich später, nachdem die Namen bekanntgegeben wurden, herausstellte – hatten an dieser Konkurrenz teilgenommen: Eggers, Broemel (später in London), Kugler, Lepel, Heyse. Das Zünglein an der Waage schwankte zwischen dem ‚Tag von Hemmingstedt‘ und dem ‚Tal des Espingo‘, und ‚Hemmingstedt‘, von mir herrührend, siegte schließlich. Das ‚Tal des Espingo‘ war von Heyse. Die Partei Heyse, zu der vor allem Kugler gehörte, verriet über diesen Ausgang keine Spur von Verstimmung, was ich schon damals bewunderte. [...] Es steht mir jetzt fest, daß das ‚Tal des Espigno‘ das durchaus bessere Gedicht war, und auch damals schon regte sich etwas von dieser Erkenntnis in mir."*

Theodor Fontane, Von Zwanzig bis Dreißig; NA XV, S. 160

IIIa/22 **Theodor Fontane**

Der alte Ziethen, mit einem Brief an Emilie Fontane, 1847

Handschrift; 22,3 x 13,6
Universitätsbibliothek der Humboldt-Universität zu Berlin, HUB 6

Am 18. April 1847 hatte Fontane das Gedicht im *Tunnel* vorgetragen: *„Ich ließ alsbald diesem ‚Alten Derfflinger‘ eine ganze Reihe verwandter patriotischer Dichtungen im Volksliedton folgen und erzielte mit einem derselben, dem ‚Alten Zieten‘, eine Zustimmung – auch im Publikum –, die weit über die bis dahin gehabten Erfolge hinausging. Ich glaube aber doch, daß der ‚Alte Derfflinger‘, der den Reigen eröffnete, gelungener ist als der ‚Alte Zieten‘ und all die übrigen. Der erste Wurf ist immer der beste."* (Theodor Fontane, Von Zwanzig bis Dreißig; NA XV, S. 162) In dem Brief an seine Frau schreibt Fontane: *„Vorstehenden ‚alten Ziethen‘ schick' ich Dir, weil Du's wünschst. Ich denke, er soll Dir gefallen. Hier zu Hause hab' ich dem Alten damit imponiert (Max [der Bruder Fontanes] las es ihm hinter meinem Rücken vor) was viel mehr sagen will als die Akklamation im ‚Tunnel‘. Der Prophet gilt nichts in der Heimath: so hab' ich hier Jahre lang das nur geduldet gesehn, was man andern Orts beifällig anerkannte. Schreibe mir Dein Urtheil; ich bin neugierig, – vor allen Dingen schreibe aber überhaupt und recht viel und recht mit dem Herzen. Lebe wohl meine einzige, liebe Mila! Dein Theodor."*

IIIa/23 **Theodor Fontane**

Männer und Helden. Acht Preußen-Lieder

Berlin: Adolf Wilhelm Hayn 1850 (mit Widmung von Theodor Fontane)
Theodor-Fontane-Archiv, Potsdam, Q 7

IIIa/24 **Wilhelm Devrient**

Preussens Helden II

Lithographie; 41,5 x 30,5
Stadtmuseum Berlin, XI 24780 K

Abgebildet sind die Generäle Graf Friedrich Wilhelm Bülow von Dennewitz (1755-1816), Graf Bogislaw Tauentzien von Wittenberg (1760-1824), Fürst Gebhard Leberecht Blücher von Wahlstatt (1742-1819), Graf Friedrich Kleist von Nollendorf (1762-1823), Gerhard von Scharnhorst (1755-1813), Graf August Neidhardt von Gneisenau (1760-1831), Graf Ludwig Yorck von Wartenburg (1759-1830).

IIIa/25 **C. W. Greulich**

Preussisches Nationallied

Text: Bernhard Thiersch
Doppelblatt mit Noten
Berlin o.A.; 27 x 35
Universitätsbibliothek der Humboldt-Universität zu Berlin

„Ich bin ein Preusse, kennt ihr meine Farben?
Die Fahne schwebt mir weiss und schwarz voran.
Dass für die Freiheit meine Väter starben,
das deuten, merkt es, meine Farben an.
Nie werd' ich bang' verzagen;
wie jene will ich's wagen,
sei's trüber Tag, sei's heitrer Sonnenschein,
ich bin ein Preusse, will ein Preusse sein,
ich bin ein Preusse, will ein Preusse sein!"

IIIa/26

Tunnel-Schrank, 1. Hälfte 19.Jh.

Kiefer, teilweise Mahagoniefurnier; H. 238, B. 190, T. 82,5
Universitätsbibliothek der Humboldt-Universität zu Berlin
(Abb. S. 45)

Der Schrank setzt sich aus zwei ursprünglich nicht zueinander gehörenden Teilen zusammen. Das Unterteil ähnelt einem Schreibtisch mit Schubkästen, Knieloch und drei Schüben im Zargenkasten. Auf der Rückseite befinden sich vier gleichdimensionierte Türen. Das aufgesetzte Oberteil besteht aus einem Mittelteil mit einer großen Tür zwischen zwei Säulen. Im Sockel befindet sich ein Schubkasten. Ein Dreiecksgiebel krönt das Mittelteil sowie die beiden seitlichen Türen. Auf der braunen Fassung des Giebels befindet sich antikisierendes Dekor, ausgeführt in Schablonenmalerei: Palmettenfries und Akanthusranken im Tympanon. Die drei Türfüllungen sind bemalt, auf der Mitteltür sind Musen dargestellt, die einen Harlekin stützen, darüber eine Eule schwebend. Die seitlichen Türfüllungen zeigen Spiegel und weitere Gegenstände im Laubwerk. – Der Schrank befand sich in der Wohnung des jeweiligen verantwortlichen Bibliothekars des Sonntagsvereins *Tunnel über der Spree* und enthielt u. a. die *Tunnel*-Bibliothek, gedruckte Sitzungsprotokolle und handschriftliche Protokollbände, Späne, Musikalien, Finanz- und Kassenbücher sowie das *Tunnel*-Album.

IIIa/27

Tunnel-Album, 1853

49 x 67
Universitätsbibliothek der Humboldt-Universität zu Berlin

Das Album diente als Sammelmappe für die Arbeiten (Späne) der bildenden Künstler, die im *Tunnel* Mitglied waren, sowie für andere graphische Blätter wie Einladungen, Diplome u. ä., von denen heute nur noch einige wenige erhalten sind. Die Mappe wird in der Universitätsbibliothek der Humboldt-Universität zu Berlin noch immer im *Tunnel*-Schrank aufbewahrt.

IIIb/1 **Unbekannter Photograph**

Emilie Fontane, 1865

Photographie (Reproduktion); 10 x 7
Theodor-Fontane-Archiv, Potsdam, AI 159

IIIb/2 **Emilie Fontane**

Ellora-Fahne, 1852

Tischbanner; 30 x 30, mit Stiel 80
Theodor-Fontane-Archiv, Potsdam (Abb. S. 50)

Die von Wilhelm von Merckel 1852 gegründete *Ellora* war wie der *Rütli* ein Seitentrieb des literarischen Sonntagsvereins *Tunnel über der Spree*. In geselliger Kaffeerunde versammelten sich neben den Mitgliedern auch deren Frauen. Sinnbild der *Ellora* war der Höhlenelefant der indischen Tempel von Elura. Dieses Motiv – einen auf Samt applizierten Elefanten – gestaltete die „Elloramutter" Emilie Fontane auf einem Tischbanner. Dabei wurde das samtene Mittelfeld der Fahne doppelt mit verschiedenartig gemustertem Seidentaftband umrandet.

IIIb/3 **Unbekannter Künstler**

Otto Roquette, Karl Zöllner und Franz Kugler am Klavier, 2. April 1857

Feder; 10,7 x 14,7
Theodor-Fontane-Archiv, Potsdam, AI 128

Die Zeichnung zeigt Roquette am Flügel sitzend, daneben Kugler, hinter ihnen steht Zöllner. *„Donnerstag d. 2. April.*
Allerhand Schreiberei. Besuch von Dr. Koblanck.
Zu Tisch zu Merckels. Ellora-fest; außer den Elloristen, Lepel und Kugler zugegen.

Und wieder mal im grünen Zimmer,
Im grünen Zimmer, das nun grau,
Sitzt der Ellora-Blüthen Schimmer
Bei Immermann und Immerfrau,
Und wieder gab's die liebe Suppe,
Beinah auch Chokoladen-Speis,
Und auf des Musenpferdes Kruppe
Hopst wieder alles nach dem Preis."

Theodor Fontane, Tagebücher, Eintrag vom 2.4.1857; GBA, Bd.1, S. 236

IIIb/4

Des RYTLY Ordnungen

Berlin: J.F. Starcke 1852
Theodor-Fontane-Archiv, Potsdam, Qu 105

Am 9. Dezember 1852 fand im Hause Franz Kuglers die Gründung des *Rütli*, angeregt vom Kammergerichtsrat von Merckel, statt. Theodor Fontane bezeichnete diesen bedeutsamen Zweig des literarischen Sonntagsvereins *Tunnel über der Spree* auch als „Tunnelsahne".

IIIb/5   **Adolph Menzel**

Des neuen Hercules harret heut noch ein Thatenfeld! Zu Berlin am XXII. September 1866

Einladungskarte; verso: Speise-Karte.; Wein-Karte
Feder; 20,2 x 31,4
Stadtmuseum Berlin, VII 78/229h W

IIIb/6

Ein Skizzenbuch für Jedermann genannt Schweine-Album

Hagen: Hermann Rissel o.J.
Stadtmuseum Berlin, V 72/703 T

„Das anziehendste, erheiterndste und amüsanteste Unterhaltungsmittel der Gegenwart, das durch seine Fülle von Abwechslungen, die stets neu und originell sind und sowohl für Erwachsene wie Kinder, für große Gesellschaften, Familienkreise, wie den Einzelnen eine unendliche Fundgrube von Witz und Humor bildet [...]" – Das Zeichnen im „Schweinealbum" war ein Spaß. Die Teilnehmer einer geselligen Runde erhielten die Aufgabe, mit verbundenen Augen in dieses Büchlein ein Schwein zu malen. Neben Theodor Fontane beteiligten sich Adolph Menzel, Paul Schlenther, Otto Brahm und Georg Friedlaender.

IIIb/7

Argo. Album für Kunst und Dichtung

Breslau: Trewendt und Granier 1857
Stadtmuseum Berlin, Z 44   (Abb. S. 51)

Anders als der *Tunnel*, der keine eigenen Publikationen herausgab, betrieben die *Rütlionen* die Herausgabe eines Albums für Kunst und Dichtung. Der gewählte Titel – *Argo* – war eine Anspielung auf die mythische Reise der Argonauten mit dem Schiff *Argo* nach Kolchis am Schwarzen Meer mit dem Ziel, das Goldene Vlies nach Griechenland zu holen. Ursprünglich als Vierteljahresschrift geplant, erschien das Album Anfang

Oktober 1853 erstmalig als Jahrbuch, weitere Bände folgten von 1857 bis 1860. Sie enthielten auch Beiträge von Schriftstellern, die dem *Tunnel* nicht angehörten. Alle Autoren nannten sich *Argonauten*, analog zu den Helden der griechischen Sage. Auf dem Titelblatt des Bandes von 1857 ist Theodor Fontane in der Rüstung eines englischen Ritters an der Seite von Paul Heyse, der eine Leier hält, dargestellt.

IIIb/8   **Karl Eggers**

Brief an Unbekannt, 10. April 1891

Handschrift
Landesarchiv Berlin, Rep. 421, Acc. 405,14

Während Fontane nur bis 1865 Mitglied im literarischen Sonntagsverein *Tunnel über der Spree* war, nahm er bis in die neunziger Jahre noch regelmäßig an Zusammenkünften des *Rütli* teil.

IIIb/9   **Eduard Mandel**

Porträt Franz Kugler, um 1850

Stahlstich nach einer Zeichnung von Adolph Menzel;
30 x 23,5
Stadtmuseum Berlin, XI 23450 K

IIIb/10

IIIb/10 Gustav Taubert

*Berliner Künstlerverein
gestiftet November 1814.*, 1830

Aquarell; 65 x 84
Stadtmuseum Berlin, GHZ 95/60,80 (Abb. S. 63)

Der *Berliner Künstlerverein* war der erste bedeutende Künstlerverein in Deutschland. Treffpunkt der Mitglieder war lange Zeit ein Zimmer im *Englischen Haus*. Das Lokal befand sich auf der nördlichen Seite der Mohrenstraße zwischen Friedrich- und Charlottenstraße. Am 22. November 1814 fand die erste Zusammenkunft statt. Teilnehmer waren u. a. Johann Gottfried Schadow, Daniel Berger, Gustav Taubert und Friedrich Wilhelm Gubitz. Anlaß für die Gründung war der nach der Völkerschlacht bei Leipzig, 1813, neu erwachende vaterländische Gedanke. Der Verein hatte sich zur Aufgabe gemacht, die Kunsttätigkeit zu beleben, verschiedene vorgegebene Themen, historische, landschaftliche und architektonische Gegenstände zu bearbeiten, wie es auch in der Akademie üblich war. Hauptzweck ihrer Sitzungen sahen die Mitglieder in *„der Beschauung von Kunstwerken und Austausch gegenseitiger Kunst-Ansichten, sowie freundliche Besprechung über dergleichen.“* Kritik sollte *„offen, ohne Rücksicht, jedoch ohne Ironie und Leidenschaft“* geübt werden. Die Zusammenkünfte trugen im wesentlichen den Charakter eines geselligen Beisammenseins. 1859 bildete sich aus mehreren Künstlervereinen der *Verein Berliner Künstler*, dem der *Berliner Künstlerverein* beitrat.

Zitiert nach: Ingeborg Preuß, Zur Geschichte des Berliner Künstlervereins, in: Ausstellungskatalog , ... und abends in Verein'. Johann Gottfried Schadow und der Berlinische Künstler-Verein 1814-1840, Berlin Museum, 1983, S. 157

IIIb/11 Meyer

Dr. Julius Eduard Hitzig in Berlin, 1837

Lithographie nach einer Zeichnung von Franz Krüger (1825); 46,2 x 31,8
Stadtmuseum Berlin, VII 63/437 W

Julius Eduard Hitzig (1780-1849) gründete 1824 in Berlin die literarische *Mittwochsgesellschaft*, die bis 1856 bestand. In den ersten Jahren hatte sich Moritz Gottlieb Saphir, der spätere *Tunnel*-Gründer, vergeblich um Mitgliedschaft bemüht.

IIIb/12 August von Rentzell

Tischgesellschaft, um 1855

Öl auf Pappe; 11,3 x 18,8
Stadtmuseum Berlin, VII 60/244 X (Abb. S. 52)

IIIb/13 Adolph Menzel

Tischszene, um 1850

Öl auf Pappe; 12 x 12
Stadtmuseum Berlin, GEM 95/7

IIIb/14 Hugo von Blomberg

Sitzung der *Tunnel*-Gesellschaft, 1852

Öl auf Papier; 20,5 x 20,2
Theodor-Fontane-Archiv, Potsdam, AI 618

Am 24. Februar 1852 fand das Eulenspiegelfest des *Tunnels* statt. Die Vereinsmitglieder sind in der Verkleidung ihrer Decknamen dargestellt. Den Mittelpunkt des Bildes bildet Adolph Menzel (Rubens), der Paul Heyse (Hölty II.) zeichnet. Weiterhin sind v. l. n. r. zu identifizieren: Anton Wollheim da Foncesa (Byron), Hugo von Blomberg (Maler Müller), Wilhelm Wolff (Peter Vischer), Wilhelm von Merckel (Immermann), Julius Schramm (Hiob), Franz Kugler (Hagedorn), Theodor Fontane (Lafontaine), Hermann Weiss (Salvator Rosa), Friedrich Eggers (Anakreon), Heinrich Smidt (Bürger) und George Hesekiel (Claudius). Dieses Gemälde gehörte zu einer Mappe, die die *Tunnel*-Mitglieder 1854 Paul Heyse als Hochzeitsgeschenk überreichten.

IIIb/15 Julius Schoppe

Abendgesellschaft in Berlin, 1825

Aquarell; 48 x 64
Stadtmuseum Berlin, VII 60/189 W

IIIb/16 Wilhelm von Bülow

Erstes Debüt der Henriette Sontag, 1840-1850

Lithographie; 46,1 x 57
Stadtmuseum Berlin, GDR 70/2

Henriette Sontag (1806-1854) kam 1825 an das Königsstädtische Theater in Berlin, an dem sie das Publikum mit ihrer Schönheit und ihrem bezaubernden Koloratursopran begeisterte.

IIIb/17 Ludwig Oppenheim

Lesezirkel bei König Friedrich Wilhelm IV. von Preußen, 1860

Bleistift; 24,5 x 33,5
Staatliche Museen zu Berlin - Preußischer Kulturbesitz, Kunstbibliothek, Lipp-HdZ 258

Vorleser bei König Friedrich Wilhelm IV. wurde 1849 der Hofschauspieler Louis Schneider, der von 1827 bis 1848 Mitglied im *Tunnel über der Spree* war.

IIIb/14

IIIb/18 **Gustav Taubert**

Alles liest Alles, 1832

Öl auf Lwd.; 38,5 x 38,5
Stadtmuseum Berlin, GEM 70/22

IIIb/19 **Leopold Ludwig Müller**

Caffee und Lesezimmer – Café Stehely, 1827

Aquarell und Sepia; 16 x 24
Stadtmuseum Berlin, VII 60/1199 W

*„Die Lesecafés wurden Treffpunkte von Künst-
lern und Intellektuellen, die dort nicht nur guten
Kaffee und gute Schlagsahne nach schweizeri-
schem Rezept serviert bekamen, sondern vor allem auch Zeitungen, Nachrichten aus aller ‚Welt‘,
von der man so schmerzlich isoliert war. […] Die
drei berühmtesten Konditoreien dieser Art waren
Stehely am Gendarmenmarkt Ecke Jägerstraße,
Josty an der ‚Stechbahn‘ gegenüber dem Schlosse
und Spargnapani, Unter den Linden. Besonders
die ersten beiden erwähnt Fontane in mehreren
Alterswerken.“*
Reuter, Fontane, a.a.O., S. 118 f.

IIIb/20 **W. Stek**

Café Stehely, Charlottenstr. 36

Lithographie; 28,5 x 23,5
Stadtmuseum Berlin, VII 84/697 W

*„Allwöchentlich hatte ich, neben sonstigen Frei-
stunden, auch einen freien Nachmittag, und mit
der Feierlichkeit eines Kirchgängers, ja sogar in
der sonntäglichen Aufgeputztheit eines solchen,
begab ich mich, wenn dieser freie Nachmittag da
war, regelmäßig zu Stehely, um hier allerlei Zeitungen: die Kölnische, die Augsburger, die Leipziger Allgemeine etc. zu lesen. Dieser Wunsch wurde
mir freilich immer nur sehr unvollkommen erfüllt,
denn es war die Zeit der sogenannten ‚Zeitungs-*

IIIb/18

*tiger‘, die sich unersättlich auf die Gesamtheit al-
ler guten Zeitungen stürzten und diese, grausam
erfinderisch, entweder auf dem Stuhl, auf dem
sie saßen, oder unterm Arm – oder auch von vorn
in den Rock geschoben – unterzubringen wußten.
Ein Einschreiten dagegen war nicht möglich, denn*

*die entsprechenden Herren waren nicht nur Ste-
helysche Habitués, sondern zugleich auch Leute
von gesellschaftlicher Stellung. Es hieß also sich
in Geduld fassen, und manchmal wurde diese
auch belohnt. Aber selbst wenn alles ausblieb, so
verließ ich doch das Lokal mit dem Gefühl, mich,
eine Stunde lang, an einer geweihten Stätte befunden zu haben.“*
Theodor Fontane, Von Zwanzig bis Dreißig; NA XV, S. 13

IIIb/21 **Hermann von Helmhof
oder Ludwig Löffler**

*Fashionable Eisesser am Café Kranzler
in der Straße Unter den Linden 25*, 1842

Lithographie; 32,8 x 45,8
Stadtmuseum Berlin, VII 61/662b W

IIIb/22 **Unbekannter Künstler
nach Paul Hoeniger**

Im Café Josty, 1890

Holzstich; 22 x 32
Aus: Ueber Land und Meer, 66, 1891, S. 333
Privatbesitz

*„Nur wenige Lokale der einstigen Hauptstadt
Preußens haben sich in die Metropole des deutschen Reiches hinübergerettet. Die heutige Generation kennt kaum noch die Namen jener einst so*

IIIb/20

KASERNE DES II BATAILLONS KAISER FRANZ GRENADIER REGIMENTS IN BERLIN

IIIb/25

beliebten Besuchsstätten der alten Berliner. Vor allem sind es einige Konditoreien, wie Kranzler, Schilling, Josty [, die] nach wie vor die Sammelpunkte der besten Gesellschaft Berlins bilden."
E. St., Im Café Josty, in: Ueber Land und Meer, 66, 1891, S. 334

IIIb/23   Ludwig Elsholtz

Drei Soldaten

Bleistift, Aquarell; 11,3 x 20,6
Stadtmuseum Berlin, VII 59/500 W

IIIb/24   Theodor Fontane

Aus der Soldatenzeit, 1844

Heft mit handschriftlichen Aufzeichnungen, 46 Bl.;
20,6 x 17,
Theodor-Fontane-Archiv, Potsdam, H 1

In der Zeit vom 1. April 1844 bis 31. März 1845 leistete Fontane als Einjährig-Freiwilliger im Kaiser-Franz-Garde-Grenadier-Regiment Nr. 2 in der Neuen Friedrichstraße seinen Militärdienst.

IIIb/25   Robert Ryher

Kaserne des II. Bataillons des Kaiser-Franz-Garde-Grenadier-Regiments in Berlin, 1854

Stahlstich; 30,8 x 40,8
Stadtmuseum Berlin, VII 62/626b W

IIIc/1   F. Albert Schwartz

Leipziger Straße No.1-5, 1892

Photographie; 20,4 x 26,1
Stadtmuseum Berlin, XI 5194

Im Haus Leipziger Straße 5 hatte das Ministerium des Inneren seinen Sitz, dem das *Literarische Kabinett*, in dem Fontane seit 1850 arbeitete, angegliedert war.

IIIc/2   Unbekannter Photograph

Wilhelm von Merckel

Photographie (Reproduktion); 10,5 x 6
Staatsarchiv Coburg, Nachlaß 13 (Hesekiel), Nr.28/11

Wilhelm von Merckel war preußischer Kammergerichtsrat. Mit seiner Unterstützung fand Fontane im Herbst 1850 eine Anstellung im *Literarischen Kabinett*, das Merckel leitete.

IIIc/3   Unbekannter Photograph

Albrecht Graf von Bernstorff

Photographie; 10 x 6
Stadtmuseum Berlin, 50,8; S. 12/13

Albrecht Graf von Bernstorff (1809–1873), preußischer Staatsmann, war seit 1854 (mit einer Unterbrechung 1862/63) Gesandter in London, später Botschafter des Norddeutschen Bundes und des Deutschen Reiches. Das Photo befindet sich in einem Album mit Aufnahmen preußischer Minister, u. a. Friedrich Albert Graf zu Eu-

lenburg, Heinrich von Mühler, Adolf Heinrich Graf von Arnim-Boitzenburg (Ministerpräsident 1848) und Rudolf von Auerswald.
„Ich war [1859] *von England nach Berlin zurückgekehrt, trotzdem die Zeit, die mir der Minister*

IIIc/2

IIIc/4

Manteuffel für den Verbleib in meiner Londoner journalistischen Stellung zugesichert hatte, kaum halb abgelaufen war. ‚Bleiben Sie doch ruhig hier‘, hatte mir mein Londoner Chef, der immer gütige Graf Bernstorff, in einem über diese Dinge geführten Gespräche zugerufen. ‚Das in Berlin da, das dauert nicht lange.‘ Die Richtigkeit davon leuchtete mir auch ein. Aber meine Sehnsucht nach den alten Verhältnissen – in London, so sehr ich es liebte, blieb ich doch schließlich ein Fremder – war groß und trieb mich fort, trotzdem ich wohl einsah, daß es bei meiner Rückkehr mit meinem Verbleiben in der Regierungspresse schlecht aussehen würde. Wer unter Manteuffel, wenn auch nur in kleinster und gleichgültigster Stelle, gedient hatte, war mehr oder weniger verdächtig. Ich also auch."

Theodor Fontane, Von Zwanzig bis Dreißig; NA XV, S. 256

IIIc/4   Unbekannter Photograph

Otto Theodor Freiherr von Manteuffel

Photographie; 10 x 6
Stadtmuseum Berlin, 50,8; S. 14

Otto Theodor Freiherr von Manteuffel (1805 bis 1882), preußischer Staatsmann, seit November 1848 preußischer Innenminister, von Dezember 1850 bis November 1858 Ministerpräsident und Außenminister, verfolgte konsequent den streng konservativen Kurs der Reaktionszeit. Wesentlichen Anteil hatte er an der Oktroyierung der preußischen Verfassung vom Dezember 1848 und an der Einführung des Dreiklassenwahlrechts 1849; 1850 wurde er Ministerpräsident. Die aus dem *Literarischen Kabinett* hervorgehende *Zentralstelle für Preßangelegenheiten* sollte ihm direkt unterstellt werden. Angesichts dieser Tatsache legte Wilhelm von Merckel sein Amt als Leiter des *Kabinetts* nieder.

IIIc/5

Geschäftsordnung des *Literarischen Kabinetts*, 24. April 1850

Originalakte; 34,5 x 21,5
Geheimes Staatsarchiv – Preußischer Kulturbesitz, HA I
Rep 77 2.3.35 Nr. 2, Bl. 23 ff.

„Dies ‚Literarische Kabinett‘, ein letztes Anhängsel des Ministerium des Innern, war, ich glaube, 1849 gegründet worden, wenigstens existierte es schon eine kleine Weile, als ich im Oktober 1850 in dasselbe eintrat. Ich glaube, es war eine Schöpfung aus der Radowitz-Zeit. Als ich eintrat, stand Wilhelm von Merckel (ein Schwager Heinrichs von Mühler) an der Spitze desselben. Ich trat nur ein, um wieder auszutreten, und bezog meine vierzig Taler Monatsdiäten, auf die hin ich mich verheiratet hatte, nur zwei Monate lang. Es hing dies mit dem Sturze des Radowitzschen Ministeriums zusammen, an dessen Stelle nun das Ministerium Manteuffel trat. Meine Rolle dabei, etwa die eines Boten im Drama oder Stück, hatte etwas Tragikomisches. Das ‚Literarische Kabinett‘, im wesentlichen ein ministerielles Lesebureau, bestand aus sechs oder acht Herren, an deren Spitze ein geschulter Beamter stand, damals Wilhelm von Merckel [...], ein Alt-Liberaler und Anhänger der Radowitzschen Politik. Die übrigen Mitglieder, meine Kollegen, waren fast ausschließlich Ostpreußen, was wohl damit zusammenhing, daß Auerswald die Hauptrolle im Ministerium spielte. [...] Gleich als ich eintrat, sah ich, daß eine Gärung da war, die damit zusammenhing, daß Auerswald-Radowitz gestürzt und Manteuffel Ministerpräsident werden sollte. Das ‚Literarische Kabinett‘ hielt es für seine Pflicht, dagegen Front zu machen, zu streiken und ein Schriftstück aufzusetzen, in dem unserm obersten Vorgesetzten – an dessen Statt damals Ministerialdirektor von Puttkammer, Vater des späteren Ministers, fungierte – mitgeteilt wurde, ‚daß das alles nicht ginge, daß wir auerswaldisch gesinnt wären und nicht Lust hätten, unter Manteuffel zu dienen‘. Das Ostpreußentum faßte mich, ich wurde gefragt, ob ich Lust hätte, das Schriftstück mit zu unterzeichnen, worauf ich antwortete: ‚Gewiß, aber bloß aus Korpsgeist, denn man möchte mir, einem Jungen, die Bemerkung verzeihen, aber ich fände diese Opposition Untergebener ganz ungehörig; Manteuffel sei jetzt Minister, und wenn wir ihm nicht dienen wollten, so könnten wir ja gehen. Aber wir hätten kein Recht, mit einem Mißtrauensvotum zu debütieren. [...] Aber der Stein war nun mal im Rollen, vom Aufhalten keine Rede mehr, und so schloß die Szene damit ab, daß ich, der ich meine Zustimmung mit einem großen Fragezeichen begleitet hatte, ausersehen wurde, das Schriftstück dem Ministerial-

IIIc/6

direktor von Puttkammer zu überreichen. Der mochte schon wissen, was drin stand, nahm das Schriftstück mit einem ziemlich barschen Anschnauzer entgegen und warf es auf den Tisch. Eh eine Woche um war, war das ganze 'Literarische Kabinett' aufgelöst und seine Insassen entlassen. Ich Unglückseliger nahm diese Entlassung für ernsthaft und begann meine junge Ehe mit einem Hungerjahr; die Kollegen aber, die so gesinnungstüchtig gewesen waren, waren klüger, sie paktierten sehr schnell, gingen mit fliegenden Fahnen ins andre Lager über, in dem ich sie ein Jahr später, als auch ich paktiert hatte, sämtlich wieder antraf. Das war im Herbst 51."
Theodor Fontane, Das Wangenheim-Kapitel; NA XV, S. 414 ff.

IIIc/6   Theodor Fontane

Aktennotiz, 6. November 1850

Reproduktion; 34,5 x 21,5
Geheimes Staatsarchiv – Preußischer Kulturbesitz, HA I
Rep. 77 2.3.35 Nr.2, Bl. 50

„Der Unterzeichnete hat unmittelbar nach seinem Eintritt ins literarische Cabinet einige kurze Mittheilungen an die Saar- und Mosel-Zeitung, so wie an das Frankfurter Journal gemacht. Für jenes Blatt hat er unter der Chiffre F für dieses unter dem Zeichen Δ correspondiert. Mangel an neuen und sichren Nachrichten haben ihn alsbald veranlaßt diesen Zweig seiner Thätigkeit ganz aufzugeben. Berlin d. 6ten November 1850. Th. Fontane."

IIIc/7   Theodor Fontane

Antrag auf Urlaub, 18. Februar 1852

Handschrift; 34,5 x 21,5
Geheimes Staatsarchiv – Preußischer Kulturbesitz, HA I
Rep 77 2.3.35 Nr.45, Bl. 10 R

Im Herbst 1851 war Theodor Fontane erneut ins Literarische Kabinett eingetreten.

„Ich konnte mich aber schlecht zurechtfinden und war froh, als mir im Frühjahr 52 ein halbjähriger Urlaub nach England hin bewilligt wurde. Was ich da sah und erlebte, habe ich in meinem kleinen Buche ‚Ein Sommer in London' beschrieben. Ich hatte meinen Zweck, die Sprache beherrschen zu lernen, nur sehr unvollkommen erreicht und mußte es als ein Glück ansehen, bei meiner Rückkehr in die mir offengelassene Stelle wieder eintreten zu können. Freilich schweren Herzens."
Theodor Fontane, Das Wangenheim-Kapitel; NA XV, S. 416

IIId/1   F. Albert Schwartz

An der Weidendammer Brücke, 1881

Photographie; 20,2 x 26,1
Stadtmuseum Berlin, IV 84214 V

„[...] als sich mir im Laufe des Gespräches mit einem Male die Betrachtung aufdrängte: ‚Ja, nun ist es wohl eigentlich das beste, dich zu verloben.'

Es war wenige Schritte vor der Weidendammer Brücke, daß mir dieser glücklichste Gedanke meines Lebens kam, und als ich die Brücke wieder um ebensoviele Schritte hinter mir hatte, war ich denn auch verlobt."
Theodor Fontane, Von Zwanzig bis Dreißig; NA XV, S. 308 f.

IIId/2   Th. Hillwig

Emilie Rouanet-Kummer, 1848

Pastell; 29 x 23
Privatbesitz   (Abb. S. 47)

„Sie mochte damals zehn Jahre zählen (ich fünfzehn) und war ‚Nachbarskind' von mir in einem in der Großen Hamburger Straße gelegenen Doppelhause, dicht neben dem alten Judenkirchhof. [...] Sie war die Adoptivtochter eines [...] älteren Herrn aus dem Sächsischen, der von den Mitbewohnern, lauter kleinen Leuten, der ‚Herr Rat Kummer' genannt wurde. Nach ihm hieß sie denn auch Emilie Kummer. Ihr eigentlicher Name aber, den sie erst, früh verwaist, bei Gelegenheit ihrer im vierten oder fünften Jahre stattgehabten Adoption abgelegt hatte, war Rouanet. [...] Ja, wir waren also nun wirklich verlobt und waren es – fünf Jahre. [...] als ich 1835 das damals ziemlich verwilderte Kind im Hause meines Onkel August, eines Freundes und Jeu-Genossen des ‚Rates Kummer', kennenlernte, schien es nicht bloß ein französisches Kind aus dem Languedoc zu sein, sondern mehr noch ein Ciocciaren-Kind aus den Abruzzen.
[...] als ich Ostern 44, um mein Jahr abzudienen, nach Berlin zurückkam, knüpfte sich die Be-

kanntschaft wieder an. Die Kleine, mittlerweile neunzehn Jahr alt geworden, war total verändert. Nicht bloß das Abruzzentum war hin, auch die mildere Form: das Südfranzösische hatte sich beinah ganz verflüchtigt, und die tiefliegenden dunklen Augen, die mir, ohne schwarz zu sein, immer kohlschwarz erschienen waren, sahen jetzt in dem hierlandes üblichen Halbgrau hell und lachend in die Welt hinein. Alles in allem, beweglich und ausgelassen, vergnügungsbedürftig und zugleich arbeitsam, war sie der Typus einer jungen Berlinerin, wie man sie sich damals vorstellte. Sie hatte sich vergleichsweise sehr verhübscht, aber von ihrer Rassenhöhe war sie ziemlich herabgestiegen – wohl zu ihrem und meinem Glück. Wir nahmen den alten herzlichen Ton gleich wieder auf, und die Leute wußten bald, was daraus werden würde. Sie hatten sich auch nicht verrechnet, und anderthalb Jahr später, an jenem 8. Dezember, den ich eingangs geschildert, war ich verlobt oder, wie ich beim Abschiede mit einem gewissen ängstlichen Empressement gesagt hatte, ‚wirklich verlobt'."
Theodor Fontane, Von Zwanzig bis Dreißig; NA XV, S. 309 ff., 315 f.

IIId/3

Eintragung im Kirchenbuch der Französischen Gemeinde Trauung Theodor Fontane und Emilie, geb. Rouanet-Kummer, 16. Oktober 1850

Kirchenbuch, S. 404 (Reproduktion); 37 x 48
Consistorium der Französischen Kirche zu Berlin

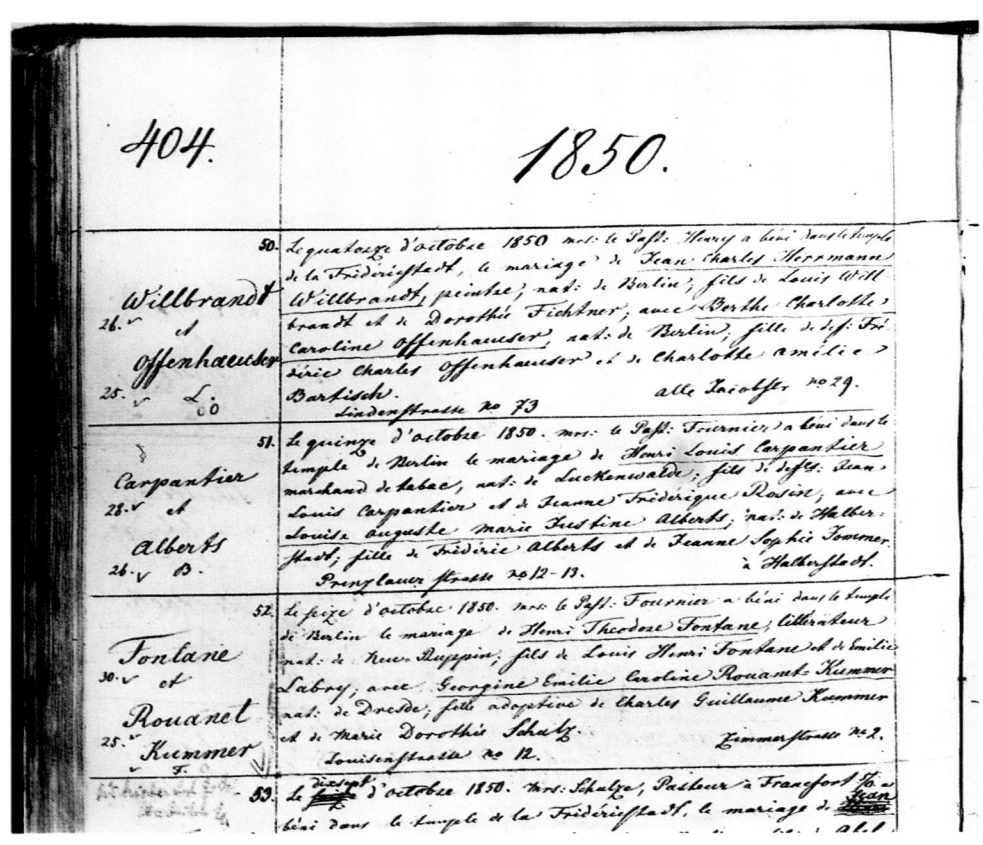

IIId/3

IIId/8

IIId/6

IIId/9

IIId/4

Französische Kirche in der
Klosterstraße 43, um 1850

In: Ed[uard] Muret, Geschichte der Französischen
Kolonie in Brandenburg-Preußen unter besonderer
Berücksichtigung der Berliner Gemeinde
Berlin: W. Büxenstein 1885
Stadtmuseum Berlin, 1133

*„Ich habe viele hübsche Hochzeiten mitgemacht,
aber keine hübschere als meine eigne. Da wir nur
wenig Personen waren, etwa zwanzig, so hatten
wir uns auch ein ganz kleines Hochzeitslokal
ausgesucht, und zwar ein Lokal in der Bellevuestraße – schräg gegenüber dem jetzigen Wilhelms-
gymnasium –, das ‚Bei Georges' hieß und sich wegen seiner ‚Spargel und Kalbskotletts' bei dem
vormärzlichen Berliner eines großen Ansehns erfreute. Dem Gastmahl voraus ging natürlich die
Trauung, die zu zwei Uhr in der Fournierschen
Kirche, Klosterstraße, festgesetzt worden war.
Alles hatte sich rechtzeitig in der Sakristei ver-
sammelt, nur mein Vater fehlte noch und kam
auch wirklich um eine halbe Stunde zu spät. Wir
waren, um Fourniers Willen, in einer tötlichen
Verlegenheit. Er aber, ganz feiner Mann, blieb
durchaus ruhig und heiter und sagte nur zu meiner
Braut: ‚Es ist vielleicht von Vorbedeutung – Sie
sollen warten lernen.'"*

Theodor Fontane, Von Zwanzig bis Dreißig; NA XV, S. 382

IIId/5

Zwei Abendmahlskelche, 19.Jh.

Silber; H. ca. 30
Consistorium der Französischen Kirche zu Berlin, 913 und
933

IIId/6 **A. Henning**

George Fontane, 1865

Photographie (Reproduktion); 10 x 6
Staatsarchiv Coburg, Nachlaß 13 (Hesekiel), Nr.22/5a

George Emile Fontane (1851–1887) war der älteste Sohn der Familie. Er schlug die militärische
Laufbahn ein und wurde Offizier, später Hauptmann und Lehrer an der Kadettenanstalt in
Lichterfelde bei Berlin.

IIId/7 **Loescher & Petsch**

Friedrich Fontane, 1865

Photographie (Reproduktion); 10 x 6
Staatsarchiv Coburg, Nachlaß 13 (Hesekiel), Nr.22/4c

Friedrich Fontane (1864–1941), der sechste Sohn
Fontanes, arbeitete als Buchhändler und Verleger.

IIId/8 **Loescher & Petsch**

Friedrich und Theodor Fontane, um 1865

Photographie; 10 x 6,3
Theodor-Fontane-Archiv, Potsdam, AI 160

Theodor Fontane jun. (1856–1933) war der fünfte
Sohn der Familie. Seinen Lebensunterhalt ver-
diente er als Beamter der Heeresintendantur.

IIId/9 **Loescher & Petsch**

Martha Fontane, 1866

Photographie (Reproduktion); 10 x 6
Staatsarchiv Coburg, Nachlaß 13 (Hesekiel), Nr.22/4d

Martha Fontane, genannt Mete (1860–1917), war
die einzige Tochter des Ehepaars Fontane.

IIId/10 **Wilhelm von Merckel**

George Fontane mit dem Hausmädchen
auf dem Weg zur Schule, 1857

Beilage zum Brief Wilhelm von Merckels an
Theodor Fontane vom 24. Januar 1857

Feder; 16,7 x 10,7
Theodor-Fontane-Archiv, Potsdam, B 221

IIId/11 **Emilie Fontane**

Ausgabe-Buch, April 1856 – Dezember 1859

Handschrift, gebunden, 29 x 11,7 (Doppelseite)
Theodor-Fontane-Archiv, Potsdam, G 2,1

IV. Vormärz und Berliner Revolution

Martina Weinland

„Aufs Politische hin angesehen, war in unserem gesamten Leben alles antiquiert, und dabei wurden Anstrengungen gemacht, noch viel weiter zurückliegende Dinge heranzuholen und all dies Gerümpel mit einer Art Heiligenschein zu umgeben, immer unter der Vorgabe, ‚wahrer Freiheit und gesundem Fortschritt dienen zu wollen‘.“[1] So charakterisierte Fontane das Lebensgefühl in Preußen zwischen 1847 und 1848 im Rückblick.

Die von ihm skizzierte Stimmung, aus der heraus kurze Zeit später die Märzrevolution ihren Anfang nahm, hatte ihren Ursprung in den von weiten Teilen des Bürgertums als unbefriedigend empfundenen Beschlüssen des Wiener Kongresses. Nach Ende der Befreiungskriege 1815 hatten sich die europäischen Monarchien, die bürgerlichen Forderungen nach Mitbestimmung negierend, restaurieren können, so daß die von den Nationalbewegungen in Mitteleuropa aufgeworfenen Fragen weiterhin ungeklärt blieben. Die souveränen Einzelstaaten Deutschlands schlossen sich zum Deutschen Bund zusammen, der jedoch in wirtschafts- und handelspolitischen Fragen untätig blieb, da sich die Einzelstaaten gegenüber gemeinsamen Bundesregelungen fast immer durchsetzen konnten. So mußten diesbezügliche Reformen unterbleiben, während die zunehmende Industrialisierung sich vor allem auf die handwerklichen Berufe bedrohlich auswirkte. Überbevölkerung und Proletarisierung der Großstädte sowie Landflucht und Verelendung waren die Folge. Erschwerend kamen weltwirtschaftliche Krisen hinzu. Bereits 1843 hatte Bettina von Arnim – erfolglos – versucht, mit ihrem Werk *Dies Buch gehört dem König* die spürbaren Mißstände den Verantwortlichen vor Augen zu führen. Doch die Mißernten und damit verbundenen Teuerungsraten, die in den Jahren 1845 und 1846 dramatisch anstiegen und zu Hungersnöten führten, schienen nichts zu bewirken. Auch Ernst Dronke beschrieb in seinem 1846 in Frankfurt am Main erschienenen und sofort in Preußen verbotenen Berlin-Buch die Lebensumstände dramatisch: *„Das Proletariat ist seiner Lebensrechte durch den Staat, die Vertretung des Besitztums beraubt. Wir haben gesehen, daß zahllose Arbeiter trotz aller Anstrengungen nicht imstande sind, ihr Leben mit einiger Sicherheit zu fristen, aber, wir wiederholen es, selbst wenn sie sämtlich imstande wären, durch Arbeit ihre Existenz zu begründen, d. h. in der Arbeit zu vegetieren, würde dies gar keine Änderung auf dem Grunde der Verhältnisse herbeiführen.“*[2] Wegen dieser Schrift wurde er verhaftet und zu zwei Jahren Zuchthaus verurteilt.

Mit der Welthandelskrise 1847 verschärften sich die sozialen Spannungen und entluden sich zunächst in kleinen Aufständen wie der „Kartoffelrevolte“ in Berlin. Rasch gebildete

Ludwig Burger, *Der Deutschen Bund. Wir wollen sein ein einzig Volk von Brüdern, In keiner Noth uns trennen und Gefahr.* Lithographie, Stadtmuseum Berlin

Bürgerwehren und das Militär stellten die Ruhe scheinbar schnell wieder her. Doch diese ersten vorrevolutionären, sozial bedingten Unruhen erhielten neuen Aufschwung durch die Arbeitslosigkeit, die als Folge der Umstellung von handwerklichen Kleinbetrieben auf größere Maschinennutzung in der Produktion weiter anstieg. Berlin suchte so viele Erwerbslose wie möglich, vor allem beim Kanalbau und bei der Anlage städtischer Parks – wie dem Friedrichshain –, zu beschäftigen, doch blieben diese Maßnahmen weitgehend erfolglos.[3] Die Angst der Bevölkerung vor den wirtschaftlichen und strukturellen Veränderungen, die sich in der täglichen Sorge um die eigene Existenz niederschlug, ließ den Ruf zur Rückkehr zum alten bäuerlichen Recht und zur Wiederbelebung der ursprünglichen Zunftverfassungen lauter werden.

Auch die nationale Frage der Teilung Schleswigs und Holsteins – das eine Herzogtum gehörte zu Dänemark, das andere zum Deutschen Bund – barg Konfliktstoff. Das nationale

Pathos – maßgeblich vertreten von Sänger- und Turnvereinen sowie von literarischen Vereinen – fand in dieser Frage seinen Ausdruck, indem die Garantie eingefordert wurde, daß die beiden Herzogtümer *„up ewig ungedeelt"* bleiben und zum Deutschen Bund gehören sollten. Gleichzeitig verlor die österreichische Vormachtstellung in Europa an Einfluß, zunächst in Italien, dann in Ungarn, so daß Autonomieforderungen der einzelnen Nationalitäten lauter wurden. Als kategorischer Vertreter militärischen Vorgehens gegen diese Unruhen mußte Staatskanzler Fürst Metternich in Wien am 15. März 1848 zurücktreten.

Die vom 22. bis 24. Februar 1848 in Paris ausbrechenden Arbeiterrevolten, in deren Folge der französische König Louis Philippe abdankte, setzten in Deutschland eine Kette revolutionärer Ereignisse in Gang, die, obwohl nicht zentral abgesprochen, in ihrer Gleichzeitigkeit die jeweiligen Regierungen zum Einlenken bewegten. Die sich durch alle Schichten ziehenden Proteste äußerten sich in spontanen Volksaufläufen, die in Straßenschlachten, Barrikadenbau und Rathausbesetzungen mündeten. In Flugschriften und Maueranschlägen wurden die Forderungen nach Presse- und Versammlungsfreiheit formuliert und von den Landtagen in den Einzelstaaten sowie den Delegierten der Nationalversammlung in Frankfurt am Main, deren Mitglieder sich aus dem Bürgertum rekrutierten, übernommen. Zur weiteren Umsetzung der Beschlüsse traten die als Folge der Revolution berufenen „Märzministerien", deren Mitglieder sich in größeren Städten aus den Magistraten sowie den Reichsministerien zusammensetzten, in Funktion. Die „Märzministerien" ihrerseits waren das Bindeglied zwischen „Volksbegehren" und bestehender Feudalordnung, deren Repräsentanten weiterhin, nahezu unangetastet, über die gesamte Staatsbürokratie, das Militär und die Staatssouveränität verfügten. In den folgenden Monaten fanden Wahlen zum Parlament statt, doch die Umsetzung der Beschlüsse scheiterte, auch in Berlin, an der zunehmenden Zersplitterung der aufständischen Bevölkerungsgruppen.

Ausgehend von Köln und Baden, hatte die Revolution zunächst die deutschen Mittel- und Kleinstaaten im Norden und Süden erfaßt, ehe sie auch auf Berlin übergriff. In der preußischen Hauptstadt war die Stimmung Anfang März besonders angeheizt und verschärft worden, einerseits durch Entlassungen bei der Firma Borsig und andererseits durch eine verstärkte Präsenz des Militärs in der Innenstadt. Seit dem 6. März versammelte sich vor den Toren der Stadt, vor allem „In den Zelten" direkt hinter dem Brandenburger Tor – außerhalb des unmittelbaren polizeilichen Zugriffs –, eine täglich wachsende Arbeiterschar, um ihren Forderungen nach Presse- und Versammlungsfreiheit, nach politischer Gleichberechtigung aller Bürger ohne Rücksicht auf Besitz und religiöses Bekenntnis Ausdruck zu verleihen. Eine diesbezügliche, von 6 000 Versammelten unterzeichnete Adresse wurde der Stadtverordnetenversammlung zur Weitergabe an den König überreicht. Angesichts der noch ansteigenden Arbeitslosigkeit beschloß die Versamm-

lung „In den Zelten" am 13. März, den König um die Einrichtung eines Arbeitsministeriums zu bitten. Dramatische Konfrontationen mit den im Berliner Stadtkern zusammengezogenen Soldaten waren die Folge, so daß am 16. März eine Bürgerversammlung die Zulassung einer bewaffneten Bürgerwehr forderte. Die ganze Stadt geriet in Aufruhr, und bisher unbeteiligte Bürger zog es hinaus auf die Straßen, um die Ereignisse direkt mitzuerleben.

Auch Theodor Fontane befand sich unter ihnen: *„Zwischen denen, die zuguterletzt die Sache durchfochten und denen, die mehr oder weniger vergnügt bloß zusahen, war, mit Ausnahme des Couragepunktes, kein allzu großer Unterschied."*[4] Zwei Tage später, am 18. März, lenkte Friedrich Wilhelm IV. überraschend ein und empfing eine Bürgerdelegation im Berliner Schloß. Noch am selben Tag verlas er eine Proklamation auf dem Schloßplatz, in der den Forderungen nachgegeben wurde. *„Andere Revolutionen würden gar nicht zum Ausbruch gekommen oder im Entstehen unterdrückt worden sein, wenn sie ihr nächstes Ziel in den ersten 16 Stunden wie in Berlin erreicht hätten"*[5], lautet die spätere Einschätzung des letzten Präsidenten der Preußischen Nationalversammlung, von Unruh, doch fürchtete *„die Krone [...] eine Revolution, die die übergroße Mehrheit der Berliner gar nicht wollte"*.[6] Im Anschluß an die von etwa 10 000 Bürgern begeistert aufgenommene Kundgebung fielen unvorhergesehen Schüsse, und *„das Volk witterte Verrat"*[7]. Blutige Straßen- und Barrikadenkämpfe brachen aus, an denen sich Fontane zum Teil beteiligte. Die Kundgebung am Schloß hatte er nicht selbst miterlebt, sondern erfuhr von dem dort Geschehenen durch Erzählungen, die ihn veranlaßten, sich selbst ein Bild zu machen. Im Rückblick auf seine damaligen Revolutionserlebnisse entbehrt sein Bericht[8] nicht ironischer Untertöne, die sich vor allem auf sein eigenes Handeln beziehen. So schildert er anschaulich sein vergebliches Bemühen, den Turm der Georgenkirche zu erreichen, um dort die Revolution durch Sturmläuten kundzutun. Auch die Besetzung des Königsstädtischen Theaters am Alexanderplatz, aus dessen Requisitenkammer sich die aufgebrachte Bevölkerung Kulissenteile zum Barrikadenbau sowie Degen, Speere und Gewehre zur Bewaffnung besorgte, erschien ihm im nachhinein eher naiv als heldenhaft. Tatsächlich gehörte aber gerade dieser Barrikadenbau am Alexanderplatz zu einer der wehrhaftesten Bastionen im Verlauf der Auseinandersetzungen. Während sich Fontane in den folgenden Revolutionstagen mehr als Beobachter denn als unmittelbarer Teilnehmer fühlte, erfuhr er bei seinen Wegen durch die Stadt von den verschiedenen Ausgängen der Straßenschlachten, die, wie am Köllnischen Rathaus, oft blutig endeten: *„Auf diese Weise [...] sind am achtzehnten März die meisten zu Tode gekommen, namentlich auch in den Eckhäusern der Friedrichstraße; die Verteidiger retirierten von Treppe zu Treppe bis auf die Böden, versteckten sich da hinter die Rauchfänge, wurden hervorgeholt und niedergemacht. Es fehlte am achtzehnten März so ziemlich an allem, aber was am meisten fehlte, war der Gedanke an eine geordnete Rückzugslinie. Das könnte ja nun heldenhaft erscheinen, aber es*

IV/22

war nur grenzenlos naiv. ,Ich', so etwa war der Gedankenweg, ,schieße oder werfe Steine nach Belieben; die andern werden dann wohl das Hausrecht respektieren'."9 Darüber hinaus hatte er, zu jener Zeit als Apotheker in der Jungschen Apotheke angestellt, die an der Ecke Neue Königstraße/Georgenkirchstraße eher im vorstädtischen Bereich lag, Gelegenheit, die Anliegen der Bevölkerung kennenzulernen. Er beschreibt die Stammkundschaft, überwiegend Handwerker und Einzelhändler, die sich großteils an den Barrikaden beteiligten, als „viel Proletariat mit vielen Kindern. Für letztere wurde seitens der Armenärzte meist Lebertran verschrieben [...], und ich habe, während meiner ganzen pharmazeutischen Laufbahn, nicht halb so viel Lebertran in Flaschen gefüllt wie dort innerhalb weniger Monate. Dieser Massenkonsum erklärt sich dadurch, daß die durch Freimedizin bevorzugten armen Leute gar nicht daran dachten, diesen Lebertran ihren mehr oder weniger verskrofelten Kindern einzutrichtern, sondern ihn gut wirtschaftlich als Lampenbrennmaterial benutzten."10 Sein Gefühl, daß diese Revolution zu Recht stattfinde und er an ihr teilhaben müsse, beruhte sicherlich zum Teil auf seinen täglichen Erfahrungen, die ihm zeigten, wie dramatisch sich die allgemeine Versorgungslage auf die Existenz des einzelnen auswirkte.

Angesichts der Auseinandersetzungen ließ Friedrich Wilhelm IV. schon am Morgen des 19. März das Militär aus der Stadt abziehen und begab sich zu seinem persönlichen Schutz in die Obhut der Bürgerwehr, die nunmehr vor dem Schloß Aufstellung nahm. Diese Entscheidung traf der König gegen seine militärischen Berater und erteilte damit schon im Vorfeld der ab dem 20. März von Otto von Bismarck, damals Abgeordneter des Vereinigten Landtags, geplanten Gegenaktion eine Absage. „Indem Friedrich Wilhelm IV. am 19. März und in den folgenden Tagen dem Druck von unten nachgab, Preußen in eine parlamen-

tarische Monarchie umzuwandeln, und außerdem den nationalen Einigungswünschen nachzugeben schien, bewirkte er vor allem eins: Im Unterschied zu Paris, im Gleichklang hingegen mit der Entwicklung in den meisten europäischen Staaten, machte die Revolution vor dem Thron halt. Das Zurückweichen des Monarchen – gleichgültig, aus welchen Motiven heraus es geschah – erwies sich, im nachhinein betrachtet, als außerordentlich geschickt."11

Noch am 19. März fand die Aufbahrung der Opfer auf dem Schloßplatz statt, denen der König seine ehrende Anteilnahme bekundete. Zudem wurden die bis dahin festgenommenen politischen Häftlinge am 20. März freigelassen. Am 21. März unternahm der König seinen symbolischen „Umritt", bei dem er selbst eine Armbinde in den ehemals durch Bundesbeschluß verbotenen Farben Schwarz-Rot-Gold trug und die deutsche Fahne mitführte. Fontane gibt an, die Geschehnisse des 18. März umgehend seinem Vater brieflich mitgeteilt und damit für die Verbreitung der Ereignisse im Oderbruch gesorgt zu haben.12 So will er am 21. März überraschend Besuch von seinem Vater, der eigens aus Letschin gekommen war, erhalten haben. Gemeinsam erlebten sie bei ihrem Spaziergang durch die Stadt den Auftritt des Königs: „[...] denn als wir eben unsern Weitermarsch antreten wollten, erschien, von der Schloßbrücke her, eine ganze von hut- und mützeschwenkendem Volk umgebene Kavalkade. Beim Näherkommen sahen wir, daß es der König war, der da heranritt, links neben ihm Minister von Arnim, eine deutsche Fahne führend. ,Du hast Glück, Papa, jetzt erleben wir was.' Und richtig, hart an der Stelle, wo wir standen, hielt der Zug, und an die rasch sich mehrende Volksmenge richtete jetzt der König seine so berühmt gewordene Ansprache, drin er zusagte, sich, unter Wahrung der Rechte seiner Mitfürsten, an die Spitze Deutschlands stellen zu wollen. Der Jubel war ungeheuer."13

Der König entsprach mit seiner vielumjubelten Rede tatsächlich den Hoffnungen des Volkes, jedoch distanzierte er sich schon bald von der Einlösung seiner Zusagen. Offensichtlich aber stand er zum Zeitpunkt seiner Ansprache noch unter dem Eindruck der jüngsten Ereignisse, als er erklärte: *„Ich übernehme heute diese Leitung für die Tage der Gefahr. Mein Volk, das die Gefahr nicht scheut, wird Mich nicht verlassen, und Deutschland wird sich Mir mit Vertrauen anschließen. Ich habe heute die alten Farben angenommen, und Mich und Mein Volk unter das ehrwürdige Banner des deutschen Reiches gestellt, Preußen geht fortan in Deutschland auf."*[14]

Auch das am 29. März berufene Berliner „Märzministerium" schien durch seine Besetzung an den vom König proklamierten Zielen keinen Zweifel aufkommen zu lassen: Ministerpräsident Camphausen, Finanzminister Hansemann, Innenminister von Auerswald und Außenminister Arnim-Suckow standen für das liberale Bürgertum und garantierten das dringend notwendige außenpolitische Vertrauen in die Kreditfähigkeit des preußischen Staates, doch schon in den nächsten sechs Monaten wurden die Minister mehrfach ausgewechselt. Trotzdem wurde im April und Mai die konkrete, rechtsstaatliche Umsetzung der Revolutionsforderungen vorbereitet. Die Berliner waren überzeugt, daß Friedrich Wilhelm IV. bereit sei, als Monarch eines Landes mit geschriebener Verfassung zu regieren.

Im Gegensatz zur preußischen Revolutionsentwicklung beruhigte sich die Krise in Baden nicht, sondern eskalierte. Die in Frankfurt am Main Anfang April vorgeschlagene Republikanisierung Deutschlands, die de facto den Sturz des monarchischen Systems bedeutet hätte, scheiterte an der Loyalität des stehenden Reichsheeres, das in der Auseinandersetzung mit den bewaffneten Revolutionären die Oberhand behielt. Tatsächlich konnten sich die allerorts ernannten „Märzministerien" aber nicht halten, da sie an dem Zwiespalt der revolutionären Forderungen einerseits und den nicht zur Aufgabe ihrer Feudalrechte bereiten Landesfürsten andererseits scheiterten. Bis zu ihrer Auflösung – das letzte Ministerium beendete im Oktober 1850 in Hannover seine Tätigkeit – versuchten die insgesamt 51 Delegierten, ein deutsches Nationalparlament zu konstituieren. Noch ohne staatliche Legitimation tagte dieses um ehemalige und noch amtierende Mitglieder der Ständeversammlungen erweiterte Vorparlament mit insgesamt 573 Vertretern vom 31. März bis zum 3. April 1848 in der Frankfurter Paulskirche. Bereits in den Vorgesprächen hatten sich zwei widerstreitende Hauptrichtungen herausgebildet: Deutsches Kaisertum unter Führung des preußischen Königs versus Volkssouveränität in einer deutschen Republik. Die diesbezüglichen Anträge wurden abgelehnt bzw. gelangten nicht zur Abstimmung mit dem Argument, die noch einzuberufende Nationalversammlung nicht im vorhinein binden zu wollen. Zunächst wurde daher über das Wahlverfahren abgestimmt, das entgegen der bisherigen Gepflogenheit nicht nach drei Klassen angewandt werden, sondern für jeden offenstehen sollte. Entgegen der mündlichen Debatten entschied das Vorparlament dann schriftlich, daß für die Wahlberechtigung

die „Selbständigkeit" Voraussetzung sein müsse. Diese Beschlüsse wurden zur Umsetzung dem Bundestag übergeben, nachdem ein weiterer Antrag aus Mainz, daß der Bundestag in seiner Zusammensetzung sich zunächst den veränderten politischen Verhältnissen anpassen müsse, abgelehnt worden war. Obwohl damit der Bundestag als Rechtskontinuum bestätigt wurde, behielt sich das Vorparlament durch die Bildung eines Fünfzigerausschusses vor, gegebenenfalls *„bei eintretender Gefahr des Vaterlandes"*[15] wieder zusammenzutreten.

Der seit den Befreiungskriegen 1815 als Gesandtenkongreß der 38 deutschen Staaten bestehende Bundestag hatte bereits vor der Tagung des Vorparlaments versucht, durch mehrere Beschlüsse in die revolutionären Ereignisse einzugreifen bzw. darauf zu reagieren: Am 3. März erfolgte die Freigabe der Pressefreiheit, am 8. März die Revision der Bundesverfassung auf wahrhaft zeitgemäßer und nationaler Grundlage, am 9. März die Anerkennung der bisher verfassungswidrigen Farben Schwarz-Rot-Gold, am 10. März die Einsetzung einer Arbeitsgruppe zur Ausarbeitung eines Verfassungsentwurfs. Am 7. April erließ der Bundestag das Wahlgesetz, das, über das Gebiet des Bundes hinaus, auch Ost- und Westpreußen sowie das Großherzogtum Posen und das Herzogtum Schleswig zur bevorstehenden Wahl der deutschen Nationalversammlung einschloß.

Die Wahl der Abgeordneten erfolgte in den meisten Bundesstaaten in einem indirekten Wahlverfahren, so auch in Berlin,

Königliche Schauspiele, Gotthold Ephraim Lessing, *Nathan der Weise*, Programmzettel, Stadtmuseum Berlin

IV/9

nachdem Friedrich Wilhelm IV. am 18. April das Wahlgesetz in Kraft gesetzt hatte. Somit erhielten alle Männer über 24 Jahre, die länger als sechs Monate in der Stadt ansässig waren und keine Armenunterstützung bekamen, aktives Wahlrecht. *„Also Wahlen zur Konstituante! Der dabei stattfindende Wahlmodus entsprach dem bis diesen Augenblick noch seine sogenannten Segnungen ausübenden Dreiklassensystem und lief darauf hinaus, daß nicht direkt, sondern indirekt gewählt wurde, mit anderen Worten, daß sich eine Zwischenperson einschob. Diese Zwischenperson war der ‚Wahlmann‘. Er ging aus der Hand des Urwählers hervor, um dann aus seiner – des Wahlmanns – Hand wiederum den eigentlichen Volksvertreter hervorgehen zu lassen.“*[16] Fontane beschreibt dieses auch für ihn nicht unwichtige Wahlgesetz sehr genau, denn, wie er weiter berichtet, fand er sich unversehens zum Wahlmann bestimmt: *„Auf dem Wollboden in der Neuen Königsstraße war ich gewählt worden, im Konzertsaale des Königlichen Schauspielhauses, wo die Wahlmännerversammlungen stattfanden, hatte ich zu wählen oder mich wenigstens an den Beratungen zu beteiligen. Das tat ich denn auch, und ich zähle die Stunden, in denen diese Beratungen stattfanden, zu meinen allerglücklichsten.“*[17] Diese Episode stimmt so nicht ganz. Tatsächlich war Fontane als Wahlmann für die Frankfurter Nationalversammlung tätig, während sein Onkel August dieses Amt in Berlin ausübte.[18]

Die Urwahlen fanden in Berlin und Frankfurt am 1. Mai 1848, die Abgeordnetenwahlen eine Woche später statt. Seit dem 18. Mai kam die Nationalversammlung in Frankfurt zusammen, um die Reichsverfassung auszuarbeiten, während sich die Berliner Na-

tionalversammlung vom 8. bis zum 9. Juni im Gebäude der Berliner Singakademie traf. Die offensichtliche Ohnmacht der Abgeordneten führte bei der nach der Sitzung stattfindenden Demonstration zu der Forderung nach Bewaffnung des Volkes. Die erneut ausbrechenden Unruhen gipfelten am 14. Juni in der Erstürmung des Zeughauses, dessen Waffenarsenale geplündert wurden. Knapp zwei Wochen später, am 29. Juni, wählte die Nationalversammlung Johann von Österreich zum Reichsverweser, der nach seiner Anerkennung durch den Bundestag nun offiziell als höchste Reichsinstanz gelten konnte. Damit hatte die liberale Revolution, so schien es, gesiegt und mit Paulskirche und Zentralgewalt eine institutionelle Mitte erhalten, die jedoch nicht mit Macht ausgestattet war und in direkter Abhängigkeit von Österreich und Preußen stand. Als Preußen am 26. August 1848 mit Dänemark einen Waffenstillstandsvertrag abschloß und dadurch seine Ansprüche auf Schleswig und Holstein aufgab, brach der Konflikt auf, denn Nationalversammlung und Reichsregierung konnten, schon aus Gründen der Wahrung ihrer eigenen Souveränität, diesem Vertrag nicht zustimmen. Fontane, tief bewegt von der politischen Entwicklung, veröffentlichte in der *Berliner Zeitungs-Halle* am 31. August einen Artikel zu *Preußens Zukunft*, in dem er seine Vision einer großen deutschen Republik ohne Preußen entwarf. Der Aufsatz wurde in mehreren anderen Blättern außerhalb Berlins nachgedruckt.

Doch nur drei Wochen später beugte sich die Frankfurter Nationalversammlung den Souveränen, erkannte den preußisch-dänischen Vertrag an und verlor dadurch erheblich an Reputation. Der bisher eingebundene linke Flügel reagierte und rief zum offenen Protest gegen das Parlament auf, so daß im September eine zweite Revolutionswelle ins Rollen kam, die sich vor allem gegen die preußische Politik richtete. Wiederum meldete sich Fontane am 13. September mit einem kritischen Artikel über *Das preußische Volk und seine Vertreter* zu Wort, in dem er der preußischen Nationalversammlung Verrat an den revolutionären Forderungen vorhielt. Die internen Streitigkeiten des Parlaments schwächten dessen Position und ließen die sich in Preußen bereits formierende Gegenrevolution erstarken. Ein weiteres Mal bemühte sich Fontane am 14. Oktober, mit einem Artikel davor zu warnen, den Plan eines deutschen Kaiserreichs unter preußischer Führung – wie ihn die Mehrheit der Frankfurter Nationalversammlung befürwortete – weiter zu verfolgen. Doch als Ende Oktober der Versuch unternommen wurde, alle deutschen Abgeordneten der äußersten Linken als eine Art Gegenparlament in Berlin zusammenzubringen, brach die Gegenrevolution offen aus. Ein letztes Mal beschrieb Fontane – wiederum in der *Berliner Zeitungs-Halle* – unter dem Titel *Einheit oder Freiheit?* am 7. November die Situation und vertrat die Ansicht, daß eine Einheit des deutschen Volkes ohne gleichzeitige Gewährung von Freiheit nicht möglich sei. Schon am 10. November aber marschierten unter dem Kommando des Generals von Wrangel die aus Schleswig und Holstein abgezogenen Truppen in Berlin ein und umstellten das Schauspielhaus, in dem die Nationalversammlung tagte. Die zu ihrem Schutz angetretene Bürgerwache zog ab, um die sich abzeichnende Konfrontation mit dem Militär zu vermeiden. Der im Saal tagenden Versammlung ließ Wrangel ausrichten, es *„sei gestattet heraus-, aber nicht wieder hineinzugehen; eine Nationalversammlung kenne er nicht, da sie seit gestern durch die Krone aufgehoben sei.“*[19] Damit war die Volksvertretung aufgelöst. Etwaigen Protesten wurde durch die Ausrufung des Belagerungszustandes für Berlin, beginnend mit dem 12. November, vorgebeugt. Nach der Berufung Friedrich von Hinckeldeys zum Berliner Polizeipräsidenten wurden sofort Zensur und Restriktionen verschärft. Am 5. Dezember folgten die offizielle Auflösung der Nationalversammlung durch den König und die Bekanntgabe der von ihm oktroyierten Verfassung.

Damit war die Revolution de facto beendet, obwohl die Frankfurter Nationalversammlung noch am 23. Dezember die Grundrechte des deutschen Volkes verabschiedete, die jedoch von Österreich, Preußen, Hannover und Bayern nicht anerkannt wurden. Noch bis März 1849 arbeitete die Nationalversammlung an der Reichsverfassung, die zusammen mit der Wahl des preußischen Königs zum deutschen Kaiser am 28. März in Kraft treten sollte. Beides lehnte Friedrich Wilhelm IV. ab, ebenso die Staatsvertreter von Österreich, Sachsen, Hannover, Württemberg und Bayern. Im Gegensatz dazu erkannte die aus den Wahlen nach der oktroyierten Verfassung hervorgegangene Zweite Kammer in Preußen am 21. April die Reichsverfassung als rechtsgültig an. Bereits eine Woche später löste Friedrich Wilhelm IV. dieses Rechtsorgan ohne innere Widerstände auf,

IV/39

da Berlin weiterhin unter Belagerungszustand stand. Am 4. Mai beschloß das Frankfurter Parlament ein weiteres Mal: *„Die Nationalversammlung fordert die Regierungen, die gesetzgebenden Körper, die Gemeinden der Einzelstaaten, das gesamte deutsche Volk auf, die Verfassung des deutschen Reichs vom 28. März des Jahres zur Anerkennung und Geltung zu bringen.“*[20] Nur Sachsen war danach bereit, die Reichsverfassung einzuführen. Es folgten schwere Auseinandersetzungen zwischen dem Militär und den Aufständischen. Preußen, nun klarer Vertreter der Gegenrevolution, bot den anderen Regierungen seine militärische Hilfe an. Die letzten Unruhen wurden unter der militärischen Führung des preußischen Prinzen Wilhelm im Juni 1849 in Baden beendet.

Fontane war zu diesem Zeitpunkt bereits seit einem Jahr als Apotheker im Krankenhaus Bethanien beschäftigt. Seine 1898 erschienenen Erinnerungen an die 48er Revolution, die verständlicherweise unter dem Aspekt der zeitlichen Distanz und seines Erlebens der nachfolgenden Ereignisse gesehen werden müssen, schließen mit der Erkenntnis: *Volkswille war nichts, königliche Macht war alles. Und in dieser Anschauung habe ich vierzig Jahre verbracht.“*[21] Fontane wegen dieser retrospektiven Äußerung als resignierten „Revolutionär“ einzustufen, wäre jedoch ein falscher Schluß. Tatsächlich kehrte er nach einer kurzen Phase der Euphorie zu seiner Position des kühlen und besonnenen Beobachters zurück, die es ihm erlaubte, die Vorgänge ohne größere Emotionen einzuschätzen. Auch unternahm er während des Jahres 1848 mehrere Versuche, als Journalist auf die öffentliche Meinung Einfluß zu nehmen sowie – in seiner

Korrespondenz mit dem befreundeten Bernhard von Lepel – die Ereignisse politisch zu diskutieren. Wie tief ihn diese Erlebnisse berührten, zeigt sein späteres Bemühen, anhand von anderen zeitgenössischen Reportagen das eigene Erleben zu überprüfen. Diese erst in den neunziger Jahren von ihm mit den Augen des Historikers studierten Berichte[22] verarbeitete er in seiner Autobiographie *Von Zwanzig bis Dreißig*. So finden sich, seinen eigenen Beobachtungen geschickt gegenübergestellt, die häufig aus militärischer Sicht geschilderten zeitgenössischen Berichte zur Revolution. Zusammen mit seiner überwiegend authentischen Schilderung der von ihm wahrgenommenen Vorgänge ergibt sich, daß Militär und Krone wie auch die Bürgerbewegung von der eigenen Dynamik überrascht wurden. Fontane merkt dazu an, es habe an allem gefehlt, vor allem an einer geordneten Rückzugslinie bei den Revolutionären und auf militärischer Seite an einem gezielten Angriffsplan gegen die eigene Bevölkerung. Verstärkt wurde diese Unsicherheit auf beiden Seiten durch das scheinbare Eingehen Friedrich Wilhelms IV. auf die Forderungen des Bürgertums. Erst das weitere politische Vorgehen der Souveräne und der dann unbeugsame Einsatz des Militärs ließen die Hoffnungen auf einen letztlich doch friedlichen Revolutionsausgang scheitern: „*Viele nahmen ferner achselzuckend hin, daß die im November 1848 in Preußen geschaffene Friedhofsruhe mit sanfter oder brachialer Gewalt auf die umliegenden Staaten ausgedehnt wurde. Die Brüder Ernst Ludwig und Leopold von Gerlach als die beiden Häupter der preußischen Kamarilla sorgten höchstselbst dafür, daß in den unruhigen benachbarten Kleinstaaten ‚preußische Ordnung' einkehrte* [...]"[23] So letztlich auch bei Fontane, der sich durch seine Betätigung während der Revolutionstage und danach als Wahlmann das Mißtrauen seines Dienstherrn, des Apothekers Jung, zugezogen hatte: „*Man ging davon aus, ich könnte ein verkappter Revolutionär oder auch ein verkappter Spion sein, und das eine war gerade so gefürchtet wie das andere.*"[24] Daher nahm er im September 1848 das Angebot, als Lehrer des Apothekerfachs an dem neuerbauten Krankenhaus Bethanien tätig zu werden, gerne an.

Aus gutem Grund setzte die Rezeption der 1848er Revolution seitens der Historiker, zu denen sich auch Fontane zählte, erst in den späten achtziger Jahren des 19. Jahrhunderts ein, und dies erklärt auch seine Zurückhaltung bei diesem Thema. Die Ursache hierfür liegt in der unrühmlichen Rolle, die der damalige Kronprinz und spätere Kaiser Wilhelm I. sowie Otto von Bismarck, der spätere Reichskanzler, während der Revolutionstage gespielt hatten. Prinz Wilhelm war als ausgesprochener Verfechter militärischen Vorgehens gegen die Bürgerrevolution hervorgetreten und hatte den Beinamen „Kartätschenprinz" erhalten. Noch während der Revolution mußte er nach England fliehen, und seine Rückkehr nach Preußen hatte längere Zeit in Frage gestanden. Zum Jahreswechsel 1858 auf 1859 übernahm er die Regierungsgeschäfte von seinem zunehmend kränker werdenden Bruder Friedrich Wilhelm IV. Nach dessen Tod 1861 ging der Thron auf ihn über. Die Dauer seiner Regentschaft bis 1888 beeinflußte natürlich auch die geschichtliche Einordnung der 48er Ereignisse. Obwohl er später „volksnaher" wurde, blieb seine Ablehnung parlamentarischer Anerkennung offensichtlich. Die Regierungszeit des liberal gesonnenen Kaisers Friedrich III. war zu kurz bemessen, als daß während der wenigen Monate des Jahres 1888 eine objektive Bewertung der Revolution hätte einsetzen können, und die darauffolgende, bis 1918 andauernde Regierungszeit Wilhelms II. war auch nur bedingt dazu angetan, die bürgerliche Bewegung von 1848 ernsthaft anzuerkennen und sie ihrer historischen Bedeutung entsprechend zu würdigen. Die kritischen Hinweise, die sich Fontane nach seiner Zeitzeugenschaft des Jahres 1848 erstmals 1873, stärker 1898 wieder gestattete, zeigen, daß selbst im Abstand eines halben Jahrhunderts das Bekenntnis zu den revolutionären Idealen von damals staatlicherseits restriktiv gehandhabt wurde.

Anmerkungen

1 Theodor Fontane, Von Zwanzig bis Dreißig; NA XV, S. 328
2 Ernst Dronke, Berlin, Frankfurt am Main 1846, Neuauflage 1974, S. 240
3 Vgl. Karl Obermann, Wirtschafts- und sozialpolitische Aspekte der Krise von 1845-1847 in Deutschland, insbesondere in Preußen, in: Jahrbuch für Geschichte, 7, 1972, S. 141 f.
4 Theodor Fontane, Von Zwanzig bis Dreißig; NA XV, S. 331
5 Rüdiger Hachtmann, Berlin 1848, Berlin 1997, S. 875
6 Ebd.
7 Ebd.
8 Theodor Fontane, Von Zwanzig bis Dreißig; NA XV, S. 327-343
9 Ebd., S. 340 f.
10 Ebd., S. 327
11 Rüdiger Hachtmann, Vor dem Thron haltgemacht, in: Zeitpunkte, Beilage 1/98 der ZEIT, Hamburg 1998, S. 46
12 Vgl. Theodor Fontane, Von Zwanzig bis Dreißig; NA XV, S. 351. Die Existenz dieses Briefes ist bislang nicht nachweisbar.
13 Ebd., S. 353 f.
14 Zitiert nach: Otto von Bismarck, Gesammelte Werke, Bd. 1, Berlin 1928, S. 448 f.
15 Wolfram Siemann, Die deutsche Revolution von 1848/49, Frankfurt am Main 1985, S. 81
16 Theodor Fontane, Von Zwanzig bis Dreißig; NA XV, S. 354
17 Ebd., S. 358
18 Vgl. Helmuth Nürnberger, Fontanes Welt, Berlin 1997, S. 120
19 Zitiert nach: Laurenz Demps, Der Gensd'armen-Markt. Gesicht und Geschichte eines Berliner Platzes, Berlin 1987, S. 340
20 Wolfram Siemann, Die deutsche Revolution von 1848/49, Frankfurt am Main 1985, S. 205
21 Theodor Fontane, Von Zwanzig bis Dreißig; NA XV, S. 347
22 Fontane erhielt laut eigener Aussage vor allem durch das 1891 erschienene, mehrere Bände umfassende Werk *Denkwürdigkeiten des Generals Leopold von Gerlach* die Anregung hierzu. Vgl. Theodor Fontane, Von Zwanzig bis Dreißig; NA XV, S. 347
23 Rüdiger Hachtmann, Berlin 1848, Berlin 1997, S. 888
24 Theodor Fontane, Von Zwanzig bis Dreißig; NA XV, S. 328

IV/1

IV/1   Unbekannter Künstler

Bettina von Arnim am 20. November 1838,
1838

Kupferstich; 32 x 23,5
Stadtmuseum Berlin, VII 63/1308 W

Darstellung der Schriftstellerin (1785-1859) vor
der von ihr geschaffenen Goethe-Statue. 1807
hatte sie den Dichter persönlich kennengelernt.
Die sich daraus entwickelnde langjährige Freundschaft fand in *Goethe's Briefwechsel mit einem
Kinde*, der als erstes literarisches Werk Bettinas
1835 veröffentlicht wurde, seinen Niederschlag.
Weiterhin erschienen: *Die Günderode* (1840),
Dies Buch gehört dem König (1843), *Clemens
Brentano's Frühlingskranz* (1844), *Ilius Pamphi-
lius und die Ambrosia* (1848), *Gespräche mit Dämonen. Des Königsbuchs 2. Teil* (1852).

IV/2   Gustav Böhner

Schmuckblatt *Zur Erinnerung an den
15. October 1840*

Lithographie; 42,5 x 32
Stadtmuseum Berlin, GDR 69/58,16

Mit der Krönung Friedrich Wilhelms IV. im Jahre
1840 verknüpften sich in weiten Teilen der Bevölkerung die Hoffnungen auf durchgreifende
Reformen der Presse- und Versammlungsfreiheit
sowie wirtschaftlicher Belange. Dargestellt ist
die Huldigungszeremonie am Berliner Schloß.

IV/3   Bettina von Arnim

Dies Buch gehört dem König, 1843

Berlin: Trowitzsch und Sohn o. J.
Stadtmuseum Berlin, 19. Jh. 1/33/32/1

Schon bald stellte sich heraus, daß die sozialen
Diskrepanzen auch unter der Regierung Fried-
rich Wilhelms IV. sich nicht ändern würden.
Bettina, die offen für eine konstitutionelle Mon-

archie eintrat, sparte dennoch nicht mit ihrer
Kritik am Verhalten des Königs, den sie in der
Rolle eines wirklichen Landesvaters zu sehen
wünschte. Mit ihren literarischen Tätigkeiten
versuchte sie, ihn auf die in ihren Augen vor-
dringlichen Aufgaben zur Lösung der sich an-
bahnenden sozialen Spannungen aufmerksam
zu machen. *Dies Buch gehört dem König* spiegelt
Bettinas Anliegen in doppelter Weise wider: So
„gehört" es einerseits zu seiner Pflichtlektüre,
andererseits war es nur durch diese Widmung
möglich, die herrschende Zensurbehörde zu umgehen und das Werk tatsächlich publizieren zu
lassen.

IV/4   Carl Gustav Böhme

Friedrich Wilhelm IV. im Vereinigten
Landtag, 1847

Lithographie; 33 x 26
Stadtmuseum Berlin, VII 77/133 W

Die Rede des Königs zur Eröffnung des Vereinigten Landtags 1847 war mit Spannung erwartet worden. Statt dessen ergoß sich ein Schwall
von Sprechblasen über die Versammlung. Wie
Fontane über die vorrevolutionäre Stimmung

schreibt: „*Man hatte hier die alte Wirtschaft
satt. Nicht daß man sonderlich unter ihr gelitten
hätte, nein, das war es nicht, aber man schämte
sich ihrer.*"
Theodor Fontane, Von Zwanzig bis Dreißig; NA XV, S. 328

IV/5   Moritz Hoffmann

Großer Saal zur Terrasse, 1859

Aquarell; 36,5 x 45,5
Stadtmuseum Berlin, VII 63/1173 W

Bettina, die nach dem frühen Tod ihrer Eltern
bei ihrer Großmutter Sophie de La Roche auf-
wuchs, lebte nach ihrer Heirat mit Achim von
Arnim abwechselnd auf Gut Wiepersdorf und an
verschiedenen Orten Berlins. Nach seinem Tod
1831 blieb sie fast ausschließlich in der preußischen Hauptstadt. 1847 bezog Bettina zusammen mit ihren Kindern die vormals von Oberst
von Witzleben bewohnte Villa im Tiergartenviertel, das zu jener Zeit noch vor den Toren der
Stadt lag. Ihr Landhaus, das ganz im Stil des gebildeten Bürgertums eingerichtet war, bildete
vor allem in den vierziger Jahren einen beliebten
Treffpunkt kulturellen Lebens. Mittelpunkt der
regelmäßigen Zusammenkünfte, an denen libe-

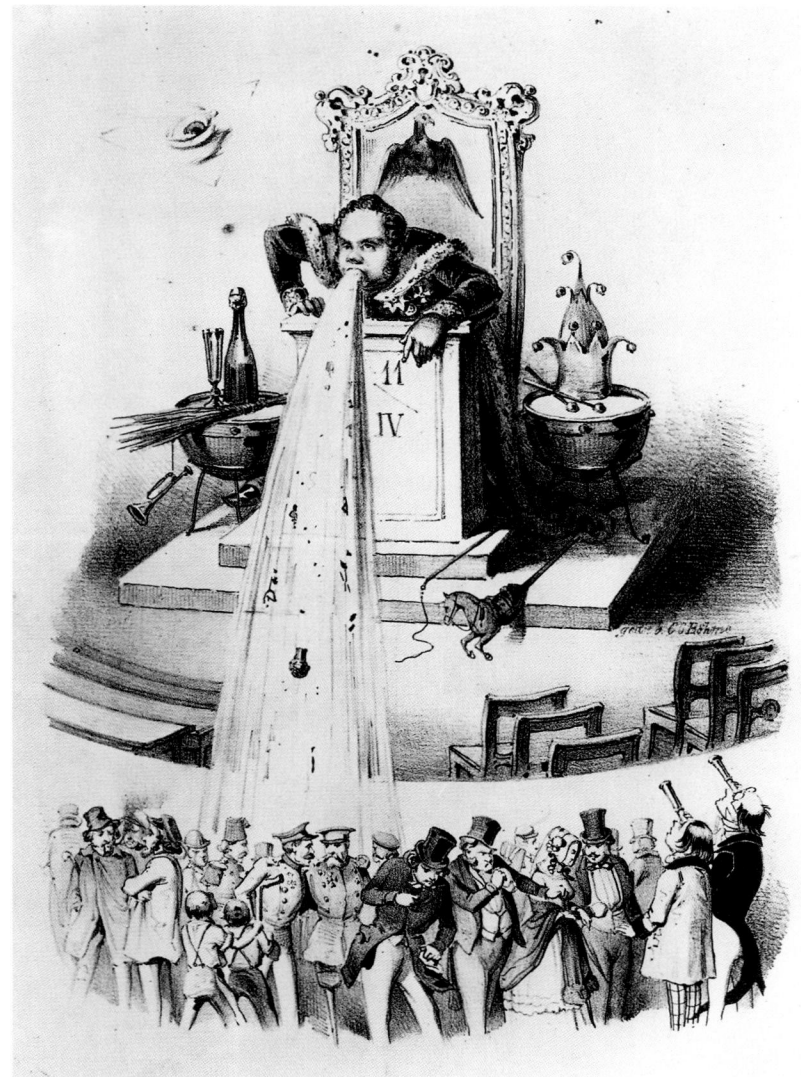

IV/4

IV/5

IV/6

rale Literaten ebenso wie Vertreter des Hochadels teilnahmen, war der große Saal, der sich einladend zu einer weiten Terrasse mit Blick auf den Garten, der bis zur Spree reichte, öffnete. Im Gegensatz zu den frühen Salons, die Anfang des 19. Jahrhunderts in den Häusern von Rahel Varnhagen van Ense und Henriette Herz abgehalten wurden, öffnete sich der Arnimsche nicht nur einem geschlossenen Kreis. Dies hing nicht zuletzt mit der engagierten Literaten- und Publizistentätigkeit Bettinas sowie mit dem großen Familienverbund und dessen Freunden zusammen.

IV/6   **Moritz Hoffmann**

Großer Saal mit Blick zum Eßzimmer, 1860

Aquarell; 35,5 x 44,5
Stadtmuseum Berlin, VII 63/1175 W

Herzstück des im Erdgeschoß zehn Zimmer zählenden Landhauses war der große Saal, der vor allem von der überlebensgroßen Goethe-Statue, an der Bettina seit den dreißiger Jahren arbeitete, beherrscht wurde. Ferner zeigte der in pompejanischem Rot gehaltene Raum Antikennachgüsse sowie ein „modernes" Gemälde von Carl Blechen (über dem Kanapee).

IV/7   **Moritz Hoffmann**

Bettinas Zimmer, 1859

Aquarell; 25,5 x 29
Stadtmuseum Berlin, VII 63/1174 W

Hier spielte sich das alltägliche Leben der Literatin ab. Die Porträtbüste Goethes hatte Bettina als Vorstudie zu ihrem großen Gesamtdenkmal entworfen. Auch der Flügel weist auf die vielfältigen Begabungen der Schriftstellerin hin, die zugleich als Komponistin tätig war. Die Anordnung der Möbel im Raum läßt die persönlichen Bequemlichkeiten ihrer Bewohnerin erkennen, die nach ihrem engagierten Eintreten während

IV/11

der Märzereignisse in wachsende Isolation geriet und, verstärkt durch mehrere Schlaganfälle, zunehmend ans Haus gefesselt war. In dem dargestellten Raum starb sie am 20. Januar 1859 im Kreise ihrer Kinder.

IV/8

Flugblatt No.1 der Volksversammlung In den Zelten, 1848

Papier; 23,5 x 18
Stadtmuseum Berlin, IV 69/34 S

IV/9   **Robert Rabe**

In den Zelten, 1848

Bleistift, aquarelliert; 21,7 x 27,5
Stadtmuseum Berlin, VII 64/59 W   (Abb. S. 74)

Unmittelbar vor den Toren der Stadt und damit außerhalb des polizeilichen Zugriffs befand sich das berühmte Gartenlokal Kroll, das während der Märztage 1848 zu einem beliebten Treffpunkt für die Anhänger der Bürgerbewegung wurde. Hier „In den Zelten", in unmittelbarer Nähe zu Bettinas Haus, wurden die Volksversammlungen abgehalten und Petitionen an König Friedrich Wilhelm IV. vorbereitet. – Rabe zeigt die biedermeierliche Idylle des inmitten des Tiergartens gelegenen Versammlungsortes.

IV/10

An meine lieben Berliner
Bekanntmachung Friedrich Wilhelms IV., 18./19. März 1848

Anschlagzettel; 41,8 x 52
Stadtmuseum Berlin, IV 59/542 S

IV/11   **Unbekannter Künstler**

Berlin am 18. und 19. März 1848, 1848

Lithographie; 45,7 x 38,2
Stadtmuseum Berlin, VII 59/588 W

Auf 14 Einzelbildern werden die Ereignisse des 18. und 19. März 1848 dargestellt. Das Herrscherpaar ist mit der gerollten „*Constitution*" zu sehen. In einer anderen, durch ihren Untertitel ironisierten Szene weist der von seinen Ministern begleitete König auf eine Berliner Straße mit den Worten „*diese Straße gehört mir*". Die übrigen Szenen schildern die Barrikadenkämpfe in der Werder-, Jäger-, Taubenstraße und am Hausvogteiplatz sowie die Erstürmung des Landwehr-Zeughauses.

IV/12   **Unbekannter Künstler**

Ereignisse in Berlin nach der Schreckensnacht vom 18ⁿ auf den 19ⁿ März 1848.

Lithographie, koloriert; 27,2 x 42,7
Stadtmuseum Berlin, GDR 69/17

IV/13   **Matthias Hoffmann**

Neue Art eine Constitution zu geben., 1848

Kohlelithographie; 28,3 x 40,4
Stadtmuseum Berlin, VII 71/557 W

Herr Provisor wat kost'n die Pille?
„Eine unbeschnittene Krone."

IV/14

Vor dem Schloß, zwischen der Langen Brücke mit dem Reiterstandbild des Großen Kurfürsten und der Schloßfreiheit, werden die Toten und Verwundeten der Straßenkämpfe herbeigetragen. Auf dem Balkon des Schlosses stehen Friedrich Wilhelm IV. und Elisabeth, die den Opfern der Revolte ihre Anteilnahme bekunden müssen. Eine Inschrift erläutert die Vorgänge: „*Nachdem ein vierzehnstündiger Straßenkampf in der mörderistischen Weise stattgefunden hatte, brachte man Züge von Leichen der gefallenen Helden auf Brettern, kaum bedekt, blutig und entstellt vor das Schloß, das Königspaar mußste erscheinen, Drohungen heftiger Art erschallten, und zu Wort ließ man den König nicht mehr kommen, mit Trauergebärten bezeugte er seyn tiefes Leid. – Alles ward von da an bewilligt.*"

Friedrich Wilhelm IV. im Narrenkostüm ist unter dem Motto „*Ich und mein Haus, wir wollen den Herren dienen*" damit beschäftigt, eine Kanone zu laden. Der erste Schuß hat bereits die Pumpe an der Breiten Straße unterhalb des Plakats *An meine lieben Berliner* getroffen.

IV/14   **Monogrammist LNSz**

Herr Provisor wat kost'n die Pille?, *Eine unbeschnittene Krone*'

Lithographie; 22,2 x 15,5
Stadtmuseum Berlin, GDR 64/11, 323

Dargestellt ist die Apotheke Jung an der Ecke Neue Königstraße/Georgenstraße, in der Theodor Fontane während der Märzrevolution tätig war. Schon am 18. März war während der Barrikadenkämpfe in unmittelbarer Nähe eine Kanonenkugel in dem Eckhaus eingeschlagen und in der Wand steckengeblieben. Das Wortspiel nimmt hierauf Bezug, indem die „*unbeschnittene Krone*" auf Einschränkung der Rechte der Monarchie anspielt.

IV/15 Theodor Hosemann

Barrikade am Louisenplatz., 1848

Holzstich; 21,5 x 28,4
Stadtmuseum Berlin, GDR 65/101

Wie aus der Bezeichnung des Blattes hervor-
geht, wurde es von Hosemann „*vom 18. zum
19. März* [...] *nach der Natur gezeichnet*". Vor
dem Hintergrund einiger Mietshäuser und einem brennenden Speichergebäude ist die Barrikade auf dem Luisenplatz aus Zäunen, Türen
und umgestürzten Fuhrwerken errichtet worden. Zum besseren Schutz haben sich einige
Bürgerwehrmänner in den gerade im Bau befindlichen Luisenstädtischen Kanal gesetzt.

IV/16 Ludwig Hagner

*Barricade und Kampf in der neuen
Königsstrasse und Alexanderplatz,
in der Nacht vom 18–19 März 1848.*

Lithographie; 26,2 x 34,2
Stadtmuseum Berlin, GDR 85/1

Die Szenerie wird von der aus Fuhrwerken,
Brettern und anderen, eilig zusammengesuch-
ten Dingen errichteten Barrikade beherrscht.
Trotz ihres imposanten Aufbaus können sich die
aufständischen Bürger nur noch mühsam verteidigen, einige Tote und Verletzte liegen bereits
am Boden. Angesichts der von der Königsbrücke
heranrückenden Übermacht der Soldaten und
der vor dem Königsstädtischen Theater in Aufstellung gegangenen Bataillone scheint der
Kampf aussichtslos. Doch aus den Fenstern des
nahegelegenen Eckhauses, das sich in den Händen der Revolutionäre befindet, ist mehrfaches
Mündungsfeuer zu erkennen. Fontane kommentiert den für die Revolutionäre an dieser Stelle
günstigen Verlauf des Geschehens: „*Nur soviel
verlautete, daß sich die bis an die Königsbrücke
vorgedrungenen Truppen im Laufe der letzten
Stunde mehr und mehr zurückgezogen hätten.
Alles drehte sich um diese Frage. Manche zweifel-
ten, andre waren guter Dinge.*"
Theodor Fontane, Von Zwanzig bis Dreißig; NA XV, S. 345

IV/17 Johannes Kirchhoff

Barrikadenscene am Alexanderplatz, 1848

Holzstich; 16,5 x 16
Stadtmuseum Berlin, VII 65/229 W

Auf einer der wichtigsten Barrikaden steht, die
Ansicht beherrschend, ein bärtiger Mann, der
die deutsche Fahne mit sich führt. Auch Fontane
hatte sich an diesem Barrikadenbau beteiligt:
„*Und so trat ich denn auch wirklich an unsere
Barrikade heran, die sich mittlerweils zwar nicht
nach fortifikatorischen, aber desto mehr nach
der pittoresken Seite hin entwickelt hatte.*" (Theodor Fontane, Von Zwanzig bis Dreißig; NA XV, S. 335) Seiner Einschätzung von der Wehrhaftigkeit dieser
Barrikade steht die Darstellung Kirchhoffs gegenüber, der vor allem den unerschrockenen Einsatz der Bürger in den Vordergrund stellte.

IV/18 Unbekannter Künstler

*Angriff auf die Barrikade am Alexander-
platz zu Berlin am Nachmittag des 18. März
1848.*, 1848

Lithographie; 15 x 20
Stadtmuseum Berlin, VII 59/593 W

Die Darstellung zeigt die in Reih und Glied auf-
marschierte preußische Armee, die geordnet gegen einen kleinen Trupp Aufständischer vorgeht,
die sich mit Fuhrwerken und Fässern eine Barrikade zwischen Alexanderplatz und Neuer Königstraße gebaut haben. Der Feuerstrahl eines
schweren Geschützes lugt zwischen der Barrikade hervor, und auch in den Fenstern der Eck-
häuser haben bewaffnete Bürger das Feuer auf
die Soldaten eröffnet. Zwar scheinen die Revolutionäre gegen die geordnete Übermacht auf den
ersten Blick keine Chance zu haben, doch gehörte diese Barrikade zu den am heftigsten um-
kämpften der Stadt. Die dortigen Auseinandersetzungen führten letztlich dazu, daß Friedrich
Wilhelm IV. am 19. März die Order gab, alle
Truppen aus der Stadt abzuziehen; ferner bewil-
ligte er alle von den Bürgern gestellten Forderungen.

IV/19 Johann Daniel Laurens d. J.
nach Friedrich August Calau

Das Königsstädtische Theater in Berlin,
1829

Kupferstich, aquarelliert; 22,8 x 18,7
Stadtmuseum Berlin, VII 60/1222 W

Das Königsstädtische Theater am Alexanderplatz spielte während der Unruhen am 18. März
1848 eine besondere Rolle, da sich die aufgebrachte Menge aus seinen Requisitenkammern
mit Kulissen zum Barrikadenbau und Geweh-
ren, Speeren und Degen zur Bewaffnung versorgte. Fontane, der selbst an der Erstürmung des
Theaters beteiligt war, berichtet über den Her-
gang: „*Es ging über den Alexanderplatz weg auf
das Königsstädter Theater zu, das alsbald wie
im Sturm genommen wurde.*" Im Hintergrund ist
der Turm der Georgenkirche zu erkennen. „*Ich
lief also, ohne mich lange zu besinnen, auf die
nur fünfzig Schritt von uns entfernte Georgenkirche zu, um da mit Sturmläuten zu beginnen.
Natürlich war die Kirche zu – protestantische
Kirchen sind immer zu –, aber das steigerte nur
meinen Eifer* [...]"
Theodor Fontane, Von Zwanzig bis Dreißig; NA XV, S. 333 f.

IV/20 Wilhelm Leue

*Der Schloßsplatz zu Berlin
am 19 März 1848*, 1848

Lithographie; 18,5 x 26
Stadtmuseum Berlin, VII 59/586 W

Vor dem Hintergrund des Berliner Schlosses,
dessen Fenster im Erdgeschoß zum großen Teil
eingeschlagen sind, liefern sich aufgebrachte
Bürger und berittene Soldaten im Anschluß an
die Kundgebung des Königs erbitterte Kämpfe.
Zehntausende hatten am 18. März (nicht, wie
der Autor des Blattes angibt, am 19. März) der
Erklärung des Königs beigewohnt, in der er den
Forderungen der Revolution scheinbar nachgab, als unvorhergesehen Schüsse fielen. Die
bisher friedlich versammelten Bürger witterten
Verrat, die Folge waren blutige Straßenkämpfe.

IV/16

Der Schloßplatz zu Berlin
am 19 März 1848.

IV/20

IV/21

Bekanntmachung zur Bürger-
bewaffnung am 19. März 1848

Flugschrift; 39 x 23,5
Stadtmuseum Berlin, IV 59/546 S

IV/22   **Unbekannter Künstler**

*Aufzug des Königs von Preussen,
am 21. März, 1848.*

Lithographie, koloriert; 18,9 x 26
Stadtmuseum Berlin, GDR 67/16   (Abb. S. 72)

Nach den blutigen Auseinandersetzungen verpflichtete sich Friedrich Wilhelm IV. in seiner
Proklamation, den Forderungen der Bürger nach-
zukommen. Im Anschluß daran unternahm er
seinen bekannten „Umritt" durch die Stadt, wobei er schwarz-rot-goldene Armbinden trug und
durch den Minister von Arnim die deutsche Fahne
mitführen ließ. Fontane beschrieb das Ereignis:
„[…] *richtete jetzt der König seine so berühmt gewordene Ansprache, drin er zusagte, sich, unter
Wahrung der Rechte seiner Mitfürsten, an die
Spitze Deutschlands stellen zu wollen. Der Jubel
war ungeheuer. Dann ging der Ritt weiter.*"
Theodor Fontane, Von Zwanzig bis Dreißig; NA XV, S. 353 f.

IV/23   **Unbekannter Künstler**

*Leichenbegängniß der in Berlin Gefallenen
am 22. März 1848*

Lithographie; 15 x 20,3
Stadtmuseum Berlin, VII 59/592 W

Dargestellt ist der Schloßplatz zur Schloßfreiheit hin sowie die Einmündung der Breiten
Straße in Richtung Gendarmenmarkt. Der große
Platz ist nahezu unüberschaubar mit Menschen
gefüllt, die teilweise die deutsche Fahne mit sich
führen. Zum Lustgarten hin zieht die Prozession
mit den Särgen der Gefallenen vorbei.

IV/24   **C. O. Hoffmann**

An den Gräbern im Friedrichshain, 1848
Gedicht zur Grabstättenwallfahrt der
Barrikadenkämpfer (Märzgefallenen),
4. Juni 1848

Druck; 24 x 17
Stadtmuseum Berlin, Sammlung Familie Knoblauch,
Mappe 13 gr, Nr. 178

IV/25   **Eduard Gaertner**

Barrikade, 1848

Aquarell über Bleistift; 14,7 x 24,7
Stadtmuseum Berlin, VII 60/614 W   (Abb. S. 82)

Gaertner, der bedeutendste Architekturmaler
Berlins, hat hier eine Barrikadensituation am

Köllnischen Rathaus/Ecke Gertraudenstraße
wiedergegeben. Im Gegensatz zu zahlreichen anderen zeitgenössischen Ansichten wählte Gaertner den Zustand nach Beendigung der Kämpfe
am 19. März, von deren Heftigkeit einige heraus-
gebrochene Pflastersteine zeugen. Seine Barrikade ragt weiterhin uneingenommen und be-
krönt von der gehißten deutschen Fahne
zwischen den Häuserfluchten auf, doch sind
weit und breit keine Menschen zu sehen. Auch
die Fenster der umliegenden Häuser, teilweise
noch geöffnet, sind verwaist. Die Atmosphäre
der Szenerie wirkt hart und düster, was vor allem an der scharfen Konturierung der Gegenstände liegt. Aufbau und Farbigkeit des Aqua-
rells zeigen eine enge Verbindung zu den etwa
zeitgleichen Arbeiten französischer Künstler
wie Ernest Meissonier.

IV/26   **Friedrich Wilhelm Holbein**

Büste Carl Ludwig Friedrich
von Hinckeldey, 1856

Gips, grün gefaßt; H. 65
Stadtmuseum Berlin, XI 3520

Mit der Ernennung Hinckeldeys zum Polizeipräsidenten von Berlin im November 1848 hatte der
König einen besonders hart durchgreifenden
Mann für dieses Amt bestimmt und gleichzeitig
mit der Ausrufung des Belagerungszustandes,
beginnend mit dem 12. November, jegliche Möglichkeit des Widerstandes unterbunden.

IV/25

IV/27 **Christian Daniel Rauch**

Büste Friedrich Wilhelm IV., 1845

Bronze; H. 58
Stadtmuseum Berlin, L 52,5

Friedrich Wilhelm IV., im Oktober 1840 zum König von Preußen gekrönt, wandte sich weniger der Politik als vielmehr den Künsten zu. Die nach dem erfolgreichen Ausgang der Befreiungskriege 1815 wiedererrungene Machtstellung Preußens sowie der Zugewinn der Rheinprovinzen förderten in ihm die Überzeugung von der von Gott bestimmten Königswürde. Dennoch lockerte er zunächst mit Amtsantritt, gegenüber der Politik seines Vaters sogar besonders einschneidend, die Zensurmaßnahmen und erleichterte die Arbeit der Ständevertretungen. Das bürgerliche Begehren nach einer geschriebenen Verfassung jedoch lehnte er ab und entschloß sich erst 1847, einen Vereinigten Landtag einzuberufen. Obwohl ihm die Unzufriedenheit der Bevölkerung nicht unbekannt war, überraschte ihn die Heftigkeit, mit der sich die Ereignisse zwischen dem 18. und 21. März 1848 in Berlin überschlugen. Diesem Ansturm gab er zunächst nach und verhinderte dadurch den Sturz der Monarchie. Bereits zum Ende des Jahres 1848 hatte er seine freiheitlichen Maßnahmen weitestgehend zurückgenommen und konnte daher, als ihm 1849 durch Beschluß der Frankfurter Nationalversammlung die deutsche Kaiserwürde angetragen wurde, diese ablehnen. Ein vom Volk gewählter Kaiser entsprach nicht seinem christlich-germanischen Weltbild.

IV/28 **Unbekannter Künstler**

Büste Kaiser Wilhelm I.

Zinkguß, bronziert; H. 46
Stadtmuseum Berlin, SKU 79/4

Wilhelm (1797–1888) war der zweite Sohn von Friedrich Wilhelm III. und Königin Luise. Ebenso wie sein Bruder Friedrich Wilhelm IV. hatte

er die preußische Niederlage gegen Napoleon als Schmach empfunden und mit Begeisterung 1813 an den Befreiungskriegen teilgenommen. Im Gegensatz zu Friedrich Wilhelm IV. vertrat er 1848 eine rigorose Haltung gegenüber den aufständischen Bürgern, die ihm den Beinamen „Kartätschenprinz" eintrug. Für kurze Zeit mußte er sogar außer Landes nach England ge-

IV/29

hen, bis sich die innenpolitische Lage wieder beruhigte. Ab Juni 1849 war er dann maßgeblich an der Niederschlagung der Revolution in den süddeutschen Staaten beteiligt. 1859 übernahm er für seinen erkrankten Bruder die Regierungsgeschäfte und wurde nach dessen Tod am 18. Januar 1861 zum preußischen König gekrönt. Zehn Jahre später sollte seine Proklamation zum deutschen Kaiser erfolgen.

IV/29   Unbekannter Künstler

Die Stadtverordneten-Versammlungen., 1848

Federlithographie; 32,3 x 41,8
Stadtmuseum Berlin, VII 62/670b W

Die Darstellung erlaubt den Blick in Zukunft und Gegenwart. Während in der Gegenwart unterhalb einer Berlin-Ansicht ein Schlafender auf der Schwelle einer verriegelten Tür sitzt, streben in der Zukunft Männer unterschiedlichster Berufe einem bereits gefüllten Versammlungsraum zu. Die Wände davor zieren Stadtansichten von Brandenburg, Elberfeld, Crefeld, Elbing, Magdeburg, Breslau, Königsberg, Potsdam, Halle, Merseburg, Stettin, Stralsund und Frankfurt am Main. Die positive Grundstimmung des Blattes wird durch Dekorationselemente der einrahmenden Blumengirlande verstärkt: Der Zukunft zugeordnet sind lachende Gesichter, der Gegenwart verbundene oder zugehaltene Augen.

IV/30   Unbekannter Künstler

Berlin am Abend des 14 t Juni. Heldenmüthige Verteidigung des Zeughauses. Zur Aussöhnung der Provinzen mit der Residenz, den Ersteren ehrfurchtsvoll gewidmet vom Verleger., 1848

Lithographie; 27,7 x 39,5
Stadtmuseum Berlin, GDR 78/55

Die seit dem 19. März 1848 amtierende Bürgerwehr hat zum Schutze des königlichen Zeughauses Unter den Linden Aufstellung genommen. Es sind typische Kleinbürger in ihren Ausgehanzügen und mit Kokarden am Zylinder. Zwischen und hinter ihnen, die eher teilnahmslos und gelangweilt Wache stehen, dringen jedoch mehr und mehr aufgebrachte Bürger mit brennenden Fackeln in das Zeughaus ein, um sich zu bewaffnen. Ausgangspunkt für diese aktuellen Unruhen war die zwangsweise Auflösung der Preußischen Nationalversammlung im Gebäude der Singakademie durch den König.

IV/31   Theodor Fontane

Die Berliner Märztage 1848

Leipzig: Klinkhardt-Verlag o. J.
Stadtmuseum Berlin

BERLIN AM ABEND DES 14ᵗ JUNI.

Verlag u. Eigenthum v. B.J. Hirsch's Kunsthandlung, Mohren-Wallstr. N°2. in Berlin.

Heldenmüthige Vertheidigung des Zeughauses.

Zur Aussöhnung der Provinzen mit der Residenz, den Ersteren ehrfurchtsvoll gewidmet vom Verleger.

IV/30

IV/32   Friedrich Pecht

Zur Erinnerung an die verfassungsgebende deutsche Reichsversammlung des Jahres 1848, 1849

Lithographie; 42,1 x 55,3
Stadtmuseum Berlin, VII 71/558 W

Dichtgedrängt umstehen die Mitglieder der Reichsversammlung den zentralen Tisch, an dem die führenden Köpfe der Bewegung – Beseler, Langerfeldt, Plathner, Welcker, Schubert und Dahlmann – Platz genommen haben und die Verfassung verlesen.

IV/33   Friedrich Pecht

Zur Erinnerung an die verfassungsgebende deutsche Reichsversammlung des Jahres 1848, 1849

Lithographie; 55 x 72,5
Stadtmuseum Berlin, VII 77/77 W

Das Gegenstück zu IV/32 zeigt die zweite Hälfte des Versammlungsraumes, in dem weitere Mitglieder aufmerksam zuhören; nur Heinrich von Gagern steht in angespannter Pose in der Bildmitte.

IV/34   Ludwig Roccar

Ich stelle mich an die Spitze der Bewegung, 1848

Lithographie; 34,6 x 27
Stadtmuseum Berlin, VII 77/136 W

Zwischen zwei Masten mit deutschen Fahnen schwingt Friedrich Wilhelm IV. im Harlekinkostüm an einem Seil, an seinem rechten Arm eine Binde in Schwarz-Rot-Gold. Sein Helm ist ihm bereits vom Kopf gefallen. Auch sind ihm einige Papiere, auf denen Posen, Neuchâtel, Schlesien und die Rheinprovinzen notiert sind, durch die heftigen Bewegungen, die ein deutscher Michel mit Kokarde an der Mütze mit einem Schwingseil verursacht, aus der Tasche gerutscht. Der Mi-

chel kommentiert die sichtbare Hängepartie des Königs mit *„Sie sind wohl zu hochgestiegen"*, während der halb gestürzte König noch glaubt: *„Ich stelle mich an die Spitze der Bewegung"*. Im Hintergrund beobachtet eine aufgebrachte Menge unter Mitführung deutscher Fahnen, wie sich der König kaum noch an dem Seil halten kann. Eine drohende Hand – Rußland – hält Schwert und Knute bereit, um die Menge aufzuhalten. – Die wankelmütige Haltung Friedrich Wilhelms IV. während und nach den Märztagen verunsicherte nicht nur die Bürger, sondern auch die anderen Souveräne, die sich auf die Bündnispolitik seit dem Wiener Kongreß beriefen und von Preußen ein eindeutiges Vorgehen gegen die Aufständischen erwarteten.

IV/35   Monogrammist E. Sch.

Wie der deutsche Michel Alles wieder von sich gibt., nach 1848

Lithographie; 34,3 x 27
Stadtmuseum Berlin, VII 62/669 W

Wie der deutsche Michel Alles wieder von sich gibt

IV/35

An einem Grenzpfahl lehnt der deutsche Michel. Aus seinem Mund bricht gerade eine Papierfahne heraus, auf der „*Volkssouverainität*" geschrieben steht. Vor ihm am Boden liegen bereits mehrere Blätter mit den Vermerken „*Pressfreiheit*", „*Volksbewaffnung*" und „*Versammlungsrecht*". In seiner Rechten hält er einen übergroßen Pfeifenkopf mit dem Porträt Friedrich Wilhelms IV., unter dem „*Deutscher Kaiser*" steht. Sein Bajonett hat der Michel, von so viel Überdruß ermattet, wie einen Spazierstock unter den Arm geklemmt.

IV/36

Ausrufung des Belagerungszustandes, gez. von General von Wrangel am 12. November 1848

Papier; 33,5 x 31
Stadtmuseum Berlin, IV 63/2766 S

IV/37   Unbekannter Künstler

*Verbrüderungs=fest;
Ein Placat=Kampf*, um 1848

Lithographie; 43,6 x 55
Stadtmuseum Berlin, VII 62/667 W

Spottblatt auf die Gegenrevolution, die maßgeblich von Preußen ausging und ab Mitte des Jahres 1848 einsetzte. Auf einer Kanone, aus der unablässig Kugeln fliegen, sitzt General von Wrangel. Mit dem geschulterten Bajonett hat er einen Abgeordneten der Nationalversammlung aufgespießt. Sein Gegenüber, durch Federkiel, umgestürztes Tintenfaß und „*Reform*"-Schriftstück als Vertreter der demokratischen und literarischen Vereine ausgewiesen, bricht unter dem Kugelhagel zusammen. Das Gegenstück zeigt einen keuleschwingenden Neandertaler, der auf seinem Schild den Aufruf trägt: „*Mitbürger! Die Reaction muß bekämpft werden! Nieder mit der Reaction! Der demokratische Klub*". Der Kampf richtet sich gegen einen ausgemergelten, teilweise schon skelettierten, Federkiel schwingenden Mann, der seinerseits auf seinem Schild fordert: „*Freunde! Die Republikaner treten immer frecher hervor. Nieder mit den Republikanern! – Der patr. Verein*". Hinter letzterem hat sich, verängstigt und in ein Narrenkostüm gehüllt, König Friedrich Wilhelm IV. versteckt.

IV/38   Unbekannter Künstler

Wier haben jesiegt!!!, 1848

Lithographie; 25,4 x 20
Stadtmuseum Berlin, VII 59/159 W

General von Wrangel als kolossale Figur steht im Mittelpunkt. Zwei Bürger, die ihm gerade bis an seine Knie reichen, betrachten ihn in einer Mischung aus Angst und Bewunderung. Im Hintergrund sind der Gefallenenhügel im Friedrichshain sowie eines der Torhäuser vom Leipziger Platz zu sehen. Wrangel selbst ist als eitler, selbstgefälliger Stutzer in Zivil mit dem Adlerorden an der Hemdschleife dargestellt.

IV/39   Unbekannter Künstler

Berliner Revolutionsszene vom 18. März 1848, 1848

Öl auf Lwd.; 113 x 97,5
Stadtmuseum Berlin, VII 60/506 X   (Abb. S. 75)

Im Verlauf des 18. März hatten die Soldaten eine größere Anzahl Bürger aus ihren Häusern abgeführt bzw. bei den Barrikadenkämpfen überwältigt. Die Gefangenen, die erst am 20. März wieder freigelassen wurden, wurden im Keller des Berliner Stadtschlosses arretiert, sofern sie nicht unmittelbar zur Festung Spandau weitertransportiert wurden. Die Zahl der Verwundeten und Schwerverletzten war auf Seiten der Barrikadenkämpfer ungleich höher als bei den wesentlich besser ausgerüsteten Soldaten. Zum großen Teil wurden die Verletzten, wenn überhaupt, nur notdürftig in der Charité versorgt. Zumeist blieben sie auf sich gestellt oder waren, wie hier dargestellt, auf die Hilfe der Mitgefangenen angewiesen.

IV/40   Unbekannter Künstler

Allegorie auf die Niederschlagung der Revolution von 1848, 1848-1850

Öl auf Holz; 52,2 x 37
Deutsches Historisches Museum, 1987/303

IV/40

Das Idealbild der Familie, die unter dem Schutz des Regenten steht, ist von Rauch und Wolken umgeben. Eine mit Mauerkrone als Stadt personifizierte Frauenfigur versucht, die ihr anvertrauten Kinder zu schützen; eines wurde bereits Opfer der Kämpfe, während die anderen tatenlos verharren müssen, da sie ihren üblichen Beschäftigungen – Landwirtschaft und Gewerbe – nicht nachgehen können. Sie müssen abwarten, wie der Kampf zwischen dem als Erzengel Michael personifizierten Herrscher und dem revolutionären Teufel ausgeht. Dieser stürzt gerade, begraben von seiner roten Fahne, zu Boden. Ein Regenbogen über der Szenerie verheißt das heilbringende Ende des Kampfes ebenso wie die sich bereits öffnenden Füllhörner.

IV/41   Gustav Heidenreich

Vorschläge zur Uniformirung, 1848

Federlithographie, koloriert; 26,6 x 34,1
Stadtmuseum Berlin, VII 77/62 W

Die anläßlich der Unruhen von den Bürgern geforderte Einsetzung einer Bürgerwehr wurde am 19. März 1848 von Friedrich Wilhelm IV. genehmigt. Jedoch hatten die Bürger selbst für ihre Uniformierung und Bewaffnung zu sorgen. Nicht immer konnten sie sich dabei richtig ausrüsten, wie Fontane beschreibt: *Dieser Karabiner war*

*verrostet; ob das Feuersteinschloß noch funktio-
nierte, war die Frage, und wenn es funktionierte,
so platzte vielleicht der Lauf, auch wenn ich eine
richtige Patrone gehabt hätte. […] Und mit solchem Spielzeug ausgerüstet, nur gefährlich für
mich selbst und für meine Umgebung, wollte ich
gegen ein Gardebataillon anrücken!"*
Theodor Fontane, Von Zwanzig bis Dreißig; NA XV, S. 336

IV/41

IV/42 **Haag**

*Hurr-jes – Schon wieder Generalmarsch!!! –
Na so ene Freiheit, die kann mir gestohlen
werden! – Wo keen Schlaf nich is, is ooch
keene Gesundhet!-!-!-*, 1848

Lithographie; 35,3 x 51,4
Stadtmuseum Berlin, VII 65/251 W

Karikatur auf die Mitglieder der Bürgerwehr,
die sich angeblich die Revolution gemütlicher
vorgestellt haben. Kurz vor zwei Uhr in der Nacht,
wie die Uhr an der Rückwand des Schlafzimmers
anzeigt, schreckt ein Kleinbürger, die Kokarde
an der Nachtmütze, aus seinem Bett hoch, weil
an seinem Fenster zum Generalmarsch getrom-
melt wird. Deutlich gibt eine auf dem Stuhl stehende Kerze noch einen Blick auf seine Abend-
lektüre – die *Vossische Zeitung* – preis.

IV/43

Kissen mit Lorbeerkranz für die
Gefallenen des 18. und 19. März 1848

Satin; H. 15, Grundfläche 30 x 34
Stadtmuseum Berlin, II 94/191

Wie aus der *Vossischen Zeitung* vom 23. März
1848 bekannt ist, wurde die Prozession der Märzgefallenen von Jungfrauen in schwarzen Kleidern
angeführt, die auf Atlaskissen Lorbeerkränze
trugen.

IV/44

Hut der Berliner Bürgerwehr, 1848

Filz, Silberdraht, Messing, Leder; H. 18,5, Dm. max. 29,5
Stadtmuseum Berlin, II 70/107 F

Die Bewaffnung und Bekleidung der Bürgerwehrmänner erfolgte mehr oder minder zufällig
und weniger unter dem Gesichtspunkt militärischer Zweckmäßigkeit.

IV/45

Kokarden der Berliner Bürgerwehr, 1848

Baumwolle; Dm. 1-3,8
Stadtmuseum Berlin, VI 7367-73

Die in den Farben der Revolution Schwarz-Rot-
Gold eilig hergestellten Kokarden dienten zum
einen als Erkennungsmerkmal, zum anderen
veranlaßten sie die übrigen Bürger, den Einsatz
der Bürgerwehr respektvoll anzuerkennen.

IV/46

Militär-Hirschfänger, 1. Hälfte 19. Jh.

Stahl, Messing, Leder, L. 50,2
Stadtmuseum Berlin, II 67/116 F

IV/47

Offiziers-Pallasch

Messing, Stahl, Leder; L. 104
Stadtmuseum Berlin, II 80/11 F

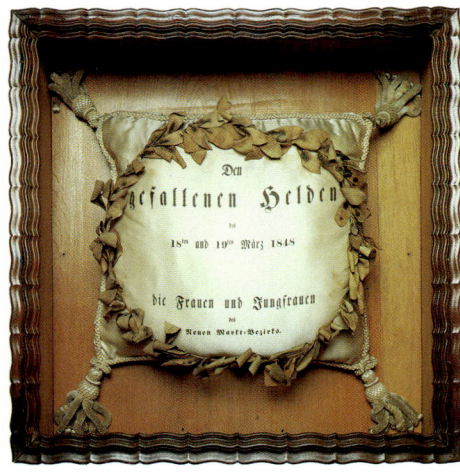

IV/43

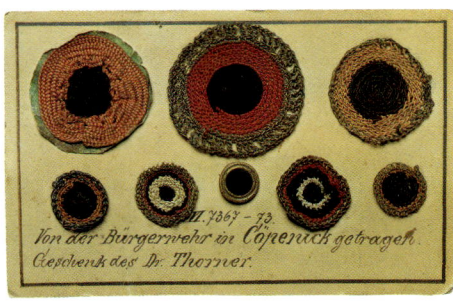

IV/45

IV/48

Preußische Kavalleriepistole, um 1834

Holz, Messing, Eisen; L. 39,5
Stadtmuseum Berlin, II 69/58 F

IV/49 **Jacob Munk**

Berliner Bürgerwehr, 1848

Öl auf Lwd.; 34,7 x 43
Stadtmuseum Berlin, GEM 79/71

Anschaulich wird eine für die Märztage 1848 typische Atmosphäre an einer der Versammlungs-
stätten vor den Toren der Stadt wiedergegeben,
an der sich unter dem Schutz der Bürgerwehr
auch unbeteiligte Bürger über die aktuellen Ereignisse informieren konnten. So entsteht eher
der Eindruck eines Volksfestes als einer politischen Versammlung, obwohl sich im Hintergrund, hinter einem scheinbar eilig zusammen-
gezimmerten Bogen erkennbar, ein Wahllokal zu
befinden scheint. Hier haben jedoch nur Männer Zugang, wie an der abweisenden Geste eines
Bürgerwehrmannes gegenüber einer Frau deutlich wird.

IV/50 **Friedrich Unzelmann**

Der Fünfte December MDCCCXLVIII,
1848

Holzschnitt; 38 x 29
Stadtmuseum Berlin, VII 79/1601 W

Das Blatt mit zugehörigem Gedicht verherrlicht
die am 5. Dezember 1848 von Friedrich Wilhelm
IV. oktroyierte Verfassung, indem die Forderungen der Bürger als gegen *„Religion und Sitte,
Vaterlandsliebe"* gerichtet dargestellt werden.

V. Im Dienste Preußens

Martina Weinland

Ende August 1849 gab Fontane seine gesicherte Stellung als Apotheker im Bethanien-Krankenhaus auf, um nunmehr als freier Schriftsteller sein Glück zu versuchen. Neben eigenen literarischen Texten verfaßte er Korrespondentenberichte im Auftrag der demokratischen *Dresdner Zeitung*. Patriotische Balladen über preußische Feldherren erschienen parallel zu kritischen Beiträgen wie *Der wiedergeborene Polizeistaat*, veröffentlicht am 3. Dezember des Jahres in der *Dresdner Zeitung*. Obwohl die politische Richtung dieses Blattes mit der von ihm vertretenen Position während der 1848er Revolution weitgehend übereinstimmte, geriet er wegen seines gradlinigen Bekenntnisses zum Preußen alter Prägung schon bald in die Kritik der Redaktion. Im April 1850 wurde das Verhältnis im gegenseitigen Einvernehmen gelöst. Die damit erneut unsicher gewordene Existenz schien die geplante Hochzeit mit Emilie Rouanet-Kummer wieder in weite Ferne zu rücken. Wilhelm von Merckel, Freund aus dem literarischen Sonntagsverein *Tunnel über der Spree* und nun Leiter des *Literarischen Kabinetts* im preußischen Innenministerium, war Fontanes Notlage bekannt. Während sich dieser wegen des preußisch-dänischen Konflikts nach Idstedt aufmachte, erreichte Merckel, daß Fontane eine Anstellung im *Literarischen Kabinett* erhielt. Die vordringliche Aufgabe dieser Institution bestand darin, den Zeitungen in Deutschland regierungskonforme Berichte zu liefern bzw. die seit der 48er Revolution garantierte Pressefreiheit dahingehend zu beeinflussen, daß auch ohne Verbote nur das Ge-

Vc/1

wünschte erschien. Die Nachricht erreichte Fontane in Hamburg, sofort kehrte er nach Berlin zurück. Mit der neu gewonnenen Sicherheit konnte Fontane endlich an eine Heirat mit Emilie denken. Im Oktober 1850 fand die Hochzeit statt, doch bereits Ende 1850, mit Auflösung des *Kabinetts*, verlor Fontane seine Anstellung.

Unzufrieden mit seiner Situation in Berlin, darüber hinaus seit August 1851 Vater des ersten Sohnes, erinnerte er sich seines ersten Englandaufenthaltes und hoffte, durch eine geeignete Tätigkeit an die dort gemachten Erfahrungen anknüpfen und auf diese Weise die Familie versorgen zu können. Mehrere Versuche, durch Kontakte zu Friedrich Wilhelm IV. an entsprechende Mittel zu gelangen, scheiterten. Als aber im November 1851 die *Zentralstelle für Preßangelegenheiten* als Nachfolgeeinrichtung des *Literarischen Kabinetts* gegründet und das Angebot an ihn herangetragen wurde, als Korrespondent für die *Neue Preußische (Kreuz-)Zeitung* in London zu arbeiten, zögerte er nicht lange. Fontane hoffte auf zusätzliche Einkünfte, doch entsprechende Empfehlungsschreiben seitens der Berliner Freunde Wilhelm von Merckel und Bernhard von Lepel blieben erfolglos. So schlug sich Fontane die folgenden Monate mehr schlecht als recht durch. Dennoch schickte er bis zu seiner Rückkehr nach Berlin im September 1852 sechs Englandberichte an die Feuilleton-Redaktion der *Neuen Preußischen Zeitung*, die zusammen mit weiteren Texten 1854 unter dem Titel *Ein Sommer in London* als Buch erschienen.

Obwohl sich dieser Englandaufenthalt von seinem Kurzbesuch 1844 deutlich unterschied, blieb durch gleichzeitige private Schicksalsschläge – Emilie verlor das zweite Kind – die dort genossene Unabhängigkeit für ihn, der sich in preußischen Diensten eher fehl am Platze fühlte, erstrebenswert. So wundert es nicht, daß Fontane ein weiteres Mal, im September 1855, die Gelegenheit nutzte, nach England auszuweichen; diesmal bis zum Jahre 1859. Auslöser für seine erneute Entsendung als preußischer Korrespondent war der seit 1854 schwelende Krimkrieg zwischen England und Rußland, der sich aufgrund der Neutralität Österreichs und Preußens auf türkischem Boden abspielte. Da innerhalb Preußens jedoch reaktionäre Kräfte gegen die preußische Neutralitätspolitik anzugehen suchten, schien es dem Innenministerium geboten, einen verläßlichen Korrespondenten nach England zu entsenden. Dieser sollte in der Lage sein, die dortige Politik dahingehend zu kommentieren und auszuwerten, daß ein Eingreifen Preußens nicht für notwendig gehalten werden mußte. Die damit beauftragte *Zentralstelle* wählte Theodor Fontane aus. Doch waren die Arbeitsbedingungen, die er Ende 1855 in London vorfand, alles andere als

Vc/2 - Oxford

günstig. So gab es weder ein geeignetes Büro für ihn, noch erhielt er genügend Mittel, um sich sämtliche englische Tageszeitungen halten zu können. *„Die Zahl der gegenwärtig in London erscheinenden Wochenblätter beläuft sich auf dreiundneunzig. Darunter sind die meisten unpolitischer Natur, bloße Fachblätter, Organe einer bestimmten Kunst, Wissenschaft oder Sekte. Eine Besprechung der Blätter dieser Kategorien gehört nicht hierher, wiewohl nicht in Abrede gestellt werden kann, daß die große Mehrzahl derselben mehr auf unpolitischem Boden zu stehen vorgibt, als wirklich darauf steht. Es kann das nicht anders sein. In einem Lande, wo die unumwundendste Meinungsäußerung freigegeben ist, wird jede Behandlung praktischer Dinge zuletzt zu einer Erörterung politischer Fragen führen.“*[1] Zur Auswertung blieben etwa 30 Zeitungen übrig. Für die fristgemäße Ablieferung der *Deutsch-englischen Correspondenz* benötigte Fontane bald Unterstützung, die ihm in der Person Dr. Wentzels, eines weiteren Kollegen aus der *Zentralstelle*, zuteil wurde. Obwohl die Arbeits- und finanziellen Bedingungen mehr als schlecht waren, reiste Emilie Fontane im Januar 1856 zu einem kurzen Besuch nach London. Erst 1857 konnte die Familie Fontane gemeinsam in London Quartier nehmen.

Um wenigstens für die Familie materiell etwas mehr Sicherheit zu schaffen, begann Fontane mit Besuchen in Londoner Theatern, über deren Aufführungen er Kritiken schrieb, um diese in der Beilage *Literaturblatt* des *Deutschen Kunstblattes* zu publizieren. Seine offizielle Tätigkeit endete mit Unterzeichnung des Pariser Friedensabkommens am 30. März 1856. Doch signalisierte die *Zentralstelle* in Berlin ihr Interesse daran, daß Fontane weiter als politischer Korrespondent in London bleiben sollte. Fontane ging auf dieses Angebot nur zu gern ein. Er versuchte nun seinerseits, im *Morning Chronicle* einen sicheren

Abnehmer für Berichte über Preußen in England zu finden, da in seinen Augen die bisherige Berichterstattung über Deutschland eher unzureichend war. *„Dann kommen telegraphische Depeschen, die das Wunderbarste sind, was man lesen kann, und bezüglich Deutschlands z. B. Nachrichten bringen, die man am Tage vorher in ausführlichen Briefen der ‚Times‘ bereits gelesen hat.“*[2] Doch die Einhaltung der Vertragsbedingungen gestaltete sich vor allem seitens der Engländer ausgesprochen kompliziert, so daß diese Vereinbarung Ende 1857 wieder gelöst werden mußte. Bereits ab Mitte 1856 konnte Fontane – finanziell abgesichert – seinen Aktionsradius über London hinaus erweitern, um den Menschen daheim mehr von ihren britischen Nachbarn nahezubringen. Er verfaßte zahlreiche Aufsätze nicht nur zu Shakespeare, sondern auch über Kunstausstellungen, die er durch weitere Kontakte in der gerade gegründeten Berliner *Zeit* unterzubringen wußte. Als sich jedoch sein Englandaufenthalt dem Ende näherte, erfüllte er sich einen schon lange gehegten Wunsch und trat im August 1858 zusammen mit seinem langjährigen Freund Bernhard von Lepel eine knapp dreiwöchige Reise durch Schottland an. Hier traf er, der durch seinen Vater eine tiefe Leidenschaft für die Historie entwickelt hatte, auf die Spuren von Maria Stuart und seiner schon seit langem verehrten Dichter Walter Scott, William Burns und William Shakespeare, was sich später in literarischer Hinsicht niederschlagen sollte.

Nach seiner Rückkehr von der Schottlandreise Ende August 1858 erkannte Fontane sehr schnell, daß sich die Verhältnisse zu Hause änderten. Bereits im Oktober desselben Jahres übernahm Wilhelm, der jüngere Bruder Friedrich Wilhelms IV., die Regierungsgeschäfte. Bestärkt durch die kurz darauf erfolgte Entlassung Manteuffels, reichte Fontane seine vorzeitige

Kündigung ein, der stattgegeben wurde. Anfang 1859, wiederum stellungslos und damit nicht in der Lage, ausreichend für seine Familie zu sorgen, erwog er kurzzeitig, sich beim bayerischen König in München zu verdingen. Doch schlugen sich die starken Eindrücke, die er auf seiner Schottlandreise empfangen hatte, bereits im Februar 1859 in dem Gedanken nieder, nun auch Wanderungen durch die Mark Brandenburg zu unternehmen und diese literarisch zu verwerten. Obwohl er in der Folge mit diesem Projekt, das er regelmäßig im *Tunnel* sowie im *Rütli* vorstellte, ausgelastet war, blieb die materielle Absicherung der Familie fragwürdig. Er konnte es sich deshalb nicht leisten, das einzige ernstzunehmende Angebot, das er zu dieser Zeit erhielt, auszuschlagen: Mitglied der Redaktion der *Kreuz-Zeitung* zu werden, die politisch dem Umkreis des damals noch unbekannten Otto von Bismarck zugehörte. Obwohl diese Zeitung besonders konservativ ausgerichtet war, erhielt sich Fontane, der noch im Verlaufe der 48er Revolution einen völlig anderen Standpunkt eingenommen hatte, durch andere Veröffentlichungen seine geistige Unabhängigkeit.

1864 brach der seit langem schwelende, durch den Tod des dänischen Königs Friedrich VII. im November 1863 verschärfte Konflikt zwischen Preußen und Dänemark über die strittige Frage Schleswig-Holstein wieder auf. Es war ein Anliegen Fontanes, der als Zivilist selbst kurze Zeit beim Militär verbracht hatte, die politisch-historischen Zusammenhänge, die letztlich zur Kriegserklärung Österreichs und Preußens an Dänemark geführt hatten, zu beschreiben. Im Mai 1864 fuhr er im Auftrag der *Kreuz-Zeitung* zu einer ersten Reise in das Kriegsgebiet und

Vc/26

besichtigte die strategisch wichtigen Düppeler Schanzen, Schauplatz des Gefechtes vom 18. April. Am 18. Februar hatte in Höhe des Flensburger Meerbusens die erste Artillerieauseinandersetzung der modernen Kriegsführung stattgefunden, und zwar zwischen Preußen zu Lande und Dänen zu Wasser. Im Verlauf der Kampfhandlungen hatte sich die feststehende Batterie der Preußen durchsetzen können, während das dänische Panzerschiff *Rolf Krake* beidrehen mußte. *„Als ‚Rolf Krake‘ die Schmälung des Flensburger Meerbusens zwischen Holnis und Brunsnis (auf Broacker) passierte, erhielt er Feuer von der Holniser Batterie; aber er würdigte diese Batterie keiner Antwort. Als er die Schußlinie von Holnis hinter sich hatte, nahm er vollen Dampf und glitt, unheimlich durch die Leblosigkeit auf seinem Deck, wie ein großer schwimmender Sarg auf die Batterien von Alnoer zu. [...] Nach anderthalbstündigem Kampfe wurden die Schüsse ‚Rolf Krakes‘ ersichtlich unsicherer, er wandte sich, setzte Dampf auf und fuhr wieder dem Meere zu."*3

Dies schrieb Fontane, ohne tatsächlich an dem Ereignis teilgenommen zu haben. Neben seinen eigenen Vor-Ort-Besichtigungen – im Herbst desselben Jahres unternahm er, um seinen Gesamteindruck zu vertiefen, eine Reise durch Dänemark – stützte er sich vor allem auf Berichte von Beteiligten, mit denen er korrespondierte. Aus dem Erleben vieler einzelner zeichnete er so die Atmosphäre nach, die er noch zusätzlich durch Berichte des Militärs abzurunden wußte.

Nur zwei Jahre später, während Fontane immer noch für die *Kreuz-Zeitung* arbeitete, brach der nächste Krieg, nunmehr zwischen Österreich und Preußen, wegen der Frage der Verwaltung Schleswig-Holsteins aus. *„Also der Krieg war da. Wer trug die Schuld? Es dürfte beinahe ungehörig erscheinen, diese Frage da aufzuwerfen, wo, wenigstens nach unsrem Dafürhalten, das Segensreiche des Ausganges das Schuldvolle des Beginnens (die Schuld liege auf welcher Seite sie wolle) von vornherein in Zweifel stellt. [...] Preußen hat diesen Krieg nicht gewollt. Seine Gegner (zugegeben, bis zu einem gewissen Grade provoziert) haben ihm diesen Krieg und mit diesem Kriege seine Siege aufgedrungen."*4

Im August 1866 nutzte Fontane die Gelegenheit des Waffenstillstands, sich selbst einen Überblick zu verschaffen, und reiste eigens nach Böhmen. Seine genaue Ortskenntnis ist der Beschreibung anzumerken: *„Am 25. Juni [...] war die Aufstellung der Kronprinzlichen Armee vollendet, jede Kolonne, mit Ausnahme des bei Neisse zurückgehaltenen VI. Korps, zum Einmarsch in Böhmen bereit. Die drei anderen Korps standen in enggezogenem Halbkreis um jene Halbenklave herum, die, unmittelbar im Norden der Grafschaft Glatz, sich von Böhmen aus nach Schlesien hineinbuchtet."*5 Seine politische Einstellung zu den beiden jüngst stattgefundenen Kriegen entsprach inzwischen immer mehr der konservativen Haltung der *Kreuz-Zeitung*, bei der er weiter mitarbeitete. Dennoch kam es im April 1870 zu einem Zerwürfnis in der Redaktion, so daß Fontane kündigte, um im August in die Redaktion der liberalen *Vossischen Zeitung* einzutreten.

Am 19. Juli 1870 hatte Frankreich Preußen den Krieg erklärt. Auch im dritten der später als Einigungskriege bekannt gewordenen Waffengänge blieb Fontane als Kriegsberichterstatter seinem Prinzip treu, sich persönlich vor Ort von den topographischen Begebenheiten ein Bild zu machen. Dies geschah zudem im Auftrag des Berliner Verlegers Rudolf von Decker, der den Zuhausegebliebenen die Kriegsgeschehnisse anschaulich vermitteln wollte. Der literarische Erfolg blieb jedoch weitestgehend aus, was nicht zuletzt daran lag, daß Fontane in kritischer und objektiver Betrachtungsweise sowohl die eine wie die andere Seite in ihren Handlungen zu Wort kommen ließ. Einer der Hauptkritikpunkte, der vor allem in militärischen Kreisen geäußert wurde, besagte, daß ein Zivilist über Militärangelegenheiten schreibe, obgleich er ihre Struktur nicht begreifen könne. Selbst Fontanes ältester Sohn George, der als Fähnrich Dienst in diesem Krieg tat, charakterisierte die Beschreibungen seines Vaters als unzulänglich.

Wenige Wochen nach Kriegsbeginn und der Gefangennahme Napoleons III. bei Sedan am 2. September 1870 begab sich Fontane nach Frankreich, um über den Kriegsverlauf berichten zu können. Obwohl durch Papiere als nicht am Krieg Beteiligter ausgewiesen, geriet er am 5. Oktober in Domrémy in französische Gefangenschaft. Er hatte sich jenseits des Frontverlaufs zur Besichtigung des Geburtsortes von Jeanne d'Arc befunden. Nach mehreren Zwischenstationen kam er in die Festung Château d'Oléron, aus der er nicht zuletzt aufgrund einer Petition des Erzbischofs Césaire Mathieu und Bismarcks am 24. November entlassen wurde. Am 30. November trat er seine Heimreise nach Berlin an und traf dort am 5. Dezember ein. Seine Erlebnisse hatte er schon während der Inhaftierung tagebuchartig festgehalten. So konnte die *Vossische Zeitung* bereits knapp zwei Wochen nach seiner Rückkehr mit dem Abdruck seiner Erlebnisse *Kriegsgefangen* beginnen, die im November 1871 auch als Buch erschienen.

Waren seine Kriegsberichte darum bemüht, den tatsächlichen militärischen Hintergründen auf die Spur zu kommen, so änderte sich mit den Folgeerscheinungen des Feldzugs von 1870/71 seine Haltung. Mit dem deutschen Sieg im Januar 1871 ging die Proklamation des Kaiserreichs in Versailles unter Führung des preußischen Königs Wilhelm I. einher. Fontane begab sich nach Friedensschluß noch einmal nach Frankreich, um dort die Folgen der Besatzung zu beobachten, was er dann in seinem Buch *Aus den Tagen der Okkupation* zu Papier brachte. *„Es war Ostersonntag. Ich hatte es mir so schön gedacht, überall am Wege hin die Glocken festlich klingen zu hören, aber wie das Eisenbahngetöse, für die Mitfahrenden wenigstens, selbst das Rollen des Donners übertönt, so ging auch das Glockenläuten der Städte und Dörfer in dem Rasseln unseres Zuges unter. Noch um anderes, worauf ich gerechnet hatte, kam ich: die geputzten Leute, auf die der Festtagsreisende doch eine Art traditionellen Anspruchs hat, blieben mir zu gutem Teile versagt. Was davon da war, verschwand in den hundertfältigen Uniformen von Freund und Feind.“*[6]

Vc/13

Während die Schriften *Kriegsgefangen* und *Aus den Tagen der Okkupation* durch glaubhafte Vermittlung persönlichen Erlebens hervorstechen, war der eigentliche Kriegsbericht, der ab 1872 bei Rudolf von Decker erschien, kein literarisch hochstehendes Werk. Die Arbeit daran empfand Fontane als mühselig und wenig überzeugend. Obwohl er dafür in der Presse gutmeinende Rezensionen erhielt, blieb ihm die offizielle Anerkennung verwehrt, die er noch für seinen ersten Bericht zum Deutsch-Dänischen Krieg erhalten hatte.

Gleichzeitig führte die immer wieder in Frage gestellte Existenzgrundlage zu einer großen persönlichen Verunsicherung und zu Konflikten innerhalb der Familie. Wiederum durch seine zahlreichen freundschaftlichen Kontakte gelang es ihm zu Beginn des Jahres 1876, für den freigewordenen Posten des Sekretärs der Akademie der Künste vorgeschlagen zu werden. Da er noch nicht die innere Festigkeit gefunden hatte, sich dem familiären Druck zu widersetzen, ging er zunächst auf das ihm im Januar offerierte Angebot ein. Doch schon kurz nach seinem Amtsantritt im März mußte er feststellen, daß ihm die Arbeit in dieser stark reglementierten Institution ganz und gar nicht behagte. Die Akademie der Künste, 1696 während der Zeit des Absolutismus gegründet, war eine mit dem preußischen Staat eng verwobene Einrichtung, die vor allem dadurch hervortrat, daß sie den Anspruch des neugegründeten Kaiserreichs mit den Mitteln der Kunst manifestierte und legitimierte. Fontane, der nach seiner revolutionären Betätigung wegen seiner vielfältigen Korrespondententätigkeit – sowohl für die konservative als auch für die liberal-demokratische Seite – eher als eine anpassungsfähige Persönlichkeit gelten muß, scheiterte an den strengen Reglements der Akademie. Bereits wenige Monate nach Aufnahme seiner Tätigkeit reichte er sein Abschiedsge-

Vc/27

such ein, dem mit einiger Verzögerung im August 1876 entsprochen wurde.

Von diesem Zeitpunkt an wandte sich Fontane ganz der freien Schriftstellerei zu und ließ sich von niemandem mehr beirren. Ganz im Gegenteil kolportierte er besonders die familiären Bedenken in ironischer Weise: *„Wie sich meine Frau einen Beamten denkt. 1. Ein Beamter lebt lange. 2. Solange er lebt, hat er ein auskömmliches Gehalt. 3. Ist er krank, so wird er vertreten. Je öfter, desto besser. 4. Badereisen sind garantiert. 5. Der Dispositionsfonds ist unerschöpflich und wird nur von der unergründlichen Güte seines Verwalters übertroffen. 6. Arbeit Schimäre. 7. Dienststunden werden gehalten oder nicht gehalten. Werden sie gehalten, so wechselt die Lektüre der ,National-Zeitung' mit der der ,Vossischen'. 8. Fehler sind gleichgültig, solange nur nach außen hin die eigene und des Standes Unfehlbarkeit gewahrt bleibt. 9. Zum Ordensfest und zu Königsgeburtstag muß der Beamte gesund sein (Weiße Binde). 10. Erfüllt er dies, so verdoppelt der König die Witwenpension aus dem Schatullenfonds. Für die Töchter: Erziehungsgelder; für die Söhne: drei Kadettenstellen frei."*[7]

Seit seinem ersten Versuch, sich unabhängig zu machen, mußten immerhin 27 Jahre vergehen, ehe er diesen Schritt ein zweites Mal wagen konnte. Daß ihm dies auch jetzt nicht leichtfiel, unterstreicht sein kritischer Vermerk über die mangelnde Unterstützung seitens des Staates, der bei den bildenden Künsten keine Mühe und Ausgaben scheue, sich jedoch bei der Förderung von Literatur zurückhalte: *„Approbation ist das große Mittel, um dem Schriftstellerstand aufzuhelfen. Versagt es, so müssen wir nach einem noch besseren Umschau halten. Aber ein solches ist da. Es heißt: Größere Achtung vor uns selber."*[8]

Rückblickend auf seine oft wechselnde Tätigkeit in Brotberufen lassen sich vier Zäsuren feststellen: 1849 Aufgabe des Apothekerberufs, 1859 Beendigung der Englandzeit als Korrespondent des preußischen Innenministeriums, 1870 Lösung von der konservativen *Kreuz-Zeitung*, 1876 endgültige Absage an Beschäftigungsverhältnisse im Dienste des preußischen Staates. Es ist müßig, die Frage zu stellen, ob Fontane sich nicht schon viel eher dem staatlichen Dienstverhältnis und damit der sicheren Versorgung entzogen hätte, wenn er nicht für Frau und Kinder verantwortlich gewesen wäre. In dem Versuch, das familiäre Sicherheitsbedürfnis mit seinen literarischen Neigungen in Einklang zu bringen, war er zunächst auf geregelte Einkommensverhältnisse angewiesen. Inwieweit ihn seine Brotherren zwangen, seiner Gesinnung untreu zu werden, ist bis ins Letzte schwer zu bestimmen. Seine Romanfiguren jedenfalls sehen sich immer wieder mit Situationen konfrontiert, die sie vor das Entweder – Oder stellen, dem er selbst so oft ausgeliefert war.

Anmerkungen

1 Theodor Fontane, Studien über England; NA XIX, S. 135
2 Ebd., S. 183

3 Theodor Fontane, Der deutsche Krieg von 1866; NA XIX, S. 328 f.
4 Ebd., S. 341
5 Ebd., S. 384

6 Theodor Fontane, Aus den Tagen der Okkupation; NA XVI, S. 161
7 Theodor Fontane, Wie sich meine Frau einen Beamten denkt; NA XV, S. 445

8 Theodor Fontane, Die gesellschaftliche Stellung der Schriftsteller; NA XXI/1, S. 495

Va/1   Unbekannter Künstler

London, um 1850

Gustav Kühn, Neuruppin
Lithographie, koloriert; 34 x 42
Stadtmuseum Berlin

Va/2   H. Winkles

*Der Buckingham Palast
(Neue östliche Fronte)*, um 1850

Stahlstich; 17 x 24,1
Stadtmuseum Berlin, VII 79/1846 W

Va/3   Wilhelm von Merckel

Sitzungsprotokoll des *Tunnels über der
Spree*, 15. Dezember 1844
In: *Protokollband 1844/45*

Handschrift (Reproduktion); 34,5 x 21,5
Universitätsbibliothek der Humboldt-Universität zu Berlin

Immermann (Merckel) protokollierte: *„Um daher mit einem eklatanten Effekt die Sitzung zu schließen, zündete Lafontaine den Tower an. Einem Zuge der Geister der in diesem Gebäude succesiv Erschlagenen [...] konnte kein sterblicher Verein widerstehen. Der Brand wurde stürmisch da capo verlangt [...]"* Zehn Jahre später schrieb Fontane an Theodor Storm: *„Das Gedicht ‚Towerbrand' machte eine Art Sensation (ich schrieb ihn nach meiner ersten englischen Reise, noch voll von Londoner Eindrücken) und entschied gewissermaßen über meine Richtung."*
Theodor Fontane, Brief an Theodor Storm, 14.2.1854;
HA 1, S. 376

Va/4   W. J. Cooke

Souvenir de Londres, um 1855

Stahlstich; 22,8 x 30,5
Stadtmuseum Berlin, 16 239 K   (Abb. S. 49)

„London hat einen unvertilgbaren Eindruck auf mich gemacht; nicht sowohl seine Schönheit als seine Großartigkeit hat mich staunen lassen. Es ist das Modell oder die Quintessenz einer ganzen Welt. Der mehrerwähnte Umstand, daß London mehr Nachtwächter (zwölftausend) hat als das Königreich Sachsen Soldaten, ist am ehsten geeignet, eine Vorstellung von den Dimensionen dieser Riesenstadt zu geben. [...] Nicht die italienische Oper, wo man ein Pfund Entrée bezahlt, nicht die zahllosen Kirchen und Theater, in denen man mehr oder minder gebrandschatzt wird, nicht der angestaunte Tunnel, nicht Westminster mit seinen Sarkophagen und Marmorgruppen, nicht die prächtigen Squares mit ihren Säulen, nicht die stolzen Themsebrücken, sie alle nicht, machen London zu dem, was es ist, sie könnten fehlen, ohne ihm seine Großartigkeit zu rauben."
Theodor Fontane, Erste Englische Reise; NA XVII, S. 472

Va/5   Leipziger Bibliophilen-Abend (Hg.)

Jenseits des Tweed. Erinnerungen an Bernhard von Lepel

Leipzig: Breslauer 1934 (114. Exemplar von 500)
Theodor-Fontane-Archiv, Potsdam, Hf 55/77

Vom 9. bis 24. August 1858 reisten Fontane und Lepel gemeinsam durch Schottland. *Jenseit des Tweed* erschien im Juni 1860 in Berlin. Rückblickend schreibt Fontane: *„Jetzt sind es 30 Jahre, fast auf den Tag, daß ich mit Lepel die Reise machte, eine der schönsten in meinem Leben, jedenfalls die poetischste, poetischer als Schweiz, Frankreich, Italien und alles was ich später sah. Das interessanteste Blatt für mich ist das mit dem Douglasschloß im Kinroß-See, zu dem ich mit Lepel im Boot hinüberfuhr und als wir 2 Stunden später, nach Besichtigung von Schloß und Insel, über denselben See hin die Rückfahrt machten und ich dabei an Rheinsberg und den Rheinsberger See dachte, stand es in meiner Seele fest, die Mark Brandenburg und ihre Schlösser und Seen beschreiben zu wollen. Was dann auch geschehn ist."*
Theodor Fontane, Brief an Mathilde von Rohr, 16.5.1888;
HA 3, S. 605

Va/5 – Bernhard von Lepel

Va/5 – *Loch-Leven Castle* (oben), *Edinburg*

Va/7 – London Bridge

Va/6 **Theodor Fontane**

*Aus England. Studien und Briefe
über Londoner Theater, Kunst und Presse*

Stuttgart: Ebner & Seubert 1860
Theodor-Fontane-Archiv, Potsdam, Hf 58/7088

Va/7 **Theodor Fontane**

Bilderbuch aus England

Hg. von Friedrich Fontane, 1938
Theodor-Fontane-Archiv, Potsdam, Hf 47/6359

Va/8 **Theodor Fontane**

An Emilie Fontane
Zwei Widmungsgedichte,
Winter 1854 und 9. Oktober 1861
In: *Ein Sommer in London*

Dessau: Gebrüder Katz 1854
Theodor-Fontane-Archiv, Potsdam, V II, 2 und 4,
Sammlung Christian Andree

*„Du bist nun doch einmal die Beste,
Selbst besser als London und seine Paläste,
Und geht es wieder in die Weite,
So sei es nur an deiner Seite,
Soll mir das Leben noch Freude machen,
Müssen zusammen wir weinen und lachen."*

*„Wir sind nun zusammen in London gewesen
Mit gutem Gehalt und Reisespesen
Und wissen nun zu dieser Frist,
Was Fremde und was Heimat ist.*

*Das heimatliche Bettlerhemde
Geht über ein Goldkleid in der Fremde;
Wie viel mir mißfällt und widerstrebt,
Heimat bleibt Heimat, und – man lebt."*

Va/9 **Theodor Fontane**

Brief an Emilie Fontane,
London, 10. Juni 1857

Handschrift, 1 Dbl., 4 S. beschrieben; 23 x 14,5
Theodor-Fontane-Archiv, Potsdam, B 122

Vb/1 **Johann Mühlenbruch**

Porträt Theodor Fontane, um 1880

Öl auf Pappe; 70,8 x 49,3
Stadtmuseum Berlin, VII 63/1214 X

Vb/2 **Johann Mühlenbruch**

Porträt Anton von Werner, um 1880

Öl auf Pappe; 50 x 48
Stadtmuseum Berlin, VII 63/1218 X

Anton von Werner (1843–1915) gilt als der offizielle Maler des deutschen Kaiserreichs. Seit 1875 war er Direktor der Hochschule für die Bildenden Künste, der akademischen Unterrichtsanstalt. In dieser Funktion hatte Werner gelegentlich dienstlichen Kontakt zu Fontane.
„In die Stelle des bisherigen I. Sekretärs der Akademie, des Professors Gruppe, war wohl auf Vorschlag des Präsidenten Hitzig dessen alter Tunnelgenosse Th. Fontane berufen worden. Der allgemein verehrte Dichter glaubte damit in eine Art gut dotierte Ehrenstellung zu kommen, die ihm gestattete, in sorgenloser Lage den Musen dienen zu können, was man ihm nur von Herzen wünschen konnte, sein Name hätte unserer Akademie zur Zierde gereicht. Aber die rauhe Wirklichkeit verlangte ganz anderes, denn es traten Aufgaben an den Dichter der Mark heran, die mit dem Dienst der Musen nichts zu tun hatten. Fontane versuchte bereits seit Anfang März [1876] sich aus den Akten über seine Tätigkeit zu

Vb/1

orientieren, und ich mußte mit ihm zuweilen in dienstlichen Angelegenheiten verkehren, aber ich vermied es so viel als möglich, ihn mit solchen Sachen zu belästigen. Vom Aktenwesen, vom Registratur- und Bureaudienst verstand er natürlich ebensowenig wie ich, und ich fand ihn eines Tages ratlos vor einem mächtigen Stoß von Aktenbündeln in einer Situation, die einer gewissen Komik nicht entbehrte."

Anton von Werner, Erlebnisse und Eindrücke 1870-1890, Berlin 1913, S. 171 f.

Vb/3   Johann Mühlenbruch

Porträt Ludwig Pietsch, um 1880

Öl auf Pappe; 71 x 50,3
Stadtmuseum Berlin, VII 63/1215 X

Ludwig Pietsch (1824-1911), Maler, Zeichner, Lithograph und Kunstschriftsteller. Seit 1864 war er fast ausschließlich schriftstellerisch als Kunstreferent der *Vossischen Zeitung* tätig. – Anton von Werner schrieb am 26. Juli 1879 an Theodor Fontane: *„Verehrtester Herr Fontane! Trotzdem Sie sicherlich genug Briefe zu empfangen und zu lesen haben, dürfen Sie mir doch nicht ob des vorliegenden zürnen […] denn er soll Ihnen nur meine Freude und meinen aufrichtigen Beifall zu Ihrem Artikel über L.[udwig] P.[ietsch] in der heutigen ‚Gegenwart' aussprechen. Wie freut es mich, das, was ich so oft ausgesprochen habe, aus Ihrem Munde zu hören und von Ihnen in nachdrücklichster Weise unserem lauen Publikum an's Herz gelegt zu sehen: daß unser Freund L. P. ein Talent und eine Kraft ist, mit welcher unsere Journalistik Staat machen kann, eine Kraft, welche bei uns lange nicht genug geschätzt wird, welche in England oder Frankreich mit Gold aufgewogen würde! Wie hoch wir Künstler L. P.'s scharfen Blick, sein ‚Malerauge', sein maßvolles Urtheil und seine Ausdrucksweise schätzen, ist Ihnen bekannt; ich persönlich halte ihn unter allen unseren offiziellen Kunstgelehrten für den Einzigen, dem ich zutraue, ein gutes Bild von einem schlechten zu unterscheiden, unbeirrt und unbeeinflußt von allen ‚Richtungsfragen' und gelehrtem Ballast, aber fachmännisch gebildet und begabt, wie keiner von all den anderen. Wenn ich Ihnen nun noch meine Bewunderung über die warmherzige Art und die schöne Form aussprechen darf, welche Sie Ihrer Charakteristik unseres L. P.'s gegeben haben, so habe ich gesagt, was ich sagen wollte – und ich bitte Sie nur noch, Sich nicht darüber zu wundern, daß ich es that. […] oft kommt es nicht vor, daß ich unmotivierte Briefe schreibe! Mit herzlichen Grüßen Ihr ergebenster A v Werner."*

Vb/4   Johann Mühlenbruch

Porträt Adolph Menzel, um 1880

Öl auf Pappe; 71 x 50,3
Stadtmuseum Berlin, XI 10515

Menzel war seit 1853 Mitglied der Königlichen Akademie der Künste.

Vb/2

Vb/5   Johann Mühlenbruch

Porträt Reinhold Begas, um 1880

Öl auf Pappe; 69,6, x 49,7
Stadtmuseum Berlin, VII 63/1217 X

Vb/6   Johann Mühlenbruch

Porträt Hermann Ende, um 1880

Öl auf Pappe; 70,9 x 50,2
Stadtmusem Berlin, VII 63/1226 X

Hermann Ende (1829-1907), Architekt, Geheimer Regierungs- und Baurat, wurde 1874 Mitglied der Königlichen Akademie der Künste. Er fungierte als Vorsteher eines Meisterateliers für Architektur (1895-1902), war stellvertretender Präsident (1881-1887, 1888-1891) und Präsident (1895-1904).

Vb/7   Hans Herrmann

Die Jury der Berliner Akademie-Ausstellung, 1890

Gouache; 49 x 65
Stadtmuseum Berlin, GHZ 66/3

Dargestellt sind gemäß Beschriftung v.l.n.r.: Paul Sonntag, Prof. M. Schrader (wohl Julius Schrader), Prof. Paul Meyerheim, Prof. Max Klein, Prof. (Gustav) Eilers, Bildhauer Schweidnitz (Rudolf Schweinitz), Prof. (Friedrich) Geselschap, Prof. (Wilhelm) Amberg, H. H. (Hans Herrmann), (Franz) Skarbina, Inspektor Winkler.

Vb/8   Hermann Rückwardt

Die Akademie beim Einzuge der Truppen in Berlin, Juni 1871

Photographie; 45,5 x 33,5
Stadtmuseum Berlin, 10170

Vb/4

Vb/9   **Theodor Fontane**

Wie sich meine Frau einen Beamten denkt,
1876
In: *Theodor Fontanes Trostbüchlein*

Bibliophiler Druck, 73. von 100, Arthur Scholem, 1928
Theodor-Fontane-Archiv, Potsdam, Hf 54/828

„*Emilie reiste Mitte Juni nach Neuhof, Ende Au-*
gust [1876] kehrte sie zurück. Alles schien sich
leidlich anzulassen, da trat die unglückliche Se-
kretariats-Frage noch einmal auf, um ihr trübe
Stunden zu bereiten. Freund Zöllner bewarb sich
um die Stelle und erhielt sie. Dieser Schritt, den er
nicht nur mit Fug und Recht thun konnte, zu dem
ich ihn sogar ermuthigte, führte den Uebelstand
mit sich, daß eine Sache, die sich sonst aus uns-
rem Gesichtskreis verloren hätte, Emilien in Ge-
stalt des uns so eng befreundeten Nachfolgers im
Amt, immer wieder vor Augen trat. So konnte die
Affaire nicht rasch vergessen werden und gab im-
mer wieder zu argen Verstimmungen und trauri-
gen Scenen Veranlassung."

Theodor Fontane, Tagebücher, Eintragung 1876; GBA,
Bd. 2, S. 58 f.

Vb/10   **Adalbert Falk**

Schreiben des Ministeriums der geistlichen,
Unterrichts- und Medicinal-Angelegenhei-
ten an den Senat der Königlichen Akademie
der Künste, 7. März 1876

Handschrift; 34,8 x 21,3
Stiftung Archiv der Akademie der Künste Berlin-Brandenburg, PrAdK 700, Bl. 27

„*Dem Senat eröffne ich, daß Se. Majestät der*
Kaiser und König unter dem 29. v. M. Allergnä-
digst geruht haben, an Stelle des verewigten Pro-
fessors Gruppe den Schriftsteller Th. Fontane
hierselbst zum ersten ständigen Sekretair der
Königlichen Akademie der Künste zu ernennen.
Derselbe ist bereit, die Geschäfte dieses Amts so-
fort zu übernehmen. [Adalbert] Falk"

„*Am 15. Januar fragte mich Zoellner, [...] ob ich*
wohl geneigt sein würde, an Stelle des jüngst ver-
storb. Prof. Gruppe, die Stelle eines 1. Sekretairs
der Akademie der Künste anzunehmen? Ich
sagte ‚ja‘. Lucae focht darauf die Sache durch,
und am 6. März, nachdem ich unmittelbar vor-
her meine Bestallung erhalten hatte, wurde ich in
mein neues Amt eingeführt. Ich fand es von An-
fang an miserabel, schleppte mich aber bis Ende
Mai hin, wo mir der Geduldsfaden riß. Ich hatte
eine Scene im Senat, und reichte am andern Tage
meinen Abschied ein. Nach langen, langweiligen
und kämpfereichen Wochen, in denen ich die
Menschennatur nicht von ihrer glänzendsten Seite
kennen lernte, erhielt ich am 2. August meine Ent-
lassung, die schon am 17. Juli vom Kaiser bewil-
ligt war."

Theodor Fontane, Tagebücher, Eintragung 1876; GBA,
Bd. 2, S. 58

Vb/14

Vb/11   **Theodor Fontane**

Protokoll der Sitzung der Königlichen
Akademie der Künste, Section der
bildenden Künste vom 15. März 1876

Handschrift (Reproduktion); 34,5 x 21,5
Stiftung Archiv der Akademie der Künste Berlin-Brandenburg, PrAdK 245, Bl. 25

Am 15. März 1876, während der „*Gesammten*
Sitzung des Senats, verhandelt in der Königlichen
Akademie der Künste", gab der Präsident der
Akademie, Friedrich Hitzig, bekannt, daß Theo-
dor Fontane zum ersten ständigen Sekretär der
Akademie ernannt worden sei. Hitzig begrüßte
den Anwesenden als „*Collegen*". An diesem Tag
führte Fontane erstmalig in einer Sitzung der
„*Section der bildenden Künste*" Protokoll.

Vb/14, Rückseite

Vb/12 Anton von Werner

Brief an Theodor Fontane, 31. März 1876

Handschrift, 1 Dbl., 4 S. beschrieben; 28,2 x 22,2
Theodor-Fontane-Archiv, Potsdam, V IV, 45-2, Sammlung
Christian Andree

*„Das, was ich für die Leitung des Unterrichts-In-
stituts der Akademie der bild. Künste nothwen-
dig gebrauche, habe ich bereits bei Uebernahme*

*meines Amtes und als eine meiner Bedingungen
klar und deutlich ausgesprochen: einen Verwal-
tungsdirektor, welcher mir zur Seite steht. Mit der
Lüge, dass dies der Inspektor der Gesammt-Aka-
demie sein könne, oder der erste ständige Sekretär – welche beide zugleich für 3 oder 4 Institute
thätig sein müssen – habe ich mich nie befreun-
den können und dies auch oft genug ausgesprochen."*

Vb/13 Theodor Fontane

*Tagebuch, 1. Januar 1866–31. Dezember
1882*, 357 S.
Eintragung zum Jahr 1876

Handschrift, gebunden; 22,7 x 18,5
Theodor-Fontane-Archiv, Potsdam, G 4,3

*„An liter: Arbeiten war in diesen Trauermonaten
wenig zu denken, erst ließ mich meine Bedrückt-
heit nicht dazu kommen, später, als alles krank
oder verreist war, lag die ganze Akademie-Arbeit
auf meinen Schultern. Ein einziger Lichtblick
war es, daß mir die ‚Daheim'-Redaktion anbot,
meinen Roman unter auch meinerseits annehm-
baren Bedingungen abzudrucken."*

Vb/14

*Lehrplan der Königlichen Akademie der
bildenden Künste*
Mit: *Auszug aus dem provisorischen Statut
der Königlichen Akademie der Künste*
Rückseite: Brief Anton von Werners an
Theodor Fontane, 21. August 1876

Formular mit handschriftlichen Eintragungen; 36,5 x 22,5
Theodor-Fontane-Archiv, Potsdam, C 301

Vb/15 Theodor Fontane

Protokoll der Sitzung der Königlichen
Akademie der Künste, Section der bildenden Künste vom 25. Oktober 1876

Handschrift (Reproduktion); 34,5 x 21,4
Stiftung Archiv der Akademie der Künste Berlin-Brandenburg, PrAdK 245, Bl. 87

Am 25. Oktober führte Fontane letztmalig bei
einer Sitzung der „*Section der bildenden Künste*"
Protokoll. Mit für ihn auffallend schöner, deut-
licher und geschwungener Schrift beendet er das
Protokoll mit den Angaben zu den „*Zeichenlehrer-
prüfungen*". Dem Antrag Fontanes auf Entlassung aus dem Staatsdienst wurde mit Schreiben
vom 31. Oktober 1876 stattgegeben.

Vb/16 Theodor Fontane

Brief an Mathilde von Rohr,
22. August 1876

Handschrift, 12 S., 3 Dbl.; 21,8 x 14,2
Staatsbibliothek zu Berlin – Preußischer Kulturbesitz,
Nachlaß Fontane 17 c

*„Ich bin also schließlich von Herzen froh, daß es
so gekommen ist, wie es war. In meinem bunten
Leben eine Episode mehr. Ich kehre dahin zurück,
wohin ich nach Neigung und Beruf gehöre."*

Vb/17 Anton von Werner

Brief an Theodor Fontane,
25. September 1876

Typoskript, Abschrift; 32,8 x 21,5
Theodor-Fontane-Archiv, Potsdam, Da 944

„Übrigens wünschte ich, dass die Academie […],

so auch bald auf mich selbst verzichten möchte! Seit 3 Tagen bin ich hier, aber noch nicht in mein Atelier, geschweige denn an's Malen gekommen, u. habe bis diese Stunde, ununterbrochen, statt Pinsel oder Stift die Feder geführt! [...] man hat ein merkwürdiges Geschick hier, Einem das Leben recht sauer zu machen, u. Lust und Liebe zur Sache recht gründlich zu verleiden! Ueberdies fängt mir's an recht herzlich dick zu werden, von früh bis spät für meine Mitmenschen – so sehr ich sie liebe – ein permanentes Auskunftsbureau zu sein, und ich sehne mich dringend nach Ruhe [...] um für mich recht tüchtig arbeiten zu können! Verzeihen Sie diesen Stoßseufzer u. seien Sie herzlich gegrüßt von Ihrem ergebensten A. von Werner."

Vb/18   Theodor Fontane

Brief an Mathilde von Rohr, 1. November 1876

Handschrift, 16 S., 4 Dbl.; 21,9 x 14,1
Staatsbibliothek zu Berlin - Preußischer Kulturbesitz,
Nachlaß Fontane 17 c

„Seit gestern habe ich nun meinen Abschied. In diesem Augenblick (Mittwochabend) wird Zöllner als mein Nachfolger eingeführt. Ich freue mich, daß er die Stelle erhalten hat. Er ist der rechte Mann am rechten Platz. Die Stelle paßt für ihn und er für die Stelle. Zu übersehen ist nicht, daß – ganz abgesehen von dem Unterschied, der in unsern Personen liegt – er auch unter unendlich günstigern Verhältnissen in seine Stelle eintritt. Mir gegenüber glaubten Ministerium und Präsident Hitzig das Gefühl haben zu dürfen: ‚Der kann Gott danken, dieses Amt erhalten zu haben.‘ Zöllner gegenüber haben sie das Gefühl: ‚Danken wir Gott, daß wir diesen Mann haben.‘ Das macht einen ungeheuren Unterschied. [...] Es kommt aber hinzu, daß ich meine kurze Beamtenlaufbahn gleich mit ‚zwei Monaten Gehalt‘ (März und April d. J.) eröffnet und, wie ich wohl sagen darf, mich bis zum letzten Augenblick gentlemännisch betragen habe. Eine Verdächtigung meines Charakters, also eine offenbare Beleidigung, veranlaßte mich, meine Entlassung einzureichen. Die ganze wüste Wirtschaft kam als Motiv hinzu."

Vb/19   Theodor Fontane

Brief an Mathilde von Rohr, 30. November 1876

Handschrift, 13 S., 3 Dbl., 1 Ebl.; 22,8 x 14,3
Staatsbibliothek zu Berlin - Preußischer Kulturbesitz,
Nachlaß Fontane 17 c

„Ohne daß man unartig oder beleidigend gegen mich gewesen wäre, was ich mir einfach verbeten hätte, hat man mich doch nie wie einen etablierten deutschen Schriftsteller, sondern immer wie einen ‚matten Pilger‘ behandelt, der froh sein könne, schließlich untergekrochen zu sein. Immer die unsinnige Vorstellung, daß das Mitwirtschaften in der großen, langweiligen und, so weit ich sie kennengelernt habe, total konfusen Maschinerie, die sich Staat nennt, eine ungeheure Ehre sei. Das ‚Frühlingslied‘ von Uhland oder

eine Strophe von Paul Gerhardt ist mehr wert als dreitausend Ministerialreskripte. Nur die ungeheure Eitelkeit der Menschen, der kindische Hang nach Glanz und falscher Ehre, das brennende Verlangen, den alten Wrangel einladen zu dürfen oder eine Frau zu haben, die Brüsseler Spitzen an der Nachtjacke trägt; nur die ganze Summe dieser Miserabilitäten verschließt die modernen Herzen gegen die einfachsten Wahrheiten und macht sie gleichgültig gegen das, was allein ein echtes Glück verleiht: Friede und Freiheit."

Vb/20   Theodor Fontane

Vor dem Sturm
Roman aus dem Winter 1812/13

Berlin: Hertz 1878
Theodor-Fontane-Archiv, Potsdam, Hf 50/5275 1,2; Hf 50/5275 3,4

„Am 1. November [1876] fing ich an energisch an meinem Roman zu arbeiten, nachdem ich am 1. Oktober wieder als Referent für das K.[önigliche] Theater bei der Vossin eingetreten war. – Der 4. Halbband meines Kriegsbuches erschien Ende Oktober [1878] und schloß eine große Arbeit, an der ich fast sechs Jahre thätig gewesen war. Freude und Ehre hat es mir wenig eingetragen; es ist da, und nun ist es gut."

Theodor Fontane, Tagebücher, Eintragung 1876; GBA, Bd. 2, S. 59

Die Idee für den ersten Roman Theodor Fontanes dürfte aus dem Jahr 1854 stammen. Intensiv beschäftigte er sich mit dem Vorhaben aber erst nach seiner Rückkehr vom letzten London-Aufenthalt. Die ältesten erhaltenen Aufzeichnungen stammen aus dem Jahr 1862, mit der eigentlichen Niederschrift begann Fontane aber erst 1864. Immer wieder wurde die Arbeit durch andere Vorhaben und auch durch Krankheit unterbrochen. Erst in den Jahren von 1876 bis 1878 konnte die Arbeit abgeschlossen werden. Während in der Wochenschrift *Daheim. Ein deutsches Familienblatt mit Illustrationen* bereits am 5. Januar 1878 mit dem Vorabdruck begonnen worden war, arbeitete Fontane noch an der Fertigstellung des letzten Bandes. Die letzte Folge erschien am 21. September 1878.

Vb/21   Theodor Fontane

Vor dem Sturm, 1877

Handschrift; 34 x 43
Stadtmuseum Berlin, V 67/870

Aufgeschlagen: Buch IV, 8. Kapitel, Bl. 34
„W. Hertz schreibt mir, daß er Ihnen meinen Roman [Vor dem Sturm] gesandt habe. Ich halt' es doch für in der Ordnung der Buchhändlersendung noch diese Zeilen folgen zu lassen, mit der Bitte in der Vossin, event. auch in der Schlesischen ein paar freundliche Worte darüber sagen zu wollen, immer vorausgesetzt, daß Ihnen die Richtung des Ganzen nicht zu sehr gegen den Strich ist."

Theodor Fontane, Brief an Ludwig Pietsch, 6.11.1878; HA 2, S. 629

Vb/22   Reinhold Begas

Büste einer jungen Frau, o. J.

Marmor; H. 54
Stadtmuseum Berlin, L 52,6

Reinhold Begas (1831-1911), Sohn des Malers Carl Begas, begann 1843 mit dem Bildhauerstudium an der Akademie der Künste bei Johann Gottfried Schadow. 1848 wechselte er in das Atelier von Christian Daniel Rauch. 1869 wurde er zum Mitglied der Königlichen Akademie der Künste ernannt. 1876 bis 1903 war er Vorsteher eines Meisterateliers für Bildhauerei. Unter Kaiser Wilhelm II. erlangte Begas den Rang eines Hofbildhauers. Die Büste stammt aus dem Berliner Opernhauskeller und könnte somit eine Schauspielerin oder Sängerin, möglicherweise aus Begas' Bekanntenkreis, darstellen.

Vb/23   Fritz Schaper

Büste Marie von Riebeck, 1874

Marmor; H. 57
Stadtmuseum Berlin, SKU 72/6

Fritz Hugo Wilhelm Schaper (1841-1919) begann nach einer Steinmetzlehre 1859 seine Ausbildung an der Akademie der Künste in Berlin. Er wirkte 1875 bis 1890 als Lehrer im Aktsaal der Akademie, wurde 1880 deren ordentliches Mitglied und war einer der gefragtesten Denkmalschöpfer der Kaiserzeit. Von ihm stammen die Christusfiguren für die Kaiser-Wilhelm-Gedächtniskirche und den Berliner Dom. 1874 schuf Schaper – vermutlich im Auftrag des Kommerzienrates Adolf von Riebeck, Mitbegründer der Riebeck'schen Montanwerke AG (später IG-Farben) und Förderer junger Künstler – die Büste der Marie von Riebeck.

Vc/1   Carl Eduard Mohrbutter

Ruhe vor der Schlacht bei Idstedt, 1850

Öl auf Lwd.; 58 x 73
Deutsches Historisches Museum, 1998/191   (Abb. S. 86)

Die während der Revolution 1848 unternommenen Versuche, das nach wie vor unter dänischer Herrschaft stehende Schleswig-Holstein in den künftigen deutschen Nationalstaat einzugliedern, waren gescheitert. Doch unterstützte Preußen weiterhin die Bestrebungen Schleswigs, das nach seinem Beitritt zum Deutschen Bund auch Hilfe seitens der Bundestruppen erhielt. Auf politischen Druck seitens der dänischen Verbündeten, vor allem Rußlands, schloß Preußen am 2. Juli 1850 im Namen des Deutschen Bundes mit Dänemark einen Friedensvertrag. Die schleswig-holsteinischen Truppen setzten daraufhin ihren Kampf allein fort. Am 25. Juli kam es für sie in der Schlacht bei Idstedt zu einer vernichtenden Niederlage. Fontane, der sich zu diesem Zeitpunkt als freier Schriftsteller versuchte, war bereits Anfang Juli auf dem Weg nach Norden, um an dem Geschehen teilzunehmen, als ihn die Nachricht erreichte, daß er im *Literarischen Kabinett* eine Anstellung erhalten werde. – Mohrbutter zeigt eine weite, unbesiedelte Landschaft, die, dem ungewissen Ausgang der Schlacht entsprechend, in diffuses Licht getaucht ist. Lediglich im Bildmittelgrund lagern einige Personen um ein Feuer; ihre geringe militärische Ausrüstung unterstreicht das Gefühl der Verlassenheit, das die Szenerie beherrscht.

Vc/2 **Theodor Fontane**

Aus England und Schottland

Berlin: Friedrich Fontane & Co 1900
Stadtmuseum Berlin, 4105   (Abb. S. 87)

Fontane, der nach seinem ersten kurzen Englandaufenthalt (1844) sich in den Jahren 1852 bis 1859 mit nur geringen Unterbrechungen dort aufgehalten hatte, faßte seine Erlebnisse zunächst in feuilletonistischen Beiträgen für die *Neue Preußische Zeitung* sowie in seinem 1854 erschienenen Buch *Ein Sommer in London* zusammen. Nach seiner mit Bernhard von Lepel 1858 unternommenen Schottlandreise veröffentlichte er 1860 *Jenseit des Tweed* und *Aus England und Schottland.*

Vc/3 **Theodor Fontane**

Der Schleswig-Holsteinische Krieg im Jahre 1864

Berlin: Rudolf von Decker 1866
Stadtmuseum Berlin, 4082

Mit dem Olmützer Vertrag vom 29. November 1850 hatte sich Preußen verpflichtet, den schleswig-holsteinischen Konflikt zugunsten Dänemarks zu beenden. Wie schon 1848 stieß auch jetzt dieser Friedensschluß auf nationales Unverständnis und führte innerhalb des Deutschen Bundes zu Konflikten. 1864 eskalierten die Streitigkeiten derart, daß Preußen und Österreich Dänemark den Krieg erklärten. – Fontane reiste im Auftrag der *Kreuz-Zeitung* zur Berichterstattung in das Kriegsgebiet. Später verarbeitete er seine dort gemachten Beobachtungen in dem 1866 erschienenen Buch. Neben seinen minutiösen, sehr detaillierten Beschreibungen der Kriegsstrategien, die durch Kartenmaterial unterstützt werden, stellt er die Biographien der Beteiligten sowie besondere landschaftliche Gegebenheiten vor.

Vc/4 **Theodor Fontane**

Der deutsche Krieg von 1866

Berlin: Rudolf von Decker 1871
Stadtmuseum Berlin, 4083

Nach dem Deutsch-Dänischen Krieg von 1864 war Schleswig unter preußische, Holstein unter österreichische Verwaltung gestellt worden. 1866 kam es zwischen beiden Staaten – vordergründig wegen Schleswig-Holsteins – zum Krieg. Tatsächlich ging es um die Vormachtstellung innerhalb des Deutschen Bundes. – Fontane reiste auch dieses Mal, wiederum im Auftrag der *Kreuz-Zeitung*, an die Kriegsschauplätze in Böhmen und

Vc/6

Schlesien. Sein 1871 erschienener Kriegsbericht beginnt jedoch zunächst mit der Analyse des Konfliktes, dessen Unausweichlichkeit anhand der einzelnen Paragraphen des Vertrages von 1864 nachgewiesen wird.

Vc/5 **Emil Hünten**

Die Schlacht bei Königgrätz, 1885 (?)

Öl auf Lwd.; 85 x 110
Deutsches Historisches Museum, Gm 92/46

Im Verlauf des Krieges zwischen Österreich und Preußen kam es am 3. Juli 1866 bei Königgrätz zur entscheidenden Begegnung zwischen den gegnerischen Armeen. Vor allem mit Hilfe des gut ausgebauten Eisenbahnnetzes war es Generalstabchef Helmuth von Moltke gelungen, mehr als drei Viertel des preußischen Heeres auf einer Länge zusammenzuziehen. Gegen diese Übermacht waren die zahlenmäßig unterlegenen Österreicher hilflos. – Emil Hünten gibt die Szenerie nach dem siegreichen Ende des Kampfes wieder. Auf einem Hügel vereint, stehen die Hauptakteure des Geschehens: König Wilhelm I., Prinz Friedrich Karl, Otto von Bismarck und Helmuth von Moltke.

Vc/6 **Wilhelm Alexander Meyerheim**

Reiterattacke preußischer Roter Husaren gegen österreichische Dragoner, 1866

Öl auf Lwd.; 70 x 100
Deutsches Historisches Museum, 1988/1096

„*Das Unglück und die Tapferkeit dieser ausgezeichneten Regimenter […] - alles stimmte uns für Österreich in dieser wie in mancher andern*

Frage. Die andauerndste Beschäftigung mit dem Gegenstande aber hat uns schließlich trotz alledem […] zu der Überzeugung geführt, daß die österreichische Kavallerie in diesem allerdings die mannigfachsten und widersprechendsten Momente aufweisenden großen Reiterkampfe nicht durch allerhand Zwischenfälle, nicht durch Artillerie- und Infanteriefeuer, sondern durch unsre Reiterei überwältigt wurde." (Theodor Fontane, Der deutsche Krieg von 1866; NA XIX, S. 448) – Meyerheim schildert in seinem Bild ebenso wie Fontane eine der großen Auseinandersetzungen im Deutschen Krieg, die sich im Juli 1866 im Umland von Königgrätz zugetragen hat. Der Himmel über den tumultuarischen Kavallerien ist rötlich gefärbt von dem aufgewirbelten Staub und dem schweren Pulverdampf der Gewehre und Kanonen.

Vc/7

Kriegsdepesche Glorreicher Sieg – 1866.

Papier; 42,5 x 26
Stadtmuseum Berlin, IV 68/75 b S

Nicht nur in Berlin, auch andernorts wurde die Nachricht vom Ausgang der Schlacht bei Königgrätz mit Spannung erwartet. Infolge dieses Sieges konnte Bismarck die Einigung Deutschlands weiter vorantreiben und annektierte Hannover, Kurhessen, Nassau, Frankfurt am Main sowie Schleswig-Holstein.

Vc/15

Vc/8

Karabiner, nach 1839

Eisen, Messing, Holz; L. 117
Kaliber 16 mm; G. 3890 g
Stadtmuseum Berlin, II 67/333 F

Vc/9

Zündnadelgewehr, Modell 1841

Stahl, Messing, Holz; L. 140
Kaliber 15,4 mm; G. 4200 g
Stadtmuseum Berlin, II 69/1 F

Einen wesentlichen Beitrag zum Kriegsverlauf leistete neben der militärischen Nutzung des Eisenbahnnetzes das eingesetzte Zündnadelgewehr. Johann Nikolaus Dreyse hatte bereits in den frühen fünfziger Jahren diese Hinterladerkonstruktion entwickelt, mit der ein Dauerbeschuß ohne Zwischenladen möglich wurde.

Vc/10

Zündnadelgewehr, Modell 1862

Kgl. Gewehrfabrik Erfurt 1868
Stahl, Eisen, Messing, Holz; L. 134,5
Kaliber 15,4 mm; G. 4690 g
Stadtmuseum Berlin, II 69/4 F

Vc/11

Zündnadelkarabiner, Modell 1857

Holz, Stahl, Eisen, Messing; L. 80
Kaliber 17 mm; G. 3200 g
Stadtmuseum Berlin, II 72/32 F

Vc/12   Wilhelm Camphausen

Napoleon III. und Bismarck auf dem Weg zu Wilhelm I. am Morgen nach der Schlacht von Sedan, 1877

Öl auf Lwd.; 68 x 115
Deutsches Historisches Museum, 1992/484

Der Krieg gegen Frankreich hatte sich zunächst an der spanischen Thronfolge eines Hohenzollernprinzen entzündet. Bismarck verstand es geschickt, aus diesem Anlaß eine derartige Brüskierung ("Emser Depesche") des französischen Kaisers zu bewirken, so daß dieser am 19. Juli 1870 Preußen den Krieg erklärte. Die preußische Armee, die durch Truppen aus Baden, Hessen, Württemberg und Bayern verstärkt wurde, war zahlenmäßig dem französischen Heer weit überlegen. Auch konnten wiederum unter Nutzung des Eisenbahnnetzes die mobilisierten Truppen in kürzester Zeit an die französische Grenze gebracht werden. Bereits am 1. September kam es bei Sedan zum entscheidenden Sieg über die französischen Truppen; auch geriet Napoleon III. selbst in deutsche Kriegsgefangenschaft. Trotz Kapitulation des französischen Kaisers ging der Krieg noch ein knappes halbes Jahr weiter, da in Paris die Republik ausgerufen worden war, deren Vertreter an der Fortsetzung des Kampfes festhielten.

Vc/13   Christian Sell

Auf dem Weg in die Gefangenschaft, 1872

Öl auf Lwd.; 20 x 20
Deutsches Historisches Museum, 1988/394   (Abb. S. 89)

Dieser dritte Krieg, der später mit den beiden vorangegangenen als "Einigungskriege" in die Geschichte einging, war von Beginn an auf mo-

dernste Kriegsführung angelegt und unterschied sich damit deutlich von früheren Kampfhandlungen. Durch den Einsatz von Eisenbahnen bei der Mobilmachung standen sich oft Heere von mehreren hunderttausend Soldaten gegenüber, die über technisch hochwertige Waffen verfügten. Entsprechend hoch war die Zahl der Kriegsgefangenen, denen oftmals ein ungewisses Schicksal bevorstand. Auch Fontane geriet während des Deutsch-Französischen Krieges hinter den Frontverlauf und wurde gefangengenommen.

Vc/14   Anton von Werner

Skizzenbuch Nr. 1185 (Deutsch-Französischer Krieg), 1870/71

40 Bl., überwiegend Bleistift, z. T. laviert; 23,8 x 31,6
Staatliche Museen zu Berlin – Preußischer Kulturbesitz, Kupferstichkabinett, Anton von Werner 68

Der Deutsch-Französische Krieg stieß nicht nur in der Literatur, sondern auch in der Malerei auf besonderes Interesse. Der Einsatz moderner Kriegsgeräte ebenso wie die Entwicklung neuer Strategien führte zu einer Vielzahl an Aktionen, die die Historienmaler vor neue Probleme stellten. – Anton von Werner reiste im Herbst 1870 nach Versailles, um vor Ort militärische Skizzen anzufertigen, die ihm später teilweise als Vorlagen zu seinen Historienbildern dienten. Ebenso wie Fontane, der seinen Kriegsberichten durch biographische Einsprengsel von Beteiligten Kolorit zu geben suchte, griff Werner für seine Kompositionen Detailgeschehen auf, so in einer Skizze, die er in dem Gemälde *Kriegsgefangen* (1886) verarbeitete.

Vc/15   Christian Sell

Preußische Infanterie feuert, 1870/71

Öl auf Lwd.; 33 x 47,5
Deutsches Historisches Museum, Kg 87/19 (MfDG)

Wie schon in den beiden vorangegangenen Kriegen vertraute die preußische Generalität 1870 auf den Einsatz des Zündnadelgewehrs. In Frankreich war jedoch zwischenzeitlich ein ähnliches Modell – das Chassepotgewehr – entwickelt worden, das sich durch wesentlich genauere Treffsicherheit und größere Reichweite auszeichnete. Die Fehleinschätzung dieser Waffe sollte unmittelbar nach Kriegsausbruch zu erheblichen Verlusten auf preußischer Seite führen. – Sell zeigt einen preußischen Infanterieangriff. Die Dämmerung ist bereits angebrochen, die Szenerie in beginnendes nächtliches Blau gehüllt.

Vc/16

78ste Depesche vom Kriegs=Schauplatz Berlin, 31. Oktober 1870, gez. von Podbielski und Königliches Polizei-Präsidium. von Wurmb

Papier; 36,5 x 23,5
Stadtmuseum Berlin, IV 63/2945 S

Vc/17

79ste Depesche vom Kriegs=Schauplatz Berlin, 2. November 1870, gez. von Podbielski und Königliches Polizei-Präsidium. von Wurmb

Papier; 36,5 x 23,5
Stadtmuseum Berlin, IV 63/2946a S

Vc/18   **Theodor Fontane**

Kriegsgefangen. Erlebtes 1870

Berlin: Friedrich Fontane & Co 1892
Stadtmuseum Berlin, 4085

Fontane, der sich nur wenige Wochen nach Kriegsausbruch nach Frankreich begeben hatte, geriet am 5. Oktober während eines Besuches von Jeanne d'Arcs Geburtsstadt Domrémy in französische Gefangenschaft. Nach einigen Zwischenstationen wurde er in die Festung Château d'Oléron gebracht. *„Das Sterben wurde bald Tagesordnung auf Oléron.* [...] *Etwa Mitte November trafen 700 Bayern auf der Citadelle ein, die man, nach Einnahme Orleans* [...] *in den dortigen Lazaretten zusammengesucht und als ‚Gefangene' nach Oléron geschickt hatte.* [...] *Dies Verfahren, lediglich um sich vor versammeltem Volk mit einer erträglich hohen Zahl von Gefangenen brüsten zu können, hatte wenig einer Gloire=Nation Entsprechendes, dennoch hätte man mit Rücksicht auf die Nothwendigkeit, dem Volke einen Sporn zu geben, solche Maßregel verzeihlich finden können,* [...] *wenn man bei diesem Zusammensuchen etwas humaner vorgegangen wäre."* (Theodor Fontane, Kriegsgefangen; NA XVI, S. 132 f.) – Bereits zwei Wochen nach Fontanes Freilassung, die durch Petition Bismarcks

bewirkt wurde, erschienen seine Kriegserlebnisse in der *Vossischen Zeitung,* 1871 dann zum ersten Mal als Buch, dem bis 1913 acht Neuauflagen folgten.

Vc/19   **Theodor Fontane**

Kriegsgefangen. Erlebtes 1870

Berlin: Fontane 1910
Stadtmuseum Berlin, 4141

Das auch in Frankreich große Interesse führte 1910 dazu, den Text in französischer Übersetzung erscheinen zu lassen. Wie im Vorwort Friedrich Fontanes zu dieser Ausgabe nachzulesen, wurde das Buch und seine *„*[...] *liebenswürdige Unparteilichkeit auch von französischer Seite aufs wärmste anerkannt".*

Vc/20   **Theodor Fontane**

Kriegsgefangen. Erlebtes 1870

Berlin: Fontane 1913
Stadtmuseum Berlin, 4141

Vc/21   **Unbekannter Photograph**

Ansicht der Festung Château d'Oléron

Photographie (Reproduktion)
Theodor-Fontane-Archiv, Potsdam   (Abb. S. 100)
„Isle d'Oléron ist 4½ Quadratmeilen groß, also ebenso groß wie Wollin, etwas größer wie Fehmarn. [...] *Wir schritten zu dritt dieser* [der Zitadelle] *zu, passierten ein Glacis, dann ein paar Brücken und Tore und standen nunmehr auf einem Triangelhof, dessen drei Seiten von eben so*

vielen kasernenartigen Gebäuden umstellt waren."* (Theodor Fontane, Kriegsgefangen; NA XVI, S. 87, 91) – Die Festung wurde seit 1854 zur Internierung von Kriegsgefangenen genutzt und erst nach dem Ersten Weltkrieg aufgegeben.

Vc/22   **Franz von Lenbach**

Bildnis Otto von Bismarck, 1889

Öl auf Lwd.; 125,5 x 104,7
Stadtmuseum Berlin, GEM 65/21

Bismarck (1815–1898) spielt in den Werken Fontanes zwar nicht als Person, aber als politische Größe eine nicht unmaßgebliche Rolle. Erst 1910 konnte mit Öffnung der Akten des Washingtoner Staatsarchivs sowie anhand von Akten des preußischen Kriegsministeriums belegt werden, daß Bismarck sich tatsächlich persönlich mit Schreiben vom 29. Oktober 1870 für die Freilassung Fontanes aus französischer Kriegsgefangenschaft eingesetzt hat. Der 1910 im Wortlaut veröffentlichte Brief in der ersten Hochschulausgabe von *Kriegsgefangen* gibt auch Hinweise darauf, daß sich Bismarck und Fontane damals nicht persönlich kannten. In dem Schreiben heißt es: *„Nach glaubwürdiger Mitteilung ist Dr. Fontane, ein preußischer Untertan und wohlbekannter Geschichtsschreiber* [...]*".*

Vc/23

186ste Depesche vom Kriegs=Schauplatz Berlin 27. Februar 1871, gez. Königliches Polizei-Präsidium (v. Wurmb)

Papier; 36 x 23
Stadtmuseum Berlin, IV 61/2969 S

Vc/12

Vc/21

Vc/24

Signaltrompete, um 1850

C. F. Zetsche & Söhne, Berlin
Messing, Silber, zweiwindig, ventillos mit Mundstück,
Schalltrichter mit Zierkranz, Schallstück mit Wappen;
L. 46, Schallöffnung 12
Stadtmuseum Berlin, VI 56/120

Inschrift: *Aus dieser Trompete wurde dem
1. Garde-Dragoner-Regiment am 3. Juli 1866 in
der Schlacht bei Königgrätz und am 16. August
1870 bei Mars-la-Tour, durch den Stabstrompeter
Wollenhaupt welcher in letzterer den Heldentod
fand, das Signal zur Attacke geblasen.*

Das historische Musikinstrument, das an reale
Ereignisse erinnert, benutzt Fontane in seinem
literarischen Werk als Mosaikstein. Als Assessor
von Rex und Hauptmann von Czako das Kasino
der Gardedragoner in Berlin aufsuchen, hängt in
einem Eckzimmer ein *„ruhmreiches Erinnerungs-
stück"*, die Trompete, *„darauf derselbe Mann,
Stabstrompeter Wollhaupt, erst am 3. Juli auf der
Höhe von Lipa und dann am 16. August bei Mars
la Tour das Regiment zur Attacke gerufen hatte,
bis er an der Seite seines Obersten fiel; der Oberst
mit ihm."*
Theodor Fontane, Der Stechlin; NA VIII, S. 192 f.

Vc/25   A. Müller-Schönhausen

Die Friedensdepesche, 1871/72

Öl auf Lwd.; 31,5 x 24,5
Stadtmuseum Berlin, GEM 70/15

Am 28. Januar 1871, zehn Tage nach der Proklamation des Deutschen Kaiserreiches in Versailles,
wurde der Waffenstillstand mit Frankreich unterzeichnet. Doch der eigentliche Friedensvertrag kam erst am 10. Mai in Frankfurt am Main
zustande. – Das Gemälde Müller-Schönhausens
schildert eine Berliner Straßenszene in dem Moment, da die frischangeschlagene Depesche das
Kriegsende verkündet. Der Anschlag selbst ist
vom Betrachter abgewandt, seitlich an einer Lit-
faßsäule angebracht, vor der sich eine Menschen-
traube gebildet hat, während ein Zeitungsjunge
schon mit weiteren Extrablättern durch die Straße
läuft. An den Hausfassaden sind Fahnen in den
preußischen Farben gehißt.

Vc/26   Anton von Werner

Entwurf zu dem Velarium *Kampf und Sieg*, 1871

Öl auf Lwd.; 80 x 106
Stadtmuseum Berlin, GEM 82/6   (Abb. S. 88)

Für den siegreichen Einzug der preußischen
Truppen in Berlin unter Führung des nunmeh-
rigen Kaisers Wilhelm I. am 16. Juni 1871 wurde
die Straße Unter den Linden festlich ausgestaltet. Zwischen viktorienbekrönte Säulen waren

mehrere Velarien, unter anderem *Kampf und
Sieg* von Anton von Werner, als Dekoration ge-
spannt. – In einer eigentümlichen Mischung aus
historisierenden und zeitgenössischen Elementen drängen unter Führung des Kronprinzen
Friedrich Wilhelm die unter preußischer Fahne
Stehenden über den am Boden liegenden Napoleon III. hinweg. Die pathetische Bildaussage
wird durch die aufwendige Rahmung unterstrichen, auf der ein Gedicht Friedrich Rückerts, des
„Sängers der Befreiungskriege", wiedergegeben ist.

Vc/27   Unbekannter Photograph

Akademie der Künste Unter den Linden, um 1860

Photographie; 37 x 32
Stadtmuseum Berlin, IV 69/246 V   (Abb. S. 90)

1696 hatte Kurfürst Friedrich III. die Gründungs-
urkunde für eine Kunstakademie in Berlin, in
die auch die Wissenschaften eingebunden sein
sollten, unterzeichnet. Neben ihren Lehr- und
Forschungsaufgaben baute sie seit ihrem Bestehen eine bedeutende Kunstsammlung auf. Abhängig von den Interessen der jeweiligen Herrscher durchlief die Akademie unterschiedliche
Phasen. Als Fontane 1876 zum Sekretär der Akademie bestellt wurde, gehörte sie zu einer der
staatstragenden Institutionen und unterlag strengen Reglements, die den neuen Amtsinhaber
nach nur wenigen Monaten zur Bitte um Entlassung veranlaßten.

Vc/28   Adalbert Falk

Ministerium der geistlichen, Unterrichts- und Medicinal-Angelegenheiten an den Senat der Königlichen Akademie der Künste, 31. Oktober 1876

Handschrift (Reproduktion); 36,5 x 22
Stiftung Archiv der Akademie der Künste Berlin-Brandenburg, PrAdK 700, Bl. 32

*„Dem Senat der Königlichen Akademie eröffne
ich hierdurch, daß Seine Majestät der Kaiser und
König Allergnädigst geruht haben, dem ersten
ständigen Secretair der Königlichen Akademie
der Künste, Herrn Theodor Fontane hierselbst auf
sein Ansuchen die Entlassung aus dem Staatsdienst unter dem 30. d. Mts. Allergnädigst zu be-
willigen. Mit Wahrnehmung der hierdurch erle-
digten Stelle habe ich vom 1. November d. Jr. ab
den Stadtgerichtsrath Dr.: Zöllner hierselbst beauftragt."*

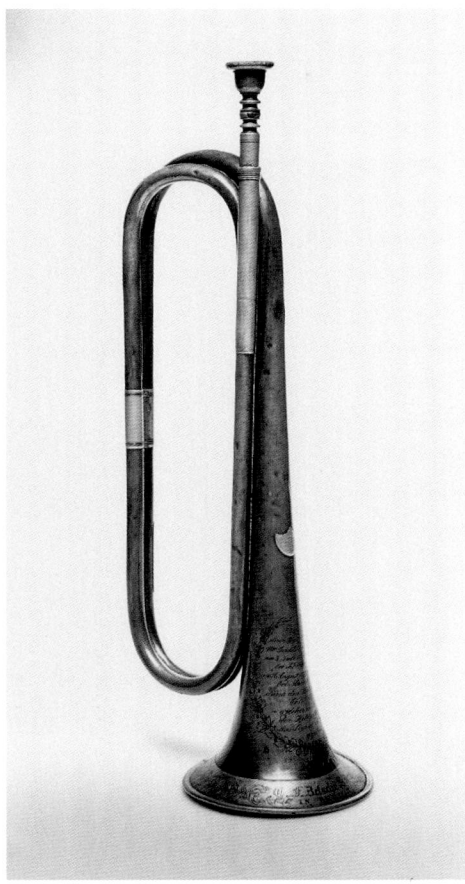

Vc/24

VI. „Der Herr hat heut Kritik"

Theodor Fontane und das Theater seiner Zeit

Lothar Schirmer

Am 17. August 1870 beginnt für die Königlichen Schauspiele eine neue Theatersaison. Im Opernhaus Unter den Linden eröffnet, nachdem die *Borussia* von Gasparo Spontini erklungen ist, *Wilhelm Tell* von Friedrich Schiller die Spielzeit 1870/71. Am 17. August 1870 beginnt auch für Theodor Fontane eine neue Schaffensperiode; er nimmt zum ersten Mal im Parkett eines Theaters Platz, um eine Vorstellung für die *Vossische Zeitung* zu rezensieren. In den folgenden 20 Jahren wird der Parkettplatz 23 im Schauspielhaus am Gendarmenmarkt zu einem nicht unwichtigen Arbeitsplatz Fontanes werden, den er nur zu drei kurzen Zwischenspielen verläßt – Ende September 1870 reist er zum Kriegsschauplatz nach Frankreich, gerät in Gefangenschaft und kann seine Berichterstattung erst kurz vor Weihnachten 1870 wieder aufnehmen; eine zweite Frankreichreise im April/Mai 1871 unterbricht seine Kritikertätigkeit ebenso wie seine Ernennung zum Sekretär der Akademie der Künste am 29. Februar 1876; doch schon am 1. Oktober 1876 kehrt er wieder in die Redaktion der *Vossischen Zeitung* zurück.

Der „Parkettplatz 23"– so auch der Titel der ersten Ausgabe von Theaterkritiken Theodor Fontanes nach 1945, herausgegeben von Ehm Welk – wird zu einem Synonym für unakademische Theaterkritiken; Fontane pflegt mit dem geschriebenen Wort von Theatervorstellungen in gefälliger Form zu plaudern und verzichtet nicht auf kleine, hübsche Bosheiten und Ironien, um seine Leser zu unterrichten, auch heiter zu belehren – ein gänzlich neuer Ton in der angesehenen „alten Tante Voss", wie die seit 1704 bestehende *Königlich Privilegirte Berlinische Zeitung von Staats- und gelehrten Sachen* liebevoll und spöttisch zugleich genannt wird. Fontane ist Nachfolger des am 5. Juni 1870 in Berlin im Alter von 84 Jahren verstorbenen Friedrich Wilhelm Gubitz, der diese Aufgabe seit 1823 wahrgenommen hatte. Gubitz war wegen seiner sachlich-nüchternen Kritiken, die auf jeden persönlich verletzenden Ton verzichteten, ein angesehener und geachteter Theaterjournalist; der im Alter von 50 Jahren in diesem Beruf erst beginnende Fontane sollte es noch werden – als ein Außenseiter in diesem Metier, denn die

VIb/1

entsprechenden Voraussetzungen fehlten ihm eigentlich, besaß er genügend literarische Bildung und verfügte über eine natürliche künstlerische Veranlagung: *„Meine Berechtigung zu meinem Metier ruht auf einem, was mir der Himmel mit in die Wiege gelegt hat: Feinfühligkeit künstlerischen Dingen gegenüber. An diese meine Eigenschaft hab' ich einen festen Glauben; hätt' ich ihn nicht, so legte ich heute noch meine Feder als Kritiker nieder. Ich habe ein unbedingtes Vertrauen zu der Richtigkeit meines Empfindens."*[1] Fontane untertreibt in diesem Brief an den befreundeten Charakterdarsteller Maximilian Ludwig, der seit 1872 an den Königlichen Schauspielen engagiert ist; denn natürlich hat er eigene Erfahrungen mit dem theatralischen Spiel, das er doch ausgiebig schon in seiner Jugend besucht hat und von dem er während seines Dresdner Aufenthaltes 1842 ausdrücklich sagt: *„Das Theater ist es, dem ich einzig und allein jeden Genuß verdanke, der mir seit meiner Anwesenheit hierselbst geboten wurde."*[2] Fontane berichtet über Aufführungen mit Caroline Bauer, Emil Devrient oder Theodor Döring, der ihn als Franz Moor in Schillers *Räubern* begeisterte: Er *„riß mich zu einer Bewunderung hin wie kein Schauspieler vor ihm. Ich war ganz Ohr, ganz Auge – kein Wort, keine Bewegung, keine Gebärde konnte mir entgehn, aber er gab den Charakter so vollendet und abgerundet wieder, daß ich – bei aller Sucht, einen Fehler, auch nur den kleinsten, zu entdecken – nicht imstande war, Tadelnswertes zu bemerken."*[3]

Außerdem berichtet Fontane während seiner Englandaufenthalte von Theatervorstellungen in London. Schon bei seinem zweiten Aufenthalt von April bis September 1852 im Auftrag der *Preußischen Zeitung* schreibt er über das *Egmont*-Gastspiel Eduard Devrients im Londoner St. James Theater; es folgen weitere Kritiken zu *Don Carlos, Hamlet* und *Emilia Galotti*. Bei seinem dritten und längsten Aufenthalt in England, von 1855 bis 1859 im Auftrag der *Zentralstelle für Preßangelegenheiten*, verfaßt er zahlreiche Berichte über die Londoner Theater, die zuerst im *Deutschen Kunstblatt* veröffentlicht werden. Schon in diesen Berichten formuliert Fontane die Notwendigkeit eines der Gesamtwirkung dienenden Ensemblespiels, in dem selbst kleinste Rollen von fähigen Künstlern gespielt werden müssen. In aller Deutlichkeit zeigt Fontane auf, was den deutschen Theatern fehlt; ausführlich beschreibt er Dekorationen, Ausstattungen und Kostüme sowie insbesondere regietechnische Einzelheiten. Die Szene *Ermordung König Duncans* aus *Macbeth*, einer Aufführung im Sadlers-Wells-Theater, soll dies erläutern: *„Wir sehen eine weite Halle; nicht im Hintergrunde derselben geschieht der Mord, sondern in unserer allernächsten Nähe. Die Halle hat Gemächer zu beiden Seiten; wir sehen einzelne Türen halb offen stehend. Links, hart am Orchester [...], ist das Schlafgemach Macbeth' und seiner Lady; gegenüber in derselben unmittelbaren Nähe des Publikums das Schlafgemach König Duncans. Nachdem Macbeth die kleine Tür geöffnet und in das Gemach des Königs getreten, bleibt die Bühne wohl eine halbe Minute lang leer. Dann endlich huscht Lady Macbeth aus ihrem Gemach. Nach den ersten zwei Zeilen (wie übrigens vom Dichter vorgeschrieben) unterbricht sie sich mit einem: ‚Horch, still!' und schreitet dann auf die Tür zu, durch die Macbeth eine Minute vorher verschwunden ist. Sie öffnet sie ein wenig und durch die schmale Spalte fällt ein trüber Lichtschein auf die Bühne. In diesem Augenblick flüstert sie die furchtbaren Worte: ‚He is about it' (er ist drüber her). Alles wirkt zusammen, um die Seele bis auf die Höhe des Schreckens zu heben. Kunst und Bühne können darüber nicht mehr hinaus."*[4] Und im Vergleich mit einer Vorstellung im Königlichen Schauspielhaus in Berlin, die Fontane während eines Urlaubs gesehen hat, schreibt er über die *Gastmahls*-Szene: *„Im Sadlers-Wells-Theater steht die ganze Bühne voll gedeckter Tische, und es macht einen wunderbaren Eindruck, wenn die Königin in ihrem goldgestickten Scharlachmantel von Tisch zu Tisch fliegt und die Gäste zu beschwichtigen sucht. Von alledem in Berlin nichts; es sind nur fünf bis sechs Personen geladen."*[5] Anläßlich des Berliner Gastspiels des Sadlers-Wells-Theaters läßt Fontane im Vergleich der englischen mit den deutschen Schauspielern nur Ludwig Devrient als Shylock bestehen, *„noch leuchtender im Dämonischen und kometenhafter".*[6]

Wenn auch diese Theatererfahrungen mehr als ein Jahrzehnt zurückliegen, so läßt die erste Theaterkritik als Rezensent der *Vossischen Zeitung* erkennen, daß Fontanes Betrachtungsweise sich nicht geändert hat, das Spiel auf der Bühne genau beobachtend und beschreibend, wie Darsteller vorgegebene dramatische Inhalte in einem künstlich geschaffenen Raum in Handlung umsetzen und einem ihrem Spiel zuschauenden Publikum vermitteln. Allerdings besteht doch ein gravierender Unterschied; war Fontane während seiner Londoner Zeit frei, über welche Aufführungen er zu berichten wünschte, so wird ihm nun von der *Vossischen Zeitung* vorgeschrieben, was er zu besprechen hat – die Sprechtheatervorstellungen der Königlichen Schauspiele, und nur diese, mit wenigen Ausnahmen. Heute unvorstellbar, damals gängige Praxis: Die Zeitungsredaktionen teilten dem Journalistenkollegen eine Bühne zu, über die er zu berichten hatte. Während Fontane für die *Vossische Zeitung* über Aufführungen im Schauspielhaus am Gendarmenmarkt schrieb, besuchte sein Kollege Max Remy die privaten Bühnen, und nach 1880 rezensierte Otto Brahm die Aufführungen am Deutschen Theater, während Ludwig Rellstab für die Musiktheateraufführungen zuständig war – die Trennung von Sprechtheater- und Musiktheaterrezensionen hat sich bis in die Gegenwart aus einleuchtenden Gründen erhalten.

Von den annähernd 650 Rezensionen, die veröffentlicht sind, beziehen sich die weitaus meisten auf Aufführungen im Schauspielhaus am Gendarmenmarkt, 40 betreffen Gastspiele französischer Theatertruppen im Saaltheater des Königlichen Schauspielhauses, und ca. 30 behandeln Aufführungen anderer Berliner Bühnen. Fontanes Theaterkritiken geben also einen Einblick nur in die Aufführungen der Sprechtheater der Königlichen Schauspiele, die gesamte Landschaft der sich entwickelnden Theaterszene Berlins bleibt ausgespart, insbesondere die Aufführungen der vielen Bühnen, die nach 1869 entstanden sind.

Mit der Gewerbeordnung für die Staaten des Norddeutschen

Ludwig Devrient als Shylock in dem Schauspiel *Der Kaufmann von Venedig* von William Shakespeare, o. J.
Kolorierte Lithographie, Stadtmuseum Berlin

Bundes vom 21. Juni 1869 verändert sich die Theaterszene in Berlin grundlegend. Die Königlichen Schauspiele – das Schauspielhaus am Gendarmenmarkt und das Opernhaus Unter den Linden – hatten bislang nur in dem 1824 eröffneten Königsstädtischen Theater eine Konkurrenz, die jedoch wegen zweier Einschränkungen bei der Konzessionsvergabe nur scheinbar gegeben war. Die gewährte Konzession beschränkte ihre Gültigkeit ausschließlich auf Spielstätten in der Königsstadt, die außerhalb der alten Stadtmauer lag, und reglementierte den Spielplan; denn das Königsstädtische Theater durfte weder ernste Dramen noch heroische Opern aufführen. Alle übrigen Werke konnten dann gespielt werden, wenn sie zwei Jahre lang nicht mehr an den königlichen Bühnen aufgeführt worden waren; was als Benachteiligung gedacht war, wandelte sich in das Gegenteil – die italienischen Opern mit Henriette Sontag und die Volksstücke eines Holtei, Angely, Raimund und Nestroy erfreuten sich eines so großen Zuspruchs, daß die königlichen Bühnen eine erhebliche Zahl von Zuschauern einbüßten.

Alle anderen Theatergründungen vor 1869 hatten nur unter Anwendung eines „Tricks" erfolgen können; Konzessionen für sogenannte Sommerbühnen wurden von Personen beantragt, die bereits ein genehmigtes Gewerbe, zumeist eine Schankwirtschaft, ausübten. Daraus entwickelte sich dann ein regelmäßiger Spielbetrieb. Nach 1869, nachdem das Theater zu einem Gewerbe wie jedes andere auch erklärt und von behördlicher Genehmigung befreit worden ist, überschlagen sich die Theaterneugründungen geradezu, und es beginnt ein harter Konkurrenzkampf; denn ein Geschäft – und diese Theater sind eben auch Geschäfte – will und benötigt den wirtschaftlichen Gewinn. Sommerbühnen wollen Musentempel sein, neue Theatergebäude werden errichtet und Ballhäuser zu Theatern umgebaut. Ebenso schnell wie diese Theater entstehen, ebenso schnell verschwinden sie wieder oder wechseln mit ihren Besitzern auch die Namen. Das geschäftliche Risiko ist hoch, hängt oft vom Erfolg oder Mißerfolg einer einzigen Premiere oder vom Star-Darsteller ab, dem Virtuosen, den jeder Theaterdirektor zu fast jedem Preis zu verpflichten versucht, um einzig seinen Konkurrenten auszustechen. Davon unbeeindruckt bleiben die Königlichen Schauspiele, das dem täglichen Überlebenskampf der Bühnen entrückte Bildungsinstitut, das die höchsten geistigen Güter der Nation zu pflegen und eine Schule des Idealismus darzustellen hat.

Die nationale Stimmung prägt auch die ersten Theaterkritiken Theodor Fontanes, der sich dem Überschwang preußischer Gefühle nicht entziehen kann und sich ihnen auch gar nicht entziehen will; denn Wilhelm, der Sohn der Königin Luise, schickt sich an, die Schmach, die ein erster Napoleon ihr – und damit zugleich Preußen – angetan, im Kampf mit dem anderen Napoleon, dem Dritten, zu tilgen. Gleichzeitig ist die erste Theaterkritik Fontanes bereits ein Beispiel für den unakademischen Theaterkritiker, zu dem er sich in den folgenden Jahren profilieren wird. Fontane doziert nicht, formuliert keine literaturhistorischen Erkenntnisse, bevor er zum eigentlichen Anlaß seiner Theaterkritik kommt; auch beschreibt er nicht den Verlauf einer Vorstellung, sondern geht von seinem höchst individuellen Gesamteindruck aus. Damit läßt er den Leser an dem abendlichen Theaterbesuch nachträglich teilnehmen, wenn dieser Fontanes Kritik in der morgendlichen Zeitung liest.

Dem Theaterkritiker Fontane sind die Gefühle der Zuschauer, die wohl auch die Gefühle der Zeitungsleser gewesen sind, das wichtigste Ereignis an jenem Theaterabend des 17. August 1870. Was war jener *Wilhelm Tell* auch für eine Aufführung! Der Deutsch-Französische Krieg hatte am 19. Juli 1870 begonnen, die Meldungen von den ersten Siegen der deutschen Truppen verbreiteten sich in Berlin, am 16. August erneute Siege in den Schlachten von Vionville und Mars-la-Tour – und dann Schillers Freiheitsdrama auf der königlichen Bühne! Der politische Ruf nach Einigung und Freiheit ist Thema des Schillerschen Dramas

– die Bühnenwelt stimmt plötzlich mit der – zumindest vermeintlichen – Wirklichkeit überein. Kann ein Theaterkritiker sich diesen Gefühlen entziehen? Fontane hat, soeben zum Theaterkritiker geworden, sich nicht darauf eingelassen, das szenische Spiel zu beschreiben. Er hat eine neue Dimension mit seiner Theaterkritik eröffnet und wird zum Chronisten seiner Zeit, indem er die Handlung auf der Bühne im Zusammenhang mit der Tagespolitik und Atmosphäre im Zuschauerraum beobachtet. *„Es ist herkömmlich geworden, in großen nationalen Momenten unseren nationalen Dichter zum Volke sprechen zu lassen. Ein Glück, daß wir ihn besitzen, daß seine vor allem spruch- und gedankenreichen Schöpfungen uns für alles, was kommen mag, bereits einen geprägten, längst Allgemeingut gewordenen Ausdruck überliefert haben, der, zur rechten Stunde seine ursprüngliche Frische zurückgewinnend, neuzündend in alle Herzen schlägt. Einer Situation wie der gegenwärtigen entspricht nichts besser als der ‚Tell‘. Er enthält kaum eine Seite, gewiß keine Szene, die nicht völlig zwanglos auf die Gegenwart, auf unser Recht und unseren Kampf gedeutet werden könnte, und wir müssen uns des guten Taktes des Publikums freuen, das nicht stichwortbegierig mit seinem Beifall im Anschlage lag, sondern ihm nur Ausdruck gab, wo Schweigen ein Fehler der Affektation gewesen wäre.“*[7] Natürlich lösen Schillers Worte *„Wir wollen sein ein einig Volk von Brüdern“* lebhaften Beifall aus, ebenso wie die Worte *„Es kann der Frömmste nicht in Frieden bleiben“*, *„Worte, die wie nichts andres unsre gegenwärtige Lage charakterisieren“*.[8] Und abschließend: *„Das Publikum war animiert und dankbar. Lauter Beifall begleitete namentlich auch die Piècen der Zwischenakte: den Pariser Einzugsmarsch, das deutsche Vaterlands- und das Preußenlied.“*[9] Für den zeitgenössischen Zeitungsleser bedarf es keiner weiteren Erklärung; zu festlichen Aufführungen gehörten damals Vorspiele und Zwischenaktmusiken – der *Pariser Einzugsmarsch* wurde anläßlich des Einmarsches der verbündeten Truppen im März 1814 komponiert, mit dem „deutschen Vaterlandslied“ ist *Die Wacht am Rhein* (*„Es braust ein Ruf wie Donnerhall“*) und mit dem *Preußenlied* das ehemalige preußische Nationallied *„Ich bin ein Preuße, kennt ihr meine Farben?“* gemeint. Für den Chronisten Fontane ist dies wichtiger als die theaterkritische Wertung der schauspielerischen Leistungen, über die er lakonisch nur bemerkt: *„Sie war vortrefflich, [er] tat sein Bestes“*.[10]

Zehn Jahre später, anläßlich einer neuerlichen *Tell*-Aufführung, ist von nationaler Stimmung in Fontanes Kritik nichts mehr zu lesen – selbst das Wort Freiheit kommt nicht darin vor; vielmehr hält sich Fontane an einer Kleinigkeit, wie er selbst schreibt, fest, die er immer wieder in der Szene *Die hohle Gasse* bemerkt: Frießhart und Tell stünden zu nahe beieinander.[11] Dies sei nicht glaubhaft. Die genaue Beobachtungsgabe Fontanes beschränkt sich jetzt auf Inszenierungsprobleme. Auch anhand eines Vergleiches von Aufführungen des Lessingschen Lustspiels *Minna von Barnhelm* wird deutlich, in welchem Ausmaß die nationale Stimmung die Rezeption bestimmt hat. 1870 als ein *„spezifisches preußisches“* Stück gewertet, *„das in*

dem Gegensatze zwischen einem Tellheim und einem Riccaut allerdings allerhand zeitgemäße Betrachtungen an die Hand gibt“*[12], enthält sich Fontane 1887 jeglichen nationalen Überschwanges – Riccaut ist ihm nur noch *„das Bild eines Glücksritters.“*[13]

Auch seine zweite Aufgabe als Theaterkritiker dient einem durchaus spektakulären Anlaß. Am 22. August 1870, nur fünf Tage nach der patriotisch empfundenen *Tell*-Premiere, wird *Kolberg* aufgeführt, ein Drama von Paul Heyse, das ganz dem preußischen Zeitgefühl huldigt. Fontane, mit Heyse befreundet und seit 1849 wie dieser Mitglied im literarischen Verein *Tunnel über der Spree*, identifiziert sich lobend mit dem Inhalt dieses Stückes, enthält sich aber jeder dramaturgischen Kritik, obwohl bei genauer Betrachtung auch für ihn erkennbar wird, daß Heyse eben kein Schiller ist. *„Das Stück war mit Rücksicht auf die große Zeit gewählt, die wir durchleben. Und mit Recht. Wenn der ‚Wilhelm Tell‘ uns Szenen und Sentenzen gibt, die aller Orten und aller Zeiten einer nationalen Erhebung das rechte Wort leihen, so entkleidet sich ‚Kolberg‘ eines jeden Kosmopolitismus der Anschauung und wendet sich ausschließlich an preußische Herzen, an deutsches Empfinden. Sein Inhalt, um jenen oft betonten Gegensatz noch einmal auszusprechen, plädiert nicht für Freiheit im allgemeinen, sondern für Befreiung im besonderen, für Befreiung von Napoleonischem Druck, von französischem Hochmut. Hier ist denn auch das gegeben, was speziell die Aufführung dieses Stückes empfahl. Wenn wir die lange Reihe unserer patriotischen und vaterländischen Dramen durchgehen, so finden wir keines, das in Loyalität, Appell an das Volk und Haß gegen das neufränkische Cäsarentum der augenblicklichen Situation so ganz entspräche […]“*[14]

Als noch nicht ganz zwei Jahre später, zur Feier des Geburtstages Sr. Majestät des Kaisers und Königs, *Kolberg* am 22. März 1872 erneut auf dem Spielplan steht, wird der Wandel der Zeit deutlich; denn jetzt ist Deutschland unter Preußens Führung geeint, das Ziel ist erreicht, und der Adel feiert unter sich. So wird der Theaterbesuch auch für Fontane zur Enttäuschung, die er deutlich formuliert, wenn er die äußeren Umstände in den Mittelpunkt seines Berichtes stellt: *„[…] auch gestern (Pardon für den alten Konrektorwitz) ‚sahen wir viele, die nicht da waren‘. […] Während der trefflich vorgetragenen […] Ouvertüre begannen ganze Streifen öden Parkettlandes sich zu bevölkern; Nomaden schlugen ihre Zelte auf: arme Anverwandte, Logeusen [Zimmervermieterinnen der Theatermitglieder], jüngere Söhne ältrer Väter. Nur in allem, was Lärm und Störung angeht, standen sie auf der Höhe der Zeit und des eignen Bewußtseins. Noch hatte der letzte Parkettplatz nicht ausgeklappt, als der Vorhang aufging.“*[15] Angesichts der wenig festlichen Atmosphäre verläßt auch Fontane, wie er seinen Lesern gesteht, die Vorstellung nach dem zweiten Akt, dessen Ende er nur wegen Luise Erhartt abgewartet hat, die er in seiner früheren Kritik besonders lobte: *„Ist dies Natur, so wirkt hier ein glücklicher Zufall […], ist es Kunst, so drückt sich darin eine überaus feine Beobachtung des Lebens aus.“*[16]

„Die Beobachtung des Lebens" ist eine der Maximen Theodor Fontanes, mit der er Handlung wie Rolle mißt, und er wendet sich unmißverständlich gegen jedes Zuviel, gegen Überzeichnungen und gegen Verzerrungen. So kritisiert er – ebenfalls in *Kolberg* – die Darstellung des Rektors Zipfel durch den Charakterschauspieler Ernst Krause. „*So waren die alten Rektoren nicht, und so hat ihn auch der Dichter nicht gewollt. Es waren Pedanten, aber keine Karikaturen.*"[17] An anderer Stelle, anläßlich der Aufführung von Ernst Raupachs Sittenbild *Vor hundert Jahren*, wendet er sich gegen eine Verunglimpfung Friedrichs des Großen: „*[…] kein wirkliches Bild des großen Mannes […], kein Bild, wie es von der Bühne her zu uns sprechen soll*"[18], so wie er sich gegen das „Attentat" auf die Figur des Egmont als „*'Heros deutscher Nation'*"wendet, das er, der „*fünfzig Jahre alt ist, Geschichte gelesen und in sich aufgenommen hat*", nicht verzeihen kann, da es ihm als „*eins der schönsten Kapitel der Geschichte der Menschheit*" gilt. „*Man muß ein alter Geheimrat oder Gymnasialprofessor aus den Studienjahren zwanzig bis dreißig sein, um dies in Abrede zu stellen.*"[19] Wundert es, daß dieser Kritiker, der seine Theaterrezensionen mit dem Kürzel Th. F. versieht, sehr bald als „Theater-Fremdling"[20] angegriffen wird? Auch ohne diese Initialen könnte Fontane leicht als Fremdling in der Theaterkritik des 19. Jahrhunderts bezeichnet werden; denn fremd, unbekannt und ungewohnt, war seine feuilletonistische Art, über Theater zu schreiben. Fontane, der Kerr des 19. Jahrhunderts, oder Kerr, der Fontane des 20. Jahrhunderts? Auch wenn sie letztlich sehr verschieden sind – Fontane schreibt einen fortlaufenden Text, Kerr unterteilt in numerierte Kapitel –, haben sie einiges gemeinsam. Sie haben die Theaterkritik zu feuilletonistischer Literatur erhoben, indem sie über inszenierte Literatur berichten. Ihre Texte geben selten genaue Daten, mit deren Hilfe Theateraufführungen zu rekonstruieren wären, sondern schildern ihre ganz persönlichen Eindrücke. Eindringlicher und umfassender als Rüdiger R. Knudsen[21] hat dies niemand im Falle Theodor Fontanes nachgewiesen. Fontanes persönliche Sprache, seine anschaulichen Vergleiche, seine humorvolle Leichtigkeit und Unbefangenheit, Empfindungen auszudrücken, verbunden mit persönlichen Stilelementen, ist in der Theaterkritik des 19. Jahrhunderts unbekannt. Der Kritiker Fontane begegnet dem Zeitungsleser nicht als ein Besserwissender, sondern eher als ein Jedermann, dem ein Theaterabend aus unterschiedlichen subjektiven Gründen gefällt oder auch mißfällt. Folglich geht Fontane mit der großen Kunst oftmals ziemlich unverkrampft um. Anläßlich einer Aufführung von Lessings *Nathan der Weise* beschreibt Fontane, wie die *Ringparabel* auf ihn gewirkt hat: „*Von verhältnismäßig geringer Wirkung war der Vortrag der Parabel von den drei Ringen. Es dauerte viel zu lang. Ob es am Tempo lag oder dem Vortrage das Pointierte fehlte oder ob meine persönliche Stellung zu der Weisheit der ‚drei Ringe' mich ungeduldig machte, ich weiß es nicht. Nur das weiß ich, daß ich ungeduldig wurde.*"[22] Das Publikum scheint ähnlich empfunden zu haben, denn: „*Im Parkett herrschte vorwiegend Schweigen, ein Schweigen, in dem sich, bewußt oder unbewußt, eine Verwunderung aus-*

sprechen mochte. Seit hundert Jahren lebt nun das Evangelium der Toleranz, seit hundert Jahren wird es gelesen, dargestellt, zitiert; jede Figur ist populär, jede Sentenz ein geflügeltes Wort geworden – und was ist das Resultat?"[23]

Auch Fontanes Wortspielereien können auf einen einverständlich schmunzelnden Leser hoffen: „*In Herrn Kahles Spiel [...] war vielleicht der vollendetste Moment der letzte, wo er, in Ungnade entlassen, stumm aus der Gegenwart des Prinzen scheidet. Wer so abgehen kann, der muß bleiben.*"[24] An anderer Stelle hat er für Marie Keßler nur das kurze Verdikt: „*[…] wo die Historie anfängt, hört Fräulein Keßler auf*".[25] Ein letztes Beispiel betrifft eine *Don Carlos*-Inszenierung. Seine Kritik beginnt überraschend mit einer Hinwendung zum *Wallenstein*: „*Wie bei den Meiningern, zu Staunen und Bewunderung der Berliner, im dritten Akte von ‚Wallensteins Tod' die Pappenheimer gar kein Ende nehmen, so bei der Königlichen Bühne die Petersburger. Herr Ludwig kam aus Petersburg, Herr Keßler aus Petersburg, Herr Juegelt aus Petersburg, dazwischen mal Fräulein Olga Lorenz aus dem Etappenort Riga; wenn die Politik sich ein Beispiel daran nimmt, so haben wir Skobeleff [deutschfeindlicher Panslawist] hier, wir wissen nicht wie.*"[26]

Eine mit den Jahren sich einstellende Routine scheint es bei Fontane nicht gegeben zu haben; Erwartungshaltungen, die jeder zeitgenössische Leser vermutlich entwickelt, werden enttäuscht. Novitäten – dies erfordert allein schon die schriftstellerische Kollegialität – werden dem Leser ihrem Inhalte nach vorgestellt. Es ist aber nicht immer so. Über die Uraufführung von Friedrich Halms *Camoens* faßt Fontane sich vernichtend kurz – „*Es ist in erster Linie langweilig*"[27] –, während er über Lessings *Emilia Galotti* eigentlich nur wenig schreiben will: „*Erst vor wenigen Wochen [...] hatten wir über ‚Emilia Galotti' zu berichten; wir würden uns deshalb heute auf eine kurze Besprechung der Gastdarstellung des Fräulein Faber beschränken können, wenn nicht die Besetzung des Stücks in mehreren seiner Rollen (Marinelli, Camillo Rota, Angelo) eine abweichende gewesen wäre*"[28], um dann einen ausführlichen Rollenvergleich anzustellen.

Neben den Inhalten schildert Fontane fast ausnahmslos, wie Darsteller auf ihn gewirkt haben. Durchgängig sind seine Urteile nicht personenabhängig – er lobt und tadelt einen Darsteller gleichermaßen –, entscheidend ist ihm die Glaubwürdigkeit der dargestellten Rolle. Der Kritiker Fontane ist in seinem Urteilsvermögen integer und zieht sich selbst in Zweifel, wenn er bekennt: „*Widerstreitende Empfindungen haben uns gestern bei der Aufführung dieses Scribeschen Stücks begleitet.*"[29] Vor überraschenden Wendungen ist weder der Leser noch Fontane selbst gefeit. Die Uraufführung von Friedrich Spielhagens *Liebe für Liebe* wurde bei ausverkauftem Haus einem „*erwartungsvollen Publikum*" präsentiert. „*Der Erfolg war ein vollständiger; nach dem zweiten, dritten und vierten Akt wurde der Dichter gerufen und erschien, die Tradition siegreich durchbrechend, in menschenwürdiger Gestalt vor dem beifallklatschenden Hause, das im allgemeinen daran gewöhnt ist, einen absichtlich unvorbereiteten Struwwelpeter oder einen Ertappten niedrigeren Grades vor seinen Schranken erscheinen zu lassen. Der Erfolg war vollständig, so sagten wir, und aus mehr als einem Grunde wohlverdient. Dennoch leidet das Stück an einem schweren Fehler, der über kurz oder lang sein Leben gefährden muß […]*[30] Nach einer ausführlichen Darlegung des Fehlers, der einzig in der Gestalt des für Fontane *„fraglichen Helden"* liegt, beschließt er seine ausführliche Kritik mit einer scheinbar erneuten Wendung: *„Das Stück wird, um seiner vielen Vorzüge willen, einen wohlverdienten Triumphzug über die deutschen Bühnen halten, bis es, bei eintretender Ernüchterung, an seinem Fehler stirbt."*[31]

Fontanes Theaterkritiken sind in Buchform zunächst unter dem Titel *Causerien über Theater*[32] erschienen, als unterhaltsame Plaudereien über Theater. Was ist eine Plauderei? Fontane gibt selbst die Antwort, wenn er den diesen Titel tragenden Einakter von Otto Franz Gensichen anläßlich der Uraufführung am 24. April 1875 bespricht: *„Was ist eine Plauderei, will sagen, eine dramatische Plauderei? Diese Frage wird in dem gleichnamigen Scherzspiel, das wir am Sonnabend sahen, dahin beantwortet: ‚Eine Plauderei ist eine liebenswürdige Unterhaltung, begleitet von einem scheinbaren Nichts von Handlung und zugespitzt auf eine Schlußpointe'."*[33] Um diese Schlußpointe zu finden, muß sich Fontane häufig sehr bemühen, zumal seine Leser natürlich auch immer neue Pointen erwarten. Nichts hätte seinem Ruf mehr geschadet als ständige Wiederholung. Die Theaterkritik zu schreiben, ist für ihn konzentrierte Arbeit, so daß die von Paul Schlenther überlieferte Anekdote glaubwürdig wirkt, das Fontanesche Hausmädchen habe alle Besucher an Tagen nach einer abendlichen Vorstellung mit den Worten *„Der Herr hat heut Kritik"* zurückgewiesen.[34] Zahlreiche Stellen in seinen *Tagebüchern* belegen dieses gleichbleibende Ritual.[35] Allerdings ist die weitverbreitete Ansicht zurechtzurücken, Fontane habe allabendlich im Theater gesessen. Fontanes Theaterbesuche sind viel seltener als angenommen; zwischen den Aufführungen, die er zu besprechen hat, liegen oft zwei, manchmal drei Wochen, manchmal allerdings auch nur wenige Tage. Die Häufigkeit ist saisonal bedingt und abhängig vor allem von den Auftritten gastierender Künstler. Dabei ist nicht berücksichtigt, daß Fontane auch andere Theater besucht hat, über deren Aufführungen er am nächsten Tag allerdings auch keine Kritik zu schreiben hatte.

Fontanes Beobachtungen erstrecken sich aber nicht ausschließlich auf den dramatischen Gehalt und die glaubwürdige Darstellung von Rollen; er beobachtet ebenso sorgfältig die bühnentechnische und dekorative Seite der Theateraufführung, auch wenn seine Bemerkungen in diesen Fragen oft hinter seiner sonstigen Korrektheit zurückbleiben. *„Auch dem Dekorativen war […] eine besondere Sorgfalt gewidmet. Im ersten und dritten Akt sahen wir vorzügliche neue Dekorationen aus dem Atelier der Herren Hartwig und Hintze, hinter denen übrigens die des zweiten und vierten Akts (ebenfalls der neuesten Zeit entstammend) kaum zurückblieben. Ob das Stück selbst [Auf glatter Bahn,* Lustspiel von Heinrich Heinemann] *durch diese den modernen Salon usw. überaus treu wiedergegebenen Dekorationen gewonnen, ist mir zweifelhaft."*[36] Anläßlich einer *Egmont*-Vorstellung vom 5. November 1887 schreibt Fontane: *„Das Zimmer Albas – vielleicht echt, aber nicht sehr echt wirkend – berührte mit seinem an der Hinterwand angebrachten, etwas sonderbaren Supraportbilde mehr oder weniger forciert. In den Kostümen war manches geändert und gebessert […]"*[37]

Allerdings darf nicht vergessen werden, daß das Ausstattungswesen im Theater des letzten Drittels des 19. Jahrhunderts keine besonders rühmliche Rolle spielt. Die räumlichen und bildlichen Schöpfungen des klassizistischen oder romantischen Theaters eines Bartolomeo Verona, Karl Friedrich Schinkel, Johann Jakob Gerst oder Carl Blechen sind längst Vergangenheit; dies gilt auch für die hochgesteckten Anforderungen eines August Wilhelm Iffland und Karl Friedrich Moritz Brühl, die historisch getreue Kostümierung der Darsteller betreffend. Standardisierte Dekorationen - Ländliche Gegend, nördliches Ufer, Saal, Burg, Bürgerzimmer - finden in mehreren Aufführungen verschiedener dramatischer Vorlagen ebenso häufige Verwendung wie die beliebige Kostümierung, die den Darstellern weitgehend selbst überlassen ist. Während den männlichen Schauspielern die erforderlichen Kostüme vom Theater gestellt werden, ausgenommen die „moderne französische Garderobe", sind die Schauspielerinnen für ihre Kostüme selbst verantwortlich und tragen überwiegend von ihnen eigens ausgesuchte Toiletten. Diese Regel, an den deutschen Bühnen bis 1919 gültig, betrifft die Königlichen Schauspiele seit 1873 nicht mehr; seitdem sind die weiblichen Ensemblemitglieder ihren männlichen Kollegen gleichgestellt, die Kostümfrage betreffend. Für gastierende Künstlerinnen gilt diese Regelung jedoch nicht. Aufgrund dieser Bühnenpraxis entstehen in Berlin zahlreiche Ausstattungsfirmen wie Hugo Baruch oder Verch und Flothow; sie bieten für spezielle Stücke Kostüme und Ausstattungen per Katalog an, und die Theater bestellen, ohne die einzelnen Teile immer aufeinander abzustimmen. Nicht selten wird in einem mehraktigen Drama eine neue Dekoration eingesetzt, während die restlichen aus dem Fundus stammen. Daher bleiben Aufführungen auch über Jahre hinweg in ihren dekorativen Elementen gleich, bieten kaum einen optischen Wechsel und sind für Fontane auch kein Gegenstand seiner Kritiken, wenn nicht Besonderheiten sein Augenmerk finden. Dann allerdings geht er ausführlich darauf ein. Über eine *Piccolomini*-Aufführung heißt es: *„Das malerisch Dekorative wirkte hier in erster Reihe mit, und so wichtig, ja geboten das Zusammenklingen aller äußerlichen Dinge sein mag, so möcht' ich doch das, was die Dekoration zur Gesamtwirkung eines Schauspiels beisteuert, über das stellen, was wir dem ‚Kostüm' im engeren Sinne verdanken. Die Dekoration tritt breiter, mit mehr Front auf als das Kostüm und ist das von vornherein Stimmunggebende."*[38] Auch in der einen Tag später folgenden Aufführung von *Wallensteins Tod* geht Fontane ausführlich auf die neuen Dekorationen ein, benennt und beschreibt sie Akt für Akt - Turmzimmer bei Wallenstein, Octavio

VIb/11

Piccolominis Zimmer, Saal in Pilsen, Treppenflur in Eger, Theklas Zimmer, Buttlers Zimmer, Zimmer Wallensteins –, um dann zu resümieren: „*Das* [sind] *die neuen Dekorationen (von alten ist überhaupt keine Rede mehr), zu denen sich selbstverständlich neue Kostüme von entsprechender Pracht und Fülle gesellen. Dieselben auch nur annähernd hier aufzuzählen, geht über Kraft und Beruf. Nur der Eisenpanzer der Pappenheimer, der reichen Rüstungen, in denen Wallenstein sowie Max und Octavio Piccolomini erscheinen, der Dragoner- und Pagenkostüme, der Renaissanceschränke mit ihrem figurenreichen Aufbau, der schweren, dunkelfarbigen Türen mit ihren blanken Schlössern, Haspen und Beschlägen sei hier gedacht.*"39

Vor den kompakten optischen Eindrücken scheint Fontane in seinem Urteilsvermögen unsicher zu werden. „*Die Neuinszenierung der Wallenstein-Trilogie* [...] *stellt uns denn auch wirklich vor eine kritische Aufgabe, die, nach der Seite des Äußerlichen hin, über unsere und wahrscheinlich der meisten Kollegen Kraft geht. Alles dreht sich seit etwa zehn Jahren um die Korrektheit der Erscheinungsformen; waren diese Tiefenbacher, die Holkischen Jäger, diese Wallonen und Pappenheimer echt oder unecht, das sind jetzt die Fragen, die das Interesse, wenn nicht überall, so doch vielerorten mehr beherrschen als die Frage nach Spiel und Dichtung* [...]"40 Diese Skepsis erstaunt; denn Monate zuvor, zu Beginn der Spielzeit 1886/87, hat Fontane sich anläßlich einer *Wintermärchen*-Inszenierung mit diesen Fragen ausführlich beschäftigt. „*Es gibt so vieles in der Kunst und zumal im Märchen, das jeder breiteren Ausführung, ja dem Wort überhaupt widerstreitet und in der Andeutung am kräftigsten zur Geltung kommt. Unter den mitwirkenden Künsten wetteiferte die Malerei mit der Musik und die von den Gebrüdern Brückner in Koburg herrüh-*

renden neuen Dekorationen [...] *lieferten wieder den Beweis, welche Fortschritte diese Kunst gemacht hat und wie groß ihre Macht ist. Es ist fünfzig Jahre lang herkömmlich gewesen, von der Unübertrefflichkeit der Schinkelschen Dekorationen zu sprechen, täuscht mich jedoch mein Laienauge nicht, so sind sie durch Arbeiten wie diese weit überholt. Von besonders großem Effekt war die die Schlußdekoration bildende Palasthalle.*"41 Diese neuen Dekorationen werden von Fontane auf ihre inhaltliche Stimmigkeit befragt, und er erinnert sich an seine London-Aufenthalte, an seine Erlebnisse im Theater eines Charles Kean, die er mit seinen gegenwärtigen Berliner Beobachtungen vergleicht: „*Die Gestalt, die da stand, war von Anfang an Fräulein Schwartz-Hermione, während Kean, im Prinzeß-Theater, durch eine glücklichste Mischung von Drapierungs- und Beleuchtungskunst, die Vorstellung in uns wachrief und erhielt, eine wirkliche Marmorstatue vor uns zu haben. Ohne genau die zu diesem Zweck eingeschlagenen Mittel und Wege zu kennen, möchte ich doch annehmen, daß er die ganz zauberischen Wirkungen durch ein in unsren Mausoleen gelegentlich benutztes blaues Licht zu erreichen wußte, das er, bei wachsender Belebung des Bildes, mehr und mehr in ein rotes übergehen ließ. Es sind dies sehr äußerliche Dinge, die man, wenn man will, sogar als bloße Kunststückchen bezeichnen kann. Sollen Äußerlichkeiten aber überhaupt mal in den Dienst der Dichtung gestellt werden, und die Schaubühne hat doch schließlich ihren Namen davon, so gibt es auch auf diesem Gebiete keine Nebensächlichkeiten mehr, und ein Beleuchtungseffekt kann wichtiger werden als die Frage: ‚Wer spielte die und die Rolle?‘*"42

Ein Theater, das dramatische Inhalte mit äußerlich scheinenden Effekten verbindet, ist für Fontane eine neue Erfahrung, obwohl sie wirklich so neu nicht gewesen sein kann; denn die Aufführungen, die er auf der königlichen Hofbühne als so neuartig empfindet, sind so neu nicht. Er kennt ihre Vorbilder sogar, hat nur nicht über sie berichtet – über die Aufführungen der Meininger. Seit 1874 gastiert das Herzoglich-Sächsische Hoftheater aus Meiningen regelmäßig in Berlin, allerdings im Friedrich-Wilhelmstädtischen Theater in der Schumannstraße. Daher gehören diese Aufführungen nicht zu Fontanes Aufgaben als Theaterkritiker; besucht hat er sie aber dennoch, schließlich war er begierig, sie zu sehen. „*Im Mai intendire ich, zu meiner Nerven-Wiederherstellung, eine Reise nach dem Harz, sie unterbleibt aber, weil es bitter kalt wird, außerdem viele Gastspiele am Theater in Aussicht stehn.*"[43] Fontane hat die Meininger im Mai 1874 gesehen, denn bereits Ende des Monats taucht in einer Besprechung einer *Hamlet*-Vorstellung, in der Ludwig Marx vom Theater in Straßburg als König Claudius gastiert, ein erster Hinweis auf die soeben beendete Gastspielserie auf: „[...] *die ganze Aufführung* [repräsentiert] *eine Art ‚Meiningensches Ensemble'*".[44] Derartige Anspielungen beleuchten schlaglichtartig ein neues Verständnis vom Theater, das letztlich den Grundstein für die in vielen Etappen verlaufende Entwicklung zum Regietheater des 20. Jahrhunderts bildet. Der Siegeszug der Meininger wird unterschwellig auch von Fontane anerkannt, indem er dem Berliner Hoftheater Stagnation bescheinigt, die er als „‚*Treue' im großen und kleinen* [...], *in Dingen und Personen*" empfindet - „*trotz aller Kritik und trotz des inzwischen über den Theaterhimmel hingezogenen Meininger Gewitters*".[45] Die Leistungen der Meininger erkennt er an, wenn er der Berliner Hofbühne und der verantwortlichen Direktion die rhetorische Frage stellt: „*Was wohl der Herzog von Meiningen zu solchem Arrangement und Zusammenspiel sagen würde. Toteres hab' ich nie gesehen. Es wirkte geradezu gespenstisch* [...]"[46] Anläßlich einer Neuinszenierung der Goetheschen *Iphigenie* rät er: „*Nicht ‚neu einstudiert' war die wohlbekannte Tempelkulisse, die vielleicht am ehesten Anspruch darauf gehabt hätte. Wenn nur wenigstens die Vordergrund-Zypressen mal ein Jahr lang in den Meininger Schloßgarten gestellt würden! Liebevolle Pflege kann viel. Soll sich doch die kranke Orangerie in Sanssouci vollkommen wieder erholt haben.*"[47]

Die Theater des Königs von Preußen, der zugleich Deutscher Kaiser ist, wagen 1878 den direkten Vergleich mit dem herzoglichen Theater aus der kleinen thüringischen Residenzstadt. Am 27. April lädt das Schauspielhaus zu einer Neuinszenierung der Schillerschen *Räuber*, die Fontane wie gewohnt würdigt; ausführlich wertet er die Leistungen der Schauspieler, hebt einige hervor, betont aber das Mittelmaß der meisten – „*Alles andere war Durchschnitt und kann nichts weiter sein.*"[48] – und kündigt das kommende Gastspiel an: „[...] *vom Mittwoch an, Räuber-Wettrennen auf zwei Bühnen. Wer wird siegen? Berlin beginnt sich bereits in zwei Heerlager zu teilen, und der Blick in die nächste Woche ist ein Blick in die böhmischen Wälder.*"[49]

Am 1. Mai zeigen im Friedrich-Wilhelmstädtischen Theater die Meininger dann ihre *Räuber*, über die Fontane, entspre-

VIb/52

chend der Aufgabenverteilung in der Zeitungsredaktion, nicht berichtet, um dann aus Anlaß einer dritten *Räuber*-Aufführung schließlich doch zu berichten; denn zu allem Überfluß gastiert am 3. Mai Caesar Beck vom Stadttheater Frankfurt am Main als Karl Moor im Königlichen Schauspielhaus. Fontane kann also innerhalb einer Woche die von ihm als durchschnittlich eingestufte Inszenierung des Berliner Hoftheaters erneut auf sich wirken lassen, da er seiner journalistischen Pflicht genügt. Ohne besonderen Schwung ist die Kritik dann auch geschrieben, bis er ausführlich auf die Meiningensche Vorstellung zu sprechen kommt, die eigentlich nicht sein Thema ist, von ihm aber vergleichend herangezogen wird. Die Berliner Aufführung „*wirkt* [...] *wie eine matte Limonade.* [...] *Über der Meininger Aufführung liegt von Anfang bis Ende ein poetischer Zauber, von dem, das mindeste zu sagen, die Schauspielhaus-Aufführung nur wenig hat. Wer diesen Unterschied allein in den Dekorationen und Kostümen sieht, mit dem ist nicht zu rechten. Allerdings spielen diese Dinge mit, aber sie sind, wie jeder wissen wird, ein sehr gefährlicher Anhang, wenn es nicht eine Schönheit ist, die diese Kostbarkeiten trägt. Das Erscheinen des alten Moor, um ein Beispiel zu geben, in modrig gewordenen und an ihren Rändern halb weggefaulten Staatskleidern ist von großer Wirkung, aber man stecke in diese Staatskleider eine künstlerische Null hinein und warte dann ab, was von dieser ‚großen Wirkung' noch übrigbleibt. Sie wird sehr bald ins Komische umschlagen. Und so in all und jedem. Was ist es denn also? Es wird einfach* [...] *wirklich besser gespielt, zum Teil, weil die Meininger Kräfte denen unsrer Bühnenpensionärs überlegen sind, vor allem aber, weil man im feindlichen Lager über das Verfügung hat, was auch schwache Kräfte hebt und adelt: Lust und Liebe. Dazu: Feinfühligkeit, Verständnis, Schule. Was einem darauf geantwortet zu werden pflegt, weiß ich. Geht es wirklich nicht anders, so bleibt es nichtsdestoweniger bedauerlich, daß uns alljährlich im wunderschönen Monat Mai von einer kleinen deutschen Residenz her gezeigt werden muß, wie man diese Dinge zu handhaben hat, um eines großen Erfolges sicher zu sein.*"[50]

Die Leistungen der kleinen Provinzbühne werden zum Tagesgespräch des Berliner Kulturlebens. Das ungewohnte,

VIb/38

individualisiert werden. Die ausgeprägte Wortregie achtet auf eine natürliche Sprechweise, die das rollende Pathos der Virtuosen ablöst, ebenso wie auf den Sinnzusammenhang der Dialoge. Am Beispiel der *Verschwörer*-Szene im Garten des Brutus wird dies eindringlich klar; sie wird bei den Meiningern nicht mit voller stimmlicher Kraft, sondern im Flüsterton gesprochen. *„Der Herzog war von der Annahme ausgegangen, daß Verschwörer ihre Pläne überhaupt nicht auszuschreien pflegen, daß aber in diesem Falle noch ganz besondere Vorsicht geboten wäre. Brutus' Garten stößt doch an andere Gärten, und in der Stille der Nacht trägt der Schall weit. Wie leicht kann, was hier verhandelt wird, zum Ohr eines Lauschers dringen!"*[51] Auch verharren die Darsteller nicht in einer einmal eingenommenen Stellung auf der Spielfläche, sondern nehmen durch einstudierte Bewegungsabläufe und durch stummes Spiel an dem weiteren Fortgang der Handlung teil. So ergänzt und entwickelt sich organisch das Spiel zwischen den Hauptdarstellern und den Massen. *„Berühmt war das sich steigernde ‚Ja' während der Rede des Marc Anton, zuerst widerwillig, dann nachdenklich, dann aufnehmend, dann zustimmend, endlich hingerissen, in ekstatischem Ausbruch überwältigend."*[52] Um den Eindruck von dem szenischen Bild zu komplettieren, bedarf es auch einer Reform der dekorativen Elemente. Bühnenbilder und Kostüme werden nach dem Prinzip der unbedingten historischen Treue entworfen, und die Spielfläche wird mittels Podesten, Treppen sowie bei Landschaftsdekorationen mittels hügeliger Erhebungen vergrößert. Die plastisch gebauten Dekorationsteile erhalten durch neuartige Beleuchtungsquellen – Gas und Elektrizität – der jeweiligen Szene gemäß ein nuanciertes Licht.

beziehungsreiche Zusammenspiel einer Vielzahl theatralischer Elemente bestimmt die Debatten. Die intensive Bild- und Wortregie der Meininger, ihre historisch getreu gedachten Bühnenbilder und Kostüme sowie eine Analyse des Dramas nach dramaturgischen Aspekten fügen sich ineinander. Nicht der Virtuose ist Anlaß einer Aufführung, sondern die ästhetische Gestaltung des dichterischen Wortes. Deswegen muß der einzelne Darsteller zugunsten des Ensemblespiels zurücktreten. Sein Spiel muß der Bedeutung seiner Rolle im Rahmen der Gesamtkonzeption entsprechen, um einen einheitlichen Darstellungsstil überhaupt zu erreichen. Wird der einzelne Darsteller zu einem eingegliederten Teil aller, so bedeutet dies für die Darstellung von Massenszenen, daß die Komparserie nicht mehr länger leere Staffage bleiben darf; sie muß als Masse aufgelöst und

VIb/43

Die begeisterte Aufnahme, die auch Fontane teilt, kann einen grundlegenden Irrtum, dem die Aufführungen der Meininger unterliegen, nicht verdecken. In ihrem Bemühen um kulturhistorische Detailtreue übersehen sie, daß eine Bühnendarstellung nicht die Wirklichkeit selbst, sondern eine Vorstellung von ihr gibt. Die Meininger glauben, in ihren Inszenierungen die Wirklichkeit auf die Bühne zu stellen, so daß in der Folge eine Reihe von Übertreibungen in den Aufführungsstil gelangen. Dennoch ist ihr Erscheinen auf den deutschen Bühnen von richtungweisender Notwendigkeit, da sie die reisenden Virtuosen mit ihrem referierenden Darstellungsstil immer mehr von den Bühnen verdrängen. Die unmittelbaren Auswirkungen auf die Berliner Theater zeigen sich schon bald in einem wild wuchernden Historismus, in der modischen „Meiningerei", die in übertriebenem Ausspielen von Massenszenen und in erneuter Begeisterung an falschem Prunk sich niederschlägt, der weniger dem theatralischen Ereignis dient, als vielmehr dem Repräsentationsbedürfnis der wilhelminischen Zeit huldigt. Die mittelbaren Auswirkungen zeigen sich in der Konzentration auf einen literarischen Spielplan, in dem klassische und naturalistische Dramen in den Vordergrund treten, in den Forderungen nach lebendiger Darstellung von dramatischer Kunst und in dem Bekenntnis zur Ensemblebildung. Dies am Königlichen Schauspielhaus durchzusetzen, erweist sich mehr als schwierig; denn ein festgefügter, hierarchisch organisierter Apparat behindert jede Änderung. Zudem wendet sich die Literatur Themen zu, die nicht zu denen des Hofes zählen. Sie auf anderen Bühnen zu zeigen, wird von der preußischen Theaterzensur verhindert. So bleibt als Lösungsmöglichkeit die Gründung von Vereinen, die Aufführungen organisieren, die nur Vereinsmitgliedern zugänglich sind.

Theodor Fontane engagiert sich bei dem 1889 in Berlin gegründeten und von Otto Brahm maßgeblich geleiteten Verein *Freie Bühne*[53], der Dramatiker wie Gerhart Hauptmann, Henrik Ibsen und Leo Tolstoi besonders fördert. Der siebzigjährige Fontane wird zum „*siegreich Modernen*", wie Otto Brahm in seiner Gedächtnisrede am 16. Oktober 1898 es ausdrücken wird. Fontane besucht alle Aufführungen der *Freien Bühne* in der ersten Spielzeit 1889/90; seine Theaterkritiken erscheinen parallel zu denen von Aufführungen des Königlichen Schauspielhauses auch in der *Vossischen Zeitung*, seine journalistischen Aufgaben erweiternd. Für die neue Richtung in der Dramatik nimmt Fontane entschieden Partei - in zwei sehr umfangreichen Artikeln interpretiert er zunächst Gerhart Hauptmanns *Vor Sonnenaufgang*, um am nächsten Tag die Aufführung im Berliner Lessing-Theater zu analysieren. Kein Wort erfahren Fontanes Leser von dem Skandal, zumindest nicht von ihm, auch wenn der Verlauf der Vorstellung zum Stadtgespräch wird. Es ist, als sei für Fontane nichts geschehen, „nur" eine Theateraufführung ist zu besprechen, die mit neuen Themen die gesellschaftlichen Verhältnisse in drastischer Form zur Diskussion stellt - keine Ausflüge in die preußisch-deutsche Geschichte, kein Sittengemälde vergangener Zeiten, keine Birch-Pfeifferschen Heimatklänge,

keine Wildenbruchsche Epigonendramatik. „*Es ist töricht in naturalistischen Derbheiten immer Kunstlosigkeit zu vermuten. Im Gegenteil, richtig angewandt (worüber dann freilich zu streiten bleibt), sind sie ein Beweis höchster Kunst. [...] Er* [Hauptmann] *erschien mir einfach als die Erfüllung Ibsens. Alles, was ich an Ibsen seit Jahr und Tag bewundert hatte, das ‚Greift nur hinein ins volle Menschenleben', die Neuheit und Kühnheit der Probleme, die kunstvolle Schlichtheit der Sprache, die Gabe der Charakterisierung, dabei konsequenteste Durchführung der Handlung und Ausscheidung alles nicht zur Sache Gehörigen – alles das fand ich bei Hauptmann wieder [...]*"[54]

Am Ende der Spielzeit 1889/90 führt die *Freie Bühne* erneut ein Stück von Gerhart Hauptmann auf, der die Buchausgabe der „Familienkatastrophe", wie *Das Friedensfest* im Untertitel heißt, „*dem Dichter Theodor Fontane ehrfurchtsvoll zugeeignet*" hat. Nur wenig von Belang ist, wie Fontane Josef Kainz, den Liebling der Berliner, in der Rolle des Wilhelm Scholz sieht, von Belang ist einzig das Schlußwort, das Fontane in dieser Theaterkritik zur *Freien Bühne* formuliert: „*Von meinem persönlichen Standpunkt aus, der sich übrigens mit dem der Zeitungsleitung so wenig deckt, daß ich es als ein Glück und eine besondere Nachsicht ansehen muß, überhaupt zu Worte gekommen zu sein, von meinem Standpunkt aus darf ich der ‚Freien Bühne' das Trosteswort zurufen: ‚Viel Feind, viel Ehr'. [...] Es sollte der Versuch gemacht werden, an Stelle von Stücken alten Geschmacks Stücke neuen Geschmacks vorzuführen, und ein Publikum, das sich bereit erklärt hatte, diesen Versuch unterstützen zu wollen, sollte dabei sein, sollte ja oder nein sagen, sollte annehmen oder verwerfen. Niemand war zu sichrem künstlerischen Genuß eingeladen, nur zur Feststellung oder kritischen Betrachtung strittiger Fragen. Und zu Gerhart Hauptmanns ‚Vor Sonnenaufgang' Stellung nehmen zu können, mußte für das Publikum der ‚Freien Bühne' zur Genugtuung und Ehre werden, gleichviel ob es in die Lage kam, Verwerfung oder Zustimmung auszusprechen. Wer als Sicherheitskommissarius ins Theater gehen will, hat bei Schiller- und Shakespeare-Stücken, Gelegenheit genug dazu, wer aber vorhat, neugierig und mutig ins pfadlose Meer hinauszusteuern und nach neuen Inseln zu suchen, der muß darauf gefaßt sein, ebensogut Caliban wie Miranda zu finden. Bloß Miranda zu finden, ist ihm nicht versprochen [...]*"[55] Mit der Anspielung auf Shakespeares *Sturm* - Caliban, das scheußliche Ungeheuer, halb Mensch, halb Tier, und Miranda, die liebliche Tochter des Prospero - verdeutlicht Fontane die schwierige Situation der *Freien Bühne*, angegriffen von vielen Seiten, selbst von denen, die bereitwillig Änderungen erstrebten. Er beschließt seinen Artikel, nachdem er Otto Brahm und dem Regisseur Hans Meery gedankt hat, mit dem Wunsch: „*Die Zukunft wird den Kämpfenden gerechter sein und den Einsatz an Kraft und Opfern, den dieser Kampf kostete, mehr zu würdigen wissen.*"[56]

Mehr als sechs Monate später ist in der *Vossischen Zeitung* erneut eine Theaterkritik von Theodor Fontane zu lesen; sie ist aber eigentlich keine Kritik, weder im herkömmlichen noch im fontaneschen Sinne, obwohl anläßlich einer erneuten Aufführung eines Dramas von Gerhart Hauptmann geschrieben. Dieser Artikel zu *Einsame Menschen* ist Fontanes Abgesang [57] als Theaterkritiker; denn er nimmt die Aufführung, erneut von der *Freien Bühne* veranstaltet, zum Anlaß, den Lesern der *Vossischen Zeitung* zu erläutern, warum Vereinsvorstellungen nicht mehr zur Kenntnis genommen werden. Als Grund gibt er – so einleuchtend wie fadenscheinig – an, die Leser könnten in ihrer Mehrzahl diese Aufführungen gar nicht sehen, so daß sich auch eine Berichterstattung erübrige. *„Das Publikum kann aber weder ein Urteil über die Vorführungen gewinnen, noch kann es die Kritik über die Aufführungen kontrollieren. […] Entweder […] erscheint [ein Stück] den Bühnendirektoren […] für die Aufführung auf öffentlicher Bühne ungeeignet, dann bleibt das Publikum am besten damit verschont; wenigstens kann es nicht Aufgabe der Kritik sein, unreife oder wohl gar pornographische Studien in den Kreis öffentlicher Besprechung zu ziehen. Oder das Stück erscheint den Theaterdirektoren der öffentlichen Aufführung wert, dann strecken sich hundert gierige Hände danach aus, die dem Stück die öffentliche Aufführung sichern, und das Publikum verliert nichts durch vorläufige Nichtbesprechung des Stückes. Die Kritik wird dann bei der öffentlichen Aufführung ihres Amtes walten."* [58]

Zwanzig Jahre hat Theodor Fontane das Amt eines Theaterkritikers ausgeübt, für einen Journalisten eine erfüllende Aufgabe. In dieser Zeit ist aber zugleich sein Romanwerk, das ihn neben den *Wanderungen* bis heute berühmt gemacht hat, entstanden – eine enorme Arbeitsleistung. Erst 1878, Fontane ist fast sechzig Jahre alt, erscheint sein Erstlingsroman *Vor dem Sturm*, mit dem der Weg Fontanes als Romanschriftsteller beginnt. Zwanzig Jahre hat Theodor Fontane Theateraufführungen beobachtet und seine Ansichten schriftlich niedergelegt; daher verwundert es auch nicht, wenn die Welt des Theaters, die Welt des schönen Scheins, in der realistischen Welt der Prosa, im Kosmos der Erzählungen und Novellen, wieder aufscheint. Quantitative Untersuchungen [59] wollen herausgefunden haben, daß auf durchschnittlich jeder fünften Seite literarische Anspielungen zu finden sind, von denen wiederum die Hälfte auf Dramentexte entfallen, als wörtliches Zitat unmittelbar erkennbar oder auch als kryptisches Zitat in verschlüsselter Form. Drückt sich hierbei zunächst nur das bürgerliche Bildungsgut des 19. Jahrhunderts aus, so stammen die von ihm namentlich genannten, real existierenden Künstler, die Fontane in die Handlungen einfügt, aus seiner Kenntnis als Theaterkritiker. Genannt sind sie zumeist in einem wertneutralen Kontext, haben keine handlungsbestimmende Funktion und spielen eher auf die Kenntnisse der zeitgenössischen Leser an.

In der Novelle *Cécile* will Leslie-Gordon eine Theateraufführung besuchen. Er hat die Wahl zwischen *Der Störenfried* von Roderich Benedix im Schauspiel- oder *Tannhäuser* im Opernhaus, gesungen von Vilma von Voggenhuber und Albert Niemann in den Hauptpartien, anerkannten Wagner-Interpreten ihrer und Fontanes Zeit. Die erwähnten Namen der Sänger sind noch wertneutral, sie spielen im weiteren Verlauf der

Handlung keine Rolle mehr, sie sind atmosphärisches Beiwerk. Allenfalls zeigt Leslie-Gordons Entschluß, in die Oper zu gehen, seinen Hang nach höherer Reputation. Dennoch unterliegt dieser Passage ein tieferer Sinn. Als Leslie-Gordon sich gegen den Besuch des Benedixschen *Störenfried* entscheidet, wird er selbst zum Störenfried, und das Schicksal nimmt seinen Lauf. Denn er sieht zu Beginn der Vorstellung in der gegenüberliegenden Loge Cécile, die sich, obwohl verheiratet, mit einem älteren Mann in vertraulichem Gespräch in der Öffentlichkeit zeigt. Diese Szene ist der Drehpunkt der Novelle, die im Duelltod Leslie-Gordons und in Céciles Selbstmord endet. Die Wahl, eine *Tannhäuser*-Vorstellung zu besuchen, enthält einen weiteren Aspekt, da in Wagners „Sängerkrieg" der Dualismus von hoher und niederer Minne, von Heiliger und Hure, von verehrender Überhöhung eines Frauenideals und Verdammung des sündigen Frauenkörpers thematisiert ist. Während Tannhäuser Erlösung findet und sich für die Transzendenz entscheidet, fühlt Leslie-Gordon sich dem Ehrenkodex seiner Zeit verpflichtet und entzieht sich nicht den herrschenden Normen, selbst wenn sie unausweichlich in den Tod führen.

Einen Besuch einer Theatervorstellung als Teil einer Rahmenhandlung beschreibt Fontane auch in *Unwiederbringlich*. Prinzessin Eleonore und ihr Gefolge sehen im Kopenhagener Königlichen Theater die Aufführung eines der Königsdramen von William Shakespeare, *König Heinrich IV. Zweiter Teil*. Bevor die Hofgesellschaft die Aufführung vorzeitig verlassen wird, unterhält sie sich in einer Pause über das Gezeigte. Die Romanfiguren sprechen über die Figuren des Stücks und formulieren mit ihren Vorlieben zugleich ihre eigene Funktion im Roman. Diese eingeschobene Episode deutet Entwicklungen an, die sich im Roman erst später herausstellen; die Raffinesse der Ebba von Rosenberg ist anhand ihrer Vorliebe für die Dramenfigur Dorchen, die zunächst den Dickwanst Falstaff umgarnt, um sich später dem Prinzen Heinrich in die Arme zu werfen, zwar für den Leser erahnbar, wird aber von der Romanfigur Holk nicht zur Kenntnis genommen. Ein anderer Theaterbesuch wird dagegen nicht in die Handlung einbezogen, er bleibt nur angekündigt. Melusine und Armgard begrüßen den unangemeldeten jungen Herrn von Stechlin sogleich mit der Mitteilung, sie müßten in einer halben Stunde das Haus verlassen, *„Opernhaus, ,Tristan und Isolde'".* [60] Diese Szene ist für den weiteren Verlauf des Romans ohne Relevanz, der Opernbesuch bleibt ausgeblendet, die Nennung des Operntitels ist völlig beliebig. Bemerkenswert in diesem Zusammenhang ist jedoch, daß *Der Stechlin* das Werk Fontanes ist, in dem dramatische Zitate am häufigsten verwendet werden, zumeist Werken Schillers, Goethes und Shakespeares entlehnt. Adel, Militär und Klerus zeigen sich zitierfreudig und geben sich somit in künstlerischen Fragen bewandert. Der häufige Gebrauch des klassischen Bildungsgutes kennzeichnet die Romanfiguren nicht, Zitate sind ihnen beliebig zuzuordnen. Die Austauschbarkeit entspricht der Anlage des Romans als Plauderei und Dialog – *Verweile doch*, der faustische Titel der letzten sieben Kapitel, entspricht dem.

VIc/25,1

VIc/25,2

Über Kunst, Literatur und Theater zu debattieren, gehört zu den Ritualen der alljährlichen Sylvesterfeiern in *Vor dem Sturm*. Die Rezitation von Szenen aus Antoine-Marin Lemierres *Guillaume Tell* und die Antipathien gegen Schillers *Wilhelm Tell* bezeichnen im Rahmen einer abendlichen Unterhaltung die Kluft zwischen vorgegebenem Anspruch und erkennbarem Verhalten der Romanfiguren, die einen Teil des märkischen Adels 1812/13 repräsentieren, so wie Fontane ihn sieht. Ebenfalls in dieser Zeit – genauer im Sommer 1806 – spielt die Novelle *Schach von Wuthenow*, in der eine Theateraufführung ebenso wie ihre Travestie durch Offiziere des Regiments Gensdarmes eine Rolle spielt. Am 11. Juni 1806 wird Zacharias Werners Ritterschauspiel *Die Weihe der Kraft* vom Berliner National-Theater uraufgeführt. Erstmals erscheint die Gestalt Martin Luthers, abgesehen von der Nebenfigur des Bruders Martin in Goethes *Götz von Berlichingen*, auf einer Berliner Bühne, dargestellt von ihrem Prinzipal August Wilhelm Iffland. Beifall und Ablehnung halten sich ziemlich die Waage. Nach dem Ende der 15. Vorstellung am 24. Juli 1806 führen preußische Offiziere eine

„Schlittenfahrt" auf der Straße Unter den Linden durch und verspotten das Schauspiel. Zunächst verzichtet das Theater auf weitere Aufführungen, nach einiger Zeit wird es aber wieder gespielt, bis 1814 die letzte Vorstellung gezeigt wird. Diese beiden Vorgänge, tatsächlich geschehen und aufeinander bezogen, legitimieren die anderen Begebenheiten, die in der historischen Novelle dargestellt sind. Das fiktionale Geschehen mit seinem kulturellen, politischen und militärischen Umfeld ist dem Anschein nach ebenfalls historisch gegeben. Die Diskussionen der fiktionalen Romanfiguren in *Schach von Wuthenow* über die historische Theateraufführung – Darf eine Gestalt wie Luther auf einer Bühne auftreten? Darf Religionsgeschichte überhaupt dramatisiert werden? Zeigt sich nicht in der Tatsache einer derartigen Aufführung die Hohlheit des lutherischen Glaubens und damit zugleich seine negative Funktion als staatstragende preußische Ideologie? – dienen ausschließlich der Charakterisierung ihrer selbst. Damit werden sie – bereits für den Leser am Ende des 19. Jahrhunderts – zum Bestandteil einer realistisch erscheinenden Vergangenheit, jener preußischen Gesellschaft vor der Niederlage von Jena und Auerstedt gegen Napoleon. Der formale Aufbau der Novelle stützt diese Schlußfolgerung, da die Theatermotive – die Theateraufführung und die mit ihr zusammenhängende Travestie – an zwei Stellen eingeschoben wirken, so daß sie für den Fortgang der eigentlichen Handlung – die Liebesaffäre um Schach und Victoire – von nebensächlicher Bedeutung sind.

Auch in *Effi Briest* spielen Reminiszenzen an reale Theateraufführungen eine nicht unwesentliche Rolle. Am Vorabend der Hochzeit Effis mit dem Landrat von Innstetten wird unter Leitung des Pastors Niemeyer die *Holunderbusch*-Szene aus Kleists *Käthchen von Heilbronn* aufgeführt, um den beiden Brautleuten, literarisch verbrämt, die Normen ehelicher Treue und Untertänigkeit vor Augen zu führen. Eher beiläufig erwähnt Effi, daß sie am Abend zuvor in Berlin eine Vorstellung des von Roderich Benedix adaptierten Märchens *Aschenbrödel* gesehen habe, das, in eine zeitgemäße Mädchenpensionats-Atmosphäre versetzt, ihr „*hübscher und poetischer*"[61] als Kleists großes historisches Ritterschauspiel erschienen sei. Eine entscheidendere Rolle in *Effi Briest* spielt allerdings Ernst Wicherts Lustspiel *Ein Schritt vom Wege*, das den Konflikt zwischen den Romanfiguren motiviert, der sich im Duell entlädt, anders als in der „*Badesaison- und Inkognitokomödie*"[62], wie Fontane in seiner Kritik Wicherts Belanglosigkeit bezeichnet, in der zum Schluß alle Konflikte zur Zufriedenheit aller, dem Schema eines Lustspiels gemäß, gelöst werden.

Stehen die bisher erwähnten Beispiele, sofern die fiktionale Romanhandlung in Berlin spielt, mit realen Aufführungen der Königlichen Schauspiele in Zusammenhang, so tritt in *Unterm Birnbaum* das Königsstädtische Theater ins Rampenlicht eines Romans. Aber auch in diesem dramatisch konstruierten Kriminalfall bleiben die Theater-Elemente einerseits historische Staffage. Immer wenn Hradscheck in Berlin ist, logiert er im *Gasthof zum Kronprinzen*, vom Königsstädtischen Theater nur wenige Schritte entfernt gelegen. Die Bühne, die vornehmlich Possen und Lustspiele eines Carl von Holtei und Louis Angely spielt, wird bevorzugt von Kleinbürgern und Handwerkern besucht, die sich in den dramatischen Gestalten wiedererkennen. In diesem Milieu fühlt sich auch ein aus dem ländlichen Oderkreis stammender, in die preußische Residenzstadt reisender Hradscheck wohl. Das Geschehen um das Theater dient auch in diesem Fall der Milieuschilderung, um die Atmosphäre der Geschichte zu intensivieren und historisch abzusichern. Andererseits erscheint die Erzählung im übertragenen Sinne als Theater, sie ist in Szene gesetzt. Mit dem Mord und seiner Vertuschung beginnt ein Spiel, bei dem Hradscheck und seine Frau die Fäden des Geschehens in ihren Händen halten, so daß sie jeden Schritt planend vorwegnehmen, auf den ihre bäuerliche Umgebung nur reagieren kann. Fontane schildert den Kriminalfall aus der Sicht der beobachtenden Figuren, somit entspricht seine Erzählperspektive dem Gegenüber von handelnden Darstellern auf der Bühne und den nachvollziehenden Zuschauern im Parkett;

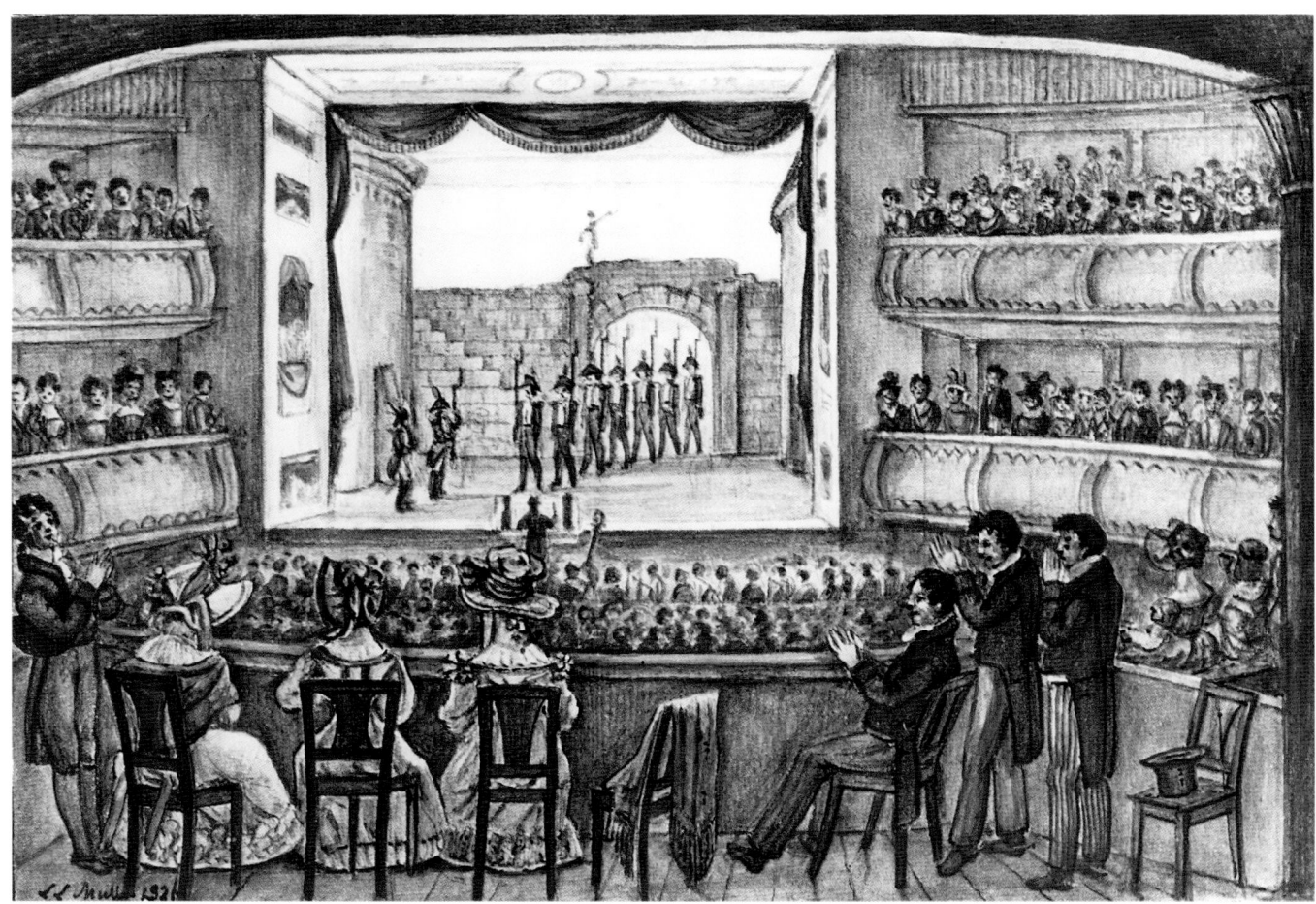

VIc/7

auch wirkt der Schluß wie ein voreilig fallender Vorhang, der die endgültige, klärende Lösung des Kriminalfalles verbirgt.

Nur einige Theater-Bezüge konnten gestreift werden, viele andere hätten noch genannt werden können: Lewin von Vitzewitz schließt in *Vor dem Sturm* die Bekanntschaft des Generalintendanten Karl Friedrich Moritz Brühl, Graf Petöfy diniert mit der Schauspielerin Charlotte Wolter und erneuert die Freundschaft mit Pauline Viardot, Kammerherr Holk nimmt in *Unwiederbringlich* Kontakt mit Charles Kean auf, in *Frau Jenny Treibel* sieht die Professorentochter Corinna Schmidt in London Edwin Booth als Hamlet, Manon von Poggenpuhl erkundigt sich nach der Verlobung der Schauspielerin Paula Conrad,

und Pastor Lorenzen schwärmt in *Der Stechlin* für die „schwedische Nachtigall" Jenny Lind. Die Welt des Theaters ist in der Welt der Erzählungen, Novellen und Romane vielfach präsent. Die realistische Welt des schönen Scheins ist Versatzstück in der fiktionalen Welt der Prosa; deutlich zeigt sich Fontanes Vorliebe, im beiläufig-nebensächlichen Erzählen zeittypische Symptome sichtbar werden zu lassen. Der Theaterkritiker Fontane nimmt allabendlich seine Erfahrungen und Erlebnisse mit an den Schreibtisch des Romanautors Fontane, um seinen Lesern zu vermitteln: „*Man muß oft hingehen, um Vergnügen daran* [am Theater] *zu finden; wer selten hinkommt, leidet an der Unwahrheit dessen, was er sieht.*"[63]

Anmerkungen

1 Theodor Fontane, Brief an Maximilian Ludwig, 2.5.1873; HA 2, S. 431
2 Theodor Fontane, Korrespondenzen aus der „Eisenbahn"; NA XIX, S. 27
3 Ebd.; NA XIX, S. 34
4 Theodor Fontane, in: Die Zeit, 20.2.1858; NA XXII/3, S. 99
5 Theodor Fontane, in: Die Zeit, 21.2.1858; NA XXII/3, S. 104 f.
6 Theodor Fontane; NA XXII/3, S. 115
7 Theodor Fontane, 19.8.1870; NA XXII/1, S. 7
8 Ebd., S. 7 f.
9 Ebd., S. 8 f.
10 Ebd., S. 8
11 Vgl. Theodor Fontane, 14.12.1880; NA XXII/1, S. 956
12 Theodor Fontane, 30.8.1870; NA XXII/1, S. 13
13 Theodor Fontane, 22.9.1887; NA XXII/2, S. 507
14 Theodor Fontane, 24.8.1870; NA XXII/1, S. 9
15 Theodor Fontane, 24.3.1872; NA XXII/1, S. 141 f.
16 Theodor Fontane, 24.8.1870; NA XXII/1, S. 11
17 Ebd.
18 Theodor Fontane, 9.9.1870; NA XXII/1, S. 15
19 Theodor Fontane, 16.9.1870; NA XXII/1, S. 18
20 Auf die diffizile Enthüllungsgeschichte mit ihren Mutmaßungen und Belegstücken wird hier nicht weiter eingegangen; vgl. dazu Jörg Thunecke, Der „Theater-Fremdling" Theodor Fontane: Anmerkungen zum Ursprung eines Ausdrucks, in: Fontane-Blätter, 1994, Heft 58, S. 254-269
21 Rüdiger R. Knudsen, Der Theaterkritiker Theodor Fontane (=Schriften der Gesellschaft für Theatergeschichte, Bd. 55), Berlin 1942
22 Theodor Fontane, 18.2.1880; NA XXII/1, S. 867 f.
23 Ebd., S. 867
24 Theodor Fontane, 4.3.1871; NA XXII/1, S. 38
25 Theodor Fontane, 11.1.1874; NA XXII/1, S. 318
26 Theodor Fontane, 24.5.1882; NA XXII/2, S. 155 f.
27 Theodor Fontane, 2.4.1871; NA XXII/1, S. 47
28 Theodor Fontane, 5.4.1871; NA XXII/1, S. 50
29 Theodor Fontane, 2.11.1871; NA XXII/1, S. 79
30 Theodor Fontane, 3.4.1875; NA XXII/1, S. 416 f.
31 Ebd., S. 420
32 Theodor Fontane, Causerien über Theater, hg. von Paul Schlenther, Berlin 1905
33 Theodor Fontane, 27.4.1875; NA XXII/1, S. 420
34 Zitiert nach: Gotthard Erler und Edda Ziegler, Theodor Fontane. Lebensraum und Phantasiewelt, Berlin 1996, S. 112
35 Vgl. Theodor Fontane, Tagebücher, Eintragung vom 9.12.1882; GBA, Bd. 2, S. 189: „*Ich mußte gegen 7 ins Schauspiel-* haus, wo Wildenbruchs *‚Opfer um Opfer' gegeben wurde. An Unwahrheit, Willkür, Unsinn der Steigerung von ‚Harold'. Armer Stümper, der sich einbildet in Heinr. v. Kleist's Sattel weiterreiten zu können. Den Sattel hat er vielleicht, aber nicht das Pferd.*" Am folgenden Tag notiert er: „*Kritik geschrieben*" und am 11.12.: „*Kritik* [...] *corrigirt*".
36 Theodor Fontane, 7.11.1877; NA XXII/2, S. 516
37 Theodor Fontane, 17.10.1887; NA XXII/2, S. 522
38 Theodor Fontane, 4.5.1887; NA XXII/2, S. 471
39 Theodor Fontane, 6.5.1887; NA XXII/2, S. 475 f.
40 Theodor Fontane, 4.5.1887; NA XXII/2, S. 470
41 Theodor Fontane, 30.9.1886; NA XXII/2, S. 418
42 Ebd., S. 418 f.
43 Theodor Fontane, Tagebücher, Eintragung 1874; GBA, Bd. 2, S. 50
44 Theodor Fontane, 2.6.1874; NA XXII/1, S. 364
45 Theodor Fontane, 17.11.1877; NA XXII/1, S. 598
46 Theodor Fontane, 19.1.1884; NA XXII/2, S. 274
47 Theodor Fontane, 1.10.1882; NA XXII/2, S. 164
48 Theodor Fontane, 30.4.1878; NA XXII/1, S. 674
49 Ebd., S. 675
50 Theodor Fontane, 5.5.1878; NA XXII/1, S. 676 f.
51 Max Grube, Geschichte der Meininger, Stuttgart 1926, S. 71
52 Adolf Winds, Geschichte der Regie, Stuttgart 1925, S. 86
53 Für die weitere Entwicklung des Berliner Theaters sind die 1890 gegründeten Vereine *Freie Volksbühne* und *Deutsche Volksbühne* von ähnlicher Bedeutung.
54 Theodor Fontane, 21.10.1889; NA XXII/2, S. 713
55 Theodor Fontane, 2.6.1890; NA XXII/2, S. 742 f.
56 Ebd., S. 743
57 Die Kritik zur *Weber*-Aufführung im Deutschen Theater am 25.9.1893 widerspricht dieser Feststellung nicht; die Kritik ist anonym erst 1894 erschienen und basiert auf nicht bearbeiteten handschriftlichen Notizen.
58 Theodor Fontane, 12.1.1891; NA XXII/2, S. 744 f.
59 Vgl. Beatrice Müller-Kampel, Theater-Leben. Theater und Schauspiel in der Erzählprosa Theodor Fontanes, Frankfurt am Main 1989
60 Theodor Fontane, Der Stechlin; NA VIII, S. 104
61 Theodor Fontane, Effi Briest; NA VII, S. 188
62 Theodor Fontane, 10.11.1872; NA XXII/1, S. 201
63 Theodor Fontane, Cécile; NA IV, S. 228

VIa/1   Unbekannter Künstler

Berliner Lebens- und Vergnügungs-Plan,
um 1870

Lithographie, koloriert; 13,8 x 15,6
Stadtmuseum Berlin, IV 60/722 R

Zwischen Charlottenburg im Westen, Friedrichshain im Osten, Luisenstadt und Treptow im Süden, Moabit und Pankow im Norden weist der schematisierte Plan neben Schwimmbädern und Ausflugsstätten, in denen Familien Kaffee kochen können, auch auf einige der in Berlin und in seinen Vorstädten bestehende Bühnen hin: Kroll-Theater, Friedrich-Wilhelmstädtisches Theater, Victoria-Theater, Wallner-Theater und die beiden königlichen Theater, wenn auch nicht richtig lokalisiert, in der Stadtmitte Berlins. Als Vergnügungsstätten ausgewiesen sind auch die Arena, das Orpheum und das Odeum sowie – überraschend – das Kriegsministerium, die Stadtvogtei, das Gefängnis in Moabit und die Charité.

VIa/2   Unbekannter Künstler

Wallners Theater-Park, nach 1859

Aquarell; 35,5 x 51,4
Stadtmuseum Berlin, V 71/934 W   (Abb. S. 116)

Zu den herausragenden Sommertheatern, den teils geschlossenen, teils offenen Bretterbuden im Garten oder in einem zu Wirtshäusern gehörenden Saal, zählte Wallners Sommer-Theater, gelegen im ehemaligen Bouchéschen Garten an der Schillingstraße. 1859 umgebaut, wurde das Areal zu einem beliebten Ausflugsziel im Berliner Osten. Mit den von Franz Wallner bevorzugten Berliner Lokalpossen des David Kalisch, in denen sich der angestaute Ärger der Bürger über die politischen Verhältnisse artikulierte, setzte das Wallner-Theater auch in künstlerischer Hinsicht Maßstäbe.

VIa/3   Franz Skarbina

Der Krollgarten am Abend, o. J.

Öl auf Lwd.; 26,5 x 31,5
Privatbesitz

Das wohl schönste und größte Ausflugs- und Vergnügungslokal, das Krollsche Etablissement, wurde 1844 von Joseph Kroll nach dem Vorbild des Breslauer Wintergartens auf dem Exerzierplatz vor dem Brandenburger Tor errichtet. Mit Konzerten, Bällen und anderen Festlichkeiten bot Kroll dem gebildeten Publikum Berlins einen Erholungs- und Vergnügungsort ganz eigener Prägung. Trotz immer neuer Attraktionen – Adolf Sigmunds Optisches Welttheater, Schreyers Affentheater, Adolf Bils Zauber-Palast, Vorstellungen von Seiltänzer- und Ballettgesellschaften – blieben die Besucherzahlen hinter den Erwartungen zurück; lediglich das einmalige Konzert von Johann Strauß im August 1845 brachte so viele Besucher wie das Haus täglich benötigt

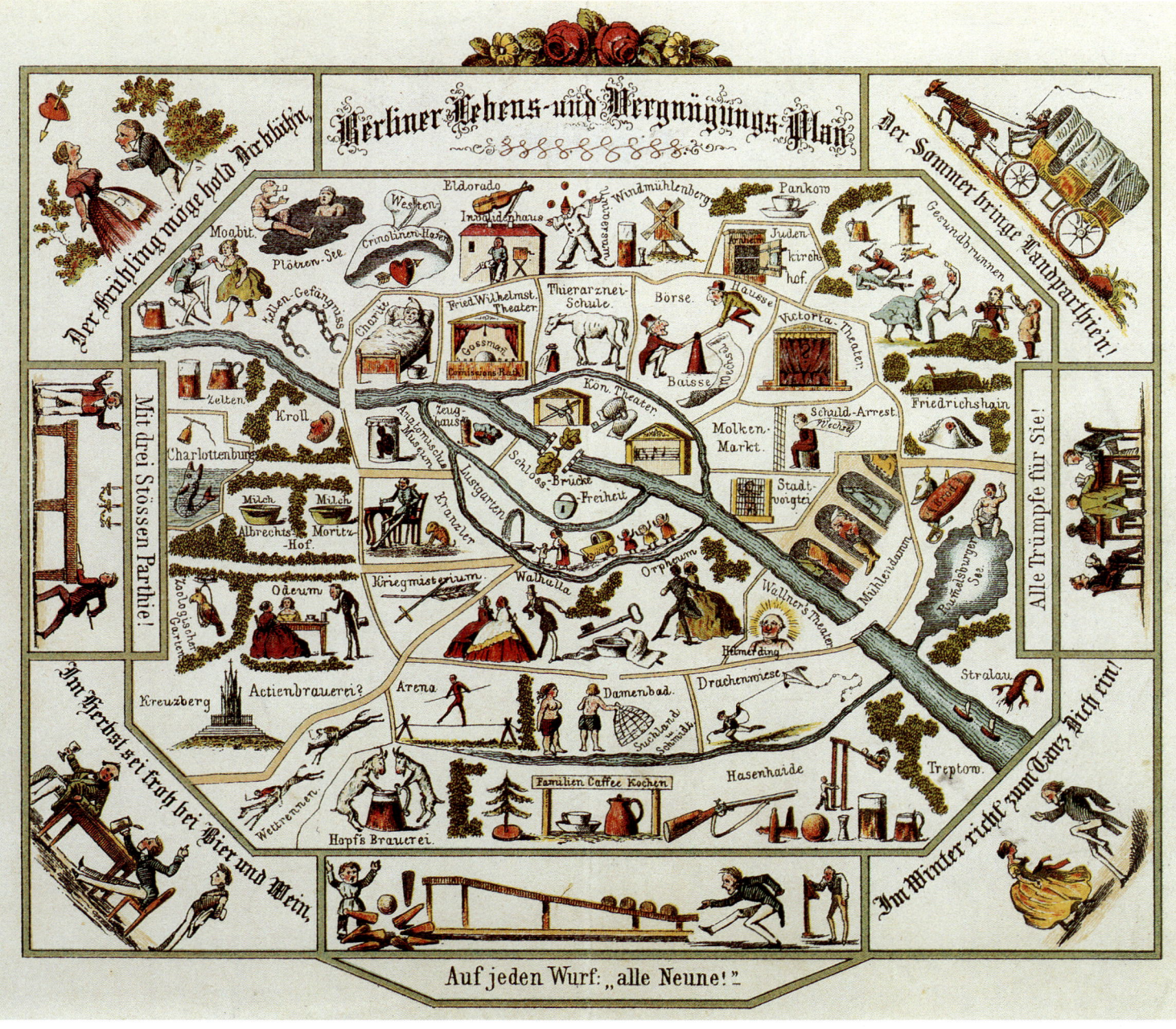

VIa/1

VIa/2

bühne vergnügt, und zweitens wurde nicht
schlecht gespielt, mit Gewandtheit und Routine
von fast allen und von einigen beinahe gut."
Theodor Fontane, 14.10.1888; NA XXII/2, S. 685

VIa/5

Krollsches Etablissement, um 1860

Modell (Rekonstruktion 1995)
Holz, Polyester gespritzt, Papier geleimt, Schweißdraht
gelötet, beleuchtet; H. 99, B. 125, T. 117,5
Modellbau: Bernd Naguschewski und Klaus Butzke, Berlin
Stadtmuseum Berlin

VIa/6   **Hermann Scherenberg**

*Das 25jährige Jubiläum des Kroll'schen
Etablissements zu Berlin am 15. Februar*
Aus: *Ueber Land und Meer*, 1869, o. S.

Holzstich; 25,7 x 35,4
Stadtmuseum Berlin, IV 86/ 27 Vi

In dem Festspiel *Grundstein und Jubiläum* wird
die Geschichte des Etablissements von den allegorischen Figuren Breslau, Berlin und Merkur
poetisch dargestellt; das Schlußbild des Festspiels
hält Scherenberg in der Mitte seiner Zeichnung
fest, mit der er auch an den Gründer Joseph Kroll
und an den derzeitigen Direktor Jacob C. Engel
erinnert. Zum Höhepunkt des Abends, dem auch
der preußische König beiwohnte, wurde die 100.
Vorstellung der Posse *Spillicke in Paris*, die Odys-
see eines Berliner Schneiders, der die Weltausstellung 1867 in Paris besucht. Nach schwindel-
erregendem Treiben im Pariser Palais Royal und
nach taumelnden Orgien in der Weltstadt erkennt er: *„Bei Muttern ist's am besten."*

hätte. Die Dimensionen des Etablissements waren für das eher kleinstädtische Berlin zu groß;
viele Berliner scheuten den weiten Weg zu Kroll,
hinaus vor die Tore der Stadt.

VIa/4   **Ludwig Eduard Lütke**

Krolls Wintergarten in Berlin, vor 1850

Lithographie, koloriert; 15,1 x 22
Stadtmuseum Berlin, GDR 63/2

1850 richtete Auguste Kroll zusätzlich ein Theater ein, das mit Possen, aber auch mit Opernauf-
führungen Aufmerksamkeit erregte; auch wenn
die Gründung zunächst skeptisch kommentiert
wurde – *„der Thespiskarren ist mitten unter die
Volksbelustigungen aller Art [...] hineingescho-
ben worden [...] So hat denn Kroll's Garten, der
uns Wiener Prater, lebende Bilder, italienische
Nächte, Industrie-Ausstellungen, Stadtverordne-
ten- und andere Zweckessen geboten, auch sein
Sommertheater"* (Haude und Spenersche Zeitung,
29.6.1850) –, konnte sich das Kroll-Theater mit
seinem Spielplan, bestehend aus einer bunten
Mischung von Posse, Schauspiel, Oper und Konzert, behaupten. 1888 besuchte Fontane die Aufführung eines amerikanischen Gesanglustspiels
My Sweetheart von Kennion, das sechs Jahre
lang ununterbrochen in Amerika gespielt worden war. Nach einem inhaltlichen Verriß – *„Der
zweite Akt verlief öde und langweilig, und der
dritte [...] war einfach schlimm"* – beschließt
Fontane seine Kritik sehr versöhnlich: *„Einmal
war es interessant (wenigstens für mich), aus Au-
genschein kennzulernen, was unsere deutsch-
amerikanischen Vettern drüben auf der Volks-*

VIa/7   **Unbekannter Künstler**

Das Victoria-Theater in Berlin, o. J.

Lithographie, koloriert; 14,8 x 20
Stadtmuseum Berlin, GDR 64/11,181

Das Victoria-Theater in der Münzstraße, 1859
eröffnet, erlebte mit den sogenannten Feerien,
grandiosen und phantastischen Ausstattungs-
stücken mit ihren pompösen Schaubildern, seine
größten Erfolge. Das Theater, ursprünglich von
Carl Ferdinand Langhans d. J. geplant, hatte
zwei Zuschauerräume, links das Wintertheater,
rechts das Sommertheater, in der Mitte die von
beiden Theatern zu nutzende Bühne. Jeweils
1 400 Zuschauer fanden in den Häusern Platz;
die drei Räume konnten auch zu einem großen
Saal vereinigt werden.

VIa/8   **F. Albert Schwartz**

Victoria-Theater, 1886

Photographie; 19,4 x 24,9
Stadtmuseum Berlin, V 68/1963a V

Nach Streitigkeiten wegen des Honorars gab
Langhans den Auftrag zurück; der Architekt
Eduard Titz vollendete den Bau, hielt aber grund-

VIa/4

VIa/6

Nach dem Erlaß der Gewerbefreiheit 1869 wandelte der Schauspieler August Wolf sein Tanzlokal Jardin Belle-Alliance an der Tempelhofer Straße (heute: Mehringdamm) in der Tempelhofer Vorstadt (heute: Kreuzberg) zum Belle-Alliance-Theater um. Er spielte hauptsächlich Possen und Schwänke; bemerkenswert ist aber auch der Versuch, 1870 Goethes *Faust* und 1878 Ibsens *Stützen der Gesellschaft* aufzuführen. Der Garten des Theaters mit seiner großartigen Beleuchtung durch 20 000 Gasflammen galt als eine der schönsten Vergnügungsstätten. 1913 wurde das Gelände von einer Grundstücksgesellschaft erworben und das Theater abgerissen.

sätzlich an den Langhansschen Plänen fest. Das Theater wurde 1891 abgerissen, um dem Straßenbau (Verlängerung der Kaiser-Wilhelm-Straße, heutige Karl-Liebknecht-Straße) zu weichen.

VIa/9

Mamsell Uebermuth / Sachsen in Preußen oder: Wir nehmen auch Ausländer / Guten Morgen, Herr Fischer!
Victoria-Theater, 3. Juli 1860

Anschlagzettel, Druck: Ernst Litfaß; 68,5 x 37
Stadtmuseum Berlin, V 95/524 S

Die drei Einakter wurden nicht nur eingerahmt von einem großen Konzert mit brillanter Beleuchtung des Gartens, sondern auch von mehreren Ballett-Einlagen; der *Venus-Reigen* und *Die Nymphen am Brunnen* stellten die eigentliche Attraktion dar. Besonders hingewiesen wird auf die neuen Kostüme und auf die Nymphen-Grotte; es war durchaus nicht üblich, den Dekorationsmaler und den für die elektrischen Verwandlungen verantwortlichen Maschinisten namentlich zu nennen.

VIa/10   **August Dressel**

Mohammed Abdallah, der letzte König von Granada, segnet seine Umgebung
Aus Ernst Scherenberg's nationalem Ausstattungsstück „Germania" im Victoria-Theater zu Berlin
Aus: *Ueber Land und Meer*, 1889, o. S.

Holzstich; 17,5 x 24,3
Stadtmuseum Berlin

VIa/11   **August Dressel**

Nero beschuldigt die Christen, Rom in Brand gesteckt zu haben
Aus Ernst Scherenberg's nationalem Ausstattungsstück „Germania" im Victoria-Theater zu Berlin
Aus: *Ueber Land und Meer*, 1889, o.S.

Holzstich; 17,5 x 24,3
Stadtmuseum Berlin

VIa/12   **Gottlob Theuerkauf**

Der Sommergarten des Belle-Alliance-Theaters in Berlin
Aus: *Ueber Land und Meer*, 1882, S. 848

Holzstich; 34,5 x 25
Stadtmuseum Berlin, V 68/1912a V

VIa/13   **Unbekannter Künstler**

Bente's Orpheum zu Berlin, Alte Jakobs-Strasse No. 32, um 1862

Holzstich; 36 x 50,2
Stadtmuseum, IV 92/101 Vi

Das vornehme Ballhaus in der Alten Jakobstraße in der Luisenstadt (heute: Kreuzberg) entstand 1854. Nach mehreren Umbauphasen in den Jahren bis 1862 wollte es dem Besucher „eine fürstliche Eleganz, einen feenhaften Luxus, zugleich eine comfortable Wohnlichkeit" bieten, wie es in dem doppelseitigen Werbeblatt heißt. Die Vorderseite zeigt den Garten vom Speisesaal aus, die Rückseite den großen Tanzsaal, der im Rokokostil ausgeführt ist. „Links, die lange Wand enthält vier mächtige [...] Wandgemälde, Bachus, Venus, Flora und Amor darstellend. Am Fuße eines jeden Gemäldes befindet sich ein geschmackvolles Wasserbassin mit Springbrunnen, zu jeder Seite mächtige Spiegel, in deren Mitte eine Gaskrone mit vielen Flammen hervorspringt. [...] In der Mitte der Spiegeldecke hängt ein außerordentlich kostbarer, mit 80 Flammen versehener Kronleuchter und verbreitet im buchstäblichen Sinne des Wortes im ganzen Saale Tageshelle."*

VIa/7

VIa/16

VIa/14 **Ludwig Loeffler**

Prachthof im Orpheum zu Berlin
Aus: *Ueber Land und Meer*, 1865, o. S.

Holzstich; 32 x 23,5
Stadtmuseum Berlin, IV 86/ 24 Vi

VIa/15 **R. Meinhardt nach H. Bach**

Maskenball im Orpheum, o. J.

Lithographie, koloriert; 48,4 x 59,5
Stadtmuseum Berlin, VI 84/733 W

VIa/16 **C. Mende**

Das Orpheum in Berlin
Aus: *Ueber Land und Meer*, 1869, S. 324

Holzstich; 27,8 x 37,3
Stadtmuseum Berlin, IV 94/247 Vi

Das Orpheum wurde ebenfalls 1869 in ein Theater umgewandelt, das sich mit Aufführungen
von Possen und klassischen Dramen profilieren
wollte. Der ehrgeizige Versuch scheiterte; artistische Darbietungen wurden – allerdings mit
mäßigem Erfolg – ins Programm genommen. Das
Theater bestand bis 1908, seine häufigen Namensänderungen – Reunion-Theater, Henne-Theater,
Central-Theater, Thomas-Theater – verweisen
auf ebenso häufige Wechsel seiner Direktoren.

VIa/17

*Ein Küchenroman / Der Dorf-Apotheker
und seine Patienten / Die Zillerthaler/
Im Feldlager vor Paris*
Reunion-Theater, 24. Oktober 1870

Programmzettel, Druck: Ernst Litfaß; 35,2 x 24
Stadtmuseum Berlin

Zur Unterhaltung des Publikums wurden zwischen den Einaktern Ballettvorführungen mit
großer Besetzung geboten.

VIa/18

Man weiß nicht wie?
Reunion-Theater, 17. Dezember 1870

Programmzettel, Druck: Ernst Litfaß; 35,2 x 22,4
Stadtmuseum Berlin

VIa/19 **Gottlob Theuerkauf**

*Der projektirte Palmengarten
der „Flora" zu Charlottenburg*
Aus: *Ueber Land und Meer*, 1871, S. 8

Holzstich; 23,3 x 32,4
Stadtmuseum Berlin, V 68/1979a V

VIa/20 **Gottlob Theuerkauf**

*Der Garten und Palast der Flora
in Charlottenburg*
Aus: *Ueber Land und Meer*, 1871, S. 805

Holzstich; 26,1 x 32
Stadtmuseum Berlin, V 68/1974b V

Auf dem ehemaligen Gelände des Palais' der Gräfin Lichtenau, in der Nähe des Charlottenburger
Schlosses, wurde die Flora, ein monumentaler
Saalbau, errichtet und 1874 eröffnet. In den imposanten Räumlichkeiten wurden Pflanzenschauen,
Aufstiege von Heißluft-Ballons, Hochradrennen
und Buffalo Bills Wildwest-Show geboten. Die
Flora wurde zur bevorzugten Vergnügungsstätte
der Charlottenburger, die später dort auch Opern-
und „Spezialitäten"-Vorstellungen bewundern
konnten. Mißmanagement und ein Rückgang
der Besucherzahlen führten 1902 zum Konkurs;

die überdimensionierte Flora, zwischen Charlottenburger Ufer und Berliner Straße (heute:
Otto-Suhr-Allee) gelegen, wurde abgerissen, das
Gelände parzelliert, so daß ab 1904 an ihrer Stelle
Mietskasernen entstehen konnten.

VIa/21 **Victor Zeppenfeld**

Ein Tivoli-Theater im 19. Jahrhundert, 1866

Öl auf Lwd.; 95 x 145
Theaterwissenschaftliche Sammlung der Universität zu
Köln, 41197

Der Name Tivoli, gebräuchlich für Gartenvergnügungslokale, breitete sich von österreichisch-
süddeutschen Gegenden in der ersten Hälfte des
19. Jahrhunderts nach Norden aus; in ihnen wurden artistische Vorstellungen, Konzerte und
Feuerwerke, verbunden mit einer Gastwirtschaft,
veranstaltet. Das Berliner Tivoli entstand 1829
auf dem Kreuzberg; Anträge, auch Theatervorstellungen geben zu dürfen, wurden regelmäßig
abgelehnt.

VIa/22 **Willibald Winck**

*Sonntagnachmittag in einem
Berliner Sommertheater*
Aus: *Illustrirte Chronik der Zeit*, 1898, S. 777

Holzstich; 23 x 31,5
Stadtmuseum Berlin

VIa/23

*Großes Garten Concert / Die Nachteulen
von Paris / Hölle und Teufel, oder:
Das Blutgericht*
Louisenstädtisches Theater, 7. Juni 1877

Plakat, Druck: Ernst Litfaß' Erben; 71,7 x 47,4
Stadtmuseum Berlin, V 68/1328 S

Nach Umbau eines Tanzsaales entstand 1869 das
Louisenstädtische Theater in der Dresdner Straße
im heutigen Bezirk Kreuzberg. Neben den allgemein üblichen Possen wurden gelegentlich, vor
allem im Winterhalbjahr, anspruchsvolle Dramen
wie Schillers *Die Räuber* oder Shakespeares *Der
Kaufmann von Venedig* aufgeführt. Das Plakat
kündigt ein eigens für diesen Abend geschriebenes Vorspiel als „*nervenerschütterndes Trauer-
und Schauer-, Gala-, Vor- und Festspiel in einem
fürchterlichen Akt mit unendlichem Blutvergie-
ßen*" an. Es wird vorhergesagt, um das Sensationelle dieses Geschehens zu betonen, „*in diesem
Vorspiel bleibt keine Person am Leben*".

VIa/24

Circus Renz, 25. December 1856

Programmzettel, Druck: Ernst Litfaß; 34,6 x 16,5
Stadtmuseum Berlin

Zu den Vergnügungsstätten der Berliner zählten
auch die zirzensischen Arenen am Weinbergsweg, in der Chaussee- und in der Friedrichstraße.
Nach einem Brand am 28. November 1853 wurde

auf dem Grundstück Friedrichstraße 141 a (heute: Bahnhof Friedrichstraße) ein neues Zirkusgebäude errichtet, das 3 000 Zuschauern Platz bot, im Durchmesser 40 Meter maß und eine Höhe von 20 Metern erreichte. Der neue Zirkus wurde am 8. Dezember 1855 von Ernst Renz eröffnet. In den folgenden Jahren spielte dort auch die traditionsreiche Gesellschaft von Eduard Wollschläger. Am 20. April 1876 fand in der Friedrichstraße 141 a die letzte Zirkusvorstellung statt, das Gebäude stand dem Bau der Stadtbahnanlagen im Weg.

VIa/25

Circus Wollschläger, 19. December 1858

Programmzettel, Druck: Ernst Litfaß; 35,5 x 13,6
Stadtmuseum Berlin, VIII 90/418 S

VIa/26   Christian Wilhelm Allers

Thomas Cottrelly und Familie
Aus: *Hinter den Coulissen des Circus Renz*, 1887

Lichtdruck; 24,2 x 31,6
Stadtmuseum Berlin, 112

VIa/27   Christian Wilhelm Allers

In der Damengarderobe während der Nachmittagsvorstellung
Aus: *Hinter den Coulissen des Circus Renz*, 1887

Lichtdruck; 24,2 x 31,6
Stadtmuseum Berlin, 112

VIa/28   Christian Wilhelm Allers

Reitertruppe Familie Meers
Aus: *Hinter den Coulissen des Circus Renz*, 1887

Lichtdruck; 24,2 x 31,6
Stadtmuseum Berlin, 112

VIa/29   Julius Linde (?)

Marionette *Edelmann*, um 1870

Holz, Textil; H. 51
Stadtmuseum Berlin, II 91/1152 L

Berlins bekanntester Marionettenspieler Julius Linde (1813–1883) zog mit seinem grünen Wagen, aus dem er seine zierliche Bühne und seine selbstgefertigten Marionetten hervorzauberte, durch Sommergärten und war häufiger Gast der Vorstadtbühnen. Als alleiniger Akteur belebte er seine Marionetten in Schauspielen, Opern, Possen und Märchenspielen und begeisterte seine Zuschauer mit seiner modulationsfähigen Stimme.

VIa/30   Julius Linde (?)

Marionette *Höllenbraut*, um 1870

Holz, Textil; H. 58
Stadtmuseum Berlin, II 91/1153 L

VIa/23

VIb/1   Carl Graeb

Blick über die Vorhalle des Königlichen Schauspielhauses zum Französischen Dom auf den Gendarmenmarkt, 1844

Aquarell über Bleistift und Feder; 20,7 x 25,7
Stadtmuseum Berlin, GHZ 78/10   (Abb. S. 101)

Carl Graeb, seit 1838 Dekorationsmaler am Königsstädtischen Theater, verbindet in seiner Zeichnung mehrere „fontanesche Elemente", den Französischen Dom mit seinem von Carl von Gontard entworfenen Turmbau, Zentrum der Berliner hugenottischen Gemeinde, sowie das Schauspielhaus, dessen Aufführungen Fontane 20 Jahre kritisch begleitet hat. Es wurde von dem ebenfalls aus Neuruppin stammenden Karl Friedrich Schinkel erbaut und 1821 eröffnet.

VIb/2   Joseph Schneider

Königliches Schauspielhaus, o. J.

Photographie; 22,9 x 28,4
Stadtmuseum Berlin, V 68/1943a V   (Abb. S. 120)

VIb/3   Unbekannter Photograph

Königliches Schauspielhaus, 1890

Photographie; 23,2 x 35,4
Stadtmuseum Berlin, V 68/1943b V

VIa/22

VIb/4 Salingré

Botho von Hülsen, 1887

Photographie; 32 x 20,7
Stadtmuseum Berlin

Botho von Hülsen (1815–1886) leitete als Generalintendant seit 1851 die königlichen Bühnen in Berlin, das Schauspielhaus auf dem Gendarmenmarkt und das Opernhaus Unter den Linden, sowie seit 1866 auch die Königlich Preußischen Hofbühnen in Hannover, Kassel und Wiesbaden. Fontane rühmt in einem Nachruf die Persönlichkeit des preußischen Beamten, der die seichte französische Dramatik abgelehnt, die deutschen zeitgenössischen Dramatiker aber eindeutig gefördert hat: *„Hebbel, Otto Ludwig, Gustav Freytag, Albert Lindner, Brachvogel, Heyse, Geibel, Wilbrandt, Wildenbruch, Gottschall, Jordan, Gustav von Moser, Wichert, Lindau, Lubliner, Gensichen, Genée, Klapp – alle sind gegeben worden und fünfzig, um nicht zu sagen hundert andere mit ihnen. An wem wäre man grundsätzlich oder gar aus Laune vorübergegangen? Nicht einmal Ängstlichkeit nach der Seite des Politischen hin wird ihm vorgeworfen werden können. Freilich, ein Hoftheater ist kein Tummelplatz für sozialdemokratische Probleme. Hinfällig, sag' ich, ist der Vorwurf, daß die deutsche dramatische Dichtung unter von Hülsens Bühnenleitung jedes Ansporns entbehrt hätte, hinfällig nicht minder jene zweite Klage, daß die darstellenden Kräfte schwach und unausreichend gewesen wären. [...] Döring, Dessoir, Berndal, Niemann, die Lucca, die Mallinger, die Frieb – wo sind bessere!"*
Theodor Fontane, 1.10.1886; NA XXII/2, S. 749 f.

VIb/4

VIb/2

VIb/5 Botho von Hülsen

Heiratserlaubnis für den Solotänzer Hermann Böhme, 19. April 1871

Handschrift; 35,4 x 21,6
Stadtmuseum Berlin, V 70/1369 Q

Während weibliche Darsteller an allen deutschen Bühnen eine beabsichtigte Heirat spätestens 14 Tage vor Eheschließung schriftlich anzuzeigen hatten – ansonsten stand der Direktion das Recht zur Kündigung vertraglich zu –, leitet sich das Gesuch des Tänzers Böhme an den Generalintendanten aus dem Beamtenstatus der an den königlichen Theatern Engagierten ab. Beizufügen war auch die Einwilligung des Brautvaters.

VIb/6 Heinrich Graf

Theodor Döring als Malvolio
In: *Was ihr wollt* von William Shakespeare
Königliche Schauspiele – Schauspielhaus,
9. Januar 1874

Photographie; 34,6 x 27,5
Stadtmuseum Berlin

Der sich über Dörings Gastspiel in Dresden 1842 so überschwenglich äußernde Fontane nahm nun, 1874, eine sehr kritische Haltung ein. *„Herr Döring gibt den Malvolio als Döring. Er ist er selbst, ganz er selbst, wie wir ihn kennen und lieben. Und weil wir ihn lieben in seiner Eigenart, so begleitet ihn und sein Spiel auch der Beifall des Hauses. Aber die Döringsche Eigenart, so möchten wir vermuten, deckt sich nicht mit der Eigenart Malvolios. Den Beweis dafür zu suchen, ist schwer. Wer will jetzt noch feststellen, wie diese Gestalt des ,ernsten Narren' vor der Seele Shakespeares gestanden hat. Aber inmitten dieser Ungewißheiten steht doch [...] fest: daß diese Figur*

immer als der Prototyp des ernsten Narrentums gegolten hat [...]"
Theodor Fontane, 11.1.1874; NA XXII/1, S. 320

VIb/7 Emil Wallroth

Widmungsblatt für Theodor Döring, 1875

Feder und Pinsel, laviert, mit Goldfarben gehöht;
51,9 x 68,8
Stadtmuseum Berlin, XII 480

Anläßlich Dörings 50jährigen Künstlerjubiläums wurde das Lustspiel *Rosenmüller und Finke* von Carl Töpfer aufgeführt. Der Abend geriet in Gegenwart der kaiserlichen Familie zu einem überwältigenden Ereignis für den Jubilar, der die Rolle des „alten Hillermann" spielte: *„[...] eh er beginnen konnte, sah er sich bereits zum Gegenstand einer Huldigung gemacht, wie sie die Räume des Schauspielhauses bis dahin schwerlich gesehen haben werden. Was das Schönste daran war, das war das Spontane und das in aller Herzen lebendige Gefühl sowohl von der Echtheit wie von der Wohlverdientheit dieses Beifalls. Das ganze Haus erhob sich wie ein Mann, während aus den Logen und Parkett Kränze flogen [...]. Als der Sturm vorüber war, begann das Spiel, und, unverwirrt durch der Huldigungen allervollstes Maß (jeder Aktschluß brachte neue Hervorrufe und neue Kränze), führte es der Jubilar quick und elastisch, heiter und humorvoll, wie in seinen besten Tagen, durch."*
Theodor Fontane, 26.1.1875; NA XXII/1, S. 397

VIb/6

VIb/8 Unbekannter Photograph

Adalbert Matkowsky als Orest
In: *Iphigenie auf Tauris* von Johann
Wolfgang von Goethe
Königliche Schauspiele – Schauspielhaus,
28. August 1888

Photographie; 48,7 x 35,2
Stadtmuseum Berlin, Archiv der Deutschen Staatsoper,
TA 98/150 VF

*„Ich glaube, er hat viel von den großen Talenten
zu Anfang dieses Jahrhunderts. Ich bezweifle aber,
daß er als ‚Krieger für den Werkeltag‘ zu brauchen
ist. Die ‚Times‘ hielten sich mal einen Leitartikel-
schreiber, captain Stirling, der, wenn ruhige Zeiten waren, im Stall stand und nur bei Extras,
Schlacht bei Waterloo, Missolunghi, Navarino
usw., hervorgeholt wurde. Dann war er das Renn-
pferd, das sicher siegte. So sollte Matkowsky ge-
braucht werden. In der Tagesdroschke geht er zu
sehr durch.“*
Theodor Fontane, Brief an Paul Schlenther, 4.9.1888;
HA 3, S. 636 f.

VIb/9 Zander & Labisch

Szene aus *Wallensteins Lager* von
Friedrich Schiller
Königliche Schauspiele – Schauspielhaus,
1. Januar 1907

Photographie; 20,8 x 28,7
Stadtmuseum Berlin, Archiv der Deutschen Staatsoper,
1951

Szenenphoto mit Heinrich Oberländer als Terz-
kyscher Wachtmeister, Otto Sommerstorff als
Kürassier, Hermann Boettcher als Holkischer Jäger und Wilhelm Arndt als Graf Terzky (v. l. n. r.).

VIb/10 August Scherl

Szene aus *Die Piccolomini* von
Friedrich Schiller
Königliche Schauspiele – Schauspielhaus,
1. Januar 1907

Photographie; 19 x 29,1
Stadtmuseum Berlin, Archiv der Deutschen Staatsoper,
1951 d

Szenenphoto mit Adalbert Matkowsky als Wallen-
stein, Wilhelm Arndt als Graf Terzky, Amanda
Lindner als Gräfin Terzky und Oskar Keßler als
Feldmarschall Illo (v. l. n. r.).

VIb/11 Zander & Labisch

Szene aus *Wallensteins Tod* von
Friedrich Schiller
Königliche Schauspiele – Schauspielhaus,
24. Januar 1907

Photographie; 22,3 x 29
Stadtmuseum Berlin, Archiv der Deutschen Staatsoper,
1951 a   (Abb. S. 107)

Szenenphoto mit Alice von Arnauld als Herzogin
von Friedland, Adalbert Matkowsky als Wallenstein, Amanda Lindner als Gräfin Terzky, Georg
Molenar als Buttler, Wilhelm Arndt als Graf
Terzky und Oskar Keßler als Feldmarschall Illo
(v. l. n. r.).

VIb/12 Zander & Labisch

Szene aus *Wallensteins Tod* von
Friedrich Schiller
Königliche Schauspiele – Schauspielhaus,
24. Januar 1907

Photographie; 21,7 x 28,9
Stadtmuseum Berlin, Archiv der Deutschen Staatsoper,
1951 c

Szenenphoto mit Adalbert Matkowsky als Wallenstein, Oskar Keßler als Feldmarschall Illo und
Wilhelm Arndt als Graf Terzky (v. l. n. r.). – Fontane hat die *Wallenstein*-Trilogie in dieser Besetzung nicht gesehen. Da sich diese Aufführung
– zumindest in ihren dekorativen Elementen –
nur unwesentlich von der des Jahres 1888 unterschied, werden die Photographien ihrer Qualität
wegen als Beispiel für Aufführungen um die Jahrhundertwende gezeigt. Obwohl sie aus technischen Gründen nicht während des Spiels auf der
Bühne aufgenommen werden konnten, vermitteln sie ein eindrucksvolles Bild von Dekoration, Kostümen und Darstellern dieser Zeit.

VIb/13

Schauspielerinnen und Schauspieler,
die im Schauspielhaus am Gendarmenmarkt aufgetreten sind – angegeben ist,
sofern ermittelbar, die jeweilige Rolle und
Dauer des Engagements, gegebenenfalls
die Zeiten des Gastspiels.

VIb/8

1. Adalbert Matkowsky als Ferdinand
In: *Kabale und Liebe* von Friedrich Schiller
Königliche Schauspiele – Schauspielhaus,
16. Juni 1887

Cabinet-Photographie; 16,5 x 10,5
Stadtmuseum Berlin, Archiv der Deutschen Staatsoper,
TA 97/342 VF

1887 Gastspiele, 1889–1909 Engagement. *„Er
wirkt durch Stimmgegensätze, wechselt in ekla-
tanter Weise zwischen Äolsharfe und Sturmglocke
und weckt dadurch den Verdacht, es bloß auf
äußerliche Wirkungen abgesehen und das eigentlich Künstlerische, das Eindringen in den Geist
der Rolle, vernachlässigt zu haben. Aber dies ist
nicht der Fall, Herr Matkowsky wird seiner Rolle
gerecht, trifft den Charakter gut, ja betont sogar
richtig und schadet sich nur einfach durch ein zur
Manier gewordenes Zulaut und Zuleise. [...] Die
Hauptsache stimmt aber, der Rock sitzt [...]“*
Theodor Fontane, 17.6.1887; NA XXII/2, S. 497

VIb/7

VIb/13. 2

2. Arthur Vollmer als Graf Isolani
In: *Die Piccolomini* und *Wallensteins Tod*
von Friedrich Schiller
Königliche Schauspiele – Schauspielhaus,
15./16. November 1884

Cabinet-Photographie: J. C. Schaarwächter, Berlin;
16,7 x 10,9
Stadtmuseum Berlin, TA 98/72 VF

1874 Gastspiele, 1874–1916 Engagement. *„Neu,
wenigstens für mich, war Herr Vollmer als Iso-
lan. Er traf den Ton innerlich und äußerlich gleich
gut und ließ den südslawischen Akzent geschickt
heraushören.“*
Theodor Fontane, 18.11.1884; NA XXII/2, S. 337

3. Maximilian Ludwig als Hamlet
In: *Hamlet* von William Shakespeare
Königliche Schauspiele – Schauspielhaus,
14. Februar 1877

Cabinet-Photographie: Adolf Halwas, Berlin; 16,3 x 10,5
Stadtmuseum Berlin, Archiv der Deutschen Staatsoper,
TA 98/14 VF

1872–1906 Engagement. *„Herr Ludwig gab den
Hamlet. Ich werde nach ihm keinen besseren sehen. Diese Wahrscheinlichkeit ist für mich so groß,
daß ich ihr die Form der Gewißheit gebe. Herr
Ludwig bringt nämlich den Hamlet zu gutem Teile
in sich mit. Er ist vor allem nervös; er ist ernst
und zum Scherzen geneigt, rasch und pensiv
[nachdenklich], leidenschaftlich und voller Hang
zur Reflexion.“*
Theodor Fontane, 16.2.1877; NA XXII/1, S. 551

4. Marie Seebach als Frau von Rosmini
In: *Im Reich der Mütter* von Franz von Sakken
Königliche Schauspiele – Schauspielhaus,
2. Juni 1888

Cabinet-Photographie: Albert Meyer, Berlin; 16,6 x 10,6
Stadtmuseum Berlin, Archiv der Deutschen Staatsoper,
TA 97/370 VF

1887–1897 Engagement. *„So hübsch, ansprechend
und erheiternd das kleine Stück ist, so vortrefflich wurde es auch in allen seinen Rollen gespielt,
namentlich seitens der vier mitwirkenden Damen
[…], Frau von Rosmini […] eine beinahe Neun-
zigjährige, wenn ich richtig verstanden hatte.“*
Theodor Fontane, 5.6.1888; NA XXII/2, S. 568

5. Friedrich Haase als Graf Thorane
In: *Der Königslieutenant* von Karl Gutzkow

Cabinet-Photographie: C. Brasch, Berlin; 16,7 x 10,9
Stadtmuseum Berlin, TA 98/69 VF

1870–1876 Engagement. 1873, anläßlich einer
Aufführung des Gutzkowschen Lustspiels, äußert
sich Fontane: *„Herrn Haase in dieser seiner meist-
bewunderten Rolle zu sehen, blieb uns bisher versagt.“*
Theodor Fontane, 14.10.1873; NA XXII/1, S. 298

Bei einem Gastspiel im Berliner Theater, am
9. Oktober 1888, schreibt Fontane über Haases
Spiel: *„[…] so glänzend, daß einige Bedenken
[…] vor der absoluten Vollendetheit der Darstellung schweigen müssen. Seit dreißig Jahren immer dasselbe. Aber wie es Personen gibt, die das
Recht haben, eine Musteranekdote bei jeder Gelegenheit und vor allem an jeder Tafelrunde zu
wiederholen, weil jede Wiederholung eine Wiederholung ihres Triumphes ist, so darf auch Herr
Friedrich Haase, ohne Schädigung seiner und
unserer Interessen, diese Rollen immer aufs neue
spielen.“*
Theodor Fontane, 10.10.1888; NA XXII/2, S. 669

6. Jenny Gross als Leopoldine von Strehlen
In: *Der gute Ton* von Carl Töpfer
Königliche Schauspiele – Schauspielhaus,
2. Juni 1888

Cabinet-Photographie: J. C. Schaarwächter, Berlin;
16,8 x 10,9
Stadtmuseum Berlin, Archiv der Deutschen Staatsoper,
TA 98/65 VF

1885–1889 Engagement. *„Ihr Auftreten rechtfer-
tigte den guten Ruf, der ihr als Künstlerin, und
den glänzenden, der ihr in der Toilettenfrage vor-
aufgegangen war. Die dritte Toilette: grün und
chamois (oder dem ähnliches) war eine Kunstlei-
stung ersten Ranges. Sich auch im Spiel auf der
entsprechenden Höhe zu halten, war schwer, aber
es gelang, wenigstens in der Hauptsache, was
schließlich auch nicht allzusehr wundernehmen
darf. Denn mutatis mutandis gilt von jungen
Schauspielerinnen dasselbe, was von jungen Offizieren gilt: wer bei Hofe jeder Situation gewachsen ist, wird auch in der Schlacht nicht leicht versagen.“*
Theodor Fontane, 8.10.1885; NA XXII/2, S. 377

7. Hedwig Niemann-Raabe

Cabinet-Photographie: J. C. Schaarwächter, Berlin;
16,7 x 10,9
Stadtmuseum Berlin, V 71/641 V

VIb/13.6

1873–1877 jährliche Gastspiele. *„Es ist Mode, ja
geradezu guter Ton geworden, von dem Virtuosentum als von etwas Schrecklichem, als von der
Wurzel allen Übels zu sprechen. Ich finde dies
einfach absurd und bekenne mich offen und beinahe uneingeschränkt zu der entgegengesetzten
Ansicht. Alles, was mich von Personen auf der
Bühne noch interessiert, sind Virtuosen oder doch
solche, die wenigstens in der einen oder anderen
Rolle ,virtuos' aufzutreten verstehen […] Wenn
ich aber im großen und ganzen überschlage, was
in den letzten sechs, acht Jahren schauspielerisch
überhaupt noch einen Eindruck auf mich gemacht hat, so waren es immer virtuose Leistungen: Rossi, Salvini, Haase, Klein oder die Niemann-Raabe.“*
Theodor Fontane, 4.11.1883; NA XXII/2, S. 240 f.

8. Johanna Buska als Lorle
In: *Dorf und Stadt* von Charlotte Birch-Pfeiffer

Cabinet-Photographie: Dr. Szekely, Wien; 16,6 x 10,9
Stadtmuseum Berlin, Archiv der Deutschen Staatsoper,
TA 98/67 VF

1871/72 Gastspiele. Nach dem Auftreten in dem
Schauspiel *Eine moderne Million* von Bernhard
Scholz schreibt Fontane über die „kleine Buska“:
*„Wir glauben jetzt deutlich erkennen zu können,
wie weit die künstlerische Begabung dieser Dame
reicht und wie weit nicht. Ihr Talent beschränkt
sich nicht bloß auf das Naive, sie ist nicht bloß
der ,Backfisch' […], sie beherrscht das Moderne
überhaupt. Aber schon an der Grenze des Idealen, überall da, wo der historische Stil beginnt,
versagen ihr die Kräfte.“*
Theodor Fontane, 28.3.1871; NA XXII/1, S. 46

VIb/13. 3

9. Marie Barkany

Cabinet-Photographie: J. C. Schaarwächter, Berlin;
16,7 x 10,9
Stadtmuseum Berlin, Archiv der Deutschen Staatsoper,
TA 97/109,49 VF

1880 Gastspiel, 1881–1887 Engagement. Schon nach der zweiten Rolle im Rahmen ihres Gastspiels glaubte Fontane, sich von der Schauspielerin ein Bild gemacht zu haben: *„Je salonmäßiger eine Rolle ist, je mehr es auf ein bloß äußerliches Repräsentieren ankommt, desto vollkommener wird sie sich ihrer Aufgabe gewachsen zeigen [...]. Achtmal, wenn ich richtig gezählt habe, wechselte sie die Toilette, und jedes neue Bild, das sie stellte, war ein neuer Triumph, ebenso der Modistin wie der Künstlerin. Auch dieser. Denn was seinerzeit von den alten Heldenrüstungen galt, daß sie nur von Helden getragen werden konnten, das gilt auch von exquisiten Roben. Wer sich nicht auf sie versteht, wer nicht in ihnen zu Hause ist, den erdrücken sie, den ziehen sie zu Boden."*
Theodor Fontane, 31.3.1880; NA XXII/1, S. 877

10. Paula Conrad als Kammermädchen Maria
In: *Was ihr wollt* von William Shakespeare
Königliche Schauspiele – Schauspielhaus,
24. Januar 1884

Cabinet-Photographie: Heinrich Graf, Berlin; 16,6 x 10,9
Stadtmuseum Berlin, V 73/825 V

1880–1901 und 1914–1932 Engagement. *„[Sie ...] war graziös, schelmisch, ausgelassen und traf den Ton ihrer Rolle, ja fast möcht' ich sagen des Stückes überhaupt, so glücklich, daß man über ihr undeutliches oder unserem norddeutschen Ohr wenigstens undeutlich erscheinendes Sprechen hinwegsehen konnte. Sie spielte, was sie zu sagen hatte, so gut, daß man das Wort nicht vermißte."*
Theodor Fontane, 26.1.1884; NA XXII/2, S. 276

11. Oskar Keßler als Paul Kellenberg
In: *Opfer um Opfer* von Ernst von Wildenbruch
Königliche Schauspiele – Schauspielhaus,
9. Dezember 1882

Cabinet-Photographie: J. C. Schaarwächter, Berlin;
16,7 x 10,9
Stadtmuseum Berlin, Archiv der Deutschen Staatsoper,
TA 98/70 VF

1881–1913 Engagement. *„Gespielt wurde herkömmlich, was durch das Herkömmliche der Rollen bedingt oder doch wenigstens entschuldigt wurde. [...] Herr Keßler outrierte, was, wie nicht verschwiegen werden soll, dazu beitrug, die total unmögliche Verlobungsszene womöglich noch unmöglicher zu machen; im ganzen aber traf er's und gab ein gutes, wenn auch etwas zu scharf gezeichnetes Charakterbild aus unserer sogenannten ,Jeunesse dorée'."*
Theodor Fontane, 12.12.1882; NA XXII/2, S. 186

12. Anna Haverland als Maria Stuart
In: *Maria Stuart* von Friedrich Schiller
Königliche Schauspiele – Schauspielhaus,
25. März 1878

Cabinet-Photographie: J. C. Schaarwächter, Berlin;
16,9 x 10,9
Stadtmuseum Berlin, Archiv der Deutschen Staatsoper,
TA 98/64 VF

1878 Gastspiel, 1879 und 1896–1898 Engagement. *„Man kann fast sagen, sie wirkte hier durch Zurückhaltung. [...] Nicht etwa, weil sie das Betonen des Königlichen als vorzugsweise berechtigt ansähe, dazu ist sie zu klug, sondern einfach, weil dies Klassisch-Hoheitsvolle ihrer ganzen Natur am meisten entspricht. Und deshalb tut sie recht daran, die Szenen so zu spielen, wie sie sie spielt; der Zauber des Natürlichen, auf den so viel in der Kunst ankommt, bleibt dadurch gewahrt, und eine schöne Wirkung wird gewonnen."*
Theodor Fontane, 27.3.1878; NA XXII/1, S. 666

13. Clara Meyer als Minna von Barnhelm
In: *Minna von Barnhelm* von Gotthold Ephraim Lessing
Königliche Schauspiele – Schauspielhaus,
30. September 1885

Cabinet-Photographie: J. C. Schaarwächter, Berlin;
16,6 x 10,9
Stadtmuseum Berlin, Archiv der Deutschen Staatsoper,
TA 98/66 VF

1871–1889 und 1906–1913 Engagement, Ehrenmitglied des Theaters. *„Es ist kaum ein Naturell denkbar, das sich für die Darstellung des schönen und liebenswürdigen Fräuleins von Barnhelm mehr eignete als das des Fräulein Clara Meyer. Denn selbst die Sentimentalität, die man ihr sonst wohl vorzuwerfen pflegt, ist hier am Platz und gab manchen Szenen ein Maß von Innigkeit und Wärme, die ich bei früheren Darstellerinnen, auch die besten nicht ausgeschlossen, in gleich hohem Grade kaum je gefunden habe."*
Theodor Fontane, 2.10.1885; NA XXII/2, S. 374

VIb/13. 4

14. Joseph Nesper als Dietrich von Quitzow
In: *Die Quitzows* von Ernst von Wildenbruch
Königliche Schauspiele – Schauspielhaus,
8. November 1888

Cabinet-Photographie: J. C. Schaarwächter, Berlin;
16,7 x 10,9
Stadtmuseum Berlin, Archiv der Deutschen Staatsoper,
TA 98/71 VF

1886–1915 Engagement. Nesper übernahm von dem gastierenden Friedrich Mitterwurzer, der die Premiere spielte, die Rolle des Dietrich von Quitzow. *„Die bestgezeichneten Gestalten des Stückes sind die Dietrichs von Quitzow selbst, dann die des Burggrafen Friedrich und des Henning Perwenitz, ersten Bürgermeisters von Berlin. Alle überragt die erstgenannte Gestalt, die Dietrichs von Quitzow – an Wirkung gewiß, ebenso an Kern und Mark der Sprache."*
Theodor Fontane, 10.11.1888; NA XXII/2, S. 581

15. Hermann Hendrichs als Marc Anton
In: *Julius Cäsar* von William Shakespeare

Visit-Photographie: Heinrich Graf, Berlin; 10,2 x 6,5
Stadtmuseum Berlin, V 72/360 V

16. Hermann Hendrichs als Struensee
In: *Struensee* von Michael Beer

Visit-Photographie: Heinrich Graf, Berlin; 10,3 x 6,4
Stadtmuseum Berlin, V 72/361 V

17. Hermann Hendrichs als Wetter vom Strahl
In: *Das Käthchen von Heilbronn* von Heinrich von Kleist

Visit-Photographie: Heinrich Graf, Berlin; 10, 2 x 6,5
Stadtmuseum Berlin, V 72/362 V

18. Hermann Hendrichs als Macbeth
In: *Macbeth* von William Shakespeare

Visit-Photographie: Heinrich Graf, Berlin; 9,7 x 6,1
Stadtmuseum Berlin, V 71/629 b V

1844-1864 und 1870/71 Engagement. Auch wenn
Fontane keine Theaterkritiken zu Vorstellungen
verfaßt hat, in denen Hendrichs seine Zuschauer
begeistern konnte, erwähnt Fontane ihn häufiger und nimmt seine Darstellung zum Vergleich:
„[…] *auch wenn er Hendrichs' Spiel in dieser
Rolle nicht vergessen machen kann* […]" bzw.
„[…] *ein Stück, das die bedeutenden Erfolge, die
ihm durch zwanzig Jahre hin zur Seite standen,
keineswegs nur dem glänzenden Spiele Hendrichs'* […] *verdankte* […]" 1879 schreibt er: „*Ich
entsinne mich noch des ersten Hendrichsschen
Auftretens hier und blicke auf jenen Abend als
auf eine meiner schönsten Theatererinnerungen
zurück. Es war im Sommer 40, und er gab den
Lord Southampton in Ludwig Tiecks 'Shakespeare in der Heimat'* [der Autor hieß Carl von
Holtei]. *So wenigstens, glaub' ich, war der Titel
des Stückes. Erscheinung und Spiel elektrisierten
mich; alles vornehm und poetisch. Und so war er
nicht nur, so blieb er auch.*"
Theodor Fontane, 9.12.1879; NA XXII/1, S. 843

19. Adolf Klein

Cabinet-Photographie: W. Höffert, Dresden; 16,7 x 11
Stadtmuseum Berlin, Archiv der Deutschen Staatsoper,
TA 98/68 VF

20. Adolf Klein

Visit-Photographie: o. A.; 10 x 6,2
Stadtmuseum Berlin, Archiv der Deutschen Staatsoper,
TA 98/73 VF

21. Adolf Klein

Visit-Photographie: o. A.; 10 x 6,2
Stadtmuseum Berlin, Archiv der Deutschen Staatsoper,
TA 98/74 VF

1875 Gastspiel, 1876-1880 und 1892-1897 Engagement. In Albert Emil Brachvogels Trauerspiel
Narciß gab Adolf Klein die Titelpartie. „*Ein stür-
mischer und wohlverdienter Beifall begleitete sein
Spiel von Anfang bis Ende. Hier und dort ein klein
wenig gekünstelt, wozu Herr Klein überhaupt
neigt und wogegen sich nicht viel sagen läßt, weil
es mit den großen Vorzügen seiner Kunst in eng-
stem Zusammenhang steht – sonst aber eine mei-
sterhafte Leistung sans phrase.*" (Theodor Fontane,
11.3.1879; NA XXII/1, S. 761) „*Herr Kleins Wallen-*

stein war wieder eine brillante Leistung. […] *Er
ist mehr und mehr gewachsen, seit er vor drei,
vier Jahren in der Rolle des Wallenstein hier ga-
stierte.*"
Theodor Fontane, 29.5.1878; NA XXII/1, S. 687

VIb/14

Fächer
*Erinnerung an das Bühnen-Ball-Fest
Berlin*, 1886

Pappe mit rotem Federrand und Spiegel; 44 x 27
Hergestellt vom Kunst-Institut von Hacker und der
Fächerfabrik von Donat
Stadtmuseum Berlin

Auf der Vorderseite sind die Gebäudeansichten
einiger Berliner Theater abgebildet: Central-
Theater, Residenz-Theater, Deutsches Theater,
Königliches Opern-Haus, Königliches Schauspielhaus, Friedrich-Wilhelmstädtisches Theater, Walhalla-Theater, Victoria-Theater; angegeben ist auch die Tanzordnung des Abends.
Auf der Rückseite erscheinen Porträts der an
diesen Bühnen engagierten Schauspielerinnen
und Schauspieler sowie ihrer jeweiligen Direktoren.

VIb/14, Vorderseite und 15, 16   VIb/14, Rückseite

VIb/15

Verein Berliner Presse, 16.2.1884

Album; 8,7 x 13
Stadtmuseum Berlin

Aufgeschlagen: Seite mit der Eintragung Theodor Fontanes, der eine Strophe aus dem *Walzerlied* seines Freundes Bernhard von Lepel zitiert: *„In vergnügten Tagen / Immer schneller tragen / Uns die Töne wonnig hin und her, / Bis die Luft vergehet / Und sie leise flehet / Ach entschuldgen Sie, ich kann nicht mehr."*

VIb/16

Theaterglas mit Griff, 2. Hälfte 19 Jh.

Messing; H. 3, B. 11, T. 4,5
Stadtmuseum Berlin, VI 55/29

VIb/17

Theaterglas mit Lederschatulle, um 1890

Bein mit Messing, H. 5, B. 12, T. 8
O. Obenaus Junior, Berlin
Stadtmuseum Berlin, II 77/401 G

VIb/18   Julius Karl Lechner

Dekorationsentwurf *Klassizistischer Saal*, o. J.

Aquarell; 20,1 x 29,4
Theaterwissenschaftliche Sammlung der Universität zu Köln, Sammlung Niessen, 41980/1

VIb/19   Julius Karl Lechner

Dekorationsentwurf *Gotischer Saal*, 1861

Aquarell; 29,6 x 46,2
Theaterwissenschaftliche Sammlung der Universität zu Köln, Sammlung Niessen, 41981/1

VIb/20   Julius Karl Lechner

Dekorationsentwurf *Barocker Saal*, o. J.

Aquarell; 29,6 x 45
Theaterwissenschaftliche Sammlung der Universität zu Köln, Sammlung Niessen, 41982/1

VIb/21   Julius Karl Lechner

Dekorationsentwurf *Burg*, o. J.

Aquarell; 22,2 x 34,2
Theaterwissenschaftliche Sammlung der Universität zu Köln, Sammlung Niessen, 41968/1

Die Theater gingen von Standardsituationen in den gängigen Saisonstücken aus und verwendeten Dekorationen für mehr als nur eine Inszenierung. Zum Fundus der Theater gehörten eine Wald- und eine Straßenszene, ein Bauernhof, ein antikisches Gebäude, Gegend mit Felsen und Palmen sowie verschiedenfarbige Dekorationen für

VIb/25

Zimmer und Räume. Selbst Lechners Dekorationen für die Erstaufführung von Heinrich von Kleists *Penthesilea* am 25. April 1876 wurden teilweise auch in Carl Maria von Webers Oper *Der Freischütz* verwendet.

VIb/22

Musterbuch für Waffen, Rüstungen, Schuhe und Schmuck, o. J.

Hugo Baruch & Co., Hoflieferanten Berlin, London; 41,2 x 41,2
Stadtmuseum Berlin

VIb/23

Musterbuch, o. J.

Verch und Flothow, Kunstgewerbliche Werkstätten für Bühnen-Ausstattungen Berlin; 29,8 x 38,5
Stadtmuseum Berlin

Aufgeschlagen: Bl. 35. – *„Altgermanische Panzer für Mannen und Schildjungfrauen, auch Phantasie-Damen-Panzer"* – Die Auffassung, auf dem Theater seien drei Grundtypen von Kostümen ausreichend – das türkische Kostüm, die spanische Tracht und das antike Kostüm –, wandelte sich gegen Ende des 19. Jahrhunderts erst allmählich. Häufig galt noch der Grundsatz eines Schmierendirektors: *„Vor Christi Geburt Sandalen, nach Christi Geburt Ritterstiefel, sofern das Kostüm nicht ein modernes war."*
Adolf Winds, Geschichte der Regie, Stuttgart 1925, S. 68

VIb/24

Garderobenbuch der Königlichen Schauspiele, Männer Solo

König und Ebhardt, Hannover; 42 x 48 (Doppelseite)
Stadtmuseum Berlin

Aufgeschlagen: S. 152. – XI. Abteilung: *„Militair-, Bediente- und Jockey-Mützen mit und ohne Schirm"* – Angegeben ist, welche Art Mütze für welches Stück an welchen Darsteller ausgegeben worden ist. Dieses Buch ist bis 1934 geführt worden.

VIb/25   Julius Karl Lechner

Dekorationsentwurf *Marbods Zelt im Lager der Sueven, auf dem rechten Ufer der Weser, IV. Akt, 1. Szene* zu *Die Hermannsschlacht* von Heinrich von Kleist
Königliche Schauspiele – Schauspielhaus, 19. Januar 1875

Aquarell; 22,2 x 29,9
Theaterwissenschaftliche Sammlung der Universität zu Köln, 18945

„Die Aufnahme des Stücks, nachdem die völlig befremdlich in unsre moderne Welt hineinragenden Büffel- und Bärenkostüme siegreich überwunden waren, war die allergünstigste, zumal bis zum Schluß des dritten Akts. Vom vierten Akt an ließ nicht das Interesse, wohl aber die enthusiastische Haltung des Publikums nach [...]"
Theodor Fontane, 21.1.1875; NA XXII/1, S. 393

VIb/26   Julius Karl Lechner

Dekorationsentwurf *Vor Corioli, I. Akt, 7. Szene* zu *Coriolan* von William Shakespeare
Königliche Schauspiele – Schauspielhaus, 24. März 1876

Aquarell; 22,2 x 29,9
Theaterwissenschaftliche Sammlung der Universität zu Köln, Sammlung Niessen, 33112a

Erstmals ist Shakespeares Trauerspiel in Berlin am 27. Januar 1851 gegeben worden; nach einer längeren Pause wurde die Aufführung 1876 wieder in den Spielplan aufgenommen. Fontane berichtet von einem *„vollkommenen Erfolg"* der Aufführung, gibt jedoch zu bedenken, daß er sich *„infolge von Parteiungen im Publikum, von denen jede mit Heftigkeit für ihren Liebling eintrat, größer ausnahm, als er in Wirklichkeit war"*. Fontane vermutet, daß die Königlichen Schauspiele mit ihrem *Coriolan* dem *Julius Cäsar* der Meininger, die am 1. Mai 1874 erstmals in Berlin gastierten, *„Paroli"* bieten wollten. *„Wenn dies nun nicht voll erreicht worden ist, so ist doch zuzugeben, daß die Anstrengungen […] nicht vergebliche waren und die Kunst der Inszenierung einige Triumphe feierte."* (Theodor Fontane, 26.3.1876; NA XXII/1, S. 503 f.) Trotz der positiven Äußerungen seitens der Kritik - insbesondere die Volksszenen sind *„gut geleitet"* - wird die Inszenierung am 19. Juni 1876 letztmalig gezeigt.

VIb/27   Julius Karl Lechner

Dekorationsentwurf *Zimmer in Gertrud's Villa, I. und II. Akt* zu *Rolf Berndt* von Gustav zu Putlitz
Königliche Schauspiele - Schauspielhaus, 20. September 1879

Aquarell; 29,6 x 46
Theaterwissenschaftliche Sammlung der Universität zu Köln, Sammlung Niessen, 41958

Der Autor, zugleich seit 1873 Generaldirektor am Hoftheater in Karlsruhe, war mit Fontane befreundet; Fontanes milde Kritik - vor allem am 3. Akt - mag darin begründet liegen. *„Es ist, mit nicht allzu langer Elle gemessen, ein gutes Stück; erfreulich in dem, was es will, unterhaltend und herzbeweglich. Wer uns drei Stunden lang zu fesseln und abwechselnd zu erheitern und zu rühren versteht, dem haben wir zu danken."* Theodor Fontane, 23.9.1879; NA XXII/1, S. 810

VIb/28   Julius Karl Lechner

Dekorationsentwurf *Vorhalle des Schlosses* zu *Der Herzog von Mailand* von Philip Massinger
Königliche Schauspiele - Schauspielhaus, 22. November 1879

Aquarell; 29,2 x 46
Theaterwissenschaftliche Sammlung der Universität zu Köln, Sammlung Niessen, 41950

Massinger, ein jüngerer Zeitgenosse Shakespeares, schrieb Dramen mit politischem und religiösem Gehalt. Sein *Herzog von Mailand* mutet in der Handlungsführung unwahrscheinlich an, was den Blick auf seine sprachliche Schönheit verstellt. Fontane sagte dem Drama keine große Zukunft voraus: *„Wird es sich den Ansprüchen eines ganz veränderten Zeitgeschmackes gegenüber […] auch schwerlich auf unserer Bühne behaupten können […]"* (Theodor Fontane, 25.11.1879; NA XXII/1, S. 837). Als Fontanes Kritik in der *Vossischen Zeitung* veröffentlicht wurde, war das Stück nach nur zwei Aufführungen bereits vom Spielplan abgesetzt.

VIb/29   Julius Karl Lechner

Dekorationsentwurf *Bauernstube bei den Klötzen von Rosen. Vorspiel* zu *Die Geier-Wally* von Wilhelmine von Hillern
Königliche Schauspiele - Schauspielhaus, 8. Oktober 1881

Aquarell, Bleistift; 31,2 x 48,8
Theaterwissenschaftliche Sammlung der Universität zu Köln, 41946

Der Entwurf folgt im Detail den Szenenanweisungen der Autorin im Textbuch: *„Rechts in der Ecke ein alterthümlicher großer Kachelofen, der weit in das Zimmer hereinragt und mit der Rückseite an die Rückwand stößt. Die drei freistehenden Seiten sind ringsum mit einer Ofenbank umgeben. Der Ofen muß so weit von der rechten Seitenwand der Stube entfernt sein, daß die spätere Handlung sich dort unbeengt abspielen kann und die später dorthin auf die Ofenbank gelegte Wally durch den Ofen den Darstellern so lange verdeckt wird, bis sie ganz in den Vordergrund kommen. An der Wand ein Schaft mit Flaschen und einigem Geschirr, an der rechten Seitenwand eine Thür. Ihr gegenüber links im Vordergrund ein großer viereckiger alterthümlicher Tisch mit gedrehten Füßen und stumpfen Ecken. In der Mitte des Tisches, um welchen einige Holzstühle stehen, ist nach Tyroler Sitte eine Schieferplatte eingelassen. In der Mitte der hinteren Wand eine schwere alterthümliche Thür. Rechts und links daneben niedere viereckige Fensterchen mit runden Scheiben. Dunkles Gebälk an der Decke. Alles muß das Gepräge des bäuerisch Alterthümlichen, aber Wohlerhaltenen tragen."*

VIb/30   Julius Karl Lechner

Dekorationsentwurf *Wallys Schlafkammer, IV. Akt* zu *Die Geier-Wally* von Wilhelmine von Hillern

Königliche Schauspiele - Schauspielhaus, 8. Oktober 1881

Aquarell, Bleistift; 31,2 x 48,8
Theaterwissenschaftliche Sammlung der Universität zu Köln, 41946

Die Dramatisierung des umfangreichen Romanwerks, die die Autorin selbst vornahm, ist für Fontane ein großer Erfolg, *„größer als erwartet (nicht größer als verdient), und es wird mir obliegen zu zeigen, oder doch wenigstens den Versuch dazu zu machen, worin dieser Erfolg begründet liegt. Er liegt nicht in dem ‚Packenden' der Vorgänge – hierin lag vielmehr umgekehrt eine Gefahr –, er liegt zu größerem und größtem Teil in einer überall in diesem Stücke zutage tretenden Richtigkeit; eine Sache, die viel, viel seltener ist, als in unserer vom Konventionalismus beherrschten dramatischen Kunst in der Regel angenommen wird. In diesem Schauspiele der Frau von Hillern haben wir richtige Menschen, die das Richtige sagen und das Richtige tun, und dies Richtige tun zu richtiger Zeit und am richtigen Ort. Und so kommt es denn, daß wir alles mit zu durchleben glauben und in jene Mitleidenschaft gezogen werden, die nur da sich einstellt, wo statt der Eingebildetheiten von Leid und Lust, ihre Wirklichkeiten an uns herantreten."* Theodor Fontane, 11.10.1881; NA XXII/2, S. 80 f.

VIb/31   Julius Karl Lechner

Dekorationsentwurf *Vor Konrads Burg in den Alpen, I. Akt, 1. Szene* zu *Konradin* von Hans Herrig
Königliche Schauspiele - Schauspielhaus, 22. Oktober 1884

Aquarell, Bleistift; 23,8 x 36,2
Theaterwissenschaftliche Sammlung der Universität zu Köln, Sammlung Niessen, 18717

VIb/29

VIb/32　Julius Karl Lechner

Dekorationsentwurf *Kurze Vorhalle auf der Burg Konrads, II. Akt, 7. Szene* zu *Konradin* von Hans Herrig
Königliche Schauspiele – Schauspielhaus, 22. Oktober 1884

Aquarell, Bleistift; 16,3 x 30
Theaterwissenschaftliche Sammlung der Universität zu Köln, Sammlung Niessen, 18718

Das Drama, das den tragischen Weg des letzten Hohenstaufer, Sohn Kaiser Konrads IV., beleuchtet, der die verlorene Krone Siziliens zurückzuerobern suchte, entfachte im Publikum auf den Rängen Jubel, während das Publikum im Parkett stumm blieb. Auch Fontane reagiert abweisend: *„Ich werde mich schwerlich noch zur Wildenbruchschen Muse bekehren, aber das Geständnis bin ich wenigstens schuldig, daß sie von stärkeren Eltern stammt. Die Fehler sind hüben und drüben dieselben: Zwang, Willkür, Unwahrscheinlichkeit, wenn Wildenbruch aber alle Neune schiebt und den Kegeljungen auch noch mit umreißt, so daß man vor beobachteter Überkraft ins Lachen kommt, so kuhlt die schwachaufgesetzte oder jedenfalls mattgewordene Kugel seiner Rivalen sich nur langsam durch die Kegel hin und wundert sich schließlich beinah selbst, daß ihr zwei, drei davon nachfallen.“*
Theodor Fontane, 23.10.1884; NA XXII/2, S. 330

VIb/31

VIb/33　Ferdinand Lechner

Dekorationsentwurf *Klärchens Haus, I. Akt, 3. Szene* zu *Egmont* von Johann Wolfgang von Goethe
Königliche Schauspiele – Schauspielhaus, 5. November 1887

Aquarell; 21,1 x 32,8
Theaterwissenschaftliche Sammlung der Universität zu Köln, Sammlung Niessen, 41942

VIb/34　Ferdinand Lechner

Dekorationsentwurf *Der Culenburgische Palast. Wohnung des Herzogs von Alba, IV. Akt, 2. Szene* zu *Egmont* von Johann Wolfgang von Goethe
Königliche Schauspiele – Schauspielhaus, 5. November 1887

Aquarell; 22,7 x 32,3
Theaterwissenschaftliche Sammlung der Universität zu Köln, Sammlung Niessen, 41942

Ganz entgegen seiner sonstigen Gewohnheit äußert Fontane sich über Dekorationen und Kostüme: *„Von den drei neuen Dekorationen [...] schien mir das von Professor Lechner herrührende* Klärchen-Zimmer *den Preis zu verdienen. Das Zimmer Albas – vielleicht echt, aber nicht sehr echt wirkend – berührte mit seinem an der Hinterwand angebrachten, etwas sonderbaren Supraportbilde mehr oder weniger forciert. In den Kostümen war manches geändert und gebessert, so der Buyck* [Soldat] *im ersten Akt, die niederländischen Milizen (Akt 2) und die spanische Soldateska, die bessre Helme trug als früher. In der lärmenden Volksszene des zweiten Akts war das Ideal nicht erreicht; sie wirkte sehr absichtlich, und ‚weniger wäre mehr gewesen.‘“*
Theodor Fontane, 7.11.1887; NA XXII/2, S. 522

VIb/35　Julius Karl Lechner

Dekorationsentwurf *Unterirdische Höhle mit den Insignien des Femegerichts, I. Akt, 1. Szene* zu *Das Käthchen von Heilbronn* von Heinrich von Kleist
Königliche Schauspiele – Schauspielhaus, 12. April 1891

Aquarell; 29 x 44,5
Theaterwissenschaftliche Sammlung der Universität zu Köln, Sammlung Niessen, 41935

Während die meisten der aus dieser Zeit überlieferten Dekorationsentwürfe den Bühnenvorhang aussparen, ist er in diesem Falle ausgemalt. Von dieser Aufführung hat Fontane nicht mehr berichtet, von einer früheren sagt er: Käthchen *„kann nur von Künstlerinnen gespielt werden, in denen selber die Zauber der Romantik lebendig sind, die selbst einmal unter dem Holunderbusch in Träumen gesprochen, und, wenn auch den Cherub nicht gesehen, so doch den Glauben an die Möglichkeit seiner Erscheinung davon.“*
Theodor Fontane, 11.5.1873; NA XXII/1, S. 268

VIb/35

VIb/36 Rudolf Dührkopp

Herzog Georg II. von Sachsen-Meiningen,
o. J.

Photographie mit faksimiliertem Autograph; 28 x 19
Stadtmuseum Berlin, Archiv der Deutschen Staatsoper

Unmittelbar nach seinem Regierungsantritt hat
Herzog Georg II. (1826–1914) begonnen, seine
Vorstellungen von einer neuen Bühnenkunst zu
verwirklichen. Grundlage des Spielplans seines
Theaters wurde die klassische Dramatik in einer
realistischen Ausstattung; sowohl Dekorationen
als auch Kostüme unterlagen einer historischen
Detailtreue. Weiteres Kennzeichen seines Theaters war die ausgeprägte Ensemblekunst, die
sich auf die später berühmt gewordene Massen-
regie in den Volksszenen erstreckte. Aus dem
durchschnittlichen Hoftheater einer provinziellen Residenz entwickelte sich eine Muster-
bühne, die das gesamte deutsche Theater und
auch die Bühnen der Theatermetropole Berlin
entscheidend formte.

VIb/37 Christian Wilhelm Allers

Die *Meininger*, 1890

Druck: F. A. Dahlström, Hamburg
Verlag: Friedrich Conrad, Leipzig
Stadtmuseum Berlin, 21346

1. *Ein Page in: Die Piccolomini.*
Lichtdruck; 24,7 x 18
2. *Amanda Lindner als Jungfrau.*
Lichtdruck; 24,4 x 17,5
3. *Amanda Lindner als Priesterin geschmückt.*
Lichtdruck; 24,8 x 18
4. *Generalprobe von Julius Cäsar.*
Lichtdruck; 24,2 x 17,7
5. *Hinter den Coulissen.*
Lichtdruck; 19,5 x 28,2
6. *Probenpausen.*
Lichtdruck; 17,7 x 12,8
7. *Kostümprobe.*
Lichtdruck; 17,7 x 12,8
8. *Der Chor vor dem Auftritt.*
Lichtdruck; 17,3 x 12,7
9. *Auf der Reise.*
Lichtdruck; 17,3 x 12,3

In den Jahren zwischen 1874 und 1890 führten
die Meininger 81 Gastspiele in 36 Städten Europas durch und zeigten in mehr als 2 500 Vorstellungen ihre Modell-Inszenierungen. Am erfolg-
reichsten waren die Aufführungen von *Julius
Cäsar*, *Ein Wintermärchen* und *Wilhelm Tell*.

**VIb/38 Herzog Georg II.
        von Sachsen-Meiningen**

Bühnenbildentwurf *Forum Romanum,
III. Akt* zu *Julius Cäsar* von William
Shakespeare
Herzoglich-Sachsen Meiningensches
Hoftheater, 24. Oktober 1869

VIb/39

Tusche, Bleistift; 21,2 x 31,7
Meininger Museen, Kulturstiftung Meiningen,
IV 293 H   (Abb. S. 109)

*„Was der Zuschauer an Decorationen vor sich
sieht, stammt nicht aus der mehr oder minder ge-
schäftigen Phantasie eines talentvollen Malers;
mit genauester Berücksichtigung archäologischer
Studien sind sie entworfen. Während eines Aufenthaltes in Rom im Jahre 1869 hat der Herzog
Georg II. von Meiningen mit dem Conservator
der römischen Alterthümer Visconti diesen Teil
der Einrichtung ‚Cäsar’s‘ besprochen. Die Ansicht
des römischen Forums im dritten Acte ist ganz
nach Viscontis Angaben gezeichnet; sie stellt das
Forum mit der Ansicht auf den Pallatin dar; die
Rostra steht mit ihrer breiten Seite der Curia des
Senats gegenüber. Im Hintergrunde führen Stufen zu Palästen, Triumphbögen hinauf. [...] Und
diese so eigenthümlichen Decorationen denke
man sich nun mit Helden und Frauen, mit Volks-
massen und Kriegern erfüllt, die vom Scheitel zur
Sohle einen altrömischen Eindruck machen.“*
Karl Frenzel, Berliner Dramaturgie, Erfurt 1877, 2. Bd.,
S. 111

**VIb/39 Herzog Georg II.
        von Sachsen-Meiningen**

Kostümfigurine *Calpurnia, II. Akt* zu
Julius Cäsar von William Shakespeare
Herzoglich-Sachsen Meiningensches
Hoftheater, 24. Oktober 1869

Tusche, Bleistift; 32,4 x 20
Meininger Museen, Kulturstiftung Meiningen, IV 309 H

**VIb/40 Herzog Georg II.
        von Sachsen-Meiningen**

Kostümfigurine *Römischer Soldat* zu *Julius
Cäsar* von William Shakespeare
Herzoglich-Sachsen Meiningensches
Hoftheater, 24. Oktober 1869

Tusche, Bleistift, mit Farbstift laviert; 32,8 x 20,7
Meininger Museen, Kulturstiftung Meiningen, IV 1478 H

*„Decorationen und Costüme sind von peinlicher
Genauigkeit, die Curia des Pompejus, in der Cäsar ermordet wird, und das Forum Romanum
mit der Rostra sind nach den Zeichnungen des
Conservators Visconti in Rom ausgeführt. Überall empfängt der Zuschauer den Eindruck der
antiken Welt. So macht es auf den Feinfühlenden
die tiefste tragische Wirkung.“*
Karl Frenzel, Berliner Dramaturgie, Erfurt 1877, 2. Bd.,
S. 107

**VIb/41 Herzog Georg II.
        von Sachsen-Meiningen**

Kostümfigurine *Knabe, Diener des Cäsar*
zu *Julius Cäsar* von William Shakespeare
Herzoglich-Sachsen Meiningensches
Hoftheater,
24. Oktober 1869

Bleistift; 32,5 x 20,4
Meininger Museen, Kulturstiftung Meiningen, IV 308 H

**VIb/42 Herzog Georg II.
        von Sachsen-Meiningen**

Kostümfigurine *Wahrsager* zu *Julius Cäsar*
von William Shakespeare
Herzoglich-Sachsen Meiningensches
Hoftheater, 24. Oktober 1869

Tusche, Bleistift mit Rotstift laviert; 32,4 x 20,4
Meininger Museen, Kulturstiftung Meiningen, IV 297 H

VIb/43 J. Kleinmichel / Kaesberg

Szenenarrangement *Forum, III. Akt,
2. Szene* zu *Julius Cäsar* von William
Shakespeare
Herzoglich-Sachsen Meiningensches Hoftheater, Gastspiel am Friedrich-Wilhelmstädtischen Theater in Berlin, 1. Mai 1874

Holzstich; 27,4 x 39,9
Stadtmuseum Berlin   (Abb. S. 109)

*„In der Scene auf dem Forum folgen, sich einan-
der überbietend, die großartigen und überraschenden Momente: wie Antonius auf die Schultern der
Menge gehoben wird und so, inmitten der wildesten Bewegung, das Testament Cäsar’s vorliest;
wie die Wüthenden die Bahre mit dem Leichnam
ergreifen, wie Andere mit Fackeln herbeistürmen;
wie endlich Cinna, der Poet, im wildesten Getümmel getödtet wird. Man glaubt den Anfängen
einer Revolution beizuwohnen. [...] Der wiederholte Beifall des Publikums bewies, daß nicht
einzig und allein die Einrichtung und Ausstattung – wie sie in dieser Trefflichkeit und diesem*

Glanze dem Berliner Publikum in einem klassischen Drama freilich noch nicht geboten worden
sind – sondern neben der überwältigenden Ge-
samtleistung auch der Vortrag und das Spiel der
einzelnen Künstler anzog und fesselte."
Karl Frenzel, Berliner Dramaturgie, Erfurt 1877, 2. Bd.,
S. 112, 114

**VIb/44 Herzog Georg II.
von Sachsen-Meiningen**

Kostümteile zu *Julius Cäsar* von William
Shakespeare
Herzoglich-Sachsen Meiningensches
Hoftheater, 24. Oktober 1869

1. Toga, Gewand des Cäsar
Tuch mit Applikationen; L. 480, B. 180
Meininger Museen, Kulturstiftung Meiningen, IV 308 K

2. Tunika, Gewand des Cäsar
Wollkörper und Tuch mit Applikationen; L. 130
Meininger Museen, Kulturstiftung Meiningen, IV 307 K

3. Brustharnisch
Messingblech und Leder; L. 70, B. 36, T. 12
Meininger Museen, Kulturstiftung Meiningen, IV I 6

4. Römisches Rundschild
Messingblech, Innenseite: Filz und Leder; D. 78,5
Meininger Museen, Kulturstiftung Meiningen, IV I 3

5. Helm eines römischen Offiziers
Gepreßtes Messingblech, Haarbusch, Holz; H. 40, B. 19,
T. 26
Meininger Museen, Kulturstiftung Meiningen, IV I 2

6. Römisches Kurzschwert
Schwert und Klinge: Eisen, Griff: Messing; Scheide:
Messingblech mit stoffbezogenen Holzeinsätzen;
L. 49,5, B. 9
Meininger Museen, Kulturstiftung Meiningen, IV I 4 und 5

VIb/45

**VIb/45 Herzog Georg II.
von Sachsen-Meiningen**

Kostümfigurine *Thusnelda* zu *Die Her-
mannsschlacht* von Heinrich von Kleist
Herzoglich-Sachsen Meiningensches
Hoftheater, 10. März 1875

Tusche, Bleistift; 33,7 x 21
Meininger Museen, Kulturstiftung Meiningen, IV 60 H

**VIb/46 Herzog Georg II.
von Sachsen-Meiningen**

Kostümfigurine *Ventidius, Legat von Rom*
zu *Die Hermannsschlacht* von Heinrich
von Kleist
Herzoglich-Sachsen Meiningensches
Hoftheater, 10. März 1875

Farb- und Bleistift; 34,2 x 22
Meininger Museen, Kulturstiftung Meiningen, IV 49 H

**VIb/47 Herzog Georg II.
von Sachsen-Meiningen**

Kostümfigurine *Herdibert* zu *Die Her-
mannsschlacht* von Heinrich von Kleist
Herzoglich-Sachsen Meiningensches
Hoftheater, 10. März 1875

Tusche, Bleistift; 33,8 x 21,5
Meininger Museen, Kulturstiftung Meiningen, IV 50 H

**VIb/48 Herzog Georg II.
von Sachsen-Meiningen**

Kostümfigurine *Barde* zu *Die Hermanns-
schlacht* von Heinrich von Kleist
Herzoglich-Sachsen Meiningensches
Hoftheater, 10. März 1875

Tusche, Farb- und Bleistift; 34 x 21,8
Meininger Museen, Kulturstiftung Meiningen, IV 47 H

**VIb/49 Herzog Georg II.
von Sachsen-Meiningen**

Bühnenbildentwurf *Tropischer Garten*
zu *Ein Wintermärchen* von William
Shakespeare
Herzoglich-Sachsen Meiningensches
Hoftheater, 3. März 1878

Bleistift; 22,7 x 34,2
Meininger Museen, Kulturstiftung Meiningen, IV 264 H

**VIb/50 Herzog Georg II.
von Sachsen-Meiningen**

Prospektentwurf *Landschaft Sizilien*
zu *Ein Wintermärchen* von William
Shakespeare
Herzoglich-Sachsen Meiningensches
Hoftheater, 3. März 1878

Farbstift, Tusche; 13,8 x 21,8
Meininger Museen, Kulturstiftung Meiningen, IV 260 H

**VIb/51 Herzog Georg II.
von Sachsen-Meiningen**

Prospektentwurf *Donaulandschaft* zu
Die Räuber von Friedrich Schiller
Herzoglich-Sachsen Meiningensches
Hoftheater, 19. Dezember 1877

Tusche, Bleistift; 20,2 x 33
Meininger Museen, Kulturstiftung Meiningen, IV 948 H

„Welch' ein prächtiger Wald, welch' eine schöne,
wechselnde Abend-, Mondschein- und Morgen-
beleuchtung, welches Raffinement in der Anein-
anderreihung der erbeuteten, scheinbar regellosen
Kostüme! Wenn sich die Räuber zum ersten Mal
auf den Waldboden lagern, geht ein Laut der Bewunderung durch die Reihen des Parterre. Alle
Gesetze des Bildlichen sind verwertet. Jede Gruppe
findet ihr Gegengewicht. Die Kontraste in Licht
und Farbe grenzen scharf aneinander, dieselbe
Farbe kehrt, wie es sein soll und muß, an verschiedenen Punkten in leichten Nuancen wieder."
Alfred Klaar, Bohemia, 24.9.1878

**VIb/52 Herzog Georg II.
von Sachsen-Meiningen**

Arrangementsskizze *Kosinsky-Szene,
III. Akt, 2. Szene* zu *Die Räuber* von
Friedrich Schiller
Herzoglich-Sachsen Meiningensches
Hoftheater, 19. Dezember 1877

Tusche, Bleistift; 14,2 x 22
Meininger Museen, Kulturstiftung Meiningen,
IV 238 H   (Abb. S. 108)

**VIb/53 Herzog Georg II.
von Sachsen-Meiningen**

Kostümfigurine *Der alte Moor, I. Akt*
zu *Die Räuber* von Friedrich Schiller
Herzoglich-Sachsen Meiningensches
Hoftheater, 19. Dezember 1877

Blei- und Rotstift; 33 x 20,6
Meininger Museen, Kulturstiftung Meiningen,
IV 3448 H   (Abb. S. 130)

**VIb/54 Herzog Georg II.
von Sachsen-Meiningen**

Kostümfigurine *Karl Moor* zu *Die Räuber*
von Friedrich Schiller
Herzoglich-Sachsen Meiningensches
Hoftheater, 19. Dezember 1877

Tusche, Farb- und Bleistift; 33,3 x 21,5
Meininger Museen, Kulturstiftung Meiningen,
IV 342 H   (Abb. S. 130)

VIb/53

Carl Moor

VIb/54

Terzky in d. Piccolomini ...

VIb/58

VIb/55 **Herzog Georg II.**
von Sachsen-Meiningen

Arrangementsskizze *Lager* zu *Wallensteins Lager* von Friedrich Schiller
Herzoglich-Sachsen Meiningensches Hoftheater, 13. Januar 1881

Tusche, Farb- und Bleistift; 14,2 x 22
Meininger Museen, Kulturstiftung Meiningen, IV 574 H

„Ihr Streben nach historischer ‚Echtheit' hat sie, im Einklang mit der allgemeinen naturalistischen Strömung dieser Tage, nur dahin gebracht [...], die Wirklichkeit selbst auf die Bühne zu bringen: Ihre Schilde und Panzer, ihre Türen sind nicht von Pappe, sondern von wahrhaftigem Holz und fallen, sozusagen mit einem hörbaren Ruck, ins Schloß. Hatte das ‚Lager' im ganzen ein Übermaß der Unruhe und der überhasteten Beweglichkeit, so bot es doch im einzelnen der überraschenden Bilder genug: wie der betrügerische Bauer von der erregten Menge fast zertreten wird in schneller Lynchjustiz [...], wie der Kapuziner sein Sprüchlein sagt und die Kürassiere das Pro Memoria anregen, das waren farbenprächtige Szenen voll Leben und Glanz."
Otto Brahm, Vossische Zeitung, 25.4.1882

VIb/56 **Herzog Georg II.**
von Sachsen-Meiningen

Kostümfigurine *Max Piccolomini* zu
Die Piccolomini von Friedrich Schiller
Herzoglich-Sachsen Meiningensches Hoftheater, 19. Februar 1882

Bleistift; 33 x 21,8
Meininger Museen, Kulturstiftung Meiningen, IV 565 H

VIb/57 **Herzog Georg II.**
von Sachsen-Meiningen

Kostümfigurine *Feldmarschall Illo* zu
Die Piccolomini von Friedrich Schiller
Herzoglich-Sachsen Meiningensches Hoftheater, 19. Februar 1882

Bleistift; 33,3 x 21,6
Meininger Museen, Kulturstiftung Meiningen, IV 595 H

VIb/58 **Herzog Georg II.**
von Sachsen-Meiningen

Kostümfigurine *Graf Terzky* zu
Wallensteins Tod von Friedrich Schiller
Herzoglich-Sachsen Meiningensches Hoftheater, 5. März 1882

Tusche, Bleistift; 34 x 22
Meininger Museen, Kulturstiftung Meiningen, IV 588 H

VIb/59 **Herzog Georg II.**
von Sachsen-Meiningen

Kostümfigurinen *Gräfin Terzky* zu
Wallensteins Tod von Friedrich Schiller
Herzoglich-Sachsen Meiningensches Hoftheater,5. März 1882

Bleistift; 33,7 x 21,5
Meininger Museen, Kulturstiftung Meiningen, IV 560 H

VIb/60

Vossische Zeitung, 19. August 1870

Universitätsbibliothek der Humboldt-Universität zu Berlin, Ac 52134

Aufgeschlagen: Erste Beilage, S. 2 mit der ersten Theaterkritik Theodor Fontanes zur Aufführung von *Wilhelm Tell* am 17. August 1870.

VIb/61 **Theodor Fontane**

Notizbuch, 1877/78

Handschriftliches Manuskript; 16,6 x 10,3 (Doppelseite)
Staatsbibliothek zu Berlin – Preußischer Kulturbesitz,
Dauerleihgabe im Theodor-Fontane-Archiv, Potsdam, B 1

Aufgeschlagen: S. 47 mit Notizen zum *Wilhelm Tell*, aufgeführt am 28. Dezember 1878. – In seiner Kritik geht Fontane sowohl auf die *Rütli*-Szene als auch auf die Darstellung des Attinghausen ein (Vgl. NA XXII / 1, S. 732– 735).

VIb/62 **Theodor Fontane**

Brief an Theodor Fontane jun.,
26. November 1876

Handschrift, 2 Dbl., 4 S. mit Umschlag; 32 x 21,6
Klaus Lionnet, Erlangen

Der mit Theodor Fontane jun. befreundete Ernst Lionnet bat den Schriftsteller um eine Begutachtung seines ersten dramatischen Manuskriptes. Theodor Fontanes Urteil ist vernichtend, aber humorvoll verfaßt. *„Keine einzige Figur da ist, für die man sich tiefer interessieren kann. [...] Aber durcheinander gemischt, fressen sie sich auf wie Löwen und Krokodile und es bleibt nichts übrig. Wir fragen uns bis zu einer bestimmten Stelle hin: ‚versteht sich, sie hat Recht', um dann schließlich doch zu sagen: ‚schändlich, sie hat Unrecht'. Darin geht so unser Interesse unter und ein peinlicher Eindruck bleibt."* Trotz der negativen Äußerung von Theodor Fontane ist das

Trauerspiel *Johanna Gray* 1878 im Berliner Verlag Mitscher & Röstell gedruckt worden.

VIb/63

Mitgliederverzeichnis des Vereins *Freie Bühne*, aufgenommen am 30. Juni 1890

Druck: Wilhelm & Brasch; 28,7 x 22,6
Stadtmuseum Berlin

Nach dem Vorbild des Pariser *Théâtre Libre* gründete sich am 5. April 1889 der Verein *Freie Bühne* in Berlin, um *„frei von den Rücksichten auf Theatercensur und Gelderwerb […] in einem der ersten Berliner Schauspielhäuser etwa zehn Aufführungen moderner Dramen von hervorragendem Interesse stattfinden [zu lassen], welche den ständigen Bühnen ihrem Wesen nach schwerer zugänglich sind. Sowohl in der Auswahl der dramatischen Werke, als auch in ihrer schauspielerischen Darstellung sollen die Ziele einer der Schablone und dem Virtuosentum abgewandten lebendigen Kunst angestrebt werden.“* (Aufruf des Vereins *Freie Bühne*, 1889) Innerhalb kurzer Zeit traten dem Verein 351 Personen bei, die zur künstlerischen und geistigen Elite Berlins zählten; unter den aufgeführten Mitgliedern sind auch *„Herr und Frau Theodor Fontane“* sowie der Sprachwissenschaftler Otto Pniower, der spätere Direktor des Märkischen Museums.

VIb/64   Fritz Graetz

Von der *„un“-freien Bühne*, 1889
In: *Lustige Blätter*, 28. November 1889
(Beilage des *Berliner Courier*, Nr. 326)

Farbdruck: Otto Eysler; 34,6 x 26,2
Stadtmuseum Berlin, Bennewiz-Nachlaß

Die Karikatur spielt auf den Skandal an, den die Aufführung *Vor Sonnenaufgang* von Gerhart Hauptmann am 20. Oktober 1889 im Lessing-Theater auslöste. Als einige Zuschauerinnen voller Entrüstung über die scharf vorgetragenen sozialen Anklagen des Dramatikers und wegen der drastisch gespielten Szenen ohnmächtig wurden, zog der Arzt Dr. J. Kastan eine Geburtszange, schwenkte sie über seinem Kopf und rief voller Zorn aus: *„Dies gehört hierher“*. Dann verließ er wütend das Theater. Hatte die Buchveröffentlichung schon heftig widerstreitende Meinungen ausgelöst, wurde Hauptmann durch diesen handfesten Skandal zu einer bekannten Persönlichkeit, und der Verein durfte sich über mangelnde öffentliche Resonanz nicht beklagen. Fontane widmete dem Stück und der Aufführung in zwei Artikeln besondere Aufmerksamkeit. Er beendet seine Kritiken mit der Bemerkung: *„Über Hauptmanns Drama wird noch viel gestritten und manche vieljährige Freundschaft ernster oder leichter gefährdet werden, aber über eines wird nicht gestritten werden können, über den Dichter selbst […]“*
Theodor Fontane, 21./22.10.1889; NA XXII/2, S. 718

VIb/65   Otto Brahm, Paul Jonas und Samuel Fischer

Bilanz des ersten Vereinsjahres der Freien Bühne, 7. Juni 1890

Druck: Wilhelm & Brasch; 28,5 x 22
Stadtmuseum Berlin, V 66/714 S

Neben der Liste der vom Verein in der Spielzeit 1890/91 aufgeführten Theaterstücke wird eine finanzielle Bilanz vorgelegt, die mit einem Überschuß von fast 3 000 Mark abschließt. Mehr als 1 000 Mitglieder hatten 25 000 Mark in die Kassen des Vereins gebracht, mit denen die Kosten für neun Theatervorstellungen bezahlt werden konnten.

VIb/66

Freie Bühne für modernes Leben
2. Jg., Heft 19, 9. Mai 1891
Hg.: Otto Brahm

Verlag: Samuel Fischer, Berlin
Druck: A. Seydel & Cie.; 24,3 x 16
Stadtmuseum Berlin

Am 29. Januar 1890 erschien das erste Heft der als Wochenschrift konzipierten Zeitschrift, die 1892 ihren Titel in *Freie Bühne für den Entwickelungskampf der Zeit* änderte. 1894 trug sie erstmals den Untertitel *Neue deutsche Rundschau*. Die Zeitschrift erscheint noch heute – als Vierteljahresschrift – unter dem Titel *Neue Rundschau* im S. Fischer Verlag, Frankfurt am Main/Berlin.

VIb/67   Edmund Vollmer

Berliner Theater-Kritiker.
Eine Kritik der Kritik

Berlin: Internationale Buchhandlung J. Christmann 1884
Zentral- und Landesbibliothek Berlin, Zentrum für Berlin-Studien, B 476/20

Die Illustration auf dem Buchumschlag zeigt neben Theodor Fontane die angesehenen Berliner Kritiker Oscar Blumenthal, Paul Lindau, Fritz Mauthner und Karl Frenzel.

VIb/68   Eugen Quaglio

Bühnenbildentwurf *Zimmer im Armenhause eines Gebirgsdorfes* zu *Hannele* von Gerhart Hauptmann
Königliche Schauspiele – Schauspielhaus, 14. November 1893

Bleistift; 17,2 x 24,4
Theaterwissenschaftliche Sammlung der Universität zu Köln, 30891a

Voller Verwunderung reagierte die Berliner Theaterkritik auf die erste Aufführung eines Dramas von Gerhart Hauptmann im Königlichen Schauspielhaus, dessen Bühne sich in ein Armenhaus verwandelt hatte, *„von Gestalten erfüllt, deren Dasein das Publikum nur aus den Lokalnotizen der Zeitungen ahnt, nie aber mit eigenen Augen festgestellt hat. Als jüngstes Mitglied*

in die Dichterschaft des Hoftheaters aufgenommen [ist] Gerhart Hauptmann, einer jener ‚Modernen‘, die noch vor Kurzem eines literarischen Rufs sich erfreuten, wie etwa in der Politik die Anarchisten.“ (Heinrich Hart, in: Tägliche Rundschau, 16.11.1893) – Fontane hat diese Aufführung nicht besprochen.

VIb/69

Gedächtnisfeier für Theodor Fontane
Veranstaltet vom Verein *Freie Bühne*
Königliche Hochschule für Musik, 16. Oktober 1898

Programmheft, Druck: Ullstein & Co.; 22,7 x 14,5
Stadtmuseum Berlin

Otto Brahm würdigt Fontane als einen *„freien Einzelnen, keiner Partei und keiner Schablone zugeschworen“*. Fontane durchbrach als *„einziger unter seinen deutschen Altersgenossen die abgelebten Formen gewesener Zeiten und ward, mit grauem Haar, ein siegreich Moderner.“* In seiner Gedenkrede, zunächst im Dezemberheft 1898 der *Neuen deutschen Rundschau* abgedruckt, erinnert Brahm auch an den *„Preußenglauben“* Fontanes, daß das Gesetz geachtet und zugleich *„durchlöchert“* werden müsse – *„aus Milde und Humanität“*.
Vgl. Otto Brahm, in: Kritische Schriften, 2. Bd.: Literarische Persönlichkeiten aus dem neunzehnten Jahrhundert, hg. von Paul Schlenther, Berlin 1915, S. 273-275

VIc/1   Theodor Fontane

Unterm Birnbaum
In: *Die Gartenlaube*, 1885, Nr. 33, S. 533

Leipzig: Ernst Keil
Stadtmuseum Berlin

Die auflagenstärkste deutsche Zeitschrift des 19. Jahrhunderts veröffentlichte in acht Fortsetzungen die Kriminalerzählung, die im November 1885 erstmals auch in Buchform erschien. Die Handlung, wie ein inszenierter Kriminalfall angelegt, spielt vorwiegend in Letschin – im Roman: Tschechin –, zwischen Bad Freienwalde und Frankfurt an der Oder gelegen. Orte und Personen - auch wenn Fontane sie leicht namentlich verändert hat - stimmen mit historischen Vorbildern überein.

VIc/2   Theodor Fontane

Unterm Birnbaum, 1884

Manuskript, 371 Bl.; 33 x 21
Stadtmuseum Berlin, V 67/866

Aufgeschlagen: 8. Kapitel, S. 1 und S. 14 mit Skizze von Hradschecks Anwesen. - Das Deckblatt des vollständigen Manuskriptes trägt den Titel *Unterm Birnbaum* von Fontanes eigener Hand. Eine Banderole, zusammengeklebt aus Ausschnitten der *Vossischen Zeitung*, ist datiert: *„21. und 23. März 1886“*. Der Text ist durchgängig stark korrigiert, in vielen Passagen sind mehrere Entwürfe erkennbar. Der nicht gestrichene

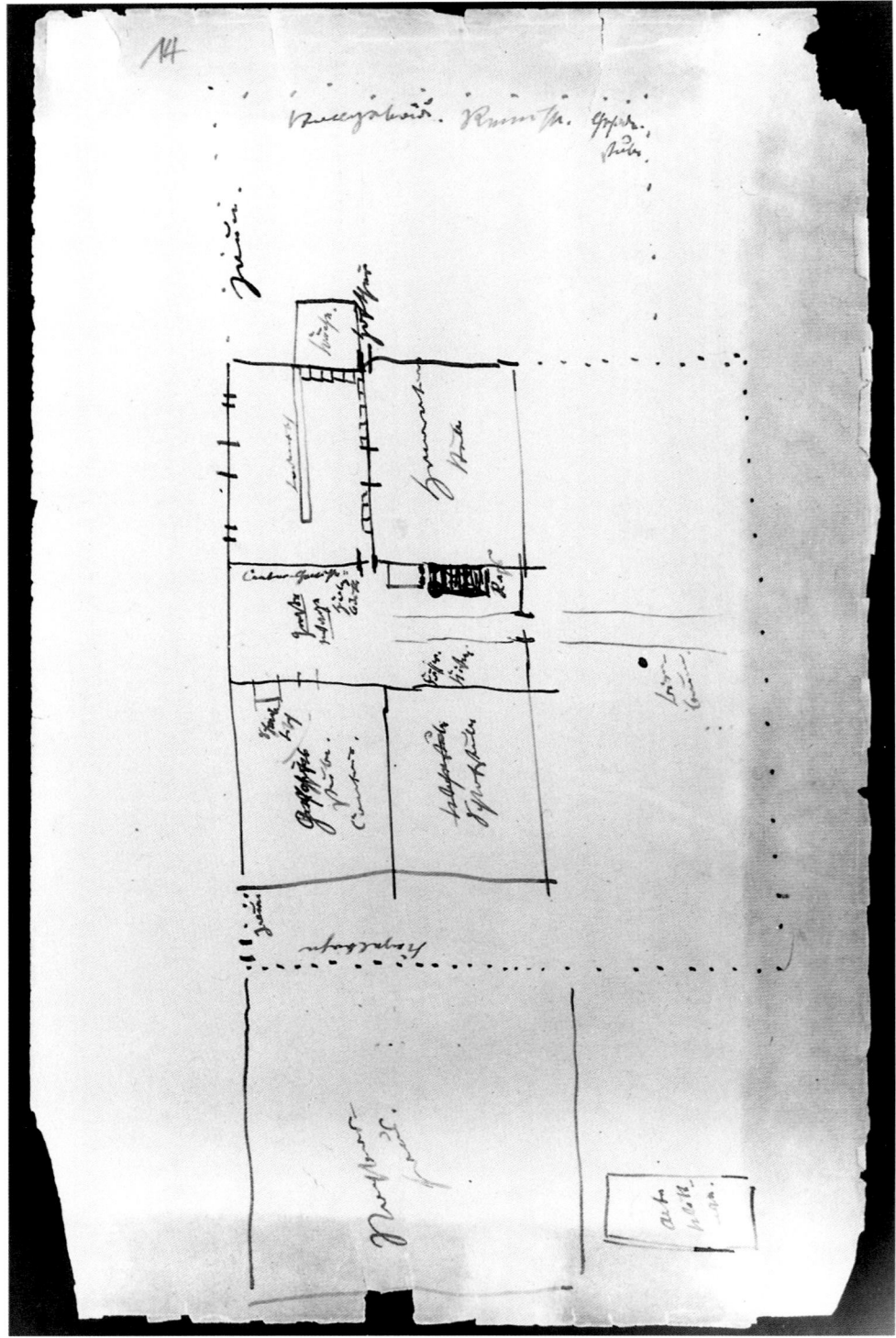

VIc/2, Seite 14

weil sie nicht nur ein gutes wagerechtes Laufbrett, sondern auch ein bequemes Kegelhäuschen und in diesem zwei von aller Welt bewunderte buntglasige Kuckfenster hatte. Das gelbe sah auf den Garten hinaus, das blaue dagegen auf die Dorfstraße sammt dem dahinter sich hinziehenden Oderdamm, über den hinweg dann und wann der Fluß selbst aufblitzte. Drüben am andern Ufer aber gewahrte man einen langen Schattenstrich: die neumärkische Haide. Es war halb vier, und die Kugeln rollten schon seit einer Stunde. Der zugleich Kellnerdienste verrichtende Ladenjunge lief hin und her, mal Kaffee, mal einen Kognak bringend, am öftesten aber neugestopfte Thonpfeifen, aus denen die Bauern rauchten und die Wölkchen in die klare Herbstluft hineinbliesen." Theodor Fontane, Unterm Birnbaum; GBA, S. 23

VIc/4   Theodor Hosemann

Sechs und sechzig, 1858

Lithographie; 26,5 x 18,5
Stadtmuseum Berlin, VII 61/511 W

VIc/5   Unbekannter Künstler

Das Schachspiel, o. J.

Lithographie; 22,5 x 28
Stadtmuseum Berlin, VII 84/750 W

Hradscheck, der „kleine Spieler", inszeniert den Kriminalfall nicht nur und handelt nach dramaturgischen Grundsätzen, sondern ist auch ein Spieler, der aus Angst vor Armut letztlich nicht den großen Gewinn machen kann. „,[…] Aber sage selbst, wenn drüben die Weinstube voll ist, dann fehlt Dir nichts. Ach, das verdammte Spiel, das ewige Knöcheln und Tempeln. Und wenn Du noch glücklich spieltest! Ja, Hradscheck, das muß ich Dir sagen, wenn Du spielen willst, so spiele wenigstens glücklich. Aber ein Wirth, der nicht glücklich spielt, muß davon bleiben, sonst spielt er sich von Haus und Hof. Und dazu das Trinken, immer der schwere Ungar, bis in die Nacht hinein. '"*
Theodor Fontane, Unterm Birnbaum; GBA, S. 9

VIc/6   Wilhelm Loeillot

Das Königstädtische Theater, um 1840

Lithographie; 25,5 x 34,5
Stadtmuseum Berlin, VII 64/412b W

1822 erhielt der ehemalige Pferdehändler Karl Friedrich Cerf eine Theaterkonzession, so daß er auf dem Hof seines Grundstückes, nahe dem Alexanderplatz gelegen, ein Theatergebäude errichten konnte. Am 4. August 1824 wurde das Theater eröffnet; nach Beethovens *Fest-Symphonie* wurden die einaktigen Possen *Der Freund in der Noth* von Adolf Bäuerle und *Ochsenmenuet* von G. von Hofmann mit Kompositionen von Joseph Haydn aufgeführt. Mit Possen, Lustspielen, Vaudevilles begründete das Königsstädtische Theater die Tradition eines Berlinischen Volkstheaters. „*Hradscheck* […]

Text ist jedoch nicht mit dem veröffentlichten Zeitschriftenabdruck identisch. – Die Hauptfigur der Novelle, Abel Hradscheck (aus dem Tschechischen; übersetzt: „Kleiner Spieler"), war *„in dem großen und reichen Oderbruchdorfe Tschechin"* Gastwirt und Kolonialwarenhändler. „*Er ging vielmehr rechnend und wägend zwischen den Rabatten hin und kam erst zu Betrachtung und Bewußtsein, als er […] sich umsah und nun die Rückseite seines Hauses vor sich hatte. Da lag es, sauber und freundlich, links die sich von der Straße her bis in den Garten hineinziehende Kegelbahn, rechts der Hof sammt dem Küchenhaus, das er erst neuerdings an den Laden ange*

baut hatte […] ein Bild von Glück und Frieden. Und das alles war sein! Aber wie lange noch?"
Theodor Fontane, Unterm Birnbaum; GBA, S. 7

VIc/3   Theodor Hosemann

Die märkische Kegelbahn
Aus: *Argo. Album für Kunst und Dichtung*, 1857

Breslau: Trewendt und Granier; 30 x 20
Stadtmuseum Berlin, Z 44

Fontane beschreibt die Hradscheksche Kegelbahn: „*Diese war in der ganzen Gegend berühmt,*

VIc/14

nahm das gesellige Leben wieder auf, das er schon während der zurückliegenden Wintermonate geführt hatte. Dazu gehörte, daß er alle vierzehn Tage nach Frankfurt und alle vier Wochen auch mal nach Berlin fuhr, wo er sich, nach Erledigung seiner kaufmännischen Geschäfte, kein anderes Vergnügen als einen Theaterabend gönnte. Deshalb stieg er auch regelmäßig in dem an der Ecke von Hohen-Steinweg und Königsstraße gelegenen ‚Gasthofe zum Kronprinzen' ab, von dem aus er bis zu dem damals in Blüthe stehenden Königsstädtischen Theater nur ein paar hundert Schritte hatte."

Theodor Fontane, Unterm Birnbaum; GBA, S. 104 f.

VIc/7   **Leopold Ludwig Müller**

Das Königsstädtische Theater, 1827
In: *Erinnerungen aus dem Königsstädter Theater gesammlet und gezeichnet vom Jahr 1827*, vor S. 1

Deckfarben; 18,8 x 26,5
Stadtmuseum Berlin, GHZ 79/49   (Abb. S. 113)

VIc/8

Jahrbuch und Repertorium des Königsstädtischen Theaters in Berlin, vom 16. Dezember 1848 bis 15. Dezember 1849 Herausgegeben von den Souffleuren dieses Theaters Just und Olivier

Berlin, 1850
Buchdruck; 17,2 x 11
Stadtmuseum Berlin, V 71/237 T

Aufgeschlagen: Vorsatzblatt mit Porträt Karl Friedrich Cerf und Titelei. – Das aus Anlaß des 25jährigen Bestehens des Königsstädtischen Theaters erschienene Jahrbuch enthält neben den Engagements, dem Repertoire, den Gast-rollen und Debüts auch mehrere Prologe zu Ge-burtstagsfesten von Mitgliedern des Königshau-ses und den vollständigen Abdruck von *Die römische Hochzeit*, einer *Original-Posse in drei Akten* von Hugo Hagendorff.

VIc/9 **Theodor Hosemann**

Bühnenwehen, 1842

Federlithographie; 22,1 x 16,5
Stadtmuseum Berlin, VII 86/22 W

Hosemann kritisiert mit zeichnerischen Mit-teln die künstlerische Qualität der Königlichen Schauspiele; der bekrönte Sophokles, Vertreter der antiken Tragödie, ist in die unterste linke Ecke verdrängt; in der rechten Spalte ist Ernst Raupach, vielgespielter Verfasser einer effekt-haschenden Modedramatik, in die Souffleurmu-schel verbannt, während über ihm Zuschauer den Bewegungen der Tänzerinnen und Tänzer in einer Aufführung des populären Balletts *Robert und Bertrand* folgen. Im Mittelteil des Blattes eine Szene vor der Aufführung, für die noch die letzten Sätze pathetisch einstudiert werden: „*O Verstellung/ dein Name/ ist Kike-busch.*" Die Schilderung der Bühnenverhält-nisse entspricht nicht dem Anspruch der König-lichen Schauspiele, trifft aber das Geheimnis der Erfolge des Königsstädtischen Theaters.

VIc/10

Das Fest der Handwerker
Komisches Gemälde aus dem Volksleben
von Louis Angely
Zuvor: *Die Rückkehr ins Dörfchen von Carl Blum mit Musik von C. M. von Weber* und *Trübsale einer Postwagen-Reise von Louis Angely*
Königsstädtisches Theater Berlin,
8. Juni 1829

Programmzettel, Druck: o. A.; 37,2 x 23,4
Stadtmuseum Berlin, V-72/434 S

Die Posse, uraufgeführt am 4. Januar 1828, er-reichte mit 125 Aufführungen einen bemerkens-wert großen Erfolg. Das Fest, das Handwerker in einer Gastwirtschaft feiern wollen, ist gekoppelt an eine Liebesgeschichte; die Gastwirtstochter liebt einen mittellosen Zimmermann, und die Eltern sind gegen die Heirat. Entsprechend der Lustspiel-Tradition finden die Liebenden am Ende zusammen.

VIc/11 **Unbekannter Künstler**

Louis Angely als Maurerpolier Kluck und Carl Eduard Rösicke als Tischler Hähnchen
In: *Das Fest der Handwerker* von Louis Angely
Königsstädtisches Theater Berlin,
4. Januar 1828

Lithographie, koloriert; 32,5 x 22
Stadtmuseum Berlin, VII 61/1137 W

„*War er* [Hradscheck] *dann wieder in Tschechin zurück, so gab er den Freunden und Stammgästen in der Weinstube, zu denen jetzt auch Schulze Woytasch gehörte,* [...] *Scenen aus dem Angely'-schen ‚Fest der Handwerker' und Holtei's ‚Altem Feldherrn' und den ‚Wienern in Berlin' zum Be-sten* [...]"
Theodor Fontane, Unterm Birnbaum; GBA, S. 105

VIc/12 **Louis Angely**

„Ei, was braucht man um glücklich zu sein"
Ariette aus: *Das Fest der Handwerker*

Notenblatt, Druck: T. Trautwein, Berlin; 25,5 x 31,7
Stadtmuseum Berlin, V 75/5 T

Die Ariette gehört auch heute noch als Couplet mit dem Refrain „*Ei, was braucht man, um glück-lich zu sein,/ das wird ja den Hals schon nicht kosten*" in verschiedenen Varianten zum Reper-toire von Diseusen und Chansonetten.

VIc/13 **Carl von Holtei**

Die Wiener in Berlin
Ouvertüre und Gesänge, eingerichtet
für das Pianoforte, o. J.

Partitur, Druck: A. Cranz, Hamburg; 27 x 34,3
Stadtmuseum Berlin, XIII 12714

Aufgeschlagen: Titelseite und S. 12 mit dem Couplet *Die Wiener in Berlin*. – Nachdem Holtei mit seiner Posse *Die Berliner in Wien* am Kö-nigsstädtischen Theater 1828 nur wenig Erfolg hatte, erreichten *Die Wiener in Berlin*, die ihre erste Berliner Aufführung am 5. August 1835 er-lebten, 42 Vorstellungen. Zu dem Erfolg beige-tragen haben die eingängigen Melodien von Carl Blum. Hradscheck „*sang ihnen auch allerlei Lieder und Arien vor: ‚War's vielleicht um eins, war's vielleicht um zwei, war's vielleicht drei oder vier'. Und dann wieder: ‚In Berlin, sagt er, mußt Du fein, sagt er, immer sein, sagt er etc.' Denn er besaß eine gute Tenorstimme.*" (Theodor Fontane, Unterm Birnbaum; GBA, S. 105) Das zweite Couplet Holteis beginnt mit den Worten: „*In Berlin, sagt er,/ mußt du fein, sagt er,/ und ge-scheut, sagt er/ immer seyn, sagt er,/ denn da hab'n's, sagt er, viel Verstand, sagt er,/ ich bin dort, sagt er,/ wohl bekannt.*" – In einer Kritik zum Trauerspiel *Struensee* von Michael Beer, aufgeführt am 2. November 1883, erwähnt Fon-tane die Holteischen Verse: „*Es rief mir denn auch sofort ein Lied aus der guten alten Holtei-Zeit in das Gedächtnis zurück, dessen sich einige Berliner noch dankbar entsinnen werden und das anhob: ‚War's vielleicht um eins?* [...]' *Diese munteren Zahlen hat Michael Beer einfach auf den Kothurn gehoben. In sich überschlagender Simplizität aber geht die Tragik nicht bloß unter, sondern verkehrt sich leicht in ihr Gegenteil.*" (Thedor Fontane, 4.11.1883; NA XXII/2, S. 238) Fontane nahm Anregungen aus dem Theaterleben un-mittelbar auf, während er seit Februar 1883 an der Novelle arbeitete.

IVc/14 **Unbekannter Künstler**

Hallescher Stiefelknechts-Galopp
Herr Schmidt! Herr Schmidt!

Lithographie, koloriert; 43 x 35
Stadtmuseum Berlin, IV 61/1314 S   (Abb. S. 133)

„*Besonderes Glück aber, weit über die Singspiel-Arien hinaus, machte er mit dem Leierkastenlied von ‚Herrn Schmidt und seinen sieben heiraths-lustigen Töchtern', dessen erste Strophe lautete: Herr Schmidt, Herr Schmidt,/ Was kriegt denn Julchen mit?/ ‚Ein Schleier und ein Federhut,/ Das kleidet Julchen gar zu gut.'*"
Theodor Fontane, Unterm Birnbaum; GBA, S. 105

VIc/15

Der Eckensteher Nante im Verhör arrangirt von Friedrich Beckmann
Zuvor: *Die Reise auf gemeinschaftliche Kosten von Louis Angely*
Königsstädtisches Theater, 15. Juni 1836

Programmzettel, Druck: o. A.; 20,3 x 19,4
Stadtmuseum Berlin, T 214

„*Dies Lied von Herrn Schmidt und seinen Töch-tern war das Entzücken Kunicke's, das verstand sich von selbst, aber auch Schulze Woytasch ver-sicherte jedem, der es hören wollte: ‚Für Hrad-scheck ist mir nicht bange; der kann ja jeden Tag aufs Theater. Ich habe Beckmann gesehn; nu ja, Beckmann is gut, aber Hradscheck is besser; er hat noch so was, ja wie soll ich sagen, er hat noch so was, was Beckmann nicht hat.' Hradscheck gewöhnte sich an solchen Beifall* [...]"
Theodor Fontane, Unterm Birnbaum; GBA, S. 105

VIc/16 **Julius Schoppe**

Beckmann als Eckensteher Nante in Nante's Verhör, o. J.

Lithographie, koloriert; 31,4 x 21,4
Stadtmuseum Berlin, VII 62/776 W

Eher zufällig fand der Komiker Friedrich Beck-mann eine neue Rolle, die volkstümlich werden sollte. In einer unbedeutenden Chargenrolle spielte er einen Holzhacker namens Nante. Den wenigen Sätzen, die er zu sprechen hatte, vorge-tragen mit viel Komik, wurde vom Publikum en-thusiastisch applaudiert. Dieser Erfolg war die Grundlage, die Nante-Rolle auszubauen und sie auf die in Berlin bekannten Eckensteher, Dienst-männer, die sich durch ihren schlagkräftigen Witz ebenso auszeichneten wie durch ihr ständi-ges Betrunkensein, zu übertragen. Innerhalb weniger Wochen entstand die Szene *Der Ecken-steher Nante im Verhör*, in der Friedrich Beck-mann als Dienstmann Nr. 22 seinen überragen-den Erfolg erzielte. Nach wenigen Wochen war diese Szene mehr als hundertmal gespielt. Bald wurde Nantes Couplet in jedem Konzert-Garten, auf jeder Sommerbühne und von jedem Leier-kastenmann gespielt.

VIc/17 Unbekannter Künstler

Der Eckensteher Nante Strumpf in Berlin, o. J.

Lithographie, koloriert; 43,5 x 36
Stadtmuseum Berlin, VII 62/559 W

VIc/18 Unbekannter Künstler

Der Eckensteher Nante auf den Sonntag in Berlin., o. J.

Lithographie; 39,5 x 30,7
Stadtmuseum Berlin, VII 62/561 W

VIc/19 Theodor Hosemann

Nante mit Frau Schwabbe im Wirtshaus, 1838

Bleistift; 22,7 x 19,6
Stadtmuseum Berlin, GHZ 71/7

Mit einem Seitenhieb auf das Königsstädtische Theater und seinen Protagonisten Friedrich Beckmann schreibt Adolf Glaßbrenner: „*Wir geben nun hier einen ächten Eckensteher Nante, nicht zusammengesetzt aus bekannten Wortwitzen und Späßen, sondern einen Nante wie er leibt und lebt, wie er denkt und spricht, wie er ist und trinkt, ein Prototyp dieser Leute und der untersten Volksklasse Berlins überhaupt.*"

Adolf Glaßbrenner, Der ächte Eckensteher Nante, Berlin 1838, S. 7

VIc/20 Unbekannter Künstler

Theater in Krähwinkel, o. J.

Lithographie; 40,1 x 30,4
Stadtmuseum Berlin, XI 18160 K

Friedrich Beckmann als Eckensteher Nante wurde über Jahre hinweg zur Stütze des Theaters; in immer wieder neuen Szenen brachte er dem Königsstädtischen Theater ausverkaufte Vorstellungen, während die Aufführungen deutscher und italienischer Opern kaum besucht wurden. Berlin wurde zu Krähwinkel, das seit August von Kotzebues in einem Ort dieses Namens angesiedelten Lustspiel *Die deutschen Kleinstädter* (1803) – eine Übernahme aus Jean Pauls *Das heimlich Klaglied der jetzigen Männer* (1801) – zum Synonym für ein Klatsch- und Spießernest geworden war.

VIc/21

Berliner Stadtklatsch
Heitere Lebensbilder aus Berlin's Gegenwart

Berlin: Eduard Bloch 1858–1866
Stadtmuseum Berlin, 4274 und 13157

1. *Berliner Sommerwohnungen. Von A*[lbert] *Hopf.*
2. *Berlin um Mitternacht. Humoristisches Nachtstück von Dr. B*[ernhard] *Heßlein.*
3. *Ein Abend im Delikatessen-Keller. Schwank von A*[dolf] *Bahn.*
4. *Was sich die Linden erzählen. Humoreske von E*[duard] *Jacobson.*
5. *Wucherer und Halsabschneider. Naturgeschichtliche Studie von Dr. B*[ernhard] *Heßlein.*
6. *Trinkhallen und Bouillonküchen. Kohlensaure Wanderungen von Carl Schröter.*
7. *Berliner Wochenmärkte. Von C. A. Paul.*
8. *Walhalla-Couplets von Wolfgang Bernhardi.*
9. *Berliner Leierkasten-Couplets von Eduard Linderer.*
10. *24 Stunden im Schuld-Arrest von F. Cohnfeld.*

„[…] *und wenn es sich auch gelegentlich traf, daß* [Hradscheck] *bei seinem Berliner Aufenthalte, während dessen er allemal eine goldene Brille trug, keine Novität gesehen hatte, so kam er doch nie mit leeren Händen zurück, weil er sich nicht eher zufrieden gab, als bis er an den Schaufenstern der Buchläden irgend 'was Komisches und unbändig Witziges ausgefunden hatte. Das hielt auch nie schwer, denn es war gerade die ‚Glaßbrenner- oder Brennglas-Zeit', und wenn es solche Glaßbrenner-Geschichten nicht sein konnten, nun, so waren es Sammlungen alter und neuer Anekdoten, die damals in kleinen dürftigen Viergroschen-Büchelchen unter allerhand Namen und Titeln* […] *feilgeboten wurden. Ja diese Büchelchen fanden bei den Tschechinern einen*

VIc/22

ganz besonderen Beifall, weil die darin erzählten Geschichten immer kurz waren und nie lange auf die Pointe warten ließen […]"

Theodor Fontane, Unterm Birnbaum; GBA, S. 105 f.

VIc/22

Die Seiltänzer- und Springer-Gesellschaft der Witwe Kolter

Anschlagzettel, Holzschnitt; 46,2 x 39
Stadtmuseum Berlin

„*In Gusow ist Jahrmarkt mit Karoussel und sind auch Kunstreiter da, das heißt Seiltänzer. Ich hab' heute Vormittag das Seil spannen sehn.* […] *Und nun erzählte Hradscheck des Breiteren, daß der, dem die Truppe jetzt gehöre, des alten Kolter Schwiegersohn sei* […]. *Er sagte das alles so hin, wie wenn er die Kolters ganz genau kenne* […]"

(Theodor Fontane, Unterm Birnbaum; GBA, S. 117 f.) Die nun von Hradscheck erzählte Geschichte, von ihm als wirkliches Geschehen ausgegeben, ist tatsächlich eine Sage, die im wesentlichen so überliefert ist. Jedoch soll der Sage nach das Ereignis nicht anläßlich des Wiener Kongresses 1814, wie Hradscheck vorgibt, sondern anläßlich des Aachener Fürstenkongresses 1818 sich zugetragen haben.

VIc/23

VIc/23   Leopold Ludwig Müller

Drei Tage aus dem Leben eines Spielers, 1827
In: *Erinnerungen aus dem Königsstädter
Theater gesammlet und gezeichnet vom
Jahr 1827*, Bl. 59

Feder, Wasser- und Deckfarben; 20,8 x 33,4
Stadtmuseum Berlin, GHZ 79/49

Das Melodram aus dem Französischen des Victor, von Louis Angely bearbeitet, wurde im Königsstädtischen Theater am 10. Dezember 1827
erstmals aufgeführt und in insgesamt 68 Vorstellungen gezeigt. In Fontanes Roman macht sich
ein Gerücht breit: „[...] *es sei was passirt und es
stimme nicht mit den Hradschecks. Hradscheck
sei freilich ein feiner Vogel und Spaßmacher und
könne Witzchen und Geschichten erzählen, aber
er hab' es hinter den Ohren [...]. Zum Ueberfluß
griff auch noch unser Freund, der Kantorssohn,
der sich jeden Skandals mit Vorliebe bemäch-
tigte, in die Saiten seiner Leier, und allabendlich,
wenn die Knechte, mit denen er auf Du und Du
stand, vom Kruge her durchs Dorf zogen, sangen
sie nach bekannter Melodie: ‚Morgenroth!/ Abel
schlug den Kain todt./ Gestern noch bei vollen
Flaschen/ Morgens ausgeleerte Taschen/ Und ein
kühles, kühles Gra-ab.‘*"
Theodor Fontane, Unterm Birnbaum; GBA, S. 51 f.

VIc/24

*Die Weihe der Kraft.
Ein Ritterschauspiel von Zacharias Werner*
Königliches National-Theater, 21. Juni 1806

Programmzettel, Druck: o. A.; 33,5 x 20,5
Stadtmuseum Berlin, V 66/223 S

August Wilhelm Iffland, seit 1796 Direktor des
Königlichen National-Theaters, übernahm die
Hauptrolle des Reformators Martin Luther in
der Uraufführung und erfüllte sich so einen lang-
gehegten Wunsch in seinem Bemühen um ein
deutsches Nationaltheater, das den deklamato-
rischen Stil der antiken Tragödie und der französischen Klassiker ablösen wollte. Schon 1803
schrieb er an Schiller: „*Sollte nicht die Deutsche
Geschichte aus jener Zeit der Reformation ein
Historisches Schauspiel lieffern?*" (Brief vom 28./
29.3.1803, in: Schillers Werke. Nationalausgabe, Bd. 40/1,
Weimar 1987, S. 99). 1814, nach seinem Übertritt zum
Katholizismus, änderte Werner den Titel seines
Ritterschauspiels in *Die Weihe der Unkraft.*

VIc/25   Heinrich Anton Dähling/
Friedrich Jügel

Kostümfigurinen zu *Die Weihe der Kraft*
von Zacharias Werner
Königliches National-Theater, 21. Juni 1806

Aquatinta; jeweils 25,8 x 16,2
Stadtmuseum Berlin, GDR 83/42, 90–101   (Abb. S. 112)

1. *Kaiser Karl der Fünfte*
2. *Doctor Martin Luther und Theobald*
3. *Ritter Franz von Wildeneck*
4. *Du Bossu*
5. *Ein Ritter vom goldnen Fliess*
6. *Ein Kaiserlicher Ritter*
7. *Ein Kaiserlicher Herold*
8. *Ein Kaiserlicher Trabant*
9. *Ein Kaiserlicher Hartschier*
10. *Ein Braunschweiger Trabant*
11. *Ein Braunschweiger Ritter*
12. *Ein Brandenburger Trabant*

Ifflands Theaterstil zeichnete sich nicht nur
durch eine natürliche Sprache und Bewegung
der Darsteller aus, sondern auch durch eine Reform des Kostümwesens, das auf historische
Vorbilder zurückgreifen wollte. Die bei Ludwig
Wilhelm Wittich in Berlin in loser Folge seit
1805 erschienenen Kostümfigurinen dokumentieren die Kostümgestaltung August Wilhelm
Ifflands als Direktor des Königlichen National-
Theaters in Berlin. Auffällig ist, daß in der vollständig erhaltenen Serie der Kostümfigurinen
zu *Die Weihe der Kraft* kein Kostümentwurf für
die in Werners Schauspiel zahlreich auftretenden weiblichen Darsteller überliefert ist.

VIc/26   Gebrüder Henschel

*Ifflands Mimische Darstellungen für
Schauspieler und Zeichner
Während der Vorstellung gezeichnet zu
Berlin in den Jahren 1808 bis 1811*

Radierung; 23,7 x 19,5
Stadtmuseum Berlin, VII 62/51 W

Aufgeschlagen: Bl. 1 „*Die Wahrheit und das
Licht muss Platz behalten. 1ter Act 9te Scene*". –
Fontane schildert in *Schach von Wuthenow* eine
Unterhaltung im Hause der Frau von Carayon.
„,*Ich habe das Stück gelesen. Er will Luther ver-
herrlichen, und der Pferdefuß des Jesuitismus
guckt überall unter dem schwarzen Doktorman-
tel hervor. Am rätselhaftesten aber ist es mir, daß
sich Iffland dafür interessiert, Iffland ein Frei-
maurer.‘ ‚Woraus ich einfach schließen möchte,
daß er die Hauptrolle hat,‘ erwiderte Sander.
‚Unsere Prinzipien dauern gerade so lange, bis
sie mit unsern Leidenschaften oder Eitelkeiten in
Konflikt geraten und ziehen dann jedesmal den
kürzeren. Er wird den Luther spielen wollen.
Und das entscheidet.‘ ‚Ich bekenne, daß es mir
widerstrebt,‘ sagte Victoire, ‚die Gestalt Luthers
auf der Bühne zu sehen. Oder geh' ich darin zu
weit?‘ Es war Alvensleben, an den sich die Frage
gerichtet hatte. ‚[…] Und diesen Gottesmann,
nach dem wir uns nennen und unterscheiden,
und zu dem ich nie anders als in Ehrfurcht und
Andacht aufgeschaut habe, den will ich nicht aus
den Koulissen oder aus einer Hinterthür treten
sehen. Auch nicht, wenn Iffland ihn giebt […]‘*"
Theodor Fontane, Schach von Wuthenow; GBA, S. 14 f.

VIc/26

VII. *„Weiber weiblich, Männer männlich"*
Frauen in der Welt Fontanes

Trude Trunk

I

„Wenn es einen Menschen gibt, der für Frauen schwärmt und sie beinah doppelt liebt, wenn er ihren Schwächen und Verirrungen, dem ganzen Zauber des Evatums, bis zum infernal Angeflogenen hin, begegnet, so bin ich es [...]"[1]

Diese Zeilen, die der Dichter Theodor Fontane als Fünfundsiebzigjähriger schrieb, sind mehr als nur das Resümee eines Lebens. Kein anderer deutscher Schriftsteller hat sich in seinen Frauengestalten so tief und kenntnisreich in die weibliche Psyche und Erfahrungswelt hineingedacht. Wer an Frauenschicksale des 19. Jahrhunderts denkt, begegnet unweigerlich Theodor Fontanes Romanfiguren: Stine und ihrem Standeskonflikt, Melanie aus *L'Adultera* und ihrer dramatischen Scheidung, Effi Briest und ihrer gesellschaftlichen Ächtung, Cécile und ihrem Suizid. Sie alle sind Störfälle im Getriebe der spätbürgerlichen Gesellschaft mit ihrem strengen Moralkodex und Regelkatalog, die die Frauen in ein enges Korsett gefälliger Verhaltensmuster pressen. Was sich der realen Wahrnehmung in der konkreten Lebenswelt durch Zerstreuung und Zeitdauer immer entzieht, wird im literarischen Text konzentriert und verdichtet. An den Konflikten, denen die Fontaneschen Protagonistinnen ausgeliefert sind, zeigt der Dichter die gesellschaftlichen Erschütterungen seiner Zeit: Theodor Fontane ist der Seismograph des preußischen Bürgertums auf dessen schwerfälligem Gang in die Moderne, ohne jedoch die sich abzeichnenden Veränderungen zu begrüßen. Diese Veränderungen existieren in der Übergangsgesellschaft Ende des 19. Jahrhunderts in ihrer widersprüchlichsten Form. Die Barrieren der Klassengesellschaft werden morscher, der Adel kapitalisiert sich, und das Bürgertum feudalisiert sich. Der Adel, dessen Status ungebrochen ist, benötigt Geld, um der kostspieligen Etikette genügen zu können; die Bourgeoisie hat sich zwar ökonomisch etabliert, kämpft jedoch noch um soziales Prestige.

Von einem Zeitgenossen Fontanes, Karl Marx, wird das preußisch-deutsche Kaiserreich Bismarckscher Prägung bereits 1875 *„als ein mit parlamentarischen Formen verbrämter, mit feudalem Besitz vermischter, und zugleich schon von der Bourgeoisie beeinflußter, bürokratisch gezimmerter, polizeilich gehüteter Militärdespotismus"*[2] bezeichnet. Dieser gesellschaftliche Widerspruch zwingt die gutsituierten bourgeoisen Frauen in eine antinomische Doppelfunktion: Von der Geschichte als nicht wirklich Teilhabende ausgeschlossen, sollen sie die Moral verkörpern und die Sittlichkeit bewahren, mondäne Grande Dame spielen und die bürgerliche Tugend der sparsamen Hausfrau zugleich aufrechterhalten. Die verarmte adlige Frau, die nichts besitzt als ihren Stammbaum und ihre Distinguiertheit, wird zur Trophäe

für Parvenüs und ist den neuen bürgerlichen Umgangsformen ausgeliefert. Der gesellschaftliche Tauschhandel zwischen Adel und Bürgertum – Titel gegen Geld – führt in der Praxis zu Konflikten. Die einstige Standeszugehörigkeit sicherte den Frauen noch eine soziale Geborgenheit, die durch die Vermischung der Klassen nun aufgehoben wird. Die in den Adel eingeheiratete Bürgerstochter leidet in gewisser Weise unter derselben Fremdheit wie die Aristokratin, die einem Bürger zur Frau gegeben wurde. Die Vermischung der Stände unter dem Primat der Kapitalisierung der Gesellschaft trifft die Frauen doppelt hart, weil sie nicht aktiv beteiligt sind am gesellschaftlichen Prozeß, sondern nur dessen Widerschein moralisch vertreten sollen. Die Frauen sollen den Börsenerfolg des Mannes widerspiegeln, aber auf einer transformierten Ebene: Wo es im Börsengeschäft an

VIIa/1

VIIa/14

sittlichen Werten fehlt, muß die Moral von der Frau in ästhetisierter Form repräsentiert werden.

In jedem Fall ist die Rechtsstellung der Frau in Ehe und Familie klassenübergreifend prekär, vor dem herrschenden Gesetz sind alle Frauen gleich – rechtlos. Im *Allgemeinen Landrecht für die Preußischen Staaten*, das erst 1900 vom *Bürgerlichen Gesetzbuch* abgelöst wird, ist die patriarchalische Vorherrschaft festgeschrieben. In gemeinschaftlichen Angelegenheiten gibt immer der Entschluß des Mannes den Ausschlag. Die Frau teilt mit ihm seinen Wohnsitz, Namen und Stand, ist zur Führung des Hauswesens verpflichtet, darf ohne seine Einwilligung weder ein selbständiges Gewerbe betreiben, noch sich zu einem Arbeitsvertrag verpflichten. Der Mann ist berechtigt, ihre Briefschaften zu öffnen, vertritt die Frau in allen Rechtsangelegenheiten, ist ihr gerichtlicher Vormund. In den Händen des Vaters liegt auch die Erziehungsgewalt, von der Töchter erst frei werden, wenn sie in die Obhut eines Ehemannes überwechseln. Überdies bestimmt der Vater die religiöse Erziehung des Kindes und kann es ab dem vierten Lebensjahr der mütterlichen Aufsicht entziehen.[3] Dieser rechtlichen Ungleichheit geht die Festlegung der unveränderlichen Naturbestimmung des weiblichen Geschlechts voraus, die ihm qua definitionem alle Attribute einer

autonomen Persönlichkeit, d. h. die Fähigkeit zu Freiheit, Entwicklung und Bildung, abspricht.

Die Frau kann nur – gelegentlich unter Einsatz der vielbeschworenen weiblichen Waffen – über diplomatisches Einwirken auf einen Mann Einfluß auf gesellschaftliche Prozesse nehmen. Am zweckdienlichsten erweist sich eine wohlkalkulierte Heirat. Allein der Ehestatus garantiert soziales Ansehen: Wer sich nicht ins Kloster verabschieden mag oder als „alte Jungfer" oder intellektueller „Blaustrumpf" sein Leben fristen will, macht sich zu eigen, was Theodor Fontane in *Schach von Wuthenow* Lisette formulieren läßt: *„Es ist nur Eines, um dessentwillen wir Frauen leben, wir leben, um uns ein Herz zu gewinnen, aber wodurch wir es gewinnen, ist gleichgiltig."*[4] Ein gewonnenes Herz für den Ehestand – und die bürgerliche Zugewinngemeinschaft, in der die gesellschaftliche Achtung der Frau allein gewährleistet ist und sie mitwirkend tätig sein kann, ist das attraktivste Sozialmodell, das ihr im Spätbürgertum offensteht.

Liebesheiraten sind selten im Bürgertum des 19. Jahrhunderts. Die Zweckheirat ist der krönende Geschäftsabschluß im Liebeshandel der Geschlechter. Die Kapitaleinlage, die die junge Frau in die Ehe bringt, ist ihre schöngeistige Bildung, Wohlerzogenheit, Fähigkeit zur Konversation, nicht zuletzt Anmut,

Reinheit und Schönheit und andererseits Fürsorgebereitschaft und Mütterlichkeit.

Im öffentlichen Raum des späten 19. Jahrhunderts, in dem Weiblichkeit einen glanzvollen repräsentativen Ausdruck entfalten soll, werden Tugenden beschworen, in denen sich das Bürgertum in seinem Herrschaftsanspruch gegenüber der Aristokratie moralisch legitimiert. Darüber hinaus wird dem Chaos des industriellen Wirtschaftslebens ein festgelegter Sittenkodex im gesellschaftlichen Leben entgegengesetzt, der hauptsächlich von den Frauen vertreten werden muß. Es bedarf hierfür eines feinabgestimmten Formenkatalogs aus Posen, Gesten und Anstandsregeln, der einen verbindlichen gesellschaftlichen Konsens herstellt, einen Konsens, der dazu dient, die permanent in Wandlung begriffene Gesellschaft als Wertegemeinschaft rettend zu bewahren.

Die Frau sucht in der Ehebindung einen Modus, Natur und gesellschaftliche Anerkennung zu vereinbaren, um ihre Identität nicht zu verlieren. Da nach dem Sittenkodex der herrschenden Verhältnisse nicht vorstellbar ist, daß eine Frau um einen Mann wirbt, ohne sich moralisch zu diskreditieren, muß ihr daran gelegen sein, ihm den Rollenpart des Freiers zuzuspielen. Hier zeigt sich ein Grundmuster weiblichen Agierens unter restriktiven patriarchalischen Bedingungen: Oktroyierte Passivität wird zur inszenierten, zum Aktivposten in der Rechnung um die Mitbestimmung ihrer eigenen Geschicke. Diese weibliche Strategie, die Fontane in seinem Roman *Frau Jenny Treibel* Corinna in den Mund legt, beschreibt die „Hinterbühne" weiblichen Agierens in einer Sphäre verordneter Passivität. *„Ich erfreue mich, dank meiner Erziehung, eines guten Teils von Freiheit, einige werden vielleicht sagen, von Emanzipation, aber trotzdem bin ich durchaus kein emanzipiertes Frauenzimmer. Im Gegenteil, ich habe gar keine Lust, das alte Herkommen umzustoßen, alte gute Sätze, zu denen auch der gehört: ein Mädchen wirbt nicht, um ein Mädchen wird geworben. [...] das ist unser altes Evarecht, die großen Wasser spielen zu lassen und unsere Kräfte zu gebrauchen, bis das geschieht, um dessentwillen wir da sind, mit anderen Worten, bis man um uns wirbt. Alles gilt diesem Zweck. Du nennst das, je nachdem dir der Sinn steht, Raketensteigenlassen oder Komödie, mitunter auch Intrige, und immer Koketterie."*[5]

II

Die Kunst- und Literaturproduktion des 19. Jahrhunderts gibt vor, es wäre das Jahrhundert der Frau gewesen. In nahezu allen kulturellen Bereichen wird sie in den ästhetischen Mittelpunkt gerückt und zum vorrangigen Betrachtungsgegenstand erhoben. Es sind Entwürfe von Weiblichkeit, die in der ideologischen Konstruktion aufgehen – *„Weiber weiblich, Männer männlich "*[6] – und die die Frau als „schönes und schwaches Geschlecht" der Natursphäre zuschlagen, in Abgrenzung zu den Geschichte machenden „Herren der Schöpfung". Jedoch ist es *„wohl kaum die Macht der Natur, wie in der damaligen Epoche mit verwegener Beharrlichkeit behauptet wird. Wirksam ist vielmehr die Macht*

der Bilder. Die imaginierte Frau, die Frau als Idol fasziniert das Jahrhundert."[7] Die Erhebung der Frau in den Rang eines ästhetischen Ideals, zur „Erscheinung", die Verklärung ihrer femininen Attribute, die Anrufung der weiblichen Tugend und die gleichzeitige Bannung ihrer Bedrohlichkeit sublimiert den Verlust religiöser Anbetung in einer säkularisierten Welt; die Frau wird durch Transzendierung zum „weiblichen Wesen" überhöht. Madonna, Muse, Verführerin sind das Dreigestirn männlicher Lust- und Angstphantasien. Archetypen schließen Individualität aus und schreiben bestimmte Verhaltensweisen vor: Die Muse bleibt – was sie immer gewesen war – eine allegorische Figur oder die Verkörperung einer Idee; Madonnen, nicht weniger abstrakt, repräsentieren Ordnung, Normalität und Sicherheit, und Verführerinnen stehen für den bedrohlichen Gegenpol Abweichung, Gefahr und Versuchung. Künstler und Rezipienten projizieren die nicht gelebten triebhaft aufgeladenen Momente, die in der bürgerlichen Gesellschaft verdrängt oder kompensiert werden müssen, in die Ikonisierung weiblicher Schönheit. Dadurch wird ein Schönheitscode vorgegeben, der den lebendigen Frauen zum nacheifernswerten Ideal wird. Und dieses gefügige, kollektive Streben nach dem Ideal ist es, was ihnen paradoxerweise in der Männerwelt die Profilierung als einzigartiges, bewunderungswürdiges Geschöpf zugesteht. Den Frauen ist gemeinsam, daß sie sich außer über Mitgift und Namen nicht hervorheben können; ihnen bleibt, wenn sie sich unterscheiden wollen, keine andere Wahl, als über Schönheit mit ihren Geschlechtsgenossinnen zu konkurrieren. Gerade in ihrem modischen Gleichsein möchten die Frauen hervorstechen ohne aufzufallen. Sie bedienen männliche Erwartungsmuster, indem sie sich unisono dem Diktat der Mode unterwerfen. Im Gleichsein das Besondere darzustellen, ist bürgerliches Ideal; die wirklich unangepaßte Frau wird dagegen gesellschaftlich ausgesondert. Die Willkür der ästhetischen Urteile bei der Kürung zur Schönheit stellt Fontane nicht nur in seiner Erzählung *Schach von Wuthenow* in Frage: *„Ich bitte Sie, was ist Schönheit? Einer der allervaguesten Begriffe. [...] Alles ist schön und nichts."*[8]

Die Idolatrie des Spätbürgertums und seine Fetischisierung der Schönheit bestimmen das Verhalten der Frauen: Sie bewegen sich in ihrer Lebenswelt so, als stellten sie lebende Bilder nach oder als säßen sie immerfort einem Maler Modell. Der Terror der Schönheit nimmt hier seinen Anfang. Chichi, Posen und Gesten durchsetzen alle Bereiche des Lebens. Nicht von ungefähr gilt das ausgehende 19. Jahrhundert als Zeitalter des Ornaments, des Stucks, der Accessoires, der Spitzen und Borten. Das Beiwerk wird zum Wesentlichen. Es ist die beste Grundlage für Fetischisierungen. Die Zeit der Vergesellschaftung „gepflegter Umgangsformen", der überkandidelten Ausstaffierungen und Gebärden ist die Geburtsstunde der Schickeria. Fontane moniert mittels seiner Figur des Kommerzienrats Treibel, daß das bürgerliche Sichherausputzen für Tugendhaftigkeit ausgegeben wird, und entlarvt diese zur Schau getragene offensive Reinheit als scheinheilige Veräußerlichung der Moralität: „[...] *Engel* und Engel ist ein Unterschied, und wenn der Engel weiter nichts als ein Waschengel und die Fleckenlosigkeit der Seele nach dem Seifenkonsum berechnet und die ganze Reinheit des werdenden Menschen auf die Weißheit seiner Strümpfe gestellt wird, so erfüllt mich dies mit einem leisen Grauen.“9 Das bürgerliche Harmoniemodell, das im Ästhetizismus sein Heil sucht, erweist sich in den Berliner Gesellschaftsromanen Theodor Fontanes häufig als äußerst konfliktträchtig. Hinter diesem sauberen Arrangement lauert das Verdrängte.

Das 19. Jahrhundert zelebriert die Augenlust. Es ist das Jahrhundert der Weltausstellungen und der Museen, der Photographie und – des Voyeurs. Wo der Augenlust gefrönt wird, bedarf es der Inszenierung und Drapierung, der Dekoration und der Camouflage, des Zeigens und Verhüllens, der Sensation und des Geheimnisses. Bereits das Zeitalter der Vernunft benutzte emphatisch Metaphern des Sehens für sein Anliegen – das Entschleiern und Hinter-die-Dinge-Blicken. Das Auge der Vernunft stand für Nüchternheit, Entzauberung und Klarsicht. Betrachtung war nicht mehr nur bloße Kontemplation, sondern Ansicht und Anschauung entsprachen der zeitgenössischen Geisteshaltung und beförderten das Primat des Geistes über den Körper. Im späten 19. Jahrhundert folgt dem „Aufgeklärtsein“ des Citoyens die Abgeklärtheit des Bourgeois: Nun ist offensichtlich geworden, was im aufklärerischen Pathos des Entdeckens noch dynamischen Charakter besaß, und diese Offensichtlichkeit ruft nur noch Saturiertheit und Langeweile hervor. Die bildersüchtigen Augen trauen dem Blick nicht mehr und bahnen sich einen Weg in unbekannte Zonen – mitunter in verbotene Gefilde. „Der Geist, oberster Begriff der bürgerlichen Verhaltensethik, trägt, nach der Art der Übersprungshandlungen, immer schon den Krankheitskeim umso zügelloserer Phantasie in sich. Umgekehrt ist die freigesetzte Sinnlichkeit auf eine bestimmte Weise unkörperlich, eine Gehirngeburt. Sie ist dazu verdammt, den Vorsprung der Imagination niemals ganz einzuholen, niemals zu einer erfüllten Ruhe zu kommen.“10 Dies ist das Bewegungsgesetz des bürgerlichen Trauerspiels, die Unruhe im Uhrwerk der gesellschaftlichen Abläufe.

Im spätbürgerlichen Kunstbetrieb des 19. Jahrhunderts feiert ein sagenumwobenes Nixenwesen, die Melusine, ihr mythologisches Comeback. Sie erscheint in Buchillustrationen, sie ziert Gebrauchsgegenstände, Wandverkleidungen und taucht auf in den Museumsgalerien – unnahbar und schön, liebreizend und verführerisch, anmutig und bedrohlich. Ihr langes offenes Haar umgarnt den Beschauer und weckt erotisches Verlangen, ihr Fisch- respektive Schlangenschwanz jedoch warnt vor Grenzüberschreitung und vor dem Anheimfallen an eine alles verschlingende Natur.

Die Bilderkonjunktur der Sirene-Wasserfrau-Nixe mit ihrer oszillierend magnetischen Kraft der Anziehung und Abstoßung, ihrer melancholischen Versunkenheit und dem Stigma der uralten Verwünschung, ewige Grenzgängerin zwischen unüberwindbaren Elementen zu sein, zeugt von der Ambivalenz des Bürgers dieser Zeit. Das Meerfräulein mit geheimnisvoller Doppelexistenz avanciert seit den siebziger Jahren des 19. Jahrhunderts wieder zu einem Leitmotiv der bildenden Kunst und der Literatur. „Innere Einkehr und Rückbesinnung auf Natur-Mensch-Analogien [...] waren jetzt indessen zu Triebfedern eskapistischer Tendenzen geworden. Diese Flucht vor der Wirklichkeit – und damit auch vor den noch unberechenbaren Folgen der ins Alltagsleben immer mehr eingreifenden Industriellen Revolution – setzte gleichzeitig eine Sehnsucht nach dem naturhaften Zustand frei. Wie in einer Flutwelle ergossen sich aus diesem Quell diverse Urbilder, freilich in neuer Gewandung über das (zunehmend gebildete) Bürgertum.“11 Die mythischen Urbilder für diese weiblichen Mischwesen sind die antike Liebesgöttin Venus/Aphrodite und die Sirenen, die mit ihrem göttlichen Gesang die Seefahrer ins Verderben stürzen. Aus der Ahnfrau der Römer, der Venus Genetrix, „der Schaumgeborenen“, der im Staatskult gehuldigt wurde und die mit ihrer Schirmherrschaft für Wohlstand und Glück sorgen sollte, und aus den Lockwesen, die mit ihrem „Sirenengesang“ den Männern den Tod bescheren, leitet sich der weitverzweigte Stamm der Nereiden, Najaden und Nymphen ab, die über Ozeane, Quellen und Bäche wachen. Diese mythischen Figuren haben die Jahrhunderte überdauert, allerdings mit unterschiedlichen Konnotierungen.

Im Mittelalter bildet sich im zentraleuropäischen Raum die Melusine als Sagengestalt heraus, ein nun individualisiertes, nicht mehr namenloses Mischwesen. Dieses Luft-Wasser-Wesen wurde mit einem Namen ausgestattet, damit es als Ahnfrau fungieren kann. Das im Niedergang begriffene Grafengeschlecht Lusignan ließ sich von Jean d'Arras Ende des 14. Jahrhunderts eine Haussage schreiben, um seinen Untergang mythisch zu begründen. Laut dieser Chronik nimmt Melusines Verhängnis seinen Anfang, als sie sich in das Ehezerwürfnis ihrer Mutter Persine und ihres Vaters Helinas einmischt und dadurch den Zorn der Mutter auf sich zieht. Diese war beleidigt worden, weil ihr Gatte ein Versprechen brach. Melusine, die die Verfehlung des Vaters sühnen möchte, wird daraufhin von Persine mit dem Fluch belegt, sich ein Leben lang an einem Tag in der Woche in ein Schlangenweib verwandeln zu müssen. Davon kann sie nur erlöst werden, wenn ihr Gatte wiederum ihr gegenüber absolute Loyalität beweist und ihr samstags nicht nachstellt. Bricht er sein Versprechen, ist sie auf ewig verdammt. Da trifft der Ritter Raymondin, nachdem er durch unabsichtliche Tötung seines Onkels große Schuld auf sich geladen hatte, an einem Brunnen im Walde die schöne Melusine. Sie kennt seinen Namen, und sie weiß von seiner Schuld. Sie prophezeit ihm eine glückliche gemeinsame Zukunft unter der Bedingung, sie samstags niemals aufzusuchen und niemals ihr Tun zu erkunden. Er gibt ihr das Versprechen; auf die Hochzeit folgen Wohlstand und die Geburten von zehn Söhnen. Eines Tages jedoch bricht der Ritter, durch Gerüchte verunsichert, sein Versprechen und entdeckt seine Gattin als schlangenschwänzige Meerfrau im Bade. Daraufhin entschwindet Melusine in Drachengestalt durch die Lüfte, unerlöst muß sie zurück in ihr Element. Einige Male noch kehrt sie wieder, um ihren Letztgeborenen zu stillen.

VIIa/21

Im Bild der Melusine vereinigen sich die männlichen Projektionen der Lustangst und der Fremdheit der Geschlechter gemäß dem Königskindermotiv: Sie konnten zusammen nicht kommen, das Wasser war viel zu tief. „*Indem also Melusine in hintergründig-doppelbödiger menschlicher Gestalt, mit besonderer Betonung ihrer Weiblichkeit und Fähigkeit zur Mutterschaft – zudem in partnerschaftlicher Beziehung zu einem Mann –, die sagenhafte Bildfläche betritt, vollzieht sich eine Wende in der uralten Tradition. Ein neuer Mythos hatte sich herausgebildet. Zwar lebt die* [christliche] *Leib-Seele-Dichotomie fort, doch, wie sich herausstellen wird, in der Gewandung des Gegensatzpaares Mann – Frau. Beider Verhältnis beginnt sich über die beständige (männliche) Suche nach der wahren (weiblichen) Natur zu definieren.*"[12] Der menschliche innere Widerstreit von Geist und Natur wird aufgelöst, indem er als Dichotomie von Geist und Natur den verschiedenen Geschlechtern zugeschlagen wird. Der Mythos der Melusine wird in dieser patriarchalischen Struktur in neuer Form wiederbelebt, in der weibliche Sexualität einerseits Angst auslöst und in ihrer gesellschaftlich restringierten Form andererseits zu keiner Befriedigung führt.

Dieses Melusinenmotiv findet sich unter anderem in den zeitgenössischen Kunstwerken Böcklins, Schwinds, Richters

und Waterhouses ebenso wie in der Literatur Raabes, Heyses, Kellers und de la Motte-Fouqués. Von den Prosadichtern des letzten Jahrhunderts war jedoch Theodor Fontane derjenige, bei dem der Wasserfrauen-Mythos die wichtigste Bedeutung erlangt hat und über den thematischen Rückgriff auf ein modisches Sujet seiner Zeit hinausging. In seinen Werken *Ellernklipp*, *L'Adultera*, *Schach von Wuthenow* und *Cécile*, in *Unwiederbringlich* wie in *Effi Briest* und zuletzt im *Stechlin* tauchen Melusinenmotive auf, die in Fontanes literarischer Gestaltung eine Entwicklung zur Muse hin erfahren. Während seine spätromantischen Melusinen-Charaktere noch zwischen Femme fatale und ruhelos verstrickter, freundlicher Muse changieren, überwiegt in der Angstwahrnehmung des Fin-de-siècle-Bürgers an der Schwelle zur Moderne zunehmend Melusines bedrohliche Seite. Mit der sukzessiven Emanzipation der Frau im brüchig gewordenen Ordnungsverband Familie tritt ihr Bild als geheimnisvolles Naturmirakel hinter die männerverschlingende Naturbedrohung zurück.[13] Die rasante Technisierung, die den Menschen von seiner Natur immer mehr entfremdet, bewirkt, daß er sich schamhaft gegen die eigene Natur wendet, um sich der maschinellen Produktion anzupassen. Doch solch radikale Unterdrückung menschlicher Natur hinterläßt ihre Spuren.

III

„*Der natürliche Mensch will leben, will weder fromm noch keusch noch sittlich sein, lauter Kunstprodukte von einem gewissen, aber immer zweifelhaft bleibenden Wert, weil es an Echtheit und Natürlichkeit fehlt. Dies Natürliche hat es mir seit lange angetan, ich lege nur darauf Gewicht, fühle mich nur dadurch angezogen und dies ist wohl der Grund, warum meine Frauengestalten alle einen Knax weghaben. Gerade dadurch sind sie mir lieb, ich verliebe mich in sie, nicht um ihrer Tugenden, sondern um ihrer Menschlichkeiten d. h. um ihrer Schwächen und Sünden willen. Sehr viel gilt mir auch die Ehrlichkeit, der man bei den Magdalenen mehr begegnet, als bei den Genoveven. Dies alles, um Cécile und Effi ein wenig zu erklären.*"[14] An dem, was Fontane „*Knax*" nennt, tritt der Bruch zutage, der beim Übergang vom Mädchen zur Frau in einer patriarchalischen Gesellschaft an der weiblichen Identität verübt wird. In diesem gesellschaftlichen Zurichtungsprozeß nehmen viele der Fontaneschen weiblichen Opferbiographien ihren verhängnisvollen Anfang. Allein in einer repressionsfreien Sphäre kann sich die Anmut des Kindes erhalten, solange es relativ unbehelligt von gesellschaftlichen Deformierungen seine angeborene Natürlichkeit in Freiheit ausleben kann. Nicht von ungefähr benutzt Fontane eine Kinderschaukel als Symbol in *Effi Briest*. Es ist das Schaukeln, das Spiel mit der Risikolust, die Freude an der Bewegung, der schwindelerregende Rausch des Fliegens, das Liebäugeln mit dem möglichen Absturz, das als Glücksmoment in der Kindheitserinnerung bewahrt wird. Mit dem Erwachen der Sexualität werden die Mädchen ruhiggestellt. Es werden ihnen ein Korsett angelegt und Damenkleider übergestreift, die ihre femininen

VIIa/23

und sonders von Einbildungen leben, aber für die Frauen ist es das tägliche Brot. Sie maltraitieren ihren Mann und sprechen dabei von Liebe, sie werden maltraitiert und sprechen erst recht von Liebe; sie sehen alles so, wie sie's sehen wollen, und vor allem haben sie ein Talent, sich mit Tugenden auszurüsten – erlassen Sie mir, diese Tugenden aufzuzählen –, die sie durchaus nicht besitzen."[15]

Die Flucht der Frauen in die Einbildung ist ein Rückzugsgefecht als Ausbruch aus dem patriarchalischen Belagerungsring, der mit dem Ehering vollständig geschlossen wurde. Der Ehestand – der Anfang eines mitunter lebenslänglichen Resignationsprozesses. Der Rückzug in die Imagination wird von den Familienoberhäuptern als Desertion aufgefaßt. In den männlichen Phantasien bleibt die weibliche Traumverlorenheit solange sinnlich besetzt, solange sie selbst die Helden dieser Traumwelt sind. Ist dies nicht der Fall, werden die Frauen pathologisiert. Diese Herabwürdigung des Femininen beläßt den Frauen ihre imaginäre Welt nicht als herrschaftsfreie Nische. Wo das sogenannte weibliche Gespür neben anderen, dem bürgerlichen Rationalitätsprinzip entgegengesetzten Werten wie Einfühlung und Intuition in der feiernden Auratisierung der Frau als Konstrukt nicht restlos aufgeht, wird das Weibliche zum Männerproblem und als Gegenprinzip zur Ratio diffamiert. Der imaginäre Zufluchtsort der Gattin wird, sofern er vom Mann nicht besetzt werden kann, zum Hinterhalt erklärt, zum Dickicht, aus dem sie als unberechenbares Raubtier den ahnungslosen Helden anfällt. Dieses Ideologem begründet den männlichen „Kreuzzug" gegen die Frauen. Diesen bleibt tatsächlich nichts anderes, als mit physischen oder psychischen Krankheitssymptomen aufzuwarten, wenn sie nicht dämonisiert werden wollen. Als weibliches psychosomatisches Massenphänomen treten in dieser Zeit – der Logik der Verhältnisse zufolge – häufig Ohnmachts- und Hysterieanfälle auf, wie ein aufgeschreckter Zeitgenosse 1891 beklagt: „[...] die Hysterie ist heute der einzige Eheteufel, ist eine der Hauptursachen der vielen glückarmen oder geradezu unglücklichen Ehen."[16]

In diesem gnadenlosen Kampf der Geschlechter ist Theodor Fontane wieder „Kriegsberichterstatter". Und noch immer ist er auch der Apotheker Fontane, der einst den zur Nervosität neigenden, ihn um medizinischen Rat ersuchenden Frauen das Riechsalz über den Ladentisch gereicht hat, der weiß, daß jedes Mittel, das zur Beseitigung einer Malaise beiträgt, wegen seiner Nebenwirkungen neue Beschwerden hervorruft. Es bleibt – im übertragenen Sinne – alles eine Frage der richtigen Dosis, der eine tiefgehende Diagnose vorhergehen muß. Fontane ist immer Diagnostiker und empfiehlt niemals Radikalkuren.

IV

Am 3. Dezember 1886 erscheint eine Meldung im *Berliner Tageblatt* über ein Duell mit tödlichem Ausgang. Ein Berliner Generaladjutant forderte einen Düsseldorfer Amtsrichter zur Satisfaktion, weil er sich von dessen Korrespondenz mit seiner Gattin kompromittiert fühlte. Bei dem Schußwechsel blieb der Amts-

Formen betonen. Das darauf folgende Hochzeitsritual ist die endgültige Initiation in das geschlossene System bürgerlichen Daseins. Damit ist die Sexualität in moralisch anerkannte Bahnen gelenkt und weibliche Natur domestiziert. In der männlichen Sozialisation erleidet der Held allenfalls einen Stimmbruch; es gibt keinen Abschied vom Abenteuer, es gibt keinen vergleichbaren Bruch wie den zwischen Mädchensozialisation und Ehefrauendasein. Fontanes weibliche Romanfiguren, die diesen Bruch von der mädchenhaften Ungezwungenheit zum Sexualobjekt nicht kompensieren können, reagieren auf diesen Rollenwechsel entweder mit dem Verlust ihrer Vitalität und flüchten sich in Krankheit, oder ihre Natur „geht mit ihnen durch", und sie lassen sich zu einem Fehltritt hinreißen, den sie mit gesellschaftlicher Ächtung, sozialem Niedergang und schließlich dem Tod bezahlen müssen. Das Spiel mit dem Risiko beim Schaukeln entspricht – übersetzt ins Eheleben – dem Risiko des Flirts und des Ehebruchs.

Dem scheinbar blickdichten Netz von Bildern der Weiblichkeit, in dem die Frau gefangen ist, wird die Einbildung als Überlebenstechnik eingesetzt. Surrogat für die gestohlene Welt, in der noch ein Einklang zwischen Körper und Selbstbewußtsein vorhanden war, ist eine imaginäre Welt, gespeist aus Wachträumen und Wunschphantasien, die von dem verlangten Rollenverhalten nach außen vollkommen abgekoppelt ist, mit dem Ergebnis einer zerrissenen Identität. Der Doppelsinn von Realitätsflucht und Überheblichkeit im Begriff der Einbildung verweist auf ein Verhaltensmuster, das im *Stechlin* Superintendent Koseleger spöttisch anführt: „*Gewiß ist es richtig, daß wir samt*

richter auf der Strecke. Er verstarb im Hospital, ohne den Grund und den Urheber seiner Verletzung preiszugeben. Dieses auf den ersten Blick nicht ungewöhnliche Duell ist Auslöser für eine der bewegendsten weiblichen Leidensgeschichten der Weltliteratur: Theodor Fontanes *Effi Briest.* Männliches Ehrgefühl und das patriarchalische Wertgefüge mag mittels Pistolen im Morgengrauen wiederherzustellen sein, hier jedoch eröffnet der Vorfall ein weiteres dramatisches Beispiel der Chronique scandaleuse weiblicher Ausgrenzung.

Das Urbild für Effi Briest lieferte Elisabeth Baronin von Ardenne. Die Freiin und Edle Elisabeth von Plotho, 1853 geboren, verlor bereits als Siebenjährige den Vater und lebte als ein ausgesprochener Wildfang im Magdeburgischen auf ihrem Familiengut Zerben bei Parey. In dieses kindliche Paradies tritt eines Tages der fünf Jahre ältere Zieten-Husar Armand Léon von Ardenne, der zunächst vergebens um sie wirbt. Nachdem er aus dem glorreichen Deutsch-Französischen Krieg mit einer Verwundung zurückgekehrt ist, willigt Elisabeth auf Betreiben der Mutter in die Heirat ein. Seine hochgesteckten Karrierepläne verwirklicht Ardenne im Generalstab und als Militärschriftsteller. Er wird 1877 nach Düsseldorf versetzt, wo er mit seiner Frau und den beiden Kindern Margot und Egmont in fürstlichem Ambiente residiert. Elisabeth von Ardenne wendet sich, in der Ehe ihrem Gatten zunehmend entfremdet, schöngeistigen Din-

gen zu und avanciert zum bewunderten Mittelpunkt in der bekannten Künstlervereinigung *Malkasten.* Dort begegnet sie dem ebenfalls in unglücklicher Ehe lebenden Amtsrichter Emil Hartwig. Die Versetzung Ardennes ins Kriegsministerium nach Berlin kann die Herzensbindung zu Hartwig, über deren Intensität Elisabeth von Ardenne zeitlebens Stillschweigen bewahrt, nicht kappen. 1886 beschließen sie, ihre jeweiligen Ehepartner zu verlassen und einander zu heiraten. Der Rittmeister Ardenne – wer denkt hier nicht unweigerlich an den Ritter Raymondin, der unbefugt Melusine nachspürt, in Tabubereiche eindringt und eines „Ungeheuers" gewahr wird – verschafft sich, argwöhnisch geworden, mit einem Nachschlüssel Zugang zu der Korrespondenz der Liebenden. Nach der Entdeckung der Briefschaften fordert er den Rivalen zur Satisfaktion und insistiert – trotz Aussöhnungsversuchen seiner Frau – auf Scheidung, die 1887 vollzogen wird. Der damaligen Rechtsauffassung zufolge werden die Kinder dem Vater zugesprochen. Elisabeth von Ardenne wird aus ihrem sozialen Lebensbezug gerissen, von ihren Kindern getrennt, die erst Jahre später – gegen den Willen des Vaters – mit ihr in Kontakt treten. Doch im Gegensatz zur Romanfigur Effi Briest, der diese Verbannung aus ihrer Familie zum tödlichen Fallstrick wird, erreicht Elisabeth von Ardenne, sozial abgestiegen, das gesegnete Alter von 99 Jahren; sie stirbt im Jahre 1952 in Lindau am Bodensee.

VIIa/25

Verbürgt ist, daß bei einer Tischgesellschaft im Hause Lessing, dem Miteigentümer der *Vossischen Zeitung*, für die Fontane als Theaterkritiker tätig ist, der Schriftsteller und seine Frau Emilie zwischen 1875 und 1877 den Eheleuten Ardenne während ihres zweiten Berliner Garnisonsaufenthaltes begegnet sind. Dem ebenfalls an diesem Abend anwesenden Literaten Friedrich Spielhagen waren die Ardennes als *„junges liebenswürdiges Paar"* noch eine Weile in Erinnerung geblieben.[17] In das Bewußtsein der damals Anwesenden rückte das Ehepaar, das Berlin wieder verlassen hatte, erst wieder, als 1886 ihr Ehedrama über jenes Duell ans Licht der Öffentlichkeit kam. Wie Theodor Fontane mit dem realen Konflikt, aus dem er später – freilich in veränderter Form – den Romanstoff von *Effi Briest* gewonnen hatte, in Berührung kam, beschreibt er 1896 in einem Brief an Friedrich Spielhagen: *„Mir wurde die Geschichte vor etwa 7 Jahren durch meine Freundin und Gönnerin Lessing (Vossische Zeitung) bei Tisch erzählt. ‚Wo ist denn jetzt Baron A.?' fragte ich ganz von ungefähr. ‚Wissen Sie nicht?' Und nun hörte ich, was ich in meinem Roman erzähle."*[18]

In Wirklichkeit jedoch erzählte Theodor Fontane in seinem Roman nicht, was er hörte. An den grundsätzlichen konzeptionellen Veränderungen, die er gegenüber dem Schicksal des Urbildes von Effi Briest vornahm, wird deutlich, daß Fontane mehr im Blick hat als die dichterische Chronik eines Eheklats, der die Gemüter der Öffentlichkeit bewegte: *„[...] Liebesgeschichten, in ihrer schauderösen Ähnlichkeit, haben was Langweiliges –, aber der Gesellschaftszustand, das Sittenbildliche, das versteckt und gefährlich Politische, das diese Dinge haben [...], das ist es, was mich so sehr daran interessiert."*[19] Es ist also die gesellschaftliche Konstellation, die in der Konfiguration seiner Romangestalten vorgeführt wird. Jedes erzählerische Detail verweist auf die gesellschaftliche Großwetterlage, gibt sich im Verlauf des Romans fontanesk als schlechtes Vorzeichen zu erkennen. Einander bedingende Konfliktlinien laufen wie in einer Camera obscura in der Figur Effi zusammen. In ihr bündeln sich die seelischen Reibungsverluste des Individuums im Spannungsfeld zur Gesellschaft. Die Paarbeziehungen im Roman werden auf diese Intention zugeschnitten und gegenüber der Wirklichkeit verändert: Effi und ihr Ehemann Innstetten trennt ein Altersunterschied von über 20 Jahren, der Liebhaber Crampas ist keine romantische Lichtgestalt, sondern ein *„Damenmann"*, ein notorischer Herzensbrecher. Aus der realen Liebesgeschichte wird bei Fontane eine bloße Affäre, provoziert durch eheliche Langeweile und Einsamkeit. Die Paraphrase, die den Geächteten, Ausgestoßenen zugeschrieben wird, jemand sei „gesellschaftlich erledigt", setzt Fontane ins Bild und läßt die Romanfigur sterben. Diese konsequente Verwirklichung gesellschaftlicher Vernichtungsdrohung in der Fiktion des Romans führt der Gesellschaft ihre barbarischen Handlungsmuster klar vor Augen.[20]

Das Gebiet jenseits des gesellschaftlich gebilligten Freiraums ist die ewig lockende, latent drohende Wildnis dionysischer Naturmacht, vor der die Frau bewahrt werden muß. Im Kessiner Haus des Barons von Innstetten hüten ein ausgestopftes Krokodil und ein präparierter Haifisch die Schwelle zur Wildnis. Für den Mann, der als naturbezwingender Held den Zivilisationsprozeß vorantreibt, sind diese erlegten Ungeheuer Trophäe und Totem zugleich – zivilisatorische Schranken, die sich den Verwilderungswünschen und Ausbruchphantasien in den Weg stellen. Sie sollen als Gegenzauber die Dämonen der Wildnis fernhalten und fungieren als Todesdrohung für jene, die das Tabu des Schwellenübertritts brechen wollen. Die erschlagene, überwundene Natur in Gestalt des Haies und des Krokodils jagt Effi Briest ebenso Angst ein wie der spukende exotische Chinese, der in der Fremde gestorben war und dort keine Ruhe findet. Er soll sich, so lautete das Gerücht, als ehemaliger Diener eines Kapitäns eines Ehebruchs schuldig gemacht haben. Die Enkelin des Kapitäns verschwand an ihrem Hochzeitstag spurlos, nachdem sie mit dem Chinesen getanzt hatte. Der Chinese, der Effi keine Ruhe läßt, bestärkt nichts anderes als die Warnung vor Grenzüberschreitung, die mit dem Tod geahndet wird – und ist Vorbedeutung.

Diese Repressionsmechanismen, die die weibliche Natur im zugebilligten Existenzrahmen in Schach halten sollen, kommen nicht ohne Angstmuster aus; das wird auch in jener Szene sichtbar, in der der Verführer Crampas in Effi Mißtrauen gegenüber ihrem Gatten sät, als er ihr eine Erklärung für den ihr Furcht einflößenden Chinesenspuk andient. Baron Innstetten mache ihr latent Angst, um sie zu erziehen, d. h. sie im Zaum zu halten. *„Und ‚Erziehungsmittel', darüber war sie sich klar, sagte nur die kleinere Hälfte; was Crampas gemeint hatte, war viel, viel mehr, war eine Art Angstapparat aus Kalkül. Es fehlte jede Herzensgüte darin und grenzte schon fast an Grausamkeit. Das Blut stieg ihr zu Kopf, und sie ballte ihre kleine Hand und wollte Pläne schmieden; aber mit einem Male mußte sie wieder lachen. ‚Ich Kindskopf! Wer bürgt mir denn dafür, daß Crampas recht hat!'"*[21] Ein raffiniertes Schurkenstück, in dem Crampas, so wie ihn Fontane den Lesern vorstellt, für sich die Rolle des Drachentöters reserviert hat, dem die junge Frau zufällt, wenn er ihr die Angst vor dem Ehebruch nimmt und sie somit aus den Klauen des Barons befreit – allerdings nicht ohne sie in einem neuen repressiven Zwangszusammenhang vertäuen zu wollen.

Die Frau bleibt, was sie ist, und sie hat keine Wahl. Sie bleibt Objekt, auch wenn sie als Objekt der Begierde zwischen den Männern gehandelt wird. Der Keim des Mißtrauens, den Crampas in Effi gegenüber Innstetten pflanzt, wird im Roman niemals faktisch bestätigt. Doch der Gedanke, Crampas könnte recht gehabt haben, taucht immer wieder in ihr auf und verfestigt sich schließlich in ihrer Einbildung zur Gewißheit. Sie ist ihm ins Garn gegangen: Der innere Loslösungsprozeß Effis von ihrem Gatten ist eingeleitet, der Retter steht parat.

Jenseits dieser ausweglosen Dreieckskonstellation entwirft Fontane in Effi eine idealisierte Konstruktion von Weiblichkeit, die der Zuspitzung der Konflikte dient und die Unvereinbarkeit der Geschlechter nicht mythisch begründet, sondern in den gesellschaftlichen Bedingungen sieht. Trotzdem durchzieht den Roman durchweg in der Figur der Effi die Sagenfigur Melusine. *„Immer am Trapez, immer Tochter der Luft"* – Effi besitzt Wesensmerkmale wie Wildheit, Vitalität, Naturhaftigkeit, Kindlichkeit und Unschuld. Der Melusine ähnlich, wird sie als unstet, liebesunfähig und darin als Eroberungsziel begehrenswert für den Helden beschrieben. Überdies werden ihr die typischen Melusinen-Elemente Wasser und Luft zugeordnet. Bemerkenswert ist Fontanes Verwendung des Melusinen-Motivs, in dem die negativen, bedrohlichen Wesenszüge der Melusine nicht hervorgekehrt werden. Das ursprüngliche Movens der Sage, in der der mütterliche Fluch durch den Tabubruch des Angetrauten in Erfüllung geht, wird von dem Dichter nicht nur nicht aufgegriffen, obwohl die reale Geschichte der Elisabeth von Ardenne diesen sehr wohl aufweist, sondern umgearbeitet. Innstetten fallen im Roman die verheimlichten Liebesbriefe rein zufällig in die Hände, im Gegensatz zu Armand Léon von Ardenne spürt er seiner Frau nicht argwöhnisch nach. Überhaupt verweigert Fontane in *Effi Briest* eine Diabolisierung seiner Figuren. Es gibt keinen Bösewicht, jeder handelt gefangen in einer nachvollziehbaren Verhaltenslogik, die verständlichen Beweggründen entspringt. Es ist eine fatale Kausalitätenkette, die das Leben der Protagonisten beherrscht, abstrakt und systembedingt, gleichsam als Bewegungsgesetz der Gesellschaft.

„Ja, Effi! Alle Leute sympathisiren mit ihr und Einige gehen so weit, im Gegensatze dazu, den Mann als einen ‚alten Ekel' zu bezeichnen. Das amüsiert mich natürlich, giebt mir aber auch zu denken, weil es wieder beweist, wie wenig den Menschen an der sogenannten ‚Moral' liegt und wie die liebenswürdigen Naturen dem Menschenherzen sympathischer sind. Ich habe dies lange gewußt, aber es ist mir nie so stark entgegengetreten wie in diesem Effi Briest und Innstetten-Fall. Denn eigentlich ist er (Innstetten) doch in jedem Anbetracht ein ganz ausgezeichnetes Menschenexemplar, dem es an dem, was man lieben muß, durchaus nicht fehlt. Aber sonderbar, alle korrekten Leute werden schon blos um ihrer Korrektheiten willen, mit Mißtrauen, oft mit Abneigung betrachtet."[22] Während das Bürgertum sämtliche Eigenschaften der Melusine – sinnliche wie bedrohliche – dem Wesen der Frau ikonographisch zugeordnet hatte, subsumiert Fontane im Melusinenbild alle für ihn positiv aufgeladenen weiblichen Eigenschaften. Melusine erscheint hier nicht mehr in ihrer ambivalenten Form, sondern vereindeutigt sich zum Bild der Muse hin, der unschuldigen Kindfrau, dem inspirierenden triebsublimierten Elfenwesen.

In *Effi Briest* entwickelt Fontane die kompromißloseste Variante des Konfliktes von Individuum und Gesellschaft. Er führt mit Effi das Bildnis einer jungen Frau als reines Opfer und Gralshüterin der Natürlichkeit als eine höhere Moral vor – eine Iphigenie. Und die Gesellschaft trägt sich gnadenlos in Effis Biographie ein wie in ein unbeschriebenes Buch. Effi von Innstetten handelt nicht, über sie wird verfügt. Sie ist Spielball der Interessen ihrer Umwelt. Gefangen im *„Angstapparat"*, ist sie in ihrem Leiden leidenschaftslos geworden und gelähmt. Sie kann keines der ihr wesensfremden Rollenangebote, die den bürgerlichen Frauen gemacht werden, annehmen. Den Ausschlag für ihre eigentliche Selbstaufgabe bringt die Wiederbegegnung mit ihrer nach der Scheidung beim Vater lebenden Tochter, die bereits in frühester Jugend der Zurichtung unterzogen wurde; abgerichtet wie ein Papagei, steht ihr das einstmals lebhafte Mädchen eingeschüchtert und teilnahmslos gegenüber, antwortet bei jeder Frage mit derselben gehorsamen Floskel: *„O gewiß, wenn ich darf."*[23] Diese Dressurleistung an ihrer Tochter, die Effi noch einmal ihre eigenen Beschädigungen an ihrem ursprünglichen Naturell vor Augen führt, bricht ihren Lebenswillen endgültig. *„Ja, die arme Effi! Vielleicht ist es mir so gelungen, weil ich das Ganze träumerisch und fast wie mit einem Psychographen geschrieben habe. Sonst kann ich mich immer der Arbeit, ihrer Mühe, Sorgen und Etappen, erinnern – in diesem Falle gar nicht. Es ist so wie von selbst gekommen, ohne rechte Überlegung und ohne alle Kritik."*[24]

V

Schon in *L'Adultera*, Fontanes erstem, 1882 erschienenen Berliner Gesellschaftsroman, führte ein Ehebruch zur Erschütterung eines auf Konventionen und Fassaden aufgerichteten Ordnungsgefüges, und auch hier bedient sich Theodor Fontane eines tatsächlich stattgefundenen Ereignisses.[25] Im Herbst 1874 erregte ein Skandal die Gemüter und beherrschte die Gesprächsthemen der renommiertesten Soireen Berlins, bei denen auch der Reichskanzler Otto von Bismarck des öfteren anwesend war. Die geistreiche und hübsche Therese Ravené, die 22 Jahre jüngere Gattin des selbst bei Hofe angesehenen Kommerzienrates und Kunstsammlers Jacob Frédéric Louis Ravené, sei, so wurde kolportiert, mit dem Bankier Gustav Simon durchgegangen. Bismarck, dessen Tochter im Hause Ravené häufig verkehrte, soll damals jeden Morgen seinen Kammerdiener gefragt haben, ob es in dieser Affäre Neuigkeiten zu vermelden gäbe. Überliefert ist sein Bedauern über die aufsehenerregende Flucht der Liebenden: *„Das Ereignis Ravené beraubt für mich Berlin einer Dekoration, solche Dinge kamen früher nur in der französischen Gesellschaft vor."*[26] Es sprengte jede bürgerliche Norm, daß Therese Ravené ihre Rolle als weibliche Dekoration männlichen Repräsentationsgebarens an der Seite ihres Gatten nicht weiterzuspielen gedachte und den Entschluß faßte, eine neue Ehe einzugehen, selbst um den Preis, ihre drei Kinder zu verlieren.

Therese wird 1845 als jüngste Tochter des Generals Carl Friedrich Ferdinand von Kusserow geboren.[27] Ihr Vater stirbt, als sie zehn Jahre alt ist. Die Atmosphäre ihres Elternhauses ist geprägt von Weltoffenheit und Kultur. Durch Vermittlung ihrer älteren Schwester Ottilie heiratet Therese Louis Ravené. Der Großindustrielle zählt neben August Borsig, Georg von Bunsen und Rudolf Virchow zu den stadtbekannten Honoratioren, die durch ihr soziales Engagement für die Obdachlosen hervortreten. Sie gründen 1868 den Berliner Asylverein, der u. a. durch Wohltätigkeitsbasare Notunterkünfte und Frauenhäuser einrichtet und der wachsenden Pauperisierung in der Metropole

VIIa/11

entgegenwirkt.[28] Therese Ravené brilliert mit ihrer geschulten Mezzosopranstimme bei solchen Benefizveranstaltungen, wiederholt auch am königlichen Hof. Den glanzvollen Rahmen, in dem sie sich bewegt, hat Adolph Menzel in seinen Ball- und Hofgemälden eingefangen. Sie begnügt sich nicht mit bloßen Repräsentationspflichten, sondern widmet sich, wie andere preußische Patriotinnen auch, als Lazarettschwester der Pflege der Verwundeten im Deutsch-Französischen Krieg. Die nach außen hin idyllisch erscheinende Ehe gerät immer mehr in eine Krise. Ihr draufgängerischer, erheblich älterer Gatte gibt seine Junggesellengewohnheiten nicht auf und pflegt auch weiterhin halbseidene Damenbekanntschaften, die die junge Frau demütigen. Die Ehe war wohl bereits zerrüttet, als der Bankier Gustav Simon in Thereses Leben tritt. Sie lernt den zwei Jahre älteren exzellenten Bratschisten anläßlich eines gemeinsamen Auftritts bei einem Wohltätigkeitskonzert kennen. Er teilt nicht nur ihre Leidenschaft für Musik. Therese, von Gustav Simon schwanger, kündigt ihre Ehe auf und verläßt mit ihm 1874 Berlin. Die Wege des jungen Paares führen zunächst ins ferne Rom, damit Gras über den gesellschaftlichen Skandal wachse. Louis Ravené sucht sie dort auf, um Therese zur Rückkehr zu bewegen, er ist sogar bereit, das uneheliche Kind zu adoptieren, doch sie besteht auf Scheidung und heiratet Gustav. Das Paar hat magere Jahre zu überbrücken, bis es sich mit seinen drei Kindern 1878 in Gustavs Heimatstadt Königsberg niederlassen

kann, in der seine Familie zur einflußreichen Oberschicht gehört. Dort leben sie fortan in Wohlstand und gesellschaftlicher Anerkennung. Therese schenkt noch sechs weiteren Kindern das Leben, leidet jedoch zeitlebens darunter, daß ihr der Kontakt zu ihren Kindern aus erster Ehe verwehrt bleibt. Weder die Familie Ravené noch ihre ältere Schwester Ottilie verzeihen ihr den Neuanfang. Therese stirbt 1912 nach 38jähriger glücklicher Ehe mit Gustav Simon, der sie um 19 Jahre überlebt.

„Meine L'Adultera-Geschichte hat mir damals, als sie, ich glaube 1880, zuerst in Lindaus ‚Nord und Süd‘ erschien, viel Anerkennung aber auch viel Ärger und Angriffe eingetragen. Seitens der Lobredner hieß es: ‚da haben wir wieder einen Berliner Roman‘, aber die Philister und Tugendwächter, deren Tugend darin besteht, daß sie die Tugend nicht bewachen, sondern sie nur immer weiter behaupten, auch wenn sie längst weg ist, – diese guten Leute beschuldigten mich, neben andrem, der Indiskretion. Sie gingen davon aus – und dies erklärt manches – ich sei so was wie ein eingeweihter Hausfreund in dem hier geschilderten Ravenéschen Hause gewesen. Dies war nun aber ganz falsch. Ich habe das Ravenésche Haus nie betreten, habe die schöne junge Frau nur einmal in einer Theaterloge, den Mann nur einmal in einer Londoner Gesellschaft und den Liebhaber (einen Assessor Simon) überhaupt nie gesehn. Ich denke, in solchem Falle hat ein Schriftsteller das Recht, ein Lied zu singen, das die Spatzen auf dem Dache zwitschern. Verwunderlich war nur, daß auch in Bezug auf die Nebenpersonen, alles, in geradezu lächerlicher Weise, genau zutraf. Aber das erklärt sich wohl so, daß vieles in unsrem gesellschaftlichen Leben so typisch ist, daß man, bei Kenntniß des Allgemeinzustandes, auch das Einzelne mit Nothwendigkeit treffen muß.“[29] Theodor Fontanes Adaption jenes Ehebruchs erscheint ein Jahr nach dem Tode des verlassenen Louis Ravené. Zögernd gibt der Dichter schließlich dem Druck des Verlages nach, der, wohl auch aus verkaufsstrategischen Gründen, den Titel L'Adultera (Die Ehebrecherin) favorisiert. Fontane ist an einer sensationsgierigen Wiederaufbereitung des Skandalstoffes nicht gelegen, als er in der Figur der Melanie van der Straaten Therese Ravené literarisch verewigt.[30] Sie wird – in Abänderung zum Original – als eine aus der französischen Schweiz angestrandete exotische Schönheit eingeführt: „Ihre heitere Grazie war fast noch größer als ihr Esprit und ihre Liebenswürdigkeit noch größer als Beides. Alle Vorzüge französischen Wesens erschienen in ihr vereinigt. Ob auch die Schwächen? Es verlautete nichts darüber.“[31]

Melanie ist eine kultivierte Adlige, deren Vater ihr nichts als Schulden hinterlassen hat. Durch die Heirat mit dem hier 25 Jahre älteren Berliner Bankier Ezechiel van der Straaten ist ihr ein luxuriöser Lebensstandard gesichert. Der Gatte ist ein gutmütiger, aber ungehobelter Charakter, der mitunter polternd und anzüglich auftritt. Nichtsdestotrotz ist van der Straaten vom Kunstschönen äußerst angetan: Als passionierter Kunstsammler widmet er sich neben dem Erwerb von Gemälden der Zucht und Veredelung von Obst. Erst die in ästhetische Form gebrachte Schönheit und der domestizierende Eingriff als Veredelung faszinieren ihn. Neben der Kunst als Statussymbol begeistert ihn wohl auch der Schöpfungsakt daran, der es ermöglicht, alles Stoffliche in idealisierter Form erstehen zu lassen. Van der Straaten, der seinen Hang zu Berolinismen und Zynismen als *„wilde Schößlinge seines Unabhängigkeitsgefühls und einer immer ungetrübten Laune"* sieht, haßt zweierlei: *„sich zu geniren und sich zu ändern"*. Während er sich kategorisch weigert, seine Persönlichkeit einer Kultivierung zu unterziehen, weidet er sich an seiner feinsinnigen Frau, die *„fast noch mehr sein Stolz, als sein Glück"* ist, wie an einem besonders schönen Exponat seiner Kunstsammlung. Melanie stößt sich an seinen Umgangsformen, sie sind ihr peinlich. Äußerst peinlich ist ihr, als eines Tages eine Kopie des berühmten Tintoretto-Gemäldes mit dem Titel L'Adultera ins Haus geliefert wird, auf dem das biblische Motiv der Ehebrecherin zu sehen ist, die von Pharisäern vor Christus geführt wird, damit er über sie richten solle.[32] Melanie reagiert darauf pikiert, sie empfindet dieses Bild als *„gefährlich"* und sieht zugleich etwas *„Ermuthigendes"* darin. Sie verstört an der Darstellung der Ehebrecherin *„die Unschuld in ihrer Schuld"*, als sei alles vorherbestimmt gewesen. Melanie empfindet die im Gemälde aufblitzende Divergenz zwischen gesellschaftlicher und individueller Moral als ihre eigene Ambivalenz. Van der Straaten rechtfertigt den Ankauf des Bildes mit der Begründung, für ihn sei es ein *„Memento mori"*, er ziehe es vor, sein Angstbild lieber täglich vor Augen als es im Genick sitzen zu haben. Und wieder – wie schon bei Effi Briests Chinesenspuk – werden die Geister gerufen, die eigentlich gebannt werden sollten. In beiden Fällen ist die Verlustangst der Ehemänner ausschlaggebend: Effi wird durch den Chinesenspuk in Angstlähmung gehalten, während van der Straaten Melanie dadurch in Schach halten will, daß er ihr seine Angst ständig präsentiert. Doch im Gegensatz zu Effi, die sich des *„Angstapparates"* nicht erwehren kann, benennt Melanie sein Motiv: *„Wenn Du die Dinge so siehst, so weiß ich nicht, warum Du mich nicht heut oder morgen einmauern läßt."* Sie erreicht dadurch, daß L'Adultera in die Galerie verbannt wird und nicht mehr als Drohgebärde gegen sie benutzt werden kann. Er verspricht ihr daraufhin: *„Und wenn ich Dich je wieder daran erinnere, so sei's im Geiste des Friedens und zum Zeichen der Versöhnung. Lache nicht. Es kommt, was kommen soll."*[33]

Prompt erweist sich das Gemälde als Menetekel. Logierbesuch kündet sich an. Ebenezer Rubehn, der Sohn eines Frankfurter Bankiers, der lange im Ausland weilte, wird von Ezel als *„Hausgenosse"* einquartiert, um sich in Deutschland wieder einzuleben. Melanies Bedenken gegen diesen Gast werden schnell zerstreut, als sie eine Photographie von ihm sieht. Sie schätzt seine distinguierte, militärisch adrette Erscheinung. Melanie und Rubehn verbinden vor allem gemeinsame musikalische Interessen - die Verehrung für Richard Wagner. Frau van der Straaten hat ihr musisches Pendant in dem neuen Hausgenossen gefunden. Bei einer Bootsfahrt - dem bei Fontane typischen Wasserambiente für sich anbahnende Amouren, dem Element der Melusinen - kommen sie sich noch näher. Im Palmenhaus

des Gatten schließlich, dem Ort exotischer Pflanzenwelt, schwinden ihr die Sinne. *„Wirklich, es war eine phantastisch aus Blattkronen gebildete Laube, fest geschlossen, und überall an den Gurten und Ribben der Wölbung hin rankten sich Orchideen, die die ganze Kuppel mit ihrem Duft erfüllten. Es athmete sich wonnig aber schwer in dieser dichten Laube; dabei war es, als ob hundert Geheimnisse sprächen, und Melanie fühlte, wie dieser berauschende Duft ihre Nerven hinschwinden machte. Sie zählte jenen von äußeren Eindrücken, von Luft und Licht abhängigen Naturen zu, die der Frische bedürfen, um selber frisch zu sein. Ueber ein Schneefeld hin, bei rascher Fahrt und scharfem Ost, – da wär' ihr der heitere Sinn, der tapfere Muth ihrer Seele wiedergekommen, aber diese weiche, schlaffe Luft machte sie selber weich und schlaff, und die Rüstung ihres Geistes lockerte sich und löste sich und fiel."*[34] Zwei Fremde finden zueinander in nicht heimischer Natur. Sie stellt ihren Gatten vor vollendete Tatsachen, gesteht ihm die Liebe zu Rubehn und bittet um die Scheidung. Van der Straaten versucht, sie zum Bleiben zu überreden, doch ihr Entschluß ist unumstößlich, obwohl sie ihre beiden Töchter zurücklassen muß. Sie folgt Rubehn in eine ungewisse Zukunft. In Italien kommt sie mit seinem Kind nieder. Zurückgekehrt nach Berlin, erleidet die junge Familie zunächst gesellschaftliche Ächtung und den finanziellen Ruin. Melanie steht ihrem Mann unbeirrt bei, hilft ihm tatkräftig bei der Arbeit, um die Familie über Wasser zu halten. Das Bemühen, ihre Kinder aus erster Ehe zu sehen, scheitert; die Kinder lehnen sie als Mutter ab. Melanie sinkt ohnmächtig zusammen. Es ist ein Abschied für immer. Zum Weihnachtsfest schickt van der Straaten ihr, in einem Apfel versteckt, zur Versöhnung das in ein Medaillon gefaßte Tintoretto-Bild. Happy end unterm Weihnachtsbaum.

Was die Helden Innstetten und van der Straaten im Bild, das sie sich von der zu erobernden Welt machen, zur Bannung von unberechenbarer schemenhafter Gefahr sich vor Augen führen, um sie unter Kontrolle zu bringen, wirkt auf ihre Frauen als Bedrohung. In dieser Verschiedenheit der Geschlechter und Wahrnehmung bahnt sich die Katastrophe an. Angst ist der Stolperstein für jede Beziehung. Was den Männern die Angst nimmt, ruft sie bei den Frauen hervor. Selbst Gemälde, in denen wie bei Mariendarstellungen jeder Schrecken getilgt scheint, sind nicht frei davon, denn sie erzählen immer auch von der Eroberung, der Vereinnahmung, der gewaltsamen Zurichtung des weiblichen Wesens zur Trophäe. Die Kontemplation des Betrachters reduziert sich zum Akt der Verdinglichung, in dem Schönheit, Anmut und Sinnlichkeit über die Kunst dingfest gemacht werden sollen, denn nur Verdinglichtes läßt sich in Eigentum verwandeln.

„Soll die Kunst den Moralzustand erhalten oder bessern, so haben Sie recht, soll die Kunst einfach das Leben widerspiegeln, so habe ich recht. Ich wollte nur das Letztre."[35] In diesem Brief Theodor Fontanes an Paul Pollack - eine Erwiderung auf dessen L'Adultera-Kritik - wird die Ästhetikdebatte angeschnitten, die die spätbürgerliche Gesellschaft auf der Suche nach Identität

bewegte. Zu dieser Zeit werden Kunstwerke einer breiteren Schicht zugänglich, teils durch die nun massenhaft auftretenden erschwinglichen Kunstreproduktionen, teils durch den entstehenden Bildungstourismus, der berühmte Museen und Galerien als Reiseziel anvisiert.

„‚Ach, Luise, komme mir doch nicht mit solchen Geschichten. Effi ist unser Kind, aber seit dem dritten Oktober ist sie Baronin von Innstetten. Und wenn ihr Mann, unser Herr Schwiegersohn, eine Hochzeitsreise machen und bei der Gelegenheit jede Galerie neu katalogisieren will, so kann ich ihn daran nicht hindern. Das ist eben das, was man sich verheiraten nennt.‘

‚Also jetzt gibst du das zu. Mir gegenüber hast du's immer bestritten, immer bestritten, daß die Frau in einer Zwangslage sei.‘

‚Ja, Luise, das hab ich. Aber wozu das jetzt. Das ist wirklich ein zu weites Feld.‘“[36]

Theodor Fontane beschreibt nicht nur in *Effi Briest* den Widerwillen der frischvermählten Frauen auf Hochzeitsreise, die von ihren kunstbegeisterten Gatten zum endlosen Besuch von Bildergalerien genötigt werden. Bildung ist im Nachhall des aufklärerischen Zeitalters zum Statussymbol geworden. Die obligatorische Kunstreise der Jungvermählten dient nur in zweiter Linie der Aneignung von Wissen, an erster Stelle steht die Prahlerei mit Bildungs- und Reiseerlebnissen. In dem gemeinsamen ehelichen Gewaltmarsch durch die heiligen Hallen der Kunst werden die Frauen mit Bildern konfrontiert, auf die sie meist mit Befremden, vielfach mit Schock und Ablehnung reagieren: Hier nun sollen die Bräute ungeniert betrachten, was ihnen als Selbstbild nicht zugestanden wird und in der weiblichen Erziehung unter dem Tabu des Tugenddiktats steht. Bildmotive der Versuchung und Verfehlung, des Begehrens und Verrats werden den unbedarften Frauen von ihren Gatten lustvoll vorgeführt als Warnung und Aufforderung zugleich. Sie sollen für ihre Männer immer auch eine dieser schönen, lasziven und begehrenswerten Frauen sein, wie die auf den Gemälden präsentierten, niemals jedoch sollen sie so werden. Geheimnisvoll sollen sie sein und sollen doch vor ihrem Mann kein Geheimnis haben. Die Frau reagiert auf diesen unsittlichen Rollenwunsch ihres Angetrauten mit Verstörung: Welches Bild hat mein Gatte von mir, wenn er diese Bilder liebt? Wer soll ich werden, daß er mich lieben kann?

Im gleichen Maße, wie im 19. Jahrhundert die Kunst durch ihre Reproduzierbarkeit entauratisiert wird[37], wird sie zur Projektionsfläche männlicher Phantasie. Die reale Lebenswelt soll der Kunst ähnlich werden, sich angleichen an das Ideal, das in der Ästhetik des Kunstwerks festgelegt wird. Der Bürger der Belle Époque ist nicht wie Fontane daran interessiert, in der Kunst seine profane Existenz wiederzufinden - das belegen die zahlreichen favorisierten Bildmotive dieser Zeit, jene Allegorien, Fabel- und Mythenwesen. Sein Leben soll Kunst sein und sich im Gemälde als Ideal bestätigen. Nicht so bei Fontane: *„Das Leben ist doch immer nur der Marmorsteinbruch, der den Stoff zu unendlichen Bildwerken in sich trägt; sie schlummern darin, aber nur dem Auge des Geweihten sichtbar und nur durch seine Hand zu erwecken. Der Block an sich, nur herausgerissen aus einem größern Ganzen, ist noch kein Kunstwerk, und dennoch haben wir die Erkenntnis als einen unbedingten Fortschritt zu begrüßen, daß es zunächst des Stoffes, oder sagen wir lieber des Wirklichen, zu allem künstlerischen Schaffen bedarf.“*[38]

Die Novelle *L'Adultera* ist insofern ein Vorläufer des Romans *Effi Briest*, weil dort noch über konkrete Kunstwerke gesprochen wird, während bei *Effi Briest* die Gemälde hauptsächlich als dichterische Bildvorlagen für szenische Beschreibungen dienen und im Erzählstil aufgehen.[39] Theodor Fontanes Haltung zum Umgang mit Realität bringt ein halbes Jahrhundert später Thomas Mann, der Fontane stets als sein literarisches Vorbild betrachtete, auf den Punkt, als er einen jungen Romanschriftsteller kritisiert, man werde bei der Lektüre seines Buches das peinliche Gefühl nicht los, der Autor habe all das erlebt, was er da erzähle. Bei der literarischen Verarbeitung der Biographien von Elisabeth von Ardenne und Therese Ravené geht es Theodor Fontane nicht um wirklichkeitsgetreue Wiedergabe. Er behandelt Realität als ein Konglomerat verschiedener Wahrnehmungen und verarbeitet Stücke aus dem Steinbruch des Realen. Nur als Konstruktion, als verdichtetes mehrschichtiges Arrangement der Wirklichkeitsfragmente in der Komposition der Erzählperspektiven, entsteht „Wirklichkeit“ in den Romanen Fontanes. Erst die mehrdimensionale Reflexion einer wahren Begebenheit ermöglicht tiefere Einsicht in komplexe gesellschaftliche Verhältnisse. Seine Figuren sind Chiffren für Ansichten und Verhaltensweisen, sie sind Prismen eines übergeordneten Ganzen, dem dramatischen Zusammenspiel gesellschaftlicher Kräfte. Es läßt sich sagen: Die Gesellschaft wirft ihre Schatten auf die literarischen Figuren, der Roman bringt im Gegenzug Licht ins Dunkel gesellschaftlicher Abläufe. – *„Aufgabe des modernen Romans scheint mir die zu sein, ein Leben, eine Gesellschaft, einen Kreis von Menschen zu schildern, der ein unverzerrtes Widerspiel des Lebens ist, das wir führen. Das wird der beste Roman sein, dessen Gestalten sich in die Gestalten des wirklichen Lebens einreihen, so daß wir in Erinnerung an eine bestimmte Lebensepoche nicht mehr genau wissen, ob es gelebte oder gelesene Figuren waren, ähnlich wie manche Träume sich unserer mit gleicher Gewalt bemächtigen wie die Wirklichkeit.“*[40]

VI

„Allen bin ich nur der Dichter der preußischen Balladen in den Schullesebüchern und der Theaterberichterstatter für die Vossische. Ich selbst habe immer geglaubt, daß ich noch etwas anderes könne und meine Frau hat es auch geglaubt, aber wer sonst?“[41]

Theodor Fontanes literarisches Schaffen wäre ohne die tätige Mithilfe seiner Frau Emilie nicht zustande gekommen. Sie las ihm die Manuskripte - und mitunter die Leviten. Sie war mehr als eine literarische Hilfskraft, die unermüdlich die Manuskripte in Reinschrift zu übertragen hatte. Der Dichter fand in ihr eine ihm intellektuell gewachsene Gesprächspartnerin, die in Fragen des Theaters und der Literatur bewandert und über aktuelle Vorkommnisse im gesellschaftlichen Leben gut unterrichtet war. Über ein halbes Jahrhundert waren Theodor und Emilie einander verbunden; der in dieser Zeit entstandene intensive Briefwechsel macht deutlich, wie sehr der Dichter, der als profunder und sensibler Frauenkenner in die Literaturgeschichte einging, an Emilies Offenheit partizipierte. In aller Bescheidenheit hat sie auch produktive Kritik an seinen Werken während deren Entstehung riskiert. Erhalten ist ihre Kritik an *Graf Petöfy* von 1883; die Detailschilderungen lobt sie zwar, beklagt aber eine fehlende Exposition der Handlung. „*F.*[ranziska] *u. E.*[gon] *können doch nicht gleich in Liebe verfallen? er wirkt außerdem schemenhaft, man würde nicht begreifen, daß er kam, sah und siegte.*"[42]

„*Das von allem Herkömmlichen stark abweichende Kind*" mit Namen Emilie Rouanet-Kummer fällt dem fünfzehnjährigen Gewerbeschüler Fontane auf, während er bei seinen Verwandten in Berlin logiert. Das fünf Jahre jüngere Mädchen hat bereits einen Leidensweg hinter sich. „*[...] als ich 1835 das damals ziemlich verwilderte Kind im Hause meines Onkels August, eines Freundes und Jeu-Genossen des ,Rates Kummer', kennenlernte, schien es nicht bloß ein französisches Kind aus dem Languedoc zu sein, sondern mehr noch ein Ciocciaren-Kind aus den Abruzzen.*"[43] Emilie wird als uneheliche Tochter einer noch jungen Pfarrerswitwe aus Beeskow, die mit dem dortigen Bataillonsarzt Georg Bosse eine Liaison unterhielt, am 14. November 1824 in Dresden geboren. Die Mutter gibt das Kind zu Verwandten, mit drei Jahren wird es zur Adoption freigegeben und von dem Berliner Globen- und Reliefkartenhersteller Karl Wilhelm Kummer adoptiert. „*Der Rat selber war von Mittag an ausgeflogen. Erschien dann der soldatische Liebhaber, so wurde das arme, dem Dienstmädchen anvertraute Kind an einen Bettpfosten gebunden, und als sich dies auf die Dauer als untunlich herausstellte, sah sich die Kleine mit in die Kaserne genommen, wo sie nun auf dem großen, quadratisch von Hinter- und Seitenflügeln umstellten Hofe herumstand, bis das Liebespaar wieder erschien und den Rückweg antrat.*"[44] Trotz aller Verwahrlosung läßt Kummer die kleine Emilie eine gute Schule besuchen, in der sie wie ein Aschenputtel unter „*reichen Bourgeoiskindern*" und „*adeligen Fräuleins vom Lande*" sitzt. Bei ihrer Einsegnung erfährt sie mit Schrecken, daß sie nicht die leibliche Tochter Kummers ist.

Des herumgestoßenen Kindes mit schauspielerischem Talent nimmt sich eines Tages Fontanes Tante Pinchen, eine ehemalige Aktrice, an, die in derselben Straße wohnt. Emilies Talent, ganze Stücke improvisieren zu können, begeistert auch Theodor, der, als er seine Apothekerlehre beginnt, sie wieder aus den Augen verliert. „*So vergingen neun Jahr, und erst als ich Ostern 44, um mein Jahr abzudienen, nach Berlin zurückkam, knüpfte sich die Bekanntschaft wieder an. Die Kleine, mittlerweile neunzehn Jahr alt geworden, war total verändert. Nicht bloß das Abruzzentum war hin, auch die mildere Form: das Südfranzösische hatte sich beinahe ganz verflüchtigt, und die tiefliegenden dunklen Augen, die mir, ohne schwarz zu sein, immer*

VIIa/24

kohlschwarz erschienen waren, sahen jetzt in dem hierlandes üblichen Halbgrau hell und lachend in die Welt hinein. Alles in allem, beweglich und ausgelassen, vergnügungsbedürftig und zugleich arbeitssam, war sie der Typus einer jungen Berlinerin, wie man sie sich damals vorstellte. Sie hatte sich vergleichsweise sehr verhübscht, aber von ihrer Rassenhöhe war sie ziemlich herabgestiegen – wohl zu ihrem und meinem Glück. Wir nahmen den alten herzlichen Ton gleich wieder auf, und die Leute wußten bald, was daraus werden würde."[45]

Die Verlobung am 8. Dezember 1845 wird in der Verwandtschaft der beiden anfänglich nicht gerade begeistert aufgenommen, weil sie nicht die erhoffte „*gute Partie*" ist. „*Du hast Glück gehabt*", räumte Fontanes Mutter später bezüglich seiner Brautwahl ein, „*sie hat genau die Eigenschaften, die für dich passen*".[46] Doch mit der Heirat läßt sich Fontane Zeit. Die Verlobungszeit dauert fünf Jahre und ist von heftigen Auseinandersetzungen und Krisen überschattet. Ist es die ökonomisch schlechte Lage, die Fontane zögern läßt, die Ehe einzugehen, sind es emotionale Vorbehalte, die sich als Zwiespalt der Gefühle auch in den Widmungsgedichten an Emilie zu Jahres-, Geburts- und Feiertagen zeigen? „*Ich habe in meiner Liebe viele Kämpfe durchgemacht; ich habe (ohne deshalb meine Braut je minder geliebt zu haben) meine Verlobung wie eine Übereilung betrachtet, ich habe mir die Befähigung abgesprochen, je ein Weib glücklich machen zu können, und habe gleichzeitig meinen eigenen Untergang als eine Gewißheit vor Augen gesehn; zu dem Allen hab ich den Höllensoff brennender, verzweifelter Eifersucht gekostet, oder richtiger, meine Seele monatelang damit getränkt. Diese Zeiten sind vorüber; unter allen diesen Stürmen hat sich meine Liebe bewährt; ich darf sie als einen geklärten Wein betrachten, der wenn er auch nicht feuriger mit den Jahren wie Rheinwein, doch auch nicht schlechter wie Medoc werden wird. [...] meine Braut, die sonst in meinen dichterischen Gelüsten nur eine verhaßte Nebenbuhlerin sah, hat diese plötzlich von Herzen lieb gewonnen, und so hoff' ich in Zukunft wie der Graf von Gleichen zu leben, bei welchem Bild ich freilich in Zweifel gerate, ob ich meine Muse oder meine Braut mit der feurigen, schwarzäugigen Orientalin vergleichen soll. Stände meine Braut jetzt hinter mir, und guckte über die Schulter, so wäre eine Maulschelle mein unzweifelhaftes Loos."*[47] Der Briefwechsel des Verlobungspaares Fontane ist nur noch in wenigen Fragmenten erhalten. Nach dem Tod des Dichters hat Emilie aus Diskretion das ganze Briefkonvolut dieser Jahre vernichtet. In einem Brief Fontanes an Bernhard von Lepel wird deutlich, um welche Indiskretionen es sich gehandelt haben könnte, die Emilie der Nachwelt vorenthalten wollte: *„Denke Dir: ‚Enthüllungen No II'; zum zweiten Male unglückseliger Vater eines illegitimen Sprößlings. Abgesehn von dem moralischen Katzenjammer, ruf' ich auch aus: ‚Kann ich Dukaten aus der Erde stampfen usw.' Meine Kinder fressen mir die Haare vom Kopf, eh die Welt weiß, daß ich überhaupt welche habe."*[48]

Am 16. Oktober 1850 findet endlich die Hochzeit statt. Die materielle Lage des Paares ist erdrückend. Theodor Fontane versucht, 1852 und von 1855 bis 1859 sich in England als Korrespondent zu etablieren, während Emilie sich alleine, ohne feste Wohnung und geregelten Unterhalt, bei Freunden und Verwandten in Berlin, Neuruppin, Liegnitz und Luckenwalde durchschlagen muß. In 13 Jahren bekommt sie sieben Kinder, von denen drei sehr früh sterben. Alleine bringt sie die Kinder Rudolph und Theodor zur Welt, und ebenso alleine muß sie Rudolph zu Grabe tragen. Der Vater hält sich auch nach seiner Rückkehr von der Erziehung der Kinder fern. Die zweijährige, sehr lebhafte Tochter Martha, Mete genannt, wird von der nervösen Mutter oft mit der Rute gezüchtigt. Überhaupt macht der Familie Emilies physische und psychische Disposition des öfteren zu schaffen: Die Schwangerschaftskomplikationen haben ihren ohnehin labilen Gesundheitszustand negativ beeinträchtigt, sie leidet an einer nervösen Reizbarkeit und Krankheitssymptomen, die psychosomatischen Ursprungs sind. Mit freundlicher Ironie berichtet ihr Gatte den verschiedensten Briefpartnern von den jeweils aktuellen Malaisen Emilies, die zahlreiche Kur- und Erholungsaufenthalte in verschiedenen Heilbädern nach sich ziehen. *„Fast beklag ich es, Dir neulich einen so langen Brief geschrieben und über Emiliens Hinfälligkeit und Verstimmung berichtet zu haben"* – schreibt Fontane seiner Mutter – *„Sie gehört zu den glücklichen Naturen, die nur Lob nur Angenehmes vertragen können und sich, je nach Stimmung, beleidigt fühlen im einen Fall wenn man sagt ‚sie ist krank' im andern Fall wenn man sagt ‚sie ist gesund'. [...] Leider (aber daran knüpfe ich keinen Vorwurf, denn nichts in der Welt ist vollkommen) leidet sie an Verstopfung und hat schwache Nerven, so daß sie sich von Nerven- und Obstruktions-wegen vielfach in aergerlicher und gereizter Stimmung befindet, wozu ich, meines Wissens, nie Veranlassung gebe. Natürlich ist diese oft wiederkehrende Verstimmung nichts sehr angenehmes, aber sie ist auch nichts unangenehmes, sie ist mir nämlich absolut gleichgültig geworden und langweilt mich nur dann, wenn es zu Erörterungen darüber kommt. Ich suche sie deshalb zu vermeiden."*[49]

In der Kindheitsbiographie Emilies ist der Grund dafür zu suchen, warum sie zeitlebens ein besonders ausgeprägtes Bedürfnis nach sozialer Geborgenheit und materieller Sicherheit verspürte. Akribisch führt sie die Wirtschaftsbücher und den Haushalt. Mit ihrer Existenzangst setzt Emilie den Dichter ständig unter Druck. Trotzdem kündigt Theodor Fontane zweimal hinter dem Rücken seiner Frau ein Beschäftigungsverhältnis. Als er 1870 seine Stelle bei der *Kreuz-Zeitung* quittiert, ruft er damit eine ernste Ehekrise hervor. Als er Emilie brieflich davon unterrichtet, antwortet sie aufgebracht: *„Du scheinst ebenso wenig zu fühlen, wie beschämend es für mich daß Du einen so entscheidenden Schritt für unser Leben gethan hast, ohne Dir die Mühe zu nehmen, mit mir darüber zu berathschlagen, wie Du es durchaus nicht einsehen willst, daß es mindestens gesagt, nicht feinfühlend ist, daß Du mich verurtheilst, nach 20jähriger guter u. oft doch auch recht mühseliger Ekonomie, um jeden Thaler zu bitten u. mein Dienstmädchen zur Haushälterin erwählst. Ich habe seit Monaten über diesen mit Recht mich auf's tiefste kränkenden Punkt geschwiegen, da ich ja Deinen Charakter kenne u. von beeinflussen desselben keine Rede sein kann, aber dieses neue Erlebniß läßt mich wieder recht schmerzlich fühlen, daß Du liebst allein zu entscheiden u. doch müssen wir zusammen handeln. [...] überrascht hat mich dieser Dein Schritt nicht; ich weiß seit lange, daß Du nach Freiheit schmachtest [...] Jedes Gebundensein widerstrebt Deiner Natur; so lange die Dinge ruhig gehen, bist Du glücklich und zufrieden; kommt aber ein Anstoß, so verwirfst Du auch Alles [...]. Es ist dies der Fall mit mir seit beinah 20 Jahren. Sobald ich durch irgendetwas Dir unangenehm bin, sobald ich Dir entgegen stehe, sprichst Du von einer 20jährigen, unerträglichen Ehe."*[50]

Theodor Fontane lassen die Einwände Emilies unbeeindruckt. Als er 1876 das Amt des Ersten Sekretärs der Akademie der Künste wieder heimlich an den Nagel hängt, um sich ausschließlich seinem Schriftstellerberuf zu widmen, stellt er Emilies Verhaltensweise so dar: *„Meine Frau, die große Meriten hat und in vielen Stücken vorzüglich zu mir paßt, hat nicht die Gabe des stillen Tragens, des Trostes, der Hoffnung. In dem Moment, wo ich ertrinkend nach Hülfe schreie und wo ein freundlich ausgestreckter Finger mich über Wasser halten würde, hat sie eine*

Neigung ihre Hand nicht rettend unterzuschieben, sondern sie wie einen Stein auf meine Schulter zu legen. Bescheiden in ihren Ansprüchen, ist sie in ruhigen Tagen eine angenehme, geist- und verständnisvolle Gefährtin, aber eben so wenig wie sie die Stürme in der Luft ertragen kann, ebenso wenig erträgt sie die Stürme des Lebens. Sie wäre eine vorzügliche Predigers- oder Beamten-Frau, in einer gut und sicher dotierten Stelle geworden; auf eine Schriftsteller-Existenz, die, wie ich einräume, sich immer am Abgrund hinbewegt, ist sie nicht eingerichtet."[51] Dennoch hat diese spannungsreiche und liebevolle Beziehung das große Œuvre Theodor Fontanes begleitet, begünstigt und mit hervorgebracht. Emilie überlebt ihren Mann um etwa dreieinhalb Jahre und stirbt im Februar 1902 mit 78 Jahren in Berlin.

Trotz der konträren Lebensansichten der Eheleute Fontane, die regelmäßig zu Konflikten führen, haben es beide an gegenseitiger Wertschätzung nicht fehlen lassen. Doch in der spätbürgerlichen Gesellschaft ist die Lebensausrichtung von Mann und Frau grundverschieden: Der Dichter will sich in seinem Werk verwirklichen und damit die Welt erobern, während Emilie nur die Verwirklichung in der Familie bleibt. Sie ist auf ihren Helden fixiert, während der Held hinaus in die Welt strebt. In der Rollenverteilung der Geschlechter ist für die Männer die Eroberung der Außenwelt vorgesehen, für die Frauen bleibt der enge Bezugsrahmen von Haus und Familie. Die Männer gehen ihren Eroberungsgelüsten nach, und die Frauen entwickeln häufig, auch in bezug auf ihren Gatten, ein Erziehungsfaible, das ihnen dann negativ angelastet wird. Dieser konfliktträchtige Unterschied, der sich über die rigide soziale Verteilung männlicher und weiblicher Funktionen herleitet, wird in den Romanen Fontanes auch aufgezeigt. Die bürgerlichen Ehefrauen stoßen sich an den legeren Verhaltensweisen der Männer und wollen diese korrigieren und ändern. Sich selbst gegenüber sind Männer, was die Etikette angeht, viel großzügiger, weil sie ihr Augenmerk auf Ruhm und Ehre lenken. Während die Männer stets die großen Weltbezüge ins Feld führen, beharren die Gattinnen auf dem Detail. Daraus erklärt sich der als typisch weiblich geltende mäkelnde Charakterzug, den auch Fontane an Emilie kritisierte und in jenen weiblichen Romanpersonen, die in der Rolle der aus kleinen Verhältnissen kommenden Ehefrau aufgehen, durchgespielt hat.

Gebündelt finden sich diese Eigenschaften in der Figur der Mathilde Möhring wieder, der ein ganzer Roman gewidmet ist. Sie setzt ihre Interessen zielstrebig um den Preis des Verlustes ihrer Anmut und Sinnlichkeit durch, ist pragmatisch, nüchtern, ohne Geheimnis und jeder romantischen Verklärung des Geschlechterverhältnisses abhold. Ehrgeizig strickt sie an der Karriere ihres Gatten, der nur Strohmann ist für ihre eigenen Ambitionen. Fontane entwirft mit Mathilde den Antitypus zur liebreizenden Kindfrau, bei dem jeder *„Zauber des Evatums"* entfällt.

„Ich glaube auch nicht, daß ich fähig sein würde, mich jemals in eine Klothilde zu verlieben. Aber je weniger der Name für eine Braut oder Geliebte paßt, desto mehr für eine Schwester. Er

hat etwas Festes, Solides, Zuverlässiges und geht nach dieser Seite hin fast noch über Emilie hinaus. Vielleicht gibt es überhaupt nur einen Namen von ebenbürtiger Solidität.'

,Und der wäre?'

,Mathilde.'

,Ja', lachte Cécile. ,Mathilde! Wirklich. Man hört das Schlüsselbund.'

,Und sieht die Speisekammer. Jedesmal, wenn ich den Namen Mathilde rufen höre, seh ich den Quersack, darin in meiner Mutter Hause die Backpflaumen hingen. Ja, dergleichen ist mehr als Spielerei, die Namen haben eine Bedeutung.'"[52]

Da ist es schon leichter, eine Tochter zu haben. Als sechstes Kind kommt 1860 Mete zur Welt. Drei Geschwister vor ihr waren schon gestorben, nur der Erstgeborene George und das vierte Kind Theodor sind den Eltern geblieben. Die ökonomischen Verhältnisse hatten sich mittlerweile etwas stabilisiert, und so sieht der Vater einer erneuten Niederkunft Emilies entspannter entgegen. Von Anfang an ist Mete seine Prinzessin, deren Wildheit ihn fasziniert und Emilie manchmal zur Verzweiflung bringt. Zwischen Vater und Tochter entsteht eine innige Beziehung, die durch die elterlichen Zwistigkeiten noch vertieft wird. Sie stellt sich bei Ehekonflikten auf die Seite des Vaters und steht zeitlebens in einem Spannungsverhältnis zur Mutter. Ihre Parteilichkeit erinnert an die Sage der schönen Melusine, die dadurch den Fluch der Mutter auf sich zieht. Schon als Zehnjährige wird Mete zu einer befreundeten Familie zum Sprachunterricht nach England geschickt; ein Mädchen ohne Mitgift muß, wenn sie eine „gute Partie" machen möchte, wenigstens mit einer gepflegten Bildung aufwarten können. Sie hat das schauspielerische Talent ihrer Mutter geerbt und die Parlierkunst des Vaters, doch entspricht sie nicht dem bürgerlichen Schönheitsideal. Mit sechzehn Jahren wechselt sie von der Höheren Mädchenschule auf das erste staatliche Seminar Berlins, das sie mit ausgezeichnetem Ergebnis abschließt. Während ihre Mitschülerinnen sich schon auf den Heiratsmarkt begeben, hat Mete mit der Liebe noch kein Glück. Der Vater tröstet sie: *„Da Du noch Müller- und Schmidt-los bist, darfst Du Dein Selbstgefühl an der Möglichkeit eines Grafen aufrichten."*[53]

Der Verkehr der Familie Fontane in großbürgerlichen Kreisen und ihre Lebensweise nähren in Mete die Illusion, über ihre Verhältnisse heiraten zu können. Sie trägt den Titel „Kind eines Dichters", wie andere einen Adelstitel tragen. Für eine heiratsfähige junge Frau, die von sich sagt, sie halte es für das schönste und beneidenswerteste Glück, Papas Frau sein zu können, kann kein Brautwerber dem Vergleich standhalten. Ihre erste heimliche Liebe zu dem Musiker Julius Stockhausen, einem erheblich älteren und verheirateten Mann, bei dessen mit Fontanes befreundeter Familie sie 1876 als Haustochter wohnt, bleibt unerwidert. Fontane schreibt an Clara Stockhausen zu dem Fauxpas seiner Tochter: *„Wo dergleichen vorkommt, da fehlt entweder eine Schraube oder ist an bestimmter Stelle überschraubt."*[54] Mete erkrankt infolge ihres Liebeskummers lebensgefährlich

VIIa/18

an Typhus und benötigt ein Jahr für ihre Genesung. Als nicht weniger glücklos erweist sich das Verhältnis zu Rudolph Schreiner, dem Sproß einer angesehenen Berliner Familie und Bruder ihrer Schulfreundin Marie, mit dem Mete Eheabsichten hegt. Als er sich 1882 von der Verbindung zurückzieht, beruhigt sich Mete nach anfänglicher Enttäuschung mit der Erklärung, daß die Ursache dafür wohl in einem Besuch Rudolphs bei der geistreichen und eloquenten Familie Fontane zu suchen sei, in deren Kreis er sich unbedeutend und überflüssig vorgekommen wäre. Im Nachhinein spüre sie Erleichterung. Möglicherweise hat das perfekt eingespielte Vater-Tochter-Team an diesem Abend so brilliert, daß der junge Mann sich ausgeschlossen fühlt.

Fast scheint es, als sei auch dem Vater ein Stein vom Herzen gefallen, daß seine Muse Mete ihm noch nicht durch Heirat entrissen wird, obwohl ihm andrerseits stets ernsthaft daran gelegen ist, daß sie schnellstmöglichst unter die Haube kommt. In den zahlreichen Ratschlägen an seine Tochter ist seine Ambivalenz zwischen Verlustangst und gesellschaftlicher Konvention zu entdecken, zwischen väterlicher Fürsorge und Eifersucht. Fontane empfiehlt ihr Zurückhaltung im Einsatz ihrer weiblichen Reize: *„Uebrigens, meine süße Mete, vergiß beim Baden nicht, daß Du eine Erdgeborene bist und trotz unsrer Herkunft aus dem südlichen Frankreich, nicht von den Lusignan's stammst, aus denen die ‚schöne Melusine' entsproß. Wolle also nicht zu sehr ‚mermaid' sein und halte Dich im Seh- und Stimm-*

bereich mecklenburgischer Badefrauen. Vor denen erbangen selbst die Geister der Tiefe.“[55]

Für alleinstehende Frauen bleibt nur die Möglichkeit, Lehrerin an privaten Mädchenschulen, Erzieherin oder Gesellschafterin zu werden. Vaters Prinzessin Mete, die sich, wie Fontane einmal spöttisch bemerkte, ein Leben mit *„Geld, Gasthöfen, Galerieen, und galonirten Dienern"* erträumte, muß berufstätig werden, so schwer es ihr fällt, sich von der Familie zu trennen. Sie arbeitet als Erzieherin bei Familie von Mandel auf Gut Kleindammer und schreibt von dort an die Mutter: *„Ich klage ja jetzt nicht, aber ich kann Dir sagen, daß Du Deine eigenen Reize, die unseres Hauses und Berlins unterschätzt; ich lebe ehrlich gestanden ein kahles und freudloses Dasein und wenn ich nicht die Liebe zur Natur hätte, die man von jungen Menschen nicht einmal verlangen darf, stände es geradezu traurig. [...] Ich schreibe Dir das Gute reichlich so viel, wie das Schlechte und aus denselben Stunden setzt sich mit der Zeit ein freundliches Gesammtbild zusammen aber der eigentliche Hintergrund ist schwarz, denn ich habe keinen Menschen, zu dem ich mich hingezogen fühle, ich kann mich niemals unterhalten, wie mit meinem Vater und stoße auf Gegensätze, wo ich hinblicke; daß ich sie übersehe, schafft sie nicht aus der Welt.“*[56] Daraufhin begibt sie sich als Gesellschafterin und Erzieherin in den Dienst einer reichen Amerikanerin, die ihr anbietet, mit nach San Francisco zu kommen. Mete lehnt dies ab und ist schließlich froh, 1884 endlich wieder nach Berlin zurückkehren zu können und nicht mehr nur im engen Briefkontakt mit ihren Eltern zu stehen. Sie arbeitet sehr erfolgreich als Lehrerin in einer Höheren Mädchenschule, die sie 1885 aus Krankheitsgründen verläßt.

In den Zeiten der Abwesenheit hat sie ständig unter Heimweh nach dem Vater gelitten. Der profanen Existenz als Lehrkraft versucht sie zu entrinnen, indem sie sich an die Seite des prominenten Vaters sehnt und hofft, an dessen Aura teilzuhaben. Immer häufiger wird sie von Krankheiten heimgesucht, die auf seelische Nöte schließen lassen. Finanziell ist sie in dieser Krankheitsphase wieder abhängig von ihren Eltern. Ihr Vater, der sich in seiner literarischen Produktion durch ihre Anwesenheit eingeschränkt sieht, reagiert ungeduldig: *„Es kann sich dann nur darum handeln, Lebensformen und Lebenswege zu finden, die das harte Loos andauernder Krankheit, Dir und uns so leicht ertragbar wie möglich machen. Ich weiß, daß Wechsel und zeitweilige Trennungen das beste Mittel zu diesem Zwecke sind. Nur sich nicht immer auf dem Halse liegen, wenn weder der eine noch andre dieser Halsliegerei froh wird. [...] Du bist zu gescheidt, als daß Du, der Sache nach, Dich dagegen verschließen könntest. Der Kranke hat sein Recht, aber der Gesunde noch mehr, denn er hat (was bei dem Kranken hinwegfällt) zu arbeiten und Aufgaben zu erfüllen.“*[57] Metes Gesundheit bleibt labil, sie pendelt zwischen Elternhaus und den Häusern befreundeter Familien ohne eigenen Lebensmittelpunkt hin und her. Ihre Chancen auf eine Heirat schwinden mehr und mehr. Durch kleine Erbschaften wird sie ab 1893 ökonomisch unabhängiger, und ihr Gesundheitszustand bessert sich. Schließlich kommt es doch noch zu dem, wie Fontane es nennt, *„unglaublichen Ereignis"*: Mete verlobt sich 1898, inzwischen 38jährig, mit dem 22 Jahre älteren Architekten und Fontane-Bewunderer Karl Emil Otto Fritsch, bei dem der Schriftsteller seit Mitte der achtziger Jahre verkehrt. Die Verlobung kommt nicht nur überraschend, sondern scheint auch nicht sehr schicklich, da das Trauerjahr des Witwers um seine zweite Frau noch nicht beendet ist. Emilie Fontane entzieht sich jedenfalls der Verlobungsfeier, indem sie ihren Aufenthalt bei einer Freundin in Schlesien verlängert. Wenige Tage nach den Feierlichkeiten verstirbt der Vater, einer Verantwortung entledigt und seiner Muse beraubt. Zu der von ihm eingesetzten Nachlaßkommission ist Mete als einziges Familienmitglied vom Dichter berufen worden. Mete führt mit ihrem Gatten ein komfortables Leben in Waren an der Müritz, vermißt aber den Vater zeitlebens. 1902 stirbt auch Emilie Fontane. Mete leidet immer wieder an körperlichen Beschwerden und hat zudem einen kranken Mann zu pflegen. Als dieser Vater-Ersatz 1915 stirbt, lebt sie mit ihrer Herzeinsamkeit alleine in einer großen Villa. Zwei Jahre später, am 10. Januar 1917, kommt sie bei einem Sturz vom Balkon ums Leben. Ein Suizid kann nicht ausgeschlossen werden.

Der liebende Erwartungsdruck des Vaters und die exaltierte Erwartungshaltung seiner Dichterprinzessin an die Welt, die Mete zeitlebens zur Außenseiterin werden ließen, da sie sich aus dem Feld der Anziehungskräfte ihres Vaters nicht befreien konnte, bedingen einander. Die hohe emotionale Aufladung in dieser Vater-Tochter-Beziehung wird von beiden Seiten genährt: Der Vater projiziert in Mete all jene weiblichen Vorzüge, die er als Natürlichkeit preist und an der Tochter in aller „Unschuld" genießen kann, was Emilie als Ehefrau und Mutter eingebüßt hatte. Denn Musen können nur Kindfrauen sein, die sich weder an der Fortpflanzung beteiligen noch einbinden lassen in gesellschaftliche Verantwortung. Mete versucht, um sich die Liebe des Vaters zu bewahren, diesen Zustand beizubehalten. Erstarrung und Krankheit sind die Folge.

Die strikte poetische Typisierung weiblicher Frauengestalten im Leben und Werk Fontanes, die strenge Kategorisierung in naturhafte Musen, aura-umsponnene Melusinen und kaltnüchternde Mathilden, läßt gegenüber seinen eigenen weiblichen Liebesobjekten keine Gnade walten. In den fiktiven Frauenschicksalen seiner Romane wird das Verhängnis vorgezeichnet, in dessen Sog dann die Tochter zwangsläufig geraten muß. Umgekehrt versorgen die Seelenkonflikte nicht nur des unbefangenen Kindes Mete mit seinen noch authentischen Lebensregungen den Dichter mit Stoff. Im nachhinein läßt sich nicht mehr eruieren, ob die literarischen Frauengestalten den Lebenden nachgebildet sind oder diese sich den Romanfiguren nachempfinden. Mit seinem literarischen Werk hat Theodor Fontane jedenfalls den Frauenkonflikten des späten 19. Jahrhunderts, das erst mit dem nahenden Weltkrieg zu Ende geht, ein reales Gesicht verliehen.

Anmerkungen

1 Theodor Fontane, Brief an Paula und Paul Schlenther, 6.12.1894; HA 4, S. 405 f.
2 Karl Marx, Friedrich Engels, Werke, Bd. 19, Berlin 1978, S. 29
3 Vgl. Ute Gerhard, Die Rechtsstellung der Frau in der bürgerlichen Gesellschaft des 19. Jahrhunderts. Frankreich und Deutschland im Vergleich, in: Jürgen Kocka (Hg.), Bürgertum im 19. Jahrhundert, Bd. III, Göttingen 1995, und Dirk Mende, Frauenleben. Bemerkungen zu Fontanes „L'Adultera" nebst Exkursen zu „Cécile" und „Effi Briest", in: Hugo Aust (Hg.), Fontane aus heutiger Sicht, München 1980
4 Theodor Fontane, Schach von Wuthenow; GBA, S. 74
5 Theodor Fontane, Frau Jenny Treibel; NA VII, S. 47

6 Theodor Fontane, Effi Briest; NA VII, S. 174
7 Stéphane Michaud, Idolatrie. Darstellungen in Kunst und Literatur, in: Geneviève Fraisse, Michelle Perrot (Hg.), Geschichte der Frauen. 19. Jahrhundert, Frankfurt am Main 1994, S. 141
8 Theodor Fontane, Schach von Wuthenow; GBA, S. 67
9 Theodor Fontane, Frau Jenny Treibel; NA VII, S. 96
10 Albrecht Koschorke, Der Rückzug des Mannes aus dem Territorium der Lust. Nachwort in: Alfred de Musset (zugeschrieben), Gamiani oder Zwei Nächte der Ausschweifung, Stuttgart 1992, S. 214
11 Gabrielle Bessler, Von Nixen und Wasserfrauen, Köln 1995, S. 109
12 Ebd., S. 47
13 In den zwanziger Jahren des folgenden Jahrhunderts wird in der Erscheinung des „Vamp" die lasziv-sündhaft erotische

Todesdrohung figurativ vereindeutigt: Melusine hat die ihr zugeschriebene Bedrohlichkeit endgültig wahrgemacht - die Frau hat das ihr zugeschriebene Bild als Rolle verinnerlicht und offensiv nach außen gekehrt.
14 Theodor Fontane, Brief an Colmar Grünhagen, 10.10.1895; HA 4, S. 487 f.
15 Theodor Fontane, Der Stechlin; NA VIII, S. 157
16 Otto von Leixner, Soziale Briefe aus Berlin 1888–1891, Berlin 1891, S. 108
17 Vgl. Friedrich Spielhagen, Brief an Elisabeth von Ardenne, 12.12.1878; zitiert nach: Manfred Franke, Leben und Roman der Elisabeth von Ardenne. Fontanes „Effi Briest", Düsseldorf 1994, S. 66
18 Theodor Fontane, Brief an Friedrich Spielhagen, 21.2.1896, in: Fontanes Briefe, hg. von den Nationalen Forschungs- und Gedenkstätten der klassi-

schen deutschen Literatur in Weimar, Bd. 2, Berlin/Weimar 1968, S. 394
19 Theodor Fontane, Brief an Friedrich Stephany, 2.7.1894; HA 4, S. 370
20 Diese Fokussierung ermöglicht es, den blinden Fleck der Gesellschaft, die Triebwünsche zu beleuchten, die der zivilisatorischen Zurichtung unterworfen werden müssen, um die gesellschaftliche Ökonomie zu sichern und das Ordnungssystem stabil zu halten. Auch die bürgerliche Gesellschaft garantiert ihren Zusammenhalt über Ausgrenzung und Opferdeterminierung: Die Abweichlerin wird zur Außenseiterin, und ihre gesellschaftliche Ausgrenzung dient der Verfestigung des herrschenden Wertesystems.
21 Theodor Fontane, Effi Briest; NA VII, S. 283
22 Theodor Fontane, Brief an Clara Kühnast, 27.10.1895; HA 4, S. 493 f.

23 Theodor Fontane, Effi Briest; NA VII, S. 408

24 Theodor Fontane, Brief an Hans Hertz, 2.3.1895; HA 4, S. 430

25 Vgl. Therese Wagner-Simon, Das Urbild von Theodor Fontanes „L'Adultera", Berlin 1992

26 Freiherr Lucius von Ballhausen, Bismarck-Erinnerungen, Stuttgart/Berlin 1920, S. 58 f.; zitiert nach: Mende, Frauenleben, a. a. O., S. 183

27 Die Familie von Kusserow sowie die Familie Ravené und ebenso die Familie Fontane waren hugenottischer Herkunft und gehörten der französischen Kolonie in Berlin an.

28 Vgl. Jochen Boberg, Tilman Fichter u. a. (Hg.), Exerzierfeld der Moderne. Industriekultur in Berlin im 19. Jahrhundert, München 1984, S. 272 ff.

29 Theodor Fontane, Brief an Joseph Viktor Widmann, 27.4.1894; HA 4, S. 347

30 Fontane favorisierte ursprünglich den Romantitel *Melanie van der Straaten*, weil es ihm widerstrebte, „*einer noch lebenden und trotz all ihrer Fehler sehr liebenswürdigen und ausgezeichneten Dame das grobe Wort ‚L'Adultera' ins Gesicht zu werfen*". (Theodor Fontane, Brief an Salo Schottländer, 11.9.1881; HA 3, S. 161 f.)

31 Theodor Fontane, L'Adultera; GBA, S. 7. – Das „*Französische*", das dem preußischen Charakter suspekt ist, weckt Assoziationen zu Verführung, Koketterie, Flatterhaftigkeit, Erotik und Leichtlebigkeit.

32 Heute wird das in der Dresdner Gemäldegalerie befindliche Bild *Cristo e l'adultera*, das Fontane, entsprechend dem Stand der Kunstgeschichtsschreibung seiner Zeit, Tintoretto zugeordnet hatte, Hans Rottenhammer (1564-1625) zugeschrieben. Vgl. Winfried Jung, Bildergespräche. Zur Funktion von Kunst und Kultur in Theodor Fontanes „L'Adultera", Stuttgart 1991, S. 63 f.

33 Diese Szene findet sich im 2. Kapitel von: Theodor Fontane, L'Adultera; GBA, S. 8 ff.

34 Ebd., S. 93 f.

35 Theodor Fontane, Brief an Paul Pollack, 10.2.1891; HA 4, S. 96

36 Theodor Fontane, Effi Briest; NA VII, S. 202

37 Hundert Jahre später bestimmen reproduzierte Kunstwerke auf Postern, Stickers und T-Shirts das öffentliche Straßenbild. Die Profanisierung der Kunst geht mit ihrer Vermassung in der Alltagskultur einher. Das Verhältnis Bilderwelt – Realität wird, seit sich die Pop Art der „hohen Kunst" angenommen hat, ironisiert. Hier wird mit der Kopie kokettiert, nicht mit dem Original; die respektlose technische Reproduzierbarkeit wird bewundert, nicht das Gemälde.

38 Theodor Fontane, Unsere lyrische und epische Poesie seit 1848; NA XXI/1, S. 12

39 Vgl. hierzu: Jung, Bildergespräche, a. a. O. und Peter-Klaus Schuster, Theodor Fontane: Effi Briest. Ein Leben nach christlichen Bildern, Tübingen 1978

40 Theodor Fontane, Paul Lindaus *Der Zug nach dem Westen*, in: ders., Literarische Essays und Studien; NA XXI/2, S. 653. – Selbst in einem der wenigen Fontaneschen Romane, denen keine reale Begebenheit zugrunde liegt, nämlich *Irrungen, Wirrungen*, ist er mit seinem Wirklichkeitskonstrukt der Realität bezeichnend nahe gekommen. „*Eben [...] war eine Dame von sechsundvierzig Jahren bei mir, die mir sagte ‚sie sei Lene; ich hätte ihre Geschichte geschrieben'"*, berichtet der Dichter halb amüsiert, halb verärgert über die „*furchtbare Szene mit Massenheulerei"* (zitiert nach: Edda Ziegler und Gotthard Erler, Theodor Fontane. Lebensraum und Phantasiewelt. Eine Biographie, Berlin 1996, S. 212), die eine Frau Poggendorf ihm vorführte, weil sie sich in der Hauptfigur beschrieben und öffentlich kompromittiert sah. Die Identifikation des Lesers mit den Romanfiguren zeigt die Wechselprägung von Literatur und Gesellschaft, Fiktion und Realität.

41 Bemerkung Theodor Fontanes von 1881; zitiert nach: Ziegler und Erler, a. a. O., S. 79. – Vgl. im folgenden auch: Ziegler und Erler, a. a. O. und zu Mete auch: Regina Dieterle, Vater und Tochter. Erkundung einer erotisierten Beziehung in Leben und Werk Theodor Fontanes, Bern/Berlin u. a. O. 1996

42 Emilie Fontane, Brief an Theodor Fontane, 14.6.1883; zitiert nach:

Hermann Fricke, Emilie Fontane, Rathenow 1937, S. 92

43 Theodor Fontane, Von Zwanzig bis Dreißig; NA XV, S. 311

44 Ebd., S. 312

45 Ebd., S. 315 f.

46 Ebd., S. 317

47 Theodor Fontane, Brief an Wilhelm Wolfsohn, 10.11.1847; HA 1, S. 37

48 Theodor Fontane, Brief an Bernhard von Lepel, 1.3.1849; HA 1, S. 62

49 Theodor Fontane, Brief an Emilie Fontane (Mutter), 3.3.1864; HA 2, S. 121 f.

50 Emilie Fontane, Briefe an Theodor Fontane, 14.5.1870; zitiert nach: Hermann Fricke, a. a. O., S. 80 f.

51 Theodor Fontane, Brief an Mathilde von Rohr, 22.8.1876; HA 2, S. 54

52 Theodor Fontane, Cécile; NA IV, S. 195; Gespräch zwischen Robert von Leslie-Gordon und Cécile von St. Arnaud

53 Theodor Fontane, Brief an Mete Fontane, 30.6.1876, in: ders., Briefe, hg. von Kurt Schreinert, Charlotte Jolles, Bd. II, Frankfurt am Main/Berlin 1969, S. 11

54 Theodor Fontane, Brief an Clara Stockhausen, 20.8.1878; HA 2, S. 617

55 Theodor Fontane, Brief an Mete Fontane, 26.6.1878; HA 2, S. 604

56 Mete Fontane, Brief an Emilie Fontane, 6.5.1881, in: Mete Fontane. Briefe an die Eltern 1880-1882, hg. von Edgar R. Rosen, Frankfurt am Main/Berlin/Wien 1974, S. 175 f.

57 Theodor Fontane, Brief an Mete Fontane, 13.8.1885; HA 3, S. 410 f.

VIIa/1 **Lesser Ury**

Am Bahnhof Friedrichstraße, 1888

Deckfarben auf Papier; 65,5 x 46,8
Stadtmuseum Berlin, GHZ 86/14   (Abb. S. 137)

Die Frau an der Schwelle zur Moderne ist einem grundlegenden gesellschaftlichen Strukturwandel ausgesetzt. Die raumgreifende Technologisierung bahnt sich auch einen Weg in die Metropole Berlin. Maschinendampf und Gaslicht lassen die Stadt als einen Moloch erscheinen, der hereinströmende Bevölkerungsmassen verschlingt. Anonyme Geschäftigkeit bestimmt die Gangart des industrialisierten späten 19. Jahrhunderts, das für die Frauen Gefahr und Chance zugleich bedeutet: Außerhalb des familiären Ordnungsverbandes droht soziale Vereinsamung, aber erste Emanzipationsschritte werden möglich.

„[…] ob man die Citystraße durchwandert und, von der Menschenwoge halb mit fortgerissen, den Gedanken nicht unterdrücken kann, jedes Haus sei wohl ein Theater, das eben jetzt seine Zuhörerschwärme wieder ins Freie strömt –, überall ist es die Zahl, die Menge, die uns Staunen abzwingt."
Theodor Fontane, Von Gravesend bis London (1852);
NA XVII, S. 8

VIIa/2 **Lesser Ury**

Unter den Linden, 1888

Öl auf Lwd.; 48 x 37
Privatbesitz

Das urbane Milieu, dramatischer Schauplatz der meisten Frauenromane Theodor Fontanes, ist Eldorado und Babylon zugleich, Ort der Verheißung und Sündenpfuhl.
Die Frau in der Öffentlichkeit ist moralisch integer nur in der Obhut des Mannes. Das Bild des schutzbedürftigen Weibes am Arm des Gatten suggeriert Sittlichkeit und Anstand, ist Teil eines feinabgestimmten Repräsentationsgebarens: Eingehakt in den Arm des Mannes, gewinnt das schwache Geschlecht bürgerliche Reputation und soziale Akzeptanz. Weibliche Sehnsüchte treten um den Preis eines gesicherten repräsentativen Status zurück.
„Frauen haben eine Vorliebe für Bummelbrüder und finden eine Art Anziehungskraft in Eigenschaften und sittlichen Mängeln, die sie an ihren Männern höchlichst übel nehmen würden."
Theodor Fontane, Brief an Emilie Fontane, 29.4.1870; in: ders., Briefe. Eine Auswahl, hg. von Christfried Coler, Berlin 1963, Bd. 1, S. 485

VIIa/3 **Friedrich Stahl**

Verfolgt (Unter den Linden), 1890

Pastellkreiden; 27 x 47,7
Stadtmuseum Berlin, VII 60/166 W

Im neuen Gaslicht der Großstadtstraßen erstrahlen die Frauen in ihrer Schönheit. Durch Grazie, Anmut und Eleganz schmücken sie den öffentlichen Raum aus und sind Ornament in der nüchternen bürgerlichen Erwerbswelt.

„Es bleibt dabei, siegreiche Liebhaber müssen immer siegreich aussehn. Wie sie das zuwege bringen, welche Konzessionen sie selber oder aber Kostüme und Korrektheit zu machen haben, das ist ihre Sache. Wer geliebt werden soll, muß absolut zum Verlieben sein. Und dabei spielt das Kleid unter Umständen eine Rolle, was alle Damen, insonderheit hinsichtlich ihrer selbst, bestätigen werden."
Theodor Fontane, Causerien über Theater (17.11.1881); NA XXII/2, S. 96

VIIa/4

Cremefarbenes Hochzeitskleid, 1885
Zweiteilig

Stadtmuseum Berlin, KGT 95/142

Das Hochzeitskleid besteht aus Seidensatin mit floralem Muster. Das kurze, stark taillierte, mit Metallstäbchen verstärkte Oberteil läuft an Vorder- und Rückenteil in einer Spitze aus und wird mit 17 Posamentenknöpfchen geschlossen. Der eng gearbeitete Ärmel ist an seiner Unterkante mit Maschinentüllspitze besetzt. Der weite, mehrbahnige Rock wird an den Seiten nach hinten ausladender und endet in einer Schleppe.

VIIa/2

VIIa/5

Goldbraunes Seidenkleid, um 1890
Zweiteilig

Stadtmuseum Berlin, KGT 75/3

Nachmittagskleid aus schwerem Seidendamast mit floralem Muster und Spitzenrüschen an Kragen und Vorderleiste des Oberteils aus besticktem gelben dünnen Schleierstoff. Schmaler Ärmel mit leicht keulenförmig verbreitertem Oberarm. Der achtbahnige Rock ist hinten in reiche Falten gelegt, den Rocksaum ziert ebenfalls eine Spitzenrüsche.

VIIa/6

Kleid aus dunkelbrauner gestreifter Seide, um 1890-1895
Zweiteilig

Stadtmuseum Berlin, KGT 96/125 DL

Elegantes Tageskleid aus schillernder Seide mit Webstreifen von wechselnder Breite in Satin- und Ripsbindung. Das taillierte Oberteil wird mit 16 Posamentenknöpfen geschlossen. Über dem engeren langen Ärmel befindet sich ein gepuffter halblanger Überärmel. Der weite Rock ist von der Taille ab in aufspringende Falten gelegt.

VIIa/7

Violettes Seidenkleid mit Samtbesatz und Einsatz aus Goldbrokat, um 1878
Zweiteilig

Stadtmuseum Berlin, KGT 84/31

Das auf Mieder gearbeitete Oberteil mit kleinem Schoß ist bis zur Taille spitz ausgeschnitten und wird vorne geschlossen. Der Stehkrageneinsatz besteht aus Goldbrokat, und den Ausschnitt ziert ein Samtbesatz mit goldfarbenen Metallknöpfchen. Der Ärmel ist leicht keulenförmig. Eine breite Falbel schmückt den mehrbahnigen Rock, der hinten in reiche Falten gelegt und zur Schleppe verlängert ist. Im Unterrock ist eine Zugvorrichtung für eine Tournure eingearbeitet. Am Rocksaum befinden sich zwei Haltegriffe zum Aufnehmen des Rocks.

VIIa/8

Theodor Fontane

Ganzkörperfigur; Kopf und Hände aus Wachs
Berliner Panoptikum

Die Wachsfigur Theodor Fontanes war vermutlich schon Bestandteil des Castanschen Panoptikums, das 1873 gegründet wurde und in der Passage Friedrichstraße/Ecke Behrenstraße seinen Sitz hatte. Das Wachsfiguren- und Kuriositätenkabinett der Brüder Castan avancierte mit seinen schauerlich schönen Exponaten aus den Bereichen der Anatomie, Geschichte und Völkerkunde zu einem Publikumsmagneten der Kaiserzeit.

VIIa/10

„Welche Eigenschaften schätzen Sie an einem Manne? – Gehorsam.
Welche an der Frau? – Kaprice.
Was ist Ihre hervorstechendste Eigenschaft? – Indifferenz.
Wie verstehen Sie das Glück? – Gar nicht.
Wie das Unglück? – Auch nicht recht."
Theodor Fontane, Eintragungen in ein „Torturbüchlein" (10.3.1891); NA XV, S. 446

VIIa/9   Franz Skarbina

Karlsbader Promenade, um 1888

Öl auf Lwd.; 94 x 139
Bezirksamt Charlottenburg von Berlin

Der malerische böhmische Kurort Karlsbad wurde im 19. Jahrhundert zur bevorzugten Adresse des Adels und der gehobenen bürgerlichen Kreise; die heilsame Wirkung eines Aufenthalts war nicht allein dem warmen Sprudel geschuldet, sondern auch dem Renommieren und Promenieren, dem Sehen und Gesehenwerden. Auch Theodor Fontane besuchte als Kurgast in seinen letzten Lebensjahren regelmäßig das mondäne Bad, noch drei Wochen vor seinem Tod suchte er dort Erholung.

„Der Aufenthalt hier ist wieder sehr nett und eine Auffrischung in meinem Leben, das doch zu sehr aus Feder und Tinte und – Vossischer Zeitung besteht. [...] Das weibliche Geschlecht wird einem hier verleidet. Nur Karrikaturen. Der Mensch, der so viel sein kann, ist in der Gesellschafts- und Geldsphäre doch recht wenig. Die Menschheit fängt nicht beim Baron an, sondern, nach unten zu, beim 4. Stand; die 3 andern können sich begraben lassen. So lange man die Dinge um einen her wie selbstverständlich ansieht, geht es, aber bei Beginn der Kritik bricht alles zusammen. Die ‚Gesellschaft' ist ein Scheusal."*
Theodor Fontane, Brief an Mete Fontane aus Karlsbad, 22.8.1895; HA 4, S. 473

VIIa/10   Friedrich Stahl

Im Café Bauer, 1888

Deck- und Wasserfarben; 51,5 x 67
Stadtmuseum Berlin, GHZ 87/1

Dieser mondäne Kaffeehaustempel mit seiner prachtvollen Ausstattung ist ein Ort für unverfängliche Begegnungen der Geschlechter. Hier residiert keine geschlossene Gesellschaft höfischen Stils. Die bürgerlichen Rationalitätstugenden der aufklärerischen Denk- und Debattierkultur, die im Café gepflegt wurden, geraten gegen Ende des 19. Jahrhunderts zu Attributen der Selbstinszenierung, bei der die gepflegte gebildete Konversation mit aufwendigem Stilgebaren einhergeht.

„Ja, es steckt [im Menschenbeobachten] ‚was von Genuß drin, von einer ganz feinen Sinnlichkeit, wie sie der künstlerisch beanlagte Mensch immer hat und haben muß, so lange er als Künstler sieht und empfindet. Die Toiletten, ihre Schönheit und Sonderbarkeit, interessieren mich gleichermaßen, und am meisten die Frauengesichter, aus denen man lange, schreckliche Romane herauslesen kann, schrecklich durch Schuld und schrecklich durch Sühne. Mitunter sieht auch ein Gesicht nach Buße aus, nach Reue nie. Nichts ist seltener als Reue; jeder ist schließlich mit seinem Tun zufrieden und würd' es, wenn es ginge, wieder so machen."
Theodor Fontane, Brief an Emilie Fontane, 2.7.1889; HA 3, S. 702

VIIa/11 **Adolph Menzel**

Im Opernhaus, 1862

Öl auf Papier, auf Pappe aufgezogen; 51,5 x 43,2
Hamburger Kunsthalle, 1286   (Abb. S. 146)

Im Opernhaus Unter den Linden fand alljährlich
der große Opernball statt. Da er öffentlich war,
wurde dieses Gesellschaftsereignis vom Adel
herablassend beäugt, der sich, wenn überhaupt,
nur kurz dort blicken ließ.

*„Im allgemeinen, darin hast du recht, gehört zu
einem Grafen eine Gräfin; wer wollte das bestrei-
ten? Aber wenn es keine Gräfin sein kann, so
kommt nach der Gräfin gleich die Schauspielerin, weil sie, dir darf ich das sagen, der Gräfin
am nächsten steht. Denn worauf kommt es in der
sogenannten Oberschicht an? Doch immer nur
darauf, daß man eine Schleppe tragen und einen
Handschuh mit einigem Schick aus- und anzie-
hen kann. Und sieh, das gerade lernen wir aus
dem Grunde. So vieles im Leben ist ohnehin nur
Komödienspiel, und wer dies Spiel mit all seinen
großen und kleinen Künsten schon von Metier
wegen kennt, der hat einen Pas vor den anderen
voraus und überträgt es leicht von der Bühne her
ins Leben."*
Theodor Fontane, Graf Petöfy; NA II, S. 72

VIIa/12 **Peter Hasenclever**

Abendgesellschaft, 1850

Öl auf Lwd.; 33 x 47
Wallraf-Richartz-Museum, Köln, WLM 1127

Zu den Tugenden der höheren Töchter zählen
eine sittsame Erziehung, Allgemeinkenntnisse,
die für eine gepflegte Konversation ausreichen,
häusliche Fingerfertigkeit im Sticken und Nähen
sowie eine musische Ausbildung in den Fächern
Musik und Malerei. Im musikalischen Vortrag
zu abendlicher Stunde darf sich die Frau als Re-
präsentantin des Schöngeistigen in Szene setzen
und sich auch von fremden Männern bewundern
lassen, wobei zeitgenössischen Klagen zu entnehmen ist, daß die höflichen Ovationen meist
mehr der Darbietenden als ihrem Vortrag gelten.
*„Nur die ungeheure Eitelkeit der Menschen, der
kindische Hang nach Glanz und falscher Ehre,
das brennende Verlangen, den alten Wrangel einladen zu dürfen oder eine Frau zu haben, die
Brüsseler Spitzen an der Nachtjacke trägt, nur
die ganze Summe dieser Miserabilitäten verschließt die modernen Herzen gegen die einfachsten Wahrheiten und macht sie gleichgültig gegen
das was allein ein ächtes Glück verleiht [...]"*
Theodor Fontane, Brief an Mathilde von Rohr, 30.11.1876;
HA 2, S. 549

VIIa/13

Eingeschnürter weiblicher Torso, um 1890
Schnürfurchen nach Tragen eines Korsetts

Wachs
Berliner Panoptikum, 38

Der Wachstorso ist ein Exponat des *Medizinischen Cabinetts* von 1890, einer Bildungsinstitu-

VIIa/15

tion, wie sie für das 19. Jahrhundert typisch war.
Die gesundheitlichen Schäden, die das Tragen
eines Korsetts für Frauen zur Folge hatte, wurden anhand dieses Demonstrationsmodells plastisch veranschaulicht.

VIIa/14 **Carl Steffeck**

Dame mit Papagei und Hund, um 1880

Öl auf Lwd.; 120,5 x 94
Kunstmuseum Düsseldorf, 4278   (Abb. S. 138)

Die Frau übernimmt als Objekt männlicher Bewunderung eine soziale Funktion. Sie bindet
Vergötterungsbedürfnisse, für die in einer säkularisierten Welt kein Platz mehr ist. Die Verklärung von Schönheit und Tugend legt das Weib
auf eben diese Eigenschaften fest, bis es diese
ästhetische Zuschreibung selbst verinnerlicht hat.
*„Ich unterscheide [...] kalte und warme Madon-
nen. Die kalten sind mir allerdings verhaßt, aber
die warmen hab' ich desto lieber. A la bonne*

*heure, die berauschen mich, und ich fühl' es in al-
len Fingerspitzen, als ob es elfer Rheinwein wäre.
Und zu diesen glühenden und sprühenden zähl'
ich all diese spanischen Immaculatas und Con-
cepciones, wo die Mutter Gottes auf einer Mond-
sichel steht, und um ihr dunkles Gewand her
leuchten goldene Wolken und Engelsköpfe. Ja,
[...] dergleichen giebt es. Und so blickt sie brün-
stig oder sagen wir lieber inbrünstig gen Himmel,
als wolle die Seele flügge werden in einem Brüt-
ofen von Heiligkeit."*
Theodor Fontane, L'Adultera; GBA, S. 32

VIIa/15 **Hugo von Habermann**

Bildnis einer jungen Dame, 1889

Öl auf Lwd.; 131 x 100,5
Museum der bildenden Künste, Leipzig, 957

Die Ambivalenz des „weiblichen Zaubers" ist allein mit dem Attribut naturschöner Anmut, die
das Schönheitsideal zu Fontanes Zeiten kenn-

VIIa/19

zeichnet, nicht abgedeckt. Selbst der den Frauen angelastete Hang zu Intrige und Ranküne als ihre „zweite Natur" ist Teil männlicher Faszination. Die vielbeschworenen verführerischen „Waffen der Frau" stammen angeblich allesamt aus dem Arsenal des Teufels. Die undurchschaubar Schöne, die mit Charme und Raffinesse den Mann in ihre Fänge lockt, wird an der Schwelle zur Moderne, in einer Zeit sich lockernder Moralvorstellungen, zur lasziven Gefahr, der der Mann sich nur schwer entziehen kann.

„Es ist nur Eines, um dessentwillen wir Frauen leben, wir leben, um uns ein Herz zu gewinnen, aber wodurch wir es gewinnen, ist gleichgiltig."
Theodor Fontane, Schach von Wuthenow; GBA, S. 74

VIIa/16   Reinhold Lepsius

Dame am Schreibtisch, um 1890

Öl auf Lwd.; 70 x 50
Stadtmuseum Berlin, GEM 70/12

Die geheimnisumwitterte Schönheit fordert die männliche Jagd nach ihrer Entzauberung heraus. Wenn ihr Geheimnis jedoch gelüftet werden kann, verliert sie ihren Reiz.
„Wir [Frauen] sind eben ein Rätsel."
Theodor Fontane, Der Stechlin; NA VIII, S. 105

VIIa/17   Franz Skarbina

Ballettgarderobe, 1886

Mischtechnik auf Karton; 78 x 58,5
Theaterwissenschaftliche Sammlung der Universität zu Köln, Sammlung Niessen, 41193

Tänzerinnen und Schauspielerinnen werden auf der Bühne bewundert und stehen gleichzeitig in dem Ruf, als leichte Mädchen einen lockeren Lebenswandel zu führen.
Zu den Verehrern dieser begehrten Musen und Mätressen zählen auch viele gutbetuchte Bürger, die im freizügigeren Künstlermilieu Abwechslung suchen.
„[...] Huldigungen sind wie Phosphorhölzer: eine zufällige Friktion, und der Brand ist da."
Theodor Fontane, Cécile; NA IV, S. 222

VIIa/18   Moritz von Schwind

Der Mittag, um 1835–1839

Öl auf Zink; 27 x 20,5
Hessisches Landesmuseum, Darmstadt,
GK 443   (Abb. S. 152)

Nicht nur das weibliche „unstillbare" Begehren wird in den Nixen- und Meerfrauen-Motiven des 19. Jahrhunderts formuliert. Auch die unerfüllte männliche Sehnsucht, Schönheit und Anmut der Frauen in ihren Besitz zu bringen, findet hier ihren bildlichen Ausdruck. Bewundert und angebetet muß werden, was nicht erobert werden kann.
„Das ist eine Nixe von edelstem Stamm,
Ihr Leib ist wie manch andrer,
Doch ihre Seele ist Feuer und Flamm
Und berauscht die Pilger und Wandrer."
Theodor Fontane, Die Geyser-Tochter (10.8.1860), Gedichte; GBA, Bd. 3, S. 114

VIIa/20

VIIa/19   Max Klinger

Venus im Muschelwagen, 1884/85

Öl auf Lwd.; 50 x 173
Staatliche Museen zu Berlin – Preußischer Kulturbesitz, Nationalgalerie, 826 b

Die antike Liebesgöttin Venus/Aphrodite, die Schaumgeborene, stand in der römischen und griechischen Mythologie für Wohlstand und Glück. Zusammen mit den Sirenen ist sie Urbild der Fabelwesen Nixe und Meerfräulein mit ihrem weitverzweigten Stamm der Nereiden, Najaden und Nymphen, die über Ozeane, Quellen und Bäche wachen.
„Alle Männer sind abhängig von weiblicher Schönheit [...]"
Theodor Fontane, Frau Jenny Treibel; NA VII, S. 108

VIIa/20   Arnold Böcklin

Sirenen, 1874

Öl auf Lwd.; 46 x 31
Staatliche Museen zu Berlin – Preußischer Kulturbesitz, Nationalgalerie, A I 754

Hinter den Odysseusschen Sirenen Homers, die mit ihrem berauschenden Gesang die Schiffer ins Verderben stürzen, verbirgt sich ein archaisches männliches Angstmotiv, das bis in das bürgerliche Zeitalter – und weit darüber hinaus – reicht. Die ambivalente weibliche Ausstrahlung, die für die Männer zwischen Anziehung und Abwehr oszilliert, zeigt sich im Bild der Sirene als tödliche Verlockung.
„Man muß vor solchen Weibern stehen wie vor einem Abgrund: Entsetzen und unwiderstehlicher Zug in die Tiefe zugleich. Nur wo das geleistet wird, sind sie, über das bloß Genrehafte hinaus, in der Kunst berechtigt."
Theodor Fontane, Causerien über Theater (4.9.1874);
NA XXII/1, S. 373

VIIa/21   Arnold Böcklin

Meeresbrandung, 1877

Öl und Tempera auf Lwd. auf Holz; 81 x 56
Kunsthaus Zürich, 1950   (Abb. S. 141)

Die verführerische soghafte, in die Untiefen weiblicher Sexualität und somit in den gesellschaftlichen Ruin treibende „Naturmacht" der Frauen, die nicht auf Grund und Boden, sondern in den Wassern ihr Reich hat, ist nicht erst seit Heinrich Heines *Loreley* eine gängige Allegorie für die Ambivalenz weiblicher Lustverheißung und Todesdrohung.

„Aber sie nimmt sich erbarmungslos einen aufs Korn, einen, an dessen Spezialeroberung ihr gelegen ist, und du glaubst gar nicht, mit welcher grausamen Konsequenz, mit welcher infernalen Virtuosität sie dies von ihr erwählte Opfer in ihre Fäden einzuspinnen weiß."
Theodor Fontane, Frau Jenny Treibel; NA VII, S. 67

VIIa/22 Arnold Böcklin

Die Hochzeitsreise
(Paar in Toskanischer Landschaft), 1878

Öl auf Lwd.; 80 x 59,5
Staatliche Museen zu Berlin – Preußischer Kulturbesitz, Nationalgalerie, A I 1099

Frischvermählte gutbetuchte Ehepaare fuhren in ihren Flitterwochen meistens nach Italien, um die berühmten Kunstschätze in Museen und Kirchen zu bewundern. Die anstrengenden Bildungsreisen, bei denen die Ehemänner sich als beflissene Kunstkenner in Szene setzen, stellen das junge Glück auf eine harte Probe.

„Es ist, als ob die Götter unser nach eignem Plan zurecht gelegtes Glück nicht wollen, sie werfen uns dann und wann eine süße Frucht in den Schooß und haben nichts dagegen (im Gegentheil) daß sie uns schmeckt, aber so wie wir das Glück zwingen oder auch nur mit Hülfe von Baedecker uns etappenmäßig ausrechnen wollen, in Innsbruck dies Glück und in Verona das und in Venedig ein stupendes drittes in einer Gondel oder Nicht-Gondel, – so darf man sicher sein, daß alles kläglich scheitert. Wie viel Thränen junger Frauen sind schon auf dem Marcusplatz vergossen worden und kaum eine dieser Frauen die nicht wenigstens (auch wenn sie blos im Hôtel war) auf der Seufzerbrücke gestanden hätte. Und das sind dann die berühmten Hochzeitsreisen, die, nach der Berechnung des Bräutigams, direkt in den Himmel führen sollten."
Theodor Fontane, Brief an Georg Friedlaender, 24.10.1888; HA 3, S. 650

VIIa/23 Julius Exter

In die Netze gegangen, 1903

Mischtechnik auf Lwd.; 117 x 125
Bayerische Verwaltung der staatlichen Schlösser, Gärten und Seen, München, Ex. 960 (Abb. S. 142)

Die gefangene Meerfrau, die den Fischern zur Beute wird, statt sie hinabzuziehen in ihr Reich, ist der Domestizierung preisgegeben. Sie wird ihrem Element entrissen und ihrer gefährlichen erotischen Naturmacht entledigt.

„[...] dies war der Mann, der bis in die Dunkeltiefen des Herzens blickt, seine Geheimnisse aufschließt, seine Verworrenheiten löst. Eine Auf-

gabe, nicht dankbar immer, vielleicht verwerflich, gewiß gefährlich; – es frommt nicht, der Gorgo ins Antlitz zu schauen oder die Rätsel der Sphinx zu lösen. Ein Letztes, Tiefstes soll den verhüllenden Schleier tragen."
Theodor Fontane, Aus den Tagen der Okkupation; NA XVI, S. 321

VIIa/24 Franz Skarbina

Später Flirt (Harte Worte), 1891

Öl auf Lwd.; 98,5 x 75,5
Stadtmuseum Berlin, GEM 88/8 (Abb. S. 149)

In der bürgerlichen Kunstproduktion des späten 19. Jahrhunderts werden Paare vorwiegend in harmonischer Konstellation dargestellt; insofern entspricht Skarbinas Gemälde in keiner Weise den Sehgewohnheiten des Salonpublikums. Die zunehmend als konfliktträchtig erfahrene, im rasenden technischen Wandel befindliche Realität verlangt nach idyllisierten Gegenbildern. In einer Gesellschaft, die rationales Handeln erfordert, sind Leidenschaften unangebracht.

„... Und die schlimmsten Ehen sind die, [...] wo furchtbar ›gebildet‹ gestritten wird, wo [...] eine Kriegsführung mit Samthandschuhen stattfindet, oder richtiger noch, wo man sich, wie beim römischen Karneval, Konfetti ins Gesicht wirft. Es sieht hübsch aus, aber verwundet doch."
Theodor Fontane, Frau Jenny Treibel; NA VII, S. 105

VIIa/25 Carl Friedrich Lessing

Das Duell, 1874

Öl auf Pappe; 26,5 x 38
Von der Heydt-Museum, Wuppertal, G 326 (Abb. S. 143)

Als höchster Ausdruck von Männlichkeit gilt – vor allem in akademischen und militärischen Kreisen –, im Duell das Leben für die Ehre aufs Spiel zu setzen. Männliche Tugenden wie Tapferkeit, Geschicklichkeit, Härte und Selbstdisziplin werden hier in archaischer Form anachronistisch unter Beweis gestellt. Anlässe für Satisfaktionsforderungen sind zwar häufig auch kompromittierte Frauen, deren Reputation der Mann wiederherzustellen vorgibt, doch seine Ehrenrettung ist stets vorrangiges Motiv.

„Das mit dem ‚Gottesgericht‘, wie manche hochtrabend versichern, ist freilich ein Unsinn, nichts davon, umgekehrt, unser Ehrenkultus ist ein Götzendienst, aber wir müssen uns ihm unterwerfen, solange der Götze gilt."
Theodor Fontane, Effi Briest; NA VII, S. 375

VIIa/26 Wilhelm Amberg

Abschied, 1897

Öl auf Lwd.; 95 x 69
Stadtmuseum Berlin, GEM 68/1

Zu den wesentlichsten Tugenden in der bürgerlichen Vertragsgesellschaft gehört die Treue. Das Treueversprechen der Ehepartner garantiert die Stabilität des familiären Ordnungsverbandes, auf der Loyalität der Untertanen basiert der Staat. *„Üb' immer Treu' und Redlichkeit"* ist die preußische Alltagshymne. Treuebruch zählt demgemäß zu den schlimmsten Verfehlungen in der bürgerlichen Wertegemeinschaft. Insbesondere der Ehebruch wird zum unverzeihlichsten und gleichzeitig aufregendsten Vergehen dieser Zeit.

„Denn die Liebe thut es nicht und die Treue thut es auch nicht. Ich meine die Werkeltagstreue, die

VIIa/28

nichts Besseres kann, als sich vor Untreue be-
wahren. Es ist eben nicht viel, treu zu sein, wo
man liebt und wo die Sonne scheint und das Le-
ben bequem geht und kein Opfer fordert. Nein,
nein, die bloße Treue thut es nicht. Aber die be-
währte Treue, die thut es."
Theodor Fontane, L'Adultera; GBA, S. 154 f.

VIIa/27 Carl Friedrich Koch

Der Brief, 1889

Öl auf Lwd.; 61 x 75
Stadtmuseum Berlin, GEM 70/10

Die Briefkultur, die dem Spätbürgertum als
hauptsächliches Kommunikationsmittel zur Verfügung steht, basiert auf einem festgelegten Stil-
und Regelsystem. Briefe werden vom Adressa-
ten für gewöhnlich weitergereicht oder vorgelesen. Sie werden wie Nachrichten verbreitet. Nur
Briefe intimen Inhalts werden als Geheimnisse
gehandelt und allenfalls einer sehr vertrauten
Person gleichen Geschlechts gezeigt.
„Ich kenne Liebesbriefe; die besten kriegt man nie
zu sehen, und was dann bleibt, ist gut für nichts."
Theodor Fontane, Cécile; NA IV, S. 276

VIIa/28 Albert Ritzberger

Herzensfrage, 1900

Öl auf Lwd.; 98 x 134,5
Stadtmuseum Berlin, VII 60/231 X   (Abb. S. 159)

Die Frau, die von jeder gesellschaftlichen Arbeit
ausgeschlossen ist, kann persönliche Bestätigung nirgendwo leichter finden als durch einen
Verehrer.
„Die Liebe [...] lebt von den liebenswürdigen
Kleinigkeiten, und wer sich eines Frauenherzens
dauernd versichern will, der muß immer neu
darum werben, der muß die Reihe der Aufmerk-
samkeiten allstündlich wie einen Rosenkranz ab-
beten. Und ist er fertig damit, so muß er von
neuem anfangen. Immer da sein, immer sich be-
stätigen, darauf kommt es an. Alles andere be-
deutet nichts."
Theodor Fontane, Cécile; NA IV, S. 257

VIIa/29 Moritz von Schwind

Abenteuer des Malers Joseph Binder,
um 1848-1850

Öl auf Holz; 57 x 34
Staatliche Museen zu Berlin - Preußischer Kulturbesitz,
Nationalgalerie, A II 58

Die Muse gilt den Künstlern als Quelle der In-
spiration und Kreativität, sie ist ein windglei-
ches, feenhaftes weibliches Wesen, das den Ta-
lentiertesten gewogen ist. Wen sie küßt, der
erhält die höheren Weihen der Kunst.
„Die Muse ist eine sehr spröde Dame und es ko-
stet viel Anstrengung ihr auf den Leib zu rücken;
den Saum ihres Kleides streifen kann jeder."
Theodor Fontane, Brief an Bernhard von Lepel, 2.11.1865;
HA 2, S. 148

VIIa/30 Theodor Alt

Rudolf Hirth du Frênes im Atelier, 1870

Öl auf Lwd.; 88,8 x 65,3
Staatliche Museen zu Berlin - Preußischer Kulturbesitz,
Nationalgalerie, A I 873

Im Verhältnis des Malers zu seinem Modell wird
ein Geschlechterverhältnis aus männlicher Perspektive verklärt. Der Künstler ordnet sich die
aktive, schöpferische Rolle zu und verleiht der
passiven Frau, die ihm Muse und arrangiertes
Objekt zugleich sein kann, in einer ästhetischen
Form Gestalt, die erst auf der Leinwand ihre
Vollendung und Idealisierung erreicht.
„Gewiß ist es richtig, daß wir samt und sonders
von Einbildungen leben, aber für die Frauen ist es
das tägliche Brot."
Theodor Fontane, Der Stechlin; NA VIII, S. 157

VIIb/1 Unbekannter Photograph

Schloß Zerben bei Parey an der Elbe, 1879
Ansicht von der Westseite

Photographie (Reproduktion); 12,7 x 16,5
Privatbesitz

Elisabeth Baronin von Ardenne, geborene Freiin
und Edle von Plotho (1853-1952), das Urbild von
Effi Briest, verbrachte als jüngstes von fünf Geschwistern auf Gut Zerben bei Parey an der Elbe
eine sorgenfreie Kindheit. Dem temperament-
vollen, *„in Freiheit dressierten"* Wildfang ist Stu-
benhockerei zuwider. Sie ist ungezwungen, wild
und sportlich und ganz wie die junge Effi: *„Im-*
mer am Trapez, immer Tochter der Luft".

VIIb/2 Unbekannter Photograph

Schloß Zerben bei Parey an der Elbe, 1879
Ansicht von der Ostseite

Photographie (Reproduktion); 12,7 x 16,5
Privatbesitz

Das preußische Majorätserbrecht sah vor, daß
der Besitz nur auf den jeweils ältesten männlichen
Erben übertragbar war. Da Elisabeths Bruder der
älteste und zugleich einzige männliche Nachkom-
me ist, drängt die Mutter auf standesgemäße Verheiratung der Töchter, um sie sozial gesichert zu
wissen. Der Auserwählte, den sich die Witwe für
ihre ungestüme Tochter Elisabeth ausgeguckt
hat, ist ein reicher preußischer Offizier.
„Er ist freilich älter als du, was alles in allem ein
Glück ist, dazu ein Mann von Charakter, von
Stellung und guten Sitten, und wenn du nicht
‚nein' sagst, was ich von meiner klugen Effi kaum
denken kann, so stehst du mit zwanzig Jahren
da, wo andere mit vierzig stehen."
Theodor Fontane, Effi Briest; NA VII, S. 180

VIIb/3 Franz Fabian

Elisabeth Baronin von Ardenne,
geb. Freiin und Edle von Plotho, 1887

Photographie (Reproduktion); 18 x 12,8
Theodor-Fontane-Archiv, Potsdam, A I 102

Nach längerem Zögern geht die 19jährige Elisabeth 1873 auf Betreiben der Mutter die Ehe mit
dem fünf Jahre älteren Armand von Ardenne ein.
Sie schenkt ihm zwei Kinder. Die Karrierepläne
des Offiziersgatten erzwingen ein unstetes Leben in wechselnden Garnisonen. Die Ehe an der
Seite ihres aufstiegsorientierten Gatten erfüllt
sie nicht. Erst nachdem die Familie 1877 nach
Düsseldorf zieht, weil Armand als Rittmeister zu
den dortigen Husaren versetzt wird, beginnt sie,
sich heimisch zu fühlen. Sie findet Zugang zum
Düsseldorfer Künstlerkreis *Malkasten*, in dem
sie zur gefeierten Muse avanciert. Auch Emil
Ferdinand Hartwich (1843-1886), Königlicher
Amtsrichter und Amateurmaler, verkehrt in dieser Künstlergruppe und wird bald zu einem engen Freund des Hauses - und schließlich zu
einem heimlichen Nebenbuhler Ardennes.

VIIb/4 C. Wetzel

Elisabeth von Ardenne, o. J.

Öl auf Lwd.; 72 x 62
Privatbesitz

Zwischen Elisabeth von Ardenne und dem in seiner Ehe nicht weniger unglücklichen Emil Hartwich entspinnt sich ein Liebesverhältnis, das
auch nach der Versetzung Armand von Ardennes
als Adjutant ins Berliner Kriegsministerium im
Jahre 1884 nicht abreißt und sich durch die zunehmende Entfremdung der Eheleute Ardenne
weiter vertieft. Die räumliche Trennung des
heimlichen Paares überbrücken eine Briefkorre-
spondenz und gelegentliche Besuche Emil Hart-
wichs im Hause Ardenne, die allerdings immer
unter einem harmlosen Vorwand arrangiert werden müssen.

VIIb/5 C. Wetzel

Armand von Ardenne, o. J.

Öl auf Lwd.; 72 x 62
Privatbesitz

Armand Léon von Ardenne (1848-1919) genießt
als Militärschriftsteller und Generalstabsoffizier
nicht nur in preußischen Armeekreisen hohes
gesellschaftliches Ansehen. Der taktisch denkende, nüchtern planende Militärstratege und
seine impulsive, gefühlsbetonte Ehefrau bilden
ein charakterliches Gegensatzpaar. Durch die la-
tente Ehekrise argwöhnisch geworden, verschafft
sich Armand Zugang zu den heimlichen Briefschaften seiner Frau und entdeckt das Liebesverhältnis.

VIIb/6 Emil Hartwich

Brief an Elisabeth Baronin
von Ardenne, 30. Mai 1886

Handschrift, 1 Bl., 4 S.; 18,5 x 14,2
Privatbesitz

Mit der Aneignung der Korrespondenzen Hart-
wichs hat Ardenne nun die nötigen Beweismittel,
die seinen Argwohn gegenüber dem ehemaligen

VIIb/4

VIIb/5

Freund und seiner Gattin bestätigen. Im Scheidungsprotokoll ist zu lesen: „*In Folge der in der Nacht vom 24. zum 25. November [...] vorgenommenen Suche fielen dem Ehemann die von der Frau sorgfältig aufbewahrten Briefe – ein ganzes Paket – in die Hände; sie datieren von Anfang September bis November dieses Jahres* [1886], *sind sämtlich von Hartwich geschrieben, und enthalten den unzweideutigen Beweis, daß die Ehefrau und Hartwich Geschlechtsgemeinschaft gehabt, daß sie getrennt von einander in der Phantasie diese Gemeinschaft mit glühender Leidenschaft fortgesetzt* [haben].“ Tatsächlich faßte das heimliche Paar 1886 den Entschluß, ihre unglücklichen Ehebindungen zu lösen und einander zu heiraten. Von Armand von Ardenne zur Rede gestellt, leugnen sie das Liebesverhältnis nicht. Der Skandal ist da. Der betrogene Ehemann trachtet danach, seine Ehre wiederherzustellen.

VIIb/7   Emil Hartwich

Brief an Elisabeth Baronin
von Ardenne, 8. Oktober 1886

Handschrift, 1 Bl., 4 S.; 18,5 x 12,5
Privatbesitz

In diesem Brief erteilt Emil Hartwich juristische Ratschläge zu angeblichen Eheproblemen einer Schwester Elisabeths. Er plädiert hier für eine rasche Vollziehung der Trennung und empfiehlt, sich um das Sorgerecht für die Kinder zu bemühen. Wahrscheinlich galt der Rat Elisabeth selbst, da keine der Schwestern Scheidungsabsichten hegten.

VIIb/8

Berliner Tageblatt, 3. Dezember 1886

Staatsbibliothek zu Berlin - Preußischer Kulturbesitz,
ZTG 1950

Am 27. November 1886 standen sich die Duellanten Ardenne und Hartwich gegenüber. Der geforderte Hartwich hat das Recht auf den ersten

Schuß. Er zieht es vor, vorbeizuzielen. Armand von Ardenne verletzt mit seinem Pistolenschuß seinen Gegner schwer. Nach Beendigung des Duells soll der Angeschossene seinen Kontrahenten wegen der ihm angetanen schweren Kränkung um Verzeihung gebeten haben. Emil Hartwich wurde in der Charité operiert und starb am vierten Tag nach dem Duell. Am 15. Dezember 1886 muß sich Armand von Ardenne bei einer Verhandlung vor dem Militärgericht für das Duell verantworten. Doch in Armeekreisen gilt eine Satisfaktionsforderung nach wie vor als Kavaliersdelikt. Verurteilt zu zwei Jahren Festungshaft, kommt er bereits nach 18 Tagen wieder frei, nachdem er sich zuvor noch aussuchen durfte, in welchem Gefängnis er seine Strafe absitzen wollte. Am 22. Januar 1887 erließ Wilhelm I. dem Rittmeister Baron von Ardenne à la Suite des 2. Westfälischen Husarenregiments und Adjutant des Kriegsministers den Rest der Freiheitsstrafe. Seine militärische Karriere konnte er ungehindert fortsetzen.

„*Man braucht nicht glücklich zu sein, am allerwenigsten hat man einen Anspruch darauf, und den, der einem das Glück genommen hat, den braucht man nicht notwendig aus der Welt zu schaffen. Man kann ihn, wenn man weltabgewandt weiter existieren will, auch laufen lassen. Aber im Zusammenleben mit den Menschen hat sich ein Etwas ausgebildet, das nun mal da ist und nach dessen Paragraphen wir uns gewöhnt haben, alles zu beurteilen, die andern und uns selbst. Und dagegen zu verstoßen, geht nicht; die Gesellschaft verachtet uns, und zuletzt tun wir es selbst und können es nicht aushalten und jagen uns die Kugel durch den Kopf. [...] Also noch einmal, nichts von Haß oder dergleichen, und um eines Glückes willen, das mir genommen wurde, mag ich nicht Blut an den Händen haben; aber jenes, wenn Sie so wollen, uns tyrannisierende Gesellschafts-Etwas, das fragt nicht nach Charme und nicht nach Liebe und nicht nach Verjährung. Ich habe keine Wahl. Ich muß.*“
Theodor Fontane, Effi Briest; NA VII, S. 374

VIIb/9   Unbekannter Photograph

Elisabeth Baronin von Ardenne, um 1913

Photographie; 18 x 24
Privatbesitz

Im November 1886 trennte sich Armand von Ardenne von seiner ungetreuen Gattin und reichte die Scheidung ein. In einem Brief Ardennes vom 3. Dezember 1886 an seine „*Herzensmamma*“ beklagt er sich: „*Meine Frau hat mich nie geliebt und vor wenigen Wochen hat sie mir das mit dürren Worten gesagt. (Jetzt freilich jammert sie nach mir). [...] Mit der beharrenden Energie, die mir eigen ist, habe ich endlich das Gewebe von Lüge u[nd] Heuchelei zerrissen. Mir ist wohl. Ich bin wie von einem Alpdruck erlöst.*“ Am 15. März 1887 wird Elisabeth von Ardenne schuldig geschieden. Die beiden Kinder werden dem Vater zugesprochen, der festlegt, daß im Falle seines Todes sein Bruder zum Vormund bestimmt sei. Die Kinder werden bei seinen Eltern in Leipzig untergebracht, da Ardenne befürchtet, daß seine geschiedene Frau, von Sehnsucht nach den Kindern getrieben, öfters nach Berlin kommen würde, um sie heimlich zu sehen. (Erst etwa zwanzig Jahre nach ihrer Scheidung sieht sie ihre inzwischen erwachsen gewordenen Kinder wieder.) Elisabeth von Ardenne verläßt nach der Trennung Berlin und erlernt den Beruf einer Krankenschwester. Viele Jahre widmet sie sich der nervenkranken Margarethe (Daisy) Weyersberg, deren Familie ihren Lebensunterhalt finanziert. Mit 99 Jahren stirbt Elisabeth von Ardenne in Lindau im Jahre 1952.

VIIb/10   Theodor Fontane

Effi Briest, Kapitel 36

Handschrift, Bl. 13; 33 x 21,2
Stadtmuseum Berlin

Wenige Tage nach seinem 70. Geburtstag brachte Theodor Fontane die ersten Zeilen seines berühmtesten Romans zu Papier. Die Niederschrift zog sich über vier Jahre hin, obwohl der Dichter in einem Brief an Hans Hertz vom 2. März 1885 beteuert, daß er das Ganze „*träumerisch und fast wie mit einem Psychographen*“ geschrieben habe. „*Sonst kann ich mich immer der Arbeit, ihrer Mühe, Sorgen und Etappen erinnern – in diesem Falle gar nicht. Es ist wie von selbst gekommen, ohne rechte Überlegung und ohne alle Kritik.*“ Unterbrochen wird die Arbeit an *Effi Briest* durch eine schwere Nervenkrise, die eine Schreibblockade nach sich zieht. Erst als sein Berliner Hausarzt, Dr. Delhaes, den medizinischen Rat gibt, den Roman beiseite zu legen und statt dessen das Schreiben von Lebenserinnerungen empfiehlt, ist eine Besserung des Gesundheitszustandes in Sicht. Es entsteht *Meine Kinderjahre* (1894). Das autobiographische Intermezzo von Selbstreflexion und Selbstdarstellung läßt ihn genesen, so daß er die Arbeit an *Effi Briest* wiederaufnehmen und beenden kann.

„*Der natürliche Mensch will leben, will weder fromm noch keusch noch sittlich sein, lauter Kunstprodukte von einem gewissen, aber immer*

zweifelhaft bleibenden Wert, weil es an Echtheit und Natürlichkeit fehlt. Dies Natürliche hat es mir seit lange angetan, ich lege nur darauf Gewicht, fühle mich nur dadurch angezogen und dies ist wohl der Grund, warum meine Frauengestalten alle einen Knax weghaben. Gerade dadurch sind sie mir lieb, ich verliebe mich in sie, nicht um ihrer Tugenden, sondern um ihrer Menschlichkeiten d.h. um ihrer Schwächen und Sünden willen. Sehr viel gilt mir auch die Ehrlichkeit, der man bei den Magdalenen mehr begegnet, als bei den Genoveven. Dies alles, um Cécile und Effi ein wenig zu erklären."
Theodor Fontane, Brief an Colmar Grünhagen, 10.10.1895; HA 4, S. 487 f.

VIIb/11   Theodor Fontane

Effi Briest, Kapitel 36

Handschrift, Bl. 14; 33 x 21,2
Stadtmuseum Berlin

VIIb/12   Theodor Fontane

Effi Briest, Roman

in: Deutsche Rundschau, 21. Jg. (1894/95), Heft I
Hg. von Julius Rodenberg
Berlin: Verlag von Gebrüder Paetel
Universitätsbibliothek der Humboldt-Universität zu Berlin, Ad 7919

Aufgeschlagen: S. 1. – Die erste Veröffentlichung erschien als Vorabdruck in der renommierten Monatsschrift in sechs Folgen von Oktober 1894 bis März 1895.
Die Liebes- und Leidensgeschichte einer jungen Frau namens Effi Briest, über die stets nur bestimmt wurde, stößt nicht nur in allen Generationen bei den weiblichen Lesern aufgrund ihres starken Identifikationsgehaltes auf Gegenliebe. Der Stoff, der zur Weltliteratur wurde, lehnt sich an das Schicksal Elisabeth von Ardennes an. Effi ist 17, als sie von der Mutter völlig unvorbereitet damit konfrontiert wird, daß der über 20 Jahre ältere Baron von Innstetten um ihre Hand angehalten hat. Landrat Innstetten zählt zu den Honoratioren im pommerschen Provinzstädtchen Kessin. Effi ist ihm Muse und Repräsentationsobjekt. Sie langweilt sich und wird der repräsentativen Rollenerwartung nicht gerecht. Einzige, wenn auch unangenehme Attraktion ist im Hause Innstetten eine Sammlung Furcht einflößender Requisiten. Effi ängstigt sich unter der Schreckensinszenierung ihres Gatten, zu der auch die Legende eines spukenden Chinesen gehört. Scheinbare Rettung aus dem eintönigen Ehedasein verspricht eine Liebesaffäre mit einem zwielichtigen „*Damenmann*" namens Crampas. Ihrem Gatten fallen zufällig Liebesbriefe in die Hände, die Effis längst vergangene Liaison mit Crampas offenbaren. Der Ehrverlust des gekränkten Ehemannes verlangt, den Rivalen zum Duell zu fordern. Der Nebenbuhler verliert sein Leben, und Effi wird durch Scheidung von ihrer Tochter getrennt. Ohne Ausbildung und Auskommen gerät Effi in die typische soziale Zwangs-

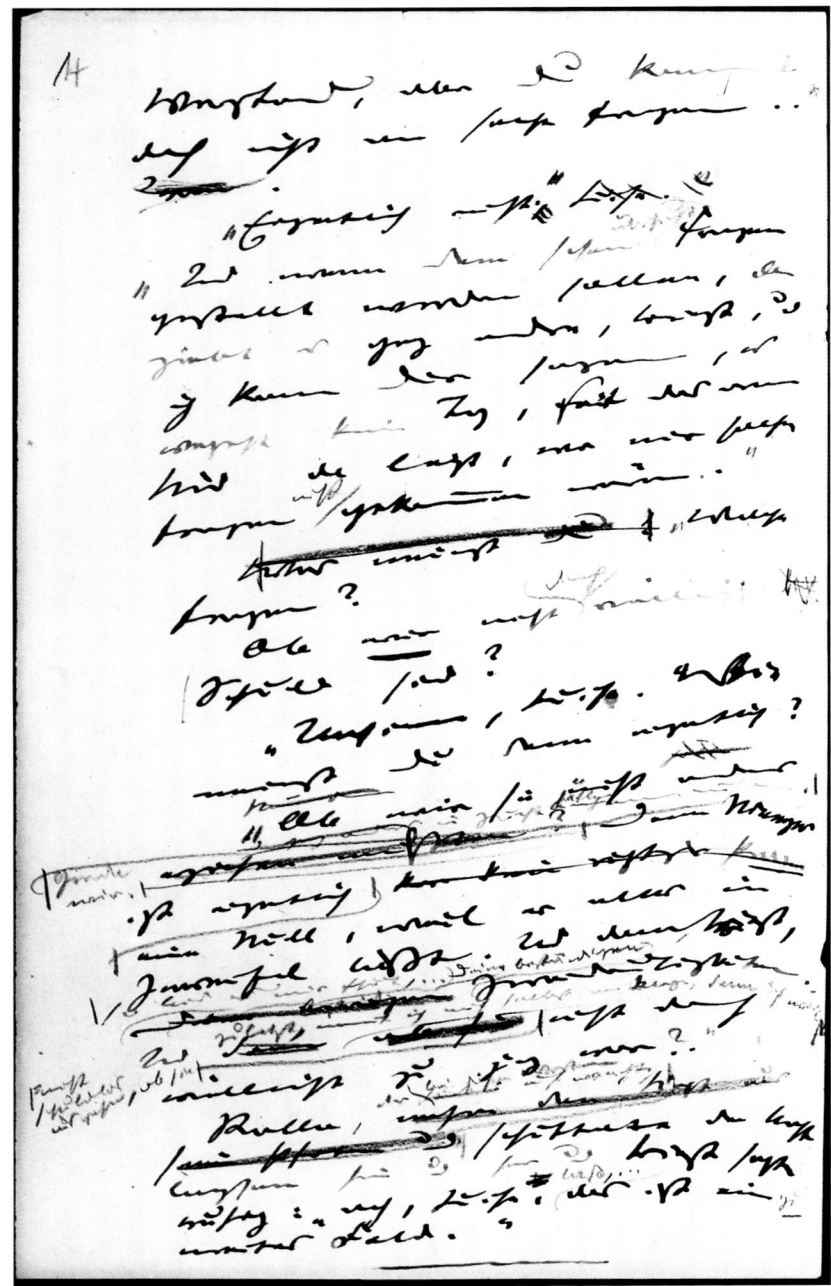

14

VIIb/11

lage vieler verstoßener wohlerzogener Töchter jener Zeit. Nach Jahren der Isolation schließlich ins Elternhaus zurückgekehrt, erliegt Effi als gebrochene junge Frau einer Lungenkrankheit.

VIIb/13   Theodor Fontane

Effi Briest, Roman

Berlin: Friedrich Fontane & Co. 1896
Privatbesitz

Das dichterische Einfühlungsvermögen Theodor Fontanes in die weibliche Lebenswelt mag für den Erfolg von *Effi Briest* ebenso von Bedeutung gewesen sein wie der soziale Sprengstoff, der in Fontanes verdeckter Kritik an der Absurdität todbringender überkommener Ehrenrettungsrituale lagerte. Die Kausalitätenkette gesellschaftlicher Repression, die an ihrem schwächsten Glied, den Frauen, dem Druck nicht standhält, trifft in

der Literaturkritik jener Jahre nicht auf einhellige Zustimmung. Nicht nur, daß der Gesellschaftsskandal des Ardenneschen Ehedramas wieder in die Öffentlichkeit gerückt wurde, galt als Skandal, sondern, daß der Dichter es gewagt hatte, Effi Briests Untergang auf ihre gesellschaftlichen Ursachen hin zu befragen.
„Ich bin schon ohnehin gegen todtschießen, Mord, aus dem Affekt heraus, geht viel eher, aber nun gar todtschießen wegen einer 7 Jahre zurückliegenden Courmacherei – an die sich in der Regel ein anständiger Ehemann mit Vergnügen miterinnert – das wäre denn doch über den Spaß. Auch so geht Innstetten, der übrigens von allen Damen härter beurtheilt wird als er verdient – sehr ungern 'ran und wäre nicht der Ehrengötze, so lebte Crampas noch. Es ist nämlich eine wahre Geschichte, die sich hier zugetragen hat, nur in Ort und Namen alles transponirt. Das Duell fand in Bonn statt, nicht in dem räthselvollen Kessin,

dem ich die Scenerie von Swinemünde gegeben habe; Crampas war ein Gerichtsrath, Innstetten ist jetzt Oberst, Effi lebt noch, ganz in Nähe von Berlin. Vielleicht läge sie lieber auf dem Rondel in Hohen-Kremmen. – Daß ich die Sache im Unklaren gelassen hätte, kann ich nicht zugeben, die berühmten ‚Schilderungen' (der Gipfel der Geschmacklosigkeit) vermeide ich freilich, aber Effis Brief an Crampas und die mitgetheilten 3 Zettel von Crampas an Effi, die sagen doch alles."
Theodor Fontane, Brief an Anna Catharina Mayer, 12.6.1895; HA 4, S. 454 f.

VIIb/14 **Atelier E. Bieber**

Theodor Fontane, 1895

Photographie; 16,5 x 10,5
Staatsbibliothek zu Berlin - Preußischer Kulturbesitz, Autograph I/2177

Theodor Fontane scheint den Urbildern des Ehepaares Innstetten, Armand und Elisabeth von Ardenne, zwischen 1875 und 1877 einmal persönlich begegnet zu sein, und zwar bei einer Tischgesellschaft im Hause des Verlegers Lessing, für dessen *Vossische Zeitung* der Dichter als Theaterkritiker tätig war. Doch während der bei dieser Abendgesellschaft ebenfalls anwesende Literat Friedrich Spielhagen *„das junge liebenswürdige Paar"* noch eine Weile in Erinnerung behielt, scheint es dem Dichter erst wieder ins Bewußtsein gekommen zu sein, als es ca. zehn Jahre später in die Schlagzeilen geriet.
„[...] Liebesgeschichten, in ihrer schauderösen Ähnlichkeit, haben was Langweiliges –, aber der Gesellschaftszustand, das Sittenbildliche, das versteckt und gefährlich Politische, das diese Dinge haben, [...] das ist es, was mich so sehr daran interessiert."
Theodor Fontane, Brief an Friedrich Stephany, 2.7.1894; HA 4, S. 370

VIIc/1 **Charles Hoguet**

Therese Ravené, geb. von Kusserow

Gouache (Reproduktion); 30 x 30
Privatbesitz

Therese wurde 1845 als jüngste Tochter des Generals Carl Friedrich Ferdinand von Kusserow (1793-1855) geboren. Die glücklichen Kinderjahre wurden überschattet vom frühen Tod des Vaters. Thereses ältere dominierende Schwester Ottilie, die über exzellente gesellschaftliche Kontakte verfügte, protegierte die Heirat des Nesthäkchens mit dem 22 Jahre älteren Besitzer der größten Berliner Eisenwarenhandlung, Jacob Frédéric Louis Ravené, im Jahre 1865.

VIIc/2 **Julius Jacob/Albert Frisch**

Altes Wohn- und Geschäftshaus der Ravenéschen Familie, Wallstraße 92/93, um 1890

Heliogravüre; 36 x 48,2
Stadtmuseum Berlin

1834 etablierte sich die Firma Jacob Ravené Söhne & Co. unter Beteiligung von P. Gutike, dem Schwiegervater Borsigs, in der Wallstraße 92/93 – hier von der Friedrichsgracht aus gesehen. Das 1832 erworbene, seit 1780 von der Königlichen Eisengießerei genutzte Gebäude mit seiner großen Lagerkapazität wurde zum zentralen Firmensitz. Die Unternehmerfamilie Ravené, die es in drei Generationen zu einem ansehnlichen Vermögen brachte, war im Berliner Eisen-, Stahl- und Metallhandel führend. Sie besaß zahlreiche Filialen auch in anderen Städten.

VIIc/3 **Georg Bartels**

Wallstraße 92/93, um 1890

Photographie; 28 x 36
Stadtmuseum Berlin

Die Wallstraße 92/93 – hier von der Friedrichsgracht gesehen – beherbergte neben dem privaten Wohntrakt auch die von Pierre Louis Ravené (1793-1861) gegründete Gemäldegalerie, die sein Sohn Louis weiterführte. Sie zählte zu den drei großen Berliner Privatsammlungen. Die Ravenés, berühmt für ihr Kunstmäzenatentum, sammelten neben Genre- und Historienbildern Landschaftsmalerei und Ansichten mittelalterlicher Architektur.

VIIc/4 **Georg Bartels**

Vorderfront Wallstraße 92/93, um 1890

Photographie; 28 x 36
Stadtmuseum Berlin

VIIc/5 **Jacob Ravené Söhne**

Illustrirtes Preis-Verzeichniss über Pferdestall- und Geschirrkammer-Einrichtungen, Berlin 1889

Druck: C. Berg, Berlin
Stadtmuseum Berlin

Aufgeschlagen: S. 1. - Das Produktangebot der Firma Jacob Ravené Söhne & Co. beschränkte sich nicht allein auf den Eisenhandel, der wegen der Hochkonjunktur des Eisenbahnbaus und, damit verbunden, des Brückenbaus seit Mitte des Jahrhunderts florierte, sondern erstreckte sich ebenso auf die Einrichtung von Pferdestall- und Geschirrkammern in ihrem Geschäft in der Stralauer Straße 28/29 sowie auf den Verkauf von Galanterie- und Kurzwaren. Der Umsatz von Walzeisen (vom Lager) betrug z. B. 1846: 18 956 Zentner, 1856: 95 507 Zentner, 1893: 208 520 Zentner. In allen Ravenéschen Geschäften und dem firmeneigenen Walzwerk wurden 1893 insgesamt 200 Personen an Kontor- und Expedi-

VIIc/8

VIIc/10

tionspersonal sowie an Lehrlingen, dazu 200 Arbeiter und Kutscher beschäftigt.

VIIc/6 **Theodor Prümm**

Jacob Ravené

Photographie; 16,6 x 10,8
Stadtmuseum Berlin

Jacob Ravené (1751–1828), Enkel eines aus Metz stammenden hugenottischen Einwanderers, übernahm 1775 das seit 1722 bestehende Eisenwarengeschäft seines Schwiegervaters Samuel Gottlieb Butzer. Jacob Ravené war der Firmengründer des Ravenéschen Eisenhandels.

VIIc/7 **Theodor Prümm**

Peter Louis Ravené

Photographie; 16,6 x 10,8
Stadtmuseum Berlin

Peter Louis Ravené (1793–1861), Sohn des Firmenpatrons Jacob Ravené, baute die bescheidene Eisenwarenhandlung des Vaters zu einem blühenden Industrie- und Handelsunternehmen aus, das die Schienen für die Potsdamer und Anhalter Eisenbahn lieferte. Er galt als inspirierter Kaufmann und kenntnisreicher Kunstsammler, der durch den Erwerb zeitgenössischer Kunstwerke Anerkennung fand. Seine private Gemäldegalerie galt in Berlin als vielbeachtete Sehenswürdigkeit.

VIIc/8 **Paul Graeb**

Villa Ravené bei Berlin

Lithographie, koloriert; 35,5 x 26,5
Aus: Architektonisches Skizzenbuch, 1867, Heft IV, Bl. 1
Berlin: Ernst & Korn
Privatbesitz   (Abb. S. 163)

Die Villa der Familie Ravené befand sich in der Moabiter Werftstraße. Dieser Berliner Vorort wurde erst 1861 eingemeindet. Der im Grünen gelegene luxuriöse Wohnsitz war Ort zahlreicher Empfänge gesellschaftlicher und künstlerischer Kreise. Die Gesangsvorträge und Theaterdarbietungen Thereses belebten die Abende ebenso wie die lukullischen Diners, zu denen ihr Gatte lud.

VIIc/9 **Paul Graeb**

Villa Ravené bei Berlin
Kamin im Arbeitszimmer des Herrn

Lithographie, koloriert; 35,5 x 26,5
Aus: Architektonisches Skizzenbuch, 1866, Heft III, Bl. 1
Berlin: Ernst & Korn
Privatbesitz

VIIc/10 **Unbekannter Künstler**

Therese und Jacob Frédéric Louis Ravené mit zwei ihrer Kinder, um 1868

Öl auf Lwd.; 115,3 x 88,2
Privatbesitz

Im Kaminzimmer der Villa Ravené präsentiert sich die wohlsituierte Familie in idyllischer Pose. Therese ist mit Amélie schwanger. Hinter dem Hund steht die älteste Tochter Else, und im Vordergrund sitzt der Stammhalter Louis Ferdinand August. Die Ravenés zählen zur gehobenen preußischen Gesellschaft und sind selbst bei Hofe ein gern gesehenes Paar.
„[…] *die junge Frau war fast noch mehr sein Stolz als sein Glück.*"
Theodor Fontane, L'Adultera; GBA, S. 7

VIIc/11 **Theodor Prümm**

Jacob Frédéric Louis Ravené, 1894

Photographie; 16,7 x 10,8
Stadtmuseum Berlin

Jacob Frédéric Louis Ravené (1823–1879), der Ehemann Therese von Kusserows, war das Urbild Ezechiel van der Straatens in *L'Adultera*. Er baute nicht nur die Firma Ravené weiter aus, sondern auch die Gemäldesammlung seines Vaters und genoß den Ruf eines Protektors der Berliner Maler seiner Zeit. Neben August Borsig, Georg von Bunsen und Rudolf Virchow zählte der Großindustrielle zu den stadtbekannten Honoratioren, die durch ihr soziales Engagement für die Obdachlosen hervortraten. Sie gründeten 1868 den Berliner Asylverein, der Notunterkünfte und Frauenhäuser einrichtete, um der wachsenden Verelendung der Metropole entgegenzuwirken.

VIIc/12

Grosses patriotisches Vocal- und Instrumental-Concert zum Besten des König Wilhelm-Vereins sowie hiesiger Lazarethe
Victoria-Theater, 8. Oktober 1870

Programmheft, Druck: Eduard Weinberg
Stadtmuseum Berlin, V 72/718 S

Von den preußischen Industriebaronen wurde erwartet, daß sie patriotische Gesinnung zeigten, indem sie z. B. für militärische Einrichtungen als Schirmherren und Sponsoren auftraten. Dieser Konzert- und Liederabend, der *„in den vereinigten Räumen beider Häuser"* stattfand, wurde von einem Festkomitee veranstaltet, zu dem auch der „Geheime Commercienrath" Louis Ravené und seine Gemahlin Therese zählten. Der Abend stand ganz im Zeichen des Deutsch-Französischen Krieges: Spontinis *Borussia,* der *Wrangel-Marsch, Die Wacht am Rhein* kamen ebenso zum Vortrag wie die *Musikalischen Erinnerungen mit Gesang der denkwürdigen Kriegsjahre 1813 bis 1815.*

VIIc/13   **Philipp Graff**

Therese Ravené als Krankenschwester

Photographie; 10,0 x 6,0
Privatbesitz

Therese Ravené pflegte, wie andere Patriotinnen auch, als Lazarettschwester Verwundete des Deutsch-Französischen Krieges.

VIIc/14   **Theodor Prümm**

Therese Ravené in großer Toilette, Februar 1872

Photographie; 16,8 x 10,9
Privatbesitz

Von Jugend an war der königliche Hof für Therese ein geübtes Parkett. Durch den hohen gesellschaftlichen Status ihres Mannes standen sie häufig auf der Gästeliste des Hofes.

VIIc/15   **Theodor Prümm**

Therese Ravené, März 1872

Photographie; 16,9 x 10,9
Privatbesitz

VIIc/16

Photoalbum für Therese Ravené
Therese Ravené beim Theaterspiel, April 1872

2 Photographien: Theodor Prümm; je 16,8 x 10,9
Privatbesitz

Therese Ravené, die auch am Theaterspielen Spaß fand, ist in einer Hosenrolle zu sehen. Zur abendlichen Unterhaltung wurden neben Hausmusik und „Tableaux vivants" private Theaterdarbietungen gegeben.

VIIc/17   **Theodor Prümm**

Therese Ravené, Mai 1872

Photographie; 16,8 x 10,9
Privatbesitz

VIIc/18   **E. Voelkel**

Therese Ravené mit ihrem Gatten, August 1872

Photographie; 16,6 x 10,7
Privatbesitz

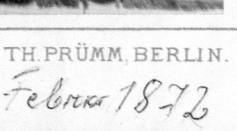

VIIc/14

VIIc/18

Die Harmonie-Inszenierung für den Photographen weist Therese Ravené die Rolle der untertänigen Gattin zu, doch der Schein trügt. In Wirklichkeit hat Therese, wenn den verfügbaren Quellen geglaubt werden kann, sich von ihrem Gatten innerlich schon distanziert. Die unterschiedlichen Temperamente und Lebensauffassungen des Ehepaares waren nur schwer zu überbrücken.

VIIc/19 Philipp Graff

Therese Ravené als junge Mutter, o. J.

Photographie; 10,0 x 6,2
Privatbesitz

Therese Ravené mit einem ihrer Kinder. Gemäß dem *Allgemeinen Landrecht für die Preußischen Staaten* hatte der Vater die Erziehungsgewalt über die Kinder inne. Im Falle einer Trennung wurde das Kind dem Vater zugesprochen. Die Mutter war nach einer Scheidung meistens ökonomisch wieder von ihrer Familie oder einem neuen Ernährer abhängig, weil in der gehobenen Gesellschaftsschicht keine berufliche Ausbildung für Frauen üblich war. – Im Herbst 1874 kam es zur Flucht aus der Konventionsehe mit Louis Ravené. Der Skandal entzündete sich vornehmlich an der Tatsache, daß eine junge Mutter ihre drei Kinder verlassen hatte, um ihrem Liebesglück nachzugehen – ein Affront gegen das preußische Wertesystem, das *„Üb' immer Treu' und Redlichkeit"* auf seine Fahnen schrieb. Louis Ravené zog sich aus der Berliner Gesellschaft zurück und lebte auf Burg Cochem an der Mosel. Er starb 1879. Über dem Torbogen kündet dort noch heute ein Spruch von seinem Liebesleid: *„Begehre nie ein Glück zu gross, ein Weib zu schön,/ es könnte Gott in seinem Zorn dir beides zugestehn."*

VIIc/20 Unbekannter Photograph

Else Ravené

Photographie (Reproduktion); 9,8 x 8,9
Privatbesitz

Else (1865–1911), die älteste Tochter von Therese und Louis Ravené. Später wurde sie zweimal geschieden, ehe sie mit Max von Schack, dem Begründer der gleichnamigen Galerie, die dritte Ehe einging.

VIIc/21 Theodor Prümm

Louis Ferdinand Ravené

Photographie; 21,4 x 16,8
Privatbesitz

Der lebenstüchtige Louis Ferdinand (1866 bis 1944), das zweitälteste Ravené-Kind, vermählte sich in jungen Jahren mit der Tochter jenes Baurats, der für den Vater den Wiederaufbau der Burg Cochem geleitet hatte. Louis Ferdinand wurde Rittergutsbesitzer auf Marquardt bei Potsdam und Ältester der Kaufmannschaft Berlins, außerdem fungierte er als schwedischer Honorarkonsul und erlangte die Ehrendoktorwürde.

VIIc/23

VIIc/22 Theodor Prümm

Amélie Ravené

Photographie; 19,9 x 16,4
Privatbesitz

Amélie, die jüngste Tochter, wurde 1868 geboren und war sechs Jahre alt, als die Mutter die Familie verließ. Sie wurde nach zehnjähriger Ehe von ihrem Gatten von Blottnitz geschieden. Jahrelang litt sie an Tuberkulose, bevor sie 1909 mit 41 Jahren starb.

VIIc/23 Ernst Hildebrand

Bildnis Therese Ravené, 1872

Öl auf Lwd.; 72 x 63
Stadtmuseum Berlin, VII 92/186 X

Die bildschöne Frau mit dem makartroten Haar, die viele Bewunderer hatte, litt unter zunehmender Entfremdung von ihrem Gatten. Therese Ravené, die ihre Mezzosopranstimme bei Wohltätigkeitsveranstaltungen öfters erklingen ließ, lernte bei einem dieser Benefizkonzerte den Königsberger Bankkaufmann Gustav Simon kennen, mit dem sie bald nicht nur musikalische Leidenschaften verbanden. Der Schriftsteller und Kritiker Ludwig Pietsch, ein Freund Fontanes,

schreibt in seinen Erinnerungen aus den sechziger Jahren *Wie ich Schriftsteller geworden bin* (Bd. 2, Berlin 1894, S. 249) über einen Aufenthalt 1863 in Paris: *„Nicht selten wurde Musik und zwar sehr gute in diesen Abendgesellschaften gemacht. In einer solchen hörte ich auch einmal einen jungen Deutschen, der in einem der grossen Pariser Bankhäuser angestellt war, einen blonden Königsberger Landsmann, von sehr gescheidtem Aussehen und ungemein gewinnendem Wesen mit grosser Innigkeit des Ausdrucks und virtuoser Technik die Geige spielen. Er nannte sich Simon. Ich ahnte damals nicht, welches schöne weibliche Herz in Berlin dieser kluge und energische Spielmann sich zehn Jahre später mit dieser Kunst und seinen anderen natürlichen Gaben erobern, welchen prächtigen, rotgoldlockigen, jugendlichen Frauenkopf er damit in süsse Verwirrung bringen und welchem anscheinend fest gegründeten Eheglück ein Ende bereiten würde."*

VIIc/24 Theodor Fontane

L'Adultera-Notizen zu Kapitel 12

Handschrift, Bl. 29; 34 x 21,4
Stadtmuseum Berlin, 67/868

Theodor Fontanes Bemerkungen über den Schauplatz der Verführungsszene in seinem Roman nebst einem eingeklebten Zeitungsausschnitt über eine Pflanzenversteigerung aus den Beständen Louis Ravenés, die im Gewächshaus van der Straatens *Unter Palmen* stattfindet.

„Wirklich, es war eine phantastisch aus Blattkronen gebildete Laube, fest geschlossen, und überall an den Gurten und Ribben der Wölbung hin rankten sich Orchideen, die die ganze Kuppel mit ihrem Duft erfüllten. Es athmete sich wonnig aber schwer in dieser dichten Laube; dabei war es, als ob hundert Geheimnisse sprächen, und Melanie fühlte, wie dieser berauschende Duft ihre Nerven hinschwinden machte. Sie zählte jenen von äußeren Eindrücken, von Luft und Licht abhängigen Naturen zu, die der Frische bedürfen, um selber frisch zu sein. Ueber ein Schneefeld hin, bei rascher Fahrt und scharfem Ost, – da wär' ihr der heitere Sinn, der tapfere Muth ihrer Seele wiedergekommen, aber diese weiche, schlaffe Luft machte sie selber weich und schlaff, und die Rüstung ihres Geistes lockerte sich und löste sich und fiel."

Theodor Fontane, L'Adultera; GBA, S. 93 f.

VIIc/25   O. Hüttig

Gartenbau

Zeitungsausschnitt aus dem Nachlaß Theodor Fontanes;
45 x 20,8
Stadtmuseum Berlin, 67/868 (zu Kapitel 12, Bl. 30)

In *L'Adultera* vergnügt sich Ezechiel van der Straaten neben dem Sammeln von Kunst mit der Veredelung von Obstkulturen. Der Zeitungsartikel des Charlottenburger Landschaftsgärtners Hüttig, den Fontane aufbewahrt hat, liefert Fachinformationen über Gartenbau und stellt für ihn ein weiteres Stück Recherchematerial dar, das in die Handlung von *L'Adultera* einfloß.

VIIc/26   Theodor Fontane

L'Adultera

Handschrift, Bl. 28, Anfang Kapitel 12 *Unter Palmen*;
34 x 21,4
Stadtmuseum Berlin, V 67/868   (Abb. S. 168)

VIIc/27   Theodor Fontane

L'Adultera, Novelle

In: Nord und Süd. Eine deutsche Monatsschrift, 4. Jg.,
1880, Heft 39
Hg. von Salo Schottlaender
Breslau: Salo Schottlaender
Theodor-Fontane-Archiv, Potsdam, 58/7245,1

Aufgeschlagen: S. 299. – *„Daß es ein Bogen mehr geworden ist, als ich anfangs berechnete, das wird verziehen werden, wenn das ganze nur verzeihlich ist. Der Titel ‚L'Adultera' bezieht sich nicht auf meine Heldin, sondern auf einen berühmten Tintoretto dieses Namens, mit dem die Geschichte (im 2. Kapitel) beginnt und auf der letzten Seite schließt. Die Beziehungen ergeben sich von selbst.*

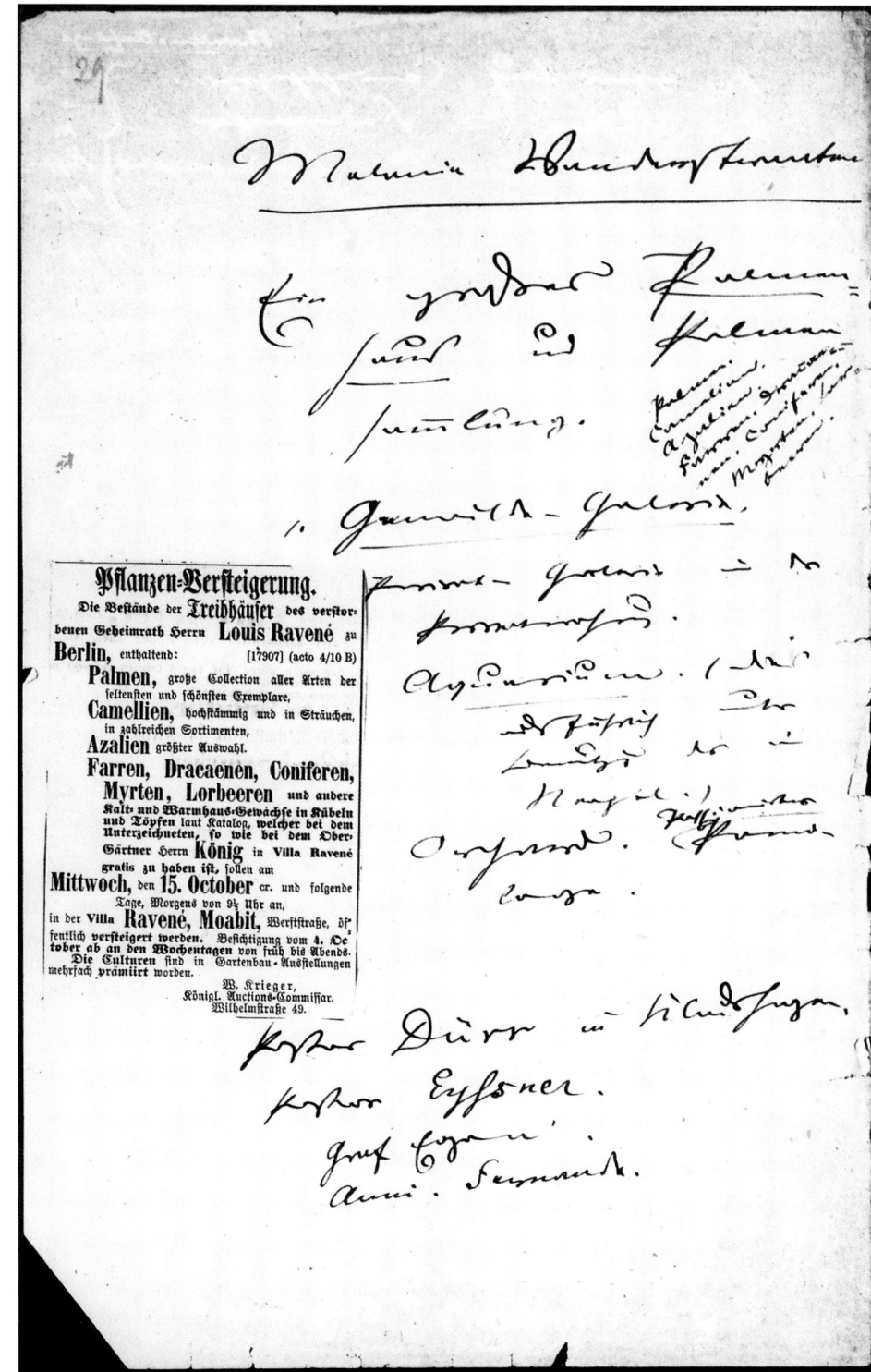

VIIc/24

Ich bedurfte dieses Apparats, um die Geschichte nicht blos aufhören, sondern auch kunstgemäß (Pardon) abschließen zu lassen.
Ich habe den einzelnen Kapiteln, auf Rath meiner Familie, nur Zahlen gegeben; ‚Ueberschriften seien altmodisch.' Für den Fall aber daß Sie anders drüber denken, leg' ich meine Ueberschriften bei. Mir ist das eine so recht, wie das andre."
Theodor Fontane, Brief an Julius Grosser, 4.4.1880;
HA 3, S. 72 f.

VIIc/28   Theodor Fontane

L'Adultera, Novelle

In: Nord und Süd. Eine deutsche Monatsschrift, 4. Jg.,
1880, Heft 40
Hg. von Salo Schottlaender
Breslau: Salo Schottlaender
Universitätsbibliothek der Humboldt-Universität zu Berlin, Ad 7979

Aufgeschlagen: S. 95. – *„Ich schicke Ihnen – das Fest soll noch ungestört an Ihnen vorübergehn – die ganze Geschichte in zierlicher und leicht lesbarer Reinschrift am Dinstag früh, Sie thuen ei-*

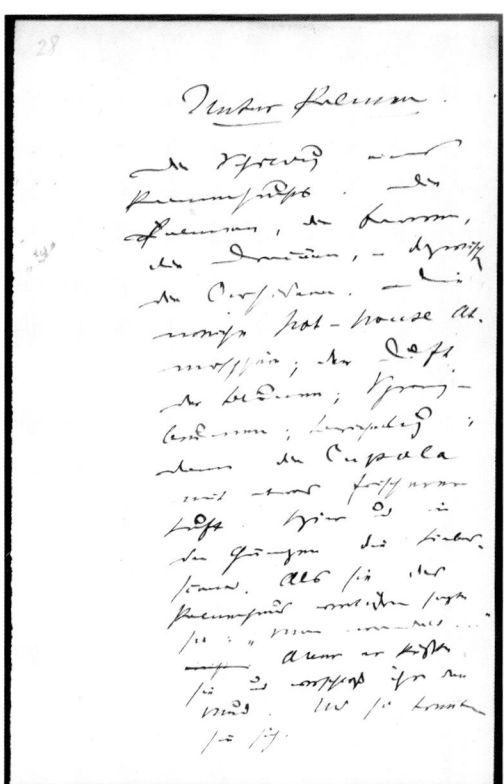

VIIc/26

nen Blick hinein und schicken, wenn das Ganze im Wesentlichen Ihre Billigung gefunden hat, die erste Hälfte, die schon wieder übercorrigirt und fix und fertig ist, nach Breslau, die zweite Hälfte aber an mich zurück, deren Correctur ich dann mit vollkommener Muße vornehmen kann.
All dies hat natürlich nur einen Sinn, wenn ich die Chance habe, noch in die Mainummer zu kommen. Kann dies nicht sein, muß ich, weil schon andere Zusicherungen vorliegen, bis Juni oder Juli warten, so pressirt auch die Einsendung meines Manuskripts nicht und ich kann meine Leber-Affektion in aller Seelenruhe durchmachen.“
Theodor Fontane, Brief an Julius Grosser, 26.3.1886; HA 3, S. 72

VIIc/29   **Theodor Fontane**

L'Adultera, Novelle

Breslau: Salo Schottlaender 1882
Universitätsbibliothek der Humboldt-Universität zu Berlin, Fontane 33

Aufgeschlagen: S. 14 f. – „Wenige haben den Muth und die Kraft, sich, behufs Zeugnißablegung, die Dinge des Lebens so anzusehn, wie sie liegen; die Mehrheit kann aus dem Conventionalismus nicht heraus und hält an elenden, längst Lüge gewordenen Phrasen fest. Die Minorität anderseits gefällt sich darin, zu sehr damit zu brechen, zu gründlich damit aufzuräumen und dadurch ich will nicht sagen das Recht ihrer Tendenz und der Äußerung derselben, aber doch die Fähigkeit das einfach Thatsächliche zu sehen und zu schildern, einzubüßen.“
Theodor Fontane, Brief an Otto Brahm, 23.6.1882; HA 3, S. 193 f.

VIIc/30   **Unbekannter Photograph**

Das Ehepaar Gustav und Therese Simon

Photographie (Reproduktion); 17,5 x 11,2
Privatbesitz

Erst im Jahre 1878, nachdem das junge Paar unter entbehrungsreichen ökonomischen Bedingungen eine Familie mit drei Kindern gegründet hatte, kehrte es nach Königsberg zurück, wo die Eltern Gustav Simons ein respektables Bankhaus führten. Ihre eigene Schwester und ihr verlassener Ehemann, Louis Ravené, dem die Kinder zuerkannt wurden, haben Therese nicht verziehen. Sie vereitelten eine Wiederbegegnung der Mutter mit ihren drei Kindern aus erster Ehe. Der glücklichen Verbindung mit Gustav Simon entsprangen neun Kinder, doch Therese hat die Trennung von ihren Ravené-Kindern zeitlebens nicht überwunden. Therese Simon starb 1912, geachtet in der Königsberger Gesellschaft, gemieden von der Familie Ravené, mit 67 Jahren. Gustav Simon überlebte seine Frau um 19 Jahre.

VIIc/31

Gustav Simons Ernennungsurkunde zum *Konsul für den fünften schweizerischen Konsularbezirk im Deutschen Reich*
Ausgestellt in Bern, 14. Januar 1898

Handschriftlich ausgefüllter Vordruck; 40 x 26
Privatbesitz

Die Ernennung zum schweizerischen Honorarkonsul, eine Auszeichnung für Vertreter wirtschaftlich führender Kreise, beweist das hohe gesellschaftliche Ansehen Gustav Simons. Im gleichen Jahr erhielt auch Therese Simon eine besondere Ehrung mit der zum hundertsten Geburtstag Kaiser Wilhelms I. gestifteten Erinnerungsmedaille.

VIIc/32

Auszug aus dem Geburtsregister der Gemeinde Neuenheim bei Heidelberg vom Jahre 1875
Ausgestellt in Heidelberg, 23. September 1933

Maschinenschrift; 29,8 x 21
Privatbesitz

Olga, die erste gemeinsame Tochter von Therese und Gustav Simon, geboren am 6. Juli 1875, wurde noch unter dem Familiennamen Ravené ins Geburtsregister eingetragen. Nach der Heirat Thereses mit Gustav Simon wurde der Eintrag korrigiert und Olga für außerehelich geboren erklärt. Am 20. September 1876 erkannte Gustav Simon die Vaterschaft an.

VIIc/33   **Gottheil & Sohn**

Olga Simon

Photographie; 8,3 x 6,5
Privatbesitz

Olga Simon (1875-1889) starb bereits im Alter von 14 Jahren an Diabetis. Ihren frühen Tod soll ihre Mutter als Strafe Gottes empfunden haben, ebenso den Tod ihrer einjährigen Tochter Ellinor (1880-1881).

VIIc/34   **Gottheil & Sohn**

Irmgard Simon

Photographie; 7,1 x 6,4
Privatbesitz

Irmgard (1881-1970) war das sechste Kind von Therese und Gustav Simon.

VIIc/35   **Gottheil & Sohn**

Minna Simon, 2. Juni 1907

Photographie; 10,3 x 6,4
Privatbesitz

Minna (1883-1949) war das achte Kind von Therese und Gustav Simon.

VIIc/36   **Unbekannter Photograph**

Eveline Simon

Photographie; 10,2 x 5
Privatbesitz

Eveline (1886-1970) war das neunte und jüngste Kind von Therese und Gustav Simon.

VIIc/37   **Unbekannter Photograph**

Die musizierende Familie Simon

Photographie; 14,5 x 20,8
Privatbesitz

Die Aufnahme zeigt einen Musikabend in den späten neunziger Jahren im Hause Simon in Königsberg; v. l. n. r.: Alice Redlich (geb. Simon), Therese Simon (geb. Kusserow), Josef Redlich, Gustav Simon jr., Minna Simon, Fritz Simon, Irmgard Simon, Lilly Simon, Eveline Simon (hinten), Gustav Simon (Thereses Gatte). Im Hause Simon erklangen neben klassischer und romantischer Kammermusik mit Vorliebe Brahms-Lieder, die Therese sang. In *L'Adultera* verehrt das Liebespaar Ebenezer Rubehn und Melanie van der Straaten nicht Johannes Brahms, sondern Richard Wagner.

VIIc/38   **Unbekannter Photograph**

Konzert im Hause Simon

Photographie; 18 x 24
Privatbesitz

Einer der häufigen Konzertabende bei Simons in Königsberg mit (v. l. n. r.) dem bekannten Geiger Joseph Joachim, Robert von Mendelssohn, Gustav Simon, Irmgard Simon, Frau Caspari und Lilly Simon. Rechts im Hintergrund hängt das Bildnis Therese Ravenés von Ernst Hildebrand.

VIIc/37

VIIc/39 **Unbekannter Photograph**

Gustav Simon mit seinen Kindern beim Tennisspielen

Photographie; 17,7 x 24
Edward John Semon, Köln

Gustav Simon befindet sich links hinter dem Netz.

VIId/1 **Loescher & Petsch**

Emilie Fontane, nach 1865

Photographie; 10 x 7
Privatbesitz

Theodor Fontanes literarisches Schaffen wäre ohne tatkräftige Mitarbeit seiner Frau Emilie nicht in diesem Umfang entstanden. Sie las Korrektur und übertrug die schwer lesbaren Manuskripte ins Reine, kümmerte sich um organisatorische Belange und verwaltete die chronisch knappen Finanzen. Der Dichter besaß in seiner loyalen und zugleich strengen Gattin ein ergänzendes Pendant, eine geistvolle Korrespondenzpartnerin, eine treue Lebensgefährtin und fürsorgliche Mutter der Kinder. Mit ihrer Kenntnis des zeitgenössischen Gesellschaftslebens versorgte sie den Autor stets mit spannungsträchtigen Nachrichten, aus denen Fontane dann literarische Stoffe entwickelte. Die widerborstige und dennoch glückliche Verbindung der in ihrem Temperament grundverschiedenen Eheleute währte länger als ein halbes Jahrhundert, bis zum Tode Theodor Fontanes 1898. Emilie Fontane (1824–1902) starb vier Jahre nach ihrem Gatten.

„[...] *ein anständiges Sichhelfen, mit guter Rollenverteilung, bedeutet viel in der Ehe, und ‚mine Fru‘ hat diese große Sache geleistet. Um nur zwei Dinge zu nennen: sie hat mir alle Bücher und Zeitungen vorgelesen und hat mir alle meine von Korrekturen und Einschiebseln starrenden Manuskripte abgeschrieben, also, meine dicken Kriegsbücher mit eingerechnet, gute vierzig Bände. Sie war vor allem auch eine Haushälterin von jener nicht genug zu preisenden Art, die Sparsamkeit mit Ordnungssinn und Helfefreudigkeit verbindet.“*
Theodor Fontane, Von Zwanzig bis Dreißig, NA XV, S. 318

VIId/2 **Theodor Fontane**

Brief an Emilie Fontane, London, 6. September 1852

Handschrift, 1 Dbl., 4 S.; 21 x 13,5
Theodor-Fontane-Archiv, Potsdam, B 488

Als sich die materielle Lage des jungen Paares zu Beginn der fünfziger Jahre drastisch verschlechterte, versuchte sich Theodor Fontane 1852 und von 1855 bis 1859 als Publizist in England zu profilieren. Emilie blieb ohne geregelten Unterhalt und festen Wohnsitz zurück und war auf die Hilfe von Freunden und Verwandten angewiesen. Außerdem hatte sie mehrere Geburten durchzustehen und konnte aus dem fernen London allenfalls auf brieflichen Zuspruch hoffen.

„*Also mit Gott No. 2, und wieder ein Junge!* [...] *Daß Du vor- und nachher wie mir die Mama schreibt, wieder hast wacker aushalten müssen, erfüllt mich mit aufrichtigster Betrübniß; ich dachte eigentlich Du hättest Dein Schmerzens-Pensum das vorige Mal abgearbeitet, und erwartete mit ziemlicher Bestimmtheit: es würde diesmal Kinderspiel sein.* [...] *Laß Dir nur bei Deiner Pflege nichts abgehn und nehmt, wenn's not thut, eine Wartefrau. Sage nicht: ‚Der hat immer gut reden; – wo es her nehmen usw.‘; ist so viel Geld in die Fichten gegangen, kann es wahrhaftig auf 5 gepumpte Thaler mehr oder weniger nicht ankommen.“*

VIId/3 **Emilie Fontane**

Brief an Theodor Fontane, Berlin, 16. September 1852

Handschrift, 1 Dbl., 4 S.; 21,5 x 13,5
Theodor-Fontane-Archiv, Potsdam, B 171

Zwischen 1851, dem Geburtsjahr des erstgeborenen George, und 1864, als der Nachzügler Friedrich geboren wurde, brachte Emilie sieben Kinder zur Welt, von denen drei als Babys starben (Rudolph 1852, Peter Paul 1853 und Ulrich 1855). Geburt und Tod von Rudolph hatte Emilie in Abwesenheit ihres Mannes zu durchleiden.

„*Ja mein einziger Herzensmann ich leide viel; gestern Abend um 7 Uhr hat der liebe Gott unseren kleinen Neugeborenen wieder zu sich genommen! Mein lieber, lieber Mann, es thut sehr weh u. gewiß ist das Kind ein Stück vom Herzen der Mutter, denn das wehrt und sträubt sich sehr, ehe es den kleinen Liebling hergiebt. Gestern Nachmittag erhielt der Kleine die Notthaufe, Fournier war sehr liebevoll, sprach schön u. betete auch für den fernen Vater; wir haben ihn Rudolf taufen lassen. Was dem kleinen Wurm gefehlt hat, werden wir wohl erst heut erfahren, sie meinen, er hätte einen organischen Fehler gehabt. Unsere Mama, Mutter Kummer u. Vetter Steincke waren Pathen des kleinen Sterbenden! Gestern Abend, erhielt ich Deinen Brief, ach Theo komm nun zu Deiner armen Mila, ich will auch gefaßt und ruhig sein, aber nun muß ich Dich wieder haben!“*

VIId/4 **Emilie Fontane**

Brief an Theodor Fontane, Berlin, 20. Mai 1868

Handschrift, 1 Dbl., 4 S.; 22,5 x 14,2
Theodor-Fontane-Archiv, Potsdam, B 283

VIId/1

Emilie litt als Folge ihrer komplizierten Schwangerschaften an einem labilen Gesundheitszustand. Theodor Fontane reagiert auf die – in seinen Augen oftmals hypochondrischen – Klagen seiner chronisch kränkelnden Gattin mit apothekerischen Ratschlägen, fürsorglichen Vorwürfen und achselzuckender Ironie. Emilies Briefe sind selten frei von Berichten, die ihre aktuellen Malaisen betreffen.

„Uns geht es gut, auch seit gestern mir; Sonntag war ich aber noch von heftigen Schmerzen so matt, daß Frau Müller, die bei uns aß, mich erst am spätern Abend verließ, weil sie glaubte, ich hätte Wundfieber. Montag kam die liebe Chevalière und lud mich ein, mit den Kindern in Krug's Garten ihr Gast zu sein; ich ging mit, war aber auch noch voller Schmerzen, seine Theilnahme mit meinem üblen Aussehen war rührend [...]"

VIId/5   Theodor Fontane

Brief an Emilie Fontane, Berlin, 11. Mai 1870

Handschrift, 2 Dbl., 8 S.; 23 x 14
Theodor-Fontane-Archiv, Potsdam, B 443

Zu einer ernsten Ehekrise kam es, als der Schriftsteller im Mai 1870 seine Stellung bei der *Kreuz-Zeitung* hinter dem Rücken Emilies aufkündigte. Es war nicht gerade die „feine englische Art", derart konfliktscheu die Abreise seiner Gemahlin abzuwarten, um sie dann brieflich von seinem Alleingang zu unterrichten. Die von Existenzsorgen zeitlebens geplagte, stets auf materielle Sicherheit bedachte Emilie traf diese Kündigung hart. Nichtsdestotrotz gab er sechs Jahre später noch einmal eine sichere Stellung als Akademiesekretär nach dreieinhalb Monaten klammheimlich auf.

„[...] heute vor 3 Wochen bist Du abgereist, und der Zeitpunkt ist nun da, den ich mir gleich festgesetzt hatte, um Dich in unsre Geheimnisse einzuweihen. Ich habe meine Kreuzzeitungs-Stelle aufgegeben. Falle nicht um. Eh Du noch mit diesem Briefe zu Ende bist, wirst Du hoffentlich sagen: er hat ganz recht getan. [...] Ich wollte, bevor ich meinen Absagebrief schrieb, nur Deine Abreise abwarten. Um 3/4 9 reistest Du ab; Du warst noch nicht in Brandenburg, als Dr. B. schon meinen Brief hatte. [...] Du weißt, daß ich längst entschlossen war, in dieser Weise zu handeln, und daß ich die Brutalität, die darin liegt, unsre Freiheit und unsre geistigen Kräfte auszunutzen, ohne vorsorglich und human an unsre alten Tage zu denken, ich sage, daß ich diese Brutalität nicht mehr ertragen kann. [...] Wir werden vom 1. Juli 70 bis zum 1. Juli 71 in runder Summe 2200 Rtl. einnehmen, so daß wir pekuniär eher einem sehr guten als einem schlechten Jahr entgegengehn. Ich bitte Dich dringend, dabei von der Ansicht ablassen zu wollen, als rechnete ich wieder falsch. Ich rechne gut und richtig, aber mein Schicksal hab ich natürlich nicht in der Gewalt, und die Striche, die einem dieses mitunter durch die Rechnung macht (mir bisher, Gott sei Dank dafür, sehr selten), entscheiden nicht darüber, ob man falsch oder richtig gerechnet hat. All das liegt auf einem

VIId/7

anderen Brett. Was ich durch Abmachungen und Kontrakte belegen kann, hab ich ein Recht, in Rechnung zu stellen; werden diese Kontrakte aber gebrochen oder wirft mich Gott statt der üblichen 2 Monate 12 Monate aufs Krankenbett, so ist meine Rechnung freilich falsch. Das nennt man aber nicht ‚falsch rechnen', das nennt man Heimsuchung, der man sich unterwerfen muß wie dem Tod."

VIId/6   Theodor Fontane

Brief an Mathilde von Rohr, Berlin, 17. Juni 1876

Handschrift, 2 Dbl., 8 S.; 21,9 x 14,1
Staatsbibliothek zu Berlin – Preußischer Kulturbesitz, Nachlaß Fontane 17c

Im März 1876 übernahm Theodor Fontane an der Berliner Akademie den gutdotierten Posten des Ersten Sekretärs und bat bereits 3 1/2 Monate nach seiner Anstellung wieder um Entlassung. Er mochte sich nurmehr seiner Arbeit als Romancier widmen. Und wieder stellte er Emilie vor vollendete Tatsachen. Es kam erneut zu einer schweren Ehekrise. Seiner engen Vertrauten Mathilde von Rohr berichtete er:

„Unser langes Schweigen hat darin seinen Grund, daß sich in unserm Hause wieder große Umwälzungen vollzogen haben: ich habe vor etwa 3 Wochen meine Entlassung aus meinem Amte nachgesucht. Alle Welt verurtheilt mich, hält mich für kindisch, verdreht, hochfahrend; ich muß es mir gefallen lassen. Das Sprechen darüber habe ich aufgegeben; es führt doch zu nichts; ich muß durch Thaten beweisen, daß ich nicht leichtsinnig gehandelt habe. [...] Ich habe furchtbare Zei-

ten durchgemacht, namentlich in meinem Hause; meine Frau ist tief-unglücklich und von ihrem Standpunkte aus hat sie Recht. Andrerseits konnte ich ihr diese schmerzlichen Wochen nicht ersparen. [...] Die Glücksarten der Menschen sind eben verschieden; ‚den enen sin Uhl is den annern sin Nachtigall.' Mir ist die Freiheit Nachtigall, den andern Leuten das Gehalt. Wenn Sie es vermögen, so schreiben Sie meiner Frau ein paar freundliche, trostreiche Worte; ein paar Hiebe gegen mich können immer dabei abfallen."

VIId/7   Unbekannter Photograph

Emilie Fontane

Photographie (Reproduktion); 22,3 x 13
Theodor-Fontane-Archiv, Potsdam, A I 375

Jedes Jahr erhielt Emilie ein Widmungsgedicht zu ihrem Geburtstag – manchmal anstelle eines Geschenks. In diesen Versen läßt der Dichter das vergangene Lebensjahr Revue passieren und stattet seine Frau mit guten Ratschlägen und Segenswünschen für das kommende aus. Im Krisenjahr 1876 nimmt das Geburtstagsgedicht Bezug auf Emilies Neigung, ihrem Gatten ständig Vorhaltungen zu machen.

„Zum 14. November 1876

*Wohl nur, weil Dir Strophenkram
Grade jetzt zuwider,
Mich ein Lüstchen überkam
Schreibe Verse nieder.*

*Denn der Hang zum Widerstreit,
Der mir so zu eigen,
Will sich eben jederzeit
Als sich selber zeigen.*

*Aber ob es dies nun war,
Oder minder Schroffes,
Trete in ein freundlich Jahr,
Mindestens erhoff es.*

*Hoff es; wenn du recht es willst,
Wirst du's auch gewinnen,
Aber wenn du weiter schiltst,
Scheuchest du's von hinnen.*

*Schelten ist nicht immer laut;
Auch das halbe Schelten,
Das aus trübem Auge schaut,
Kann als ganzes gelten.*

*Leg es ab: sieh wieder hell;
Ach, was ist hinieden?
Gönne mir die stille Stell
Und mein bißchen Frieden.*

*Und so du dazu bereit,
Will ich Dank dir sagen,
Aber ohne Bitterkeit
Auch das andre tragen."*

Theodor Fontane, Gedichte; GBA, Bd.3, S. 236

VIId/8 Emilie Fontane

Brief an Theodor Fontane, Neuhof, 18. Juni 1878

Handschrift, 1 Dbl., 4 S.; 21,5 x 14
Theodor-Fontane-Archiv, Potsdam, B 316

Trotz aller existentieller Ängste und Nöte bewies die Schriftstellergattin Emilie einen liebevollen Charakter, der letzten Endes in ihr doch das Verständnis für die einsamen Entscheidungen ihres eigensinnigen Mannes wachsen ließ.

„Mir klopft das Herz vor Freude, bei dem Gedanken, Dich wiederzusehen. Laß es Dir gut gehen Du lieber Sekretair a.D.; es war ein böser Titel. Lächerlich an sich, für Dich – unter der Würde. Nein, wir wollen nun Th. F. leben und sterben. Hoffentlich gemeinsam u. gesund noch lange das erste. Deine alte getreue Frau.“

VIId/9 Theodor Fontane

Brief an Mathilde von Rohr, Berlin, 6. Juni 1881

Handschrift, 3 Dbl., 12 S.; 23 x 14,2
Staatsbibliothek zu Berlin – Preußischer Kulturbesitz,
Nachlaß Fontane 17c

Die latenten Klagen Emilies über Geldknappheit veranlaßten Theodor Fontane immer wieder, Gegenrechnungen aufzustellen.

„Mit meiner Frau geht es leidlich; daß sie den Schmerz nicht verwinden kann arm zu sein, ist ein alter Schaden, auf den ich unmöglich noch viel Gewicht legen kann; verglichen mit den Verhältnissen, aus denen heraus ich sie geheirathet habe, lebt sie jetzt wie in Abrahams Schooß. Ich kann momentane Geldverlegenheiten, die bei Lichte besehen kaum welche sind [...], nicht als ungeheures Lebens-Unglück ansehn; wir haben seit Anno 55 also seit 26 Jahren alljährlich über 2 000, eine kurze Zeit lang gegen 3000 und als Durchschnitt 2500 bis 2700 Thaler ausgegeben, – ich kann dies unmöglich ein jämmerliches Leben nennen.“

VIId/10 Emilie Fontane

Ausgabe-Buch, 1862 bis März 1864

Handschrift; 35 x 11
Theodor-Fontane-Archiv, Potsdam, G 2,2

VIId/11 Emilie Fontane

Wirtschafts-Buch, Oktober 1873 bis Juli 1875

Handschrift; 33 x 13
Theodor-Fontane-Archiv, Potsdam, G 2,5

VIId/12 Emilie Fontane

Haus-Haltungs-Buch, Januar 1889 bis Dezember 1892

Handschrift; 31,7 x 13
Theodor-Fontane-Archiv, Potsdam, G 2,7

Die Wirtschaftsbücher des Fontaneschen Haushalts, in denen Emilie jahrzehntelang akribisch sämtliche Einnahmen und Ausgaben aufgeführt hat, belegen die allmähliche Verbesserung der finanziellen Lage. Besonders unter der Rubrik „Ausgaben" ist ein aufschlußreiches Stück Familiengeschichte festgehalten. Die Sorgenkinder, der leichtlebige George und die unverheiratete Mete, haben demnach weit mehr Zuwendungen erhalten als der jüngste Sohn Friedrich. Auch der Speiseplan der Familie zeigt den verhältnismäßigen Wohlstand der letzten Jahre.

VIId/13 Theodor Fontane

Brief an Emilie Fontane, Berlin, 23. August 1882

Handschrift, 2 Dbl., 8 S.; 23 x 14,2
Staatsbibliothek zu Berlin – Preußischer Kulturbesitz,
Nachlaß Fontane 15

Erziehung und Maßregelung der heranwachsenden Kinder blieben zeitlebens Emilie überlassen. Der harmoniesüchtige und eher desinteressierte Familienvater hielt sich von Zwistigkeiten der Kinder fern. Die unangenehme konfliktreiche Rolle war Emilie zugedacht, für sich hatte er die des Ausgleichenden reserviert.

„Von der zwischen ihnen [den Söhnen Friedrich und Theo] stattgehabten Fehde wußt' ich nichts, und merkte auch nichts; erst Dein heute früh eintreffender Brief gab mir Kenntnis davon. Ich stehe so dazu. Es mag ganz gut sein, daß ihn einer controlirt und ihn gelegentlich auf Sachen aufmerksam macht, die nicht ganz correct sind, die besser unterblieben, oder wenigstens besser und gentiler in Scene gehen müßten. Aber groß echauffiren kann ich mich nicht darüber; das Liebste ist mir, ich erfahre nichts davon. Erfahre ich davon, so hab' ich die ledern-langweilige Verpflichtung eine Standrede zu halten und Sachen als ungehörig zu tadeln, die vielleicht nicht lo-

benswerth aber ganz natürlich und ganz verzeihlich sind. Es ist mir ganz unmöglich, einen jungen Menschen von 18 Jahren als einen outcast anzusehn und zu behandeln, blos weil er bis um 12 Skat gespielt oder mehrere Seidel getrunken oder eine Harfenistin bis nach Hause begleitet und mit anderthalb renommistischen Zweideutigkeiten unterhalten hat. So lange solche Dinge nicht zum Skandal werden, muß man sie laufen lassen.“

VIId/14 Emilie Fontane

Brief an Theodor Fontane, 14. Juni 1883

Handschrift, 1 Dbl., 4 S.; 20 x 12,7
Theodor-Fontane-Archiv, Potsdam, B 323

Emilie, die Theodor Fontanes Manuskripte ins Reine schrieb, leistete auch als erste Leserin der Werke dem Schriftsteller mit ihrer konstruktiven Kritik unschätzbare Dienste. Emilies Verbesserungsvorschläge, *Graf Petöfy* betreffend, sind in diesem Brief erhalten:

„Ich muß mich natürlich jedes Urtheils enthalten, bis auf die Detailschilderung, die schön, gewiß noch schöner ist, wenn man sie liest u. nicht mühsam Wort für Wort schreibt. Die Handlung, Exposition fehlt mir; F. und E. können doch nicht gleich in Liebe verfallen? er wirkt außerdem schemenhaft, man würde nicht begreifen, daß er kam, sah und siegte. Sein Selbstgespräch: ‚Weiter oder Rückzug' wirkt zu leidenschaftslos und zu sehr wie von einem, der zu rechnen gewöhnt ist. [...] Liebesschilderungen, merkt man Dir doch sehr an, sind nicht Deine Sache; ein Tröpfchen von Storms ‚Bibber' könnte meinem Geschmack nach nicht schaden.“

Theodor Fontane antwortet aus dem Kurort Thale umgehend:

„Besten Dank, auch für das, was Du ohne Not als ‚Quatsch' bezeichnest; es ist alles ganz verständig und wahrscheinlich, mit einigen Einschrän-

VIId/15

kungen, auch richtig. Ich kann liebevollen Tadel
sehr gut vertragen, ja er braucht noch nicht mal
liebevoll (wie es der Deine ist) zu sein; [...] Im
Übrigen weiß ich sehr wohl, daß ich kein Meister
der Liebesgeschichte bin; keine Kunst kann ersetzen, was einem von Grund aus fehlt. Daß ich
aber den Stormschen ,Bibber' nicht habe, das ist
mein Stolz und meine Freude; Storm ist ein
kränkliches Männlein, und ich bin gesund trotz
meiner äußren Kränklichkeiten."
Theodor Fontane, Brief an Emilie Fontane, 15.6.1883;
HA 3, S. 255 f.

VIId/15 Julius Ehrentraut

Fächer für den Ball des Vereins
Berliner Presse vom 25. Januar 1896

Druck: Büxenstein
Holz, Seidensatin, Seidentaftband, Messing, Bein;
Radius 29
Theodor-Fontane-Archiv, Potsdam   (Abb. S. 171)

Fächer Emilie Fontanes für den Berliner Presse-
ball 1896 mit Theodor Fontanes Vierzeiler:
„Armer Junge, falsch gezielt,
Und nun hilft kein Maledetto,
Wer blos mit der Tinte spielt,
Ist noch lang kein Tintoretto."

VIId/16 Loescher & Petsch

Emilie Fontane als Witwe

Photographie (Reproduktion); 16,7 x 11
Privatbesitz

Nach dem Tode Theodor Fontanes begann Emilie mit der Sichtung und Aussonderung des literarischen Nachlasses ihres Mannes. Beseelt von
dem Wunsch, der Nachwelt ein ungetrübtes Fon-
tane-Bild zu überliefern, vernichtete sie zahllose
wichtige Korrespondenzen, Textentwürfe und
unvollendete Manuskripte. Den Tod ihres nunmehr von ihr glorifizierten Dichtergemahls über-
wand sie nur schwer. Emilie Fontane starb am
18. Februar 1902 an den Folgen einer Lungenentzündung.

VIId/17 Hanns Fechner

Theodor Fontane, 1894

Öl auf Lwd.; 101 x 78,5
Stadtmuseum Berlin, GEM 89/1

Theodor Fontanes Welt der Mathilden und Melusinen, der pragmatisch haushaltenden und der
sinnlich versponnenen Frauen erklärt sich nicht
zuletzt aus des Dichters eigenen familiären Le-
bensbezügen. Wie Kathode und Anode wirken
Emilie, seine Ehefrau, und sein Lieblingskind
Martha (Mete) auf seine Biographie und seine
schriftstellerische Arbeit, zwischen denen Fontane seine literarischen Frauen wandern läßt.
Das anstrengende Eheleben einerseits und das
schillernde herzliche Vater-Tochter-Verhältnis
andererseits scheinen das Koordinatensystem zu
bilden, in dem sich Fontanes weibliche Figuren
verorten lassen.

VIId/17

VIId/18 Charles M. Horsfall

Martha Fritsch, geb. Fontane, genannt
Mete, 1904

Pastell auf Lwd.; 55 x 69
Privatbesitz, Dauerleihgabe im Theodor-Fontane-Archiv,
Potsdam

Im Frühjahr 1860 erblickte die einzige Tochter
das Licht der Welt und wurde zur Lichtgestalt im
Leben Theodor Fontanes. Zeitlebens war die auf-
geweckte, lebendige Martha (Mete) seine Prinzessin, die ihm im Geist und Wesen am nächsten
stand. Die innige Vater-Tochter-Beziehung, die
sich unter dem Zeichen seiner krisenreichen
Ehe mit Emilie immer mehr verdichtete, warf
ihre Schatten auf Metes Biographie. Der Abna-
belungsprozeß von *„ihrem einzig geliebten Papa"*
sollte ihr im Leben nicht gelingen.

VIId/19

„Wie denken Sie über Rußland?", Schwank
von Gustav von Moser /„Das Schwert des
Damocles", Posse von Gustav zu Putlitz
Programmzettel, 19. November 1876

Beilage 6 zum Tagebuch 1866–1882, S. 85 f.
Theodor-Fontane-Archiv, Potsdam, B 1

Als 16jährige, die die Theaterleidenschaft der
Mutter teilte, stand Martha in zwei Einaktern
selbst auf der Bühne, zusammen mit den Brüdern
und den Kindern befreundeter Familien. Das
Laientheater diente der Familienunterhaltung.
„Im November war George auf Urlaub hier, wäh-
rend Frl. Lise Witte aus Rostock, Marthas Freun-
din, bei ihrem Onkel Lucae auf Besuch verweilte.
Dies führte zu sehr angenehmen Tagen für die
jungen Leute und zu Zerstreuungen, in die wir mit
hineingezogen wurden. Ball, Abendgesellschaf-
ten, Komödienspiel."
Theodor Fontane, Tagebücher; GBA, Bd.2, S. 63

VIId/20 **Loescher & Petsch**

Martha Fontane, um 1878

Photographie; 10,1 x 6,2
Archiv der Hansestadt Rostock, Familiennachlaß Witte,
90/1

Bereits als zehnjähriges Mädchen wurde Martha zum Sprachunterricht nach London geschickt. Eine profunde Bildung sollte die Heiratschancen verbessern. Nachdem sie 1876 ihre Schulausbildung an einer Höheren Mädchenschule abgeschlossen hatte, absolvierte sie das erste staatliche Lehrerinnenseminar Berlins und schloß 1878 die Ausbildung zur Lehrerin für Volks-, Mittel- und Höhere Schulen mit Auszeichnung ab.

VIId/21 **Robert Krausse**

Julius Stockhausen, 1859
Mit faksimilierter Unterschrift

Stahlstich; 28,1 x 20,8
Druck: Berger, Leipzig
Stadtmuseum Berlin, VII 65/19 W

Als Haustochter wohnte Martha 1876 bei der befreundeten Familie Stockhausen und verliebte sich in den erheblich älteren und verheirateten Hausherrn. Doch der prominente Tenor, Dirigent und Musikerzieher Julius Stockhausen (1826-1906) erwiderte diese Jungmädchenphantasie der 16jährigen nicht. Fontane schreibt an Clara Stockhausen zu dem Fauxpas seiner Tochter: *„Wo dergleichen vorkommt, da fehlt entweder eine Schraube oder ist an bestimmter Stelle überschraubt."* (Theodor Fontane, Brief an Clara Stockhausen, 20.8.1878; HA 2, S. 617) Mete erkrankte in ihrem Liebeskummer lebensgefährlich an Typhus und benötigte ein Jahr zur Rekonvaleszenz.

VIId/22 **August Best**

Mete mit den Kindern der Familie Witte, Lise und Richard, in Rostock, um 1876

Photographie; 10,5 x 6,5
Archiv der Hansestadt Rostock, Familiennachlaß Witte,
90/2

Mit dem Arzneimittelfabrikanten und Reichstagsabgeordneten Friedrich Witte (1829-1883) war Theodor Fontane seit seiner Apothekerzeit befreundet. Das gastfreundliche Haus der Wittes wurde für Mete zeitweilig zu einem zweiten Zuhause, in dem sie mit ihre glücklichste Zeit verbrachte.

VIId/22

VIId/18

VIId/23 **J. C. Schaarwächter**

Martha Fontane, nach 1880

Photographie; 16,8 x 10,9
Archiv der Hansestadt Rostock, Familiennachlaß Witte,
90/1

Die Jahre zwischen 1880 und 1885 waren überschattet von häufig wechselnden Arbeitsverhältnissen und Krankheitsausfällen. Während dieser Zeit war Martha nur 2 1/2 Jahre berufstätig. Ihre stets als erfolgreich bewerteten pädagogischen Fähigkeiten halfen der unsteten Tochter, der jede Abwesenheit vom elterlichen Haus eine Qual bedeutete, nicht über die Trennung vom Vater hinweg. Von August 1880 bis September 1881 übernahm sie eine Erziehertätigkeit auf Gut Kleindammer, östlich der Oder. Stolz nahm sie in der Ferne die Huldigungen für ihren Dichtervater entgegen. *„[...] und wie sprachen sie Alle von meinem lieben Vater, und wie innig dankbar war ich wieder und wieder, daß er unserm Namen einen Klang gegeben hat, den alle Grafen und Herren für recht aristokratisch und vornehm ansehen [...]."* (Brief an die Mutter, 13.9.1881; in: Briefe an die Eltern 1880-1882, hg. von Edgar R. Rosen, Frankfurt am Main/Berlin u. a. O. 1974, S. 223) Theodor Fontane war Metes Geltungsbedürfnis nicht geheuer. In einem Brief an Emilie vom 22. Juni 1883 ist zu lesen: *„Was ich an Martha beklage, ist das, daß ihr diese simpelste Lebensweisheit nicht aufgegangen ist. Die Kleinheit unseres Lebenszuschnitts ist ihr unerträglich, und wenn ich mich in diesem Gefühl auch noch einigermaßen zurecht finden kann, so doch nicht in der Art, wie sich dies Gefühl in Scene setzt. Ich vermisse darin ein ruhiges*

Erkennen dessen, was die Pflicht fordert. Hätte sie dieses Erkennen, so würde sie auch ihr Handeln danach modeln. Sie hat sich einfach in den Kopf gesetzt, ,Dame zu sein', ohne sich zu fragen, ob das ohne Weiteres geht. Dame bleiben, kann man immer, aber Dame spielen ist von den äußren Verhältnissen abhängig, die man nicht immer in der Hand hat." (HA 3, S. 259 f.)

VIId/24   Martha Fontane

Brief an Emilie Fontane, Kleindammer,
14. Oktober 1880

Handschrift, 2 Dbl., 6 S.; 22,1 x 14
Staatsbibliothek zu Berlin - Preußischer Kulturbesitz,
Nachlaß Fontane 19a

Im Klima der elterlichen Spannungen avanciert die heranwachsende Mete zu Vaters Muse, zur vorbehaltlos liebenden kindlichen Ersatzpartnerin, die dem Dichter uneingeschränkt Bewunderung zollt, ihn emotional unterstützt und später auch im Haushalt versorgt. Die herzliche Zuneigung beruhte auf Gegenseitigkeit. Einen Brief vom 13. April 1897 an seine Tochter unterschrieb der Vater mit *„Dein alter Verehrer"*. Als sich die Mutter anläßlich eines Ehestreites vor dem 20. Hochzeitstag über ihren Gatten bei Mete beschwert, verteidigt sie ihren Vater und offenbart unbewußt ihren latenten Wunsch, an die Stelle der Mutter zu treten.

„Ich halte es für das schönste und beneidenswertheste Glück, Papas Frau sein zu können, und ich weiß, daß Du ebenso denkst und das macht mich glücklich.– Ich denke jetzt viel mehr an zuhause, als wie ich das erste Mal hier war und zähle schon jetzt auf Weihnachten; etwas früh!"

VIId/25   Martha Fontane

Brief an Emilie Fontane, Kleindammer,
1. März 1881

Handschrift, 2 Dbl.; 8 S.; 23,1 x 14,3
Staatsbibliothek zu Berlin - Preußischer Kulturbesitz,
Nachlaß Fontane 19a

Die hochgesteckte Erwartungshaltung Marthas an das Leben und einen möglichen Ehepartner, der dem Vergleich mit dem Übervater standhält, läßt sich mit dem nüchternen Erzieherinnendasein nur schwer in Einklang bringen. Sie sehnt sich danach, an der Auratisierung des Vaters teilzuhaben, zumal ihr Selbstbewußtsein ihr keine eigene Attraktivität zugestehen will. Die Eltern drängen auf Heirat. Doch Mete hat es nicht eilig. Die nicht flügge werdende Tochter zieht es nur zum Vater. Nicht ohne kokette Selbstironie kommentiert Martha die schmeichlerischen Avancen, die ihr, anläßlich eines Gesellschaftsempfanges in Kleindammer gemacht werden.

„[…] um 1/2 3 war ich fertig und sah für meine Verhältnisse sehr gut aus, wie eine Italienerin mit einer Berliner Figur; die Nelken erregten die allgemeine Bewunderung. […] denn das werdet ihr mir gewiß glauben, daß meine ganze Stellung immerhin difficil ist und, daß es an Gelegenheiten zu Taktlosigkeiten nie fehlt, denn 7/8 aller Herren

glauben, eine Erzieherin muß getröstet werden und an der Sicherheit ihres Entgegenkommens merke ich, daß sich schon manche hat trösten lassen. Mein Tischnachbar Herr von M. Walmersdorf bekam eine sentimentale Anwandlung und kam immer wieder darauf zurück, wie trostlos es für ihn wäre, in sein unjugendliches kaltes Haus zurückzukehren; ich reagirte nicht auf seine Geständnisse […] und versicherte ihm, daß es mir sehr zweifelhaft wäre, ob er je mit einer jungen Frau so glücklich leben würde […]"

VIId/26   Martha Fontane

Brief an Theodor Fontane, Warnemünde,
11. Juli 1882

Handschrift, 2 Dbl., 1 Ebl.; 10 S.; 17,7 x 11,6
Staatsbibliothek zu Berlin - Preußischer Kulturbesitz,
Nachlaß Fontane 19a

Im Jahre 1882 erlebte Martha eine zweite herbe Enttäuschung: Als glücklos erweist sich die Beziehung zu Rudolph Schreiner, Bruder einer Schulfreundin und Sproß einer angesehenen Berliner Familie, da dieser von der Verbindung plötzlich Abstand nimmt. In dem Brief erklärt sich Martha fast erleichtert den Rückzug des jungen Mannes mit der eloquent-geistigen Überlegenheit im Hause Fontane und der starken Tochter-Vater-Symbiose, die den Brautwerber eingeschüchtert zu haben schienen.

„Er fand uns alle nett, klug witzig, geistreich, aber wie er gesagt haben soll, er ist sich so entsetzlich unbedeutend und überflüssig vorgekommen. Diese Empfindung begreife ich und soweit sie nicht nur kleinlicher Eitelkeit entspringt, achte ich sie sogar. Wenn es sich aber so verhielt, wenn er scharf sah, was wir uns Alle jetzt sagen, man muß in seiner Atmosphäre bleiben, Verpflanzungen bringt kein Glück, ich meine hatte er einmal in seinem Leben eine wirklich kräftige Empfindung, dann hätte er auch einmal im Leben den Muth haben müssen, seine charakterlose und folgenschwere Schweigsamkeit zu brechen; er war mir doppelte Rücksicht schuldig, wie Jeder anderen und konnte nicht wissen, daß er schließlich einer alten bewährten Freundin seiner Schwester und seines Hauses nicht das Herz brach."

VIId/27   Unbekannter Photograph

Mete Fontane in Warnemünde, 1882

Photographie; 16,6 x 10,3
Sammlung Eschenburg, Warnemünde

Spätestens seit der bestandenen Examensprüfung Metes im Jahre 1878, die einen Schritt in die Selbständigkeit bedeutete, war sie latent von nervösen Leiden befallen, deren teilweise psychosomatische Ursachen im Laufe der Jahre auch dem Vater immer klarer vor Augen traten. Schon während der schweren Ehekrise der Eltern 1876 bot sie Angst- und Erstickungsanfälle auf. Zahnschmerzen, Gallenkoliken, Migräne, Apathie und Malaisen in den *„unteren Regionen"* waren seit 1878 häufig wiederkehrende Diagnosen. Allein in Warnemünde und Rostock, in der

Nähe ihrer mütterlichen Freundin Anna Witte (1834-1910), besserte sich ihr Gesundheitszustand meistens.

VIId/28   Theodor Fontane

Brief an Mete Fontane, Berlin,
17. Februar 1882

Handschrift, 2 Dbl., 8 S.; 23 x 14,2
Theodor-Fontane-Archiv, Potsdam, B 449

Theodor Fontane sah in einer glücklichen Verheiratung seiner Tochter das Allheilmittel, das die Loslösung von der väterlichen Idealgestalt bewirken und über die psychische Stabilisierung auch die physischen Leiden lindern würde.

„Ich glaube mich auf psychische Zustände und auch auf Körperzustände, die mit dem Psychischen zusammenhängen, wundervoll zu verstehen, denn ich habe sie seit über 30 Jahren an mir und Mama studiert; ich darf sagen, ich weiß in dieser Materie Bescheid, und für mich steht es vorläufig fest, daß Du, wenn Du Dich morgen glücklich verlobtest und übermorgen mit Mama, mir und einer schweren Reisekasette nach Italien reistest, schon in München gut, in Verona sehr gut schlafen und in Rom als eine Genesene Krokus und Anemonen und beides, unter Versicherungen überschwenglichen Glückes, in die Heimat schikken würdest."

VIId/29   Theodor Fontane

Brief an Mete Fontane, Saßnitz,
13. September 1884

Handschrift, 1 Dbl., 4 S.; 23 x 14,5
Staatsbibliothek zu Berlin - Preußischer Kulturbesitz,
Nachlaß Fontane 16

Im Jahre 1884 begleitete Mete eine wohlhabende Amerikanerin und ihre junge Tochter als Gesellschafterin auf einer viermonatigen Italienreise; das Angebot, nach San Francisco überzusiedeln, lehnte sie, obwohl die Eltern es sehr gerne gesehen hätten, ab. Sie war der Wanderjahre überdrüssig und nahm in der Höheren Mädchenprivatschule von Frl. A. Leyde in der Potsdamer Straße, unweit des Elternhauses, eine Stellung als Lehrerin der 3. Klasse an. Alles schien im Lot.

„Ich freue mich herzlich, daß Deine mit Energie gethanen Schritte so schnell einen guten Erfolg gehabt haben, und Mama, die Dich sehr liebt (trotz Deiner gelegentlichen Zweifel daran) wird glücklich und beinah gerührt darüber sein. Ob Deine Position bei Frl. Leyde von Dauer ist oder nicht, ist ziemlich gleichgültig, ich sehe aber keinen Grund, warum sie's nicht sein sollte. Geschieht es doch, schnappt es über kurz oder lang ab, so wünsche ich nur, daß ein angenehmer deutscher Jüngling, ein Amtsrichter, ein Doktor, ein Oberlehrer, selbst ein Pastor die Veranlassung sein möge. Natürlich habe ich auch nichts gegen einen Rittergutsbesitzer, Banquier oder Schiffsrheder, es ist aber nicht nöthig immer nur nach der Richtung hin auszuschauen; 8 Monate Amerika haben hoffentlich ausgereicht Dir zu zeigen, wie wenig

VIId/31

Karl Emil Otto Fritsch

Photographie; 16,8 x 10,8
Privatbesitz

Schließlich kam es doch noch zu dem „*unglaub-liche Ereignis*", wie Fontane es nennt. Mete ver-lobte sich mit dem prominenten Architekten Karl Emil Otto Fritsch (1838–1915), der sich als Gründer der Berliner Architektenvereinigung und Herausgeber der *Deutschen Bauzeitung* einen Namen gemacht hatte. Der 60jährige weitgerei-ste, literarisch gebildete, zweifache Witwer, der seine Frau im November 1897 erst zu Grabe ge-tragen hatte, bevor er sich zwei Monate später mit Martha heimlich verlobte, war mit den Fon-tanes bereits vorher gut bekannt. Die offizielle Verlobung Metes mit dem 22 Jahre älteren „*liebe-vollen, beinahe wohlwollenden Menschen*" fand am 16. September 1898, vier Tage vor Theodor Fontanes Tod, im kleinen Kreis im Hause Fon-tane statt. Emilie war nicht anwesend. Die 38-jährige Mete hoffte nun beim Architekten Fritsch, den Fontane einen „*klugen und gescheiten Mann von guter Gesinnung*" genannt hatte, das zu fin-den, was sie immer gesucht hatte: die glückliche Verbindung eines großzügigen Lebensstils in einem reichen Hause – wie sie ihn bei der befreun-deten Rostocker Fabrikantenfamilie Witte ken-nengelernt hatte – mit dem souveränen geisti-gen Fontaneschen Milieu.

VIId/34 **Unbekannter Photograph**

Waren in Mecklenburg, nach 1900

Postkarte
Verlag Max Horn, Waren; 8,6 x 13,8
Privatbesitz

In Waren an der Müritz kaufte Metes Gatte ein Jahr nach der Hochzeit, die im Januar 1899 statt-gefunden hatte, die am Hochufer gelegene Villa

---

bei Minenthum, Kofferpacken und Hôtel-Essen herauskommt. Zwischen Goldprinzessin und Lin-chen in der Fliederlaube liegt vielerlei.*"

nach, Dich dagegen verschließen könntest. Der Kranke hat sein Recht, aber der Gesunde noch mehr, denn er hat (was bei dem Kranken hinweg-fällt) zu arbeiten und Aufgaben zu erfüllen."

VIId/30 **Theodor Fontane**

Brief an Mete Fontane, Krummhübel,
13. August 1885

Handschrift, 1 Dbl., 4 S.; 22,2 x 14,4
Staatsbibliothek zu Berlin – Preußischer Kulturbesitz,
Nachlaß Fontane 16

Immer häufiger wurde Mete von Leiden heimge-sucht, die sie arbeitsunfähig machten und wieder in ökonomische Abhängigkeit vom Elternhaus brachten. Die väterliche Ungeduld der kränkeln-den Tochter gegenüber nahm zu. Er plädierte für Distanz.
„*Es kann sich dann nur darum handeln, Lebens-formen und Lebenswege zu finden, die das harte Loos andauernder Krankheit, Dir und uns so leicht ertragbar wie möglich machen. Ich weiß, daß Wechsel und zeitweilige Trennungen das be-ste Mittel zu diesem Zwecke sind. Nur sich nicht immer auf dem Halse liegen, wenn weder der eine noch andre dieser Halsliegerei froh wird. [...] Du bist zu gescheidt, als daß Du, der Sache*

VIId/31 **Unbekannter Photograph**

Theodor Fontane und seine Tochter,
Arnsdorf im Riesengebirge, 1886

Photographie (Reproduktion); 17,7 x 12,2
Theodor-Fontane-Archiv, Potsdam, AI 617

Von Juni bis September 1886 verbrachte Mete mit ihren Eltern einen erholsamen Sommerauf-enthalt im Riesengebirge. Es waren glückliche Monate. Das unbeschwerte Zusammensein der Tochter mit ihrem geliebten Vater ließ ihre Le-benskraft zurückkehren, und ihr Gesundheits-zustand besserte sich.

VIId/32 **B. Johannes**

Martha Fontane und Anna Witte in Meran,
1895

Photographie; 10,3 x 6,4
Archiv der Hansestadt Rostock, Familiennachlaß Witte, 91/2

VIId/33

VIId/37

VIId/39 Unbekannter Photograph

Martha und Karl Emil Otto Fritsch

Photographie; 17 x 22,7
Privatbesitz

Das idyllisch erscheinende Eheleben gründete sich nicht zuletzt auf ein verbindendes Element: Theodor Fontane. Der Ehemann teilte Metes tiefe Verehrung für den großen Schriftsteller. 1904 veröffentlichte sie im Verlag ihres Bruders Friedrich, der die väterlichen Werke publizierte, die Lebenserinnerungen ihres Urgroßvaters mütterlicherseits, Jean Pierre Barthélemy Rouanet, unter dem Titel *Von Toulouse nach Beeskow.* Die Herausgeberschaft der *Familienbriefe* (1905) übertrug sie aus Befangenheit ihrem Mann, der an ihrer Stelle verantwortlich zeichnete.

VIId/40 Unbekannter Photograph

Martha Fritsch in ihrem Haus in Waren

Photographie; 22,1 x 16,7
Privatbesitz

VIId/41 Karl Emil Otto Fritsch

An meine Mete. Zum 21. März 1903

Handschriftliches Gedicht; 1 Dbl., 4 S.; 17,7 x 11,1
Privatbesitz

Fritsch ließ die beliebte Fontanesche Familientradition nicht abreißen und verfaßte genauso, wie es Theodor Fontane für seine Frau Emilie tat, für seine Frau Martha Verse zum Geburts- und Hochzeitstag sowie zu Weihnachten.

Thomas. Im Nachbargebäude hatte das Ehepaar Fontane mit Mete 1896 seine Sommerferien verbracht. Der Architekt baute das Gebäude zum Sommersitz aus, den Winter verbrachte das Ehepaar weiterhin in seiner Berliner Wohnung.

VIId/35 Unbekannter Photograph

Müritzstrand Waren, um 1900

Postkarte
Verlag Max Horn, Waren; 8,8 x 13,8
Privatbesitz

VIId/36 Unbekannter Photograph

Ansicht des Hauses Fritsch in Waren

Photographie; 18 x 12,9
Privatbesitz

Die Thomas-Villa in der Warener Villenstraße – der turmartige Fachwerkanbau (links) ist nach einem Entwurf des Hausherrn entstanden. Die auf der Photographie abgebildete junge Frau ist Fritschs Tochter aus erster Ehe, Anne, verheiratete Schöller.

VIId/37 Unbekannter Photograph

Martha Fritsch am Flügel in ihrem Haus in Waren

Photographie; 16,8 x 23
Privatbesitz

„Ich habe das Gefühl eines Menschen, der Klavierspielen kann, aber kein Klavier hat." (Briefe an die Eltern 1880–1882, hg. von Edgar R. Rosen, Frankfurt am Main/Berlin u. a. O. 1974, S. 52) – so lautete Metes verzagte Selbstcharakteristik ihrem Vater gegenüber noch im Jahre 1881. Die einst so unstete

melusinenhafte Mete, nun Frau Prof. Martha Fritsch, scheint einen behaglichen Ort und in ihrem Gatten einen Vaterersatz gefunden zu haben, doch ihre gesundheitlichen Leiden muß sie weiterhin erdulden.

VIId/38 Unbekannter Photograph

Karl Emil Otto und Martha Fritsch

Photographie; 17 x 22,7
Privatbesitz

VIId/44

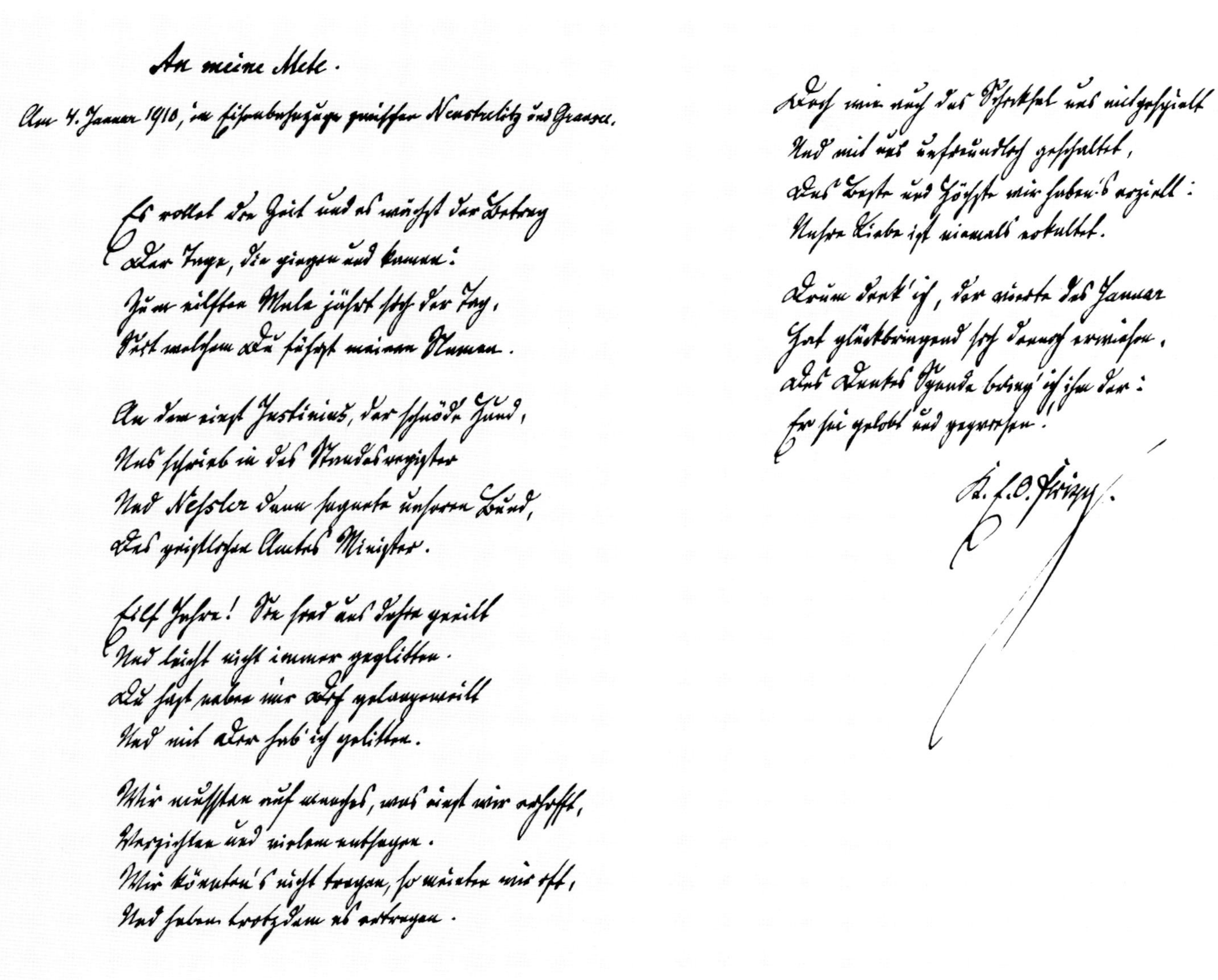

An meine Mete.
Am 4. Januar 1910, im Eisenbahnzuge zwischen Neustrelitz und Gransee.

Es rollt die Zeit und es wächst der Betrag
Der Tage, die gingen und kamen:
Zum elften Male jährt sich der Tag,
Seit welchem Du führst meinen Namen.

An dem einst Justinus, der schnöde Hund,
Uns schrieb in das Standesregister
Und Nessler dann segnete unseren Bund,
Des geistlichen Amtes Minister.

Elf Jahre! Die Fahrt [illegible] geeilt
Und leicht nicht immer geglitten.
Das Glück haben wir doch gelangweilt
Und mit Dir hab' ich gelitten.

Wir mußten auf manches, was einst wir erhofft,
Verzichten und vielem entsagen.
Wir konnten's nicht tragen, so meinten wir oft,
Und haben trotzdem es ertragen.

Doch wie auch das Schicksal uns mitgespielt
Und mit uns unfreundlich geschaltet,
Das Beste und Höchste wir haben's erzielt:
Unsere Liebe ist niemals erkaltet.

Drum denk' ich, der vierte des Januar
Hat glückbringend sich dennoch erwiesen,
Und Dankes Spende bring' ich ihm dar:
Er sei gelobt und gepriesen.

K. E. O. Fritsch

VIId/43

VIId/42 **Karl Emil Otto Fritsch**

Meiner Mete zum 24ten Dezember 1906

Handschriftliches Gedicht, 1 Dbl.; 17,8 x 11,1
Privatbesitz

VIId/43 **Karl Emil Otto Fritsch**

An meine Mete. Am 4. Januar 1910, im Eisenbahnzuge zwischen Neustrelitz und Gransee

Handschriftliches Gedicht; 1 Bl., 2 S.; 16 x 11,3
Privatbesitz

VIId/44 **Paul Boldt**

Mete mit Karl Emil Otto Fritsch auf einer Parkbank und einer Hausangestellten im Garten in Waren

Photographie; 17 x 23
Privatbesitz

VIId/45 **Unbekannter Photograph**

Mete mit Karl Emil Otto Fritsch in ihrer Gartenlaube (Haus in Waren)

Photographie; 23 x 16,7
Privatbesitz

15 gemeinsame Ehejahre verbrachte das Paar, bevor Karl Emil Otto Fritsch, wegen eines Gicht- und Nierenleidens pflegebedürftig geworden, 1915 im Alter von 77 Jahren starb. Nach dem Tod ihres Gatten lebte Martha zurückgezogen und vereinsamt in Waren. Den Wohnort in Berlin gab sie auf. Ein unglücklicher Sturz vom Balkon beendete ihr Leben im Alter von 56 Jahren am 10. Januar 1917. Die Familie bestritt eine vermutliche Selbsttötung.

VIII. Menschen des Übergangs, unfertige Stadt
1833–1898: Berlin als „*Fontanopolis*"

Thomas Friedrich

I

„Berlin liegt in einer Sandwüste, die ein wenig nordöstlich von Leipzig beginnt [...] *Ich begreife nicht, wie jemand auf den Gedanken geraten ist, mitten in diesem Sand eine Stadt zu gründen."*
(Stendhal, 1806)[1]

Seit dem späten 17. Jahrhundert war Berlin unter dem Großen Kurfürsten, danach unter seinen beiden Nachfolgern, dem Kurfürsten Friedrich III. (seit 1701 als Friedrich I. „König in Preußen") und dem „Soldatenkönig" Friedrich Wilhelm I., durch die Anlage der Dorotheen- und Friedrichstadt systematisch nach Westen und Südwesten erweitert worden. Beide Neustädte trugen barocken Zuschnitt und bezogen sich im schnurgeraden Verlauf ihrer Straßenachsen auf die 1647 angelegte Lindenallee, die später als Unter den Linden zum repräsentativen hauptstädtischen Boulevard werden sollte. Das Straßengitter dieser Stadterweiterungen, insbesondere das Schachbrettraster der Friedrichstadt mit seinem streng gewahrten Axialsystem und seinen von Häuserzeilen gesäumten Straßen, bildete einen auffälligen Kontrast zum „alten" Berlin, der mittelalterlichen Doppelstadt Berlin / Cölln mit dem gewundenen Verlauf ihrer Straßen, dem keiner Regel folgenden System ihrer Seitenstraßen, Gassen und Winkel. Das „neue" Berlin mit seinen großzügig angelegten Plätzen und dem System barocker Sichtachsen war gegen Ende des 18. Jahrhunderts der Stolz aller Einwohner. Im ersten Stadtführer Berlins von Friedrich Nicolai heißt es in der Ausgabe von 1786: *„Die Friedrichsstadt ist jetzt der ansehnlichste Theil von Berlin. Die Straßen gehen alle gerade, und stoßen fast alle winkelrecht auf einander* [...]" Immerhin sah sich Nicolai durch die Monotonie der endlos wiederholten Fassaden zu der kritischen Bemerkung genötigt, daß, da die Häuser meist nur zwei Geschosse hoch und *„unter Einem Dache fortgeführet"* seien, ihnen dies *„ein etwas einförmiges Ansehen"* verleihe.[2]

VIII/3

Noch im 19. Jahrhundert machten große Teile der Friedrichstadt den Eindruck, als handle es sich um Ansammlungen von Neubauten in monotoner Bauweise. Denn auch das normale Berliner Wohnhaus der nachfriderizianischen Ära wirkte *„nüchtern, ohne Schwung, wie der Staat jener Zeit, auf das Nothdürftige beschränkt, unerfreulich, monoton, langweilig und eines ungefähr wie das andere.“*[3] Besuchern der Stadt um 1800 schien bezeichnenderweise eher die Friedrichstadt das Wesen des zeitgenössischen Berlins zu repräsentieren als der historische Kern der Stadt um Rathaus oder Schloß. Ein Beispiel dafür ist, welchen Eindruck die Stadt auf die französische Schriftstellerin Madame de Staël bei einem Aufenthalt im Jahre 1804 machte: *„Berlin ist eine große Stadt mit sehr breiten, völlig geraden Straßen, das Ganze regelmäßig angelegt: doch da es erst vor nicht langer Zeit neu erbaut worden ist, findet man nichts von den Spuren der Vergangenheit [...] Berlin, eine ganz und gar moderne Stadt, hinterläßt keinen bleibenden Eindruck, so schön es auch ist; es läßt nichts von den Zeugnissen der Geschichte des Landes oder von der Art seiner Bürger erkennen, und seine prächtigen neuen Häuser scheinen nur dem bequemen Zusammenkommen bei Vergnügungen und der Arbeit zu dienen.“*[4]

Achtzehn Jahre später, von Februar bis Juli 1822, veröffentlichte der *Rheinisch-Westfälische Anzeiger* Berichte aus der Residenzstadt der preußischen Könige unter dem Titel *Briefe aus Berlin.* Der Verfasser, ein im literarischen Leben Deutschlands noch recht unbeschriebenes Blatt, der 24jährige Heinrich Heine, hatte sich im April 1821 an der Berliner Universität immatrikuliert und verkehrte im Salon der Rahel Varnhagen. Heines launige und in der Regel wohlwollende Schilderungen des Berliner Lebens vermittelten ein anschauliches Bild der Stadt, deren Bevölkerungszahl im Jahre 1821 die 200 000 überschritten hatte. Am ausführlichsten und bekanntesten sind Heines Lobpreisungen der Straße Unter den Linden: *„Wirklich, ich kenne keinen imposantern Anblick, als, vor der Hundebrücke stehend, nach den Linden hinaufzusehen [...] Hier drängt sich Prachtgebäude an Prachtgebäude [...] Hier wohnt die vornehmste Welt Berlins [...]“* und ihrer nächsten Umgebung, ein wenig ironisch eingefärbt: *„Das ist die große Friedrichstraße. Wenn man diese betrachtet, kann man sich die Idee der Unendlichkeit veranschaulichen.“*[5] Vor allem aber zeichneten Heines *Briefe* das Bild einer mittlerweile recht großen, bei alledem aber noch immer in recht behaglichem Tempo lebenden, also nicht - im Sinne der Moderne - „großstädtischen Stadt“. Das war nicht unbedingt mit Provinzialismus gleichzusetzen: Nur hatte in Berlin noch nirgendwo jene Beschleunigung der alltäglichen Lebensvorgänge eingesetzt, die im weiteren Verlauf des Jahrhunderts charakteristisch für das Leben in den europäischen und amerikanischen Großstädten werden sollte. Heines Resümee fiel indes recht kritisch aus; obschon Berlin neu, schön und regelmäßig gebaut sei, mache es doch einen etwas nüchternen Eindruck.[6] Verblüffend, daß der junge Heine die Stadt in einer Weise charakterisierte, die die Einschätzung der Madame de Staël knapp zwei Jahrzehnte nach ihr fast wörtlich wiederholte.

II

„Die Bedeutung unserer Hauptstadt ist mit der Macht der Monarchie, deren Centralpunkt sie bildet, gestiegen. Schön, blühend und volkreich steht sie in der ersten Reihe der Städte Europa's [...]“
(Leopold Freiherr von Zedlitz, 1834)[7]

Als der knapp 14jährige Theodor Fontane im Herbst 1833 aus Neuruppin nach Berlin zog, um vom 1. Oktober an die von Karl Friedrich Klöden geleitete städtische Gewerbeschule in der Niederwallstraße 12 zu besuchen[8], hatte die Stadt trotz eines weiteren Bevölkerungswachstums auf nunmehr ca. 250 000 Einwohner den Charakter der beschaulichen Biedermeier-Residenz noch nicht abgestreift. Das politische Zentrum der Stadt war weiterhin das Schloß nebst seiner nächsten Umgebung, obwohl auf Betreiben König Friedrich Wilhelms III. - der als erster Preußenkönig nicht mehr im Schloß selbst wohnte - die staatlichen Behörden seit 1817 nach und nach aus dem Schloß ausquartiert wurden.[9] Haupteinkaufs- und Geschäftsstraße der Stadt war die Königstraße, die, vom Alexanderplatz her kommend, auf den Schloßplatz mündete. Zu diesem kommerziellen Zentrum gehörten die angrenzenden Straßen, insbesondere Spandauer Straße, Breite Straße, Schloßfreiheit, An der Stechbahn. Freilich war dies alles noch ein Zentrum im biedermeierlichen Sinn. Ein zeitgenössischer Stadtführer, der die Königstraße als die *„geradeste, breiteste und belebteste Straße des eigentlichen Berlins“* lobpreist, hob neben Rathaus, Stadtgericht und General-Postamt die *„vielen Kaufläden“* hervor sowie *„einige berühmte Uhrmacherläden, von denen einer eine zur Nachtzeit transparent erleuchtete Uhr hält“*.[10]

Dieser Berliner Biedermeier-Ton klingt auch noch in den Jahrzehnte später verfaßten Erinnerungen Fontanes an. Hier übergeht er zwar die kurze Phase im Herbst 1833, in der er in einer Schülerpension in der Wallstraße 73 gewohnt hatte; um so lebhafter schildert er aber sein zweites Berliner Domizil in der Wohnung eines Halbbruders seines Vaters im Hause Burgstraße 18, dicht neben der Kriegsakademie und gegenüber dem Schloß. *„Ich freute mich nur [...] nach Berlin gekommen zu sein und noch dazu zu meinem ‚Onkel August‘, der [...] immer so fidel war und immer so wundervolle Berliner Geschichten erzählte. [...] Das mußte nun ein reizendes Leben werden!“*[11] Ab Januar 1834 lebte Fontane dieses *„reizende Leben“* in der bevorzugten Wohngegend gegenüber der Spreeseite des Schlosses, an der sich die ältesten Bauteile des Gebäudekomplexes erhalten hatten. Noch 60 Jahre später beschrieb er den Blick aus der *„Guten Stube“* der Wohnung des Onkels mit Wärme: *„An Sommerabenden lagen wir hier im Fenster und sahen die Spree hinauf und hinunter. Es war mitunter ganz feenhaft, und wer dann von der ‚Prosa Berlins‘, von seiner Trivialität und Häßlichkeit hätte sprechen wollen, der hätt' einem leid tun können. In dem leisen Abendnebel stieg nach links hin das Bild des Großen Kurfürsten auf [...], gegenüber aber lag das Schloß mit seinem ‚Grünen Hut‘ und seinen hier noch vorhandenen gotischen Giebeln, während in der Spree selbst sich zahllose Lichter spiegelten.“*[12]

VIII/2

Es ist kennzeichnend, daß Fontane solcherart prägende Eindrücke des eigenen Lebensweges seinem literarischen Werk – in topographisch exakter Wiedergabe – an mancherlei Stellen inkorporierte. So läßt er den alten Vitzewitz im 1812/13 spielenden Roman *Vor dem Sturm* in der Burgstraße im Gasthof *Zum König von Portugal* absteigen und nach dem Frühstück über die Spree blicken, *„auf die gotischen, im hellen Morgenschein erglänzenden Giebel des hier noch mittelalterlich gebliebenen Schlosses.“*[13] So wie hier tauchen Wohnsitze Fontanes als Orte der Handlung in seinen Romanen, soweit sie in Berlin spielen, verschiedentlich auf. Der romantische Blick auf die ältesten Teile des Schlosses ließ sich in *Vor dem Sturm*, noch dazu im *Alt-Berlin* betitelten Teil des Romans, bezüglich des Vorabends der Befreiungskriege vorzüglich unterbringen. *„Das kann nicht über Nacht verschwinden“*, spricht Berndt von Vitzewitz beim Anblick des Schlosses vor sich hin, und meint mehr noch als das Schloß vor allem Preußen und seine Traditionen.

Es mutet wie eine Ironie des (Stadt-)Schicksals an, daß in einem Kellerlokal nahe der Burgstraße mit ihrer Alt-Berliner Romantik im Jahr vor Fontanes Umzug nach Berlin ein 22jähriger Färbermeister namens Spindler eine Färberei und eine Waschanstalt eröffnete, aus denen sich im Laufe der folgenden Jahrzehnte eines der bekanntesten Berliner Großunternehmen entwickeln sollte. Der Schüler Fontane konnte davon nichts ahnen, konnte wohl auch kaum registrieren, daß sich Berlin damals unmittelbar vor seiner größten Umwälzung, seiner Umwandlung in die größte mitteleuropäische Industriemetropole, befand. Es sollte allerdings nur noch wenige Jahre dauern, bis die industrielle Revolution mit Gründung der Borsigschen Maschinenbauanstalt (1837) und Eröffnung des Fahrbetriebs auf der ersten preußischen Eisenbahnlinie zwischen Berlin und Potsdam (1838) sichtbar auf den Plan trat. Es gab indessen einen

städtischen Raum, in dem Berlin Mitte der 1830er Jahre bereits den biedermeierlichen Rahmen gesprengt und wirklich großstädtische Züge angenommen hatte: Zwischen Opernhaus und Schloß war „Schinkels Berlin“ entstanden. Heine sprach 1822 in seinen *Briefen aus Berlin* noch von der „Hundebrücke“, wenn er zu den Linden hinaufsah, andererseits vom Beginn ihrer Umwandlung in die „*prächtige*“ Schloßbrücke. Das neue Wachgebäude Unter den Linden erwähnte er ebenfalls lobend, allerdings ohne dabei den Namen des Architekten zu nennen. Erst nach etwa zwölf Jahren, als der junge Fontane in der Burgstraße logierte, war das städtebauliche Ensemble, das nach Schinkels Entwürfen westlich des Schlosses nach und nach entstand, auch als Ganzes wahrnehmbar. Mit der Errichtung der Neuen Wache, dem Umbau des Domes (Schinkels Entwurf für einen Dom-Neubau blieb unausgeführt) und dem Bau der Schloßbrücke zwischen 1818 und 1824 war erst ein Teil der Pläne realisiert worden; es folgten das Museum am Lustgarten (1830 eingeweiht) und die Neugestaltung des Lustgartens selbst, die Friedrichwerdersche Kirche (1830 fertiggestellt), der Neue Packhof nördlich des Museums (1832 vollendet), schließlich die 1836 eröffnete Allgemeine Bauschule (seit 1848 Bauakademie).

Zwischen dem Neuen Packhof und dem Werderschen Markt ergab sich so die Abfolge einer *„Kupfergrabenlandschaft“* (Gottfried Riemann): „[…] *eine eindrucksvolle neuartige städtebauliche Lösung ohne direkte Vorbilder oder zeitgenössische Entsprechungen.“*[14] Im ersten Kapitel des ersten Bandes seiner *Wanderungen* hat Fontane Schinkel, der – wie er selbst – aus Neuruppin stammte, einen ganzen Abschnitt gewidmet. Er gipfelt in der Feststellung, es sei Schinkel gelungen, Berlin im wesentlichen den Stempel aufzudrücken, den es bis zur Stunde trage.[15] An anderer Stelle meint er sogar, Schinkel habe aus einer Kasernenstadt eine Stadt der Schönheit gemacht.[16] Mit

VIII/4

dieser an eine Glorifizierung Schinkels grenzenden Einschätzung stand Fontane nicht allein. Bereits 1839 hatte sein Schriftstellerkollege Willibald Alexis geurteilt: *„Ein neues schönes Berlin ist seit 1815 entstanden, und an den Namen Schinkel knüpft sich der Ruhm dieser zweiten Gründung* [...]"[17]

Der junge Fontane blieb bis Ostern 1835 in der Burgstraße und zog dann mit seinem Onkel in die Große Hamburger Straße 30/30 a. Während seiner Apothekerlehre wohnte er vom 1. April 1836 bis 1840 im Hause seines Prinzipals Wilhelm Rose in der Spandauer Straße/Ecke Heidereutergasse. Es folgte eine längere Zeit der Abwesenheit von Berlin, 1845/46 und 1847/48 war Fontane allerdings interimistisch als Apotheker in der Friedrichstraße bzw. in der Nähe des Alexanderplatzes beschäftigt. Mit Anstellung an der Diakonissenanstalt Bethanien 1848/49 geriet er in eine Vorstadt; als alltägliche Umgebung lernte er hier das „Köpenicker Feld" kennen, aus dem damals die Luisenstadt wurde, ein von Grund auf neu angelegtes Stadtquartier, südöstlich vor der alt-preußischen Residenz gelegen. Auf einem riesigen Terrain ehemaliger Ackerbürger wurden eine Kanalanlage ausgeführt und ein Netz von Straßen und öffentlichen Plätzen im Wortsinne „aus dem Boden gestampft". Hier vollzog sich die Stadterweiterung Berlins erstmals unter dem Zeichen der Industrialisierung als Bevölkerungsexplosion: Allein in den zwei Jahrzehnten vor 1870 wuchs die Luisenstadt auf 180 000 Einwohner.[18]

Abgesehen von den zwei England-Aufenthalten 1852 und 1855–1859, befanden sich Fontanes Berliner Wohnstätten in den folgenden Jahren, vor allem seit seiner Heirat im Oktober 1850, immer häufiger weit südlich, südwestlich und südöstlich des historischen Stadtkerns bzw. der unmittelbar angrenzenden alten Stadterweiterungen.[19] So wohnte Fontane, mittlerweile festangestellter Redakteur der *Neuen Preußischen (Kreuz-)Zeitung*, mit seiner Familie auch ein Jahr lang (1862/63) in einem gerade fertiggestellten Neubau in der Alten Jakobstraße, am westlichen Rand der Luisenstadt.[20]

III

„So um 1863 herum, vielleicht etwas früher oder später, begann Berlin sich den Schlaf aus den Augen zu reiben, begann es, sich zu dehnen und zu strecken, begann es, in seinem Straßenbilde lebendiger, in dem Inneren der neuerbauten Häuser komfortabler zu werden."

(Felix Philippi, 1915)[21]

Bis zum Herbst 1863 war Fontane, der – abgesehen von einigen Unterbrechungen – nunmehr seit dreißig Jahren in Berlin ansässig war, etliche Male umgezogen. Am 1. Oktober 1863 bezog er mit Frau und Kindern eine Fünfzimmerwohnung, in der er so seßhaft werden sollte wie nie zuvor: Immerhin volle neun Jahre blieb die Familie in der Hirschelstraße 14, eine Treppe. Hier wurde 1864 Fontanes jüngster Sohn Friedrich geboren. Das Haus Hirschelstraße 14, an der Ecke zur Dessauer Straße gelegen, *„stand schon seit 1842, es war eines der ersten Häuser, die in dem damals neu entstehenden Geheimratsviertel erbaut worden waren. Als Fontanes dorthin zogen, stand die Stadtmauer noch, obwohl sie bereits keine Funktion mehr ausübte, da die Steuergrenze bereits seit 1861 weiter draußen lag."*[22]

Damit sind mehrere Stichworte gefallen, die Berlins Situation in den 1860er Jahren kennzeichnen: Bevölkerungswachstum und räumliche Expansion über die Grenzen der alten Akzisemauer hinaus bei gleichzeitig beginnender sozialer Segregation. Die Stadterweiterung von 1861 und der Bebauungsplan ("Hobrecht-Plan") von 1862 waren erste Reaktionen darauf. Die Erweiterung des Berliner Stadtgebiets (um fast 70 %) durch Eingemeindung von Moabit, Wedding und Gesundbrunnen sowie der nördlichen Teile der heutigen Bezirke Schöneberg und Tempelhof mußte zu Beginn des Jahres 1861 durch das preußische Innenministerium angeordnet werden, da die Berliner Stadtverordneten sie ablehnten. Der "Hobrecht-Plan" wiederum, seit seiner Verabschiedung mehrfach abgeändert, heftig umstritten und als Auslöser des Berliner Wohnungselends denunziert, entstand im Auftrag des Polizeipräsidiums und des preußischen Handelsministeriums. Zukunftsorientierte Stadtplanung fand in der Stadtverordnetenversammlung jedenfalls nicht unbedingt ihre glühendsten Verfechter; allerdings fehlte dem Gremium dazu auch weitgehend die rechtliche Kompetenz, schon deswegen, weil der Bebauungsplan nicht für das (damalige) Stadtgebiet selbst, sondern *„für die Umgebungen Berlins"* entworfen worden war.

Anlaß zu weitreichenden stadtplanerischen Maßnahmen hätten Stadtparlament und Magistrat genug gehabt. In den drei Friedensjahrzehnten vor 1848 war die Bevölkerung Berlins von knapp 200 000 auf mehr als 400 000 Einwohner gestiegen; die Stadt war nach London, Paris und St. Petersburg zur viertgrößten europäischen Metropole geworden. Der Anstieg war auf den

Sog zurückzuführen, den Berlin ausübte und der wiederum eine Zuwanderung auslöste, die den Geburtenüberschuß bei weitem übertraf. *„Jetzt bekam Berlin die Auswirkungen des Oktober-Ediktes von 1807 zu spüren, das die Trennung von Stadt und Land aufgehoben und durch die Abschaffung der Erbuntertänigkeit die Mobilität der Landbevölkerung vorbereitet hatte."*[23] In den fünfziger Jahren setzte sich der Bevölkerungszuwachs fort, aber noch in mehr oder minder moderatem Rahmen. 1858 lag die Bevölkerungszahl bei 458 637. Nunmehr, gegen Ende des Jahrzehnts, gewann Berlins Ausbau als Industrie-Großstadt größere Beschleunigung, und die Dynamik des Industrialisierungsprozesses wurde zum Motor der Stadtentwicklung. Das Ergebnis waren jährliche Bevölkerungszuwächse von zeitweilig 20 000, 25 000, ja 30 000 Menschen. 1871 betrug die Zahl der Einwohner 825 937, wiederum eine Verdopplung der Bevölkerung, diesmal aber in kaum mehr als zwei Jahrzehnten.

Der Bevölkerungszuwachs betraf indes keineswegs gleichmäßig alle Teile des Stadtgebiets. Während um 1870 allein in der Luisenstadt und im östlich anschließenden Stralauer Viertel, den avanciertesten Gebieten der vorstädtischen Industrialisierung, bereits ein Drittel der Berliner Gesamtbevölkerung lebte, verlief der Prozeß in der alten Innenstadt gänzlich anders. Hier stagnierte die Bevölkerungsentwicklung und wurde seit den sechziger Jahren sogar rückläufig. *„In einem über mehrere Jahrzehnte laufenden Prozeß bildete sich ein City-Bereich, dessen Bevölkerung sich um die Hälfte verminderte (1861: 185 000 gegen 1905: 97 000). Diese Umgestaltung wurde durch die Bedürfnisse der Industrie- und Handelsmetropole erzwungen: Ge-

VIII/75

schäftsräume, Firmenvertretungen und Repräsentationswohnungen verdrängten die alten Ansiedlungsformen und bildeten den Typus eines modernen Stadtkerns aus. Hinzu kamen nach 1866 die Ansprüche der entstehenden ‚Reichshauptstadt' an politischen und administrativen Institutionen."[24] Diese „City-Bildung" wiederum vollzog sich keinesfalls in der gesamten alten Innenstadt. Obwohl 1859 bis 1863 in Alt-Berlin, am Spreeufer schräg gegenüber von Dom und Lustgarten, ein von Friedrich Hitzig entworfenes neues Gebäude für die Berliner Börse errichtet wurde, wuchs das Bankenviertel, ein Kernbestandteil des „Central Business District" nach englischem und amerikanischem Vorbild, bemerkenswerterweise nicht in dieser Umgebung heran. Orientierungspunkt für die Berliner City war vielmehr der Sitz der politischen Entscheidungsträger. Und da – vor allem nach der Reichsgründung 1871 – die Wilhelmstraße und ihre unmittelbare Umgebung am Leipziger Platz und Unter den Linden mit ihren ehemaligen Adelspalais sich zum zentralen Ort der politischen Macht des Reiches entwickelte,[25] wuchsen die einzelnen City-Bestandteile, auf diesen Magneten ausgerichtet, vor allem in der Friedrichstadt heran: Banken- und Versicherungsviertel, Zeitungsviertel, Geschäfts- und Einkaufsviertel, Konfektionsviertel, die großen Hotels, Vergnügungsstätten etc. Damit ging unweigerlich ein Bedeutungsverlust des alten Zentrums am Schloß einher. Nur noch wenige Jahrzehnte behielt die Königstraße ihre führende Stellung als Haupteinkaufsstraße. Der Schwerpunkt des städtischen Lebens verlagerte sich allmählich in südwestlicher Richtung, Leipziger Straße wie auch Spittelmarkt und Dönhoffplatz spielten eine zunehmend größere Rolle. Zur Nord-Süd-Achse der entstehenden City wurde die Friedrichstraße im Bereich zwischen Weidendammer Brücke und Leipziger Straße.

Dem Expansionsdrang der Stadt fielen 1867 schließlich auch Stadtmauer und Stadttore zum Opfer. Nach der Niederlegung der Stadtmauer konnte die Hirschelstraße mit dem Weg, der vormals im Inneren an der Stadtmauer entlanggeführt hatte (der Potsdamer bzw. Anhalter Kommunikation), vereinigt werden. Zur Erinnerung an die entscheidende Schlacht des Krieges von 1866 erhielt sie am 16. Oktober 1867 den Namen *Königgrätzer Straße*, Fontanes Haus die neue Nr. 25.[26] Am 16. Juni 1871 erlebten die Familie Fontane und zahlreiche Freunde hier den Einzug der aus dem Krieg gegen Frankreich siegreich heimkehrenden Truppen. Berlin wurde Reichshauptstadt; auf die Reichsgründung folgten die Gründerjahre mit ihren berühmtberüchtigten Begleiterscheinungen. Neben einer Wohnungsnot in einem bisher selbst für Berliner Verhältnisse nicht gekannten Ausmaß gehörten dazu eine drastische Verteuerung der Mieten sowie eine schier grenzenlose Bau- und Bodenspekulation.[27] Auch das Haus Königgrätzer Straße 25 wurde 1872 verkauft. Die neuen Eigentümer erhöhten die Miete auf das Dreifache und zwangen damit die Familie Fontane, sich nach einer neuen Bleibe umzuschauen. Fontane zog am 3. Oktober 1872 um. Seine neue Adresse lautete: Potsdamer Straße 134 c, drei Treppen links, unweit des Potsdamer Platzes.

IV

„Berlin hat mich im höchsten Grade überrascht. Keine Beschreibung, die ich früher gelesen habe, trifft mehr zu. Berlin ist ganz neu, die neueste Stadt, die mir je vorgekommen ist."

(Mark Twain, um 1880)[28]

Als 1867 die Stadtmauer abgerissen wurde, fielen auch die Stadttore den Bedürfnissen des gewaltig angestiegenen Verkehrs zum Opfer. Einzig das Brandenburger Tor, so heißt es gewöhnlich, blieb erhalten. Tatsächlich blieben auch die Torhäuschen, die den Leipziger Platz nach Westen begrenzten, von der sprichwörtlichen Berliner Abrißwut verschont.[29] So stieß Fontane nur wenige hundert Meter nördlich seines neuen Domizils wieder auf ein Stück von „Schinkels Berlin", denn nach dessen Entwürfen waren 1823 das Potsdamer Tor umgebaut und die Torhäuschen errichtet worden. Damals waren westlich des Tores, außerhalb der Stadtmauer, weder ein Platz noch eine platzartige Erweiterung vorhanden. Schinkel selbst hatte bereits 1814 als Standort des von ihm projektierten Domes als Denkmal für den antinapoleonischen Freiheitskrieg den Platz vor dem Potsdamer Tor mit der Begründung vorgeschlagen, dieser liege fern vom alltäglichen Gewühl und Treiben der Menschen.[30] Gegen Ende des 18. Jahrhunderts waren vor dem Potsdamer Tor die ersten Sommer- und Landhäuser wohlhabender Bürger entstanden, Keime des späteren Tiergartenviertels, sowie einige Gastwirtschaften, beliebte Ausflugslokale für ins Grüne strebende Stadtbewohner. Die Errichtung des Potsdamer Bahnhofs unmittelbar vor dem Potsdamer Tor 1838 beförderte zwar den Aufstieg des Leipziger Platzes und der Leipziger Straße zu großstädtischen Dimensionen, in der Gegend vor dem Tore, vom Beginn der Potsdamer Straße bis zum Landwehrkanal, herrschte jedoch noch jahrzehntelang ländliche Stille. Es war jene Zeit, in der es in dem volkstümlichen Possenliedchen hieß:

„Kommt man vor das Pi-Pa-Potsdamer Thor,
Kommt Berlin mir wie ein Blumengarten vor."

Die Attraktivität der „Unteren Friedrichsvorstadt", wie das sich entwickelnde Gebiet vor dem Potsdamer Tor nunmehr hieß, wurde jedoch, nicht zuletzt durch den Ausbau des alten Schafgrabens zum Landwehrkanal nach Plänen von Peter Joseph Lenné (1845–1850), weiter gesteigert. Villen und „herrschaftliche Miethäuser" mit großen Gartenanlagen bestimmten die städtebauliche Struktur des Tiergartenviertels bis weit in die siebziger Jahre hinein.[31] In der Potsdamer Straße war bis 1835 bereits eine geschlossene Mietshausbebauung entstanden, die jedoch etwa in der Mitte der Straße aufhörte; der südliche Teil behielt bis in die siebziger Jahre seinen ländlichen Vorstadtcharakter.[32]

Als Fontane 1872 in die Potsdamer Straße 134 c zog, begann sich dies zu ändern. Im selben Jahr noch wurde der große Neubau des Potsdamer Bahnhofs vollendet, in dessen Nähe bald mehrere Hotels (*Bellevue, Palast, Fürstenhof*) und Restaurants die Kristalisation eines Fremdenverkehrs- und Vergnügungszentrums signalisierten. 1880 etablierte sich das *Café Josty* am

VIII/73

Potsdamer Platz, der sich bereits in den Jahren vor der Jahrhundertwende zum Verkehrsknoten von überragender städtischer Bedeutung entwickelte. Er übernahm zunehmend die vermittelnde Rolle zwischen der City in der östlich angrenzenden Friedrichstadt und dem Berliner Westen, in den es immer mehr wohlhabende Bürger, aber auch Angehörige der wissenschaftlichen und künstlerischen Berufe zog. Seit 1871 kam es daher auch in den westlichen Vororten Berlins, unterstützt von der verbesserten Verkehrsanbindung an das Stadtzentrum, zu einer Bevölkerungsexplosion. Charlottenburg wurde zwischen 1871 und 1895 zur Großstadt, aber auch Schöneberg, das 1898 Stadtrecht erhielt, konnte die Zahl seiner Bewohner erheblich steigern: von 4555 (1871) auf 62695 (1895).[33] Der sich zur Jahrhundertwende hin verstärkende „Zug nach dem Westen" war mithin nur die Kehrseite des Phänomens City-Bildung.

Die im Zuge dieses Prozesses sich ergebenden sozialen und kulturellen Umschichtungen und Umwertungen waren oftmals von derart dramatischer Natur, daß sich die Literatur des Themas gern annahm. Fontanes überaus erfolgreicher Schriftstellerkollege Paul Lindau hatte mit sicherem Gespür für Themen, die so brisant wie zugleich modisch waren, 1886 nicht nur die (kurzlebige) Zeitschrift *Das neue Berlin* gegründet, in der diese neuerliche Westverschiebung der Stadt in einigen Aufsätzen be-

handelt wurde, im selben Jahr erschien auch sein Roman *Der Zug nach dem Westen*, als erster Band einer Reihe von Berlin-Romanen aus seiner Feder annonciert. Wie beim Zuzug nach Berlin aus den östlichen Provinzen Preußens sei auch innerhalb der Stadt selbst „*derselbe Zug nach dem Westen der charakteristische: von dem arbeitsamen und erwerbenden nach dem genießenden und ausgebenden Berlin, von der Koppenstraße nach dem Tiergarten.*" So wird einer der beiden Hauptfiguren des Romans, einem jungen Komponisten, bei einem Ball „*in dem neuerbauten Hause der Tiergartenstraße*" die Bewegungsrichtung der Stadt erläutert.[34] Nach seiner Heirat mit einer Dame der Gesellschaft aus dem Tiergartenviertel wählt das junge Paar die Lage der ehelichen Wohnung mit Bedacht „*im fernsten Nordwesten des Tiergartens, in der Händelstraße [...] Auf den Gedanken, ihren Wohnsitz nach dem Osten zu verlegen, kamen sie gar nicht. Nur der westliche Teil der Stadt galt ihnen als der Inbegriff von Berlin.*"[35] Fontane nahm Lindaus stark kolportagehaften Roman nicht nur zum Anlaß für einen Verriß, er diente ihm auch als eine Art negativer Folie, um darzulegen, wie der immer noch fehlende Typus des zeitgenössischen Berlin-Romans, der ihm vorschwebte, in Wirklichkeit konzipiert sein müßte.[36] Vom kritischen Rezensenten wurde er darüber zum Produzenten, und die Reihe der von Lindau angekündigten Romane mit Schilderungen des hauptstädtischen Lebens schrieb am Ende – Fontane selbst.

V

„*[...] und ganz plötzlich stand er mitten drin im allermodernsten Berliner Leben [...]*"

(Maximilian Harden, 1889)[37]

Abgesehen davon, daß Fontane mit der Arbeit an *Vor dem Sturm* bereits in den frühen sechziger Jahren begonnen hatte und *Mathilde Möhring* postum publiziert wurde, fällt das Erscheinen des Romanwerks als Ganzes in seine letzten beiden Lebensjahrzehnte. Als solches repräsentiert es im Gesamtschaffen Fontanes das Spätwerk – häufig genug ist darauf hingewiesen worden, wie alt Fontane war, als er als Romancier debütierte –, darüber hinaus ist es aber auch Fontanes künstlerisches und in gewissem Sinne gesellschaftsphilosophisches Vermächtnis, eine Art Lebensbilanz. Elf seiner 17 Romane spielen ganz oder teilweise in Berlin. Kein anderer deutscher Schriftsteller des 19. Jahrhunderts habe so klar erkannt, daß die moderne Metropole als Ort der sozialen Umschichtungen und der Zeitprobleme für den realistischen Roman nicht farbiger Zusatz, sondern Teil der Konzeption sein müsse, urteilt Christian Grawe bei der Einschätzung des Gewichts, den der Handlungsort „Berlin" innerhalb des Romanwerks Fontanes besitzt; dazu gehöre auch „*die völlige Vertrautheit mit der sozialen Charakteristik der städtischen Landschaft, ihrer sozialen Gliederungen, ihrer Kultur und ihres Wachstums.*"[38]

Diese Fähigkeit Fontanes, seine Vertrautheit mit den verschiedenen Aspekten der städtischen Landschaft Berlins und ihren einzelnen, widersprüchlichen und gegensätzlichen Bestandteilen und der daraus entstehenden Dynamik waren es, die den Fontane-Kenner und Publizisten Ernst Heilborn 1909, kaum ein Jahrzehnt nach Fontanes Tod, veranlaßte, eine Rezension der zweiten Serie der *Gesammelten Werke* Fontanes unter die Überschrift *Fontanopolis* zu setzen.[39] *Fontanopolis* – das war mehr als das spezifische Verhältnis Fontanes zu Berlin, ein durchaus ambivalentes, wie wir vor allem aus zahlreichen Briefen des Dichters wissen. *Fontanopolis* – das war auch und vor allem die Umsetzung der erwähnten Vertrautheit Fontanes mit der sozialen und kulturellen Topographie der Stadt im letzten Viertel des 19. Jahrhunderts in die literarische Form des Romans. Anhand einiger Hauptfiguren aus Fontanes Romanen zeigt Heilborn, wie diese ganz bestimmten Teilen der Stadt zugeordnet sind und diese Zuordnung nicht nur sinnvoll, sondern geradezu notwendig ist. Wo sie wohnen, mit wem in welchem Teil der Stadt sie auf welche Weise verkehren, das weist die Figuren bereits fest definierten Gesellschaftsschichten zu und damit gesellschaftlichen Konventionen. Diese fixierten Konventionen beherrschen die persönlichen Wertmaßstäbe in einem Maße, das ein Auseinanderfallen von vorgegebenem Verhaltenskodex und individuellen Wünschen und Sehnsüchten zur existentiellen Krise, ja Katastrophe steigert. *„In welche Wirrniß geraten wir, sowie wir die Straße des Hergebrachten verlassen und abweichen von Regel und Gesetz. Es nutzt uns nichts, daß wir uns selber freisprechen. Die Welt ist doch stärker als wir und besiegt uns schließlich in unserem eigenen Herzen"*, resümiert Melanie van der Straaten.[40] Es ist dies bei Fontane eine Art elementarer Erkenntnis, eine Grundkonstellation, die u. a. in *Irrungen, Wirrungen* und *Effi Briest* weitergeführt und vertieft wird.

Heilborn fächerte in seinem *Fontanopolis*-Aufsatz die Zuordnung einzelner Charaktere zu ihrem Wohnort innerhalb der Stadt auf. Er tat dies, indem er sich nicht an den Verwaltungsgrenzen Berlins von 1861 orientierte, sondern an der städtischen Realität, die Berlin schon längst vor 1900 mit seinen Vororten zu einer faktischen Einheit hatte verschmelzen lassen. (1895 betrug die Einwohnerzahl Berlins mitsamt diesen Vororten über 2,2 Millionen.) Wie im Alltag der Bevölkerung üblich, benutzte er die Abkürzungen der Postzustellbezirke: *„W. S. N. O., – Hieroglyphen, zwischen denen allerlei Kombinationen möglich sind"* und wies auf ihre soziale Zuordnungsfunktion hin; man müsse sie recht zu deuten verstehen, wolle man überhaupt einen Einblick in Berlin gewinnen. Denn: *„Die Bewohner von O. sprechen eine andere Sprache als die von W., suchen andere Vergnügungen, hegen verschiedenartiges, oft feindliches Empfinden."*[41] Die Witwe Pittelkow aus *Stine* etwa „gehörte" nach Berlin N. in die Invalidenstraße, im feinen Tiergartenviertel wäre sie undenkbar gewesen. So resümierte denn auch Heilborn: *„Aus einer Anzahl kleiner Städte setzt sich die Großstadt zusammen. Nur in ihrer einen ist man zu Hause, eine nur hat die Wesensart des Bewohners bestimmt. Die Zeichen N. S. W. O. sind Grenzzeichen und ragen als solche auf. Begibt sich der alte Graf Haldern aus seiner, in der Mauerstraße W. gelegenen Wohnung in das Haus seiner Freundin, der Witwe Pittelkow, nach der Invalidenstraße N., so darf von vornherein mit Fug behauptet werden, daß das Verhältnis zwischen diesen beiden Menschen ein etwas schiefes sein muß. Nicht nur, weil er Graf, sie eine Bürgerliche, er reich, sie arm – erschwerender und trennender als das alles erscheint der Unterschied zwischen W. und N. Schließlich siedelt sich eben ein jeder in einer Großstadt da an, wo er hingehört; wo er bei seinesgleichen wohnt."*[42]

Das Personal und die Handlungsorte der in Berlin spielenden Romane Fontanes auf diese so verstandene topographische Zuordnung hin überprüfend, fällt auf, daß insbesondere in den letzten Romanen das Schwergewicht, vom „alten" Stadtzentrum aus betrachtet, sich immer weiter nach Westen verschiebt. Handlungs- und Wohnorte in der Nähe des Tiergartens - zwischen „Geheimratsviertel", äußerstem Westen und Alsenviertel - häufen sich und geben den Romanen das bestimmende Kolorit. Darin spiegelt sich einerseits die Tatsache, daß Fontane, der ja seit 1872 in der Nähe des Potsdamer Platzes wohnte, seine alltäglichen Erfahrungen, soweit er sie in die Romane einarbeitete, nunmehr vorzugsweise im Berliner Westen machte. Fontanes „Lebensachse", im Sinne seiner Wohnstätten verstanden, hatte diesen Weg vom Kern der Stadt an ihren (süd)westlichen Rand nachvollzogen; sie verlief damit in der gleichen Richtung wie die geschilderte Stadtentwicklung mit ihrer „City-Bildung" und dem „Zug nach dem Westen". Fontanes Romane machen darüber hinaus aber in einprägsamer Weise deutlich, daß sich hier eine Stadt in einem gleichsam unablässigen Ausnahmezustand befand. Was die Romane - nicht in einem streng dokumentarischen Sinne, sondern durch ihre unverwechselbare literarische Färbung - vermitteln, ist die konfliktgeladene Dynamik der Stadt. Berlin wandelte sich nicht nur rasch; das taten andere Städte auch. Es mußte diesen Wandlungsprozeß unter nicht eben günstigen Ausgangsbedingungen antreten: unter gesellschaftlichen und politischen Verhältnissen nämlich, die starr und unflexibel waren und die Geburt der seinerzeit jüngsten Metropole zwar nicht behinderten, wohl aber die Anpassung der Menschen an die neuen Lebensverhältnisse immer wieder aufs neue erschwerten und häufig zur Qual machten. Und hier fließt auch Fontanes Kritik an bestimmten Erscheinungsformen des Berlinertums und an überlebten wilhelminischen Strukturen in seine Romane ein. Das Berlinertum als provinzielle Lebensform im großstädtischen Rahmen, das Ansprüche an Weltkenntnis und Kultur stellt, denen es in seiner Engstirnigkeit selbst nicht gerecht wird, ist Teil der Darstellung Fontanes und prägt einige seiner stärksten Charakterstudien.[43]

Fontanes Romane hielten auf diese Weise ein „neues" Berlin in einem Aggregatzustand fest, als es noch unfertig war und seine Bevölkerung sich in einem Übergangsstadium befand, vor allem jene ständig neu sich bildende Gesellschaft der Einwohner von Berlin W., die dem „Zug nach dem Westen" gefolgt waren, einer Dynamik, die im 20. Jahrhundert noch geraume Zeit anhielt. Schon ein Jahrzehnt nach Fontanes Tod differenzierte sich der Berliner Westen in einen „Alten Westen", dessen Kern das Tiergartenviertel bildete, und einen „Neuen Westen" an der Kaiser-Wilhelm-Gedächtniskirche. Ein großer Teil der Bewohner beider Teile von Berlin W. war jüdisch oder wurde durch die Gesetzgebung des NS-Regimes zu „Juden" erklärt, selbst wenn die Eltern schon zum Christentum übergetreten waren. Zu ihnen zählte auch Ernst Heilborn, der zuletzt in der Keithstraße wohnte, unweit des Roman-Wohnortes von Effi Briest nach ihrem Umzug nach Berlin. Nach der Ablehnung der Ausreise scheiterte ein Fluchtversuch Heilborns und seiner Frau. Ernst Heilborn starb am 16. Mai 1942 im Gefängnis, seine Frau beging vor dem Abtransport in ein Lager Selbstmord.[44] Über die Vorkriegs- und Nachkriegsabrisse, über die Bombenzerstörungen hinaus, die vor allem vom „Alten Westen" nicht viel übrigließen, müssen wir uns auch vergewissern, wenn wir erfahren wollen, was aus „*Fontanopolis*" im 20. Jahrhundert wurde und wie es in unserer Gegenwart ist.

Anmerkungen

1 Zitiert nach: Berlin in alten und neuen Reisebeschreibungen, ausgewählt von Georg Holmsten, Düsseldorf 1989, S. 83

2 Friedrich Nicolai, Beschreibung der Königlichen Residenzstädte Berlin und Potsdam [...], Dritte völlig umgearbeitete Auflage [...], Berlin 1786, S. 183

3 Julius Rodenberg, Bilder aus dem Berliner Leben, Bd. 1 (1883); zitiert nach: Johann Friedrich Geist, Klaus Kürvers, Das Berliner Mietshaus 1862-1945, München 1984, S. 344

4 Germaine de Staël, De l'Allemagne (Erstausgabe 1810), S. 81 f.; zitiert nach: Hermann G. Pundt, Schinkels Berlin, Frankfurt am Main u. a. O. 1981, S. 27

5 Heinrich Heine, Gesammelte Werke, hg. von Wolfgang Harich, 3. Bd., Berlin 1951, S. 12 ff.

6 Ebd., S. 18

7 Leopold Freiherr von Zedlitz, Neuestes Conversations-Handbuch für Berlin und Potsdam zum täglichen Gebrauch der Einheimischen und Fremden aller Stände, Berlin 1834 (Nachdruck Leipzig 1979), S. 1

8 Die örtlichen und zeitlichen Angaben zu Fontanes Wohn-, Ausbildungs- und Arbeitsstätten in Berlin beruhen sämtlich auf der grundlegenden Darstellung von Hans-Werner Klünner, Theodor Fontanes Wohnstätten in Berlin, in: Fontane-Blätter, 1977, Heft 2, S. 107-134

9 Albert Geyer, Geschichte des Schlosses zu Berlin. 2. Bd.: Vom Königsschloß zum Schloß des Kaisers (1698-1918), Berlin 1993, S. 56 f.

10 Leopold Freiherr von Zedlitz, a. a. O., S. 387

11 Theodor Fontane, Von Zwanzig bis Dreißig; NA XV, S. 107

12 Theodor Fontane, Von Zwanzig bis Dreißig; NA XV, S. 110 f.

13 Theodor Fontane, Vor dem Sturm; NA I, S. 268

14 Ausstellungskatalog „Karl Friedrich Schinkel 1781-1841", Staatliche Museen zu Berlin, 1981, S. 108

15 Vgl. Theodor Fontane, Wanderungen durch die Mark Brandenburg, 1: Die Grafschaft Ruppin; GBA, S. 112. - Fontane begann die „Wanderungen" 1859. Der erste Band erschien Ende 1861.

16 Vgl. Theodor Fontane, Aus England und Schottland; zitiert nach: Herbert Roch, Fontane, Berlin und das 19. Jahrhundert, Berlin 1962, S. 126

17 Willibald Alexis, Berlin in seiner neuen Gestaltung (1839); zitiert nach: Ruth Köhler, Wolfgang Richter (Hg.), Berliner Leben 1806-1847. Erinnerungen und Berichte, Berlin 1954, S. 285

18 Wolfgang Ribbe (Hg.), Geschichte Berlins, 2. Bd.: Von der Märzrevolution bis zur Gegenwart, München 1987, S. 661

19 Vgl. Hans-Werner Klünner, a. a. O., S. 115 ff.

20 Vgl. Hans-Werner Klünner, a. a. O., S. 124 f.

21 Felix Philippi, Alt-Berlin. Erinnerungen aus der Jugendzeit, Berlin 1915, S. 101

22 Hans-Werner Klünner, a. a. O., S. 126

23 Ilja Mieck, Von der Reformzeit zur Revolution (1806-1847), in: Wolfgang Ribbe (Hg.), Geschichte Berlins, 1. Bd.: Von der Frühgeschichte bis zur Industrialisierung, München 1987, S. 480 f.

24 Günter Richter, Zwischen Revolution und Reichsgründung (1848-1870), in: Wolfgang Ribbe (Hg.), Geschichte Berlins, 2. Bd.; a. a. O., S. 661

25 Vgl. dazu im einzelnen: Laurenz Demps, Berlin - Wilhelmstraße. Eine Topographie preußisch-deutscher Macht, Berlin 1994

26 Vgl. Hans-Werner Klünner, a. a. O., S. 126. Aus der Königgrätzer Straße wurde 1929 die Stresemannstraße, 1935 die Saarlandstraße, 1946 wieder die Stresemannstraße.

27 Vgl. die Einzelheiten bei Emmy Reich, Der Wohnungsmarkt in Berlin von 1840 bis 1910, München/Leipzig 1912, S. 81 ff. Abgedruckt bei: Geist, Kürvers, a. a. O., S. 349

28 Zitiert nach: Berlin in alten und neuen Reisebeschreibungen, a. a. O., S. 303

29 Beim verheerenden Luftangriff vom 3. Februar 1945 schwer beschädigt, wurden sie in den ersten Nachkriegsjahren bzw. 1957/58 dennoch von ihr eingeholt.

30 Vgl. Paul Ortwin Rave, Berlin, 1. Teil: Bauten für die Kunst, Kirchen, Denkmalpflege (Schinkel-Lebenswerk, I), Berlin 1941, S. 190

31 Vgl. Hartwig Schmidt, Das Tiergartenviertel. Baugeschichte eines Berliner Villenviertels, Teil 1: 1790-1870, Berlin 1981, S. 286

32 Ebd., S. 110

33 Günter Richter, a. a. O., S. 694. Nach 1900 ging der größte Teil des städtischen Zuwachses auf das Konto der Vororte, wiederum ohne daß Magistrat und Stadtverordnetenversammlung dem Rechnung trugen. Erst 1920 kam es zur - reichlich verspäteten - Bildung von „Groß-Berlin".

34 Paul Lindau, Der Zug nach dem Westen. Roman, Berlin/Stuttgart o. J. [1886], S. 74. - Das Tempo der Großstadt des 20. Jahrhunderts drückte die Revue von Emil Schwarz, Bruno Hardt-Walden und Willi Kollo aus, die unter dem Titel *Der Zug nach dem Westen* am 7. August 1926 im Theater des Westens aufgeführt wurde.

35 Ebd., S. 369

36 Theodor Fontane, Literarische Essays und Studien; NA XXI/1, S. 282-289

37 Zitiert nach: Theodor Fontane. Romane und Erzählungen, Bd. 5, Berlin 1969, S. 553

38 Christian Grawe, Führer durch Fontanes Romane. Ein Lexikon der Personen, Schauplätze und Kunstwerke, Stuttgart 1996, S. 42

39 Velhagen & Klasings Monatshefte, 23, 1909, Heft 8, S. 580-585

40 Theodor Fontane, L'Adultera; GBA, S. 144

41 Ernst Heilborn, a. a. O., S. 581

42 Ebd., S. 583

43 Vgl. Christian Grawe, a. a. O., S. 42 f.

44 Vgl. Otto Drude, Fontane und sein Berlin, Frankfurt am Main/Leipzig 1998, S. 155

186 *Thomas Friedrich*

VIII/1

Berlin um 1750
Modell auf der Grundlage des Plans von
Samuel Graf von Schmettau (1748), 1937

Entwurf: W. Winkler, Ausführung: E. Prenzel
Farbgebung: Göhring
Holz; 423 x 543,5
Stadtmuseum Berlin

VIII/2   Eduard Gaertner

Panorama von Berlin, aufgenommen von
der Friedrichwerderschen Kirche, um 1832

Öl auf Lwd., zwei Teile; je 74 x 279
Stadtmuseum Berlin, GEM 79/12-13   (Abb. S. 180)

Im Vordergrund der Werdersche Markt mit der
klassizistischen (Alten) Münze am Bildrand. Die
Silhouette des südlichen Teilstücks wird beherrscht von den beiden Türmen des Französischen und des Deutschen Domes am Gendarmenmarkt, rechts davon Kuppel und Rotunde
der Hedwigskirche, Königliche Bibliothek („Kommode") und Opernhaus am Opernplatz. Das
nördliche Teilstück zeigt Prinzessinnen- und Königliches (Kronprinzen-)Palais sowie die Stra-
ßenfront des gegenüberliegenden Zeughauses,
am Lustgarten das sonnenbeschienene, soeben
fertiggestellte Museum und den (Berliner) Dom.
Zwischen den Türmen der Marienkirche (links)
und der Nikolaikirche (rechts, dahinter der Turm
der Parochialkirche) erstreckt sich, noch ohne
Kuppel, die Westseite des Schlosses, dessen untere Geschosse – ein Hinweis auf das bürgerliche
Berlin – von den Häusern der Schloßfreiheit verdeckt werden. – Das Rundbild stellt Gaertners
ersten Versuch dar, die Form des Panoramas auf
das Format eines Gemäldes zu übertragen. Der
Arbeit an dem (unvollendeten) Gemälde gingen
zahlreiche perspektivische Zeichnungen voraus,
zu deren Anfertigung sich Gaertner der Hilfe einer Camera obscura bediente.

VIII/3   Wilhelm Barth

Blick auf Berlin von den Rollbergen, 1834

Deckfarben auf Karton; 87 x 117
Stadtmuseum Berlin, GHZ 77/20   (Abb. S. 178)

Der Kreuzberg lag Anfang des 19. Jahrhunderts
noch weit vor den Toren der Stadt, deren Silhouette mit den Türmen am Gendarmenmarkt, der
Friedrichwerderschen-, Nikolai- und Sophien-
kirche zu erkennen ist. Rechts im Vordergrund
liegt die Gaststätte *Rollkrug*, an die sich die Ha-
senheide anschließt. Im 1888 erschienenen Roman *Irrungen, Wirrungen* unternimmt Fontanes
Protagonist eine Kutschpartie in diese Gegend,
die nunmehr durch große Alleen mit Berlin verbunden ist. „*Botho, der diese Stelle wohl seit Jahr
und Tag nicht passirt hatte, las alles [...], bis er
nach Passirung der ‚Haide', deren Schatten ihn
ein paar Minuten lang erquickt hatte, jenseits
derselben in den Hauptweg einer sehr belebten
und in ihrer Verlängerung auf Rixdorf zulaufen-
den Vorstadt einbog.*" (GBA, S. 160 f.)

VIII/5

VIII/4   Carl Eduard Biermann

Borsigs Maschinenbau-Anstalt zu Berlin,
1847

Öl auf Lwd.; 110 x 116,5
Stadtmuseum Berlin, Dauerleihgabe des Deutschen
Technikmuseums Berlin   (Abb. S. 181)

August Borsig (1804-1854) legte mit der Eröffnung seiner Maschinenbau-Anstalt und Eisengießerei auf dem Eckgrundstück Chaussee- und
Torstraße, unmittelbar vor dem Oranienburger
Tor am nördlichen Ende der Friedrichstraße, im
Jahre 1837 den Grundstock für eines der erfolg-
reichsten Berliner Großunternehmen des 19. Jahrhunderts. Seit 1841 wurden in den Fabrikanlagen
Lokomotiven gebaut, die erste für die Berlin-
Anhaltische Eisenbahn, insgesamt 187 Stück bis
1847. Der Erfolg des Borsigschen Unternehmens
war daher eng mit dem Aufstieg Berlins zum
Verkehrsknotenpunkt verbunden, einem der
ausschlaggebenden Gründe für den damals ein-
setzenden äußerst dynamischen Industrialisie-
rungsprozeß. – Biermann, vor allem erfolgreich
als Porzellan- und Dekorationsmaler und bekannt
für seine Vorliebe für dramatische Inszenierungen, schuf anläßlich des zehnjährigen Bestehens
des Unternehmens mit dieser ausgeklügelt kom-
ponierten Ansicht der Gesamtanlage, über deren
Hof eine soeben fertiggestellte Lokomotive gezogen wird, eine symbolträchtige Darstellung der
Umwandlung Berlins zur Industriemetropole.

VIII/5   Friedrich Kaiser

Das Tempo der Gründerjahre, um 1865

Öl auf Lwd.; 31,5 x 42
Stadtmuseum Berlin, VII 59/940 X

Allein von 1864 bis 1871 stieg Berlins Bevölkerungszahl von 633 000 auf 826 000, was einer
durchschnittlichen jährlichen Steigerungsrate
von mehr als 27 500 Menschen entspricht. Es war
also jedes Jahr Unterkunft zu schaffen für die Bewohner einer Stadt in der Größenordnung des
damaligen Brandenburgs oder Stralsunds. „*Wir
können nebeneinander fast alle Stufen des Bau-
prozesses beobachten, angefangen bei den Aus-
schachtungsarbeiten, über die Fundierung, die
Aufmauerung der Außenwände, die Anlieferung
der Holzbalken für die Decken bis hin zum ferti-
gen, frisch verputzten Vorderhaus, an dessen
Rückseite noch das Putzergerüst steht.*" (Johann
Friedrich Geist, Klaus Kürvers, Das Berliner Mietshaus
1862-1945, München 1984, S. 236) Kaisers Ereignis-
bild stellt insofern eine Ausnahme dar, als die
Architekturmalerei der Gründerzeitepoche sich
dem neuen Thema „Großstadt" im allgemeinen
verweigerte.

VIII/6   Wilhelm Brücke

Ansicht auf den ehemaligen
berlinischen Rathausturm, 1840

Öl auf Lwd.; 48,5 x 55
Stadtmuseum Berlin, GEM 75/3

Die städtische Entwicklung Berlins und das wachsende Ansehen der Bürgerschaft führte Mitte
des 19. Jahrhunderts zu dem ehrgeizigen Plan,

ein neues Rathaus anstelle des alten, im Kern noch mittelalterlichen Gebäudes zu errichten. Zwischen 1861 und 1869 entstand an dieser Stelle das sogenannte Rote Rathaus, für dessen gewaltige Ausdehnungen die anliegenden Wohnhäuser ebenfalls abgerissen wurden.

VIII/7   Albrecht Meydenbauer

Panorama Berlins vom Turm des neuen Rathauses, 1868

Diaprojektion von 8 Photographien
Staatliche Museen zu Berlin – Preußischer Kulturbesitz, Kunstbibliothek

Albrecht Meydenbauer (1834–1921) entwickelte bereits 1858 die Idee, die noch in den Anfängen stehende Photographie beim Aufmessen von Gebäuden einzusetzen. 1866 publizierte er in Berlin sein Verfahren der photographischen Bauaufnahme, das er Photogrammetrie nannte. 1885 wurde er mit dem Auftrag nach Berlin berufen, die Verwendbarkeit der Photogrammetrie bei der Denkmalpflege zu erproben. Bis 1909 leitete er die vom Unterrichtsministerium gegründete *Königlich-Preußische Meßbildstelle*. Meydenbauers Aufnahmen von 1868 dienten dem Versuch, die Brauchbarkeit der Photogrammetrie bei der Neuvermessung Berlins zu testen. Der Versuch war angesichts der damaligen technischen Voraussetzungen zum Scheitern verurteilt.

VIII/8   Richard Borrmann

Plan der Entwicklungsgeschichte Berlin's auf Grund des Sineck'schen Planes, 1890
Maßstab 1: 10 000

Farblithographie, auf Leinen aufgezogen; 97 x 134
Landesarchiv Berlin, A 315

Borrmann wollte mit dieser Arbeit „*der heranwachsenden Generation die nötige Unterlage zum Verständnis der Entwicklung unserer Vaterstadt*" geben. Zur Illustration dieser Absicht sind das Stadtwappen, die fünf Stadtsiegel sowie zwei Faksimiles des ältesten Grundrisses und der ältesten Ansicht Berlins (jeweils von 1652) auf dem Plan dargestellt. Außerdem ist der Verlauf der mittelalterlichen Stadtbefestigung, der kurfürstlichen Fortifikation und der Akzisemauer farbig wiedergegeben. Die Phasen der Stadtentwicklung Berlins sind im Plan zugunsten einer guten Übersichtlichkeit zum Teil zusammengefaßt und farblich in einer Legende ausgewiesen. Der Plan zeigt durch farbige Flächendarstellung die Stadterweiterungen bis 1650, um 1700, um 1725, um 1750, um 1775, bis 1800, um 1830 und um 1860 auf dem Stadtgrundriß von 1890, so daß auch die Entwicklung Berlins zur Zeit Fontanes nachvollzogen werden kann.

VIII/9   Paul Lindau

Der Zug nach dem Westen

Berlin und Stuttgart: W. Spemann 1886
Sammlung Friedrich, Berlin

„Es fehlt uns noch ein großer Berliner Roman, der die Gesamtheit unseres Lebens schildert [...]. Aufgabe des modernen Romans scheint mir die zu sein, ein Leben, eine Gesellschaft, einen Kreis von Menschen zu schildern, der ein unverzerrtes Widerspiel des Lebens ist, das wir führen. [...] Also noch einmal: darauf kommt es an, daß wir in den Stunden, die wir einem Buche widmen, das Gefühl haben, unser wirkliches Leben fortzusetzen, und daß zwischen dem erlebten und dem erdichteten Leben kein Unterschied ist als der jener Intensität, Klarheit, Übersichtlichkeit und Abrundung und infolge davon jener Gefühlsintensität, die die verklärende Aufgabe der Kunst ist. [...] Dieser Wirklichkeit des Lebens kommt Lindau näher, vielleicht ganz nahe, es fehlt das Outrierte, Haarsträubende, Abstoßende; aber sein Roman hat einen anderen Fehler: er wirkt [...] unmodern, relativ unmodern, trotz eines starken in Modernität arbeitenden Apparates, der uns vorgesetzt wird. [...] Der Roman hat etwas Schemenhaftes, und statt der Menschen ziehen Mannequins in Theatergarderobe oder Maskeradenleute an uns vorüber. [...] Es gibt kaum eine Gestalt in dem Roman, zu der man in eine Herzensbeziehung träte."

Theodor Fontane, Der Zug nach dem Westen, in: Vossische Zeitung, 27.12.1886

VIII/10   Franz Wiese / Otto Günther-Naumburg

*Berlin aus der Vogelschau
Dem VII. Internationalen Geographen-Kongreß die Verlagshandlung
Dietrich Riemer*, Berlin 1899

Farblithographie; 47 x 76,5
Stadtmuseum Berlin, IV 63 / 3412 R

Wieses Plan zeigt fast die ganze Stadt Berlin in ihren bis 1920 geltenden Grenzen. Im Westen reicht der Blick bis zum Zoologischen Garten, im Nordwesten ist Moabit gut zu erkennen, ganz rechts ragt ein Stückchen der Stadt Rixdorf (seit 1912 Neukölln) in das Bild hinein. Lediglich im Osten reicht der Plan nicht bis zur Stadtgrenze, sondern endet am Volkspark Friedrichshain. Durch den Aufnahmepunkt im Süden der Stadt fällt die Wiedergabe des Gebietes südlich der Spree zum unteren Bildrand hin zunehmend detaillierter aus.

VIII/11

Schulkarte von Berlin (Ausschnitt), um 1900
Maßstab 1 : 15 000

Farbdruck; 18 x 18,5
Sammlung Friedrich, Berlin

VIII/12

Reisekamera mit zwei Doppelkassetten, Frankreich (?), um 1900

Holz, Messing, Glas; H. 27, B. 17, T. 8,5
Plattengröße: 13 x 18
Stadtmuseum Berlin, VI 56, 29

Während Hauptanwendungsgebiet der weit größeren und schwereren Atelierkamera die Porträtphotographie war, wurde die leichtere, transportable und zusammenlegbare Reisekamera für Landschaftsaufnahmen, Stadtansichten und andere Außenaufnahmen benutzt. Als Negativmaterial dienten Glasplatten, mindestens im Format 13 x 18 cm. Die 1871 erfundene Trockenplatte überrundete erst seit den 1880er Jahren das umständliche sogenannte nasse Kollodium-Verfahren. Rollfilme gab es seit den 1890er Jahren, doch verdrängten sie nur sehr allmählich die Plattenkamera.

VIII/13

Ausziehbares Stativ mit Handkurbel für eine Reisekamera, Frankreich, um 1900

Holz, Messing, Metall; H. (zusammengeschoben) 72, Dm. der Auflage für den Platten-Photoapparat 20,8
Stadtmuseum Berlin, VI 58, 38 a

VIII/14   Römmler & Jonas

Kaiser-Wilhelm-Straße mit Blick auf die Marienkirche, 1888

Photographie; 9,9 x 14,7
Sammlung Friedrich, Berlin

Nach jahrelangen Vorbereitungen und Verhandlungen zwischen der Stadt Berlin und einer privaten Baugesellschaft wurde vom Lustgarten bis zur Münzstraße im Osten die Kaiser-Wilhelm-Straße (heute: Karl-Liebknecht-Straße) durchgebrochen, deren Randbebauung am 1. Oktober 1887 vollendet war. Die neobarocken Gebäude an der Spree (Ecke Burgstraße) mit ihren pompösen Eckkuppeln und der aufwendigen Bauornamentik wurden nach Entwürfen der Architekten Cremer und Wolffenstein errichtet. Über die gleichzeitig anstelle der Cavalierbrücke, einer Fußgängerbrücke, neuangelegte Kaiser-Wilhelm-Brücke war erstmals ein Zugang für den Straßenverkehr von Unter den Linden in den nördlichen Teil Alt-Berlins um die Marienkirche (Bildmitte) möglich. Dennoch wurde der Hauptzweck, die Entlastung der Königstraße durch einen parallelen Straßenzug im Norden, nicht erreicht, da *„die Kaiser-Wilhelm-Straße ohne Rücksicht auf die historische Entwicklung und verkehrstechnische Bedeutung des Stadtplanes gewissermaßen gewaltsam in diesen eingefügt wurde."*

Otto Schilling, Innere Stadt-Entwicklung, Berlin 1921, S. 219

VIII/16

Im 18. und für weite Teile des 19. Jahrhunderts war die Königstraße die Hauptgeschäftsstraße Berlins, nicht zuletzt, weil hier Rathaus und Hauptpost lagen. Noch der *Berlin-Baedeker* von 1896 nennt sie *„eine Hauptpulsader des Handelsverkehrs"*.

VIII/19   F. Albert Schwartz

Die Marienkirche zu Berlin und der Neue Markt vor seinem Umbau, 1892

Photographie; 40,1 x 32,8
Stadtmuseum Berlin

Marienkirche und Neuer Markt entstanden bei der Stadterweiterung Alt-Berlins um die Mitte des 13. Jahrhunderts. Bis zur Eröffnung der nahegelegenen Central-Markthalle im Jahre 1886 diente der Platz dem täglichen Marktverkehr. Im Zuge der wilhelminischen Variante des „Freilegungswahns" wurden 1884 und 1894 auch die alten Häuser abgerissen, die den Marienkirchhof im Norden bzw. Westen vom Neuen Markt abgrenzten.

VIII/20   Georg Bartels

Die Marienkirche und das Luther-Denkmal, 1895

Photographie; 35,9 x 29,9
Stadtmuseum Berlin, XI 6639

An die Stelle der abgerissenen alten Häuser an der Marienkirche traten zur Einweihung des Luther-Denkmals am 11. Juni 1895 Grünanlagen.

VIII/21   Leopold Ahrendts

Burgstraße 25, Itzigsches Haus, 1858

Photographie; 31,9 x 37,4
Stadtmuseum Berlin, IV 65/254 V b

Das Palais Itzig, 1762 von dem Bankier Daniel Itzig erworben und umgebaut, mußte dem 1859 begonnenen und 1863 eingeweihten Neubau der Börse weichen.

VIII/15   F. Albert Schwartz

Kaiser-Wilhelm-Straße, um 1894

Photographie; 63,5 x 48,2
Stadtmuseum Berlin, XI 2257

VIII/16   Leopold Ahrendts

Das Rathhaus, Königstraßenseite, 1856

Photographie; 32,7 x 24,4
Stadtmuseum Berlin, 9997

Die Aufnahme, eines der frühesten Zeugnisse der Berliner Stadt- und Architekturphotographie, zeigt den ältesten Teil des Berlinischen Rathauses (um 1270 entstanden) entlang der Königstraße bis zur Gerichtslaube an der Ecke zur Spandauer Straße.

VIII/17   Leopold Ahrendts

*Das Alte Rathhaus,
Spandauer Straße 54–55*, um 1858

Photographie; 31,8 x 24,1
Stadtmuseum Berlin, IV 65/1155 V

An der Spandauer Straße befand sich hinter der Gerichtslaube der 1692–1695 nach Plänen von Johann Arnold Nering errichtete Erweiterungsbau des Rathauses. Er wurde 1866 zusammen mit dem alten Bauteil an der Königstraße zugunsten des 1861 begonnenen Neubaus abgerissen.

VIII/18   Unbekannter Photograph

*König-Straße Nr. 7–19, östliche Seite
von der Post bis zur Jüdenstraße*, 1896

Photographie; 29,9 x 35,4
Stadtmuseum Berlin, IV 65/1229 V

VIII/22   Julius Jacob

Blick vom Mühlendamm auf die Lange Brücke und das Schloß, 1875

Öl auf Lwd.; 57 x 87
Stadtmuseum Berlin, GEM 78/5

Das im 15. Jahrhundert zwischen Berlin und Cölln auf einer Halbinsel begründete Schloß war im Laufe der Zeit erheblich erweitert worden. Bis 1885 erfolgte der Zugang von Osten nur über die Lange Brücke mit dem von Andreas Schlüter geschaffenen Reiterstandbild des Großen Kurfürsten. Trotz dieses repräsentativen und dynastisch pointierten Zugangs zeigt Julius Jacob, daß sich unmittelbar an das Schloß schlichte Wohn- und Bürgerhäuser anschlossen.

VIII/23

VIII/23 **Julius Jacob**

Blick in den Krögelhof, 1883

Wasser- und Deckfarben; 47,7 x 33,5
Stadtmuseum Berlin, GHZ 73/32

Eines der ältesten und ärmlichsten Gebiete der
Reichshauptstadt war der am nördlichen Spreeufer gelegene Krögel, in dem sich überwiegend
Handwerkerfamilien angesiedelt hatten. Die ver-
winkelte Anlage galt als typisches Abbild Alt-
Berlins. Tatsächlich aber waren die Wohn- und
Sanitärverhältnisse wenig anziehend, zudem
planten Bodenspekulanten Ende des 19. Jahrhunderts den Abriß des Viertels, so daß die Häuser noch mehr verkamen. Doch erst 1934 erfolgten der Abbruch und die Neubebauung.

VIII/24 **Julius Jacob**

Alt-Berlin, 1886

Öl auf Lwd.; 128,5 x 89,5
Stadtmuseum Berlin, GEM 71/5

Auf der Höhe des heutigen Märkischen Museums
stehend, zeigt Jacob den Blick vom Märkischen
Ufer auf die gegenüberliegende Seite der Spree.
Dort hatten sich in einem der ältesten Stadtvier-
tel Berlins zwischen Mühlendamm und Spandauer Straße kleinere Industrie- und Handwerks-
betriebe angesiedelt, da der Fluß eine ideale
Transportmöglichkeit bot. Die Eisenwarenhandlung von Jacob Frédéric Louis Ravené, deren
Firmenschild gut lesbar an einem Haus in der
Bildmitte angebracht ist, hatte hier ihre Zentrale.

VIII/25 **Georg Bartels**

Das neue Wehr im Bau, Januar 1890

Photographie; 23,4 x 51
Stadtmuseum Berlin, 3810

„Im Herzen des alten Berlin überquert die Mühlendammbrücke die Spree an derselben Stelle, wo
jahrhundertelang der Mühlendamm die Städte
Berlin und Cölln miteinander verband. [...] In
den Jahren 1889 bis 1893 wurden hier im Rahmen
der ,Kanalisierung der Unterspree' zur Verbesserung der Vorflut- und Schiffahrtsverhältnisse
umfangreiche und kostspielige Um- und Neubauten vorgenommen, die das Aussehen Alt-Berlins
gründlich veränderten und zum Teil bis heute bestimmen. Das Kernstück jener Arbeiten war die
Beseitigung des die Schiffahrt versperrenden
Dammes und der Bau einer Schleuse an seiner
Stelle." (Hans-Werner Klünner, Berlin-Archiv, Braunschweig o. J., Bl. 05011) Fontanes Erinnerung trog
ihn also, als er (in Von Zwanzig bis Dreißig) im
Jahre 1834 beim Blick aus dem Fenster des Hauses Burgstraße 18 gegenüber dem Stadtschloß
spreeaufwärts „das Schleusenwerk des Mühlen-
damms" erblickt zu haben meinte.

VIII/26 **Unbekannter Photograph**

Die südöstliche Ecke des Stadtschlosses,
von der Spree aus gesehen, 1870

Photographie (Reproduktion)
Landesarchiv Berlin, F Rep. 290

In Fontanes Erinnerungen an die Zeit 1834/35,
als er bei seinem Onkel August in der Burgstr.18
am Spreeufer wohnte, erwähnt er auch das gegenüberliegende Schloß „mit seinem ,Grünen
Hut' und seinen hier noch vorhandenen gotischen Giebeln". In der Tat stellte der Spreeflügel
den ältesten Teil des Schlosses dar mit dem
Kapellenturm, dem sogenannten „Grünen Hut",
dem Herzogin-Haus vom Ende des 16. Jahrhunderts (mit insgesamt drei Giebeln), der Kur-
fürstengalerie und dem Kurfürstenflügel, beide
vom Ende des 17. Jahrhunderts.

VIII/27 **F. Albert Schwartz**

Die Häuser Große Hamburger Straße 9–36,
1887

Photographie; 21 x 26,5
Staatsbibliothek zu Berlin – Preußischer Kulturbesitz,
Y 44252/127

Links neben dem Haus Nr. 29, dem Gasthof Zum
Hamburger Wappen, befand sich das 1834/35
erbaute Doppelhaus Nr. 30/30 a. Hier wohnte
Fontane 1835/36 bei seinem Onkel August.

VIII/28 **F. Albert Schwartz**

Bellevuestraße mit Wrangelbrunnen,
um 1888

Photographie (Reproduktion)
Landesarchiv Berlin, 61/2110

VII/29

Photographie; 28,7 x 35,8
Stadtmuseum Berlin, IV 83/322 V

VIII/33   **Georg Bartels**

*Kurfürstenbrücke, Burgstraße und
Abbruchstelle vor dem Marstall*, 1896

Photographie; 29,7 x 35,9
Stadtmuseum Berlin, IV 65/228 V

Die Lange Brücke in der Form vom Ende des 17.
Jahrhunderts, auf der 1703 das berühmte Reiterstandbild des Großen Kurfürsten von Andreas
Schlüter aufgestellt worden war, wich 1894–1896
einem verbreiterten Neubau, der Kurfürstenbrücke. Von 1897 bis 1900 folgte der Bau des
neuen Marstallgebäudes nach Entwürfen von
Ernst von Ihne. Die südöstliche Umgebung des
Schlosses wurde damit ebenso umfassend „wil-
helminisch" modernisiert wie die nordöstliche
mit der neuen Kaiser-Wilhelm-Brücke.

VIII/34   **Hermann Rückwardt**

Das Königliche Schloß, Wasserseite,
um 1884

Photographie; 35,6 x 48,3
Stadtmuseum Berlin, 2566

Die im Bild linke Hälfte des Schloßkomplexes
enthält die ältesten Bauteile, die von Schlüter
und seinen Nachfolgern nicht barock überformt
wurden. Die rechte Hälfte umfaßt die sogenannte Hofapotheke, 1585 erbaut (mit den drei
Giebeln), davor – direkt am Spreeufer – ein unter
Friedrich dem Großen umgebautes, schon 1690
nachweisbares Haus zur Unterbringung von Hof-
chargen und ihrer Dienerschaft. Die pittoreske
Schloßarchitektur an der Wasserseite prägte also
das Bild Berlins über mehrere Jahrhunderte.

VIII/29   **Georg Bartels**

Der Schloß-Platz, 1894

Photographie; 30 x 36,4
Stadtmuseum Berlin, XI 6228

Der Hauptstrom des Verkehrs, der durch die Königstraße ging, knickte nach dem Rathaus, dessen Turm Alt-Berlin beherrschte, nach Süden in
die Spandauer Straße ab. Der Schloßplatz vermittelte den Verkehr zwischen Alt-Berlin und
Alt-Cölln zum westlich anschließenden Stadtteil
Friedrichswerder aber kaum noch, da sich der
Straßenzug im weiteren Verlauf – wie so häufig
in Berlin – „totlief". Zum Zeitpunkt der Aufnahme war der Potsdamer Platz innerstädtisch
bereits von wesentlich größerer Bedeutung.

VIII/31   **F. Albert Schwartz**

*Blick von der Kurfürstenbrücke
in die Königstraße*, 1889

Photographie (Reproduktion)
Landesarchiv Berlin, F Rep. 290

Die Häuser auf der linken (nördlichen) Straßen-
seite reichten teilweise bis ins 17. Jahrhundert
zurück; sie zeigen den durchaus noch vormoder-
nen Zuschnitt der Königstraße. Das Gebäude
rechts, die Alte Post, von Andreas Schlüter entworfen, mußte 1889 einem Geschäftshaus-Neu-
bau weichen.

VIII/30   **Unbekannter Photograph**

Abriß der Schloßapotheke, 1885

Photographie; 34,9 x 36,4
Stadtmuseum Berlin, 15448

Als ab 1884 die Kaiser-Wilhelm-Straße angelegt
wurde, mußte, um der neuen Straße mit dem Bau
der Kaiser-Wilhelm-Brücke einen Anschluß nach
Westen, also zum Lustgarten, zu ermöglichen
und dadurch einen durchgängigen Straßenzug
vom Scheunenviertel bis zum Brandenburger Tor
zu schaffen, der Apothekenflügel des Schlosses
um ein gutes Drittel verkürzt werden. Abriß und
Straßenneubau zerstörten die städtebauliche Einheit von Schloß und Lustgarten.

VIII/34

VIII/37

VIII/36 **Unbekannter Photograph**

Königliches Schloß, Gesamtansicht von Nordosten, 1894

Photographie; 42,8 x 42,8
Stadtmuseum Berlin, 22459

VIII/37 **F. Albert Schwartz**

Die Schloßfreiheit, von der Schloßbrücke aus gesehen, 1890

Photographie; 29,9 x 35,8
Stadtmuseum Berlin, IV 68/1263 V

VIII/38 **F. Albert Schwartz**

Die Schloßfreiheit, vom Lustgarten aus gesehen, vor 1892

Photographie (Reproduktion)
Landesarchiv Berlin, F Rep. 290

VIII/39 **Hermann Rückwardt**

Die für den Neubau des National-Denkmals für Kaiser Wilhelm I. abgeräumte Schloßfreiheit, um 1894

Photographie (Reproduktion)
Technische Universität Berlin, Plankammer

VIII/35 **F. Albert Schwartz**

Blick vom Französischen Dom nach Osten, 1865

Photographie (Reproduktion)
Landesarchiv Berlin, F Rep. 290

Die Silhouette der Stadt wurde traditionell von den Kirchtürmen bestimmt: links außen der Turm der Marienkirche, am rechten Bildrand die (noch eintürmige) Nikolaikirche. Die Schloß-

kuppel hat erst König Friedrich Wilhelm IV. 1843–1852 durch Friedrich August Stüler bauen lassen. Die Aufnahme zeigt die dominante Rolle der Schloßkuppel für die Stadtsilhouette, gleichzeitig aber auch, wie der unmittelbar rechts daneben noch im Bau befindliche Turm des Rathauses als Metapher der aufstrebenden Macht des Bürgertums das Symbol höfischer Herrschaft bedrängt und bald überragen wird.

„Die Väter der Stadt waren heute bei mir, um meine Zustimmung zu erlangen zur Niederlegung einer Häusergruppe längs dem Spreekanal gegenüber dem Kgl. Schloß; dasselbe solle dadurch an Ansehen gewinnen und besser zur Geltung kommen. Schon mein Bruder hat die Ausführung dieses Projektes verweigert. Nun taucht diese Sache von neuem auf, zum dritten Male, und noch dazu, um meine Goldene Hochzeit zu feiern. Selbstverständlich habe ich auch diesmal meine Zustimmung nicht gegeben", erklärte Kaiser Wilhelm I. 1879 gegenüber Paula von Bülow. (Paula von Bülow, Aus verklungenen Zeiten. Lebenserinnerungen 1833–1920, Leipzig 1924, S. 124 f.) Die zehn Häuser an der Schloßfreiheit vor der Westseite des Schlosses, von denen die Rede war, gingen auf eine Ansiedlung aus der Zeit des Großen Kurfürsten zurück, die von bürgerlichen Lasten und Abgaben frei war. Noch Schinkel hatte bei seinen Umgestaltungsplänen die Verschönerung der Häuserrückfronten vorgesehen, jedoch keinen Abriß. In der zweiten Hälfte des 19. Jahrhunderts verstärkte sich die Position derer, die nach dem Vorbild von Notre Dame in Paris für die *„Freilegung"* des Schlosses plädierten.

VIII/40 **Hugo Rudolphy**

Die Fundamentierungsarbeiten zum Kaiser-Wilhelm-Denkmal an der Schloßfreiheit, Sommer 1895

Photographie; 29,4 x 34,9
Stadtmuseum Berlin, XI 6625

VIII/40

1892–1894 wurden alle Häuser an der Schloßfreiheit abgerissen. Die Abrißbefürworter bezeichneten sie als „unansehnlich"; das Schloß müsse von den Linden aus besser zur Geltung kommen. Noch 1855 indes hatte Eduard Gaertner die „unansehnliche" Rückfront der Häuser an der Schloßfreiheit in das Zentrum einer seiner wichtigsten Berlin-Ansichten gerückt. Nun mußten die Bürgerhäuser dem Nationaldenkmal für Kaiser Wilhelm I. weichen, einer riesigen Anlage ausgerechnet für denjenigen, der sich mehrfach geweigert hatte, die Häuserzeile niederlegen zu lassen.

VIII/41   Johannes O. Peters

Die Einweihung des National-Denkmals für Kaiser Wilhelm I. am 22. März 1897, 1897

Photographie; 15 x 20,9
Sammlung Friedrich, Berlin

VIII/41

VIII/42   Waldemar Titzenthaler

Das National-Denkmal auf der Schloßfreiheit, 1897

Photographie (Reproduktion)
Landesbildstelle Berlin, II 5804

Das von Reinhold Begas entworfene Denkmal verkörperte in den Augen seiner zahlreichen Kritiker aufs deutlichste Renommiersucht und Imponiergehabe des wilhelminischen Systems. Im Volksmund hieß es schlicht *„Wilhelm in der Löwengrube".*

VIII/43   Johann Heinrich Hintze

Das königliche Museum in Berlin, von der Schloßfreiheit aus gesehen, um 1832

Öl auf Lwd.; 30,9 x 47
Stadtmuseum Berlin, GEM 86/15

Als erstes öffentliches Museum in Preußen wurde 1825–1830 das Museum (heute: Altes Museum) am Lustgarten nach Entwürfen Karl Friedrich Schinkels ausgeführt. Als Fontane 1833 nach Berlin kam, galt die Platzgestaltung des Lustgartens mit dem Museumsneubau auf der einen und dem Berliner Schloß auf der anderen Seite als eine der schönsten der Stadt.

VIII/44   Römmler & Jonas

Der Lustgarten, 1891

Photographie; 9,9 x 14,7
Sammlung Friedrich, Berlin

Die Aufnahme zeigt den wichtigsten Teil von „Schinkels Berlin" kurz vor der Zerstörung des Stadtraums: im Vordergrund die nach Schinkels Plänen entstandene Schloßbrücke, dahinter Lustgarten und Museum, von Schinkel entworfen, und der von Schinkel umgebaute Dom. Durch Kaiser-Wilhelm-Brücke und -Straße (am rechten Bildrand) ist das Schloß bereits vom Lustgarten separiert, mit dem Abriß des Domes und dem riesigen Neubau an seiner Stelle seit

1894 werden die stadträumlichen proportionalen Bezüge aufgelöst.

VIII/45   Hugo Rudolphy

Der Dom mit dem Baugerüst, 1892

Photographie; 29,6 x 35,8
Stadtmuseum Berlin, 13329

VIII/46   Julius Jacob

Abbruch des alten Berliner Doms, 1893

Aquarell über Bleistift, Deckfarben; 32,7 x 46,4
Stadtmuseum Berlin, VII 61/715 W

VIII/47   F. Albert Schwartz

Die Sprengung des alten Doms, 1893

Photographie; 24,3 x 32,9
Stadtmuseum Berlin, XI 5/68

Während der neue Dom, dessen Grundstein 1894 gelegt und der 1905 eingeweiht wurde, dem *Berlin-Baedeker* (bereits in der Ausgabe 1902) zufolge *„mit seiner Baumasse nicht nur den Lustgarten und seine Umgebung"* beherrschte, sondern *„durch seine hohe Kuppel auch den Charakter des ganzen Stadtbildes von Berlin"* bestimmte, habe sich der Vorgängerbau durch seine *„Dürftigkeit"* ausgezeichnet. So wurde er gesprengt und eben durch den Monumentalbau ersetzt.

VIII/46

VIII/48

Das (aus mehreren Einzelteilen zusammengesetzte) Panorama präsentiert das Zentrum der Kaiserstadt um das Schloß nach den einschneidenden Veränderungen der achtziger und neunziger Jahre, sozusagen im Geist des Wilhelminismus, als monumentalisierten Stadtraum. Der Blick auf das Schloß wird nicht mehr verdeckt durch *„unansehnliche"* Bürgerhäuser, und der Dom kann in der Tat nicht mehr *„dürftig"* genannt werden. Einer seiner schärfsten Kritiker, der Kunstkritiker Karl Scheffler, nannte ihn *„Reichsrenommierkirche"*. Der neue Dombau präsentiere sich der dumpf staunenden Menge *„als eine riesenhafte Staatsreklame für einen Gedanken der Staatsdisziplin und dynastischen Machtentfaltung"* (zitiert nach dem Abdruck in: Kunst und Künstler. Aus 32 Jahrgängen einer deutschen Kunstzeitschrift. Unter Mitarbeit von Ursula Feist hg. von Günter Feist, Berlin 1971, S. 76) – eine Stein gewordene Verwirklichung der schlimmsten Befürchtungen Fontanes über die Entwicklung der Hohenzollernmonarchie.

VIII/52 Römmler & Jonas

Kreuzung Unter den Linden und Friedrichstraße (Café Bauer), 1891

Photographie; 9,9 x 14,7
Sammlung Friedrich, Berlin

„Wenn man Tabaksqualm und Lärm, Wandgemälde, vergoldete Plafonds, Spiegelscheiben, Kristallkronen, Glühlicht, Springbrunnen, Palmengruppen und Hunderte von Menschen haben will, so braucht man sich nur wenige Schritte weiter [vom Café Kranzler] *in das Café Bauer zu bemühen"*, mokierte sich Julius Rodenberg 1888 über die *„bürgerliche"* Konkurrenz zu dem von den Militärs bevorzugten Café Kranzler.

Julius Rodenberg, Unter den Linden. Bilder aus dem Berliner Leben, Berlin 1888, S. 146

VIII/48 Albert Schwendy

Blick über den Mühlengraben auf die Schloßkuppel, 1849

Öl auf Lwd.; 63,4 x 53,2
Stadtmuseum Berlin, GEM 87/2

Die dem Mühlengraben zugewandte Seite des Schlosses hatte 1845 durch den Aufbau einer Kuppel nach Entwurf von Friedrich August Stüler einen neuen Akzent erhalten, während im Vordergrund, deutlich zu erkennen, die Häuser – in denen überwiegend Fischer wohnten – unverändert blieben.

VIII/49 Carl Graeb

Die Spree an der Burgstraße und die Neue Friedrichsbrücke, um 1850

Aquarell, Deckfarben; 25,3 x 34,1
Stadtmuseum Berlin, GHZ 83/53

Im städtischen Bereich war das Spreeufer seit dem 18. Jahrhundert mit Bürgerhäusern und Palais bebaut worden, wie u. a. dem rechts am Bildrand zu erkennenden Palais Itzig. In den fünfziger Jahren des 19. Jahrhunderts wurde das Palais abgerissen und an seiner Stelle nach Entwurf von Friedrich Hitzig die neue Börse errichtet.

VIII/50 Unbekannter Photograph

Schloß-Brücke und Werdersche Mühlen, um 1860

Photographie; 24,1 x 31,7
Stadtmuseum Berlin, XI 2145

Ein Menschenalter vor den zahlreichen Um- und Neubauten in dieser Gegend bietet der Flußlauf in diesem Abschnitt, obwohl inmitten der Stadt gelegen, noch ein recht pittoreskes Aussehen.

VIII/51 Waldemar Titzenthaler

Panorama vom Dach der Kommandantur, Unter den Linden / Ecke Schinkelplatz, 1903

Photographie (Reproduktion)
Landesbildstelle Berlin, II 6413, 6414, 6416, 6420

VIII/53 Unbekannter Photograph

Warenhaus Wertheim in der Leipziger Straße

Photographie (Reproduktion); 22 x 14,6
Aus: Berliner Architekturwelt, 1, 1898/99, Heft 1
Sammlung Friedrich, Berlin

Am 2. Juni 1898, wenige Monate vor seinem Tod, konstatierte Fontane in einem Brief an Georg Friedlaender, sein Berliner Leben spiele sich um Wrangelbrunnen und Luiseninsel herum ab, also auf Spaziergängen durch den Tiergarten, in dessen unmittelbarer Nähe er seit 1872 wohnte. *„Das Lokal von Werthheim oder Werthheimer habe ich noch immer nicht gesehn, trotzdem es nur hundert Schritt vom Leipziger Platz liegt"* (HA 4, S. 723). Gemeint war das Warenhaus Wertheim, dessen erster Bauabschnitt 1896/97 in der Leipziger Straße 132/133 errichtet worden war. Architekt des damals weithin aufsehenerregenden Gebäudes, mit dem in Berlin architektonisch die Epoche der Moderne eingeläutet wurde, war Alfred Messel. In zwei weiteren Bauabschnitten wurde der Komplex in den folgenden Jahren bis

an den Leipziger Platz herangeführt und 1912
sowie 1927 nochmals erweitert.

VIII/54 Unbekannter Photograph

*Kauf- und Wohnhaus Henckels,
Leipziger Straße 117–118*, o. J.

Lichtdruck; 32,8 x 24
Stadtmuseum Berlin, IV 67/202 V

VIII/55 F. Albert Schwartz

Die Häuser Leipziger Straße 84 bis 88, 1888

Photographie (Reproduktion)
Landesarchiv Berlin, F Rep. 290

Gegen Ende des 19. Jahrhunderts wurde die Königstraße als führende Einkaufstraße allmählich
von der Leipziger Straße abgelöst. Über sie heißt
es schon im *Berlin-Baedeker* von 1896: *„Die
Leipziger Straße ist an monumentalen Neubauten noch reicher als die Friedrichstraße. Im Stil
herrscht die deutsche Renaissance vor; das Material ist durchgehend kostbar; zum Teil sind auch
die Innenräume künstlerisch durchgeführt.“*

VIII/56 Unbekannter Künstler

Ansicht des Leipziger Platzes in der
Vorweihnachtszeit, um 1885

Pinsel und Feder in Grau, Bleistift, aquarelliert; 35,6 x 54,8
Stadtmuseum Berlin, GHZ 69/8

Der Leipziger Platz, Ein- und Auslaß, Dreh-
scheibe zwischen altem und neuem Berlin, hatte
sich nach seiner Umgestaltung durch Karl Friedrich Schinkel zu einem zentralen Geschäftsort
entwickelt. Elegante Boutiquen und Cafés luden
zum Verweilen und Flanieren ein.

VIII/57 F. Albert Schwartz

*Blick aus dem Schwartzschen Atelier
auf den Leipziger Platz*, 1892

Photographie (Reproduktion)
Landesarchiv Berlin, F Rep. 290

Anlaß für die vorliegende Aufnahme war ein be-
vorstehender Abriß: Das Eckhaus Königgrätzer
Straße 130 (links) wurde 1892 zugunsten des vornehmen *Palast-Hotels* abgebrochen. Damit etablierte sich der Potsdamer Platz endgültig als
Zentrum des Fremdenverkehrs.

VIII/58 E. Schönlein

Ansicht des Landhauses Meyer
in der Tiergartenstraße 19, um 1845

Aquarell; 22,4 x 31,2
Stadtmuseum Berlin, GHZ 68/24

Das unmittelbar an das Brandenburger Tor an-
grenzende und entlang des Landwehrkanals gelegene Tiergartengebiet entwickelte sich bereits
seit den dreißiger Jahren zu einem beliebten
Viertel, in dem sich die noch im alten Stadtkern

VIII/49

wohnenden wohlhabenden Bürger ihre Sommer-
Landhäuser errichten ließen. Im Gegensatz zu
den zumeist eng aneinanderstehenden Stadt-
häusern umgaben die Landhäuser großzügige
Gärten und Parks, die während der Sommermo-
nate zu zahlreichen Festlichkeiten einluden.

VIII/59 Reinhold Strieker

Das Haus Potsdamer Straße 90, 1893

Photographie; 24 x 29,9
Stadtmuseum Berlin, XI 6219

VIII/60 Georg Bartels

Potsdamer Straße 19, 1903

Photographie; 29,6 x 36
Stadtmuseum Berlin, XI 11810

*„Während in den neuangelegten Straßen des
Tiergartenviertels, besonders in den 50er und
60er Jahren, ganze Straßenzeilen neu entstanden, blieb die Potsdamer Straße bis zum Ende
der 60er Jahre in einem Zustand vorstädtischer
Idylle. Die geschlossene dreigeschossige Mietshausbebauung hörte etwa in der Mitte der Straße
auf.“* (Hartwig Schmidt, Das Tiergartenviertel. Baugeschichte eines Berliner Villenviertels, Teil 1: 1790–1870,
Berlin 1981, S. 250) – Die zweigeschossige Villa auf
dem Grundstück Nr. 19 war 1825 errichtet worden. 1885 wurde sie umgebaut und zum Nach-
bargrundstück erweitert, 1921 für einen Neubau
abgebrochen. Diesem Schicksal entgingen zweigeschossige Bauten, die rechtzeitig aufgestockt
worden waren, wie etwa das Haus Nr. 12, das seit
1871 *Frederichs Weinstube* beherbergte, in der

Menzel und Fontane zu verkehren pflegten;
1875 wurde es auf drei, 1884 auf vier Geschosse
aufgestockt.

VIII/53

VIII/61

VIII/61 F. Albert Schwartz

*Der Potsdamer Platz mit der Ringschen
Apotheke*, 1871

Photographie; 32,7 x 40,6
Stadtmuseum Berlin, IV 68 / 164 V

Die Ringsche Apotheke war bis zu ihrem Abriß
im Jahre 1879 das Symbol für alles Veraltete, das
im Zuge der Weltstadt-Karriere des Potsdamer
Platzes verschwinden mußte. Felix Philippi
meinte, mit den Häusern, die den Platz umschlossen, sei auch kein Staat zu machen gewesen; insbesondere das ganz possierliche Haus,
das die Ringsche Apotheke beherbergte, nannte
er ein architektonisches Monstrum.
Felix Philippi, Alt-Berlin. Erinnerungen aus der Jugendzeit, Berlin 1915, S. 93

VIII/62 Georg Schucht

*Ausschmückung des Potsdamer Platzes
am Tage des Einzugs, 16. Juni 1871*, 1871

Photographie; 28,6 x 31,6
Stadtmuseum Berlin, 12485

Die Ausschmückung hatte Richard Lucae (1829
bis 1877) entworfen, ein *Tunnel*-Freund Fontanes und erfolgreicher Architekt. Der Potsdamer
Platz zeigte beim Einzug der siegreichen Truppen *„eine ‚grandiose, monumentale, plastisch architektonische Gruppe hoch aufragend zwischen
und vor den Schinkelschen Torhäuschen, dem
größten bis zum Fall von Metz erreichten Resultat der ersten Kriegshälfte geltend'. Auf einem
mit zwei Kränzen von eroberten Geschützen in
zwei Terrassen aufsteigenden Hügel erhob sich
ein schlanker, reich mit Adlern, Fahnen und
Laubgewinden geschmückter Sockel mit der Inschrift Sedan. Als Bekrönung des Ganzen stand*

*auf ihm eine Viktoria von Moritz Schulz. Bis zu
ihren Flügelspitzen betrug die Gesamthöhe des
Aufbaus 60 Fuß (18,85 m). Vor dem Kanonenhü-
gel standen 9 Riesengeschütze. [...] Schöpfer der
kolossalen Figuren war Reinhold Begas.“*
Heinz Weidner, Berlin im Festschmuck. Vom 15. Jahrhundert bis zur Gegenwart, Berlin 1940, S. 93 f.

VIII/63 Hermann Rückwardt

Der Potsdamer Platz, 1889

Photographie; 26,6 x 33,9
Stadtmuseum Berlin, IV 68 / 165 V a

*„Und ein steinernes Jung-Berlin umgiebt uns hier
auf diesem Platze. Neue Palastbauten auf allen
Seiten, monumentale Hotels und Wohnhäuser,
teilweise aus kostbarem Sandstein errichtet und
mit künstlerischen Bildhauerarbeiten geschmückt,
und das Gleiche ist bei den hier einmündenden
Straßenzügen der Fall. Welch' stolzer Blick die
Leipziger, die Potsdamerstraße hinunter! Hier
tritt Jung-Berlin mit voller Wucht in die Erscheinung, hier zeigt es sich von seiner glänzendsten
Seite, hier ruft es uns zu: seht es euch an, das
neue, das prächtige Berlin, das Berlin der letzten
Jahrzehnte [...]“*
Paul Lindenberg, Berlin in Wort und Bild, Berlin 1895, S. 13

VIII/64 Max Missmann

Der Potsdamer Platz, 1899

Photographie; 30,8 x 58,2
Stadtmuseum Berlin

Bereits 1896 war der Potsdamer Platz der Mittelpunkt von Groß-Berlin. Der Blick geht von der
Westseite des Potsdamer Platzes an den Schinkelschen Torhäusern vorbei und über den baum-
bestandenen Leipziger Platz nach Osten in die
schmale, 1,5 km lange Leipziger Straße, die bis
zum Spittelmarkt führt. Am linken Bildrand das
Palast-Hotel, am rechten das *Hotel Fürstenhof*
(1907 durch einen größeren Bau ersetzt). Schon
um die Jahrhundertwende war der Potsdamer
Platz bekannt für den starken Verkehr, insbesondere verursacht durch die zahlreichen Straßen-
bahnlinien, die ihn passieren mußten. – In Fontanes Romanen taucht der Platz häufiger auf. In
Die Poggenpuhls (1896) gibt Eberhard von Poggenpuhl eine Art Liebeserklärung an den Platz
ab: *„Aber offen gestanden, ich ziehe den Potsdamer Platz vor, weil da das meiste Leben ist. Und
Leben ist nun mal das Beste, was eine große
Stadt hat. [...] Ich bin also wieder im ‚Fürstenhof' abgestiegen.“* Er beobachtet das Treiben auf

VIII/62

VIII/64

dem Platz: „[...] *und ich habe dann so Café Belle-*
vue und Josty vor mir, Josty mit dem Glasvor-
bau, wo sie schon von früh an sitzen und Zeitun-
gen lesen, und die Pferdebahnen und Omnibusse
kommen von allen Seiten heran, und es sieht aus,
als ob sie jeden Augenblick ineinander fahren
wollten, und Blumenmädchen dazwischen [...],
in all dem Lärm und Wirrwarr werden dann mit
einemmal Extrablätter ausgerufen [...]"
Theodor Fontane, Die Poggenpuhls; NA IV, S. 316

VIII/65   F. Albert Schwartz

Blick in die Bahnsteighalle des Potsdamer
Bahnhofs, 1876

Photographie (Reproduktion)
Landesarchiv Berlin, F Rep. 290

Der neue Potsdamer Bahnhof war 1870–1872 auf
dem Gelände des alten, des Berliner Erstlings-
bahnhofs von 1838, entstanden. Zusammen mit
dem Neubau des Anhalter Bahnhofs verkörperte
er die gestiegene Bedeutung der Kaiserstadt als
Verkehrsknotenpunkt.

VIII/66   Römmler & Jonas

Das Ausstellungsgelände am Lehrter
Bahnhof, 1887

Photographie; 9,9 x 14,7
Sammlung Friedrich, Berlin

Vom Packhof aus photographiert, im Vordergrund die Straße Alt-Moabit, im Bildhinter-
grund v. l. n. r. das Kriminal-Justizamt (Krimi-
nalgericht), die Garde-Ulanen-Kaserne und das
Zellengefängnis Moabit. Hinter den Gleisanlagen
liegt rechts der Landes-Ausstellungspalast, für
die Hygiene-Ausstellung 1883 errichtet und seit
1892 Ort der alljährlichen Großen Berliner
Kunstausstellung. Das Haus links mit der Tem-
pelfassade, hinter der Stadtbahn, die das Gelände
des Landesausstellungsparks durchschneidet,
ist ein 1886 errichtetes Panoramagebäude.

Die Gräfin Melusine preist im *Stechlin* die Vorzüge des Blicks aus ihrer Wohnung am Kronprin-
zenufer, zwischen Alsen- und Moltkebrücke, auf
das Gelände nördlich der Spree: „*Wenn ich in*
unsrer Nische sitze, die lange Reihe der heran-
kommenden Stadtbahnwaggons vor mir, nicht
zu nah und nicht zu weit, und sehe dabei, wie das
Abendrot den Lokomotivenrauch durchglüht und
in dem Filigranwerk der Ausstellungsparktürm-
chen schimmert [...]"
Theodor Fontane, Der Stechlin; NA VIII, S. 101

VIII/67   Römmler & Jonas

Belle-Alliance-Brücke
mit Blick nach Westen, 1888

Photographie; 9,9 x 14,7
Sammlung Friedrich, Berlin

In dieser Gegend – diesseits wie jenseits des
Landwehrkanals –, in der Nähe des Belle-Alli-
ance-Platzes, der hinter den 1877 anstelle des
alten Halleschen Tores errichteten Torhäusern
den Südeingang zur Friedrichstadt bildet, lagen
mehrere Wohnstätten Fontanes in den Jahren
zwischen 1850 und 1863.

VIII/68

Das Neue Berlin

Titelseite, 1, 1886, Nr. 1
Sammlung Friedrich, Berlin

Die Zeitschrift wurde von Paul Lindau (1839 bis
1919) herausgegeben, einem zeitweilig äußerst
erfolgreichen Kritiker und Schriftsteller, mit dem
Fontane gut bekannt war. Für das erste Heft, das
am 16. Januar 1886 erschien, steuerte Fontane
den Beitrag *Cafés von heute und Conditoreien*
von damals bei. Weitere Mitarbeiter waren Johannes Trojan, Ludwig Pietsch, Ernst von
Wildenbruch, Max Kretzer und August Trinius.
Mit der Nr. 10 vom 27. März 1886 mußte die Zeitschrift ihr Erscheinen wieder einstellen.

VIII/69   Römmler & Jonas

1. *Villa, Königin-Augusta-Straße 43*, 1882
2. *Wohnhaus, Thiergartenstraße 17*, 1882
3. *Palais Tiele-Winkler,*
   Regentenstraße 15, 1882
4. *Wohnhaus, Karlsbad 26*, 1882

Lichtdrucke; je 48 x 31,8
Aus: *Architektur Berlins. Sammlung hervorragender*
Bauausführungen der letzten Jahre, hg. von Hugo Licht
Berlin: Ernst Wasmuth 1882
Sammlung Friedrich, Berlin

Die sämtlich zwischen 1872 und 1876 errichteten
Gebäude sind in ihren verschiedenen Ausprä-

Eine deutsche Wochenschrift, herausgegeben von

VIII/68

gungen der Neorenaissance, die den Klassizismus der Schinkel-Schule ablöste, charakteristisch für die Bebauung des „alten" Berliner Westens, insbesondere des Tiergartenviertels. Fontane wohnte in unmittelbarer Nähe, und einige seiner Romanfiguren sind in diesem gutsituierten, oft bildungsbürgerlichen Milieu mit einem hohen Anteil jüdischer Bevölkerung angesiedelt. „*Jeden Abend gehe ich eine Stunde lang in der Thiergartenstraße spazieren, – das ist mein Zusammenhang mit der Welt*", erklärt er in einem Brief an Frau Neumann-Hofer vom 9. Januar 1894 (HA 4, S. 319) und meint, es sei „*alles in allem doch ein rechtes Glück, daß ich wieder in Berlin W. leben kann*" (Brief an Georg Friedlaender, 12.10.1892; HA 4, S. 220). Vor allem wußte er es: „*Ich bin immer ein Adelsvertreter [...] gewesen, meine Leser aber wohnen zu Dreivierteln in der Thiergartenstraße etc.*"
Brief an Moritz Necker, 29.10.1895; HA 4, S. 495

VIII/70   Julius Jacob

Am Landwehrkanal im Tiergarten
bei Mondschein, 1893

Wasserfarben; 45,7 x 33,4
Stadtmuseum Berlin, GHZ 77/31

Der Landwehrkanal, ein in den fünfziger Jahren ausgebauter Schiffahrtsweg zur Umgehung der Spree, war entlang seiner Ufer durch den Generalplan Lennés – *Schmuck- und Grenzzüge der Residenz Berlin* – zu einer abwechslungsreichen Grünzone innerhalb der Stadt ausgebaut worden. Kutschpartien entlang des Kanals finden sich in Fontanes Romanen des öfteren und bieten dem Schriftsteller – wie in *Irrungen, Wirrungen* – Gelegenheit, seine Beobachtungen über die baulichen Veränderungen der Stadt und ihr Wachstum anzustellen.

VIII/71   Unbekannte Photographen

1. Wohnhaus, Lenné-Straße 8, um 1893
*2. Geschäfts- und Wohnhaus, Burgstraße
No. 30 u. 31*, um 1893

Lichtdrucke; je 49,6 x 36,7
Aus: Architektur der Neuzeit. Eine ausgewählte
Sammlung moderner Facaden und Details
Berlin: Kanter & Mohr, Verlagsbuchhandlung für
Architektur, o. J.
Sammlung Friedrich, Berlin

Das ursprünglich 1838 erbaute Wohnhaus in der Lennéstraße wurde 1888 durch einen Umbau erheblich verändert; die Fassade wurde nunmehr im Neobarock gestaltet, der Ende der achtziger Jahre die bis dahin bevorzugte Neorenaissance ablöste – auch bei Geschäftshäusern in der alten Innenstadt. Der bei diesen Bauten oftmals protzig wirkende Neobarock entsprach ganz dem imperialen Zeitgeist.

VIII/72   Georg Büxenstein & Comp.

*Wohnhaus in Wilmersdorf,
Fasanenstraße 46*, 1896

Lichtdruck; 34,1 x 26,5
Aus: *Blätter für Architektur und Kunsthandwerk*, 9, 1896
Berlin: Verlag von Julius Becker
Sammlung Friedrich, Berlin

1891, im Jahr der Grundsteinlegung für die Kaiser-Wilhelm-Gedächtniskirche, wurde dieses Wohnhaus noch „allein auf weiter Flur" vollendet. Der Kurfürstendamm und seine Seitenstraßen waren westlich des Kirchengrundstücks zu Beginn der neunziger Jahre noch weitgehend unbebaut, das Gelände am Halensee, Abschluß des Kurfürstendamms, war noch Ausflugsziel, von Fontane in *Frau Jenny Treibel* beschrieben.

VIII/73   Carl Saltzmann

Elektrische Straßenbeleuchtung
am Potsdamer Platz, 1884

Öl auf Lwd.; 73 x 58
Museum für Post und Kommunikation, Frankfurt am
Main   (Abb. S. 184)

Nach technischen Probeläufen auf dem Pariser Platz und in der Kochstraße erhielt die Firma Siemens & Halske den Auftrag zur Installation der ersten elektrischen Beleuchtungsanlage in Berlin, die am Potsdamer Platz und entlang der Leipziger Straße bis zur Friedrichstraße aufgebaut und am 20. September 1884 in Betrieb genommen wurde. Die Anlage bestätigte den Ruf des Potsdamer Platzes als „*Ort des Neuen*". Der Blick geht von der Einmündung der Bellevuestraße über den Potsdamer Platz zum nördlichen der beiden Schinkelschen Torhäuser des ehemaligen Potsdamer Tores und zum Leipziger Platz. Saltzmann, ein von Kaiser Wilhelm II. geschätzter Marinemaler, hebt vor allem das Licht der hellweiß strahlenden elektrischen Bogenlampen gegenüber den gelblichen Gaslaternen wirkungsvoll hervor.

VIII/74   Rudolf Hellgrewe

Pferdebahn im Schneetreiben
am Gendarmenmarkt, 1895

Deckfarben; 52 x 73,5
Stadtmuseum Berlin, GHZ 68/5

Obwohl die erste elektrische Straßenbahn von Werner von Siemens bereits 1881 ihren Dienst in Groß-Lichterfelde, einem damals neuerschlossenen Gebiet, aufnehmen konnte, blieb im alten Stadtzentrum die Pferdebahn weiterhin Hauptverkehrsmittel. Erst 1902 nahm die Hochbahnstrecke vom Potsdamer Platz bis zum Stralauer Tor ihren Betrieb auf.

VIII/75   Franz Skarbina

Gleisanlagen im Norden Berlins,
um 1895

Pastell-, Deck- und Aquarellfarben, weiß gehöht; 71,7 x 91
Stadtmuseum Berlin, GHZ 72/12   (Abb. S. 182)

Während sich gegen Ende des 19. Jahrhunderts die Wohnorte des Bürgertums immer mehr aus dem alten Stadtzentrum nach Westen verlagerten, blieb der Berliner Norden vorwiegend dem Proletariat vorbehalten, da sich dort entlang der Spree vielfach Industrieanlagen entwickelten. – Skarbina bietet hier einen ungewöhnlichen Aspekt der bis dahin eher durch Wiedergabe von Repräsentationsbauten hervorgetretenen Stadtdarstellung. Im anbrechenden Morgenlicht überquert ein Paar auf dem Weg zur Arbeit gewaltige Gleisanlagen, über die der „Moloch" Berlin versorgt wird.

VIII/76   Carl Wilhelm Streckfuß

Die Wannseebahn bei Friedenau, 1896

Aquarell; 32,1 x 49
Stadtmuseum Berlin, GHZ 67/14,1

Mit Abwanderung der Bevölkerung aus der alten Stadtmitte wurde die verkehrsmäßige Erschließung des Umlandes zum Ende des 19. Jahrhunderts zu einer wesentlichen Aufgabe der Stadtplanung. Der Eisenbahn als schnellstem Verkehrsmittel, das darüber hinaus durch die große Anzahl an Sackbahnhöfen innerhalb der Stadt direkte Verbindungen garantierte, kam dabei eine besondere Stellung zu. – Bei der Kirche rechts über dem Bahndamm könnte es sich um die Schöneberger Dorfkirche handeln.

VIII/77   Paul Hoeniger

Der Spittelmarkt, 1912

Öl auf Lwd.; 74 x 93
Stadtmuseum Berlin, GEM 75/7

Nach der Reichsgründung entwickelte sich der Spittelmarkt zu einem der Hauptverkehrspunkte Berlins. Sieben Straßen mündeten auf den Spittelmarkt, von denen vier abgebildet sind; die in die Tiefe des Gemäldes führende Gertraudtenstraße wird von der Wallstraße (rechts) und der Niederwallstraße (links) gekreuzt. Im Getümmel der Fußgänger beherrschten neben den noch immer verkehrenden Pferdedroschken kurz vor Ausbruch des Ersten Weltkriegs Straßenbahnen, Omnibusse und Autos die Szenerie. Eine Normaluhr spricht für Tempo und Modernität der Metropole, der Fontane mit gemischten Gefühlen begegnete; technische Neuheiten läßt er nur bedingt in sein Werk einfließen.

IX. Reisebilder

Bärbel Reißmann · Hela Zettler

„„Auf hinaus in die weite Welt',
Drauf war mir ehedem der Sinn gestellt,
Mehr als Weisheit aller Weisen
Galt mir reisen, reisen, reisen [...]"[1]

Die hier von Theodor Fontane beschriebene „Reiselust" ist nicht nur eine besonders ausgeprägte Erscheinung des 19. Jahrhunderts, sie läßt sich anhand von Reisebeschreibungen bis ins 13. Jahrhundert zurückverfolgen. Schon der im 16. Jahrhundert lebende Humanist Justus Lipsius wußte von Reisen aller großen Männer zu berichten. Sie dienten zur Zerstreuung und Abwechslung, vor allem aber der Erweiterung des Gesichtskreises und zur Erlangung einer umfassenden Allgemeinbildung. Die gewonnenen reichen Erfahrungen und Erkenntnisse sollten nicht nur den Reisenden, sondern auch den Bewohnern im eigenen Land von Nutzen sein. Die Bildungsreisen des 17. und 18. Jahrhunderts führten in der Regel nach Süd- und Westeuropa. Das erstrebenswerteste Ziel war jedoch immer Italien, schon Gio Antonio Magini nannte es *„eine Zusammenfassung ganz Europas, denn alles, was sich in den anderen Ländern findet, ist glücklich in ihm vereint."*[2] Den Reiz dieses Landes machten nicht nur das Klima, die herrliche Landschaft und die Fruchtbarkeit des Bodens, sondern vor allem seine Geschichte aus. Hier gewann der Reisende einen Eindruck von der Größe des römischen Imperiums, von der antiken Kultur, machte Bekanntschaft mit einer Fülle von Denkmälern und lernte Rom als Mittelpunkt der Kirche kennen. In vielen Fällen ging den Reisen eine literarische Vorbereitung mit praktischen Hinweisen voraus. Zu diesen gehörte die empfohlene Kenntnis der Landessprache, Ratschläge für die Wahl des Gepäcks, des Gasthofes und die Auswahl der Mitreisenden. Stets wurde zu Gesprächen mit den Landeseinwohnern geraten, um letztlich einen guten Überblick über die fremde Geschichte, Kultur und Politik zu erhalten.

Mit der Entwicklung der Eisenbahn am Anfang des 19. Jahrhunderts gab es im Reiseverkehr einen enormen Aufschwung. Von England aus eroberte sich das „Dampfroß" in kurzer Zeit die Welt, verband Städte, Länder, Kontinente, deren Wirtschaft und Kultur in einem bis dahin nicht gekannten Tempo. Deutschland verfügte 1860 bereits über 2 110 Meilen Bahnanlagen. 5 730 Personenwagen beförderten die Reisenden mit einer Geschwindigkeit von durchschnittlich fünf Meilen in der Stunde.[3]

Die eingangs zitierten ersten Zeilen eines Gedichtes, das Theodor Fontane 1895 unter dem Titel *Meine Reiselust früher und jetzt* schrieb, charakterisieren ihn als einen Zeitgenossen, der nicht nur selbst reiste, sondern das Reisen oft auch zum Thema seiner Werke machte. So beginnt der Roman *Cécile* mit der ausführlichen Beschreibung der Zugreise von Berlin nach Thale. Das Ehepaar wird begleitet vom Einstieg in den Zug über das Waggontreppchen bis hin zur Ankunft im Harz, wo beflissene Kutscher und Hausdiener die Wagen umlagern, um die Ankömmlinge in die Hotels zu bringen.

Die unbequeme und zeitraubende Fahrt mit der Postkutsche im Gegensatz zur schnellen Beförderung durch die Eisenbahn steht im Mittelpunkt der Erzählung *Zwei Post-Stationen*. Daß dabei die Sympathie Fontanes eindeutig bei der neuen Technik lag, verdeutlichen folgende Zeilen: *„Bald wird ein Eisenbahn-Netz den gebildeten Theil Europa's umschlingen; schon in diesem Augenblicke sind die Segnungen unzählige, welche die Menschheit der großartigsten Erfindung unsrer Tage verdankt [...]"*[4] Die literarischen Skizzen *Von, vor und nach der Reise* begleiten Reisende während ihrer Fahrt, belauschen ihre Gespräche, berichten von der Freude der vom Urlaub Nachhausekommenden, von der Freude der Zuhausegebliebenen sowie von der vergeblichen Suche nach Entspannung im Urlaubsort. Schließlich meldete sich Fontane selbst zu Wort über das von ihm so bezeichnete Massenreisen. *„Sonst reisten bevorzugte Individuen, jetzt reist jeder und jede. Kanzlistenfrauen besuchen einen klimatischen Kurort am Fuße des Kyffhäuser, behäbige Budiker werden in einem Lehnstuhl die Koppe hinaufgetragen, und Mitglieder einer kleinstädtischen Schützengilde lesen bewundernd im Schlosse zu Reinhardsbrunn, daß Herzog Ernst in fünfundzwanzig Jahren 50 157 Stück Wild getötet habe. Sie notieren sich die imposante Zahl ins Taschenbuch und freuen sich auf den Tag, wo sie in Muße werden ausrechnen können, wieviel Stück*

IX/6

IX/10

IX/16

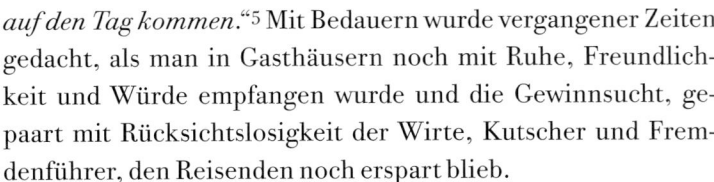

auf den Tag kommen."[5] Mit Bedauern wurde vergangener Zeiten gedacht, als man in Gasthäusern noch mit Ruhe, Freundlichkeit und Würde empfangen wurde und die Gewinnsucht, gepaart mit Rücksichtslosigkeit der Wirte, Kutscher und Fremdenführer, den Reisenden noch erspart blieb.

Im Maschinenzeitalter hatte das Reisen vielfältige Formen angenommen. Neben den Bildungs- und Studienreisen gab es jetzt Seereisen, Gebirgsreisen, Kurreisen, Badereisen, Hochzeitsreisen, Besuchsreisen zu Verwandten und Freunden. Über diese Entwicklung äußerte sich Fontane in einer seiner Tagebuchaufzeichnungen nicht ohne Ironie: *„Wer heut zu Tage ein gereister Mann sein will, muß in China Thee getrunken und ächte Nanking-Hosen getragen haben; muß in Australien Goldbuddler und in Californien ausführendes Mitglied der Lynchjustiz gewesen sein* [...]"[6]

Die Hinweise und Ratschläge zum Thema „Reisen" waren umfangreicher und detaillierter geworden. Hauslexika verwiesen in seitenlangen Erklärungen auf zu beachtende Regeln vor und während der Reise, auf mitzunehmende Gepäck- und Kleidungsstücke, auf Wirtshausregeln, Gesundheitsregeln und auch auf die günstigsten Reisezeiten für bestimmte Regionen.[7] Eine Vielzahl von Reisebeschreibungen überbot sich gegenseitig.[8] Der renommierte, seit 1827 bestehende Verlag von Karl Baedeker begründete seinen Weltruf mit der Herausgabe von Reiseführern in verschiedenen Sprachen, die die meist kostspielige Person des Fremdenführers ersetzten. Wenn jemand seine Reise nicht selbst organisieren wollte, übernahmen dies jetzt schon bereitwillig „Reisebureaus", die in der Mitte des 19. Jahrhunderts entstanden und sich zunächst besonders einer neuen Form des Reisens, den Gesellschaftsreisen, widmeten. An einer solchen beteiligte sich 1844 Fontane. Sein Reiseziel hieß aber nicht Italien, sondern England. Die Zeit der großen Italienreisen war vorbei, die von der industriellen Revolution geprägte Welt- und Industriemacht England wurde zu einem neuen Anziehungspunkt. Gemeinsam mit seinem Freund Hermann Scherz weilte Fontane vom 25. Mai bis zum 10. Juni 1844

in London, das er als die Hauptstadt des 19. Jahrhunderts betrachtete. Hier knüpfte er die ersten Verbindungen zu einem Land, in das er im Sommer 1852 zurückkehrte. Die Beweggründe für diesen Aufenthalt schilderte er in einem Schreiben an seinen Vater am 1. Juli 1852: „[...] *lies das Tagebuch nicht mit dem Vorurteil, daß der älteste Herr Sohn bloß Lust kriegte, auf Reisen zu gehn, und demgemäß sich auf den Weg machte. Glaubt alle endlich meinen Worten, daß ich fortging, um entweder mein Glück hier zu finden oder aber um bereichert an Kenntnis und Erfahrung und somit fähiger zu meinem Beruf nach Deutschland zurückzukehren. Ich fühl' es, daß das letztere bereits erreicht ist, und habe auch die Hoffnung noch nicht aufgegeben, daß ich das erstere noch erreichen werde.*"[9]

Ein weiterer, längerer Aufenthalt in England folgte von 1855 bis 1859. Während dieser Jahre unternahm Theodor Fontane mit seinem Freund Bernhard von Lepel 1858 eine Schottlandreise, die ihn zu seinen Wanderungen durch die Mark Brandenburg anregte. Mitte der sechziger Jahre folgten Reisen an den Rhein und in die Schweiz. 1864 und 1866 suchte Fontane die Kriegsschauplätze in Schleswig-Holstein und Böhmen auf, 1870/71 die in Frankreich und Elsaß-Lothringen. Schließlich besuchte er Mitte der siebziger Jahre noch einmal die Schweiz, danach Italien und Österreich. Die während dieser Reisen gesammelten Erlebnisse, Beobachtungen und Erfahrungen fanden ihren Niederschlag in Erzählungen, Kriegsberichten und Romanen.

Die im Ausland erworbene Kenntnis und Aufgeschlossenheit gaben Fontane das Rüstzeug für den unvoreingenommenen und aufmerksamen Blick auf seine Heimat. *„Am Meer und im Gebirge, im Glühen des Gletschers und im Leuchten des Golfs, erobert man sich die Fähigkeit, einen im Dämmer ruhenden, von Mummeln überwachsenen Havelsee und die im roten Gewölk dastehende Kiefernheide in ihrem Zauber zu verstehen.*"[10]

Nachdem Theodor Fontane seine erste Wanderung 1859 in die Grafschaft Ruppin unternommen hatte, entstanden als Ergebnis in den nächsten drei Jahrzehnten in loser Folge vier

Bände seiner Beschreibungen der Mark. In ihnen wurde in unterhaltsamem Plauderton, der die Mühsal vorausgegangener Nachforschungen kaum ahnen ließ, der Leser über Land und Leute, historische und architektonische Besonderheiten der Region informiert. Entsprechend seiner Reisemaxime *„Man sieht nur, was man weiß"*, vermittelte Fontane durch seine geschichtlichen Bezüge dem Interessierten an Städten wie Königsberg in der Neumark, Landsberg an der Warthe und Rathenow, an Schlössern wie Rheinsberg und Königs Wusterhausen oder den alten Gemäuern der Klosteranlagen in Chorin und Zehdenick ein neues Verständnis und einen breiteren Blickwinkel, der ihm ohne Fontanes gesammeltes Wissen verschlossen geblieben wäre.

Wie in alten und modernen Reiseanleitungen empfohlen, bereitete Fontane seine Fahrten durch das Studium von Literatur und Landkarten gründlich vor. In seinen Aufzeichnungen fanden sich Zusammenstellungen von Touren, die noch zu absolvieren waren, sowie Aufstellungen von Orten mit Hinweisen auf den dort zu erwartenden Erzählstoff.[11] Ähnlich, nur sehr viel bescheidener als die von Fontane staunend beobachtete Proviantaufnahme einer großen Menge Bier, Sodawasser, Champagner, Butter, Fisch, Fleisch und Gewürzen zur Vorbereitung einer 1874 unternommenen Segelbootreise von Köpenick nach Teupitz, traf auch er seine Reisevorsorge. So finden sich auf der Rückseite eines Manuskriptblattes für *Meine Kinderjahre* Teile einer Auflistung über mitzunehmendes Gepäck für eine geplante Reise. Unter den aufgeführten Gegenständen befanden sich u. a. *„vier Taschentücher, Leibbinde, Flanelljacke, Briefpapier, Couverts, Federn, Siegellack, Nagelscheere, Korkzieher, ein oder zwei Paar Messer und Gabel."* Fast hätte Fontane *„die alte Binde"* vergessen, die er mit einem Pfeil nachträglich in die Liste einfügte. Für eine Separattasche waren vorgesehen: *„Seifenpflaster, ein kleines Fläschen Oel, Pillen, Closetpapier"* und schließlich *„Papier"*, da sich während der Sommerreisen oft am besten arbeiten ließ. Für das leibliche Wohl sollten *„Weinreis, Weingelée und Preißelbeeren"* sorgen. Letztlich notierte Fontane noch Personen, für die er entweder einen Abschiedsbesuch oder eine schriftliche Nachricht plante.[12]

Die Wanderungen Fontanes wurden weniger „erlaufen", sondern in erster Linie mit der Kutsche, dem Boot oder der Eisenbahn „erfahren". Diese Art des Reisens hatte er schon während seines England-Aufenthaltes vorgezogen und in späteren Jahren beibehalten.[13] Solche Fahrten kamen dem wenig stabilen Gesundheitszustand Fontanes entgegen, zugleich konnte er auch weite Strecken schneller zurücklegen. Indem er die Landschaft aus einem Fahrzeug heraus wahrnahm, komprimierte sich das Gesehene und setzte sich wie eine schnelle Folge von einzelnen Bildern zu einem Ganzen zusammen. Fontanes Landschaftsbeschreibungen fußten oft auf dieser Art des Sehens und versuchten, den Leser glauben zu machen, er selbst säße in einem Gefährt, und das Land zöge an ihm vorüber. Die gleiche optische Wahrnehmung hatten die Betrachter eines sogenannten Panoramas, das auch in England unter dem Namen „Moving Panorama" seit Beginn des 19. Jahrhunderts gezeigt

wurde und das Fontane während seines dortigen Aufenthaltes kennenlernte.[14] Seine Technik bestand darin, daß ein mehrere Meter langes Gemälde von einer Spule durch einen Rahmen auf eine andere gerollt wurde und dem Betrachter die Illusion einer langen Reise vermittelte. Das seit der Aufklärung anwachsende Interesse an fremden Orten und ihrer Geschichte konnte von den Daheimgebliebenen zunächst durch die seit dem 17. Jahrhundert und besonders im 18. Jahrhundert in Mode gekommenen Guckkastenbilder, durch die Laterna magica, Panorama- und Dioramavorführungen gestillt werden.

Mit der Erfindung der Photographie wurden diese frühen optischen Reisebilder langsam verdrängt. Ein jahrhundertealter Traum der Menschheit, die Natur dauerhaft auf einem Bild festzuhalten, war Wirklichkeit geworden. Neben dem literarischen und künstlerischen entwickelte sich in der Folge ein photographisches Reisebild, aus dem später der Bildjournalismus hervorging. Eine besondere Art des Sehens mit einer größtmöglichen Illusion von Wirklichkeit vermittelte die auf der Weltausstellung 1851 in London vorgestellte Stereoskop-Photographie. Sie beruhte auf der Betrachtung von Stereoskopien. Dieses waren mit einer Doppelobjektivkamera aufgenommene Photographien auf Papier oder auch Diapositive auf Glas. Sie erzeugten, betrachtet durch ein optisches Gerät, das Stereoskop, einen dreidimensionalen Bildeindruck mit tiefenperspektivischer Wirkung. Diese neue und beliebte Betrachtungsweise, die in vielen Wohnstuben zu finden war, führte zu einer massenhaften Serienproduktion von Stereobildern. Bevorzugte Themen waren

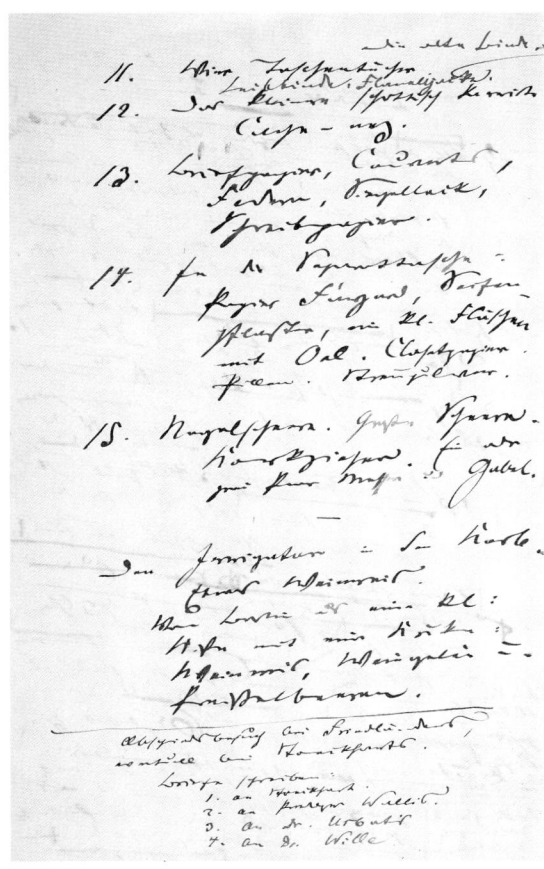

Notizen zur Reisevorbereitung, in: *Meine Kinderjahre*, Kapitel 6, Bl. 28 verso, Stadtmuseum Berlin

IX/2 – Vorder- und Rückseite (unten)

Reiseberichte aus dem In- und Ausland. Daneben gab es Bildnisse bedeutender Personen, Stadtansichten, Landschaften, Neuigkeiten der Technik und Industrie sowie Berichte über Expeditionen, Katastrophen, Kriegsschauplätze oder auch über aktuelle Ereignisse. Auch Fontane war diese Art der Unterhaltung und Belehrung, die manch weniger Bemittelten eine Bildungsreise ersetzte, nicht unbekannt. In seinem Roman *Der Stechlin* läßt er Czako sagen: *„Ich erinnere mich noch ganz deutlich einer Auktion in Ostrowo, bei der – es war in einem kommerzienrätlichen Hause – schließlich ein roter Kasten zur Versteigerung kam, ein Kasten mit Doppelbildern und einem Operngucker dazu, der aber keiner war. Und all das kaufte sich meine Mutter. Und an diesem Stereoskopenkasten, ein Wort, das ich damals noch nicht kannte, habe ich meine italienische Kunst gelernt [...] Ich habe, wenn Sie das Wort gelten lassen wollen, 'ne Panopti-*

kumbildung.“[15] Als nachteilig bei den Stereoskopien erwies sich, daß die Betrachtung der Photographien nur für eine Person möglich, Photographien und technisches Gerät nicht für jeden erschwinglich waren.

Dies änderte sich mit der Entwicklung des Wandelpanoramas, einem hölzernen Rundbau von 3,75 Meter Durchmesser und 2,40 Meter Höhe.[16] Durch 25 Stereoskope konnten nun 25 Besucher die an ihnen vorbeilaufenden Stereobildserien betrachten, die von hinten durch Petroleum, Gas oder ein elektrisches Glühlicht beleuchtet wurden. Die Vorführung dauerte etwa 20 bis 30 Minuten und konnte je nach Andrang zeitlich reguliert werden.[17] In Berlin stand ein solches Wandelpanorama im ersten Stock der Passage Unter den Linden/Ecke Behrenstraße, das nach seinem Standort in der Kaisergalerie auch Kaiserpanorama genannt wurde. Für eine schnelle, aktuelle und qualitätvolle Berichterstattung sorgten bis zu acht Berufsphotographen, die in aller Welt die Bilder für das Panorama einfingen. Bis 1909 entstanden mehr als 100 000 Glasstereos, die im Inland und in die Nachbarländer verliehen, nach Übersee verkauft wurden. Die Photographien erhielten einen besonderen Reiz durch ihre Farbgebung, eine indirekt durchschimmernde Polychromierung. Maler trugen diese auf die Rückseite der Albumin-Glasplatten auf. Das Kaiserpanorama erfreute sich bis ins erste Jahrzehnt des 20. Jahrhunderts bei allen Bevölkerungsschichten großer Beliebtheit.[18] Der Erfinder, August Fuhrmann, selbst bezeichnete es nicht nur als ein *„Kunst-Institut ersten Ranges"*, sondern auch als Volksbildungsmittel, das den Anschauungsunterricht für Schüler außerordentlich erweitere, sowie als ein *„Reise-Bildungs-Institut".*[19]

Wie Fontane die mit großer Begeisterung, aber auch mit Vorbehalten aufgenommene Photographie einschätzte, ist nicht bekannt. Mit Sicherheit jedoch war er von der Eisenbahn mit ihren Bahnhöfen, Schienenanlagen, Wartesälen und Coupés faszinierter als von den neuen Abbildungsmöglichkeiten. Seine Manuskripte und Notizbücher enthalten viele Zeichnungen und Skizzen, obwohl er kein guter Zeichner war. Daß er die Lichtbilder nicht als Hilfsmittel für bildlich Festzuhaltendes nutzte, lag sicher an den dafür benötigten hohen Ausrüstungskosten, in erster Linie jedoch an der zunächst noch komplizierten Handhabung der Technik, die bis 1880 vorwiegend Berufsphotographen vorbehalten blieb. Es waren die Berliner Photographen F. Albert Schwartz, Max Missmann, Emil Plau, die Gebrüder Otto und Walter Seegert, die mit ihren um die Jahrhundertwende gefertigten Ansichten uns bis heute die Möglichkeit bieten, die literarischen Beschreibungen Fontanes von Städten, Dörfern und Landschaften bildlich nachzuvollziehen.

Eisenbahn und Photographie hatten oft ein gemeinsames Ziel: *„Auf, hinaus in die weite Welt!"*, und während beide die Menschen stetig auf Reisen, schickten, bekamen die Unternehmungen Fontanes einen immer engeren Rahmen. Zurückschauend auf seine Reisen, betrachtete Fontane in einem Brief an seine langjährige Vertraute Mathilde von Rohr die Fahrt nach Schottland als *„[...] eine der schönsten in meinem Leben, jedenfalls die poetischste, poetischer als die Schweiz, Frankreich, Italien und alles, was ich später sah."*[20] Obwohl Fontane den Aufenthalt in Frankreich und seine Berichterstattung über den Deutsch-Französischen Krieg als notwendige Erfahrung einschätzte, resümierte er 1894 über seine zurückliegenden Unternehmungen, daß er *„von solchen Spritzfahrten in die Nähe viel, viel mehr Anregung, Vergnügen und Gesundheit gehabt habe, als von den großen Reisen [...]. In Teupitz und Wusterhausen aber, und nun in der Priegnitz und Havelland bin ich immer glücklich gewesen."*[21] Seine letzten zwei Lebensjahrzehnte waren durch Gleichmäßigkeit gekennzeichnet. Mehrere Monate im Jahr verbrachte er in der Sommerfrische, im Riesengebirge, im Harz oder an der See. Ein Zeitgenosse, der Publizist Paul Lindenberg, berichtet von Fontanes kurzen Ausflügen in Berlin: *„Mehrfach traf ich den Dichter bei seinen nachmittäglichen Spa-*

ziergängen im Tiergarten und durfte ihn begleiten. Stets trug er den schottisch-karierten Schal um den Hals, auch wenn dies die Witterung nicht bedingte; in aufrechter Haltung, den Kopf etwas zurückgebogen, die Augen scheinbar nach innen gekehrt, dabei aber alles genau beobachtend, schlug er immer denselben Weg ein. Vom Potsdamer Platz nach dem Brandenburger Tor und von diesem durch die grünen Hallen des Tiergartens nach dem neuen See; dort rastete er kurze Zeit, um dann am Kanal entlang heimzuwandern."[22]

Fontanes Konzentration auf seine unmittelbare Nähe spiegelte sich in den Romanen und Erzählungen wider, von denen mehr als die Hälfte in Berlin spielt. Dies ist kein Ausdruck der Zurückgezogenheit vom aktuellen Weltgeschehen auf die „heimatliche Scholle". Es ist vielmehr das Verständnis eines welterfahrenen Romanciers von der Bedeutung der modernen Metropole als Ort zu schildernder sozialer Umschichtungen und Zeitprobleme.[23] Kluge Gedanken benötigen nicht nur eine selbst gelebte Weitsicht, sondern mitunter auch Ruhe und Geborgenheit. Den Ausklang seiner bewegten Reiseunternehmungen drückt der alte Fontane mit der letzten Strophe des Gedichtes *Meine Reiselust* so aus:

IX/47

„Jetzt zwischen Link- und Eichhornstraße
Meß' ich meine bescheidnen Maße,
Höchstens bis Königin Luise
Wag ich mich vor, umschreitend diese,
Bleib dann ein Weilchen noch in dem Bereiche
Des Floraplatzes am Goldfischteiche.
Der Wrangelbrunnen bleibt mir zur Linken,

Rechtsher seh' ich Goethe winken.
Zuletzt dann vorbei an der Bismarckpforte
Kehr heim ich zu meinem alten Orte,
Zu meiner alten Dreitreppen-Klause,
Hoch im Johanniterhause. –
Schon seh ich grüßen, schon hör ich rufen –
Aber noch 75 Stufen."[24]

Anmerkungen

1 Theodor Fontane, Meine Reiselust früher und jetzt. Gedichte; GBA, Bd. 2, S. 473

2 1620 erschien die *Italia* des Bologneser Mathematikers und Geographen, ein ausgezeichnetes und beliebtes Kartenwerk. Zitat nach: Ludwig Schmidt, Italienreisen im 17. und 18. Jahrhundert, Wien/München 1959, S. 144

3 Meyers neues Konversationslexikon, Hildburghausen ²1863, 6. Bd., S. 39. Eine preußische Meile betrug 7532,48 Meter.

4 Theodor Fontane, Zwei Post-Stationen. Faksimile der Handschrift, hg. von Jochen Meyer (Marbacher Studien, 34), Marbach am Neckar 1991, S. 25

5 Theodor Fontane, Modernes Reisen. Eine Plauderei; NA XVIII, S. 7

6 Theodor Fontane, Tagebücher, Eintragung vom 30.5.1852; GBA, Bd. 1, S. 21 f.

7 Vgl. Das Hauslexikon. Vollständiges Handbuch praktischer Lebenskenntnisse für alle Stände, Leipzig 1837, 6. Bd., S. 724 ff.

8 Vgl. Magazin von merkwürdigen Reisen, 39 Bde., 1790-1879; Friedrich Justin Bertuch, Neue Bibliothek der wichtigsten Reisen, 65 Bde., 1814-1835

9 Theodor Fontane, Zweite englische Reise; NA XVII, S. 504

10 Theodor Fontane, Willibald Alexis; NA XXI/1, S. 158

11 Jutta Fürstenau, Fontane und die märkische Heimat (Germanische Studien, Heft 232), Berlin 1941, S. 49

12 Theodor Fontane, Meine Kinderjahre, 6. Kapitel, Bl. 28, Rückseite; Stadtmuseum Berlin

13 „[...] *in der Folge einer Brückensperrung, war der Eisenbahnverkehr gestört, und wir mußten die Chaussee benutzen. Und das war gut so. In fremden Ländern, in denen man nicht reist, um nur fortzukommen, in denen man vielmehr Eindrücke wünscht statt blos rascher Beförderung, wird man immer gut thun, das Coupé so viel als möglich zu vermeiden und die zurückgeschlagene Halbchaise nach Möglichkeit zu benutzen.*" (Theodor Fontane, Reisebriefe vom Kriegsschauplatz Böhmen, 1866, Frankfurt am Main/Berlin/Wien 1973, S. 31 f.)

14 Hubertus Fischer, Märkische Bilder. Ein Versuch über Fontanes Wanderungen durch die Mark Brandenburg, ihre Bilder und ihre Beliebtheit, in: Fontane-Blätter, 1995, Heft 60, S. 126

15 Theodor Fontane, Der Stechlin; NA VIII, S. 98

16 Innerhalb des Rundbaus befanden sich auf einem Zahnkranz 50 Glasstereoskopien im Format 85 x 170 Millimeter, die mittels eines „Präzisions-Triebwerkes" bewegt wurden.

17 August Fuhrmann, 1844 in Namslau/Schlesien geboren, meldete die von ihm „Selbsteinkassierendes Wandelpanorama" genannte Erfindung 1889 als Patent unter der Nummer 52946 an. Mit ersten Vorführungen hatte er bereits um 1880 zunächst in Breslau und in Frankfurt am Main begonnen. Seine Berliner Zentrale

betreute etwa 250 Filialen des Unternehmens. (August Fuhrmann, Das Kaiserpanorama, in: Spezial-Kunst-Institut für Kaiser-Panoramen; zitiert nach: Ausstellungskatalog „Das Kaiserpanorama. Bilder aus dem Berlin der Jahrhundertwende", Berliner Festspiele GmbH, 1984, S. 34-36)

18 Im Jahre 1922 verkaufte Fuhrmann sein Unternehmen. Die Hoffnung auf eine Übernahme durch den Staat erfüllte sich nicht. Nach dem Sturz des Kaiserreiches nannte sich das Panorama fortan „Welt-Panorama". Seine Glanzzeit war jedoch vorüber; mehr und mehr verdrängt von neuen Bildmedien, von Postkarten, illustrierten Zeitschriften, der aufkommenden Flut der Amateurphotographie

und vom Film. Das „Welt-Panorama" existierte in Berlin noch bis 1939. Der Bildbestand ging zum größten Teil verloren, nur ein Rest von 12 000 Glasstereos blieb erhalten. Dieser befindet sich heute weitgehend im Besitz des „Stereoskopischen Bildverleihs Kaiser-Panorama Berlin".

19 August Fuhrmann, a. a. O.

20 Theodor Fontane, Brief an Mathilde von Rohr, 16.5.1888; HA 3, S. 605

21 Theodor Fontane, Brief an Theodor Fontane (Sohn), 4.5.1894; HA 4, S. 348

22 Paul Lindenberg, Es lohnte sich, gelebt zu haben, Berlin 1941, S. 54

23 Vgl. Christian Grawe, Führer durch die Romane Theodor Fontanes, Berlin 1980, S. 41

24 Theodor Fontane, Gedichte; GBA, Bd. 2, S. 473 f.

IX/3

IX/1

Kaiserpanorama (Wandelpanorama),
Niederlande, zwischen 1881 und 1889

Holz, Nußbaum; H. 240, Dm. 375
Stadtmuseum Berlin

Die im Stadtmuseum Berlin noch vorhandenen
Stereoskopien dokumentieren wichtige Ereignisse der Stadt- und Zeitgeschichte, so die
Trauerfeierlichkeiten für Kaiser Wilhelm I. 1888,
die Grundsteinlegung für den Berliner Dom
1894, die Grundsteinlegung für das National-
denkmal für Kaiser Wilhelm I. 1895 und seine
Einweihung 1897, die Eröffnung des Nord-Ost-
see-Kanals 1895, Szenen aus dem Ersten Weltkrieg, Motorflieger auf dem Tempelhofer Feld
und eine Ruderregatta in Grünau um 1900. Zahlreiche Ansichten zeigen Städte und Landschaften aus der Mark Brandenburg sowie das kaiser-
liche Berlin zu Lebzeiten Fontanes.

IX/1

IX/2   **August Fuhrmann**

*Tribüne auf dem Pariser Platz
mit Festgästen*, o. J.

Stereoskopische Aufnahme mit Handkolorierung; 8,5 x 17
Stadtmuseum Berlin   (Abb. S. 202)

IX/3

Handstereoskop, um 1900

Mahagoniholz, Bein, Messing; H. 11, B. 19, T. 14
Stadtmuseum Berlin   (Abb. S. 204)

IX/4   **Unbekannter Photograph**

Königsberg, Schwedter Tor, 1865/70

Albuminpapier; 32 x 23,7
Stadtmuseum Berlin, IV 97/12 V

„Ehemals war K.[önigsberg/Neumark] von
einer Mauer mit Wachtthürmen, und bis 1728 von
Wällen u. Gräben umgeben; die Stadtmauer in
ihrem jetzigen Stande hat eine Höhe von 12 Ellen
und eine Länge von 535 rheinl. Ruthen, sie ist von
Mauergesteinen erbaut und hat noch viele Ueber-
reste von Thürmen, Vorsprüngen u. dgl." (Wilhelm
Riehl, J. Scheu [Hg.], Berlin und die Mark Brandenburg
mit Markgrafthum Nieder-Lausitz in ihrer Geschichte und
in ihrem gegenwärtigen Bestande, Berlin 1861, S. 402)
Teile der Stadtmauer wurden im Zweiten Weltkrieg zerstört; die noch vorhandenen Tortürme
am Schwedter und Bernikower Tor gehören zu
den wichtigsten Wehrbauten in der Neumark.

IX/5   **Unbekannter Photograph**

Königsberg, Rathaus am Markt, 1865/70

Albuminpapier; 32 x 23,7
Stadtmuseum Berlin, IV 97/11 V

„Das Rathaus am Markte, ungefähr 500 Jahr
alt, ein schönes gothisches wohlerhaltenes Gebäude mit Uhr, 145 Ellen lang u. 44 Ellen breit.
Der Giebel nach dem Markte ist mit vielen Verzie-

rungen versehen. Auf dem Rathhause befinden
sich im Besitze der Stadt 362 Urkunden aus den
Jahren 1271–1713 und darunter Privilegien von
fast allen Markgrafen von Brandenburg den Her-
renmeistern des Templer- und Johanniter-Ordens."
(Wilhelm Riehl, J. Scheu [Hg.], Berlin und die Mark Brandenburg mit Markgrafthum Nieder-Lausitz in ihrer Geschichte und in ihrem gegenwärtigen Bestande, Berlin
1861, S. 402) Die Städte Königsberg (Chojna) und
Landsberg (Gorzów Wielkopolski) wurden nach
dem Potsdamer Abkommen vom 2. August 1945
Teil Polens.

IX/6   **Max Missmann**

Landsberg an der Warthe, 1907

Kollodiumpapier; 21,1 x 28
Stadtmuseum Berlin, IV 97/9 V   (Abb. S. 199)

„Landsberg, mit dem Beisatz an der Warthe, liegt
sehr angenehm. Auf der einen Seite der Fluß, auf
der anderen Seite hohe zum Theil fruchtbare
Berge, die eine weite, reizende Aussicht auf die
Umgegend gewähren." (Wilhelm Riehl, J. Scheu [Hg.],
Berlin und die Mark Brandenburg mit Markgrafthum Nieder-Lausitz in ihrer Geschichte und in ihrem gegenwärtigen Bestande, Berlin 1861, S. 465)

IX/7   **Max Missmann**

Gröben, Kirche von Südosten, 1909

Bromsilbergelatinepapier; 22,7 x 28,7
Stadtmuseum Berlin, IV 97/5 V

„Diese Kirche wurde gegen Schluß des dreizehnten
Jahrhunderts erbaut, und zwar aus Feldstein,
wie die meisten unserer Dorfkirchen aus jener
Epoche." (Theodor Fontane, Wanderungen durch die

IX/7

IX/15

Mark Brandenburg, 4: Spreeland; GBA, S. 388) Die ältesten Kirchen der Mark Brandenburg stammen aus dem frühen 13. Jahrhundert. Die ursprünglich spätgotische Kirche in Gröben, südöstlich von Potsdam gelegen, wurde nach einem Brand 1909 neu errichtet. Zu ihrem Besitz zählt heute noch das älteste Kirchenbuch der Mark Brandenburg.

IX/8 **Max Missmann**

Gröben, Blick auf das Dorf, 1908

Bromsilbergelatinepapier; 21,2 x 28,8
Stadtmuseum Berlin, IV 97/17 V

„Gröben gilt bei seinen Bewohnern und fast mehr noch bei seinen Sommerbesuchern als ein sehr hübsches Dorf. Ich kann aber dieser Auffassung, wenn es sich um mehr als seine bloße Lage handelt, nur bedingungsweise zustimmen. Gröben hat ein märkisches Durchschnittsansehen, ist ein Dorf wie andre mehr, und alles, was als bemerkenswert hübsch in seiner Erscheinung gelten kann, ist seine von einem hohen Fliedergebüsch, darin Nachtigallen schlagen, umzirkte Kirche.“
Theodor Fontane, Wanderungen durch die Mark Brandenburg, 4: Spreeland; GBA, S. 388

IX/9 **Max Missmann**

Wohnhaus in Gröben, 1910

Kollodiumpapier; 23 x 29
Stadtmuseum Berlin, IV 97/4 V

IX/10 **Max Missmann**

Ufer am Siethener See, 1905

Bromsilbergelatinepapier; 22,5 x 28,7
Stadtmuseum Berlin, IV 97/3 V   (Abb. S. 200)

„In gleicher Schönheit breiten sich beide vor uns aus, aber während der mehr flachufrige Gröbener See sich endlos auszudehnen und erst am Horizont inmitten einer im blauen Dämmer daliegenden Hügelkette seinen Abschluß zu finden scheint, ist der Siethner enger und dichter umstellt, und die Parkbäume neigen sich über ihn und spiegeln sich darin. Auf beiden aber ruht derselbe Frieden und dieselbe Schwermut. Und diese Schwermut ist ihr Zauber.“ (Theodor Fontane, Wanderungen durch die Mark Brandenburg, 4: Spreeland; GBA, S. 397) Der Siethener See liegt westlich von Ludwigsfelde im heutigen Landkreis Teltow-Fläming. Die Landschaft ist mit ihren Endmoränenzügen, ihren vom Eis aufgestauten Höhenrändern, ihren Niederungen und Seen von der Eiszeit geprägt.

IX/11 **Unbekannter Photograph**

Rathenow mit Denkmal des Großen Kurfürsten, um 1900

Kollodiumpapier; 25,8 x 29,8
Stadtmuseum Berlin, IV 97/8 V

„Auf dem schönen Parade-(,Friedrich Wilhelms‘) Platze errichtete die patriotische Ritterschaft der Kurmark 1738 dem großen Kurfürsten ein Standbild von Glume für etwa 22,000 Thlr. Im J. 1796 wurde das Denkmal von einem Gitter umschlossen; aber es entspricht im Ganzen den jetzigen Kunstforderungen so wenig und ist schon so verwittert, daß es doppelt unangenehm auffällt, dasselbe nicht mit gebührender Sorgfalt beachtet

zu sehen.“ (Wilhelm Riehl, J. Scheu [Hg.], Berlin und die Mark Brandenburg mit Markgrafthum Nieder-Lausitz in ihrer Geschichte und in ihrem gegenwärtigen Bestande, Berlin 1861, S. 198) Das Sandsteindenkmal, das in Erinnerung an die Schlacht im Jahre 1675 gegen die Schweden erbaut wurde, zählt noch heute zu den Wahrzeichen der Stadt.

IX/12 **Emil Plau**

Neuruppin, An der alten Stadtmauer, um 1900

Bromsilbergelatinepapier; 24,2 x 26,3
Stadtmuseum Berlin, IV 97/35 V

„Um die Stadt her, zwischen dem Rheinsberger und dem Tempeltor, zieht sich der mehrgenannte ,Wall‘, ein Überrest mittelalterlicher Befestigungen, jetzt eine mit alten Eichen und jungem Nachwuchs dicht bestandene Promenade der Ruppiner.“
Theodor Fontane, Wanderungen durch die Mark Brandenburg, 1: Die Grafschaft Ruppin; GBA, S. 200

IX/13 **Gebrüder Otto**

Schloß Rheinsberg, um 1890

Albuminpapier; 31,7 x 36,7
Stadtmuseum Berlin, IV 97/36 V

„[...] ein Bild von nicht gewöhnlicher Schönheit vor uns. Erst der glatte Wasserspiegel, an seinem Ufer ein Kranz von Schilf und Nymphäen, dahinter ansteigend ein frischer Gartenrasen und endlich das Schloß selbst, die Fernsicht schließend. [...] Das Schloß war in alten Tagen ein gotischer Bau mit Turm und Giebeldach. Erst zu

*Anfang des vorigen Jahrhunderts trat ein Schloß-
bau in französischem Geschmack an die Stelle
der alten Gotik und nahm dreißig Jahre später
unter Knobelsdorffs Leitung im wesentlichen die
Formen an, die er noch jetzt zeigt."*
Theodor Fontane, Wanderungen durch die Mark Brandenburg, 1: Die Grafschaft Ruppin; GBA, S. 275

IX/14   Max Missmann

Mittelschiff der Kirche von Kloster Chorin,
um 1900

Albuminpapier; 16,5 x 22,8
Stadtmuseum Berlin, IV 97/15 V

Von der am Nordufer des Amtssees gelegenen
Klosteranlage Chorin ist bis heute ein großer
Teil erhalten geblieben. Erste Sicherungsarbei-
ten wurden von Karl Friedrich Schinkel angeregt. Weitere Rekonstruktionsarbeiten folgten
seit dem Ende des 19. Jahrhunderts.

IX/15   Max Missmann

Klosteranlage von Kloster Chorin,
um 1900

Albuminpapier; 16,5 x 32
Stadtmuseum Berlin, IV 97/16 V

*„Von den alten Baulichkeiten, wenn dieselben
auch Umwandlungen unterworfen wurden, ist
noch vieles erhalten; lange einstöckige Fronten,
die den Mönchen als Wohnung und Arbeitsstätten dienen mochten, dazu Abthaus, Refekto-
rium, Küche, Speisesaal, ein Teil des Kreuzgan-
ges, vor allem die Kirche. Diese, wennschon eine
Ruine, richtiger eine ausgeleerte Stätte, gibt doch
ein volles Bild von dem, was diese reiche Klosteranlage einst war."*
Theodor Fontane, Wanderungen durch die Mark Brandenburg, 3: Havelland; GBA, S. 97

IX/16   Unbekannter Photograph

Ruinen des Kloster Zehdenick, um 1900

Kollodiumpapier; 21,2 x 23,3
Stadtmuseum Berlin, IV 97/14 V   (Abb. S. 200)

*„[...] so haben wir über zwanzig Zisterzienser-
klöster in der Mark und Lausitz zu verzeichnen,
von denen die große Mehrzahl vor Ablauf eines
Jahrhunderts entstand. [...] Alle diese Klöster,
mit wenigen Ausnahmen, wurden in der Mitte des
sechzehnten Jahrhunderts unter Joachim II. sä-
kularisirt. Viele sind seitdem, namentlich während des Dreißigjährigen Krieges, bis auf die
Fundamente oder eine stehengebliebene Giebel-
wand zerstört worden, andere existieren noch
[...]"* (Theodor Fontane, Wanderungen durch die Mark
Brandenburg, 3: Havelland; GBA, S. 41 f.) Eine Sehenswürdigkeit in der von einer abwechslungsreichen Seenlandschaft umgebenen Stadt Zehdenick sind noch heute die Reste des ehemaligen
Zisterzienser-Nonnenklosters. Es wurde um 1250
gegründet, brannte 1801 aus und wurde danach
klassizistisch umgebaut.

IX/21

IX/17   Unbekannter Photograph

*Schloß Königs Wusterhausen, Blick von
Norden auf die Hauptfassade, 1888*

Albuminpapier; 21,8 x 24
Stadtmuseum Berlin, IV 97/13 V

*„Königs-Wusterhausen, früher Wendisch-Wuster-
hausen, ein Raubschloß der Ritter von Schlieben,
noch früher, vielleicht schon im 10. Jahrh. als
Burg von den Wenden zum Schutz gegen die
Deutschen erbaut, wird 1305 genannt. Friedr.
Wilh. I., der dem Orte seinen jetzigen Namen
gab, residirte im Sommer hier (auch Friedrich II.
u. Prinz Heinrich), ließ das alte Schloß erweitern
und verschönern, schuf den s. g. Thiergarten, das
Tabackshäuschen u. verschiedene Häuser."* (Wilhelm Riehl, J. Scheu [Hg.], Berlin und die Mark Brandenburg mit Markgrafthum Nieder-Lausitz in ihrer Geschichte und in ihrem gegenwärtigen Bestande, Berlin
1861, S. 153) Das Jagdschloß wurde von Kaiser Wilhelm I. und später auch von Kaiser Wilhelm II.
genutzt. Die letzte Hofjagd fand 1913 statt.

IX/18   F. Albert Schwartz

Burg Friesack, 1894

Albuminpapier; 23 x 31,8
Stadtmuseum Berlin, IV 97/33 V

*„Es existierte schon eine Burg Friesack, als 1150
Albrecht der Bär in die Mark kam und das eroberte und in langen Kriegen halbentvölkerte
Land mit seinen Kolonisten [...] besetzte."* (Theodor Fontane, Wanderungen durch die Mark Brandenburg,
7: Das Ländchen Friesack und die Bredows; GBA, S. 153)
Das auf dem alten Burghügel errichtete Herrenhaus aus der 2. Hälfte des 18. Jahrhunderts wurde
1956 wegen Baufälligkeit abgerissen.

IX/19   F. Albert Schwartz

*Burg Friesack, Rückfront des
Herrenhauses, 1894*

Albuminpapier; 21,8 x 23,8
Stadtmuseum Berlin, IV 97/32 V

IX/20   F. Albert Schwartz

Friesack, Straße mit Blick zur Kirche, 1894

Albuminpapier; 21,8 x 23,8
Stadtmuseum Berlin, IV 97/31 V

IX/21   F. Albert Schwartz

Mühlenberg bei Friesack, 1894

Albuminpapier; 23,2 x 31,8
Stadtmuseum Berlin, IV 97/34 V

Auf dem Mühlenberg südlich von Friesack debattieren Bürger des Ortes über die Aufstellung
eines Denkmals für Kurfürst Friedrich I. Das
1894 enthüllte Bronzestandbild ist nicht erhalten.

IX/22   Unbekannter Photograph

Umgebung von Buckow, um 1900

Bromsilbergelatinepapier; 19,8 x 14,4
Stadtmuseum Berlin, IV 97/30 V

Etwa 50 km östlich von Berlin befindet sich die
erstmals Mitte des 13. Jahrhunderts erwähnte
Kleinstadt Buckow. Sie liegt in der Märkischen
Schweiz, einer reizvollen Hügel- und Kessel-
landschaft, die für die Berliner schon seit dem
vergangenen Jahrhundert zu einem traditionellen Erholungsgebiet wurde.

IX/23

IX/23 **Unbekannter Photograph**

Waldweg bei Buckow, um 1900

Bromsilbergelatinepapier; 18,7 x 14
Stadtmuseum Berlin, IV 97/29 V

IX/24 **Unbekannter Photograph**

Waldweg bei Buckow, um 1900

Bromsilbergelatinepapier; 16,8 x 14,8
Stadtmuseum Berlin, IV 97/27 V

IX/25 **Unbekannter Photograph**

Waldweg bei Buckow, um 1900

Bromsilbergelatinepapier; 15,7 x 14,8
Stadtmuseum Berlin, IV 97/28 V

„*Buckow hat einen guten Klang hierlands, ähnlich wie Freienwalde, und bei bloßer Nennung des Namens steigen freundliche Landschaftsbilder auf: Berg und See, Tannenabhänge und Laubholzschluchten, Quellen, die über Kiesel plätschern, und Birken, die vom Winde halb entwurzelt, ihre langen Zweige bis in den Waldbach niedertauchen.*"
Theodor Fontane, Wanderungen durch die Mark Brandenburg, 2: Das Oderland; GBA, S. 101

IX/26 **Unbekannter Photograph**

Berliner Tor in Mittenwalde, Feldseite, 1888

Albuminpapier; 21,8 x 24
Stadtmuseum Berlin, IV 97/26 V

Mittenwalde liegt am Südrand des hohen Teltow. Ein Burgwall schützte schon in vorgeschichtlicher Zeit die Straße der Lausitz nach dem Teltow. Das Berliner Tor und der benachbarte Pulverturm vom Ende des 15. Jahrhunderts sind bis heute erhalten.

IX/27 **Unbekannter Photograph**

Berliner Tor in Mittenwalde, 1888

Albuminpapier; 23,8 x 21,9
Stadtmuseum Berlin, IV 97/25 V

„*Die Stadt hatte einst doppelte Gräben, in welche sich das Wasser der Notte ergoß, Wall und hohe feste Mauern. Der Name deutet auf eine Lage mitten im Walde, von dem heut keine Spur vorhanden. Die Notte ist jetzt auf Kosten des Verbandes zur Regulirung dieses Flusses für große Kähne schiffbar gemacht worden.*"
Wilhelm Riehl, J. Scheu (Hg.), Berlin und die Mark Brandenburg mit Markgrafthum Nieder-Lausitz in ihrer Geschichte und in ihrem gegenwärtigen Bestande, Berlin 1861, S. 151

IX/28 **Walter Seegert**

Bernau, Stadtmauer und Pulverturm, 1914

Kollodiumauskopierpapier; 15,8 x 20,9
Stadtmuseum Berlin, IV 97/24 V

„*Bernau, an der Panke, die in der Nähe der Stadt auf den sogen. rothen Feldern entspringt; Stationsort der Berlin-Stettiner Eisenbahn; eine der ältesten Städte der Mark, mit hohen Mauern u. Thürmen umgeben, die ihr ein ehrwürdiges Ansehen verleihen.*"
Wilhelm Riehl, J. Scheu (Hg.), Berlin und die Mark Brandenburg mit Markgrafthum Nieder-Lausitz in ihrer Geschichte und in ihrem gegenwärtigen Bestande, Berlin 1861, S. 310

IX/29 **Walter Seegert**

Bernau, Blick aufs Königstor, 1913

Kollodiumauskopierpapier; 15,8 x 20,9
Stadtmuseum Berlin, IV 97/22a V

IX/30 **Walter Seegert**

Bernau, Blick auf Marienkirche, 1914

Kollodiumauskopierpapier; 15,8 x 20,9
Stadtmuseum Berlin, IV 97/20 V

„*Die evangelische St. Marien-Stadtkirche, um 1234 gegründet, eines der großartigsten Kirchengebäude. Der Hauptaltar ist im J. 1360 errichtet worden. Die Kalandsbrüderschaft, im 14. Jahrh. gestiftet, hatte auch einen Altar errichtet. Im J. 1846 im Innern vollständig renovirt. 1838 mußte der alte, sehr baufällige Kirchthurm abgetragen werden; ein neuer, ganz massiver Thurm ist mit Hülfe Königl. Munificenz erbaut u. 1846 vollendet worden.*"
Wilhelm Riehl, J. Scheu (Hg.), Berlin und die Mark Brandenburg mit Markgrafthum Nieder-Lausitz in ihrer Geschichte und in ihrem gegenwärtigen Bestande, Berlin 1861, S. 311

IX/28

IX/31   **Walter Seegert**

Bernau, Georgenhospital mit Kapelle, 1914

Kollodiumauskopierpapier; 11,7 x 16,4
Stadtmuseum Berlin, IV 97/19 V

Die Kapelle des 1328 von der Gewandschneider-
gilde gestifteten St. Georgenhospitals ist ebenso
wie das Spitalgebäude erhalten geblieben.

IX/32   **Walter Seegert**

Bernau, Grünstraße mit Pulverturm, 1914

Kollodiumauskopierpapier; 15,8 x 20,9
Stadtmuseum Berlin, IV 97/23 V

IX/33   **Walter Seegert**

Bernau, an der Stadtmauer, 1914

Kollodiumauskopierpapier; 16 x 21
Stadtmuseum Berlin, IV 97/18 V

Das Stadtbild Bernaus wird von der 1496 Meter
langen, die Innenstadt umschließenden Feld-
steinmauer und der ehemaligen Wallanlage geprägt.

IX/34   **Georg Bartels**

*Thiergarten, Allee vom Brandenburger
Thor zur Siegesallee*, 1902

Platinotypie; 29,8 x 36
Stadtmuseum Berlin, XI 509

Der Tiergarten mit seinem prächtigen Baumbe-
stand erstreckt sich westlich vom Brandenburger
Tor bis dicht vor Charlottenburg zwischen Unterspree und Unterer Friedrichstadt. Vom Brandenburger Tor führte die Friedensallee zum Königsplatz, dem heutigen Platz der Republik vor
dem Reichstagsgebäude. In der Mitte des mit
Gartenanlagen geschmückten Platzes ragte die
von Johann Heinrich Strack entworfene Siegessäule empor, die am 2. September 1873 eingeweiht worden war. 1938 wurde sie im Zuge der
nationalsozialistischen Stadtplanung an den
Großen Stern versetzt.

IX/35   **Max Missmann**

Denkmal Königin Luise, 1904

Kollodiumpapier; 28,8 x 23
Stadtmuseum Berlin, IV 88/8696b V

Im südlichen Tiergarten, unweit der Tiergarten-
straße, wurde im März 1880 das von Erdmann
Encke geschaffene Mamorstandbild der Königin
Luise enthüllt. Das aus Spenden der Berliner Bür-
ger errichtete Denkmal zeigt auf seinem Sockel
Szenen aus den Freiheitskriegen.

IX/36   **Max Missmann**

Goldfischteich, um 1900

Kollodiumpapier; 21,5 x 29
Stadtmuseum Berlin, 804

IX/38

Der Tiergarten ist die älteste und mit etwa 220
Hektar größte Berliner Parkanlage, deren Geschichte bis ins ausgehende 15. Jahrhundert zu-
rückreicht. Zu ihm gehört der Goldfischteich,
hervorgegangen aus dem ehemaligen Venusbas-
sin, das seinen Namen im 18. Jahrhundert einer
Venusstatue am Rande der Wasseranlage verdankte.

IX/37   **Max Missmann**

Herbst am Goldfischteich, 1900

Kollodiumpapier; 23,7 x 28,6
Stadtmuseum Berlin, IV 88/476 V

IX/38   **Unbekannter Photograph**

Kemperplatz mit Wrangelbrunnen,
um 1900

Albuminpapier; 16,8 x 26
Stadtmuseum Berlin, IV 65/1058 V

Der 1878 von Hugo Hagen geschaffene Brunnen
wurde zum Gedenken an den 1877 verstorbenen
Generalfeldmarschall Graf von Wrangel aufgestellt. Seine Hauptfiguren symbolisieren die (damals) vier größten deutschen Ströme Rhein,
Elbe, Oder und Weichsel. 1902 wurde er in eine
Grünanlage an der Kreuzberger Grimmstraße
umgesetzt.

IX/40

IX/42

IX/39 Max Missmann

Goethedenkmal im Thiergarten, 1904

Kollodiumpapier; 29 x 23
Stadtmuseum Berlin, IV 76/381 V

Am Rande des Tiergartens, nahe der heutigen
Ebertstraße, befindet sich das von Fritz Schaper
entworfene Goethedenkmal. Den Sockel des 1880
enthüllten Denkmals schmücken die allegorischen Figuren der lyrischen und tragischen Poesie und der Wissenschaft.

IX/40 Max Missmann

Thiergartenallee, 1905

Kollodiumpapier; 23 x 29
Stadtmuseum Berlin, IV 97/38 V   (Abb. S. 209)

Auf Erlaß von Kaiser Wilhelm II. wurden in der
Siegesallee zwischen Königsplatz und Kemperplatz in den Jahren 1898 bis 1901 32 Denkmal-
gruppen der brandenburg-preußischen Herrscher
errichtet. Sie sollten die deutsche Geschichte
von der Begründung der Mark Brandenburg bis
zur Reichseinigung versinnbildlichen. Im Vordergrund das von Reinhold Begas geschaffene
Standbild Kaiser Wilhelms I.; die dahinter stehende Marmorbank wird von den Büsten Molt-
kes und Bismarcks geschmückt.

IX/41 F. Albert Schwartz

Süd-östliche Seite des Potsdamerplatzes,
1890

Kollodiumpapier; 24,5 x 32,9
Stadtmuseum Berlin, IV 68/173 V

Infolge des Aufschwungs nach der Reichseinigung 1870/71 begann sich die Kaiserstadt in alle
Richtungen auszudehnen. Der Potsdamer Platz
rückte ins Zentrum der werdenden Metropole.
Das neue repräsentative Gebäude des Potsdamer Bahnhofs im Hintergrund wurde bereits
1872 eingeweiht. Das *Hotel Fürstenhof* wurde zu
einem Schauplatz in Fontanes *Die Poggenpuhls*.

IX/42 F. Albert Schwartz

*Potsdamerplatz zwischen Königgrätzer-
und Leipziger Straße*, 1890

Kollodiumpapier; 24,5 x 33
Stadtmuseum Berlin, IV 68/170 V

IX/43 Georg Bartels

*Potsdamer Straße vom Potsdamer
Platz aus*, 1897

Platinotypie; 29,9 x 36
Stadtmuseum Berlin, IV 68/253 V

IX/44 Georg Bartels

*Potsdamer Straße vom Potsdamer
Platz aus*, 1897

Platinotypie; 29,9 x 35,8
Stadtmuseum Berlin, IV 68/235 V

Im siebenten Haus links hinter der Einmündung
der Linkstraße wohnte in Nr. 134 c Theodor Fontane. Die Wohnung im dritten Stock hatte die
Familie Fontane am 3. Oktober 1872 bezogen.

IX/45 Georg Bartels

*Potsdamer Straße, Blick von der Brücke
zum Platz*, 1897

Platinotypie; 29,9 x 35,9
Stadtmuseum Berlin, IV 68/233 V

IX/46 Hugo Rudolphy

*Frederichs Hotel in der Potsdamer
Straße 12*, um 1890

Bromsilbergelatinepapier; 30 x 35,7
Stadtmuseum Berlin, IV 68/240 V

Unter den zahlreichen Restaurants und Lokalen
war *Frederichs Hotel & Wein-Stuben* eines der
beliebtesten Weinlokale in dieser Gegend. Hier
waren auch Theodor Fontane und Adolph Menzel Stammgäste.

IX/47 Georg Bartels

*Potsdamer Straße, Eichhorn Str. Die große
Rüster*, 1897

Platinotypie; 35,9 x 29,9
Stadtmuseum Berlin, IV 68/255 V   (Abb. S. 203)

Die Potsdamer Straße entwickelte sich in der
Gründerzeit zu einer Hauptverkehrsstraße. Die
Villen und Gartenhäuser wichen den neuen
Mietshäusern und spiegeln die Entwicklung der
Großstadt.

IX/48 Georg Bartels

*Potsdamer Straße, Ecke Eichhorn Str.
Die große Rüster*, 1897

Platinotypie; 35,9 x 30
Stadtmuseum Berlin, IV 68/252 V

X. Lehret uns Erinnerung, damit wir lernen, schlummernden Reichtum zu erschließen · Fontanes Blick auf die Mark – Variationen eines Themas

Andreas Teltow

„Aber auch das, was uns umgibt, führt seine Sprache. Jegliches, was seit Jahrhunderten hier war und wuchs, es ist nicht tot, es lebt und schafft und wirkt ein geheimnisvolles Band zwischen dem Vergangenen und dem Gegenwärtigen."[1]

Die Mark Brandenburg ist eine alte Kulturlandschaft. Über Jahrtausende geformt und verändert, zunächst von der Kraft des Eises, später von den hier Siedelnden, bietet sie dem interessierten Betrachter eine scheinbar unendliche Fülle an historischen Überlieferungen. Mit dem Fallen der bis dahin als statisch empfundenen trennenden Grenzen in jüngster Vergangenheit ist die Voraussetzung und inzwischen weithin genutzte Möglichkeit gegeben, die traditionell als „Streusandbüchse" des Heiligen Römischen Reiches Deutscher Nation bezeichnete Landschaft einer eingehenden Erkundung zu unterziehen. Verstärkt gerät dabei auch der ehemalige östliche Teil der Mark Brandenburg, die im heutigen Polen jenseits der Oder gelegene Neumark, in das Blickfeld der Öffentlichkeit. Dem gestiegenen Informationsbedürfnis entspricht eine inzwischen unübersehbare Flut an Heimatliteratur und historischen Abhandlungen, die wiederum erneutes Interesse zu wecken vermögen. So unter-

schiedlich die Herangehensweise der verschiedenen Publikationen an den Gegenstand ihrer Betrachtung ist, so verschieden gestalten sich auch deren Qualität und Aussagewert.

Im Jahr der hundertsten Wiederkehr des Todestages von Theodor Fontane werden zahlreiche Veröffentlichungen, Sonderauflagen seiner Werke und Ausstellungen an den großen deutschen Schriftsteller und Dichter erinnern. Zum einen wird des Verfassers der großen und bleibenden Gesellschaftsromane gedacht. Sein Werk beinhaltet zum anderen einen umfangreichen Bestand an autobiographischen Schriften, Theaterkritiken, Berichten von Kriegsschauplätzen, Gedichten und – Reisebeschreibungen. Innerhalb der Reiseliteratur sind vor allem die *Wanderungen durch die Mark Brandenburg* auf nachhaltige Weise einem breitem Publikum bekannt.

Sich dem „Wanderer" Fontane zu nähern und seinen Blick auf die Mark Brandenburg nachzuvollziehen, bedeutet, die Intentionen des Dichters, seine Arbeitsweise und die Stellung der *Wanderungen durch die Mark Brandenburg* im Gesamtwerk zu erörtern. Zu seinen Lebzeiten erschienen sie immer wieder überarbeitet und neu zusammengestellt in mehreren Auflagen. Die Reiseschilderungen erwiesen sich als publikumswirksam – und

Xa/1

verliehen ihrem Autor den Nimbus *des* märkischen Chronisten, *der* Institution in Sachen märkischer Heimat- und Landeskunde. In die Zeit der *Wanderungen* fällt die Entwicklung Theodor Fontanes vom Journalisten in preußischen Diensten zum freien Schriftsteller; sie sind eine Voraussetzung für diesen Prozeß. Hat er sich schon in seinem Frühwerk der brandenburgisch-preußischen Thematik zugewendet, wie die Gedichte aus der *Tunnel*-Zeit belegen, so sind seine großen Romane der letzten beiden Lebensjahrzehnte durch in der Mark Brandenburg gemachte Reiseerfahrungen und hier gewonnene Eindrücke geprägt, ja überhaupt erst ermöglicht worden. Die Stoffe erwachsen aus einer genauen Kenntnis preußischer - speziell märkischer - und Berliner Verhältnisse. Mit diesem Wissen erzeugt Fontane einen oftmals spielerisch variierten, atmosphärisch dichten und überzeugenden Hintergrund, vor dem seine Romanfiguren agieren. Ob Lewin von Vitzewitz im Romanerstling *Vor dem Sturm*, einer im Oderland der Jahre 1812 und 1813 angesiedelten Geschichte, ob Schach von Wuthenow, Jenny Treibel oder Effi Briest - stets sind die Charaktere der Protagonisten aus der genauen Kenntnis der Landschaft und einer hier beobachteten sozialen Situation entwickelt. Indem Fontane ein überzeugendes Gesellschaftspanorama seiner Zeit entwirft und allgemeingültige Probleme zwischenmenschlicher Beziehungen meisterhaft darzustellen vermag, unterscheidet er sich grundlegend von Autoren heute zumeist vergessener heimattümelnder Unterhaltungsliteratur. Der zeitkritische Gesellschaftsroman wird „*der Weg, der ihn aus den engumgrenzten Provinzen der deutschen Literatur in die Weite der Weltliteratur führt* [...]"[2]

Seit ihrer Entstehungszeit wird das Anliegen der *Wanderungen durch die Mark Brandenburg* mißverstanden. Das in jüngster Zeit durch Aufnahme Fontanes nachgelassener Schriften und Fragmente zu diesem Thema auf stattliche acht Bände erweiterte Werk[3] ist weder ein Geschichtsbuch noch ein Reiseführer. Es ist ein Geschichtenbuch und ein „Reiseverführer". Die in zwanzigjähriger intensiver Beschäftigung mit dem Thema angelegte Materialsammlung entstand parallel zu seiner Tätigkeit als Mitarbeiter der *Kreuz-Zeitung* und als Theaterkritiker der *Vossischen Zeitung* sowie zu anderen literarischen Projekten. Bereits 1856 entwickelte Fontane während seines London-Aufenthaltes den Plan eines umfangreichen Werkes mit dem Titel *Die Marken, ihre Männer und ihre Geschichte*. Die komplizierte Entstehungsgeschichte der *Wanderungen* beinhaltet Erstveröffentlichungen einzelner Beiträge in Zeitungen, Zeitschriften und Familienblättern, deren spätere Zusammenfassung in geographisch bestimmten Themenbänden sowie tiefgreifende Umarbeitungen, Ergänzungen und Neuaufteilungen bei nachfolgenden Auflagen. Die seit 1859 in der *Kreuz-Zeitung* veröffentlichten *Märkischen Bilder* bilden den Grundstock zum im Jahre 1862 erschienenen ersten Wanderungsband. Der fünfte und letzte Band der Reihe, *Fünf Schlösser*, stammt von 1888. Noch 1883 disponierte Fontane Stoff für ein auf vier Bände angelegtes Parallelwerk, das den Titel *Geschichte und Geschichten aus der Mark Brandenburg* tragen, aber über Vorarbeiten nicht hinaus-

kommen sollte. Wenige Jahre später, 1889, folgte dann schließlich das Projekt einer zweibändigen Arbeit über die Geschichte der Familie von Bredow, das ebenfalls liegenblieb.

Allein aus den vielen Ansätzen zur Beschäftigung mit dem Thema Mark Brandenburg, der Fülle des Materials, das vielfach überarbeitet oder gar erst nach Fontanes Tod veröffentlicht wurde, ergibt sich bereits eine Erklärung für die bezüglich inhaltlicher Schwerpunkte feststellbare Inhomogenität. Vieles, was für die brandenburgische Landesgeschichte aufschlußreiches Material geboten hätte, läßt der Autor unberücksichtigt; auf einer imaginären Übersichtskarte historisch bemerkenswerter brandenburgischer Stätten bleiben wichtige Orte ausgespart. Er bemerkt dazu im Vorwort zum ersten, 1862 erschienenen und später als *Die Grafschaft Ruppin* bezeichneten Wanderungsband: „*Und sorglos hab ich es gesammelt, nicht wie einer, der mit der Sichel zur Ernte geht, sondern wie ein Spaziergänger, der einzelne Ähren aus dem Felde zieht.*"[4]

Es lag nicht in der Absicht Theodor Fontanes, eine umfassende brandenburgische Landeskunde zu Papier zu bringen. Er war weder Historiker, Geograph, Botaniker noch Statistiker. Fontanes Werk ist das eines Romanciers und Dichters, der auf jahrelanger journalistischer Schulung aufbauen konnte. Er erwies den in seiner Zeit in Hochblüte stehenden Fachdisziplinen seinen Respekt und nutzte ausführlich zur Vorbereitung seiner Fahrten durch die Mark Brandenburg grundlegende Quellenwerke. „*Jede wissenschaftliche Prätension lag mir fern. Es drängte mich nur, das eingewurzelte Vorurteil von einer hierlandes auf alle Dinge sich erstreckenden Armut und Elendigkeit zu bekämpfen und durch Hinweis auf diesen oder jenen Schönheits- beziehungsweise Berühmtheitspunkt unsrem so gern in die Ferne schweifenden Märker zu Gemüt zu führen: ‚Sieh, das Gute liegt so nah‘.*"[5]

Das Wanderungsprojekt steht durchaus in der Zeitströmung, die eine Vertiefung des Heimatgefühls und die Popularisierung der Heimatgeschichte beinhaltet. Dieser in der Romantik fußenden Entwicklung entspricht auch die Entstehung zahlreicher Geschichtsvereine seit den dreißiger Jahren des 19. Jahrhunderts, wie der *Altmärkische Verein für vaterländische Geschichte und Industrie* sowie der *Verein für die Geschichte der Mark Brandenburg*, beide 1837 gegründet. Fontane stand einigen dieser Vereine nahe und war auch Mitglied beziehungsweise in späteren Lebensjahren Ehrenmitglied beispielsweise der *Gesellschaft für Heimatkunde der Provinz Brandenburg zu Berlin* und des *Touristenklubs für die Mark Brandenburg*. Zweifellos widerspiegelt das Aufblühen heimatkundlichen Interesses die politischen Verhältnisse jener Zeit. Seit der gescheiterten Revolution von 1848 geht die in Preußen und anderen Staaten zunehmende wirtschaftliche Prosperität mit einengender, ja reaktionärer politischer Führung einher. Im Verlauf der *Wanderungen* durch das „*Adlerland*", das von Fontane so bezeichnete Kernland der preußischen Monarchie, offenbart sich ein politischer Ernüchterungsprozeß des Autors. Der von ihm geschätzte märkische Adel wird zunächst nach seiner historischen und kulturellen Potenz im Hinblick auf die führende Rolle Preußens bei der Lösung der „deutschen Frage" bewertet. So entsteht ein romantisierendes Bild einzelner Vertreter der jahrhundertelang ansässigen Familien, deren *„Tugenden heißen: ein Teil Gutmütigkeit, ein noch größeres von gesundem Menschenverstand und ein allergrößtes von Kritik. Und diese Kritik ist das Beste."*[6] Der Adel aber ist als Träger des preußischen Staatsgedankens in einer zu Umbrüchen drängenden Zeit schließlich nicht in der Lage, an gesellschaftlichen Reformen, wie sie Fontane gegen Ende seines Lebens erhoffen und erahnten sollte, mitzuwirken. Der Versuch, ideale Geschichte vorbildhaft auf die Gegenwart zu projizieren, ist in den *Wanderungen* letztendlich nicht zu realisieren. Hier ist einer der Gründe zu suchen, warum der Autor eine ursprünglich geplante brandenburgische Landesgeschichte nicht verfaßt hat. In der Auseinandersetzung des Schriftstellers mit seiner Zeit wird schließlich der kritische Gesellschaftsroman zum bevorzugten Mittel der Reflexion.

Theodor Fontanes literarisch-publizistische Erschließung der „Streusandbüchse" geht weit über das hinaus, was Überlieferung und Forschung bislang lediglich als Ort von *„Schlachten und immer wieder Schlachten, Staatsaktionen, Gesandtschaften"*[7] postulierten. Vor einer provinziellen, heimattümelnd-einengenden Sehweise bewahrt den Schriftsteller und Menschen nicht zuletzt sein Weitblick, der durch zahlreiche, teilweise mehrjährige Reisen und Aufenthalte in verschiedenen europäischen Ländern geschult wurde. Eine Glorifizierung seiner Heimat ist ihm, bei aller Verbundenheit und Liebe, fremd. In einem Brief an seine Frau Emilie bemerkt er: *„Wie dumm ist es, sich zu überheben; hinterm Berge wohnen auch immer Leute."*[8] Die Fremde ist Fontane als kritisches Korrektiv stets gegenwärtig. In der Fremde schließlich, mit Blick von außen, faßt er auch den Plan, die Mark Brandenburg zu bereisen und zu beschreiben. Schon seit Kindheitstagen hatte er eine besondere Vorliebe für England. Das prosperierende und weltoffene Königreich ist bewundertes Gegenbild zur heimatlichen provinziellen Enge – und wird in der Folgezeit zum entscheidenden Bildungserlebnis. In den Jahren 1844 und 1852 weilt Fontane für kürzere Zeit vor allem in London. Im August 1855 schließlich bricht er als Journalist für die *Deutsch-englische Correspondenz* im Auftrag der preußischen *Zentralstelle für Preßangelegenheiten* zu einem dreieinhalbjährigen Englandaufenthalt auf. Die Stätten des modernen Lebens und der historischen Überlieferung regen seine literarische Phantasie an. Hier entstehen auch seine ersten Reiseberichte, parallel zu der eigentlichen Tätigkeit als Auslandskorrespondent.

In der Zeit vom 9. bis zum 24. August 1858 unternahm Theodor Fontane mit dem befreundeten Bernhard von Lepel eine Reise durch Schottland. Höhepunkt der Fahrt durch das Land seiner poetischen Sehnsucht, mit dessen Geschichte er gut vertraut ist, wird der Besuch des Hauses des verehrten literarischen Vorbildes Walter Scott in Abbotsford. Der Reisebericht[9] enthält bereits die literarischen Gestaltungsprinzipien,

von denen auch die *Wanderungen durch die Mark Brandenburg* geprägt sein werden. Aus einem Konglomerat von Momentaufnahmen, wie Reisestimmungen, atmosphärisch verdichteten Natur- und Ortsschilderungen, detaillierten und treffsicheren Beobachtungen der Bewohner, gelangt der Leser fast unmerklich zum Mittelpunkt der Darstellung, zu historischen Gestalten, oftmals spannungsgeladen und auf tragische Weise in Widersprüche verstrickt. Die im Zentrum des Interesses stehende Figur ist in einen prägenden geographischen und sozialen Rahmen eingebunden. Dem Schriftsteller erschließt sich die Erkenntnis, daß Landschaft, Geschichte und Persönlichkeit einander bedingende Elemente einer Einheit sind, die sich in Bildern zusammenfügen lassen.

Auf ihrer Reise besuchten Fontane und Lepel auch den Levensee in der schottischen Grafschaft Kinross. *„Mitten im See liegt eine Insel, und mitten auf der Insel, hinter Eschen und Schwarztannen halb versteckt, erhebt sich ein altes Douglas-Schloß, das in Lied und Sage vielgenannte Lochleven Castle. Es sind nur Trümmer noch, die Kapelle liegt als ein Steinhaufen auf dem Schloßhof, und statt der alten Einfassungsmauer zieht sich ein Weidengestrüpp um die Insel her; aber der Rundturm steht*

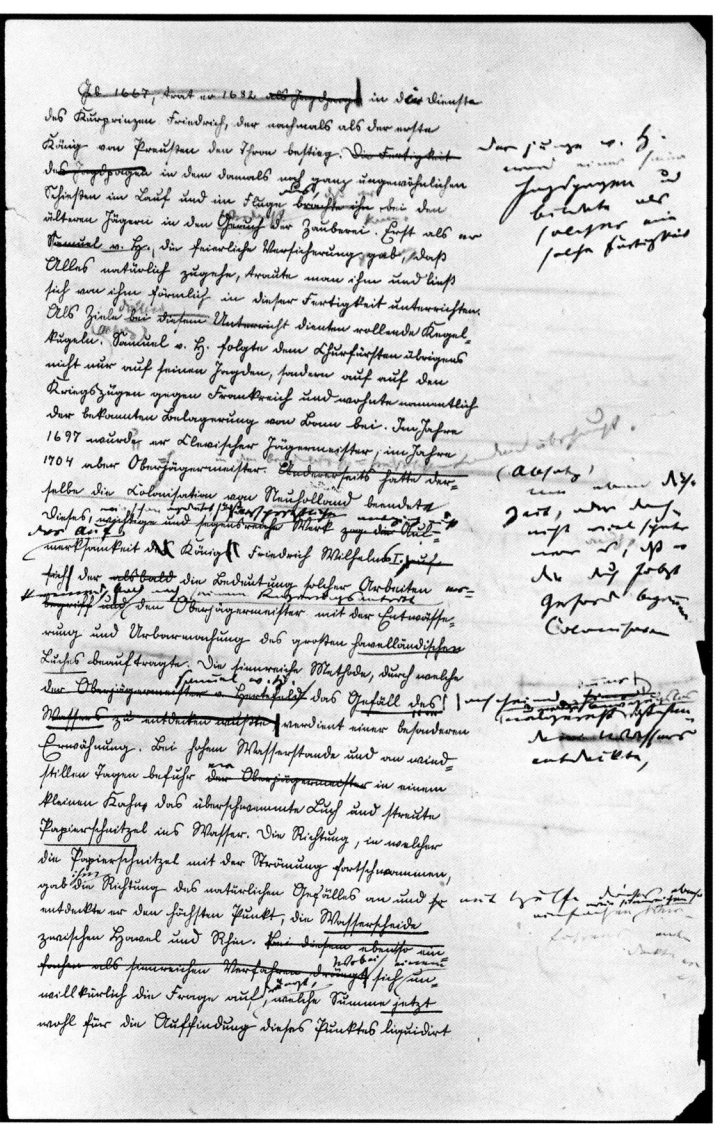

Xa/27.1 - Rückseite

noch, in dem Queen Mary gefangensaß, die Pforte ist noch sichtbar, durch die Willy Douglas die Königin in das rettende Boot führte, und das Fenster wird noch gezeigt, über dessen Brüstung hinweg die alte Lady Douglas sich beugte, um mit weit vorgehaltener Fackel dem nachsetzenden Boote den Weg und womöglich die Spur der Flüchtigen zu zeigen."[10] In dieser historisch geprägten Landschaft stellt sich bei Fontane die Assoziation zu einem Jahre zurückliegenden Ausflug nach Schloß und Park Rheinsberg in der Mark Brandenburg ein. Aus Erinnerung und Phantasie entsteht kurzzeitig – einer Fata Morgana vergleichbar – das Bild eines seit seiner Kindheit vertrauten Gefildes, in das eine historische Szenerie aus der Zeit des Kronprinzen Friedrich projiziert ist. So kurz dieser Moment gewesen sein mag, zeitigt er nachhaltige Wirkung. Er ist wie eine Initialzündung zur Verwirklichung des 1856 in London gefaßten Planes, ein umfangreiches Werk mit dem Titel *Die Marken, ihre Männer und ihre Geschichte* zu verfassen. Er ist der Auslöser für die publizistische Eroberung der märkischen Heimat, mit der Fontane bald nach seiner Rückkehr aus England, im Sommer 1859 beginnt. Der vielzitierte Satz aus dem Vorwort zur ersten Auflage der *Wanderungen durch die Mark Brandenburg, „Erst die Fremde lehrt uns, was wir an der Heimat besitzen*"[11], findet hier nachhaltige Bestätigung.

Die Bedingungen, die Theodor Fontane für die Verwirklichung des Planes vorfindet, sind denkbar günstig. Ergebnisse der Geschichtsforschung waren bisher nur einem kleinen Kreis von Fachgelehrten und interessierten Laien zugänglich. Die Gründung von Geschichts- und Heimatvereinen eröffnete die Möglichkeit, Heimatforschung und Geschichtsvermittlung auf eine breitere Grundlage zu stellen. Mit den in ihrer Entstehungszeit äußerst erfolgreichen historischen und vaterländischen Romanen, wie sie Willibald Alexis schon in den vierziger Jahren des 19. Jahrhunderts verfaßte, ist auch von seiten der Prosa her das Tor zu weitgespannter öffentlicher Interessiertheit an heimatkundlichen Themen aufgestoßen worden. Fast

Xg/5

immer jedoch dominieren die großen Themen wie Landes- oder Dynastengeschichte. Die die rasch wachsende Metropole Berlin umgebenden ländlichen Gebiete der Mark Brandenburg verbleiben in ihrer provinziellen Abgeschiedenheit und verbergen ihren großen Reichtum an historischen Überlieferungen. Ein „weites Feld" also für Fontane, der unermüdlich an die Aufgabe geht, diesen Schatz für seine Zwecke zu heben und seinen Landsleuten vertraut zu machen. Er wendet sich gegen unbegründete Vorurteile: *„Wer in der Mark reisen will, der muß zunächst Liebe zu ‚Land und Leuten' mitbringen, mindestens keine Voreingenommenheit. Er muß den guten Willen haben, das Gute gut zu finden, anstatt es durch krittliche Vergleiche totzumachen.*"[12] Schon bald wird dem „Wanderer" klar, daß die Fülle des zu vermutenden und von ihm bereits aufgefundenen Materials sich einer ausführlichen und eingehenden Bearbeitung entzieht: *„Es soll eine Erholung sein und ist eigentlich eine riesige Arbeit. Schlösser, Kirchen, Kirchhöfe, Inschriften, Grabschriften, Bilder, Statuen, Parks, Grafen, Kutscher, Haushälterinnen, Vater, poetische Drechslermeister – alles das und hundert andres dazu, tanzt mir hurly burly im Kopf herum [...] Ich habe in diesen 3 Tagen so viel gesehn, daß das bloße Sehen eine Arbeit wäre, aber es sehen und dabei beständig ordnen, schreiben, arbeiten, einreihen in andres, ist wirklich eine große Anstrengung.*"[13] So bleibt die auswählende Beschränkung auf Orte und Personen, die mit ihrer Geschichte den geeigneten Stoff für die *Märkischen Bilder*, wie sie Fontane zunächst nennt, abgeben.

Es sind dies die im Dunkeln liegenden sagenhaften Anfänge der Mark und deren Hinterlassenschaften – den bronzenen Kultwagen aus Drossen lernt Fontane in der im Neuruppiner Gymnasium untergebrachten Zietenschen Sammlung kennen. Von Carl Blechens Gemälde *Semnonenlager in den Müggelbergen* läßt er sich zu Betrachtungen über die historische Landschaft, später zu einem Gedicht anregen. Er interessiert sich für die Sage vom Schildhorn, wohin sich schwimmend der Wendenfürst Jaxa nach einer verlorenen Schlacht gegen Markgraf Albrecht I. (genannt „der Bär") gerettet haben soll. Das Wirken des Zisterzienserordens würdigt er in den Beschreibungen der einst bedeutenden märkischen Klöster Lehnin und Chorin. Besonderer Aufmerksamkeit sind ihm die Vertreter des jahrhundertelang ansässigen Landadels wert, wie das einst selbstbewußte Geschlecht derer von Quitzow in der Prignitz; die Pfuels im „Pfuhlen-Land" um Buckow in der Märkischen Schweiz; die Hakes auf Burg und Schloß Kleinmachnow; die Sparrs, deren bedeutendster Vertreter, Otto Christoph von Sparr, brandenburgischer Feldmarschall unter dem Großen Kurfürsten war; die Uchtenhagens in Freienwalde, deren letzter Sproß Kaspar im Jahre 1597 der Sage nach durch eine vergiftete Birne gestorben sein soll; die Kattes, bekannt vor allem durch Hans Hermann von Katte, der wegen seiner Mitwisserschaft an den Fluchtplänen des Kronprinzen Friedrich 1733 durch das Schwert gerichtet wurde, und nicht zuletzt das alte, aus Pommern stammende Geschlecht der Humboldts, das Schloß Tegel im 18. Jahrhundert

Xj/7

in seinen Besitz brachte. Berühmtester Bewohner war der preußische Staatsmann Wilhelm von Humboldt. Fontane beschäftigt sich mit Leben und Werk der märkischen Dichter Friedrich Wilhelm August Schmidt, genannt Schmidt von Werneuchen, und Heinrich von Kleist. Der Autor besucht die Schlachtfelder von Fehrbellin und Zorndorf, das Schloß Königs Wusterhausen, Lieblingsaufenthalt König Friedrich Wilhelms I., die Residenz des im Schatten seines Bruders König Friedrich II. stehenden Prinzen Heinrich in Rheinsberg, Schloß und Park Buch, ein Ort der tragischen Liebesgeschichte zwischen Julie von Voß und König Friedrich Wilhelm II., und schließlich Paretz, das „Schloß Still im Land" der Königin Luise. Fontane lernt die Neuhardenberger und die Spreewälder Trachten kennen, beschäftigt sich mit der Sammelleidenschaft eines „Kalittenjägers" und schildert das Elend der Ziegelstreicher der Glindower Ziegeleien.

Dieses Kaleidoskop an Themen – Orte, Personen, Ereignisse – erschließt sich Fontane anläßlich zahlreicher Fahrten durch die Mark Brandenburg. Im Zeitraum von 1859 bis 1889 reiste er, bis auf wenige Ausnahmen, in jedem Jahr mehrfach, häufig auch in Begleitung von Bekannten, wie beispielsweise seinem Verleger Wilhelm Hertz, seinem Freund Bernhard von Lepel, dem Architekten Richard Lucae und dem Kunsthistoriker Wilhelm Lübke. Die Aufenthaltsdauer gestaltete sich unterschiedlich; sie konnte einen Tag, aber auch mehrere Wochen betragen. Voraussetzung für die Festlegung der einzelnen Routen war ein umfangreiches Literaturstudium, das historische,

landeskundliche, Reise- und Sagenliteratur einschloß. Schriftliche Kontakte zu Lehrern, Pfarrern, Fachleuten und den zumeist adligen Besitzern der ländlichen Güter verschafften ihm zusätzliche Informationen und dienten darüber hinaus zur Abstimmung von Besuchsterminen. Fontane nutzte zwar auch Kirchenbücher und Gutsarchive, maß der Aktenüberlieferung aber nur einen relativen Wert zu. Als unverzichtbar erweisen sich ihm Anekdoten, Sagen, Episoden, mit denen er Geschichte aus Geschichten erzählt und damit die Unterrichtsmethoden seines Vaters aus Swinemünder Kindheitstagen aufgreift.

Die *Wanderungen durch die Mark Brandenburg* sind kein Wanderführer. Fontane wird nachgesagt, daß er „gut zu Fuß" gewesen sei; doch *„Das Beste ist fahren; mit offnen Augen vom Coupé, vom Wagen, vom Boot, vom Fiaker aus die Dinge an sich vorüberziehen lassen, das ist das A und O des Reisens. Was noch übrigbleibt, ist Sache des Studiums [...]"*[14] Die Möglichkeiten neuer Verkehrsmittel, Eisenbahn und Dampfschiff, nutzte Fontane gern, konnte damit aber nur einen kleinen Teil des weitgesteckten Reiseprogramms verwirklichen. In Ausnahmefällen und bei kürzeren Strecken blieb dann tatsächlich das Wandern, sonst in der Regel die Nutzung von Fuhrwerken, wie dem Postomnibus oder dem gemieteten und teuren Pferdefuhrwerk, dem „Hauderer". *„In vielen bereisten Ländern kann man billig reisen, wenn man anspruchslos ist; in der Mark kannst du es nicht, wenn du nicht das Glück hast, zu den ‚Dauerläufern' zu gehören. Ist dies nicht der Fall, ist dir der Wagen ein unabweisliches Wanderungsbedürfnis, so gib es auf, für ein Billiges deine märkische Tour machen zu wollen. Eisenbahnen, wenn du ‚ins Land' willst, sind in den wenigsten Fällen nutzbar; also – Fuhrwerk. Fuhrwerk aber ist teuer."*[15] In dem noch nicht dem Tourismus erschlossenen Land waren Fontane und seine Begleiter auf zufällig vorgefundene Gasthöfe angewiesen, in denen sie sich verpflegten und übernachteten. Das Niveau der Berherbergungsstätten beschreibt er als sehr unterschiedlich: *„Zustände von Armut und Verwahrlosung schieben sich in die Zustände modernen Kulturlebens ein [...]"*[16] Allerdings vermag der reisende Autor nicht, dem interessierten Leser diesbezüglich Genaues mitzuteilen: *„Wo es gut sein könnte, da triffst du es vielleicht schlecht, und wo du das Kümmerlichste erwartest, überraschen dich Luxus und Behaglichkeit."*[17]

Theodor Fontanes märkische Reisebilder sind unterhaltsame Wissensvermittlung in novellistischer Form. Die Inhalte werden in einem anregenden „Plauderton" bildhaft vorgestellt. Im Unterschied zu Reiseführern und wissenschaftlichen Werken bestehen die *Wanderungen* zum überwiegenden Teil aus Beschreibungen und Genreszenen. Im Mittelpunkt der Darstellung steht eine historische Persönlichkeit, deren Problemkonstellation so erweitert wird, daß sie über Zeit und Raum hinausweist. Fontane geht beispielsweise im Kapitel über die neumärkische Festungsstadt Küstrin im Band *Das Oderland* ausführlich auf die Katte-Tragödie ein. Die Geschichte der gescheiterten Flucht des Kronprinzen Friedrich, des Gerichtsverfahrens gegen Hans Hermann von Katte, des Machtspruchs König Friedrich Wil-

Xj/24

helms I., dem schließlich Kattes Hinrichtung folgte, bieten die Möglichkeit einer grundlegenden Behandlung der Problematik von Gnade und Recht. Ein wesentlicher Bestandteil der Darstellungsweise des Autors ist das assoziative Element. Orte und Landschaften sind untrennbar mit der hier geschehenen Geschichte verknüpft. Diese kann das Erscheinungsbild eines Ortes für den wissenden Betrachter verändern, ihm eine andere Bedeutungsebene verleihen. „*Wer nach Küstrin kommt und einfach das alte graugelbe Schloß sieht, das, hinter Bastion Brandenburg, mehr häßlich als gespensterhaft aufragt, wird es für ein Landarmenhaus halten und entweder gleichgültig oder wohl gar in ästhetischem Mißbehagen an ihm vorübergehn; wer aber weiß: ,hier fiel Kattes Haupt; an diesem Fenster stand der Kronprinz', der sieht den alten und unschönen Bau mit andern Augen an.*"[18] Heutige Besucher Küstrins können die Assoziationskette kaum noch nachvollziehen: Die überlieferte Geschichte ist zwar vorhanden, der historische Ort der Festungsstadt mit seinen Baulichkeiten im heutigen polnischen Kostrzyn nach Kriegszerstörung und Abriß dagegen weitgehend ausgelöscht.

Fontane selbst gibt in seinen Beschreibungen märkischer Zisterzienserklöster Beispiele für eigene Sinneseindrücke und Gedankenverbindungen. Er besucht Lehnin, belesen und gut vorbereitet, an einem sommerlichen Augusttag. Er vermeint die vor Jahrhunderten ausgezogenen Mönche singen zu hören; selbst die sagenhafte Weiße Frau scheint ihm gegenwärtig. Wie anders sind die Empfindungen in Chorin: Der Besuch findet – relativ schlecht vorbereitet – an einem unerfreulichen Novembertag statt; der stets wegen Erkältung besorgte Schriftsteller sieht nur öde, kalte und leere Klostergebäude, die dazu noch jeglicher Stimmung entbehren.

Fontane malt mit Worten Bilder. Die vielen kleinen Reisebegebenheiten, Naturbeschreibungen am Wegesrand, Eindrücke bei der Ankunft am Zielort, erste Spaziergänge – alles das sind Elemente einer atmosphärisch verdichteten Landschafts- und Milieuschilderung. In seiner Darstellung bewahrt die Landschaft die Erinnerung an hier stattgefundene Geschichte; der Geist des Geschehens weilt am Ort. Auf der Suche nach dem Gedächtnis der Landschaft kann der wissende Betrachter den Reichtum der Geschichte erschließen. Indem Fontane, ausgerüstet mit einem reichen Wissen, die Landschaft in diesem Sinne erwandert, wird Geschichte lebendig und bleibt der Nachwelt erhalten. Wo die Geschichte nicht ausreicht, das Gedächtnis der Landschaft zu erschließen, hilft die Sage; „[...] *der Strom der Ueberliefrung fließt gelegentlich sehr dünne und selbst die Spezialgeschichte giebt hier und da nur Ueberschriften. Da treten dann Schatten statt der Leiber auf.*"[19]

Eines der treffendsten Beispiele für die Methode, in der Landschaft verschlüsselte Geschichte sichtbar zu machen, ist die Beschreibung des tragischen Schicksals der Julie von Voß im Band *Spreeland*, dem vierten Teil der *Wanderungen*. Aufgewachsen im heute nicht mehr erhaltenen Schloß Buch im nördlichen Berlin, wird Julie in jungen Jahren mit dem Kronprinzen, späteren König Friedrich Wilhelm II., bekannt und bald eine seiner Geliebten. Sie stirbt bereits zweiundzwanzigjährig, nachdem sie nur wenige Wochen zuvor einem Sohn das Leben schenkte. Die Erinnerung an Julie von Voß und ihre nicht standesgemäße Beziehung zum preußischen König wird von ihrer Familie verborgen gehalten. Schweigen breitet sich über die Geschichte. Die wenigen Zeugnisse, die in Buch mit Julie von Voß in Verbindung gebracht werden könnten, bleiben stumm oder erlauben nur unverbindliche Aussagen. Fontane sieht anläßlich seines Besuches in Buch im Jahre 1860 in der Kirche eine Gruft, die keine Inschrift enthält; die Schloßkastellanin nennt nicht den Namen der jungen Frau, die in einem goldgerahmten Bild verewigt ist; das Erinnerungsmal an abgeschiedener Stelle des Parks mit der aus dem Lateinischen übersetzten Inschrift „*Die beste Schwester, die Freundin des Vaterlandes*" verschweigt ihren Namen. Die Parklandschaft ist gleichsam Träger der Erinnerung an das tragische Schicksal der Gräfin. Eine dunkle Allee führt zu der Stelle, an der das Denkmal einst aufgestellt war. Der Park ist nicht heiter, kein Platz für Sonnenschein, schillernde Wasserspiele und bunte Blumenpracht; „*die grauen Schleier des Abends sind es, die diesem Parke kleiden. [...] Die Rüsternalleen, die sich wie Kirchenschiffe wölben, erscheinen nicht wie Weg und Steg in die freie Natur hinaus, sondern wie Gitter und Spaliere gegen dieselbe. Dieser Park hat zu lachen verlernt. Wenn das Sonnenlicht auf ihn fällt und ihn erheitern will, ist es wie eine Witwe, die man mit Bändern und Blumen schmückt.*"[20] Der bereits 1860 veröffentlichte Aufsatz erfährt wie andere Beiträge anläßlich der *Spreeland*-Ausgabe von 1882 eine grundlegende Überarbeitung. 1876 waren die Tagebuchblätter der Tante Julies, der königlichen Oberhofmeisterin Sophie Gräfin Voß, veröffentlicht worden. Fontane kann nun aufgrund dieses Wissens die verborgene Geschichte des Ortes mit künstlerischen Mitteln nachhaltig lebendig machen. Es ist die Stille des Augenblicks, die ihn Bilder empfangen läßt; die geweckte Erinnerung assoziiert veränderte Bilder, in denen historisches Geschehen als zeitloses Dokument menschlichen Handelns begreifbar wird.

Wie ein roter Faden zieht sich die Beschreibung von Erinnerungsstätten wie Denkmäler, Friedhöfe und Grabsteine durch die zahlreichen Aufsätze der *Wanderungen*. Friedhöfe und Grabsteine sind für Fontane zunächst auch Orte persönlichen Gedenkens und autobiographischer Verarbeitung, wie das Gedicht *Meine Gräber*[21] von 1888 eindrucksvoll veranschaulicht. Darüber hinaus sind sie durch ihre Lage, Einbettung in die Land-

schaft und Gestaltung in besonderem Maße geeignet, einen *genius loci* auszustrahlen. Diese unmittelbaren Orte des Andenkens historischer Persönlichkeiten ermöglichen eine Beschreibung, „*als flüsterten die Stimmen derer, die nicht mehr sind*".[22] Denkmäler gehören für Fontane in das Reich der Kunst. Wo die Erinnerung verblaßt oder nur noch schwer nachvollziehbar ist, können mit künstlerischen Mitteln Erinnerungsmale gestaltet werden. Aufwendigere, künstlerisch anspruchsvollere Denkmäler gehören in die Städte, während in der Landschaft nur schlichte und bescheidene Monumente aufgestellt werden sollten. Eine Überfrachtung mit historischem Anspruch, nachträglich erfundene und aufgewertete Geschichte wird von der Landschaft nicht angenommen. Das Schildhorndenkmal bei Spandau wird in diesem Sinne einer Fontaneschen Kritik unterzogen. Es ist ein „*grauschwarzes, wunderliches Bildwerk [...], das halb an Telegraphenpfosten, halb an Fabrikschornsteine mahnt und doch durch allerhand Schnörkel und Ornamente keinen Zweifel darüber läßt, daß es keines von beiden sei. [...] Man hat bei Ausführung dieses Planes in nicht gutzuheißender Weise auf den malerischen Effekt Verzicht geleistet. [...] Archäologischer Übereifer aber glaubte ein übriges tun zu müssen und hat seinen Sieg auf Kosten des guten Geschmacks gefeiert. [...] Etwas Apartes ist*

Unbekannter Künstler nach Entwurf von Hans Christian Genelli, Kenotaph der Julie von Voß, um 1789, Sandstein, Stadtmuseum Berlin, Dauerleihgabe in der Friedrichswerderschen Kirche

gewonnen, nichts Schönes, das der eigentümlichen Schönheit der Landschaft entspräche."[23]

In der Zeit der *Wanderungen* sind viele Dörfer, Schlösser und Kirchen baulichen Veränderungen unterworfen worden. Der genius loci erfuhr damit in zahlreichen Fällen nachhaltige Veränderungen und Beeinträchtigungen. Fontane hat den oft nicht pietätvollen Umgang mit traditionsreichen Kunstwerken in dem Gedicht *Kirchenumbau (Bei modernem Gutswechsel)*[24] auf drastische Weise persifliert. Er verzichtete in der Regel auf erneute Besuche bereits bekannter Orte, nachdem durchgreifende Um- und Neubauten, beispielsweise die stilreine Rekonstruktion der Klosterkirche Lehnin, stattgefunden hatten. Das einmal gesehene und empfundene Bild bleibt in der Erinnerung erhalten. Es findet Eingang in die *Wanderungen durch die Mark Brandenburg* und regt bis heute immer wieder zu Vergleichen an.

Wer sich auf den Spuren Theodor Fontanes durch die Mark Brandenburg begibt, wird manches wiederfinden, was vor über

hundert Jahren niedergeschrieben wurde, vieles aber vergeblich suchen. Neues ist seitdem hinzugekommen, was nicht immer den Beifall des geistvollen „Wanderers" gefunden hätte. Aber auch dieses ist es wert, im fontaneschen Sinne befragt und entschlüsselt zu werden. Denn das, *„was uns umgibt, führt seine Sprache. Jegliches, was seit Jahrhunderten hier war und wuchs, es ist nicht tot, es lebt und schafft und wirkt ein geheimnisvolles Band zwischen dem Vergangenen und dem Gegenwärtigen."*[25] Dabei kommt es *„nicht auf die Masse des zu Sehenden und kaum auf die Bedeutung des einen oder andern an, sondern lediglich darauf mit welchem Auge man sieht."*[26] An der großen Beliebtheit der *Wanderungen*, gerade wieder in heutiger Zeit, erfüllt sich im nachhinein ein schon 1861 formulierter Wunsch ihres Verfassers: *„Möchten sie auch in andern jene Empfindungen wecken, von denen ich am eignen Herzen erfahren habe, daß sie ein Glück, ein Trost und die Quelle echtester Freude sind."*[27]

Anmerkungen

1 Theodor Fontane, Wanderungen durch die Mark Brandenburg, 4: Spreeland; GBA, S. 321

2 Edda Ziegler und Gotthard Erler, Theodor Fontane. Lebensraum und Phantasiewelt, Berlin 1996, S. 184

3 Es umfaßt innerhalb des vom Aufbau-Verlag Berlin herausgegebenen Gesamtwerks Theodor Fontanes (Große Brandenburger Ausgabe) die Bände *Die Grafschaft Ruppin, Das Oderland, Havelland, Spreeland, Fünf Schlösser, Unbekannte und vergessene Geschichten aus der Mark Brandenburg* (I: *Dörfer und Flecken im Lande Ruppin*, II: *Das Ländchen Friesack und die Bredows*) sowie in der Ausgabe von 1997 einen Registerband.

4 Theodor Fontane, Wanderungen durch die Mark Brandenburg, 1: Die Grafschaft Ruppin; GBA, S. 3

5 Theodor Fontane, Wanderungen durch die Mark Brandenburg 4: Spreeland, Schlußwort der ersten Ausgabe 1881; GBA, S. 437

6 Ebd., S. 441 f.

7 Theodor Fontane, Brief an Wilhelm Hertz, 31.10.1861, in: Fontanes Briefe in zwei Bänden, Berlin/Weimar 1980, Bd. 1, S. 283

8 Theodor Fontane, Brief an Emilie Fontane, 11.6.1883, in: Theodor Fontane, Briefe. Eine Auswahl, Berlin 1963, Bd. 2, S. 187

9 Theodor Fontane, Jenseit des Tweed; NA XVII, S. 191–410

10 Theodor Fontane, Wanderungen durch die Mark Brandenburg, 1: Die Grafschaft Ruppin, Vorwort zur ersten Auflage 1862; GBA, S. 1

11 Ebd.

12 Theodor Fontane, Wanderungen durch die Mark Brandenburg, 1: Die Grafschaft Ruppin, Vorwort zur zweiten Auflage 1864; GBA, S. 5

13 Theodor Fontane, Brief an Emilie Fontane, 16.9.1862; HA 2, S. 84

14 Theodor Fontane, Brief an Emilie Fontane, 9.8.1875, in: Fontanes Briefe in zwei Bänden, Berlin/Weimar 1980, Bd. 1, S. 412

15 Theodor Fontane, Wanderungen durch die Mark Brandenburg, 1: Die Grafschaft Ruppin, Vorwort zur zweiten Auflage 1864; GBA, S. 6

16 Ebd.

17 Ebd.

18 Theodor Fontane, Wanderungen durch die Mark Brandenburg, 1: Die Grafschaft Ruppin, Vorwort zur zweiten Auflage 1864; GBA, S. 5

19 Theodor Fontane, Brief an Paul Heyse, Mitte Februar 1862; HA 2, S. 63

20 Theodor Fontane, Wanderungen durch die Mark Brandenburg, 4: Spreeland; GBA, S. 166

21 Theodor Fontane, Gedichte; GBA, Bd. 1, S. 40

22 Theodor Fontane, Wanderungen durch die Mark Brandenburg, 4: Spreeland (Löwenbruch, 1860); GBA, S. 322

23 Theodor Fontane, Wanderungen durch die Mark Brandenburg, 6,1: Dörfer und Flecken im Lande Ruppin (Das Schildhorn bei Spandau, 1860); GBA, S. 33, 35

24 Theodor Fontane, Gedichte; GBA, Bd. 1, S. 36

25 Theodor Fontane, Wanderungen durch die Mark Brandenburg, 4: Spreeland (Löwenbruch, 1860); GBA, S. 321

26 Theodor Fontane, Brief an Emilie Fontane, 28.8.1874; HA 2, S. 470

27 Theodor Fontane, Wanderungen durch die Mark Brandenburg, 1: Die Grafschaft Ruppin, Vorwort zur ersten Ausgabe 1862; GBA, S. 3

Vom Wandern

„Wenn du reisen willst, mußt du die Geschichte dieses Landes kennen und lieben"

„Ich bin die Mark durchzogen und habe sie reicher gefunden, als ich zu hoffen gewagt hatte. Jeder Fußbreit Erde belebte sich und gab Gestalten heraus, und wenn meine Schilderungen unbefriedigt lassen, so werd ich der Entschuldigung entbehren müssen, daß es eine Armut war, die ich aufzuputzen oder zu vergolden hatte. Umgekehrt, ein Reichtum ist mir entgegengetreten, dem gegenüber ich das bestimmte Gefühl habe, seiner niemals auch nur annähernd Herr werden zu können; denn das immerhin Umfangreiche, das ich in nachstehendem biete, ist auf im ganzen genommen wenig Meilen eingesammelt worden: am Ruppiner See hin und vor den Toren Berlins. Und sorglos hab ich es gesammelt, nicht wie einer, der mit der Sichel zur Ernte geht, sondern wie ein Spaziergänger, der einzelne Ähren aus dem reichen Felde zieht."

Theodor Fontane, Wanderungen durch die Mark Brandenburg, 1: Die Grafschaft Ruppin, Vorwort zur ersten Auflage 1862; GBA, S. 3

Xa/2

Xa/1   Julius Jacob

Märkischer Dorfanger, um 1890/95

Öl auf Lwd.; 54 x 70,5
Stadtmuseum Berlin, GEM 77/11   (Abb. S. 211)

Xa/2   Carl Friedrich Schulz

Bauern in märkischer Landschaft, 1834

Öl auf Holz; 36,5 x 48
Stadtmuseum Berlin, GEM 80/25

Xa/3   Eduard Gaertner

Märkische Landschaft, um 1845/50

Öl auf Lwd; 25,5 x 48
Stadtmuseum Berlin, GEM 91/6

Xa/4   Anton Friedrich Büsching

Beschreibung seiner Reise von Berlin über Potsdam nach Rekahn unweit Brandenburg

Leipzig: Verlag der Haude und Spenerschen Buchhandlung 1775
Stadtmuseum Berlin, 18. Jh. 1/9/16

Xa/5   Anton Friedrich Büsching

Beschreibung seiner Reise von Berlin nach Kyritz in der Prignitz

Leipzig: Joh. Gottl. Immanuel Breitkopf 1780
Stadtmuseum Berlin, 18. Jh. 5/4/03

Xa/6   Verein für die Geschichte der Mark Brandenburg (Hg.)

Märkische Forschungen

1. Bd., Berlin: George Gropius 1841
Stadtmuseum Berlin, Z 65

Aufgeschlagen: Dr. Riedel, *Klöster und Klosterruinen in der Churmark Brandenburg ausserhalb der Altmark*

Xa/7   August Trinius

Märkische Streifzüge – Nördlich von Berlin

Berlin: Schmidt & Sternaux 1884
Stadtmuseum Berlin, 2005

Xa/8   August Trinius

Märkische Streifzüge – Neue Folge – Östlich von Berlin

Berlin: Schmidt & Sternaux 1885
Stadtmuseum Berlin, 2005

Xa/9   August Trinius

Märkische Streifzüge

3. Bd., Minden i. Westf.: J. C. C. Bruns 1887
Stadtmuseum Berlin, 2005

Xa/10   Andreas Angelus

Annales Marchiae Brandenburgicae

Frankfurt an der Oder: Johan Hartmann 1598
Stadtmuseum Berlin, 16. Jh. 2/3/1

Xa/11   Johann Christoph Be(c)kmann

Historische Beschreibung der Chur und Mark Brandenburg. […] ergänzet, fortgesetzet und herausgegeben von Bernhard Ludwig Bekmann

1. Teil (von 2), Berlin: Chr. Friedrich Voß 1751
Stadtmuseum Berlin, 18. Jh. 8/2/02

Xa/12   Heinrich Carl Berghaus

Landbuch der Mark Brandenburg und des Markgrafenthums Niederlausitz in der Mitte des 19. Jahrhunderts oder Geographisch-historisch-statistische Beschreibung der Provinz Brandenburg

1. Bd. (von 4), Brandenburg: Adolph Müller 1854
Stadtmuseum Berlin, 1971

Xa/13   Samuel Buchholtz

Versuch einer Geschichte der Churmarck Brandenburg von der ersten Erscheinung der deutschen Sennonen an bis auf jetzige Zeiten

1. Teil (von 6), Berlin: Friedrich Wilhelm Birnstiel 1765
Stadtmuseum Berlin, 18. Jh. 1/13/01

Xa/14   A[ugust] Engelien und W. Lahn

Der Volksmund in der Mark Brandenburg. Sagen, Märchen, Spiele, Sprichwörter und Gebräuche

Teil 1, Berlin: Wilhelm Schultze 1868
Stadtmuseum Berlin, 2654

Xa/15   Ernst Fidicin

Die Territorien der Mark Brandenburg oder Geschichten der einzelnen Kreise, Städte, Rittergüter, Stiftungen und Dörfer in derselben, als Fortsetzung des Land-buchs Kaiser Karls IV.

1. Bd. (von 4), Berlin: Im Selbstverlag des Verfassers 1857
Stadtmuseum Berlin, 2726

Xa/16   Thomas Philipp von der Hagen

*Beschreibung der Stadt Freyenwalde, des dasigen Gesundbrunnens und Alaun-Werkes.
Aus Urkunden und glaubhaften Nachrichten zusammengetragen*

Berlin: Paulische Buchhandlung 1784
Stadtmuseum Berlin, 18. Jh. 1/04/12

Xa/17   Eduard Handtmann

Neue Sagen aus der Mark Brandenburg. Ein Beitrag zum Deutschen Sagenschatz

Berlin: Abenheimsche Verlagsbuchhandlung G. Göll 1883
Stadtmuseum Berlin, Ed/1883

Xa/18   Moritz Wilhelm Heffter

Die Geschichte des Klosters Lehnin

Brandenburg: Adolph Müller 1851
Stadtmuseum Berlin, 2481

Xa/19   [Karl Friedrich Klöden]

Die Mark Brandenburg unter Kaiser Karl IV. bis zu ihrem ersten Hohenzollerschen Regenten, oder: Die Quitzows und ihre Zeit

2. Bd. (von 4), Berlin: C. G. Lüderitz ²1846
Stadtmuseum Berlin, 2294

Xa/20   [Merian]

*Topographia Electorat[us] Brandenburgici et Ducatus Pomeraniae etc., das ist Beschrei-bung der Vornembsten und bekantisten Stätte und Plätz in dem hochlöblichsten Churfürstenthum und March Brandenburg und dem Herzogthum Pommeren.
In Druck gegeben und Verlegt durch Matthaei Merian Seel: Erben*

Frankfurt am Main: M. Merian 1652
Stadtmuseum Berlin, 17. Jh. 6/2/01

Xa/21   Friedrich Nicolai

Beschreibung der Königlichen Residenz-städte Berlin und Potsdam, aller daselbst befindlicher Merkwürdigkeiten und der umliegenden Gegend

1. Bd. (von 3), Berlin: Friedrich Nicolai 1786
Stadtmuseum Berlin, 18. Jh. 1/02/04

Xa/22   Charles Louis Baron de Poellnitz [d. i. Karl Ludwig Freiherr von Pöllnitz]

Mémoires pour servir à l'histoire des quatres derniers souverains de la maison de Brandebourg royale de Prusse
[Memoiren zum Nutzen der Geschichte der vier letzten Herrscher des brandenburgisch-preußischen Königshauses]

1. Bd. (von 2), Paris: Firmin Didot, 1791
Stadtmuseum Berlin, 18. Jh. 6/8/1

Xa/23   Georg Wilhelm von Raumer

Die Neumark Brandenburg im Jahre 1337 oder Markgraf Ludwig's des Älteren Neumärkisches Landbuch herausgegeben und erläutert

Berlin: Nicolai'sche Buchhandlung 1837
Stadtmuseum Berlin, 2579

Xa/24   Adolph Friedrich Riedel (Hg.)

Codex diplomaticus Brandenburgensis
[Brandenburgisches Urkundenverzeichnis]

1. Bd. (von 41), Berlin: F. H. Morin 1838
Stadtmuseum Berlin, 2047

Xa/25   [Karl Eduard] Vehse

Geschichte der deutschen Höfe seit der Refomation
Abt. 1: Preußen

2. Teil (von 6), Hamburg: Hoffmann und Campe 1851
Stadtmuseum Berlin, 1957

Xa/26   Theodor Fontane

Banderole zum Manuskript *Havelland*, 1882

Handschrift; 21,5 x 29
Stadtmuseum Berlin, V 67/869

Xa/27   Theodor Fontane

1. *Der Schermützel*
Bl. 1 des gleichnamigen Kapitels aus *Spreeland*
Verso: Handschrift Emilie Fontanes mit Korrek-turen Theodor Fontanes zum Kapitel *Liebenberg* aus *Fünf Schlösser*

Handschrift; 33 x 21
Stadtmuseum Berlin, V67/869   (Abb. S. 213)

2. *Reisen die für Band IV noch zu machen sind.*

Handschrift; 34 x 21
Stadtmuseum Berlin, V 67/869

Xa/28

Der Bär. Illustrirte Berliner Wochenschrift, eine Chronik für's Haus

6. Jg., Nr. 33, 14. August 1880
Berlin: Gebrüder Paetel
Stadtmuseum Berlin, Zc 2

Xa/26

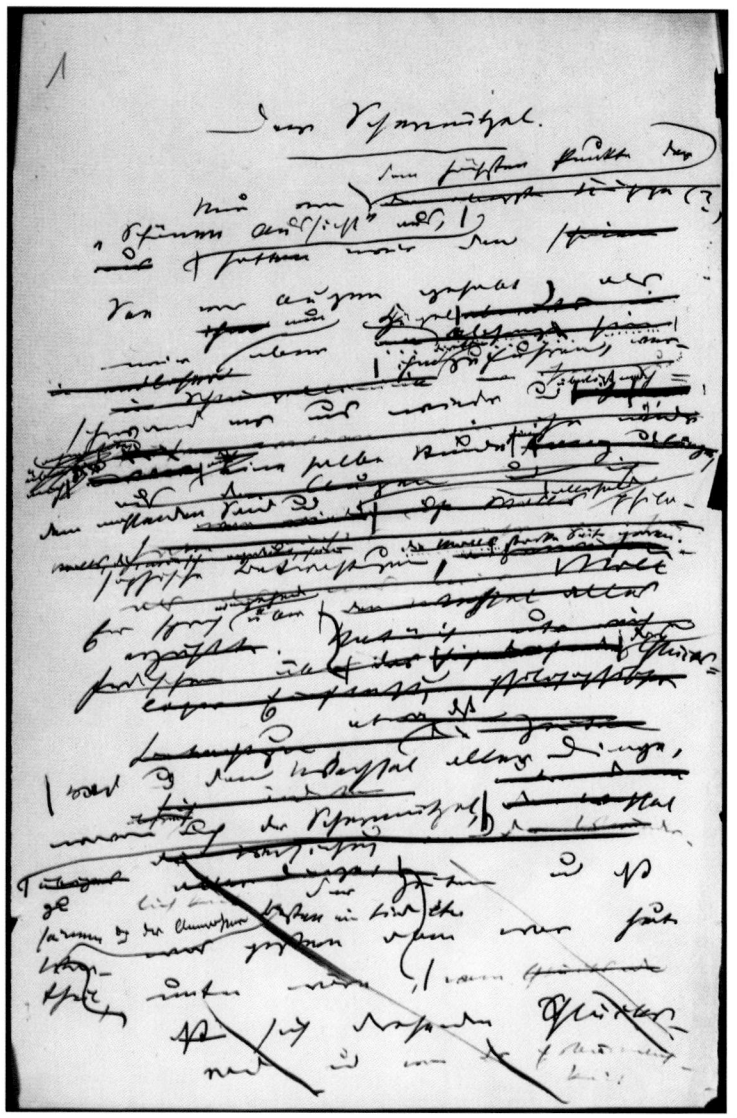

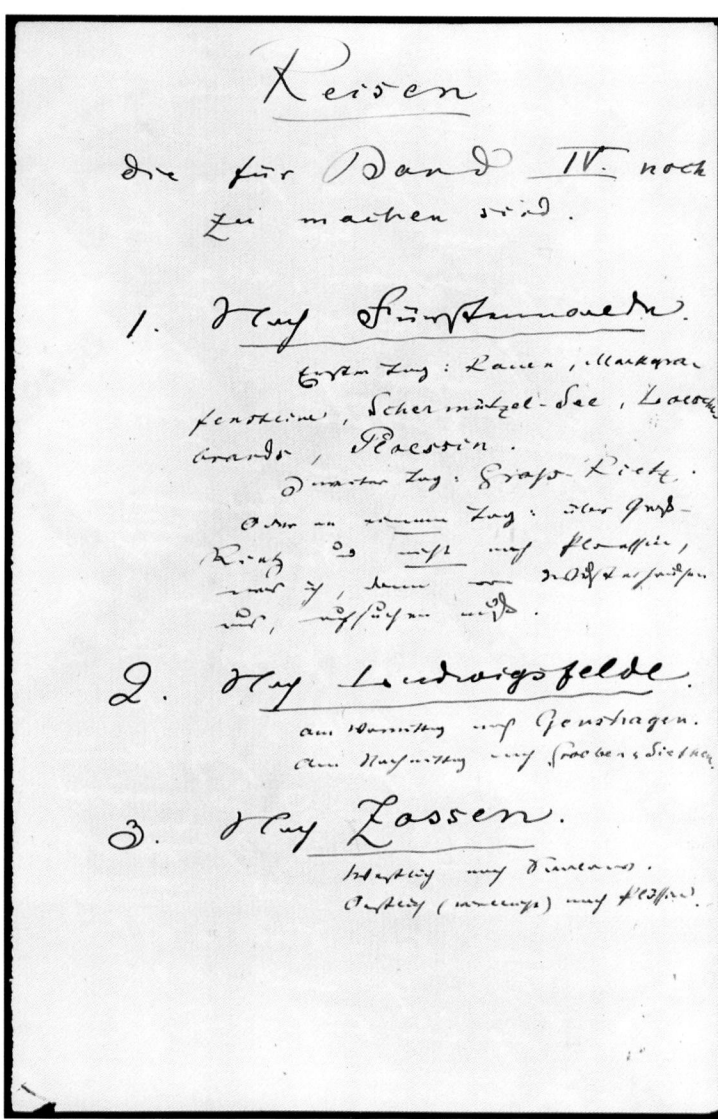

Xa/27,1 – Vorderseite   Xa/27,2.

Aufgeschlagen S. 400/401: Theodor Fontane, *Die Havelschwäne*. – Fontane entwarf Reiserouten und bereitete die Fahrten gründlich vor. Dazu gehörte auch ein ausgedehntes Studium älterer und zeitgenössischer Literatur über die Mark Brandenburg. Seine Reiseeindrücke hielt er in Tagebüchern und Notizbüchern fest, die neben Notizen auch Skizzen bemerkenswerter Gebäude und anderer Örtlichkeiten enthalten. Die Reiseberichte erschienen zunächst in Zeitungen, Zeitschriften, Familienblättern und wurden später in den geographisch bestimmten Themenbänden der *Wanderungen durch die Mark Brandenburg* zusammengestellt.

Xa/29

Kießlings Karte der Provinz Brandenburg, 1882

Farbdruck; 59,4 x 77,3
Stadtmuseum Berlin, IV 73/1961 a R

Die Karte gibt einen Überblick über die Reisen Fontanes von 1859 bis 1889 in die Mark Brandenburg. Dazu zählen auch eintägige Ausflüge und mehrwöchige Erholungsaufenthalte.

Xa/30   **Adolf Günther**

Erinnerung an die Berlin-Stettiner-Eisenbahn, um 1845

Lithographie, koloriert; 44,4 x 57,3
Stadtmuseum Berlin, GDR 73/65

Xa/31   **I. C. Richter nach D. F. Sotzmann**

Spezialkarte von der Neumark und den angrenzenden Ländern in zwei Sektionen, 1811

Kupferstich, Grenzen koloriert; 70,8 x 83
Stadtmuseum Berlin, IV 60/794 R 1 und 2

In der Zeit vom 23. bis 29. Juni 1862 reiste Theodor Fontane in das Oderland. Die Route führte über Küstrin, Sonnenburg, Küstrin, Frankfurt an der Oder. Von dort mit dem Schiff nach Schwedt, anschließend über Angermünde, Eberswalde, Falkenberg (von Eberswalde eine Wagenfahrt), Freienwalde, Wriezen, Letschin, Küstrin, Tamsel, Zorndorf (Schlachtfeld), Küstrin und zurück nach Frankfurt. Von Frankfurt bis nach Falkenberg wurde Fontane von seinem Freund Enslin begleitet.

Xa/32   **Johann Poppel und Georg Michael Kurz nach Julius Gottheil**

Cüstrin, um 1860

Stahlstich; 27,2 x 37
Stadtmuseum Berlin, VII 60/1250b W

Xa/33   **Johann Poppel und Georg Michael Kurz nach Julius Gottheil**

Frankfurt a/Oder vom Schäfferey-Berge, um 1860

Stahlstich; 23,4 x 31,7
Stadtmuseum Berlin, VII 61/463b W

Xa/34   **Johann Poppel und Georg Michael Kurz nach Julius Gottheil**

Das Schloß zu Schwedt a. O., um 1860

Stahlstich; 28 x 37,2
Stadtmuseum Berlin, VII 61/381a W

Xa/35 **Johann Poppel und Georg Michael Kurz nach Julius Gottheil**

Neustadt-Eberswalde, um 1860

Stahlstich; 28,2 x 37
Stadtmuseum Berlin, VII 61/438a W

Xa/36 **Friedrich von Laer**

Der Gesundbrunnen bei Freienwalde, um 1840

Lithographie, koloriert; 24,4 x 36,8
Stadtmuseum Berlin, VII 59/1344 W

Xa/37 **Johann Poppel und Georg Michael Kurz nach Julius Gottheil**

Wriezen, um 1860

Stahlstich; 27,7 x 36,8
Stadtmuseum Berlin, VII 61/402d W

Xa/38 **Schirmeister**

Karte der Altmark, 1768

Feder in Schwarz, Grenzen koloriert; 49 x 61
Stadtmuseum Berlin, 60/1227 R

Die Fahrt in die Altmark gehört zu den frühesten Unternehmungen Fontanes innerhalb der *Wanderungen*. Gemeinsam mit dem Kunsthistoriker Wilhelm Lübke besuchte er in der Zeit vom 22. bis 27. September 1859 Salzwedel, Seehausen, Stendal, Tangermünde und Jerichow.

Xa/39 **Friedrich Eduard Meyerheim**

Salzwedel, um 1833

Lithographie; 31,8 x 49
Aus: *Architektonische Denkmäler der Altmark Brandenburg in malerischen Ansichten*
Berlin: L[ouis Friedrich] Sachse 1833
Stadtmuseum Berlin, VII 65/127d W

Xa/40 **Friedrich Eduard Meyerheim**

Tangermünder Thor zu Stendal, um 1833

Lithographie; 32,3 x 49,3
Aus: Architektonische Denkmäler der Altmark Brandenburg in malerischen Ansichten
Berlin: L[ouis Friedrich] Sachse 1833
Stadtmuseum Berlin, VII 61/273c W

Xa/41 **Friedrich Eduard Meyerheim**

Tangermünde, um 1833

Lithographie; 32 x 49,2
Aus: *Architektonische Denkmäler der Altmark Brandenburg in malerischen Ansichten*
Berlin: L[ouis Friedrich] Sachse 1833
Stadtmuseum Berlin, VII 65/118d W

Xa/42 **Friedrich Eduard Meyerheim nach Johann Heinrich Strack**

Kirche zu Jerichow, um 1833

Lithographie; 32 x 49,3
Aus: *Architektonische Denkmäler der Altmark Brandenburg in malerischen Ansichten*
Berlin: L[ouis Friedrich] Sachse 1833
Stadtmuseum Berlin, VII 61/280d W

Xa/43

Kutsche vom Typ Landauer, Ende 19.Jh.
Modell

Metall, Leder; L. 37, B. 19, H. 25,5
Stadtmuseum Berlin, II 67/730 L

Xa/44

Dampfkahn *Martha Bang*, 1878
Modell

Holz; L. 23, B. 4, H. 8
Stadtmuseum Berlin, II 67/686 L

Xa/45

Spreekahn, um 1850
Modell

Holz, Leinen; L. 26, B. 4, H. 17,5
Stadtmuseum Berlin, II 67/666 L

Xa/46

Spreeschleppkahn, o. J.
Modell

Holz; L. 61, B. 10,5, H. 10
Stadtmuseum Berlin, II 65/576a L

Die „Wanderungen" Theodor Fontanes waren in den allermeisten Fällen Fahrten mit verschiedenen in seiner Zeit gebräuchlichen Verkehrsmitteln. Er sah in ihnen nicht nur zweckmäßige Mittel zur Überwindung des Anweges, sondern auch einen gewollten und genußvollen Bestandteil des Ganzen. Er reiste mit dem Pferdeomnibus, dem Postfuhrwerk, dem gemieteten Fuhrwerk (Hauderer), dem Oderdampfer, der Eisenbahn, der Segeljacht auf der Dahme, im Ruderboot; er wurde im Kahn von Torfarbeitern im Luch gezogen oder durch die schmalen Wasserstraßen des Spreewaldes gestakt.

Von Tonen, Ziegeln und ferner Vergangenheit

„Eine Streitaxt [...] ist allerorten interessant, aber sie ist es doppelt und dreifach, wenn sie auf dem Acker meines Gutsnachbarn ausgegraben wurde"

Xb/1

Slawischer Götze von Altfriesack,
Kreis Ostprignitz-Ruppin, frühslawisch,
C^{14}-Datierung: 480 ± 100

Eichenholz; H. 158
Staatliche Museen zu Berlin – Preußischer Kulturbesitz,
Museum für Vor- und Frühgeschichte, If 22065

Die männliche Kultfigur wurde 1857 bei Regulierungsarbeiten am Mühlgraben in der Nähe eines Burgwalls gefunden. Die Figur ist aus der Astgabel einer Stieleiche gearbeitet; Kopf mit Haar und Barttracht sowie Hals, Rumpf, Arme und Beine sind deutlich zu erkennen. Die Kultfigur darf als eine lokale Gottheit im Umkreis einer Burg und von mehreren Siedlungen angesehen werden. Im *Stechlin* wird der götzenhafte „*Edle Herr von Alten-Friesack*" vorgestellt. An anderer Stelle heißt es: „*Götzen nicken bloß.*"
Theodor Fontane, Der Stechlin; NA VIII, S. 177, 84

Xb/2

Kultwagen von Drossen, Kreis
Weststernberg (heute Polen),
späte Bronzezeit, 8. Jh. v. Chr.

Bronze; H. 21,2, B. 18,3, T. 11,5
Heimatmuseum Neuruppin

Das Kultobjekt wurde 1848 beim Chausseebau nach Frankfurt/Oder gefunden. Es handelt sich um einen einachsigen Wagen mit drei vierspeichigen Rädern und einer kurzen Gabeldeichsel, die in einer Tülle für einen Holzstiel endet. Die Deichsel trägt vier stilisierte Vögel, wahrscheinlich Wasservögel (Schwäne?) sowie zwei Rinderköpfe und nicht, wie Fontane angibt, sechs Vogelköpfe. Der Symbolgehalt geht auf Anregungen aus dem Balkanraum zurück. Der Wagen dürfte bei kultischen Zeremonien, wahrscheinlich im Totenkult, benutzt worden sein. Die Einzigartigkeit des Fundes wird dadurch unterstrichen, daß es nur noch sieben weitere Fundorte solcher Wagen in Europa gibt. Fontane studierte den Kultwagen in der Sammlung des Grafen Zieten und erwähnt die Deutungen als Attribut der germanischen Götter Odin bzw. Thor. In dem Roman *Vor dem Sturm* streiten sich der Prediger Seidentopf und der Justizrat Turgany aus Frankfurt/Oder, ob der Wagen slawisch oder germanisch sei.
„Was nun diesem ohnehin interessanten Gegenstande noch eine besondere Bedeutung leiht, das sind die sechs Vögel, die auf Deichsel und Deichselgabel sitzen [...] Ich meine, es können nur Gänse sein. Noch größer freilich ist die Ähnlichkeit mit jenen wilden Enten, die so oft in Scharen die nordischen Gewässer bedecken.

Der Wagen selbst [...] kann unmöglich einem technischen Zwecke gedient haben. Kirchner vermutet in ihm einen Wagen Thors, der, bei dem Kultus dieses Gottes, in Priesterhand seine Verwendung fand; Lisch bezeichnet ihn als ein Symbol beziehungsweise als ein Attribut Wodans oder Odins. Er hebt dabei hervor: ‚Wir lesen nicht nur von den Wanderungen Odins, sondern auch von seinem Wagen, seinem Weg und Geleit.'"

Theodor Fontane, Wanderungen durch die Mark Brandenburg, I: Die Grafschaft Ruppin; GBA, S. 196 f.

Xb/3

Stabdolch von Trieplatz, Kreis Ostprignitz-Ruppin, frühe Bronzezeit, um 1900/1800 v. Chr.

Bronze; L. 74
Heimatmuseum Neuruppin

Der Stabdolch fand sich 1848 zusammen mit einem ähnlichen Exemplar, zwei Armspiralen sowie Bronzedraht beim Torfstechen. Es handelt sich um einen aus kultischen Gründen niedergelegten Mooropferfund als „Gabe an die Götter". Die Stabdolche gelten als Würdezeichen hochrangiger Persönlichkeiten. Fontane sah das Stück in der Zieten-Sammlung, hielt es für einen Kommandostab eines Häuptlings und hob die Schönheit des Fundstückes hervor. *„Es ist eine Waffe von solcher Schönheit, dabei zugleich von solcher Intaktheit und Frische der Erscheinung, daß man sie für eine drei oder höchstens fünf Jahrzehnt alte, eben erst vom feinsten Rost überflogene Arbeit eines modernen Meisters halten könnte. Die Bedeutung dieses Stückes, das in verwandten Exemplaren vorkommen soll, liegt zumeist in seiner Schönheit."*

Theodor Fontane, Wanderungen durch die Mark Brandenburg, I: Die Grafschaft Ruppin; GBA, S. 195

Xb/4

Hakenpflug von Dabergotz, Kreis Ostprignitz-Ruppin, frühslawisch, C14-Datierung: 733 + 80

Eichenholz; L. 145, H. 45
Heimatmuseum Neuruppin

Der 1823 gefundene Hakenpflug wurde aus einer Astgabel hergestellt. Pflugbaum und die Sohle bestehen aus einem Stück. Durchbohrungen für den Sterz und für die Schar zeigen, daß der Pflug aus mehreren Teilen zusammengesetzt war. Mit dem Haken konnte beim Pflügen kein schollenwendender Effekt erzielt, sondern der Boden nur kreuzweise aufritzt werden. Fontane sah das urtümliche Ackergerät in der Sammlung des Grafen Zieten. *„Der Haken von Eichenholz, vier Fuß fünf Zoll lang, wurde bei Entwässerung eines drei Morgen großen Pfuhls in der Nähe des Dorfes Dabergotz gefunden. Der Boden bestand oben aus einer drei bis fünf Fuß tiefen Torflage, dann Ton, dann Humus, dann Kalk, dann Kiesgrund. Zwischen der Kalk- und Kieslage, im ganzen etwa zehn Fuß tief unter der Oberfläche, ward im November 1822 der Haken gefunden, einige*

Wochen später auch das noch fehlende Stück, das seinerzeit augenscheinlich die Stelle des Hakeneisens vertreten hatte, da es sich schaufelförmig und aus härterm Holze gearbeitet erwies. Welcher Zeit dieses primitive Ackergerät angehört, dürfte schwer festzustellen sein."

Theodor Fontane, Wanderungen durch die Mark Brandenburg, I: Die Grafschaft Ruppin; GBA, S. 198

Xb/5   **Theodor Fontane**

Kultwagen von Drossen

Bleistift; Darstellungsgröße 3,5 x 3,2
In: Notizbuch A 2, S. 27
Staatsbibliothek zu Berlin – Preußischer Kulturbesitz,
Dauerleihgabe im Theodor-Fontane-Archiv, Potsdam

Als Fontane die Altertümersammlung des Grafen von Zieten besichtigte, interessierte er sich insbesondere für den Kultwagen von Drossen. Fontane verstand es, mit wenigen Strichen und lockerer Hand das Wesentliche des Fundstückes in seinem Notizbuch zu skizzieren.

Xb/6   **Theodor Fontane**

Stabdolch von Trieplatz

Bleistift (Reproduktion); Darstellungsgröße 7 x 5
Aus: Notizbuch A 2, S. 27 (verso)
Staatsbibliothek zu Berlin – Preußischer Kulturbesitz,
Dauerleihgabe im Theodor-Fontane-Archiv, Potsdam

Xb/7   **H. List nach Carl Blechen**

Das Semnonenlager in den Müggelbergen, 1926

Öl auf Lwd.; 113,5 x 180
Stadtmuseum Berlin, 59/851 X

Xb/2

Das Original Blechens (1798–1840), ein Beispiel für die nationale Geschichtsdarstellung in der Epoche der Romantik (ehemals Nationalgalerie, Kriegsverlust), wurde 1828 in der Berliner Akademie unter der Nr. 121 ausgestellt. Im Katalog heißt es: *„Blick von den Müggelsbergen bei Köpenick, gegen Süden. Staffage: Semnonen rüsten sich zum Aufbruche gegen den Andrang der Römer."* Die Darstellung suggeriert, daß der bei dem römischen Geschichtsschreiber Tacitus genannte „Heilige Hain" der elbgermanischen Semnonen in den Müggelbergen gelegen haben könnte, wofür es jedoch keinen archäologischen Beweis gibt. *„Karl Blechen, ‚der Vater unsrer märkischen Landschaftsmalerei', wie er gelegentlich genannt worden ist, hat in einem seiner bedeutendsten Bilder die Müggelberge zu malen versucht. Und sein Versuch ist glänzend geglückt. In feinem Sinn für das Charakteristische ging er über das bloß Landschaftliche hinaus und schuf hier, in die Tradition und Sage der Müggelsberge zurückgreifend, eine historische Landschaft. Die höchste Kuppe zeigt ein Semnonenlager. Schilde und Speere sind*

Xb/7

Xb/8

zusammengestellt, ein Feuer flackert auf, und
unter den hohen Fichtenstämmen, angeglüht von
dem Dunkelrot der Flamme, lagern die germanischen Urbewohner des Landes mit einem wun-
derbar gelungenen Mischausdruck von Wildheit
und Behagen. Wer die Müggelsberge gesehen hat,
wird hierin ein richtiges und geniales Empfinden
unsres Malers bewundern – er gab dieser Landschaft die Staffage, die ihr einzig gebührt. Ein
Reifrock und ein Abbé in die verschnittenen
Gänge eines Rokokoschlosses, eine Prozession in
das Portal einer gotischen Kirche, aber ein Semnonenlager in das Waldrevier der Müggelsberge!"
Theodor Fontane, Wanderungen durch die Mark Brandenburg, 4: Spreeland; GBA, S. 110 f.

Xb/8   Eduard Gaertner

Schildhorn an der Havel, 1848

Aquarell; 21,3 x 29
Stiftung Preußische Schlösser und Gärten Berlin-Brandenburg, Plankammer, Aquarell-Sammlung 758

An der Stelle, an der der Sage nach der Wendenfürst Jaczo von Köpenick auf seiner Flucht vor
Markgraf Albrecht I., genannt „der Bär", das
rettende Ufer erreichte und aus Dankbarkeit zum
Christentum übertrat, ließ Friedrich Wilhelm IV.
1845 durch August Stüler ein Denkmal errichten.
„Man hat bei Ausführung dieses Planes in nicht
gutzuheißender Weise auf den malerischen Effekt Verzicht geleistet. Es wäre ausreichend gewesen, auf hoher griechischer Säule einen Schild
aufzurichten und diesen Schild mit einem Kreuz
von mäßiger Größe zu krönen. Das würde ein
weithin erkenntliches Bild in durchaus bestimmten Umrissen gegeben und ,den Sieg des Kreuzes
über das Heidentum', diesen selbstverständli-
chen und durchaus berechtigten Gedanken, in aller Klarheit dargestellt haben. Archäologischer

Übereifer aber glaubte ein übriges tun zu müssen
und hat seinen Sieg auf Kosten des guten Geschmacks gefeiert. Man hat den Stamm einer alten knorrigen Eiche in Sandstein nachgebildet
und dadurch eine ohnehin schwerverständliche
Figur geschaffen; der inmitten des Stammes auf-
gehängte Schild aber, der wie eine Scheibe an
einem Pfosten klebt, schafft, aus der Ferne gesehen, vollends eine durchaus unklare und rätselhafte Figur. Ebenso unklar und verworren nimmt
das Kreuz sich aus, das den Oberbau der Säule
krönt. Etwas Apartes ist gewonnen, nichts Schönes, das der eigentümlichen Schönheit der Landschaft entspräche. Möglich, daß jene Apartheit
Zweck war; sie sichert allerdings dieser Säule
einen Eindruck, dessen sie vielleicht entbehrte,
wenn sie schöner und mehr im Einklang mit dem
Üblichen wäre."
Theodor Fontane, Wanderungen durch die Mark Brandenburg, 6: Dörfer und Flecken im Lande Ruppin; GBA,
S. 34 f.

Xb/9   Johannes Boese

Statuette Markgraf Albrecht der Bär, 1894

Zinkguß, patiniert, auf Holzkern; H. 51
Stadtmuseum Berlin, Dauerleihgabe von Frau Thilda Maier

Die Statuette ist eine Reduktion des Denkmals
von Johannes Boese, das sich auf der Berliner
Mühlendammbrücke befand.

Xb/10   Ludwig Burger

Burggraf Friedrich von Nürnberg
beschießt im Jahre 1414 mit der „Faulen
Grete" die Quitzowburg Friesack, 1867

Öl auf Lwd.; 88,5 x 122,5
Stadtmuseum Berlin, VII 59/477 X

Die brandenburgischen Markgrafen aus dem
Hause Luxemburg schenkten nach dem Tode
Karl IV. (1378) der Mark Brandenburg kaum
noch Beachtung. Die Landesgewalt verfiel zuse-
hends. Das nutzte der Adel aus; er eignete sich
landesherrliche Rechte an und beherrschte die
Mark. Die bekanntesten Familien waren die Herren von Quitzow und die Herren von Bredow.
1411 kam Burggraf Friedrich VI. von Nürnberg
aus dem Hause Hohenzollern, der spätere Markgraf Friedrich I., als Statthalter in die Mark und
versuchte, die Landesgewalt wieder herzustellen. Ein Teil des Adels unter der Führung der
Quitzows leistete Widerstand. Erst 1414, nach
der Eroberung der Quitzowburgen Plaue und
Friesack, unterwarf sich der Adel.

Xb/11

Drehbassenrohr, 2. Hälfte 15. Jh.

Schmiedeeisen, Stahlguß; L. 91
Stadtmuseum Berlin, II 91/4 F

Xb/12

Steinkugel, Anfang 15. Jh.

Sandstein; Dm. 30
Stadtmuseum Berlin

Die Kugel wurde beim Abriß des „Hohen Hauses" in der Klosterstraße gefunden. Kugeln mit
diesem Durchmesser wurden für die „Große
Büchse" benutzt, die der Deutsche Ritterorden
dem Burggrafen Friedrich VI. für den Kampf gegen die Quitzows zur Verfügung stellte.

Xb/13   Alfred Heide

Das Ziegeleidorf Glindow an der Havel,
um 1920

Aquarell; 25,1 x 35,1
Stadtmuseum Berlin; VII 60/2006 W

Seit mindestens 1462 werden in Glindow Ziegel
hergestellt. Nach 1850 begann ein „Boom" des
Ziegeleigewerbes; das schnell wachsende Berlin
brauchte große Mengen an Baumaterial. Mächtige Tonlagerstätten fanden sich flußabwärts
und flußaufwärts an der Havel. Aus diesem Rohmaterial gebrannte Ziegel konnten bequem und
billig auf Havel und Spree nach Berlin verschifft
werden. Um 1900 bestand Berlin zu mehr als
90 % aus Ziegelbauten. Auch heute noch werden
in Glindow Ziegelprodukte in traditioneller Weise
gefertigt, hauptsächlich für die Wiederherstel-
lung historischer Gebäude.

Xb/14   Hans-Otto Gehrcke

Ziegelkähne vor der Ziegelei Glindow, 1919

Pastell; 45 x 59,5
Stadtmuseum Berlin, DD 98/64 KU

Die Konzentration der Ziegelindustrie in der
Nähe von Tonvorkommen an schiffbaren Wasser-
läufen führte zu frühen Industrielandschaften.

„Solcher Ringöfen hat Glindow selbst, wie wir schon hervorgehoben, etwa neun, der Distrikt Glindow aber, mit seinem Innen- und Außenrevier, wohl mehr denn fünfzig. Daß sie der Landschaft zu besonderer Zierde gereichten, läßt sich nicht behaupten. Der Fabrikschornstein mag alles sein, nur ein Verschönerungsmittel ist er nicht, am wenigsten, wenn er schöntut, wenn er möchte. [...] Auch Dorf Glindow hat von diesem allem sein geschüttelt Maß. An und für sich ausgestattet mit dem vollen Reiz eines havelländischen Dorfes, hingestreckt zwischen See und Hügel, schieben sich doch überall in das alt-dörfliche Leben die Bilder eines allermodernsten frondiensthaften Industrialismus hinein, und die schönen alten Bäume, die mit ihren mächtigen Kronen so vieles malerisch zu überschatten und zu verdecken verstehen, sie mühen sich hier umsonst, diesen trübseligen Anblick dem Auge zu entziehen.“

Theodor Fontane, Wanderungen durch die Mark Brandenburg, 3: Havelland; GBA, S. 470 f.

Xb/15 M. Salzmann nach Paul Loeff

Ringförmiger Ziegelofen mit 16 Kammern., 1874

Lithographie; 26 x 35,8
Aus: Ausschuß der Studierenden der Königlichen Bauakademie (Hg.)
Technologisches Skizzenbuch, Berlin 1874
Stadtmuseum Berlin

Xb/16 W. Kahl nach Paul Loeff

Ringöfen-Systeme., 1874

Lithographie; 35,9 x 26,6
Aus: Ausschuß der Studierenden der Königlichen Bauakademie (Hg.)
Technologisches Skizzenbuch, Berlin 1874
Stadtmuseum Berlin

Fontane erlebte die gesamte Entwicklung der Ziegelei-Industrie mit. In Glindow – südwestlich von Potsdam und Werder – hat er 1869 beobachtet und recherchiert. Sein einführendes Motto lautet: *„In Werder wird gegraben, gepflanzt, gepflückt – in Glindow wird gegraben, geformt, gebrannt [...]“* (Theodor Fontane, Wanderungen durch die Mark Brandenburg, 3: Havelland; GBA, S. 463) Fontane besuchte die Glindower Ziegelöfen zu einer Zeit, als sich dort eine technische Revolution vollzog. Die Ringöfen, in denen das Feuer nie ausging, verdrängten die Öfen alten Typs. In diesen anfangs kreisrunden, später länglich gebauten Ringöfen mit zwölf oder mehr Kammern wanderte das Feuer von Kammer zu Kammer. In einer Kammer wurden die Ziegel gebrannt, in den Kammern davor allmählich angewärmt und vorgebrannt („angeschmoocht“), in den Kammern dahinter langsam und schonend abgekühlt. In den modernen Öfen von heute wandern dagegen die Steine langsam durch ein stationäres Feuer. *„Der Ringofen hat seinen Namen von seiner Form; er ist ein Rundbau. Seiner Einrichtung nach könnte man ihn einen Kammer- oder Kapel-*

lenofen nennen; seiner Haupteigenschaft nach aber ist er ein Sparofen. Er spart Feuerung. [...] Denken wir uns also eine gewöhnliche runde Torte, aus der wir das Mittel- oder Nußstück herausgeschnitten und durch eine schlanke Weinflasche ersetzt haben, so haben wir das getreue Abbild eines Ringofens. Denken wir uns dazu die Torte in zwölf gleich große Stücke zerschnitten, so haben wir auch die Einrichtung des Ofens: sein Zwölfkammersystem. Die in der Mitte aufragende Weinflasche ist natürlich der Schornstein.“

Theodor Fontane, Wanderungen durch die Mark Brandenburg, 3: Havelland; GBA, S. 469

Xb/17

Karte der Umgebung von Glindow, 1867

Reproduktion; 30 x 42
Märkisches Ziegeleimuseum Glindow

Mit „Glindower Alpen“ (Mitte links) und Markierung der einzelnen Ziegeleien (rot). Die tiefen Tongruben und der nicht verwendete aufgeschüttete Abraum ergaben eine bewegte Landschaft, die den Namen „Glindower Alpen“ erhielt.

Xb/18

Gesteinstyp und Alter der bei Berlin gebrannten Ziegeleitone

Tabelle; 40 x 30
Stadtmuseum Berlin

Das häufigste Rohmaterial für die in Berlin verbauten Ziegel ist der während der Eiszeit gebildete Bänderton, der *„Berglehm“* Fontanes. Die-

ses eisenarme Material ergibt beim Brennen meist einen gelb-beigefarbenen Ton der Ziegel. Ebenfalls verwendet wurden wesentlich ältere Tone, die sich vor 30 Millionen Jahren in einem von der Nordsee weit nach Süden reichenden Meeresarm gebildet hatten. Dieser „Septarienton“ ist eisenreicher und brennt rot; Ziegel aus diesem Material sind z. B. im Roten Rathaus verbaut. Der Septarienton enthält Kalkschalen von Meerestieren, während im Bänderton oft Bernstein gefunden wurde. Die unterschiedlich entstandenen Tone haben natürlich auch in ihrer Eignung zum Ziegelbrennen Unterschiede. Für Fontane aber hängt die Qualität der Ziegel hauptsächlich vom Menschen ab: *„Dieser Unterschied im Material – wie mir alte Ziegelbrenner versicherten – ist übrigens viel bedeutungsloser, als gewöhnlich angenommen wird. [...] Aber was ihnen ihre Vorzüglichkeit leiht, ist nicht das Material, sondern die Sorglichkeit, die Kunst, mit der sie hergestellt werden. Jedem einzelnen Stein wird eine gewisse Liebe zugewandt. Das macht's.“*

Theodor Fontane, Wanderungen durch die Mark Brandenburg, 3: Havelland; GBA, S. 465

Xb/19

Eiszeitlicher Bänderton (Warwenton, Beckenton)

Helle, dicke Frühjahrs-/Sommerlagen und dünnere, dunkle Winterlagen
Stadtmuseum Berlin

Diese Tone, das häufigste Rohmaterial für Ziegel in der Berliner Umgebung, bildeten sich in Stauseen vor dem Gletscher. Die Bänderung bzw. Feinschichtung beruht auf dem jahreszeitlichen

Xb/14

Wechsel: Im Frühjahr und Sommer schmolz viel Eis und Schnee, und das langsam fließende Wasser setzte eine helle, vorwiegend feinsandige Schicht ab. Im Winter dagegen war das meiste Wasser gefroren, es wurde nur wenig feines und dunkles Tonmaterial abgelagert. Eine dicke, helle Schicht und eine dünnere, dunkle repräsentieren im Bänderton also ein Jahr. Der Bänderton ist der „*Berglehm*" Fontanes: „*Im Innenrevier tritt der Lehm in Bergen auf, als Berglehm [...] Der Lehm in diesen Bergen ist sehr mächtig. Nach Wegräumung einer Oberschicht, ‚Abraum' genannt, von etwa dreißig Fuß Höhe, stößt man auf das Lehmlager, das oft eine Tiefe von achtzig bis hundert Fuß hat. Der Lehm ist schön und liefert einen guten Stein, aber doch keinen Stein ersten Ranges. Die Hauptbedeutung dieser Lager ist ihre Mächtigkeit, annähernd ihre Unerschöpflichkeit.*"
Theodor Fontane, Wanderungen durch die Mark Brandenburg, 3: Havelland; GBA, S. 464

Xb/20

Ziegel im Klosterformat, vor 1850

Ton, Sand, gebrannt; H. 8, B. 13, L. 28
Dietmar Andres, Berlin

Die Mönche brachten wohl als erste die Kunst des Ziegelbrennens in die Mark Brandenburg; Kloster Lehnin liegt nur 10 km südwestlich von den Glindower Tonvorkommen. Daß der Ton schon lange bekannt war, sagt der alte Name Glindow (slawisch glin = Ton, Lehm).

Xb/21

Ziegel der Firma Fritze aus Glindow, um 1860

Ton, Sand, gebrannt; H. 5, B. 12, L. 25
Märkisches Ziegeleimuseum Glindow

Die meisten Ziegeleien um Glindow waren zu Fontanes Zeit in den Händen weniger Familien, unter ihnen die Fritzes, Hintzes, Kähnes. Wer den Trend erkannte und den „Sparofen" während des Baubooms in Berlin konsequent einsetzte, konnte einige Jahre lang hohe Profite machen. Die Villen der „Ziegellords", oft in der Umgebung der Öfen gelegen, zeugten davon und haben zum Teil bis heute überdauert. Neben den „Ziegellords" profitierten auch noch die „Torflords", die das Brennmaterial für die Öfen lieferten, und die Schiffer - vor allem die von Caputh auf der anderen Seite des Schwielowsees -, die die gebrannten Ziegel nach Berlin brachten.

Xb/22

Ziegel der Firma Wallis aus Werder, um 1860

Ton, Sand, gebrannt; H. 5, B. 11, L. 24
Märkisches Ziegeleimuseum Glindow

Xb/23

Ziegel der Firma Kähne aus Petzow (am Schwielowsee), um 1860

Ton, Sand, gebrannt; H. 6, B. 11, L. 24
Märkisches Ziegeleimuseum Glindow

Fontane beschreibt nicht nur den neuartigen Mechanismus der Ringöfen, er geht auch intensiv auf die Arbeitsbedingungen der Ziegelarbeiter ein. Er, der sonst meist nur die Oberschicht - mit Vorliebe den Adel - wahrnimmt, erwähnt hier nur kurz die durch die Ökonomie des „Sparofens" schnell reich gewordenen „Ziegellords". Einzelheiten teilt er dagegen über Herkunft, Arbeitszeit, Verpflegung und Entlohnung der Ziegelbrenner mit. Auch weist er auf die durch extreme Temperaturwechsel verursachten Gesundheitsprobleme hin. „*Die Berichte darüber gehen sehr auseinander, und während von einer Seite her - beispielsweise von Potsdamer Hospitalärzten - versichert wird, daß dieser stete Wechsel von Naßkälte und Glühofenhitze die Gesundheit früh zerstöre, versichern die Glindower Herren, daß nichts abhärtender und nichts gesunder sei als der Ziegeldienst in Glindow. Personen zwischen siebzig und achtzig Jahren sollen sehr häufig sein. Die Steitfrage mag übrigens auf sich beruhen. Sie scheint uns so zu liegen, daß dieser Dienst eine angeborene gute Gesundheit und gute Verpflegung verlangt - sind diese Bedingungen erfüllt, so geht es; die kümmerliche Tagelöhnerbevölkerung aber, die ‚nichts drin, nichts draußen' hat und zum Teil von einem elenden Elternpaar geboren und großgezogen wurde, geht allerdings früh zugrunde.*"
Theodor Fontane, Wanderungen durch die Mark Brandenburg, 3: Havelland; GBA, S. 467

Xb/24

Blumentöpfe aus Glindow, um 1970

Ton, gebrannt
Dietmar Andres, Berlin

Nach dem Zweiten Weltkrieg sank die Nachfrage nach Ziegeln, weil andere Baumaterialien (Beton, Kalksandstein) bevorzugt wurden. Seit 1967 wurden daher in Glindow Blumentöpfe für das nahegelegene Werder und Kohlepreßlinge für Brikettfabriken hergestellt. Seit 1990 werden in Glindow wieder Ziegel und individuelle Formenelemente zur Restaurierung historischer Backsteinbauten gebrannt.

Xb/25

Ziegel im Klosterformat, 1997

Ton, Sand, gebrannt; H. 7, B. 14, L. 30
Märkisches Ziegeleimuseum Glindow

Xb/26

Handstrich-Form für Klosterformat, um 1935

Holz; Innenmaß H. 7, B. 15, L. 30
Märkisches Ziegeleimuseum Glindow

Der in der Form liegende handgestrichene und gebrannte Ziegel ist wegen der Schrumpfung beim Brennen kleiner als der Hohlraum der Form.

Von Gräbern, Totengedenken und Mönchen

„*aber es ist, als flüsterten die Stimmen derer, die nicht mehr sind*"

„*Es ist ein Etwas im Menschen, was ihn den Herbst und das fallende Laub mehr lieben läßt als den Frühling und seine Blütenpracht, was ihn hinauszwingt aus dem Geräusch der Städte in die Stille der Friedhöfe und unter Efeu und Trümmerwerk ihn wonniger durchschauert als angesichts aller Herrlichkeit der Welt.*"
Theodor Fontane, Ein Sommer in London (1852); NA XVII, S. 10

Xc/1   Unbekannter Künstler

Epitaph Anna von Pfuel, 1566

Öl auf Holz; 193,5 x 107,5
Stadtmuseum Berlin, Dauerleihgabe aus Privatbesitz

Anna von Pfuel war die Tochter des Georg von Pfuel und seiner Gattin Dorothea von Bismarck. Ihr Geburtsjahr ist unbekannt. Sie heiratete 1566 Rudolf von Platow. Bei dem Porträt handelt es sich vermutlich um das Brautbild. Nach dem Tode der Anna von Pfuel gelangte das Bild unter Hinzufügung des Sterbejahrs als Epitaph in die Garziner Kirche. „*Anna von Pfuel. Ein interessantes Bild aus der Garziner Kirche. Es stellt eine junge, reichgeschmückte Frau dar, lebensgroß, ganze Figur. Im Haar scheint sie eine Brautkrone zu tragen. Ort und Jahreszahl lauten: Garzin. 1594. Dies ist das älteste Bild der Sammlung. Die Behandlung, besonders der Gewandung, ist noch steif und faltenlos.*"
Theodor Fontane, Wanderungen durch die Mark Brandenburg, 2: Das Oderland; GBA, S. 494

Xc/2   Marlies Genssler nach einem unbekannten Künstler des 17. Jh.

Bildnis Kaspar von Uchtenhagen, 1992

Öl auf Lwd.; 94 x 61
Evangelische Kirchengemeinde Bad Freienwalde

Kaspar von Uchtenhagen, 1593 geboren, starb bereits 1603 im Alter von neun Jahren. Die Vermutung, daß er vergiftet worden sei, ist später zu einer Sage ausgestaltet worden. „*Einer der Lehnsvettern des Hauses, voll Verlangen nach dem Besitz der Uchtenhagens, wußte dem Knaben eine prächtige Goldbirne zu reichen, die mit*

Xc/1

einem langsam wirkenden Gifte vergiftet war. Ein Bologneser Hündchen, das den Knaben auf Schritt und Tritt zu begleiten pflegte, sprang, als dieser die Birne essen wollte, an ihm herauf, halb liebkosend, halb geängstigt, um dem Knaben mit der Vorderpfote die Birne aus der Hand zu reißen, aber Kaspar nannte ihn lachend ein ‚neidisches Tier‘ und aß die Birne. Eine Traurigkeit, so fährt die Sage fort, begann alsbald den Knaben zu beschleichen, seine Lebendigkeit verlor sich, und sein Auge wurde matt. So verging er wie eine Blume. Seine Mutter saß in der Sterbenacht an seinem Bett; da richtete er sich noch einmal auf, küßte der Mutter die Hand und sprach sterbend, aber leise-vernehmlich vor sich hin: ‚Alle Liebe ist nicht stark genug, Ich muß doch sterben und bin so jung.‘ "
Theodor Fontane, Wanderungen durch die Mark Brandenburg, 2: Das Oderland; GBA, S. 94 f.

Xc/3   W[illem?] van Honthorst

Bildnis Otto Christoph Freiherr von Sparr

Öl auf verkupferter Zinntafel; 252 x 189
Evangelische Kirchengemeinde St. Marien-St. Nikolai, Berlin

Otto Christoph von Sparr (1605–1668) war kurbrandenburgischer Generalfeldmarschall unter dem Großen Kurfürsten. Sein Grabmal befindet sich in der Berliner Marienkirche.
„Sparr stand an der Spitze eines ersten brandenburgischen Heeres und war der erste, der diese Armee zum Siege führte: er war der erste branden-

burgische Feldmarschall, der erste, der ein Held und Liebling des Volkes wurde, der erste, dessen sich Sage und Poesie bemächtigten, der erste, der sich Güter und Vermögen durch glänzende, treu geleistete Kriegsdienste erwarb, und der erste (und, so Gott will, auch der letzte), der dennoch in Armut und Bedrängnis starb, weil er in frommer Verschwendung sein Vermögen an Kirchen und Stiftungen hingegeben hatte."
Theodor Fontane, Wanderungen durch die Mark Brandenburg, 6: Dörfer und Flecken im Lande Ruppin; GBA, S. 275

Xc/4   Christian Daniel Rauch

Büste Königin Luise, 1810

Eisenguß; H. 53
Stadtmuseum Berlin, GS 98/5 SY

Königin Luise von Preußen wurde im Jahre 1776 als Prinzessin von Mecklenburg-Strelitz geboren. Sie heiratete 1793 den preußischen Kronprinzen Friedrich Wilhelm, späteren König Friedrich Wilhelm III. Die populäre Monarchin starb bereits 1810.

Xc/5   Wilhelm Barth

Schloß Paretz, 1824

Gouache; 78,2 x 66,8
Staatliche Museen zu Berlin – Preußischer Kulturbesitz, Kupferstichkabinett, KK 266 1980

Das Gut Paretz wurde 1795 vom Kronprinzen Friedrich Wilhelm erworben. Er ließ 1796/97 das Schloß nach Entwürfen von David Gilly im Stil der preußischen Landbauschule errichten und einen Park anlegen, der 1803 fertiggestellt war.
„In diesem also umgeschaffenen Paretz, das bei Freunden und Eingeweihten alsbald den schönen Namen ‚Schloß Still-im-Land‘ empfing, erblühten dem Königspaar Tage glücklichsten Famili-

enlebens. Die Familie und die Stille waren der Zauber von Paretz.
Diesen Zauber empfand die Königin, die wir gewohnt sind uns neben dem einsilbigen Gemahl als das gesprächigere, den Zerstreuungen zugeneigtere Element zu denken, fast noch lebhafter als dieser. Sie selbst äußerte sich darüber: ‚Ich muß den Saiten meines Gemüts jeden Tag einige Stunden Ruhe gönnen, um sie gleichsam wieder aufzuziehen, damit sie den rechten Ton und Anklang behalten. Am besten gelingt mir dies in der Einsamkeit; aber nicht im Zimmer, sondern in den stillen Schatten der Natur. Unterlaß ich das, so fühl ich mich verstimmt. O welch ein Segen liegt doch im abgeschlossenen Umgange mit uns selbst!‘ "
Theodor Fontane, Wanderungen durch die Mark Brandenburg, 3: Havelland; GBA, S. 335, 337 f.

Xc/6   Friedrich Wilhelm Meyer nach Johann Heinrich Dähling

Der König von Preußen im Kreise Seiner Familie. im Schloßgarten zu Charlottenburg., um 1805

Radierung; 51 x 57,5
Stadtmuseum Berlin, VII 80/251 c W

In der Mitte des Familienbildes ist König Friedrich Wilhelm III. von Preußen in selbstbewußter Pose dargestellt. Ihm zur Seite sitzen seine Gemahlin, Königin Luise, und Prinzessin Marianne, Gattin des hinter ihr stehenden Prinzen Wilhelm, eines Bruders des Königs. Ein weiterer Bruder ist Prinz Heinrich, der hinter Friedrich Wilhelm III. und Luise steht. Auf der linken Seite des Blattes sieht man die spielenden Kinder des Königspaares: sitzend Prinz Wilhelm und Prinzessin Charlotte, dahinter Kronprinz Friedrich Wilhelm, Prinzessin Alexandrine und Prinz Karl.

Xc/7

Xc/9

Xc/7 Unbekannter Künstler nach Karl Friedrich Schinkel

Das Denkmal der Königin Luise auf dem Luisenplatz in Gransee, um 1811

Aquatinta; 40 x 51,5
Stadtmuseum Berlin, GR 98/4 DR   (Abb. S. 227)

Am 19. Juli 1810 starb Königin Luise im Schloß ihres Vaters in Hohenzieritz. Auf dem Weg nach Berlin wurde der Leichnam in der Nacht vom 15. zum 16. Juli in Gransee in einem Zelt aufgebahrt. Zur Erinnerung an dieses Ereignis entwarf Karl Friedrich Schinkel 1811 ein Denkmal, ausgeführt in Berliner Eisenkunstguß.
„Und wie Gransee durch jenes Denkmal sich selber ehrte, so glänzt auch sein Name seitdem in jenem poetischen Schimmer, den alles empfängt, was früher oder später in irgendeine Beziehung zu der leuchtend-liebenswürdigen Erscheinung dieser Königin trat. Die moderne Historie weist kein ähnliches Beispiel von Reinheit, Glanz und schuldlosem Dulden auf, und wir müssen bis in die Tage des früheren Mittelalters zurückgehn, um Erscheinungen von gleicher Lieblichkeit (und dann immer nur innerhalb der Kirche) zu begegnen. Königin Luise dagegen stand inmitten des Lebens, ohne daß das Leben einen Schatten auf sie geworfen hätte."
Theodor Fontane, Wanderungen durch die Mark Brandenburg, 1: Die Grafschaft Ruppin; GBA, S. 516

Xc/8 Fritz Meyer

Das Mausoleum in Charlottenburg (Innere Ansicht), um 1850

Farblithographie; 30,2 x 43
Stadtmuseum Berlin, VII 62/293b W

Königin Luise fand ihre letzte Ruhestätte in dem 1810 bis 1812 nach Plänen von Heinrich Gentz errichteten Mausoleum im Charlottenburger Schloßpark. Zur Ausstattung gehört auch der von Christian Daniel Rauch gefertigte, die schlafende Königin darstellende Kenotaph; ein weiterer Kenotaph zur Erinnerung an ihren ebenfalls hier bestatteten Gatten Friedrich Wilhelm III. wurde 1841 hinzugefügt.

Xc/9 Carl Blechen

Schneelandschaft mit Kiefern, um 1825

Öl auf Lwd.; 44,5 x 67
Stadtmuseum Berlin, GEM 67/12

*„Alles still! es tanzt den Reigen
Mondenstrahl in Wald und Flur,
Und darüber thront das Schweigen
Und der Winterhimmel nur.*

*Alles still! vergeblich lauschet
Man der Krähe heisrem Schrei,
Keiner Fichte Wipfel rauschet
Und kein Bächlein summt vorbei.*

*Alles still! die Dorfes-Hütten
Sind wie Gräber anzusehn,
Die, von Schnee bedeckt, inmitten
Eines weiten Friedhofs stehn.*

*Alle still! nichts hör' ich klopfen
Als mein Herze durch die Nacht; -
Heiße Tränen niedertropfen
Auf die kalte Winterpracht."*

Theodor Fontane, Gedichte; GBA, Bd. 1, S. 12

Xc/10 Abraham Wolfgang Küfner

Die Hinrichtung Hans Hermann von Kattes im Jahre 1730, 1788

Radierung; 25,5 x 14,8
Stadtmuseum Berlin, VII 80/101b W

Der in der Festung Küstrin inhaftierte Kronprinz Friedrich, späterer König Friedrich II. von Preußen, nimmt Abschied von seinem zur Hinrichtung geführten Jugendfreund Katte. – Im Jahre 1730 mißlang der Versuch des Kronprinzen Friedrich, vor seinem Vater, König Friedrich Wilhelm I. in Preußen, nach England zu fliehen. Hans Hermann von Katte wurde daraufhin wegen Mitwisserschaft und Beteiligung an der Vorbereitung zur Flucht verhaftet und von einem Militärgericht zu lebenslanger Haft verurteilt. Friedrich Wilhelm I. verfügte dagegen eine Todesstrafe, die an Katte am 6. November in Küstrin vollstreckt wurde.
„Es ist nur eines, was uns in diesem Schreckensschauspiel – denn ein solches bleibt es – widerstrebt und widersteht: der König wechselt hier die Rolle mit dem Richter. Er läßt das Recht über die Gnade gehen. Und das soll nicht sein."
Theodor Fontane, Wanderungen durch die Mark Brandenburg, 2: Das Oderland; GBA, S. 338

Xc/11 Johann Friedrich Nagel

Vue de Custrin, um 1790

Radierung, aquarelliert; 28 x 41,7
Stadtmuseum Berlin, GDR 71/42,24

Xc/12

Richtschwert aus Küstrin, 17. Jh.

Eisen; L. 94, B. 6
Stadtmuseum Berlin, VI 7450

Xc/10

Xc/13

Reliefdarstellung eines liegenden Löwen
(Wappen der Familie Katte [Katze]),
um 1700

Kupfer, getrieben; L. 83, H. 23
Stadtmuseum Berlin, VI 22746

Xc/14   Th. Albert

Das Rittergut Wust, um 1875

Farblithographie; 27,8 x 38,8
Aus: Alexander Duncker, *Die ländlichen Wohnsitze,
Schlösser und Residenzen der ritterlichen Grundbesitzer in
der preussischen Monarchie*, Bd. 14
Berlin: Alexander Duncker 1875–1877
Stadtmuseum Berlin, 2695

Das Rittergut Wust bei Genthin war der alte Fa-
milienbesitz der Herren von Katte. Im Erbbegräbnis neben der Kirche wurde 1730 Hans Hermann Katte beigesetzt.

*„Die letzte Szene der Tragödie, die Beisetzung,
führt uns wieder nach Wust. [...] Denselben Eber-
eschenweg, den damals der Oberst von Katte ent-*

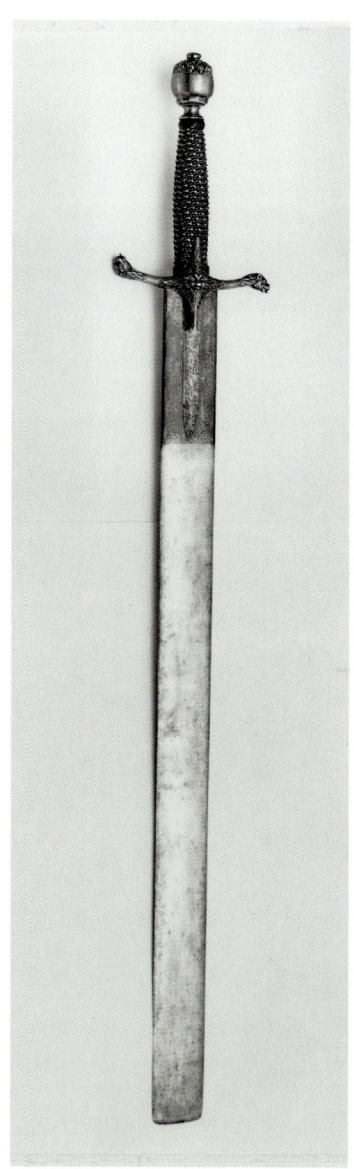

Xc/12

Erbbegräbniss der Familie von Humboldt
im
Schlossgarten zu Tegel bei Berlin

Xc/17

*langtrabte, kam jetzt ein schmaler Leiterwagen
mit zwei mageren Pferden herauf. Der Kutscher
ging nebenher, müd und matt, und tapste durch
die Regentümpel, die zu umgehen ihm den Weg
verlängert hätte. Der Wagen selbst gab ihm keinen Platz mehr, denn auf dem schmalen Brett
stand ein langer Sarg, schwarz gestrichen,
schmucklos, ohne Haspen und Beschlag. [...] So
wurde Hans Hermann von Katte beigesetzt.
Ohne Sang und Klang. Seine Familie hatte seinen
Leichnam freigebeten, und die Gnade des Königs
hatte es gewährt."*

Theodor Fontane, Wanderungen durch die Mark Brandenburg, 3: Havelland; GBA, S. 383 f.

Xc/15   Reinhold Begas

Denkmalentwurf Wilhelm von Humboldt,
1876

Bronze; H. 81
Stadtmuseum Berlin, I 52/426

Der 1767 geborene Wilhelm von Humboldt widmete sich den Altertums- und Staatswissen-
schaften. Als preußischer Staatsbeamter förderte
er die Reformbewegung und hatte entscheiden-

den Einfluß auf die Gründung der Berliner Universität 1810. Im Jahre 1819 zog er sich aus der
aktiven Politik zurück und lebte bis zu seinem
Tode 1835 auf Schloß Tegel, das er sich durch
Karl Friedrich Schinkel umbauen ließ. Als sich
1876 die Berliner Universität entschloß, für die
Gebrüder Humboldt Denkmäler zu errichten,
reichte der Bildhauer Reinhold Begas diesen
Entwurf ein, der aber nicht berücksichtigt wurde.

Xc/16   Ludwig Wilhelm Wittich
und Albert Dietrich Schadow
nach Karl Friedrich Schinkel

*Ansicht von der Lage und der Umgebung
des Schlösschens Tegel* (3 Grundrisse), 1824

Radierung; 43,9 x 55,9
Aus: *Sammlung architektonischer Entwürfe* von
Karl Friedrich Schinkel, Heft 4, Berlin 1824
Stadtmuseum Berlin, VII 63/609 W

Für Wilhelm von Humboldt erfolgte in den Jahren 1820 bis 1824 nach Schinkels Entwurf ein
Umbau des aus dem 16. Jahrhundert stammenden Jagdschlosses.

Xc/18

Xc/17 Wilhelm Riefstahl und Ludwig Burger

*Das Erbbegräbnis der Familie Humboldt
im Schloßgarten bei Tegel*, 1859

Farblithographie; 52,5 x 37,3
Stadtmuseum Berlin, VII 60/1163 W   (Abb. S. 229)

Die Begräbnisstätte wurde 1829 nach dem Tode
von Karoline, der Frau Wilhelm von Humboldts,
angelegt. In der Mitte der von Karl Friedrich
Schinkel entworfenen Anlage befindet sich eine
Säule mit der Statue der Spes (Hoffnung) von
Bertel Thorvaldsen.
„Wenn ich den Eindruck bezeichnen soll, mit dem
ich von dieser Begräbnisstätte schied, so war es
der, einer entschiedenen Vornehmheit begegnet zu
sein. Ein Lächeln spricht aus allem und das resig-
nierte Bekenntnis: Wir wissen nicht, was kommen wird, und müssen's – erwarten. Deutungs-
reich blickt die Gestalt der Hoffnung auf die
Gräber hernieder. Im Herzen dessen, der diesen
Friedhof schuf, war eine unbestimmte Hoffnung
lebendig, aber kein bestimmter siegesgewisser
Glaube. Ein Geist der Liebe und Humanität
schwebt über dem Ganzen, aber nirgends eine
Hindeutung auf das Kreuz, nirgends der Ausdruck eines unerschütterlichen Vertrauens."
Theodor Fontane, Wanderungen durch die Mark Brandenburg, 3: Havelland; GBA, S. 175

Xc/18

Grabstein Heinrich von Kleist, um 1862

Marmor; H. 44,5, B. 39,5, T. 15
Ausführung: Firma Kessel & Röhl
Stadtmuseum Berlin, VI 20423

Der Dichter Heinrich von Kleist, geboren am
18. Oktober 1777, nahm sich am 21. November
1811 gemeinsam mit seiner Bekannten Henriette Vogel in der Nähe des Kleinen Wannsees
das Leben. Beide fanden an dieser Stelle auch
ihre letzte Ruhestätte. Der Unstern, der Kleists
Leben begleitete, waltete auch über seinem Grab:
Einem 1843 gesetzten Gedenkstein wurde im

Jahre 1862 auf Initiative des Schriftstellers Max
Ring ein Grabstein hinzugefügt. Er ist mit einem
Vers von Ring versehen, gibt allerdings ein
falsches Geburtsdatum an. Als 1936 das Kleist-
Grab in das kulturelle Besichtigungsprogramm
der Olympischen Spiele einbezogen werden
sollte, wurden beide Steine beseitigt. Der Grabstein aus dem Jahre 1862 wurde dem Märkischen
Museum überwiesen. Das Grab bekam nun einen
repräsentativen Stein, der wiederum mit dem
Vers von Max Ring und dem korrigierten Geburtsdatum versehen war. 1941 veranlaßte das
Reichspropagandaministerium eine Überarbeitung des Grabsteins. Anstelle des bisherigen Ver-
ses trat ein Zitat aus Heinrich von Kleists *Prinz
von Homburg*: „*Nun, o Unsterblichkeit, bist Du
ganz mein*"; die Geburtsdaten waren jedoch wieder falsch. Nachdem in den fünfziger Jahren das
Geburtsjahr verbessert worden war, erfolgte
eine Korrektur des Geburtstages erst in den
sechziger Jahren. Und um die Verwirrung noch
zu steigern, enthält selbst Fontanes Wiedergabe
der Inschrift auf dem Kleistschen Grabstein neben dem falschen Geburts- auch noch ein falsches
Todesdatum.
Theodor Fontane, Wanderungen durch die Mark Brandenburg, 5: Fünf Schlösser; GBA, S. 406 f.

Xc/19 Eduard Gaertner

Die Klosterruine Lehnin, 1858

Öl auf Lwd.; 56 x 82
Stadtmuseum Berlin, VII 59/749 X

Das Mönchskloster Lehnin wurde 1180 von Markgraf Otto I. gestiftet und mit reichem Grundbe-
sitz ausgestattet. Bis zur Reformation ließen sich
hier viele brandenburgische Markgrafen beiset-
zen. 1542 hob Kurfürst Joachim II. das Kloster auf
und wandelte es in ein Domänenamt um. Die Gebäude verfielen. 1871-1877 fand eine umfassende
Restaurierung und der Wiederaufbau der fehlen-
den Teile der Kirche statt. Fontane besuchte im

Herbst 1863 Lehnin und beschrieb den ruinösen
Zustand. Da Fontane das restaurierte Kloster
nicht mehr besuchte, änderte er seinen Text in
den Ausgaben nach 1877 nicht mehr.
„*Die Klöster selber sind hin. Viele von denen, die
hierlands in alten Klostermauern wohnen, wissen kaum, daß es Klostermauern sind, sicherlich
nicht, daß es Zisterzienser waren, die vor ihnen die
Stätte innehatten. Und hörten sie je das Wort, so
wissen sie nicht, was es meint und bedeutet. Und
doch waren es die Pioniere, die hundert und tausend andern Kolonisten, die nach ihnen kamen,
die Wege bahnten. Das Gedächtnis an sie und an
das Schöne, Gute, Dauerbare, das sie geschaffen,
ist geschwunden; uns aber mag es geziemen, darauf hinzuweisen, daß noch an vielen hundert
Orten ihre Taten und Wohltaten zu uns sprechen.*"
Theodor Fontane, Wanderungen durch die Mark Brandenburg, 3: Havelland; GBA, S. 43

Xc/20 Friedrich Wilhelm Eduard Spranger

Klosterkirche Lehnin, Südwestansicht, um 1830

Pinsel in Grau; 22,5 x 32,8
Stadtmuseum Berlin, VII 84/254 W

„*Es ist ein trister Aufenthalt, diese Klosterkirche
von Lehnin, aber ein Bild anheimelnder Schönheit tut sich vor uns auf, sobald wir aus der öden,
freudlosen Kirche mit ihren hohen, weißgetünchten Pfeilern ins Freie treten und nun die Szenerie
der unmittelbaren Umgebung: Altes und Neues,
Kunst und Natur, auf uns wirken lassen. Innen
hatten wir die nackte, nur kümmerlich bei Leben
erhaltene Existenz, die trister ist als Tod und Zerstörung, draußen haben wir die ganze Poesie des
Verfalls, den alten Zauber, der überall da waltet,
wo die ewig junge Natur das zerbröckelte Men-
schenwerk liebevoll in ihren Arm nimmt.*"
Theodor Fontane, Wanderungen durch die Mark Brandenburg, 3: Havelland; GBA, S. 74

Xc/19

Xc/21   **Friedrich Wilhelm Eduard Spranger**

Kloster Lehnin, Nordansicht, um 1830

Pinsel in Grau; 22,6 x 32,8
Stadtmuseum Berlin, VII 84/253 W

Xc/22   **Friedrich Wilhelm Eduard Spranger**

Klosterkirche Lehnin, Reste des Westteils mit Kreuzgang, um 1830

Pinsel in Grau; 30,5 x 27,8
Stadtmuseum Berlin, VII 84/256 W

Xc/23   **Friedrich Wilhelm Eduard Spranger**

Klosterkirche Lehnin, Nordwestansicht, um 1830

Pinsel in Grau, gekratzt; 30,3 x 29
Stadtmuseum Berlin, VII 84/255 W

Xc/24   **Unbekannter Künstler**

Legende der Ermordung des Abtes Sibold
Wiedergabe eines mittelalterlichen
Tafelbildes im Kloster Lehnin, um 1800

Radierung, koloriert; 26,6 x 40,5
Stadtmuseum Berlin, VII 84/332 W

„Im Querschiff der Lehniner Kirche hängt bis diesen Tag ein altes Bild von etwa drei Fuß Höhe und fünf Fuß Länge, auf dem wir in zwei Längsschichten oben die Ermordung des Abtes, unten den Auszug der Mönche und die Erscheinung der Jungfrau Maria dargestellt finden. Vor dem Munde der Maria schwebt der bekannte weiße Zettel, auf dem wir die schon oben zitierten Worte lesen: ‚Redeatis, nihil deerit vobis.‘ (Kehret zurück; es soll euch an nichts fehlen), Worte, die allen ein neues Gottvertrauen einflößten und sie zu mutigem Ausharren vermochten."
Theodor Fontane, Wanderungen durch die Mark Brandenburg, 3: Havelland; GBA, S. 53, 51 f.

Xc/25

Ziegelstein mit runenartigen Zeichen
aus Kloster Lehnin, um 1200

Ziegelton; H. 9,5, B. 26,5, T. 12,5
Stadtmuseum Berlin, II 98/58 B

Xc/26   **Rudolph Schultze**

Klosterkirche Chorin,
Ansicht der Westseite, 1877

Feder in Schwarz, Aquarell; 78,5 x 61
Stadtmuseum Berlin, VII 83/843 R

1258 stifteten die Markgrafen Johann I. und Otto III. das Mönchskloster Mariensee auf einer Insel des Parsteiner Sees. Der Konvent zog jedoch 1273 nach Chorin um. Das Kloster war von

Xc/26

1281 bis 1319 die Grablege der brandenburgischen Markgrafen aus johanneischer Linie der Askanier. Im Jahre 1542 wurde es von Kurfürst Joachim II. aufgehoben und in ein Domänenamt umgewandelt wurde. Dem Verfall der Gebäude, der besonders im 18. Jh. einsetzte, konnte erst durch Einspruch Karl Friedrich Schinkels Einhalt geboten werden.

„Erst in dem Augenblicke, wo wir den letzten Höhenzug passiert haben, steigt der prächtige Bau, den die Hügelwand bis dahin deckte, aus der Erde auf und steht nun so frei, so bis zur Sohle sichtbar vor uns wie eine korkgeschnitzte Kirche auf einer Tischplatte."
Theodor Fontane, Wanderungen durch die Mark Brandenburg, 3: Havelland; GBA, S. 86

Xc/27   **Rudolph Schultze**

Klosterkirche Chorin,
Längsschnitt und Grundriß, 1877

Feder in Schwarz, laviert; 64 x 48
Stadtmuseum Berlin, VII 83/844 R

Xc/28   **Rudolph Schultze**

Klosterkirche Chorin,
Querschnitt und Nordseite, 1877

Feder in Schwarz, laviert; 64 x 47
Stadtmuseum Berlin, VII 83/845 R

„[...] das Schiff ist vierundvierzig Fuß länger als die Berliner Nikolaikirche und bei verhältnismäßiger Breite um siebzehn Fuß höher. Im Mittelschiff stehen auf jeder Seite elf viereckige Pfeiler (einige zur Linken sind neuerdings verschwunden); der zwölfte Pfeiler, rechts wie links, steckt in der Mauer. Die Konsolen oder Kapitälornamente sind verschieden gestaltet und stellen abwechselnd Akanthus-, Klee- und Eichenblätter dar. Das Blattwerk zeigt hier und da noch Spuren von grüner Farbe, während der Grund rot und gelb gemalt war. Freskoartige Malereien finden sich noch in letzten Überresten im Kreuzgang; an einer stehengebliebenen Kappe zeigt sich Zweig- und Blattwerk, das ein Walnußgesträuch darzustellen scheint. Das hohe Gewölbe, welches von den Pfeilern des Mittelschiffes getragen wurde, ist seit einem Jahrhundert eingestürzt.

Anstelle desselben wurde im Jahre 1772 ein Dachstuhl aufgerichtet, der seitdem das neue Dach trägt. Dies neue Dach ist niedriger, als das alte war, was sich an den Giebelwänden, besonders an dem Frontispice im Westen, noch deutlich markiert."

Theodor Fontane, Wanderungen durch die Mark Brandenburg, 3: Havelland; GBA, S. 97

Xc/29   **Rudolph Schultze**

Klosterkirche Chorin,
Pfeiler des Mittelschiffes, 1877

Feder in Schwarz und Grau, laviert; 45,5 x 57,5
Stadtmuseum Berlin, VII 83/846 R

Xc/30   **Rudolph Schultze**

Klosterkirche Chorin,
Baudetails, 1877

Feder in Schwarz und Grau, laviert; 48 x 63,8
Stadtmuseum Berlin, VII 83/847 R

Xc/31   **Rudolph Schultze**

Klosterkirche Chorin,
Baudetails, 1877

Feder in Schwarz und Grau, laviert; 48 x 64,4
Stadtmuseum Berlin, VII 83/848 R

Xc/32   **Rudolph Schultze**

Klosterkirche Chorin,
Fensterformen, 1877

Feder in Schwarz, laviert; 64,4 x 47,7
Stadtmuseum Berlin, VII 83/849 R

Xc/33   **Rudolph Schultze**

Klosterkirche Chorin, Portale, 1878

Feder in Schwarz, laviert; 47 x 64,5
Stadtmuseum Berlin, 83/850 R

Xc/34   **Bernhard Ludwig Bekmann**

Kloster Chorin, um 1755

Handschrift; 35 x 21
Stadtmuseum Berlin, IV 84/35 Q

Xc/35

Kelch, um 1270

Silber; H. 28,5, Kuppa Dm. 20,4
Evangelische Kirchengemeinde St. Marien-St. Nikolai,
Berlin

Xc/36

Patene, um 1270

Silber; Dm. 25,1
Evangelische Kirchengemeinde St. Marien-St. Nikolai,
Berlin

Vermutlich gehörten beide Silberarbeiten zum liturgischen Gerät des Klosters Chorin.

Xc/37

Kapitell eines Dienstes aus dem
Kloster Chorin, um 1280

Backstein; H. 17, L. 33, B. 21
Amt Britz-Chorin, Klosterverwaltung Chorin

Von Helden und Hafer

„Ich bin über viele Schlachtfelder gegangen"

„Es ist ein Feld wie andere Felder. Der Pflug ist über den Boden hingegangen und hat alles hinweggenommen, was sichtbar und handgreiflich an jenen blutigen Oktobertag erinnern könnte."
Theodor Fontane, Jenseit des Tweed; NA XVII, S. 343 f.

Xd/1   **Johann Gottfried Bartsch**

Abbildung Des durch sonderbarliche Göttliche hülffe und Beistandt so wunderbahren, und dergleichen fast nicht erhörten Sieges, Welchen seine Chur Fürstl. Durchl. zu Brandenbg. der Durchlauchigste Fürst und Herr Friedrich Wilhelm, Marggraff zu Brandenburg erhalten

Kupferstich (Buchdruck); 49,5 x 65
Stadtmuseum Berlin, XI 28432

Während die kurfürstlich-brandenburgische Armee am Oberrhein gegen die Franzosen kämpfte, waren die Schweden 1675 in die Mark Brandenburg eingefallen und bis zur unteren Havel vorgedrungen. In Eilmärschen zog Kurfürst Friedrich Wilhelm mit seinen Truppen nach Norden und erreichte am 25. Juni Rathenow. Die schwedische Besatzung wurde in einem Überraschungsangriff besiegt und die abziehenden Korps bei Fehrbellin zum Kampf gestellt. Trotz zahlenmäßiger Unterlegenheit griff der Kurfürst die Schweden unter Führung von Waldemar Wrangel am 28. Juni 1675 an. Nach einem zweistündigen Gefecht zog sich Wrangel unter großen Verlusten in Richtung Wittstock zurück.

Xd/2   **Unbekannter Künstler**

Siegesdenkmal zu Groß-Beeren
Siegesdenkmal zu Hakenberg bei Fehrbellin

Lithographie; 22,5 x 15
In: W[ilhelm] Riehl, J. Scheu, Berlin und die Mark Brandenburg mit dem Markgrafenthum Nieder-Lausitz, S. 154
Berlin: J. Scheu 1861
Stadtmuseum Berlin, 1988

„Unmittelbar hinter dem Dorf, bereits auf historisch verbürgtem Schlachtengrund, befindet sich die Mühle des Müllers Conrad und dicht daneben das Monument, das, zum Andenken an die Schlacht, im Jahre 1800 errichtet und im Jahre 1857 erneuert worden ist. Das Denkmal, einfach aus Sandstein aufgeführt, ist ein Oblong, auf dessen oberem Teil eine Schale oder Urne steht. Der Hinweis auf diese Schlichtheit soll dem Monument kein Vorwurf sein, im Gegenteil. Es werden jetzt so viele Denkmäler errichtet, bei deren Errichtung man nicht weiß, wer und was eigentlich verherrlicht werden soll, ob der Held, dem das Denkmal gilt, oder die Zeit, die so erleuchtet ist, jenem Helden ein Monument zu setzen, oder endlich der Künstler selbst, der selber wieder zum Helden wird und gleichsam den Lorbeerkranz von der Stirn seiner eigenen Schöpfung nimmt. Solchem Gebaren gegenüber, für das die Beispiele naheliegen, erfreut man sich doppelt beim Anblick jener einfacheren Gedenksteine, die nicht der Mode und der Eitelkeit, sondern der Gesinnung und dem Eifer eines einzelnen ihre Entstehung verdanken. Es kommt nicht immer auf den Kunstwert dessen an, was zu uns spricht; der Appell an unser Herz bleibt immer die Hauptsache."
Theodor Fontane, Wanderungen durch die Mark Brandenburg, 6: Dörfer und Flecken im Lande Ruppin; GBA, S. 38 f.

Xd/3   **Friedrich Kaiser**

Der Große Kurfürst in der Schlacht
bei Fehrbellin, um 1860

Öl auf Lwd.; 54,5 x 68,5
Stadtmuseum Berlin, VII 92/1 X

„An den Namen Fehrbellins knüpft sich allerhand Liebes und Gutes. [...] und hier endlich, um das Beste nicht zu vergessen, wurde die berühmte Schlacht geschlagen, die vor beinahe zwei Jahrhunderten den Grund zu der Selbständigkeit und Größe unserer Monarchie legte.
Diesem Schlachtfelde gilt unser Besuch. Es liegt noch eine halbe Meile jenseits Fehrbellin, dicht an der Straße, die sich wie eine Grenzlinie zwischen dem Luch und der Höhe hinzieht. Zunächst erreicht man das Dorf Tornow, dann das Dorf Hakenberg, wo das Höhenterrain beinahe senkrecht in das Luch hinein abfällt. In unmittelbarer Nähe des letztgenannten Dorfes fand das berühmte Reitergefecht statt, das indes, zum Glück für alle preußischen Poeten, statt des Namens ,Gefecht bei Hakenberg', den schönen Namen der Schlacht von Fehrbellin erhalten hat. [...] Die unmittelbare Umgebung des Denkmals ist wenig poetisch und wird den Erwartungen derer wenig entsprechen, denen das schöne Wort ,Fehrbellin' verführerisch im Ohre klingt oder die die ,Prinzen von Hessen-Homburg' unseres Heinrich von Kleist begeistert im Herzen tragen. Die Umgebung ist schlicht-märkisch, aber nicht fehrbellinisch. Ein Kartoffelfeld schließt das Denkmal ein, und die einzige Hoffnung, die dem Besucher bleibt, knüpft sich an die Lehre von der Fruchtfolge. Eine liebenswürdige Dame, die als Prinzessin Clotilde im Kleistschen Drama ihren ersten Bühnentriumph gefeiert, hatte mir den Auftrag gegeben, ihr Blumen vom Fehr-

Xd/3

belliner Schlachtfeld mitzubringen. Lebhaft und
phantasievoll, wie sie war, hatte sie sich die Umgegend von Hakenberg wie einen Rosengarten gedacht. Da stand ich nun und suchte umher; Schaf-
garbe, Winde und Glockenblume war alles, wozu
sich die Natur hier zusammenraffte. Ich gab es auf,
einen Strauß an dieser Stelle zu pflücken, und
borgte von einem Nachbarfelde drei Haferhalme,
die ich später mit folgenden Zeilen überreichte:

Auf der Fehrbelliner Flur
Gab es Blumen am Schlachttag nur.

Märkische Rosse gewannen die Schlacht,
Haben das Feld berühmt gemacht.

Und dies Feld, es zahlt mit Glück
Alte Schulden in Hafer zurück."
Theodor Fontane, Wanderungen durch die Mark Branden-
burg, 6: Dörfer und Flecken im Lande Ruppin; GBA,
S. 38, 40

dischen Geschütze schickten bereits Kugel auf
Kugel herüber, und der Kurfürst selbst vergaß
des Kindes, das ruhig und furchtlos auf der Sat-
telkruppe saß. Das Regiment Mörner kam eben
vorüber, und der Kurfürst setzte sich an seine
Spitze. Die Brandenburger hieben sich wacker
durch das Regiment Dalwigk hindurch, und die
Schweden flohen. Als der Kampf vorüber war
und Kurfürst Friedrich Wilhelm sich im Sattel
hob, um aufatmend dem Gott der Schlachten für
diesen Sieg zu danken, sah er den Blondkopf, der,
mit beiden Händen am Riemenwerk des Panzers
sich festhaltend, furchtlos zu seinem Retter auf-
blickte. Hier bricht die Legende ab. Der Kurfürst
hatte das Kind und das Kind hatte den Kurfürsten gerettet, denn der Blondkopf, der auf der
Schwelle des Bauernhauses saß, war deutungs-
reich – der Schutzgeist der Hohenzollern."
Theodor Fontane, Wanderungen durch die Mark Brandenburg, 6: Dörfer und Flecken im Lande Ruppin; GBA, S. 44 f.

Xd/4   Jacques Vaillant

Bildnis Kurfürst Friedrich Wilhelm
von Brandenburg, um 1680

Öl auf Lwd.; 79,5 x 65
Stadtmuseum Berlin, VII 60/72 X

*„Der Kurfürst, als er zur Schlacht ritt, so erzählt
die Legende, kam durch Hakenberg. Das Dorf
war ausgestorben und leer, nur auf der Schwelle
eines Hauses saß ein dreijähriger Blondkopf, den
die fliehenden Dörfler, in der Hast und Unruhe
des Augenblicks, im Dorf zurückgelassen hatten.
Er streckte die Händchen nach dem Fürsten aus.
Der Kurfürst hielt sein Pferd an, bückte sich tief,
hob das Kind auf und setzte es vorn auf seinen
Sattel. ,Wirst schon jemand finden', dachte er,
,der sich seiner annimmt.' So ritt er aus dem
Dorf. Aber da war niemand, der Lust gehabt
hätte, sich des Kleinen anzunehmen; die schwe-*

Xd/5

Mantelhelm, 17. Jh.

Eisenblech mit Leder; H. 28, B. 20, T. 26
Stadtmuseum Berlin, VI 9513

Xd/6

Handschuh von einer Panzerrüstung,
Mitte 17. Jh.

Stahl; H. 12, B. 14, L. 28
Stadtmuseum Berlin, II 70/120 F

Xd/7

Radschloß Müller-Büchse, vor 1700

Eisen und Holz; L. 106
Stadtmuseum Berlin, 74/2 F

Xd/8

Partisanenhellebarde, 17. Jh.

Stahl; B. 22,9, L. 33
Stadtmuseum Berlin, II 69/152 F

Xd/9

Reiterdegen, 17. Jh.

Stahl; B. 14, L. 96,5
Stadtmuseum Berlin, VI 10337

Xd/10

Schützenhaube, 1. Hälfte 17. Jh.

Eisen; H. 21,5, Dm. 30,4 x 24 (oval)
Stadtmuseum Berlin, II 70/82 F

Xd/11

Hellebarde, 17. Jh.

Stahl; B. 30,5; L. 52
Stadtmuseum Berlin, II 70/19F

Xd/12

Radschloß-Wallbüchse,
letztes Drittel 17. Jh.

Eisen, Holz, Messing; L. 171,3
Stadtmuseum Berlin, II 45 F

Xd/13   Gotthelf Wilhelm Weise

*Die Schlacht bey Zornsdorf, den 25ten
August Ao 1758*, 2. Hälfte 18. Jh.

Kupferstich, Stellungen koloriert; 38,5 x 50,7
Stadtmuseum Berlin, IV 98/23 R

Am 23. August 1758 überschritt die preußische
Armee bei Güstebiese die Oder und marschierte
gegen Quartschen und Zorndorf, wo die russischen Truppen lagerten. Trotz dreier großer
Sturmangriffe gelang es der preußischen Infanterie nicht, den zähen Widerstand der tief-
gestaffelt operierenden russischen Bataillone
zu brechen. Nur die Attacken der überlegenen
preußischen Kavallerie unter Seydlitz verhin-
derten eine Niederlage der Preußen. In der
Abenddämmerung des 28. August 1758 waren
die Kräfte beider Seiten erschöpft. 12 000 preußische und 19 000 russische Soldaten bedeckten
tot oder verwundet das Schlachtfeld.

Xd/14   Albrecht Adam

Die Schlacht bei Zorndorf, 1859

Öl auf Lwd.; 61 x 87,5
Städtische Galerie im Lenbachhaus, München, G 3469

*„Wir lassen halten und suchen nach einem Feld-
weg. Aber nichts der Art ist zu finden. Besucher
auf dem Schlachtfelde von Zorndorf sind so selten, daß es sich nicht verlohnt, einen Weg nach*

Xd/14

dem Denkmale hin offenzuhalten. Lauter Ackerland. Oder wie es in dem Chamissoschen Liede
heißt: ‚Der Pflug geht drüber hin.‘ Nach langem
Suchen entdecken wir endlich eine Furche, die uns
in gerader Linie, wenn auch von schräg liegenden Halmen völlig verdeckt, dem Denkmal ent-
gegenführt. Wir stehen nun vor einem Sand- und
Lehmhügel von der Form eines Backofens, auf
dem sich das Monument erhebt. Der Aufgang ist
steil, und man kann deutlich erkennen, daß die
früher sich allmählich abflachenden Wände von
dem Bauer, dem jetzt das Feld gehört, ab- und
niedergepflügt wurden, um dadurch ein paar Qua-
dratruten Ackerland zu gewinnen. Bauernegois-
mus ist sicherlich das einzige Motiv gewesen, aber
der Egoismus ist hier zum Segen ausgeschlagen,
und der Hügel mit seinen jetzt steil abfallenden
Wänden, hier und dort von Liguster und Distel-
büschen überwachsen, nimmt sich vortrefflich
aus als Postament für das auf seiner Höhe errichtete Denkmal. Dieses ist einfachster Art. Es besteht aus drei Granitstufen, auf deren oberster
sich ein Oblong, ebenfalls aus Granit, erhebt.
Das Ganze ein etwa mannshoher, höchst schlich-
ter Steinbau, der früher an einer seiner Fronten
eine Inschrift trug. Man liest noch jetzt: ‚Hier
stand Friedrich … M. D. C. C. L. VIII.‘ Alles andere ist verlöscht.“
Theodor Fontane, Wanderungen durch die Mark Brandenburg, 2: Oderland; GBA, S. 395

**Xd/15   Kreisausschuß des Kreises
         Königsberg/Neumark [Hg.]**

*Kreis-Kalender für den Kreis Königsberg
Nm.*

Neudamm: J. Neumann 1926
Stadtmuseum Berlin, Z 88

Aufgeschlagen S. 23: Denkmal bei Zorndorf
zur Erinnerung an die Schlacht bei Zorndorf am

25. August 1758. – „Noch einmal, es ist ein schlich-
tes Monument, das an dieser Stelle das Gedächt-
nis an den Tag von Zorndorf zu wahren trachtet.
Aber es ist gut, daß es schlicht ist. Prächtige
Monumente gehören in die Stadt, in das [sic!]
Bereich der Kunst. Zu Wald und Feld stimmen
Denkmäler, die sich einreihen in den Hausrat der
Natur. Übergang und Verschmelzung, nicht Ge-
gensatz. Würfel und Obelisk werden auf Schlacht-
feldern noch lange das beste bleiben.“
Theodor Fontane, Wanderungen durch die Mark Branden-
burg, 2: Oderland; GBA, S. 395 f.

Xd/16   Jean Lulvés

**Das Standbild des Generals von Seydlitz
auf dem Wilhelmplatz in Berlin, 1872**

Öl auf Lwd.; 29 x 21
Stadtmuseum Berlin, GEM 74/10

Friedrich Wilhelm von Seydlitz (1721-1773) gilt
als Organisator der preußischen Kavallerie. Er
perfektionierte die Manöver seiner Reiter mit
der blanken Waffe im Gefecht.
„Auf einem zwischen zwei dieser Vertiefungen,
dem Zaber- und dem Galgengrunde, gelegenen
Hügelrücken entschied sich die Schlacht. Richtiger: von hier aus wurde sie entschieden. Von
Zorndorf her den Zabergrund hinaufrückend, begleitete Seydlitz am äußersten linken Flügel der
preußischen Aufstellung den Auf- und Vormarsch
der Angriffskolonnen. Selber ungesehen, sah er
seinerseits alles. Auf die Aufforderung des Königs, ‚anzugreifen, bei Gefahr seines Kopfes‘, gab
er die bekannte Antwort: ‚Nach der Schlacht
stehe dem König sein Kopf zu Befehl; während
derselben mög er ihm noch erlauben, davon in
seinem Dienste Gebrauch zu machen.‘ Der Zeitpunkt war eben noch nicht da.“
Theodor Fontane, Wanderungen durch die Mark Brandenburg, 2: Oderland; GBA, S. 393

Xd/17   Leon Gérome

Reiterstatuette Friedrich II., 1890

Bronze; H. 38,7
Stadtmuseum Berlin, VI 57/57

Xd/18

**Preußischer Feldwebel-Sponton,
1. Hälfte 18. Jh.**

Stahl; B. 18, L. 44, L. der Feder 71
Stadtmuseum Berlin, II 98/1 F

Xd/19

Trommelschild, 2. Hälfte 18. Jh.

Messingblech, Dm. 24-26 (oval)
Stadtmuseum Berlin, II 90/6 F

Xd/20

Preußisches Infanteriegewehr, 18. Jh.

Eisen, Messing, Holz; L. 136
Stadtmuseum Berlin, II 70/156 F

Xd/21

**Lanzenspitze, preußische Kavallerie,
2. Hälfte 18. Jh.**

Stahl; B. 3, L. 40,3
Stadtmuseum Berlin, II 69/101 Y

Xd/22

Preußische Kavalleriepistole, 1742

Eisen, Holz, Messing; L. 54,5
Stadtmuseum Berlin, II 70/154 F

Xd/23

Patronentaschenbeschlag, 18. Jh.

Messingblech; H. 20, B. 15
Stadtmuseum Berlin, II 90/5 F

Xd/24

**Preußische Grenadiermütze
(Nachbildung), um 1750**

Messingblech, Tuch, Leder; H. 29, Dm. 20
Stadtmuseum Berlin, II 74/3 F

Xd/25

Infanterie-Offiziersdegen, um 1750

Messing, vergoldet, Eisen; L. 96
Stadtmuseum Berlin, II 91/8 F

Xd/26

Russischer Infanteriesäbel, um 1750
Fundort: Schlachtfeld Kunersdorf

Stahl, Messing; Klinge B. 4,1, L. 65,7,
Griff und Gefäß L. 15,7
Stadtmuseum Berlin, II 67/174 F

Xd/27 **Unbekannter Künstler**

*Uniformen der Preußischen Armee
von 1740–1786*, 1778 ff.

Deckfarben auf Papier; 33,2 x 24 (Buchformat)
Privatbesitz

Aufgeschlagen S. 87: *8. Cavallerie-Regiment*

Von Schicksalen

*„Dieser Park hat zu lachen verlernt" – „Die Burg
existiert, aber die Geschichte fehlt"*

Xe/1 **Johann Erdmann Hummel**

Das Belvedere im Schloßpark Buch,
um 1836

Bleistift; 37,3 x 37
Stadtmuseum Berlin, VII 59/1302 W

Xe/2 **Johann Erdmann Hummel**

Das Belvedere im Schloßpark Buch, 1836

Öl auf Lwd; 60 x 56
Kunstmuseum Düsseldorf, 36

*„[…] die grauen Schleier des Abends sind es, die
diesem Parke kleiden. Wo Springquellen hoch in
die Luft steigen und des Lichts bedürfen, um in
allen Farben zu schillern, wo Blumenvierecks in
den Rasen eingewoben sind oder Statuen in den
grünen Nischen stehen, da mag es geraten sein,
um Morgen- oder Mittagszeit auf und ab zu
schreiten. Aber ein solcher Park ist nicht der, in
den wir eben eingetreten sind. Nicht Kaskaden
und Fontainen sind hier zu Haus, kein Bach rie-
selt und plätschert über Steine hinweg, als liefen
spielende Kinder durch den Garten, ein stiller
und breiter Graben nur durchschneidet ihn und
dehnt sich aus, als wär es ein Teich. Die Buche
hängt ihr Gezweige tief in das Wasser nieder, und
die Tanne streut ihre Schuppenäpfel über die
Kiesgänge hin. Alles Bunte fehlt. Die Rüsternalleen, die sich wie Kirchenschiffe wölben, erscheinen nicht wie Weg und Steg in die freie
Natur hinaus, sondern wie Gitter und Spaliere
gegen dieselbe. Dieser Park hat zu lachen verlernt. Wenn das Sonnenlicht auf ihn fällt und erheitern will, ist es wie eine Witwe, die man mit
Bändern und Blumen schmückt."*
Theodor Fontane, Wanderungen durch die Mark Brandenburg, 4: Spreeland; GBA, S. 166

Xe/2

Xe/3 **Johann Erdmann Hummel**

Die Orangerie im Schloßpark Buch,
um 1836

Bleistift, laviert; 29,7 x 38,4
Stadtmuseum Berlin, VII 59/1323 W

Xe/4 **Johann Erdmann Hummel**

Im Park von Schloß Buch, 1836

Öl auf Lwd.; 60 x 74
Staatliche Museen zu Berlin - Preußischer Kulturbesitz,
Nationalgalerie, NG 15/60 (Abb. S. 236)

Die Ansichten des Schloßparks Buch (heute im
Bezirk Pankow) und seiner Bauten schuf Hummel im Auftrag der gräflich Voßschen Familie.
Sie zeigen den Zustand des Parks nach seiner
von 1810 bis 1820 unter Otto von Voß erfolgten
Umgestaltung zum englischen Landschaftsgar-
ten. Von den Gebäuden ist lediglich - unter Verlust des Turmaufsatzes - die Schloßkirche erhalten geblieben. Die von Hummel liebevoll und
detailreich in Szene gesetzte Idylle steht in star-
kem Kontrast zu der ein Vierteljahrhundert später entstandenen Schilderung Fontanes, einer
Methapher des tragischen Schicksals der Julie
Amalie Elisabeth von Voß, Schwester Ottos und

spätere Gräfin Ingenheim. Aus Buch stammend
und hier aufgewachsen, wurde Julie eine der Geliebten des preußischen Königs Friedrich Wilhelm II. Fontane beschreibt ausführlich die Umstände der Beziehung und des frühzeitigen Todes
von Julie. Die nicht standesgemäße Verbindung
ist eines der prägenden Motive in Fontanes Gesellschaftsromanen; nicht zuletzt deshalb dürf-
ten die Bucher Begebenheiten sein besonderes
Interesse gefunden haben.

Xe/5 **Johann Heinrich Schröder**

Bildnis Julie Amalie Elisabeth von Voß,
Gräfin Ingenheim, um 1788/89

Pastell; 35 x 26,5
Stiftung Preußische Schlösser und Gärten Berlin-Brandenburg, GK I 40948 (Abb. S. 236)

Julie von Voß (1766–1789) wurde 1787 mit König
Friedrich Wilhelm II. von Preußen „zur linken
Hand" getraut. Im gleichen Jahr erhob sie der
König zur Gräfin Ingenheim. Julie von Voß starb
bereits zweiundzwanzigjährig an Lungenschwind-
sucht.

*„Überall in Buch begegnet man den Spuren der
schönen Gräfin, aber nirgends ihrem Namen. Wie
in Familien, wo das Lieblingskind starb, Eltern*

Xe/4

und Geschwister übereinkommen, den Namen desselben nie mehr auszusprechen, so auch hier. Eine Gruft ist da, aber es fehlt der Stein; aus reichem goldenen Rahmen heraus blickt ein Frauenbild, aber die Kastellanin nennt den Namen nicht, und nur das Wappen zu Füßen des Bildes gibt einen wenigstens andeutungsweisen Aufschluß." [...] „Und nun treten wir [...] in den Park hinaus. Eine seiner dunkeln Alleen führt an einen abgeschiedenen Platz, auf dem Edeltannen ein Oval bilden. Inmitten desselben erhebt sich ein Monument mit einem Reliefbild in Front: der Engel des Todes hüllt eine Sterbende in sein Gewand, und ihr Antlitz lächelt, während ein Kranz von Rosen ihrer Hand entsinkt. ‚Soror optima, amica patriae' [‚Die beste Schwester, die Freundin des Vaterlandes'], so lautet die Inschrift. Aber der Name der geliebten Schwester fehlt."
Theodor Fontane, Wanderungen durch die Mark Brandenburg, 4: Spreeland; GBA, S. 185

Huldigungen und Aufmerksamkeiten, die der König der schönen Julie von Voß erwies, schienen das geeignetste Mittel dazu zu bieten. Julie von Voß aber war kalt und von einer, für jene Zeit wenigstens, herben Moral, die es verschmähte, die Nachfolgerin einer Madame Rietz zu sein. Endlich gab sie nach, aber nur unter der Bedingung, daß sie dem Könige an die linke Hand angetraut werde. Diese Antrauung erfolgte am 22. Dezember 1786. [Fontane korrigierte das Datum in der überarbeiteten 1. Auflage des Bandes Spreewald auf den 25. oder 26. Mai 1787.] Der König indes kehrte bald zu seiner ‚lieben Rietz' zurück, und diese Demütigung zehrte am Leben Juliens von Voß, die inzwischen (1787) zur Gräfin Ingenheim erhoben worden war. Sie starb am 25. März 1789, bald nach der Geburt eines Sohnes, des Grafen Gustav von Ingenheim [...] "
Theodor Fontane, Wanderungen durch die Mark Brandenburg, 4: Spreeland; GBA, S. 546

Xe/6

Büste König Friedrich Wilhelm II.
von Preußen

Eisenkunstguß nach dem Marmororiginal von Johann Gottfried Schadow (1792), um 1830
H. 63
Stadtmuseum Berlin, SKU 67/6

König Friedrich Wilhelm II. von Preußen (1744 bis 1797) regierte von 1786 bis 1797. Er war Neffe und Nachfolger König Friedrichs II.
„Die Beziehungen des Königs Friedrich Wilhelm II. zur Rietz-Lichtenau und – wie eine Episode – zum Fräulein von Voß muß ich als bekannt voraussetzen. Es lag dem Hofe daran, die allmächtige Favoritin (die Rietz) zu beseitigen, und die

Xe/7 Unbekannter Künstler

Bildnis Wilhelmine Gräfin von Lichtenau, um 1790

Radierung, laviert, 22,5 x 21,5
Stadtmuseum Berlin, XI 2506 W

Wilhelmine Gräfin von Lichtenau (1752–1820), Tochter des Musikers Enke, war einflußreiche Freundin und Geliebte des Königs Friedrich Wilhelm II. von Preußen. 1782 wurde sie mit dem Kammerdiener Rietz vermählt, im Jahre 1796 vom König zur Gräfin von Lichtenau ernannt.

Xe/8 August Weger

Bildnis Sophie Gräfin von Voß, Königliche Hofmeisterin

Stahlstich um 1850 nach Porträt von 1810; 21 x 13
Stadtmuseum Berlin, VII 69/129 W

Eine Darstellung des Lebens der Julie von Voß „oder doch wenigstens ihrer Beziehungen zu König Friedrich Wilhelm II. ermöglicht sich seit 1876, seit welchem Jahre die Tagebuchblätter vorliegen, die durch die Gräfin von Voß, Oberhofmeisterin am preußischen Hof und Tante Juliens, während eines Zeitraums von beinah siebzig Jahren, von 1745 bis 1814, niedergeschrieben wurden."
Theodor Fontane, Wanderungen durch die Mark Brandenburg, 4: Spreeland; GBA, S. 175

Xe/9 Carl Friedrich Fechhelm

Südliche Landschaft mit Badenden und Fischern, um 1768

Öl auf Lwd.; 300 x 334
Wandbild aus dem ehemaligen Ermelerhaus, ursprünglich Breite Straße 11
Stadtmuseum Berlin, Leihgabe des Landes Berlin

„Darüber ein Ovalbild der Geliebten Friedrich Wilhelms II., der Lichtenau. Daß dieser die Beletage [...] zu einem Schäferstündchen gelegentlich zur Verfügung stand, ist eine Legende. Es scheint, daß man die später eingesetzte Figur eines Mädchens in dem Nymphenbad des Wandbildes mit dem allerdings etwas offiziell aussehenden Adler, der darüber schwebt, in Beziehung gebracht und so jenen Zusammenhang konstruiert hat."
Walter Stengel, Führer durch das Ermeler-Haus, Berlin 1937, S. 7 f.

Xe/5

Xe/10   Unbekannter Künstler

Bildnis Carl von Hake, Königlich Preußischer Kriegs-Minister und General der Infanterie, um 1835

Lithographie; 49,5 x 35,5
Stadtmuseum Berlin, VII 71/764 W

„Das Dorf ist alter Besitz der von Hakes. [...] Sie haben seit 500 Jahren immer als einfache Edelleute in der Mark gelebt und seit 300 Jahren das Erbschenkenamt der Kurmark Brandenburg bekleidet. In allen Kriegen, die wir seit den Tagen des Großen Kurfürsten geführt haben, haben zahlreiche Mitglieder dieser Familie auf unsern Schlachtfeldern gekämpft und geblutet, besonders zahlreich zur Zeit der Türkenkriege und des Spanischen Erbfolgekrieges. Ein General der Infanterie und zwei Generallieutenants gingen aus ihr hervor. Von den Generallieutenants machte Ernst Ludwig von Hake, geboren 1651 zu Kleinmachnow, den Spanischen Erbfolgekrieg als Oberst bei der Leibgarde mit; Levin Friedrich von Hake, geboren zu Genshagen, focht in den Schlesischen und im Siebenjährigen Kriege; endlich Albrecht George Ernst Karl von Hake, geboren am 8. August 1769 zu Flatow, zeichnete sich während der Befreiungskriege aus, wurde 1819 Kriegsminister und 1825 General der Infanterie. Er starb 1835 zu Castellammare. Diese drei Hakes repräsentieren, wie die drei großen Kriegsepochen unserer Geschichte, so auch drei verschiedene Zweige ihres eignen Geschlechts, und zwar die Häuser: Kleinmachenow, Genshagen, Flatow. Alle drei waren unverheiratet oder kinderlos und zwei von ihnen Ritter des Schwarzen Adlerordens."
Theodor Fontane, Wanderungen durch die Mark Brandenburg, 4: Spreeland; GBA, S. 280 ff.

Xe/11   Walter Leistikow

Weg in Alt-Kleinmachnow, 1894

Wasser- und Deckfarben; 32,7 x 44,6
Stadtmuseum Berlin, GHZ 75/16

„Kleinmachenow ist ein reizend gelegenes Dorf, das sich an einem vom Telte-Fließ gebildeten See hinzieht. Die Häuser sind ärmlich, aber schöne Kastanienalleen, wie sie während des vorigen Jahrhunderts fast überall in den Nachbardörfern Berlins entstanden, geben dem Ganzen ein sehr malerisches Ansehn."
Theodor Fontane, Wanderungen durch die Mark Brandenburg, 4: Spreeland; GBA, S. 280

Xe/12

Gutsanlage Kleinmachnow um 1820

Modell (Rekonstruktion 1975)
Holz, Papier verleimt; H. 103, B. 75, L. 120
Modellbau: G. Zechert
Stadtmuseum Berlin

Die Bemerkung Fontanes, *„die Burg existiert, aber die Geschichte fehlt"*, bezieht sich auf die Unterbrechung der lebendigen Tradition durch einen Besitzwechsel im 18. Jahrhundert. Inzwischen trifft dieser Vergleich nicht mehr zu. Das

Xe/11

heutige Kleinmachnow, dem *„die Geschichte fehlt"*, hat nun auch keine Burg mehr; diese fiel wie das benachbarte Schloß der kriegsbedingten Beschädigung und dem Abriß der Nachkriegszeit zum Opfer.
„An Bemerkenswertem finden wir das Herrenhaus, das alte Schloß, die Wassermühle und die Kirche.
Das Herrenhaus ist ein moderner Bau aus den letzten Jahren des vorigen Jahrhunderts. Nach der Gartenseite hin hat es einen halbkreisförmigen, von hohen ionischen Säulen getragenen Vorbau, der dem Ganzen etwas Stattliches leiht. Die Auffahrt auf den sehr geräumigen Hof erfolgt durch ein altes Sandsteinportal, das nach außen hin einen Medusenkopf und auf diesem eine Minerva zeigt. [...]
Das alte Schloß, in unmittelbarer Nähe des jetzigen Herrenhauses, ist eins der wenigen alten Schloßgebäude, die sich bis auf diesen Tag in unserer Mark erhalten haben. Es besteht aus einem schmucklosen Viereck, an dessen Nordseite sich ein sechseckiger Treppenturm lehnt. Dieser Turm überragt das Hauptgebäude nur um wenige Fuß und trägt ein Dach von eigentümlicher und schwer zu beschreibender Form [...]
Die Wassermühle. Ein schöner, massiver Bau, durch die Gebrüder von Hake im Jahre 1856 neu aufgeführt. [...]
Die alte Kirche. Gegenüber der Einfahrt mit dem Medusenkopf liegt die Kirche. [...] Es ist ein überraschend gefälliger, beinah feinstilisierter Backsteinbau aus dem sechzehnten Jahrhundert (vielleicht auch schon aus dem fünfzehnten), reizend zwischen Bäumen und Efeugräbern gelegen und von einer Steinmauer eingefaßt."
Theodor Fontane, Wanderungen durch die Mark Brandenburg, 4: Spreeland; GBA, S. 282 ff.

Von Brüdern und Nachruhm

„wohin das Auge fiel, alles trug den breiten historischen Stempel"

Xf/1   Charles Townley nach Edward Francis Cunningham

Frederic Henri Louis Prince de Prusse – le Capitaine de Tauentzien, 1787

Schabkunstblatt; 67 x 41
Stadtmuseum Berlin, XI 12001   (Abb. S. 238)

„Wie kommt es, daß dieser kluge, geistvolle Prinz Heinrich, dieser Feldherr sans peur et sans reproche, dies von den nobelsten Empfindungen inspirierte Menschenherz so wenig populär geworden ist? [...] Das harte Los, das dem Prinzen bei Lebzeiten fiel, das Geschick, ‚durch ein helleres Licht verdunkelt zu werden', verfolgt ihn auch im Tode noch. An derselben Stelle, wo er durch fast zwei Menschenalter hin gelebt und geherrscht, geschaffen und gestiftet hat, ist er ein halb Vergessener, bloß weil der Stern seines Bruders vor ihm ebendaselbst geleuchtet. Und ein Teil dieses Mißgeschicks wird auch bleiben. Aber es ist andrerseits nicht unwahrscheinlich, daß die nächsten fünfzig Jahre schon Verdienst und Klang des Namens mehr in Harmonie bringen werden. Um es mit einem Wort zu sagen: dem Prinzen hat der Dichter bis zu dieser Stunde gefehlt."
Theodor Fontane, Wanderungen durch die Mark Brandenburg, 1: Die Grafschaft Ruppin; GBA, S. 282 f.

Xf/1

Xf/2   Isaac Ravené (Zuschreibung)

Zimmerdenkmal auf den Prinzen Heinrich
von Preußen, um 1802

Marmor (weiß und rot) mit vergoldeten Bronze-
beschlägen, H. 64
Stadtmuseum Berlin, VI 20792

„*Historische Gestalten teilen nicht selten das
Schicksal alter Statuen. Einzelne stehen durch
ein Jahrtausend hin immer leuchtend und immer
bewundert auf dem Postament ihres Ruhmes;
andere werden verschüttet oder in den Fluß geworfen. Aber endlich kommt der Moment ihrer
Wiedererstehung, und nun erst – neben den glück-
licheren neu aufgerichtet – erwächst der Nachwelt die Möglichkeit des Vergleichs.*"
Theodor Fontane, Wanderungen durch die Mark Brandenburg, 1: Die Grafschaft Ruppin; GBA, S. 283

**Xf/3   Domenico Cunego nach
             Edward Francis Cunningham**

Frederic II. Roi de Prusse, 1786

Schabkunstblatt; 70,5 x 46,5
Stadtmuseum Berlin, VII 83/521 W

Xf/4   Unbekannter Künstler

*Ansicht des Schlosses des Prinzen Heinrich
zu Rheinsberg*, um 1795

Aquarell; 24,5 x 35,1
Stadtmuseum Berlin, VII 61/238 W

Die Geschichte der Herrschaft Rheinsberg, von
1733 bis 1744 im Besitz des Kronprinzen (als
König seit 1740 Friedrich II.) und anschließend
bis 1802 Residenz seines Bruders, des Prinzen
Heinrich, fand schon frühzeitig das Interesse
Fontanes. Anläßlich einer Schottlandreise im
Jahre 1858 inspirierten den Autor Jugenderin-
nerungen an Rheinsberger Schloß und See zu
dem Vorhaben, die Mark Brandenburg zu durch-
reisen und beschreiben.
„*Es war in der schottischen Grafschaft Kinross,
deren schönster Punkt der Leven-See ist. Mitten
im See liegt eine Insel, und mitten auf der Insel,
hinter Eschen und Schwarztannen halb versteckt,
erhebt sich ein altes Douglas-Schloß* […] *Nun
griffen die Ruder rasch ein, die Insel wurd ein
Streifen, endlich schwand sie ganz, und nur als
ein Gebilde der Einbildungskraft stand eine Zeit-
lang noch der Rundturm vor uns auf dem Wasser, bis unsere Phantasie weiter in ihre Erinnerungen zurückgriff und ältere Bilder vor die
Bilder dieser Stunde schob. Es waren Erinnerun-*

gen aus der Heimat, ein unvergessener Tag. […]
*So war das Bild des Rheinsberger Schlosses, das,
wie eine Fata Morgana, über den Leven-See hin-
zog, und ehe noch unser Boot auf den Sand des
Ufers lief, trat die Frage an mich heran: So schön
dies Bild war, das der Leven-See mit seiner Insel
und dem Douglas-Schloß vor dir entrollte, war
jener Tag minder schön, als du im Flachboot über
den Rheinsberger See fuhrst, die Schöpfungen
und die Erinnerungen einer großen Zeit um dich
her? Und ich antworte: nein.*"
Theodor Fontane, Wanderungen durch die Mark Brandenburg, 1: Die Grafschaft Ruppin; GBA, S. 1 ff.

Xf/5   Unbekannter Künstler

*Ansicht des Schlosses Rheinsberg von der
Brücke nach dem Obelisken*, um 1795

Aquarell, 24,6 x 35,1
Stadtmuseum Berlin, VII 61/263 W

„*Das Schloß war in alten Tagen ein gotischer Bau
mit Turm und Giebeldach. Erst zu Anfang des vorigen Jahrhunderts trat ein Schloßbau in französischem Geschmack an die Stelle der alten Gotik
und nahm dreißig Jahre später unter Knobelsdorffs Leitung im wesentlichen die Formen an, die
er noch jetzt zeigt. Eine Beschreibung des Schlosses versuch ich nur in allgemeinsten Zügen. Es besteht aus einem Mittelstück (corps de logis) und
zwei durch eine Kolonnade verbundenen Seitenflügeln. In Front der See. Mehr eine Eigentüm-
lichkeit als eine Schönheit bilden ein paar abge-
stumpfte Rundtürme, die sich an die Giebel der
Seitenflügel anlehnen und deren einem es vorbehalten war, zu besonderer Berühmtheit zu gelangen.*"
Theodor Fontane, Wanderungen durch die Mark Brandenburg, 1: Die Grafschaft Ruppin; GBA, S. 275

Xf/3

Xf/6   **Unbekannter Künstler**

Ansicht der Insel Remus bei Rheinsberg,
um 1795

Aquarell; 24,5 x 35
Stadtmuseum Berlin, VII 61/236 W

Xf/7   **Unbekannter Künstler**

*Rheinsberg, Blick über den See auf den
Neuen Tempel der Katakomben und
Vergils Monument,* um 1795

Aquarell; 24,1 x 34,9
Stadtmuseum Berlin, VII 61/234 W

Xf/8   **Unbekannter Künstler**

Ansicht von Rheinsberg über den See,
um 1795

Aquarell, 24,3 x 34,9
Stadtmuseum Berlin, VII 61/237 W

„*Unter solchem Geplauder haben wir die der
Stadt zu gelegene Rückseite des Schlosses erreicht, passieren den Schloßhof, steigen in ein be-
reitliegendes Boot und fahren bis mitten auf den
See hinauf. Nun erst machen wir kehrt und haben ein Bild von nicht gewöhnlicher Schönheit
vor uns. Erst der glatte Wasserspiegel, an seinem
Ufer ein Kranz von Schilf und Nymphäen, dahinter ansteigend ein frischer Gartenrasen und
endlich das Schloß selbst, die Fernsicht schließend. Nach links hin dehnt sich der See; wohin
wir blicken, ein Reichtum von Wasser und Wald,
die Bäume nur manchmal gelichtet, um uns irgend
ein Denkmal auf den stillen Grasplätzen des
Parks oder eine Marmorfigur oder einen ‚Tempel'
zu zeigen.*"
Theodor Fontane, Wanderungen durch die Mark Brandenburg, 1: Die Grafschaft Ruppin; GBA, S. 275

Xf/9   **Unbekannter Künstler**

Die Grotte im Schloßgarten zu Rheinsberg,
um 1795

Aquarell; 24,7 x 35,2
Stadtmuseum Berlin, VII 61/256 W

Xf/10   **Unbekannter Künstler**

*Ansicht des Tempels und der Katakomben
bei Rheinsberg,* um 1795

Aquarell; 24,3 x 35
Stadtmuseum Berlin, VII 61/262 W

„*Wir sind nun in den Park getreten. Er umzieht in
weitem Halbkreise die linke Hälfte des Sees und
geht am jenseitigen Ufer unmittelbar in die schönen Laubholzpartien des Boberow-Waldes über.
Der Park ist eine glückliche Mischung von französischem und englischem Geschmack, zum Teil
planvoll und absichtlich dadurch, daß man die
Le Nôtreschen Anlagen durch Partien im entgegengesetzten Geschmack erweiterte, zum Teil aber
planlos und unabsichtlich dadurch, daß sich das*

*zwang- und kunstvoll Gemachte wieder in die
Natur hineinwuchs. [...] Man passiert, abwechselnd dicht am See hin und mal wieder sich von
ihm entfernend, die herkömmlichen Schaustücke
solcher Parkanlage: Säulentempel, künstliche
Ruinen, bemooste Steinbänke, Statuen [...]*"
Theodor Fontane, Wanderungen durch die Mark Brandenburg, 1: Die Grafschaft Ruppin; GBA, S. 283 f.

Xf/11   **Unbekannter Künstler**

*Der Obelisk im Schloßgarten bei
Rheinsberg,* um 1795

Aquarell; 35,1 x 24,5
Stadtmuseum Berlin, VII 61/257 W

„*Vielleicht die größte Sehenswürdigkeit Rheins-
bergs ist der Obelisk, der sich, gegenüber dem
Schlosse, am jenseitigen Seeufer auf einem zwischen dem Park und dem Boberow-Walde gelegenen Hügel erhebt. Er wurde zu Anfang der
neunziger Jahre vom Prinzen Heinrich ‚dem Andenken seines Bruders August Wilhelm' errichtet
und trägt an seiner Vorderfront das vortrefflich
ausgeführte Reliefportrait ebendieses Prinzen [...]
Aber nicht dem Prinzen allein ist das Monument
errichtet, vielmehr den preußischen Helden des
Siebenjährigen Krieges überhaupt, allen jenen,
die, wie eine zweite Inschrift ausspricht, ‚durch
ihre Tapferkeit und Einsicht verdient haben, daß
man sich ihrer auf immer erinnere.' Da nun solcher preußischen Helden in jener Ruhmeszeit unzweifelhaft sehr viele waren, so lag es dem Prinzen ob, unter den vielen eine Wahl zu treffen.
Diese Wahl geschah, und 28 wurden schließlich
der Ehre teilhaftig, ihre Namen auf dem Rheinsberger Obelisken genannt zu sehen.*"
Theodor Fontane, Wanderungen durch die Mark Brandenburg, 1: Die Grafschaft Ruppin; GBA, S. 287

Xf/12   **Daniel Berger nach Zeichnung
von Steinert**

*Tombeau de Frederic Henri Louis Prince
de Prusse, dans les Jardins de Rheinsberg,*
1802

Aquatinta; 36,7 x 24,5
Stadtmuseum Berlin, VII 61/380 W

„*Vom Freundschaftstempel aus schreiten wir in
den eigentlichen Park zurück, machen dem wohlerhaltenen ‚Theater im Grünen', das lebendige
Hecken statt der Coulissen hat, unsern Besuch
und gelangen danach in allerhand schmale
Gänge, deren Windungen uns schließlich bis an
das Grabmal des Prinzen Heinrich führen. Es besteht aus einer Pyramide von Backstein, um die
sich ein schlichtes Eisengitter zieht. Der Prinz, in
seinem Testamente, hatte die völlige Vermaue-
rung dieser Pyramide angeordnet [...] Wo früher
der Eingang war, befindet sich jetzt eine große
Steintafel mit der von Prinz Heinrich selbst verfaßten Grabschrift.*"
Theodor Fontane, Wanderungen durch die Mark Brandenburg, 1: Die Grafschaft Ruppin; GBA, S. 285 f.

Xf/13   **Unbekannter Künstler**

*Ansicht der Mühle beym Schloß Garten.
Rheinsberg,* um 1795

Aquarell; 24,5 x 35,5
Stadtmuseum Berlin, VII 61/239 W

Xf/14   **Unbekannter Künstler**

*Ansicht des Wirthshauses der Insel Remus
gegenüber zu Rheinsberg,* um 1795

Aquarell; 25 x 35,2
Stadtmuseum Berlin, VII 61/255W

Xf/5

Xf/15　Unbekannter Künstler

Ansicht des Chinesischen Hauses im Schloß Garten zu Rheinsberg, um 1795

Aquarell; 25 x 35,5
Stadtmuseum Berlin, VII 61/258 W

Xf/16　Unbekannter Künstler

Ansicht des Thurmes und Schiffs Remise ebendaselbst. zu Rheinsberg, um 1795

Aquarell; 25 x 35,2
Stadtmuseum Berlin, VII 61/244 W

Xf/17　Unbekannter Künstler

Ansicht des runden Tempels im Schloß Garten zu Rheinsberg, um 1795

Aquarell; 35,5 x 24,7
Stadtmuseum Berlin, VII 61/260 W

Xf/18　Unbekannter Künstler

Ansicht der gemahlten Ruinen Colonade ebendaselbst. zu Rheinsberg, um 1795

Aquarell; 35,5 x 24,7
Stadtmuseum Berlin, VII 61/243 W

Xf/19　Unbekannter Künstler

Ansicht des Hügels von Felsensteine ebendaselbst. zu Rheinsberg, um 1795

Aquarell; 35,5 x 24,8
Stadtmuseum Berlin, VII 61/251 W

Xf/20　Unbekannter Künstler

Ansicht des Monuments des Printzen von Preußen. z. R., um 1795

Aquarell; 35,5 x 24,6
Stadtmuseum Berlin, VII 61/254 W

Xf/21　Unbekannter Künstler

Ansicht der Parasoll Alle. zu Rheinsberg, um 1795

Aquarell; 35,7 x 24,6
Stadtmuseum Berlin, VII 61/250 W

Von Jagden, Gelagen und Tieren

„Ein prächtiger Platz für einen Weidmann und eine starke Natur" – „Mehr eine Feen- als eine Pfauenwelt"

Xg/1　Wilhelm Barth

Schloß Königs Wusterhausen, 1831

Öl auf Lwd.; 105 x 142
Stiftung Preußische Schlösser und Gärten Berlin-Brandenburg, GK I 6714

„Friedrich Wilhelm I. nahm Wendisch Wusterhausen von Anfang an in seine besondere Affection und hielt bei dieser Bevorzugung aus bis zu seinem Tode. Was es jetzt ist, verdankt es ihm, dem ,Soldatenkönig'; Straßen- und Parkanlagen entstanden, und mit Recht wechselte der Flecken seinen Namen und erhob sich aus einem Wendisch Wusterhausen zu einem Königs Wusterhausen.
Königs Wusterhausen ist vielleicht mehr als irgendein anderer Ort, nur Potsdam ausgeschlossen, mit der Lebens- und Regierungsgeschichte König Friedrich Wilhelms I. verwachsen. Hier ließ er als Knabe seine ,Kadetten' und einige Jahre später seine ,Leibcompagnie' exerzieren. Hier übte und stählte er seinen Körper, um sich wehr- und mannhaft zu machen, und hier, nach erfolgtem Regierungsantritte, fanden jene weidmännischen Festlichkeiten statt, die Wusterhausen recht eigentlich zum Jagdschloß par excellence erhoben."
Theodor Fontane, Wanderungen durch die Mark Brandenburg, 4: Spreeland; GBA, S. 253

Xg/2　Theodor Fontane

Notizen und Skizze mit der Ansicht des Schlosses Königs Wusterhausen, 8. Juni 1862

Bleistift; 17 x 10,5
In: Notizbuch A 4, S. 8 (verso)
Staatsbibliothek zu Berlin – Preußischer Kulturbesitz,
Dauerleihgabe im Theodor-Fontane-Archiv, Potsdam

„Es war noch nicht spät und der Weg nicht zwei Minuten weit. So beschloß ich, noch einen Abendbesuch zu machen und die jetzt freilich von holdem Dämmer umwobene Wirklichkeit des Schlosses mit der Beschreibung seiner ehemaligen Bewohnerin zu vergleichen. Ich trat in den weiten Vorhof ein. Da lagen die Flügel rechts und links, vor mir Brück und Graben und dahinter, größtenteils versteckt, das Schloß selbst. Die Bären fehlten, der Springbrunnen auch. Keine Stufen zeigten sich mehr, auf denen irgendwer seine Abendpfeife hätte rauchen können; nur eine weiße Pumpe stand inmitten eines Fliederbosquets und nahm sich besser aus, als Pumpen sonst wohl pflegen.
Ich näherte mich der Brücke, von der aus ich die Fundamente des Schlosses in dunklen Umrissen, die Giebel aber, auf die das Mondlicht fiel, in scharfen Linien erkennen konnte. Was zwischen Giebel und Grundmauer lag, blieb hinter Bäumen versteckt. Der ,Styx' existierte nicht mehr;

halb zugeschüttet, war aus dem Graben ein breiter Streifen Wiesenland geworden. Allerlei blühende Kräuter würzten die Luft, und im Rücken des Schlosses, wo die Notte fließt, hört ich deutlich, wie das Wasser des Flüßchens über ein Wehr fiel."
Theodor Fontane, Wanderungen durch die Mark Brandenburg, 4: Spreeland; GBA, S. 251 f.

Xg/3　Georg Lisiewski

Hirschhatz bei Königs Wusterhausen, um 1735

Öl auf Lwd.; 77 x 207
Stiftung Preußische Schlösser und Gärten Berlin-Brandenburg, GK I 6029

„Wenigstens zwei Monat alljährlich wohnte König Friedrich Wilhelm I. in Wusterhausen. Spätestens am 24. August traf er ein, und frühestens am 4. oder 5. November brach er auf. Die ersten acht Tage gehörten der Rebhuhnjagd, vorzüglich auf der Großmachnower Feldmark; später dann folgten die Jagden auf Rot- und Schwarzwild. Zwei Festlichkeiten im größeren Stil gab es herkömmlich während der Wusterhausener Saison: die Jahresfeier der Schlacht bei Malplaquet am 11. September und das Hubertusfest am 3. November. Bei Malplaquet war der König, damals noch Kronprinz, zum ersten Mal im Feuer gewesen; das erheischte, wie billig, ein Erinnerungsfest. Das Hubertusfest war zugleich das Abschiedsfest von Wusterhausen."
Theodor Fontane, Wanderungen durch die Mark Brandenburg, 4: Spreeland; GBA, S. 254

Xg/4　Georg Lisiewski

Das Tabakskollegium König Friedrich Wilhelms I. in Preußen, 1737/38

Öl auf Lwd.; 130 x 175
Stiftung Preußische Schlösser und Gärten Berlin-Brandenburg, GK I 2873

Xg/5　Carl Mittag nach Carl Friedrich Schulz

Friedrich Wilhelm I. in Wusterhausen, um 1840

Lithographie; 44,7 x 60,8
Stadtmuseum Berlin, VII 78/4849c W　　　(Abb. S. 214)

„Die andere Tür, ebenfalls zur Rechten der Halle, führt in den Speisesaal. Er mißt fünfzehn Schritt im Quadrat. In der Mitte desselben ist ein hölzerner Pfeiler angebracht, der vielleicht mehr schmücken als stützen soll. Ein großer Kamin, neben dessen einem Vorsprung einst eine Treppe direkt in die Küche führte, vollendet die Herrichtung. Es ist dies derselbe Saal, in dem, wie schon hervorgehoben, an jedem 11. September der Tag von Malplaquet und an jedem 3. November das Hubertusfest gefeiert ward. Es ging dann viel heitrer her, als man jetzt wohl beim Anblick dieser weißgetünchten Öde glauben möchte. Frauen waren ausgeschlossen. Es war ein Männerfest. Zwanzig bis dreißig Offiziers, meist alte Gene-

rale, die unter Eugen und Marlborough mitge-
fochten hatten, saßen dann um den Tisch herum,
und Rheinwein und Ungar wurden nicht gespart.
Der ‚starke Mann‘ mußte kommen und seine
Kunststücke machen; zuletzt, während die Lich-
ter flackerten und qualmten und die Piqueurs
auf ihren Jagdhörnern bliesen, packte der König
den alten Generallieutenant von Pannewitz, der
von Malplaquet her eine breite Schmarre im Ge-
sicht hatte, und begann mit ihm den Tanz. Da-
zwischen Tabak, Brettspiel und Puppentheater,
bis das Vergnügen an sich selbst erstarb.“
Theodor Fontane, Wanderungen durch die Mark Brandenburg, 4: Spreeland; GBA, S. 257

Xg/6 **Karl Schütz**

Der Sündenfall

Kopie, um 1896, nach Original des ausgehenden 17. Jh.
aus Schloß Königs Wusterhausen
Rotes Wachsrelief, Schiefer; 29,5 x 19,5
Stadtmuseum Berlin, VII 60/31 Y

Xg/7 **Karl Schütz**

Abraham, Isaak opfernd

Kopie, um 1896, nach Original des ausgehenden 17. Jh.
aus Schloß Königs Wusterhausen
Rotes Wachsrelief, Schiefer; 28,5 x 18
Stadtmuseum Berlin, VII 60/32 Y

Xg/8 **Karl Schütz**
nach Artus Quellinus d. J.

Bacchanal (Venus-Feier)

Kopie, um 1896, nach Original des ausgehenden 17. Jh.
aus Schloß Königs Wusterhausen
Rotes Wachsrelief, Schiefer; 46,5 x 40,5
Stadtmuseum Berlin, XI 7101

„[…] *während in den vier Ecken oben vier Lyras*
angebracht sind, die so geniert dreinsehen, als be-
fänden sie sich lieber woanders. Und doch haben
sie wenigstens Gesellschaft: zwei Basreliefs (in je-
dem Zimmer eins), die sich als Wandschmuck
zwischen Kamin und Decke schieben. Das eine
stellt eine ‚Toilette der Venus‘, das andere eine
‚Venus-Feier‘ dar. Auf jenem erblicken wir nichts
als die herkömmlichen Amoretten, schnäbelnde
Tauben, Rosenguirlanden etc., das zweite dage-
gen tut ein übriges, und nackte Gestalten von
ganz unglaublichen Formen umtanzen eine Ve-
nus-Statue, während ein Satyr von hinten her
eine Bacchantin umklammert und die Widerstre-
bende zum Tanze zwingt.“
Theodor Fontane, Wanderungen durch die Mark Brandenburg, 4: Spreeland; GBA, S. 257 f.

Xg/9

Leuchter, um 1730 mit Initialen *FWR* (Fridericus Wilhelmus Rex)

Schmiedeeisen; H. 31,5, Dm. 15
Stadtmuseum Berlin

Xg/8

Xg/10

Trophäe, Rothirschgeweih (Krüppelgeweih), Anfang 17. Jh.

Holz, farbig gefaßt, Geweihstange, Haare; H. 110, B. 5, T. 58
Privatbesitz

Xg/11

Trophäe, Rothirschgeweih, Anfang 17. Jh.

Holz, farbig gefaßt, Geweihstangen, Haare;
H. 115, B. 100, T. 56
Privatbesitz

Xg/12

Trophäe, Elchgeweih, Anfang 17. Jh.

Holz, farbig gefaßt, Geweihstangen, Haare;
H. 100, B. 105, T. 65
Privatbesitz

Xg/13

Hirschfänger, 2. Hälfte 17. Jh.

Stahl, Messing; L. 73, B. 11
Stadtmuseum Berlin, II 67/266 F

Xg/14

Hirschfänger mit Batterieschloß, 18. Jh.

Stahl, Holz; Klinge L. 60,3, B. 3,8, Griff und Gefäß
L. 12,4, Lauf L. 9,6, Dm. 1,1
Stadtmuseum Berlin, II 67/281 F

Xg/15

Pulverhorn, Anfang 18. Jh.

Horn; L. 24, B. 8,5
Stadtmuseum Berlin, II 70/35 F

Xg/16

Pulverhorn, 1687

Horn; L. 19, B. 7,5
Stadtmuseum Berlin, II 70/33 F

Xg/17

Armbrust, Mitte 18. Jh.

Holz, Eisen, Stahl, Elfenbein; Säule L. 68,5, Bogen 56,5
Stadtmuseum Berlin, II 89/1 F

Xg/18

Batterieschloßbüchse/Pirschbüchse, 1724

Eisen, Holz, Messing; L. 108
Stadtmuseum Berlin, II 74/18 F

Xg/19

Walzenkrug aus Fayence (Doppelmaß-krug) mit Monogramm *FWR* Manufaktur Funke, Berlin, um 1730

Zinnglasierte Keramik mit violett-blauer Bemalung,
Zinnmontierung; H. 28,2, Dm. 14,5
Stadtmuseum Berlin, II 65/547 B

Xg/20

Tonpfeife, 18. Jh. Berlin-Fund

Ton; L. 22
Stadtmuseum Berlin, K. H. 98/100 TR

Xg/21

Tonpfeife, 2. Hälfte 17. Jh. Berlin-Fund

Ton; L. 14,3
Stadtmuseum Berlin, II 83/251 D

Xg/22

Futteral für Tonpfeife, 18. Jh.

Holz, Messing; L. 24,3
Stadtmuseum Berlin, II 86/252 D

Xg/23

Runde Tabaksdose mit Patentverschluß, 1716

Messing; Dm. 9,8, H. 3,2
Stadtmuseum Berlin, II 80/104 D

Xg/28

Xg/24

Tabaksdose mit Gravierung, Anfang 18. Jh.

Messing (oval); H. 2,1, Dm.10,2
Stadtmuseum Berlin, II 80/108 D

Xg/25

Pokal mit Brustbild der Königin Sophie Dorothea unter Krone Glashütte Potsdam, um 1720

Glas, geschnitten und geschliffen; H. 15,7, Dm. 8,3
Stadtmuseum Berlin, II 73/131 A

Xg/26   **Peter Ludwig Lütke**

Ansicht der Pfaueninsel von der Mittagsseite, 1822

Öl auf Lwd.; 97 x 136,5
Stadtmuseum Berlin, VII 71/1787 X

„Pfaueninsel! Wie ein Märchen steigt ein Bild aus meinen Kindertagen vor mir auf: ein Schloß, Palmen und Känguruhs; Papageien kreischen; Pfauen sitzen auf hoher Stange oder schlagen ein Rad, Volieren, Springbrunnen, überschattete Wiesen; Schlängelpfade, die überall hinführen und nirgends; ein rätselvolles Eiland, eine Oase, ein Blumenteppich inmitten der Mark.“
Theodor Fontane, Wanderungen durch die Mark Brandenburg, 3: Havelland; GBA, S. 199

Xg/27   **Joseph Rummelspacher**

Kastellanshaus auf der Pfaueninsel, um 1900

Öl auf Lwd.; 95 x 65,5
Stadtmuseum Berlin, GEM 68/22

Xg/28   **Julius Tempeltei nach Carl Blechen**

Das Palmenhaus auf der Pfaueninsel, 1844

Lithographie; 52,5 x 41,5
Stadtmuseum Berlin, VII 65/1655 W

Das Palmenhaus auf der Pfaueninsel war eine vielgerühmte Attraktion. Neben tropischer Vegetation beherbergte es vorübergehend auch exotische Reptilien. Das Palmenhaus brannte 1880 ab. *„1830 wurde auch das Palmenhaus errichtet. [...] Die tropischen Gewächse wurden mit manchem Ach! des Entzückens bewundert. Man träumte, in Indien zu sein, und sah mit einer Mischung von Lust und Grauen die südliche Tierwelt: Alligatoren und Schlangen, ja das wunderbare Chamäleon, das opalisierend oft alle Farben der blühenden Umgebung widerzuspiegeln schien.“*
Theodor Fontane, Wanderungen durch die Mark Brandenburg, 3: Havelland; GBA, S. 205

Xg/29   **Ludwig Meyer und Wilhelm von Bimbé nach W. von Möllendorf**

Plan der Pfaueninsel mit den Ansichten ihrer Gebäude, um 1830

Stahlstich; 24,5 x 31,5
Stadtmuseum Berlin, GDR 85/6

Die Anfänge der Menagerie auf der Pfaueninsel bestanden aus einer kleinen Vogelhaltung von Pfauen und anderem Edelgeflügel, die Friedrich Wilhelm II. auf der Insel anlegte. Sein Sohn, Friedrich Wilhelm III., der ebenso wie Königin Luise sehr an Tieren interessiert war, baute diese Vogelhaltung nach 1822 zu einer umfangreichen Menagerie aus. Bei den Planungen ließ sich der König von Martin Heinrich Karl Lichtenstein, Leiter des Zoologischen Museums an der Berliner Universität und führender Zoologe Berlins, beraten; dieser wurde auch mit der Ausführung der Pläne beauftragt. An der gärtnerischen und landschaftlichen Gestaltung der Pfaueninsel und der Menagerie war der Hofgartendirektor Peter Joseph Lenné maßgeblich beteiligt. Von den damals errichteten Tiergehegen und -häusern sind heute noch das Vogelhaus und die Überreste der Bärengrube zu sehen. *„1828, nachdem viele Geschenke und Ankäufe vorausgegangen, ward auch eine reizende, alle Tierarten umfassende ‚Menagerie‘ erworben. Sie wurde hier wie von selbst zu einem zoologischen Garten, da Lenné, feinen Sinnes und verständnisvoll, von Anfang an bemüht gewesen war, den einzelnen Käfigen und Tiergruppen immer die passendste landschaftliche Umgebung zu geben.“*
Theodor Fontane, Wanderungen durch die Mark Brandenburg, 3: Havelland; GBA, S. 204 f.

Xg/30   **Heinrich Mützel**

Der Zoologische Garten bei Berlin, 1849

Lithographie; 41 x 52
Stadtmuseum Berlin, GDR 74/62

Am 7. Juni 1840 starb König Friedrich Wilhelm III., der große Freund und Förderer der Menagerie auf der Pfaueninsel. Sein Nachfolger, Friedrich Wilhelm IV., interessierte sich mehr für die Kunst als für die Natur. Er entzog der Menagerie weitgehend die Gelder, so daß sie ernsthaft in ihrem Bestand bedroht wurde. Lichtenstein hatte angesichts des großen Publikumsandranges in der Menagerie auf der Pfaueninsel bereits Jahre zuvor versucht, Friedrich Wilhelm III. für die Errichtung eines Zoologischen Gartens bei Berlin zu interessieren. Weil der König aber keine zweite Einrichtung in der Art seiner Menagerie wünschte, lehnte er die Pläne ab. Nun gelang es Lichtenstein mit der Hilfe seines Freundes Alexander von Humboldt, dem neuen König die Pläne vorzulegen. Friedrich Wilhelm IV. sah eine willkommene Gelegenheit, die Menagerie auf der Pfaueninsel aufzulösen und erteilte Lichtenstein die Genehmigung, gemäß den vorgelegten Plänen zu verfahren. Von 1842 bis 1844 entstand schließlich der Zoologische Garten auf dem südlichen Teil des Geländes der Fasanerie von König Friedrich II. Die meisten Tiere aus der Königlichen Menagerie auf der Pfaueninsel wurden als erster Bestand in den neuen Zoo überführt. *„Mit 1840 schied die Pfaueninsel aus der Reihe der herrschenden Lieblingsplätze aus; Friedrich Wilhelm IV. griff auf die Friderizianische Zeit zurück, und Sanssouci samt seinen Dependenzien belebte sich wieder.“*
Theodor Fontane, Wanderungen durch die Mark Brandenburg, 3: Havelland; GBA, S. 205

Xg/31

Braunbär, 1988

Dermoplastik; H. 97, B. 165, T. 50
Lehrmittelfirma Schlüter, Winnenden
Stadtmuseum Berlin, S 87-58

Die beliebten Bären zählten zu den ersten Bewohnern der Menagerie auf der Pfaueninsel. 1830 wurde in der Bärengrube ein Jungtier geboren. *„[...] und die Jugend fühlte sich überaus glücklich, die munteren Sprünge der Affen, die drollige Plumpheit der Bären, das seltsame Hüpfen der Känguruhs hier zu sehen“.*
Theodor Fontane, Wanderungen durch die Mark Brandenburg, 3: Havelland; GBA, S. 205

Xg/32

Blauer Pfau, 1997

Tierpräparat; H. 73, B. 140, T. 38
Lehrmittelfirma Schlüter, Winnenden
Stadtmuseum Berlin, S 97-23

Die Pfauen, die der Insel den Namen gaben, wurden zusammen mit anderem Edelgeflügel von Friedrich Wilhelm II. dort angesiedelt. *„[...] Pfauen sitzen auf hoher Stange oder schlagen ein Rad [...]“*
Theodor Fontane, Wanderungen durch die Mark Brandenburg, 3: Havelland; GBA, S. 199

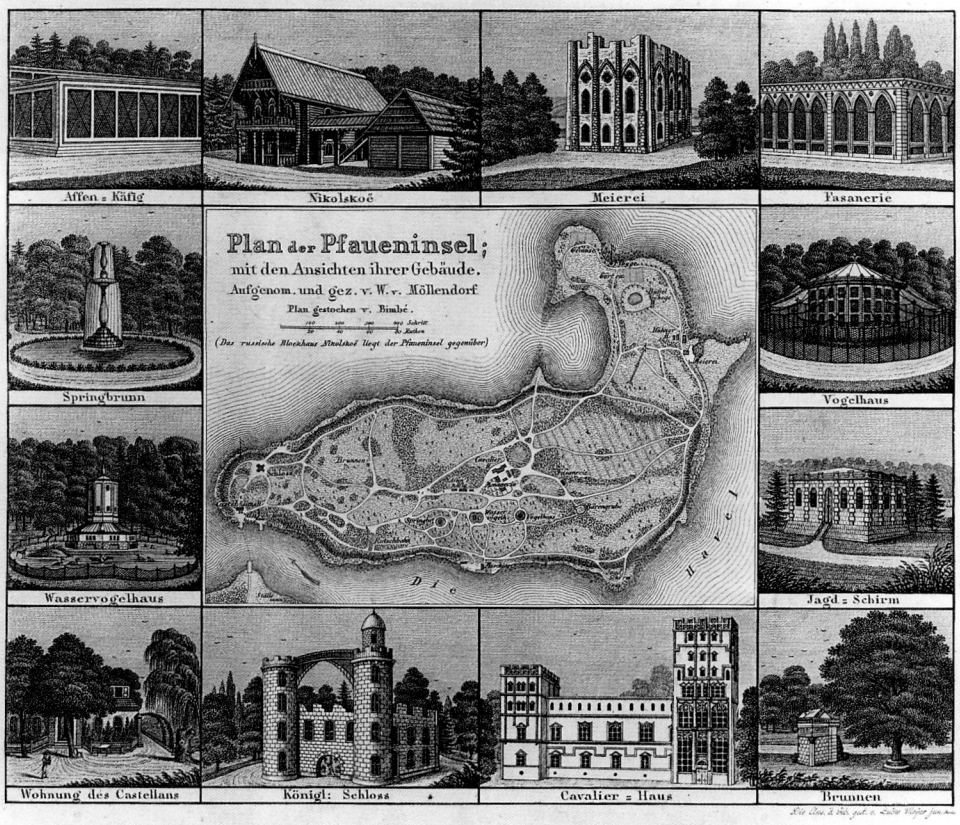

Xg/29

Vom Sammeln

„Sie glauben gar nicht, was alles gesammelt wird"

Xh/1
Carl Spitzweg

Der Schmetterlingsfänger, um 1840

Öl auf Lwd.; 32 x 25
Museum Wiesbaden, Leihgabe der Bundesrepublik
Deutschland   (Abb. S. 244)

*„,Es mag wohl zwanzig Arten von ,Jägern' geben,
die hier im Brieselang zu Hause sind. Vielleicht
noch viel mehr.', Und die wären?', Ich will Ihnen
nur ein halbes Dutzend nennen. Da sind die
Kräuterjäger, die Käfer-, Fliegen- und Insekten-
jäger, die Eier- und Vogeljäger, die Laubfrosch-
jäger, die Schlangenjäger, die Ameisenjäger.'"*
Theodor Fontane, Wanderungen durch die Mark Brandenburg, 3: Havelland; GBA, S. 115

Xh/2

Figur eines Schmetterlingsfängers

Nachbildung 1998
Glasfaser, Polyesterharz, Fell; H. 177
Gestaltung: Manfred Gräfe
Stadtmuseum Berlin, X 98-1

*„In diesem Augenblick, als ob uns der Beweis,
,was alles gesammelt würde', auf der Stelle geführt werden sollte, trat aus einem wilden Els-
buschbosquet eine sonnenverbrannte Gestalt her-*
*vor, deren Kostüm (eine Art Jagdtasche, aus der
drei oder vier aufrecht stehende Zigarrenkisten
hervorragten; dazu ein Stock mit flattern-
dem Gazebeutel) keinen Zweifel darüber lassen
konnte, welcher Kategorie von Sammlern er zugehörte. Es war ein Musterexemplar. Er trat mit
rascher Wendung an uns heran, machte mit seinem Kescherstock eine Bewegung wie ein Tam-
bourmajor, wenn die Musik aufhören oder wieder anfangen soll, und sagte dann im Berliner
Dialekt: ,Erlauben Sie, daß ich mich Ihnen vor-
stelle, mein Name ist Lampe, Kalittenjäger.'"*
Theodor Fontane, Wanderungen durch die Mark Brandenburg, 3: Havelland; GBA, S. 116

Der Ausdruck „Kalitte" bezeichnet in der Telto-
wer Volkssprache den Schmetterling.

Xh/3   **Friedrich Junge**

*Der Dorfteich als Lebensgemeinschaft nebst
einer Abhandlung über Ziel und Verfahren
des naturgeschichtlichen Unterrichts*

Kiel/Leipzig: Lipsius & Tischer, 1907
Stadtmuseum Berlin, 87-1

Xh/4   **Charles Darwin**

*Die Abstammung des Menschen und die
geschlechtliche Zuchtwahl*

Halle an der Saale: Otto Hendel 1871
Stadtmuseum Berlin, 90-230

Xh/5   **Ernst Haeckel**

*Die Welträthsel. Gemeinverständliche
Studien über Monistische Philosophie*

Bonn: Emil Strauß 1899
Stadtmuseum Berlin, 84 H-374

Xh/6   **Hermann Klencke**

*Alexander von Humboldt.
Ein biographisches Denkmal*

Leipzig: Otto Spamer ³1859
Stadtmuseum Berlin, 90-261

Xh/7   **Justus von Liebig**

*Die Chemie in ihrer Anwendung auf Agri-
cultur und Physiologie*

Braunschweig: Friedrich Vieweg & Sohn ⁶1846
Stadtmuseum Berlin, Hu-125

Xh/8   **Johannes Leunis**

*Schul-Naturgeschichte.
Eine analytische Darstellung der drei Natur-
reiche, zum Selbstbestimmen der Natur-
körper, mit vorzüglicher Berücksichtigung
der nützlichen und schädlichen Naturkör-
per Deutschlands.
Zum Gebrauche für höhere Lehranstalten
Zweiter Theil, Botanik*

Hannover: Hahn ⁹1879
Stadtmuseum Berlin, 93-148

Xh/9   **Ernst Ludwig Taschenberg**

*Praktische Insektenkunde oder Naturge-
schichte aller derjenigen Insekten, mit welchen wir in Deutschland nach den bisherigen
Erfahrungen in nähere Berührung kommen
können, nebst Angabe der Bekämpfungs-
mittel gegen die schädlichen unter ihnen
Bd. 3: Die Schmetterlinge*

Bremen: M. Heinsius 1880
Stadtmuseum Berlin, 84 H-6

Xh/10   **Alexander von Humboldt**

*Kosmos.
Entwurf einer physischen Weltbeschreibung*

Bd. 1-4, Stuttgart/Tübingen: Cotta 1845-1858
Stadtmuseum Berlin, 96-38-1 bis 96-38-4

Xh/11   **Alfred Edmund Brehm**

*Illustriertes Thierleben.
Eine allgemeine Kunde des Thierreichs*

Reprint der 1., sechsbändigen Auflage
(Hildburghausen: Bibliographisches Institut 1864-1869)
Stuttgart: Fackelverlag 1985
Privatbesitz

Xh/1

chende Anatomie interessierten, bemühten sich
um den Aufbau, die Pflege und die Erweiterung
von Sammlungen naturkundlicher Objekte.

*„,Die echte Kreuzotter. Es sind dort Stellen, wo
sie so dicht wie Regenwürmer liegen. Diese Stellen kennen die Schlangenjäger ganz genau. Ihre
ganze Waffe besteht in einem Stock, der vorn ge-
gabelt ist. Nun lüften sie das halbverfaulte Gebälk, darunter die Kreuzotter liegt, und im nächsten Moment fahren sie mit dem Stock derart in
die Erde, daß die Gabel sich wie ein Halsring um
die Schlange legt. Nun ist sie wehrlos und wird
durch eine zweite Manipulation in einem Behälter, meist einer Flasche, untergebracht.'
,Ist dies nun wissenschaftliche Passion?'
,Unter Umständen ja. Aber zumeist Erwerb. Solche Kreuzotter hat ihren Wert. Da sind Händler,
auf deren Preiscouranten die Rubrik ›Schlange‹
eine halbe Spalte füllt.'
,Aber wer kauft dergleichen?'
,Hunderte von Personen. Da sind zuerst die Zoo-
logen und Toxikologen vom Fach, da sind die un-
erbittlichen Männer der Vivisektion, die von dem
harmlosen Kaninchen mal gern auf ein kleineres
Ungetüm mit Giftzahn und Giftblase überspring-
gen (ein höherer Sport, weil gefährlich), da sind
endlich die chemisch-physikalischen Oberlehrer
dieses oder jenes Progymnasiums, die das Natu-
raliencabinet in Pritzwalk oder Pasewalk auf
der ›Höhe der Wissenschaft‹ zu erhalten, das heißt
mit allerhand Reptilien in Glasflaschen auszu-
staffieren wünschen.'
,Auch mit Kreuzottern?'
,Gewiß. Die Herren von der Feder glauben immer, daß sich die Welt bloß aus Autographen-
und, wenn es hochkommt, aus Kupferstich-
sammlern zusammensetzt. Sie glauben gar nicht,
was alles gesammelt wird.'"*

Theodor Fontane, Wanderungen durch die Mark Brandenburg, 3: Havelland; GBA, S. 115 f.

Von Feldherren auf Sockeln

*„Prächtige Monumente gehören in die Stadt,
in den Bereich der Kunst"*

Xi/1   **Johann Gottfried Schadow**

Modell zum Denkmal für Hans Joachim
von Zieten, 1790/91

Gips; H. 72
Stiftung Archiv der Akademie der Künste Berlin-Brandenburg, 84/56/229

Der populäre Husarengeneral Hans Joachim von
Zieten wurde 1699 auf Schloß Wustrau bei Neuruppin geboren. Er trat 1714 in den preußischen
Militärdienst und avancierte 1741 zum Oberstleutnant im Leibhusarenregiment. Im Feld entschied der bald zum General ernannte Zieten
mit seinen Attacken die Schlachten oftmals zugunsten Preußens. Nach dem Ende des Siebenjährigen Krieges nahm er seinen Abschied. 1794
wurde dem 1786 gestorbenen General auf dem
Berliner Wilhelmplatz ein Denkmal errichtet.

Xh/12   **Johann Friedrich Naumann**

*Taxidermie oder die Lehre Thiere aller
Klassen am einfachsten und zweckmässig-
sten für Naturaliensammlungen auszu-
stopfen und aufzubewahren*

Reprint der 2. Auflage
(Halle: Schwetschke und Sohn 1848)
Leipzig: Zentralantiquariat der DDR 1982
Privatbesitz

Im 19. Jahrhundert kam es zu einer methodo-
logischen und theoretischen Neuorientierung
biologischer Disziplinen und zu einem Durch-
bruch naturwissenschaftlich-materialistischer
Anschauungen. Allgemeinverständlich publizierte, herausragende wissenschaftliche Erkenntnisse führten auch in der breiten Öffentlichkeit
zu erhöhtem Interesse an naturwissenschaftlichen Themen.

Xh/13

Mikroskop, 1894

Messing; H. 32
Ernst Leitz, Wetzlar
Stadtmuseum Berlin, A 88-19

Mikroskop von Oskar Heinroth, deutscher Or-
nithologe (1871-1945), Begründer und Direktor
des Aquariums im Zoologischen Garten Berlin. – Bereits 1665 konstruierte Robert Hooke in
London das erste zusammengesetzte Mikroskop,
mit dem er 1667 Zellen in dünnen Korkscheiben
entdeckte. Aber erst nach technischen Verbesserungen und der Entwicklung von Hilfsmitteln
wie Fixier- und Färbemitteln setzten sich Mikro-
skope im 19. Jahrhundert als weitverbreitete
wissenschaftliche Geräte durch.

Xh/14

Kreuzotter, 1908

Flüssigkeitspräparat; H. ca. 30
Stadtmuseum Berlin, S 88-160

Das 19. Jahrhundert war, wie auch schon das 18.,
im naturwissenschaftlichen Bereich von großer
Sammelleidenschaft geprägt. Große Museen und
vermögende Privatpersonen erweiterten ihre
Sammlungen durch ausgedehnte Forschungs-
reisen. Aber auch kleinere naturwissenschaft-
liche Einrichtungen sowie Privatpersonen, die
sich für Naturgeschichte und die jungen biolo-
gischen Disziplinen Taxonomie und Verglei-

Das Gedicht auf Hans Joachim von Zieten trug Theodor Fontane mit viel Erfolg am 18.April 1847 im *Tunnel* vor:

„Der alte Zieten

Joachim Hans von Zieten,
Husaren-General,
Dem Feind die Stirne bieten,
Er that's wohl hundert Mal;
Sie haben's all' erfahren,
Wie er die Pelze wusch,
Mit seinen Leibhusaren
Der Zieten aus dem Busch.
[...]
Und als die Zeit erfüllet,
Des alten Helden war,
Lag einst, schlicht eingehüllet,
Hans Zieten, der Husar:
Wie selber er genommen
Die Feinde stets im Husch,
So war der Tod gekommen
Wie Zieten aus dem Busch.“

Theodor Fontane, Gedichte; GBA, 1, S. 190 f.

Xi /2   Hermann Gladenbeck nach Christian Daniel Rauch

Reduktion des Reiterdenkmals Friedrichs II. Unter den Linden, um 1890

Zinkguß, dunkel patiniert; H. 84, B. 36, T. 45
Stadtmuseum Berlin, SKU 78/4

„Der Alte Fritz
(Zur Enthüllungsfeier des Friedrich-Denkmals im August 1851)

Bist endlich da! Gott sei's geklagt,
Hast lange warten lassen;
Nun lehr uns wieder, unverzagt
Den Feind beim Schopfe fassen,
Den Feind im Ost, den Feind im West,
Die Feinde drauß und drinnen,
Zerreiß die Netze dicht und fest,
Womit sie uns umspinnen. [...]“

Theodor Fontane, Gedichte; GBA, 1, S. 237

Xi /3   August Kiss nach Andreas Schlüter

Reduktion des Reiterstandbildes des Großen Kurfürsten, 1824

Zinkguß, bronzefarben patiniert; H. 65
Stadtmuseum Berlin, SKU 71/42

Kurfürst Friedrich Wilhelm (1640–1688) schuf durch die Einschränkung der ständischen Rechte, durch die Einrichtung eines stehenden Heeres sowie durch den Aufbau einer zentralisierten Verwaltung die wesentlichen Voraussetzungen für die Umwandlung der einzelnen hohenzollerischen Territorien in Provinzen eines zentralregierten brandenburgisch-preußischen Gesamtstaates. Das vom Bildhauer Andreas Schlüter und dem Bildgießer Johann Jacobi geschaffene Reiterdenkmal wurde 1703 auf der Langen

Brücke in Berlin (heute im Ehrenhof von Schloß Charlottenburg) enthüllt.

„Der ‚Große Kurfürst‘ ist eine der bedeutendsten Erscheinungen in der langen Reihe der Hohenzollern, und nur der Ruhm seines Urenkels überstrahlt den seinen. Erwägt man, wie das Land nach den Verheerungen des Dreißigjährigen Krieges darniederlag, so steigert sich die Bewunderung vor dem, was er getan. Auf jedem Gebiete war er ein Förderer, gleich hervorragend in Krieg und Frieden. Er hinterließ ein vorzüglich geschultes Heer von 30 000 Mann, dessen Unterhalt eine Million Taler jährlich verlangte. Den Wohlstand des halb entvölkerten Landes zu heben, zog er protestantische Einwanderer herbei, namentlich wie schon erwähnt, die um Glauben willen ihre Heimat verlassenden ‚Refugiés‘. Es waren teils Adlige, teils Künstler und Gelehrte, meist aber Kaufleute, Gewerbtreibende, Gärtner. Nicht nur durch ihren Fleiß und ihre Geschicklichkeit, sondern weit mehr noch durch ihre verfeinerte Sitte haben dieselben auf die Gestaltung unseres Lebens einen großen Einfluß geübt. Gleichzeitig wanderten auch viele Schweizer ein, ebenfalls ihres calvinistischen Bekenntnisses halber aus ihrer Heimat vertrieben, während schon früher, teils aus dem Bremischen, teils aus dem Holländischen, starke Einwanderungen stattgefunden hatten. Neben seinen Taten wahrt ihm Schlüters berühmtes Reiterstandbild auf der ‚Langen Brücke‘ zu Berlin ein Gedächtnis im Herzen des Volkes.“

Theodor Fontane, Wanderungen durch die Mark Brandenburg, 6: Dörfer und Flecken im Lande Ruppin; GBA, S. 422 f.

Xi /4   August Wilhelm Stilarsky nach Christian Daniel Rauch

Reduktion des Berliner Blücher-Denkmals, 1827

Eisenkunstguß, lackiert; H. 135,5
Stadtmuseum Berlin, VII 60/2033 Y

Der preußische Generalfeldmarschall Gebhard Leberecht Fürst Blücher von Wahlstatt (1742 bis 1819) war der volkstümlichste Feldherr der Befreiungskriege. Die Russen gaben ihm zuerst den Beinamen „Marschall Vorwärts“. Unablässig drängte er mit seiner Armee gegenüber der zaudernden Diplomatie auf die energische Fortsetzung des Krieges bis zum Sturz Napoleons. Sein von Christian Daniel Rauch geschaffenes Denkmal wurde 1826 neben der Königlichen Oper aufgestellt. *„Wie er selbst Todesfurcht nicht kannte – oft genug setzte er das eigene Leben fast tollkühn auf das Spiel –, so gewöhnte er auch seine Leute (die er, mit Hülfe eines kräftigen Witzworts, zu allem hinzureißen verstand) an jede Gefahr. Zugleich aber war er auch sorglich und vorsichtig, und nie verleitete ihn sein verwegener Mut und sein Vertrauen auf das Glück, die Verantwortung des Führers aus dem Auge zu lassen.“*

Theodor Fontane, Wanderungen durch die Mark Brandenburg, 6: Dörfer und Flecken im Lande Ruppin; GBA, S. 475

Xi /5   August Kiss oder August Wilhelm Stilarsky nach Christian Daniel Rauch

Reduktion des Bülow-Denkmals, 1826

Eisenkunstguß, lackiert; H. 54
Stadtmuseum Berlin, VII 60/724 Y

Der preußische General Friedrich Wilhelm Graf Bülow von Dennewitz (1755–1816) bereitete als interimistischer Generalgouverneur in Ostpreußen 1812/13 die nationale Erhebung gegen Napoleon vor. Im Sommer 1813 entsetzte er mit seinen Siegen in den Gefechten von Luckau, Großbeeren und Dennewitz das von Franzosen bedrohte Berlin.

1822 wurde für ihn vor der Neuen Wache das von Christian Daniel Rauch geschaffene Denkmal aufgestellt. *„Es war nicht viel, was ich von der Schlacht als solcher wußte, nur das eine, daß der König von Schweden bis hinter die Spree zurückgewollt, General von Bülow aber ihm geantwortet hatte: ,Er würde vorziehn, die Gebeine seiner Landwehrmänner vor als hinter Berlin bleichen zu sehen.‘“*

Theodor Fontane, Wanderungen durch die Mark Brandenburg, 6: Dörfer und Flecken im Lande Ruppin; GBA, S. 575

Xi /6   August Wilhelm Stilarsky nach Christian Daniel Rauch

Reduktion des Scharnhorst-Denkmals, 1826

Eisenkunstguß, lackiert; H. 53
Stadtmuseum Berlin, VII 60/725 Y

Der preußische General und Militärtheoretiker Gerhard Johann David von Scharnhorst (1755 bis 1813) wurde nach dem Tilsiter Frieden im Juli 1807 Direktor des preußischen Kriegsdepartements, Chef des Generalstabes und Vorsitzender der militärischen Reorganisationskommission. In dieser Position war es ihm möglich, gemeinsam mit August Graf Neithardt von Gneisenau die preußische Heeresreform durchzuführen und die Grundlagen eines Volksheeres zu schaffen. 1813 leitete er als De-facto-Kriegsminister die unmittelbare Vorbereitung des Volksaufstandes gegen Napoleon. Das von Christian Daniel Rauch für ihn geschaffene Denkmal wurde 1822 vor der Neuen Wache aufgestellt. Fontane zitiert den von Gneisenau und Karl von Clausewitz entworfenen Nachruf:

„Am 28. Juni starb zu Prag an den Folgen der bei Großgörschen erhaltenen Wunde der königlich preußische Generallieutenant von Scharnhorst. Er war einer der ausgezeichnetsten Männer unserer Zeit. Das rastlose, stetige, planvolle Wirken nach einem Ziele, die Klarheit und Festigkeit des Verstandes, die umfassende Größe der Einsichten, die Freiheit von Vorurteilen des Herkommens, die stolze Gleichgiltigkeit gegen äußere Auszeichnungen, der Mut, in den unscheinbarsten Verhältnissen mit den schlichtesten Mitteln durch bloße Stärke des Geistes den größten Zwecken nachzustreben, jugendlicher Unternehmungsgeist, die höchste Besonnenheit, Mut und Ausdauer in der Gefahr, endlich die umfassendste Kenntnis des

Kriegswesens machen ihn zu einem der merkwürdigsten Staatsmänner und Soldaten, auf welche Deutschland je stolz sein durfte.“
Theodor Fontane, Wanderungen durch die Mark Brandenburg, 4: Spreeland; GBA, S. 398 f.

Von Land und Leuten

„Der Spreewald ist nämlich ein Wassernetz, das aus unzähligen Spreearmen und Spreekanälen geflochten wird.“

„Überhaupt stehe hier die Bemerkung, daß der Spreewald nur dort reizend und eigentümlich ist, wo sich Leben und Kultur ihm zugesellt. Die Dörfer und ihre Felder, die Menschen und ihre Trachten sind sein Reiz, nicht jene Wiesen und Waldflächen, die, so wohl sie dem Auge des Städters tun mögen, doch nichts bieten, was über das Gewöhnliche weit hinausginge.“
Theodor Fontane, Wanderungen durch die Mark Brandenburg, 6: Dörfer und Flecken im Lande Ruppin; GBA, S. 19

Xj/1

Spreewälder Tracht für Sonn- und Feiertage, 1920–1925

Samt, Satin, Spitze, Kunstseide, Wollfries
Stadtmuseum Berlin, KGT 84/32

Im August 1859, ganz zu Beginn seiner Wanderungen durch die Mark, besuchte Fontane Lübbenau und den Spreewald. Schon damals übte diese ungewöhnliche Urlandschaft in Verbindung mit der malerischen Tracht seiner Bewohner auf den Berliner Touristen einen ganz besonderen Reiz aus. Insbesondere die aufwendige Haube der Frauentracht erweckte Fontanes Interesse. *„Eine zugeschrägte Papier- oder Papphülse bildet das Gestell, darüber legen sich Tüll und Gaze, Kanten und Bänder und stellen eine Art Spitzhaube her. Ist die Trägerin eine Jungfrau, so schließt die Kopfbedeckung hiermit ab, ist sie dagegen verheiratet, so schlingt sich noch ein Kopftuch um die Haube herum und verdeckt sie, je nach Neigung, halb oder ganz.“*
Theodor Fontane, Wanderungen durch die Mark Brandenburg, 4: Spreeland; GBA, S. 10 f.

Xj/2   **Julius Jacob**

Der Wilhelmplatz im Frühling, 1886

Öl auf Holz; 47,7 x 60,5
Stadtmuseum Berlin, GEM 67/2

Das Gemälde stellt den heute nicht mehr vorhandenen Wilhelmplatz an der gleichnamigen Straße im ehemaligen Regierungs- und Diplomatenviertel dar. In der Nähe des Denkmals des Fürsten von Anhalt-Dessau befindet sich als Teil der hier angelegten Grünanlage ein Kinderspielplatz. Von den Passanten heben sich durch ihre farbenfrohen Trachten einige Spreewälder Kindermädchen ab, die ihre Zöglinge beaufsichtigen. Junge Mütter aus dem Spreewald waren bei Adel und gehobenem Bürgertum eine Institution in Sachen Kinderpflege und Erziehung. Besonders geschätzt wurden sie als Ammen, die ein gesundes Aufwachsen des Nachwuchses gewährleisten sollten.

Xj/2

Xj/3   **Adolf Burger**

Spreewaldstudien, Burg, 1862

Bleistift, Kreide in Schwarz; 24,9 x 33
Stadtmuseum Berlin, VII 60/1816 W

Xj/4   **Adolf Burger**

Spreewaldstudie, *Naturstudie
(Wendisches Mädchen)*, Burg, 1862

Bleistift, Kreide in Schwarz; 23 x 28,2
Stadtmuseum Berlin, VII 60/1815 W

Xj/5   **Adolf Burger**

Spreewaldstudie, Interieur Schmogrow,
1863

Bleistift, Kreide in Schwarz; 23,5 x 30
Stadtmuseum Berlin, VII 60/1818 W

Xj/6   **Adolf Burger**

Spreewaldstudien, *Wendische Mädchen*
(Kopfhauben), Lehde, 1861

Bleistift, Kreide in Schwarz; 21 x 31,5
Stadtmuseum Berlin, VII 60/1821

Xj/7   **Paul Schnabel**

Frau in sorbischer Tracht, um 1900

Photographie; 23,4 x 17,3
Stadtmuseum Berlin   (Abb. S. 215)

Xj/8   **Carl Metzner**

*Wendische Familie am eigenen Blockhaus
in Werben*, Februar 1884

Photographie; 12,3 x 15,9
Stadtmuseum Berlin, 3485

Xj/9

Bauernschrank, Burg im Spreewald, 1814

Holz, farbig bemalt, Eisen; H. 178, B. 118, T. 43
Stadtmuseum Berlin, VI 15749

Xj/10   **Unbekannter Künstler**

Porträt Schmidt von Werneuchen,
um 1830

Pastell; 25,5 x 20,6
Stadtmuseum Berlin, VII 60/490 X

Friedrich Wilhelm August Schmidt („von Werneuchen") wurde 1764 im Dorf Fahrland bei
Potsdam geboren. Er war wie sein Vater Pfarrer,
wirkte als Prediger zunächst am Berliner Invali-
denhaus und danach von 1796 bis zu seinem
Tode 1838 in Werneuchen östlich von Berlin.
Seine damalige Popularität erlangte er vor allem
durch zahlreiche Gedichte, in denen Schmidt

Xj/10

auf naiv anmutende Weise die umgebende Natur
und die Lebensweise der Bewohner schilderte.
*„Es lag in der Natur seiner Muse, daß er Dinge,
die sich in Prosa ebensogut hätten sagen lassen,
in Versen abmachte."*
*„Diese lokale Popularität hatte er zweifellos,
und wer das Wesen der Märker, insonderheit
auch der Berliner, näher kennt, wird sich darüber nicht wundern. Die Märker lieben es, hinter
ironischen Neckereien ihre Liebe zu verstecken,
und während sie nicht müde werden, über die eigene Heimat, über die ‚Streusandbüchse' und die
kahlen Plateaus, die ‚nichts als Gegend' sind, die
spöttischsten und übertriebensten Bemerkungen
zu machen, horchen sie doch mit innerlicher Befriedigung auf, wenn jemand den Mut hat, für
‚Sumpf und Sand' und für die Schönheit des märkischen Föhrenwalds in die Schranken zu treten.
Und dies hat Schmidt von Werneuchen ehrlich getan. Er tat es zuerst und tat es immer wieder. Sein
ganzes Dichten, Kleines und Großes, Gelungenes
und Mißlungenes, einigt sich in dem einen Punkte,
daß es überall die Liebe zur Heimat atmet und
diese Liebe wecken will.
Und deshalb ein Hoch auf den alten Schmidt von
Werneuchen!"*
Theodor Fontane, Wanderungen durch die Mark Brandenburg, 4: Spreeland; GBA, S. 227 f.

Xj/11   **Friedrich Wilhelm August
            Schmidt [von Werneuchen]**

Gedichte

Berlin: Haude und Spenersche Buchhandlung 1797
Stadtmuseum Berlin, 18. Jh. I/9/13

Aufgeschlagen S. 80/81: *Meine Gegend*

Xj/12   **Johann Friedrich Nagel**

Vue de Pretzeln, um 1790

Radierung, koloriert; 28 x 41,5
Stadtmuseum Berlin, GDR 71/42,22

*„Der Reisende in der Mark muß sich ferner mit
einer feineren Art von Natur- und Landschafts-
sinn ausgerüstet fühlen. Es gibt gröbliche Augen,
die gleich einen Gletscher oder Meeressturm verlangen, um befriedigt zu sein. Diese mögen zu
Hause bleiben. Es ist mit der märkischen Natur
wie mit manchen Frauen. ‚Auch die häßlichste'
– sagt das Sprichwort – ‚hat immer noch sieben
Schönheiten.' Ganz so ist es mit dem ‚Lande zwischen Oder und Elbe'; wenige Punkte sind so
arm, daß sie nicht auch ihre sieben Schönheiten
hätten. Man muß sie nur zu finden verstehn. Wer
das Auge dafür hat, der wag es und reise."*
Theodor Fontane, Wanderungen durch die Mark Brandenburg, 1: Die Grafschaft Ruppin, Vorwort zur zweiten Auflage 1864; GBA, S. 5

Xj/13   **Carl Benjamin Schwarz**

Vue de Friedrichsfelde, 1787

Radierung, koloriert; 28 x 41,7
Stadtmuseum Berlin, GDR 71/42,5

Xj/14   **Johann Friedrich Nagel**

Vue de Freyenwalde, 1789

Radierung, koloriert; 28 x 41,8
Stadtmuseum Berlin, GDR 71/42,19   (Abb. S. 248)

Xj/15   **Johann Friedrich Nagel**

Vue de Buckow, 1790

Radierung, koloriert; 28 x 42
Stadtmuseum Berlin, GDR 71/42,21

Xj/16   **Friedrich August Schmidt
            nach Johann Hubert Anton Forst**

*Ansicht des Königl. Jagd-Schlosses im
Grunewald bei Berlin*, um 1830

Radierung, koloriert; 11,8 x 18 (beschnitten)
Stadtmuseum Berlin, GDR 76/57,51   (Abb. S. 248)

Xj/17   **Friedrich August Schmidt
            nach Eusebius Anton Forst**

*Das Mausoleum der Königin Louise von
Preussen im Garten zu Charlottenburg*,
um 1830

Radierung, koloriert; 11,8 x 17,9 (beschnitten)
Stadtmuseum Berlin, GDR 76/57,54

Xj/18   **Friedrich August Schmidt
            nach Eduard Barth**

Schwedt, um 1830

Radierung, koloriert; 11,7 x 17,8 (beschnitten)
Stadtmuseum Berlin, GDR 76/57,41

Xj/14

Xj/16

Xj/19   **Friedrich August Schmidt nach Eduard Barth**

Der Eisenhammer bei Neustadt-Eberswalde, um 1830

Radierung, koloriert; 11,8 x 17,6 (beschnitten)
Stadtmuseum Berlin, GDR 76/57.39

Xj/20   **Friedrich August Schmidt nach Eduard Barth**

Das Kloster=Corin bei Neustadt = Eberswalde, um 1830

Radierung, koloriert; 11,8 x 18 (beschnitten)
Stadtmuseum Berlin, GDR 76/57.36

Xj/21   **Th. Albert nach E. Kieseling**

Herrenhaus Briesen, um 1875

Farblithographie; 29,3 x 38,4
Stadtmuseum Berlin, 2695

Xj/22   **Th. Albert nach E. Kieseling**

Schloß Gütergotz (Güterfelde), um 1875

Farblithographie; 29,2 x 38,3
Stadtmuseum Berlin, 2695

Xj/23   **Unbekannter Künstler**

Schloß Blumberg, um 1865

Farblithographie; 28,4 x 38,4
Verlag: Winckelmann & Söhne, Berlin
Stadtmuseum Berlin, 2695

Xj/24   **Nach Th. Hennicke**

Schloß Nennhausen, um 1860

Farblithographie; 23,5 x 29,7
Verlag: Winckelmann & Söhne, Berlin
Stadtmuseum Berlin, 2695   (Abb. S. 216)

Xj/25   **Th. Drescher**

Zeichnung zur Erbauung eines Glashütten-gebäudes für den Gutsbesitzer Joh. Wilh. Hermann Litzmann auf Neuglobsow bei Menz. Kreis Ruppin., 1873

Feder in Schwarz, laviert; 61,2 x 81,2
Stadtmuseum Berlin, GR 98/21 HZ

„Das Revier, das uns hier aufnahm, war das Revier der Glashütten, die wie Squatter-Ansiedlungen am Waldsaume lagen. Hütte neben Hütte; sonst nichts sichtbar als der Rauch, der über die Dächer zog. Nur bei der Globsower Glashütte, die (hart an einer Buchtung des Großen Stechlin gelegen) einen weitverzweigten Handel treibt mit Retorten und Glaskolben, nur hier herrschte Leben, am meisten in der schattigen Allee, die, von den Wohn- und Arbeitshütten her, zur Ladestelle hinunterführte.“
Theodor Fontane, Wanderungen durch die Mark Brandenburg, 1: Die Grafschaft Ruppin; GBA, S. 350

Xj/26

Zylindrische Flasche mit Glasmarke, Inschrift unter Krone
Glashütte Wiesenburg, 1. Hälfte 19. Jh.

Braungrünes Glas; H. 31,5, Dm. max. 9,5
Stadtmuseum Berlin

Xj/27

Hafen, brandenburgische Glashütte, 1. Hälfte 19. Jh.

Hellgrünes Glas; H. 25, Dm. max. 23
Stadtmuseum Berlin

Xj/28

Bauchige Flasche, brandenburgische Glashütte, 1. Hälfte 19. Jh.

Gelbgrünes Glas; H. 34, Dm. max. 20
Stadtmuseum Berlin

Xj/29

Vierkantflasche, brandenburgische Glashütte, 19. Jh.

Gelbgrünes Glas; H. 22, Dm. max. 8
Stadtmuseum Berlin

Xj/30

Henkelflasche
Grüne Hütte Zechlin, 2. Hälfte 18. Jh.

Gelbgrünes Glas; H. 26,4, Dm. max. 18,5
Stadtmuseum Berlin

„Um die Mitte des vorigen Jahrhunderts wird in der Kriegs- und Domainenkammer die Frage rege: Was machen wir mit diesem Forst? Hochstämmig ragten die Kiefern auf; aber der Ertrag, den diese herrlichen Holz- und Wildbestände gaben, war so gering, daß er kaum die Kosten der Unterhaltung und Verwaltung deckte. Hirsch und Wildschwein in Fülle; doch auf Meilen in der Runde kein Haus und keine Küche, dem mit dem einen oder anderen gedient gewesen wäre. ‚Was tun mit diesem Forst?‘ so hieß es wieder. Kohlenmeiler und Teeröfen wurden angelegt, aber Teer und Kohle hatten keinen Preis. Die nächste, nachhaltige Hülfe schien endlich die Herrichtung von Glashütten bieten zu sollen, und in der Tat, es entstanden ihrer verschiedene zu Dagow, Globsow und Stechlin; ein Feuerschein lag bei Nacht und eine Rauchsäule bei Tag über dem Walde; vergeblich; auch der Glashüttenbetrieb vermochte nichts, und der Wald bracht es nur spärlich auf seine Kosten.“
Theodor Fontane, Wanderungen durch die Mark Brandenburg, 1: Die Grafschaft Ruppin; GBA, S. 346 f.

Xj/31

Bauchige Flasche, brandenburgische Glashütte, 18. Jh.

Grünes Glas; H. 14,8, Dm. max. 11,5
Stadtmuseum Berlin

Xj/32

Flasche mit doppelkonischer Schulter, Glasmarke mit Adler, brandenburgische Glashütte, Anfang 19. Jh.

Braunes Glas; H. 35,9, Dm. max. 10,4
Stadtmuseum Berlin, II 13977

Xj/33

Fischeimer, Berlin, 1792

Messing; H. 48, Dm. 33
Stadtmuseum Berlin, VI 17667

„Das Ganze hatte, dementsprechend, mehr einen Bruch als einen Waldcharakter, obwohl ein großer Teil des Sumpfes mit Eichen bestanden war. Alle Jahre stand das Bruch zweimal unter Wasser, nämlich im Frühjahr um die Fastenzeit, nach der Schneeschmelze an Ort und Stelle, und um Johanni, wenn der Schnee in den Sudeten schmolz und Gewitterregen das Wasser verstärkten. Dann glich die ganze Niederung einem gewaltigen Landsee, aus welchem nur die höher gelegenen Teile hervorragten; ja selbst diese wurden bei hohem Wasser überschwemmt. [...] Wasser und Sumpf in diesen Bruchgegenden beherbergten natürlich eine eigne Tierwelt, deren Reichtum, über den die Tradition berichtet, allen Glauben übersteigen würde, wenn nicht urkundliche Belege diese Traditionen unterstützten. In den Gewässern fand man: Zander, Fluß- und Kaulbarse, Aale, Hechte, Karpfen, Bleie, Aland, Zährten, Barben, Schleie, Neunaugen, Welse und Quappen. Letztere waren so zahlreich (zum Beispiel bei Quappendorf), daß man die fettesten in schmale Streifen zerschnitt, trocknete und statt des Kiens zum Leuchten verbrauchte.“
Theodor Fontane, Wanderungen durch die Mark Brandenburg, 2: Das Oderland; GBA, S. 24

Xj/34

Kochkessel, Berlin, 19. Jh.

Kupfer; H. 20, Dm. 37,7
Stadtmuseum Berlin, II 63/905 D

„An den Markttagen fanden sich aus den Bruchdörfern Hunderte von Kähnen in Wriezen ein und verkauften ihren Vorrat an Fischen und Krebsen an die dort versammelten Händler. Ein bedeutender Handel wurde getrieben, und der Fischertrag des Oderbruchs ging bis Böhmen, Bayern, Hamburg, ja die geräucherten Aale bis nach Italien. Kein Wunder deshalb, daß in diesen Gegenden unter allem Haus- und Küchengerät der Fischkessel obenan stand und so sehr als wichtigstes Stück der Ausstattung betrachtet wurde, daß er, nach gesetzlicher Anordnung, beim Todesfalle der Frau, wenn andres Erbe zur Verteilung kam, dem überlebenden Gatten verblieb.“
Theodor Fontane, Wanderungen durch die Mark Brandenburg, 2: Das Oderland; GBA, S. 25

Xj/35

Fischheber, Anfang 19. Jh.

Kupfer; B. 11, L. 36,2
Stadtmuseum Berlin, VI 11437

Xj/36

Bootshaken, 19. Jh.

Eisen, Stange fehlt; B. 12,5, L. 28
Stadtmuseum Berlin, II 70/91 g

Xj/37

Fangeisen (Otternfalle), 19./20. Jh.

Eisen; H. 10,5, Grundfläche 22 x 18, Kette L. 62
Stadtmuseum Berlin, dm. II 92/27

Xj/38

Aalschnurhalter mit Aalschnüren, 1. Hälfte 20. Jh.

Schnur, Holz, Eisen; B. 31,4, L. 88
Stadtmuseum Berlin, dm. 90/171

Xj/39

Netzstricknadel, 1746

Holz; B. 3,6, L. 40
Stadtmuseum Berlin, II 70/71 g

Xj/40

Anker, 1. Hälfte 20. Jh.

Eisen; H. 15, B. 14
Stadtmuseum Berlin, II 70/99 g

Xj/41

Aaleisen, 19. Jh.

Eisen, Stange fehlt; B. 12,8, L. 42
Stadtmuseum Berlin, II 91/213

Xj/42

Hechteisen, 19. Jh.

Eisen, Stange fehlt; B. 13,5, L. 31
Stadtmuseum Berlin, II 70/80 g

Xj/43

Zwei Netzschwimmer, 19. Jh.

Kork; Dm. 3,7 und 3,8
Stadtmuseum Berlin, VI 12259 a + b

Xj/44

Netzsenker, 2. Hälfte 19. Jh.

Ton, gebrannt; H. 2,5, Dm. 11,7
Stadtmuseum Berlin, IV 94

Xj/22

Xj/45

Netzsenker, 2. Hälfte 19. Jh.

Ton, gebrannt; H. 3,7, Dm. 12,8
Stadtmuseum Berlin, IV 1661

Xj/46   **Wilhelm Schadow**

Bildnis Karl August Fürst von Hardenberg, um 1820

Öl auf Lwd; 209 x 158,5
Stadtmuseum Berlin, VII 63/1201 X

1763 schenkte Friedrich II. das mittelalterliche Dorf Quilitz dem Oberstleutnant von Prittwitz. Dieser ließ ein Schloß erbauen und einen Park anlegen. Im Park wurde 1792 ein Marmordenkmal für Friedrich II. aufgestellt. Der Besitz fiel 1810 an die Krone zurück, und der König verlieh ihn 1814 dem Staatskanzler Karl August Fürst von Hardenberg (1754-1822). Der Ort wurde in Neuhardenberg umbenannt. Karl Friedrich Schinkel baute für den Fürsten 1815-1817 die Kirche und 1820-1822 das Schloß um. Der Ort erhielt 1949 den Namen Marxwalde, heißt aber seit 1990 wieder Neuhardenberg.

„Eines aber möge schon heute hier seinen Ausdruck finden, die Überzeugung, daß Hardenberg ein auserwählter Mann war, dem, nach dem Willen Gottes, die Aufgabe zufiel, die Rettung unseres Vaterlandes glücklich durchzuführen. Selbst seine Schwächen leisteten dieser Aufgabe Vorschub. Ein bloßer sans peur et sans reproche – etwa wie Stein oder Marwitz, zu denen wir freilich freudiger und gehobener aufblicken – hätte es mutmaßlich nicht vermocht. Der Fürst war kein sans reproche, seine Fehler liegen klar zutage, und man braucht, wie einer seiner Biographen sich ausdrückt, ‚kein moralischer Herschel zu sein, um diese Fehler mühlos zu entdecken‘. Aber diese Mischung von Edlem und minder Edlem, von Schlauheit und Offenheit, von Nachgiebigkeit und Festigkeit, war genau das, was die Situation erheischte. Eigensinn und Prinzipienreiterei hätten uns verdorben. Sein Leben, Vorbild oder nicht, hat uns gerettet. Wie er selber in Bescheidenheit hinzusetzen würde: ‚durch die Gnade Gottes‘.“
Theodor Fontane, Wanderungen durch die Mark Brandenburg, 2: Oderland; GBA, S. 158

Xj/47

Neuhardenberger Frauentracht, Neuhardenberg, Ende 19. und 1. Viertel 20. Jh.

Wolle, Leinen
Stadtmuseum Berlin, II 53/6

Nach der Trockenlegung des Oderbruchs entstand in Neuhardenberg, Gusow und Platow eine eigene Trachteninsel.

„An dem Abhange des Barnim-Plateaus, in der ehemaligen ‚Derfflingerschen Herrschaft‘, liegen noch einige Dörfer, drin sich Überreste wendischer Tracht bis auf diesen Tag erhalten haben. In Vollständigkeit existiert sie nur noch in Quilitz, dem gegenwärtigen Neu-Hardenberg. [...] Diese
wendische Tracht nimmt sich höchst malerisch aus und ist so ziemlich die kleidsamste unter allen Nationaltrachten, die mir in den verschiedenen Teilen Norddeutschlands vorgekommen sind. [...] Schon der Fürst-Staatskanzler selbst, der ein feines Auge für derlei Dinge hatte, hielt darauf, daß die Frauen und Mädchen des Dorfs in der alten wendischen Tracht vor ihm erscheinen mußten.“
Theodor Fontane, Wanderungen durch die Mark Brandenburg, 2: Das Oderland; GBA, S. 39 ff.

Xj/48

Schmookkanne, Schadewitz bei Luckau, um 1850

Hartgebrannte Irdenware; H 21, Dm. max. 17
Stadtmuseum Berlin, IV 18290

Xj/49

Schmookkanne, 2. Hälfte 19. Jh.

Irdenware; H. 27,3, Dm. max. 19,5
Stadtmuseum Berlin, II 98/63 B

Räuchergefäße dieser Form mit langer röhrenförmiger Tülle und kurzem Mundstück zum Hineinblasen dienen den Imkern bei der Arbeit an den geöffneten Beuten/Kästen zum Beruhigen der Bienen.

„Die Bienenzucht in Kienbaum, darüber scheint kein Zweifel, war von besonderer Vorzüglichkeit, und diese Vorzüglichkeit hinwiederum war das natürliche Resultat einer vorzüglichen Bienenlokalität, das heißt einer andauernden, nie erschöpften Bienenweide. Solche Lokalitäten, wenn man die höchsten Anforderungen stellt, sind nicht eben allzu häufig, da sich's darum handelt, den Bienen eine blühende Pflanzenwelt zu bieten, aus der sie fast sechs Monate lang unausgesetzt ihren Bedarf einsammeln können. Wo der Raps blüht, da ist freilich für den Mai und Juni, und wo die Linden blühn, für den Juli gesorgt; aber erst aus dem Vorhandensein mannigfachster Pflanzen und Bäume, die sich im Blühn untereinander ablösen und vom April bis in den September hinein eine immer wechselnde Bienennahrung bieten, erst aus dem Vorhandensein einer derartigen Vegetation ergibt sich das eigentliche Bienen- und Honigterrain. Ein solches Terrain nun war Kienbaum. Ein quadratmeilengroßer Forst schloß es ein, und durch eben diesen Forst hin schlängelte sich die zu beiden Seiten von üppigen breiten Wiesenstreifen eingefaßte Löcknitz. Unmittelbar das Flüßchen entlang zogen sich Werft und Haselbüsche, die den Bienen im April schon eine bevorzugte Nahrung boten; im Mai dann begannen sommerlang die Wiesen zu blühn, bis endlich, von Monat August an, die weiten Heidekrautstrecken – gelegentlicher weißer Kleefelder ganz zu geschweigen – eine fast nicht auszunutzende Bezugs- und Nahrungsquelle schufen.“
Theodor Fontane, Wanderungen durch die Mark Brandenburg, 4: Spreeland; GBA, S. 244

Xj/50

Wachsschöpfer, vor 1940

Holz, Eisen; B. 7, L. 20
Stadtmuseum Berlin, S 90-102

Xj/51

Rauchbläser, um 1900

Holz, Eisen; H. 35, L. 23, Dm. 11
Stadtmuseum Berlin, S 89-81

Xj/52

Wachsboden, 2. Hälfte 20. Jh.

Wachs; H. 15, Dm. 27
Stadtmuseum Berlin, S 95-109

Xj/53

Gesichtsschutz, 1. Hälfte 20. Jh.

Drahtgeflecht; H. 21,5, B. 19,5
Stadtmuseum Berlin, Dauerleihgabe des Agrarmuseums Blankenhain

Xj/54

Zwei Weisel-Kloben, Anfang 20. Jh.
Behälter für Transport der Königin

Holz; B. 3, L. 23,5; B. 2,5, L. 14
Stadtmuseum Berlin, S 95-108 1, 2

Xj/55

Hinterbehandlungsbeute mit drei Etagen, um 1900

Holz, Stroh; H. 64, B. 34, T. 52
Stadtmuseum Berlin, S 89-49

Xj/56   **Rentmeister Bruckisch (Hg.)**

Neue verbesserte Bienen-Zucht des Pfarrers Dzierzon zu Carlsmarkt in Schlesien

Neisse: Selbstverlag 1849
Privatbesitz

„[...] so gingen sie denn durch den Flur bis in Hof und Garten hinaus und nahmen hier Stellung vor einem offenen Etageschuppen, drin die Stöcke standen, nicht altmodische Bienenkörbe, sondern richtige Bienenhäuser, nach der Dzierzonschen Methode, wo man alles herausnehmen und jeden Augenblick in das Innere bequem hineingucken kann.“
Theodor Fontane, Der Stechlin; NA VIII, S. 52 f.

XI. Potsdamer Straße 134 c
Der Dichternachlaß

Bettina Machner

„MEIN LEBEN, ein Leben ist es kaum.
Ich geh durch die Straßen als wie im Traum.
Wie Schatten huschen die Menschen hin,
Ich selber ein Schatten dazwischen bin.
Und im Herzen tiefe Müdigkeit,
Alles mahnt mich, es ist Zeit.“[1]

Am 20. September 1898 abends gegen 9 Uhr starb der Schriftsteller Theodor Fontane in seiner Wohnung Potsdamer Straße 134 c. Sechsundzwanzig Jahre zuvor, am 3. Oktober 1872, waren Theodor und Emilie Fontane mit der Tochter Martha (Mete) und dem Sohn Friedrich (Friedel) in das Haus des Johanniter-Ordens, in eine Mansardenwohnung im dritten Obergeschoß, gezogen. Das graue Haus mit kleinem Vorgarten lag auf der Ostseite der Straße, zwischen Eichhornstraße und Potsdamer Platz. Bis zum Abriß der Stadtmauer 1866/67 lag das Gebiet westlich der heutigen Friedrich-Ebert- und Stresemannstraße „vor den Toren der Stadt“. Doch bald sollte sich dieser Teil der in atemberaubender Geschwindigkeit anwachsenden Stadt zum Mittelpunkt entwickeln. Die Fontanes waren in den ersten 22 Ehejahren siebenmal umgezogen, immer innerhalb

des Zentrums der Stadt, nun hatten sie ihren endgültigen Wohnsitz gefunden. Hier sollte aus dem ständig nach neuem Broterwerb Suchenden der Literat, der „große Alte“ werden, wie ihn seine Freunde nannten. Hier fand er sein Zuhause, hier wurde ihm sein Beruf zur Berufung.

„Ein alter, großgewachsener Herr ist Theodor Fontane, mit schmalem Seitenbärtchen und grauem Schnurrbart. Ein großes Tuch um den Hals gelegt, das über dem dicken Mantel sitzt, schreitet er die Potsdamer Straße entlang. Er geht gewöhnlich dicht an den Häusern, weil es ihm keinen Spaß machen würde, von den hundert Bekannten, die dort jeder Bewohner des Westens täglich trifft, angehalten zu werden. Nicht als ob er unfreundlich wäre. Aber es lohnt wahrhaftig nicht, ein paar Banalitäten auszutauschen und sich dafür zu erkälten. Vor dem Erkälten hat er nämlich große Angst; und darum hält er das berühmte graugrüne Tuch stets vorn mit der Hand zusammen. Unter dem Hut blicken die guten und klugen und großen grauen Augen in die Ferne, und mit raschen Schritten geht er, etwas nach vorne geneigt, unaufhaltsam seines Weges. Wenn es windig ist, schreitet er rascher, und er hält das Tuch fester und höher, bis über den Mund weg. Die grauen Locken bewegen sich dann leise, die dem alten Herrn

XIa/2

XIa/20

*über dem Nacken schweben. Es sind keine Künstlerlocken! Er
sieht nicht aus wie ein greiser Barde, von dem zu befürchten ist,
daß er eine Leier aus der Manteltasche zieht. Er hat etwas Alt-
fränkisch-Militärisches. Er hat das Gesicht eines friedlichen pen-
sionierten Offiziers aus den dreißiger Jahren. Über dem ganzen
Mann schwebt im Äußeren, auch in der Kleidung, bis auf Hals-
binde und Kragen ein Hauch der guten alten Zeit.*"[2] So beschrieb
der 28 Jahre junge Kritiker und Essayist Alfred Kerr am 1. Januar 1895 den soeben 75 Jahre alt gewordenen Theodor Fontane. Dem *„naturalistischen Dichter"*, dem Autor der *„besten
Berliner Romane"*, dem Meister der Sprache, dem Kritiker, dem
trotz seines hohen Alters Junggebliebenen galt seine Bewunderung und Sympathie.

In der Fontaneschen Wohnung war natürlich das Arbeitszimmer des Schriftstellers der wichtigste Raum. Und da wiederum war das zentrale Möbelstück der Schreibtisch, den Theodor
Fontane im Jahr 1861 seinem *Tunnel*-Freund, dem Kunsthistoriker Wilhelm Lübke[3], abgekauft hatte. Der Tisch aus poliertem
Mahagoniholz hatte beachtliche Ausmaße: 186 cm lang, 97 cm
tief, 80 cm hoch, und war so ausgelegt, daß er im Raum stehen
mußte, denn an der Rückseite befand sich hinter Türen eine Vielzahl von Schubkästen. Die Arbeitsplatte war durch ein Traillen-
geländer abgegrenzt.[4] An diesem Tisch entstanden in harter
Kleinarbeit, in immer neuem Entwerfen und Verwerfen seine
Arbeiten. Nicht selten hatte Fontane Entwürfe jahrelang liegen-
gelassen, bevor er die mühsame Ausarbeitung eines Themas begann. Dem vorausgegangen waren Vorverhandlungen; mehrere

unterschiedliche Themen bot er potentiellen Verlegern an, um
dann mit der eigentlichen Arbeit, der Niederschrift einer Novelle oder eines Romans, zu beginnen. Häufig arbeitete er an
mehreren Themen gleichzeitig. Davon zeugen die zahlreich erhaltenen Materialien. Im Konvolut zu *Effi Briest* sind beispielsweise mehrere Entwürfe eines Kapitels erhalten, die Fontane
mit schwarzer Tinte schrieb und mit Blau-, mit Blei- oder gar
mit Rotstift korrigierte. Ganze Passagen strich der Dichter, aus
bereits verworfenen Fassungen fügte er einzelne Teile wieder
ein. Für *„gut"* befundene Teile schnitt er aus und klebte sie auf
die gewünschte Stelle. Fast immer gab er die vermeintlich letzte,
endgültige Version seiner Frau Emilie zur Abschrift. Denn das
Manuskript des Autors ist für Außenstehende kaum zu entzif-
fern, in der Druckerei hätte es nicht als Vorlage dienen können.
Mit höchster Akribie nahm sich Emilie der Blätter an. In gesto-
chen scharfer Schrift, beinahe fehlerfrei, schrieb sie die Arbeiten ihres Mannes ab. Nicht selten war der *„Meister"* auch mit
dieser Fassung nicht zufrieden, sie wurde wiederum überarbeitet, neue Akzente gesetzt und Formulierungen neu überdacht,
und schließlich mußte Emilie das überarbeitete Kapitel erneut
abschreiben. War der Text in dem Zustand, in dem Fontane die
Abschriften dem Verleger überlassen konnte, schlug er sein kom-
plettes Manuskript in Zeitungspapier ein, versiegelte das Paket,
beschriftete es und legte es in einem der zahlreichen Schub-
fächer an der Rückseite seines Schreibtisches ab. Damit war die
Arbeit abgeschlossen.

Immer wieder benutzte Fontane die leeren Rückseiten von
Blättern mit Textpassagen, die er verworfen hatte, als Konzept-
papier. Häufig strich er die nicht mehr aktuelle Fassung kräftig
durch und versah sie mit dem Vermerk *„ungültig"*. Daraus erklärt es sich auch, wieso Vorder- und Rückseiten in keinerlei in-
haltlichem Zusammenhang stehen. Auf diese Weise lassen sich
mitunter in den Werkmanuskripten Kuriositäten auffinden.
Der sparsame Mann verwendete nicht nur seine eigenen Blätter
erneut, sondern hin und wieder auch die Rückseiten von Briefen,
die an ihn gerichtet waren. In Fontanes autobiographischem
Roman *Von Zwanzig bis Dreißig*, im ersten Kapitel des Ab-
schnitts *Der Achtzehnte März*, nutzte der Dichter einen unda-
tierten Brief des etwa 20jährigen René Maria Rilke[5] als Schreib-
papier. Offensichtlich hatte der noch unbekannte junge Rilke
dem *„Hochverehrtesten Herrn"* ein Exemplar seines ersten Ge-
dichtbandes *Larenopfer*[6] zugesandt. Fontane muß der Publika-
tion zur großen Freude des Autors *„Beifall gezollt"* haben. Dieser
„großen und innigen Freude" – zumal diese von dem *„verehrten
Meister"* kam, wie er Fontane bezeichnete – verlieh der junge
Mann in seinem Schreiben Ausdruck. Viel wichtiger aber war
für ihn, daß Fontane, *„verleitet durch den zweiten Vornamen"*,
in ihm eine Dame gesehen hatte. Diesen *„Irrthum"* wollte und
mußte er, offensichtlich stark getroffen, unbedingt beseitigen:
*„[...] ich bin männlichen Geschlechts und hoffe mich auch im Le-
ben stets männlich im besten Sinne des Wortes, zu bethätigen."*
Ermutigt durch das Lob für seinen ersten Gedichtband, kündigte Rilke an, mit gleicher Post ein Heft der *Wegwarten*[7] an

Fontane zu schicken. Auch zu dieser Veröffentlichung erhoffte er sich das Urteil des Dichters und bekanntermaßen strengen Kritikers. Im unmittelbaren Anschluß an die Ankündigung gab er nochmals ausdrücklich seine Prager Adresse – „*Wassergasse 15 B I.*" – an.[8]

Eine genaue Beschreibung der Wohnung und des väterlichen Arbeitszimmers hat Friedrich Fontane überliefert: „*Wer* [...] *in das Arbeitszimmer meines Vaters eintrat, dem bot sich nicht etwa das bekannte Bild der Blitzlichtaufnahme, die die Berliner Illustrirte* [!] *zum 75. Geburtstage brachte, da zu dieser Aufnahme eine kleine Möbelverrückung notwendig war. Der Schreibtisch stand vor den Fenstern, während in der Mitte des Zimmers der ovale Frühstückstisch vor dem zerschlissenen Sofa seinen Platz hatte. Eine Glastür führte nach dem Hinterzimmer, das Glas durch eine an Stäben befestigte Landkarte, ich glaube des Kreises Zauch-Belzig, verdeckt. Oberhalb der Tür befindet sich ein Gipsmedaillon, vermutlich das Profil Paul Heyses, wie solche Reliefplaketten auch noch über andern Türen der Wohnung hingen. Dann der durch Nüchternheit sich besonders abhebende Ofen – obgleich er nur mit Buchen der guten Luft wegen geheizt wurde und die Röhre so manchen schönen Borstorfer oder Hasenkopf schmoren sah. Im Rechteck sich anschließend der Kleiderschrank aus Mahagoni, noch heute in meinem Besitz. Darauf thront ein Globus in Relief, Erbstück oder Geschenk des Adoptivvaters von Fontanes Frau. Über dem Sofa hing ein guter Stich vom Alten Fritz inmitten seiner Generäle; außerdem hing in dem Zimmer ein weiterer guter Stich vom Großen Kurfürsten bei Fehrbellin. Endlich der große Schreibtisch. [...] Auf der Platte lag und stand viel herum, worunter die Bronze nach der Moltkeschen Hand am meisten und am charakteristischsten auffällt. [...] Worauf ich aber besonders hinweisen möchte, das ist, daß auch die nach den Fenstern zugekehrte Front des Tisches zahlreiche Kästen aufweist. Er war also von zwei Seiten aus benutzbar. [...] Zum Beispiel befanden sich in dem obersten Kasten rechts von der schreibenden Hand des Dichters wiederum mehrere Kästchen und Schächtelchen, die die merkwürdigsten Dinge enthielten. Sehen wir darüber hinweg, selbst über den deponierten ‚eisernen Bestand' in Gestalt eines blauen 100-Mark-Scheines, der aber nur in den äußersten Notfällen aushelfen mußte. [...]*

Auf das Sofa folgte nach dem Fenster zu ein kleiner Bücherschrank. Daran ist oben eine Miniaturplakette von Walter Scott[9] *befestigt, und der Goethekopf des berühmten Schaperschen Denkmals im Berliner Tiergarten steht oben auf dem Schrank. Dahinter an der Wand: eine Reliefkarte von Frankreich. An den Schrank sich anschließend: die alte Stehuhr. Ein Berliner Werk von Kleemeyer, bereits in der 6. oder 7. Generation in der Familie.*

Wir passieren dann den kleinen Gang entlang der Fensterfront, also vor dem Schreibtisch. Zwischen beiden Fenstern: zwei mäßige Ölporträts von meinem Vater und meiner Schwester. Mehr Interesse schenken wir einem gerahmten darüber hängenden Photo meines Großvaters, des ehemaligen Apothekers. An der anderen Längswand zunächst ein Vertikow, un- und halbfertige Manuskripte enthaltend. Darüber das Schlachtfeld von

Königsgrätz in Relief. Es folgt der große Bücherschrank mit meist märkischer Literatur und den Handexemplaren meines Vaters. [...] *In der Mitte dieser Wand befand sich die Tür, die in das danebengelegene, etwa gleich große Zimmer meiner Mutter führte. Die Tür wurde links und rechts von zwei aufklappbaren Spieltischen flankiert, die wohl einst in den Räumen der Neuruppiner Löwenapotheke gestanden haben.* [...] *Über den beiden Tischen wieder Stiche: links einer der ersten Drucke von Menzels Tafelrunde in Sanssouci, rechts Prinz Heinrich in Rheinsberg, darunter der Alte Fritz, ein seltener und guter Chodowiecki. Endlich – wieder im Rechteck – zwei Regale, das größere, höhere sehr praktisch: die untere Hälfte tiefer, damit Karten, Pläne, Zeitungen usw. ungeknickt aufbewahrt werden konnten. Die Mitte des Regals bilden vier Kästen, wieder mit allem Möglichen – die Natronschachtel durfte natürlich nicht fehlen – angefüllt. Oberhalb ein ganzes Sortiment von extra angefertigten Pappkästchen zur Aufbewahrung der allernotwendigsten Korrespondenz. Darauf thronte die Blechkanne, in der sich Theodor Fontane den Kaffee auf der Insel Oléron selbst bereitet hatte. Auf dem kleineren ebenfalls Bibliotheks-Regal eine Hausapotheke vom Schwager Sommerfeldt, eine Wasserkaraffe, Aschenbecher und andere Rauchutensilien für die paffenden Freunde (er selbst rauchte ja nicht), eine Statuette des Bildhauers Rauch u. a. m. Zwischen den Regalen über Eck stehend der alte Großvaterstuhl. Ein hübsch gemusterter Wachstuchstreifen vom Ofen her ersetzte das heutige Linoleum oder die Linkrusta. Das ganze Zimmer hatte keine Hängelampe, sondern nur eine Petroleumarbeits-Stehlampe mit grün abgeblendeter Schirmglocke.*

Man könnte die Vorstellung haben, als ob die Stube wie ein kleines Museum vollgepfropft und überladen aussah, das ist aber – obgleich ich beileibe nicht alles aufzählte – nur relativ richtig. Im Gegenteil, die Mobiliar-Einrichtung wirkte schon ihrer Altmahagonifarbe halber einheitlich und vor allen Dingen urgemütlich."[10]

Am 18. Februar 1902 starb Emilie Fontane im Alter von 77 Jahren. Seitdem hat es über den Verbleib des Dichternachlasses immer wieder Auseinandersetzungen gegeben. Am 7. Februar 1892 hatten die Eheleute Theodor und Emilie Fontane ihr gemeinsames Testament aufgesetzt, bei dessen Ausarbeitung der Justizrat Dr. Paul Meyer, ein Freund des Sohnes Theodor, dem Ehepaar hilfreich zur Seite gestanden hatte. Ursprünglich wollte der alte Fontane verfügen, daß sämtliche unveröffentlichten Handschriften nach seinem Tode verbrannt werden sollten. Meyer konnte ihn davon aber abbringen. Er erläuterte ihm, welche erheblichen finanziellen Einbußen die Familie gegebenenfalls hinnehmen müßte, sollte bei seinem Tod ein abgeschlossenes Manuskript vorliegen, das etwa der *Effi Briest* entspräche. Nach dem Willen des Autors müßte es aber vernichtet werden, obwohl die Familie, Theodor, Emilie und Martha, ausschließlich vom Erlös der schriftstellerischen Tätigkeit lebte. Dieses Argument überzeugte den Familienvater. Auf Empfehlung Meyers verfügten die Eheleute in ihrem Testament, daß nach dem Tod des Letztlebenden eine Nachlaßkommission eingesetzt werden sollte, der neben der Tochter Martha der befreundete Schrift-steller Paul Schlenther und schließlich der Rechtsanwalt Paul Meyer selbst angehören sollten. Die Aufgabe der Kommission bestand darin, die vorhandenen ungedruckten handschriftli-chen Materialien durchzusehen und zu entscheiden, welche Schriftstücke veröffentlicht, welche vernichtet oder welche wei-ter unveröffentlicht aufbewahrt werden sollten. Über den Ver-bleib der Manuskripte der zu Lebzeiten erschienenen Werke wurde keine Aussage getroffen, für ihre Verwaltung war die Kommission nicht zuständig. Vermutlich erschienen sie allen Be-teiligten finanziell wertlos. Der wissenschaftliche Wert wurde nicht erkannt. In § 3 des Testamentes war festgelegt worden: „Unsere Kinder haben sich mit dem zu begnügen, was beim Tode des letzten Lebenden von uns noch von dem Nachlaß vorhanden sein wird."[11] Emilie Fontane war also nach dem Tod ihres Man-nes allein dazu berechtigt, über den weiteren Verbleib des Schreibtisches und der im Druck vorliegenden Manuskripte zu entscheiden. Sie hat nach dem Tode ihres Mannes selbständig damit begonnen, die vorhandenen Schriftstücke zu sichten und zu ordnen.[12] Dabei verbrannte sie Briefe aus ihrer Verlobungs-zeit. Sie vernichtete aber nur Texte, die sie aus persönlichen Gründen nicht publiziert sehen wollte. Alles ihr literarisch be-deutend Erscheinende bewahrte sie sorgsam auf. Gedichte, die in Briefen enthalten waren, schnitt sie aus oder schrieb sie ab, häufig verschenkte sie später die Originalhandschriften.

Unmittelbar nach Theodor Fontanes Tod veranlaßte die Di-rektion des Märkischen Provinzial-Museums, am Haus Potsda-mer Straße 134 c eine Gedenktafel für den Dichter anzubringen. Ernst Friedel, der seit der Gründung des Museums 1874 Vorsit-zender der Direktion war, drückte damit sein Interesse an der Übernahme des Dichternachlasses aus. Seit 1900 stand er mit der Witwe im Briefwechsel und bemühte sich um die Übergabe der Materialien. Im Postausgangsbuch des Märkischen Provin-zial-Museums (nachmals Märkisches Museum, heute Stiftung Stadtmuseum Berlin) wurde bereits im Januar 1900 vermerkt, daß sich Friedel auf seine Anfrage hin für die Bereitwilligkeit, die Sachen dem Museum zu übergeben, bedanken konnte.[13] Der Verwaltungsbericht des Museums für das Etatjahr 1901 meldete, wie sich herausstellen sollte, verfrüht, daß die Erben den von Theodor Fontane benutzten Schreibtisch sowie den dazugehö-rigen Sessel dem Museum gestiftet hätten. Dazu sollten auch die Originalhandschriften der im Druck erschienenen Werke, soweit sie erhalten waren, gehören.

Bereits am 6. Juni 1876 war im Inventarbuch XII 1 unter der laufenden Nummer 172 verzeichnet worden: „Handschrift des Märkischen Schriftstellers Theodor Fontane Schreiben an den Kaufmann Leo Alfiéri, betreffend das ‚Maas'sche Bild' d. d. 5.5.1876." Den Brief hatte Fontane als Erster Sekretär der Akade-mie der Künste geschrieben. Alfiéri war ein Mäzen des neuge-gründeten Museums und schenkte den Brief dem Märkischen Provinzial-Museum, das damit als erste öffentliche Institution einen Fontane-Autograph besaß.

Nur wenige Tage nach Emilies Tod im Februar 1902 verkün-deten Pressemeldungen, daß sie das gemeinsame Testament geändert habe und der gesamte literarische Nachlaß sowie der Schreibtisch des Dichters dem Märkischen Museum übergeben werden sollten.[14] Von einer Korrektur des Testamentes ist je-doch nichts bekannt, allein wäre Emilie dazu auch nicht berech-tigt gewesen. Ebenso ist der Urheber der Zeitungsnotizen nicht bekannt, wobei aber nicht auszuschließen ist, daß er aus Krei-sen des Museums stammte. Gegen die Zeitungsmeldungen ver-wahrte sich die Tochter Martha, die mit ihrem Ehemann Karl Emil Otto Fritsch in Waren lebte, entschieden. Am 2. März schrieb sie an Paul Schlenther nach Wien. Sie bezog sich auf das Testament der Eltern und behauptete, ihre Mutter hätte bereits 1900 das ihr zustehende Verfügungsrecht über den Nachlaß an die Kommission abgetreten. Martha vertrat die Auffassung: „Am wahrscheinlichsten dürfte es sein, daß meine Mutter zeitweise daran gedacht hat, die fraglichen Schriftstücke in die einstweilige Verwahrung des Märkischen Museums zu geben, wo sie zugleich dem mit der Sichtung derselben zum Zwecke einer Gesammtaus-gabe der Werke Theodor Fontanes beauftragten Herrn Dr. Pnio-wer am bequemsten zugänglich gewesen wären."[15] Schlenther antwortete zwei Tage später: „Über den Verbleib des Nachlasses habe ich von Ihrer teuren Mutter nur eine einzige Äußerung gehört. Das war am Charfreitag des vorigen Jahres, als ich den Tag über zur Einsicht in die Papiere bei ihr war. […] Dann sagte sie: ‚nach meinem Tode kommt der Schreibtisch mit allem was darin ist, ins neue Märkische Museum. Das hat mein Alter so gewollt, damit sich keins der Kinder durch den Besitz dieses teuersten Erbstücks vor den Andern bevorzugt wird.' Sofort dachte ich, ohne es ihrer Mutter auszusprechen, an die Möglichkeit, im neuen Museum ein Fontane-Zimmer einzurichten […]. Dies Zimmer müßte mög-lichst treu dem lieben alten Arbeits- und Freudenraume in der Pots.[damer] Str.[aße] nachgebildet werden, gefüllt mit Th.[eo-dor] F.[ontane]-Reliquien, soweit sie habhaft sind. Als Haupt- und Ehrenstück zwischen zwei Fenstern der Schreibtisch, und darin, soweit es Platz hat, das Fontane-Archiv. Wird Schreibtisch und Archiv der Stadt Berlin vermacht, so hätte die Stadt Berlin für würdige Einrichtung und sorgsame Pflege des Fontane-Zimmers zu sorgen. Der Biograph und Nachlaßbearbeiter aber müßte in diesem Zimmer, an diesem Schreibtisch arbeiten."[16] Weiterhin vertrat er die Meinung, daß der literarische Nachlaß eines Dichters vom Range Theodor Fontanes nicht ausschließlich von seiner Familie verwaltet werden dürfe, sondern „er gehört auch zur Geschichte der Cultur seiner Zeit und seines Volkes"[17] und so-mit in öffentliche Hände.

Unabhängig von diesen Diskussionen führte Friedrich Fon-tane, der jüngste Sohn des Dichters, bei dem Emilie seit 1899 gelebt hatte, den Briefwechsel mit dem Museum weiter. Bereits am 5. März 1902 wurde im Postausgangsbuch des Museums ver-merkt, daß an den Verleger und Buchhändler Fontane die Nach-richt übermittelt worden war, der Diener werde am 10. März die Andenken an Theodor Fontane abholen. Am 17. März 1902 wurde der Eingang der Materialien im Museum ordnungsgemäß im Inventarbuch registriert. In einem Schreiben vom 27. März

XIb/21

dankte Friedel den Erben für die „Erinnerungen an Fontane". Dabei handelte es sich um den Schreibtisch, den dazugehörenden Sessel mit Wachslederkissen, ein Tintenfaß, einen Papierkorb, ein Pappkästchen mit präparierten Gänsefedern und eine Stahlbrille.[18] Erst im Juli 1903 wurde genau verzeichnet, welche Manuskripte in den Schreibtischschüben enthalten waren, nämlich die zu Lebzeiten erschienenen Werke: „1. Wanderungen durch die Mark. 2. Krieg von 1870/71. 3. Vor dem Sturm. 4. L'Adultera. 5. Ellernklipp. 6. Schach v. Wuthenow. 7. Graf Petöfy. 8. Unterm Birnbaum u. Onkel Dodo. 9. Stine. 10. Quitt u. Wilh. Gentz. 11. Unwiederbringlich. 12. Jenny Treibel. 13. Cécile. 14. Effi Briest. 15. Poggenpuhls. 16. Meine Kinderjahre. 17. Zwischen Zwanzig bis Dreißig. 18. Stechlin. 19. Geschichten und Plaudereien."[19]

Das Märkische Museum Am Köllnischen Park wurde am 10. Juni 1908 eröffnet. Das Fontane-Zimmer war vom ersten Tag an, so wie es Paul Schlenther vorgeschwebt hatte, fester Bestandteil der Präsentation. Der Führer durch das Märkische Museum beschreibt anschaulich den betreffenden Raum mit der Nummer 25 im ersten Obergeschoß.[20] Im Zentrum stand der Schreibtisch, allerdings an einer Wand. Auf der Platte lagen einzelne Manuskriptblätter, in den Schubkästen wurden die Werk-

XIb/25

manuskripte aufbewahrt. Über dem Schreibtisch hingen ein Fontane-Porträt aus dem Jahre 1896 von Hanns Fechner[21] und ein Selbstporträt Adolph Menzels[22]. An den anderen Raumwänden waren die Bilder der von Fontane besungenen „*Männer und Helden*"[23], eine ältere Ansicht seiner Vaterstadt Neuruppin sowie eine Abbildung der ehemals Roseschen Apotheke, Spandauer Straße/Ecke Heidereutergasse, zu sehen. Auf einer kleinen Kommode lagen einige seltene, nicht im Handel erschienene Drucksachen, die sich auf den literarischen Sonntagsverein *Tunnel über der Spree* bezogen.

Im November 1930 übergab Friedrich Fontane dem Museum noch weitere Andenken an den Vater: einen Briefständer in Form eines offenen Holzkastens aus Nußbaum, einen Wachsstockhalter (laut Inventarbuch: Zigarrenabschneider), eine gußeiserne längliche Federschale, ein rundes Holzschälchen, eine Briefwaage aus Messing (die „15" auf der Skala hatte Fontane selbst eingetragen), ein Papiermesser aus Messing, dessen Griff von einem Putto mit Hammer und Medusenschild gebildet war, einen Briefbeschwerer aus unpoliertem rötlich-gelblichem Kalkstein sowie ein rechtwinkliges Zeichendreieck aus Holz mit einem Loch in der Mitte.[24] Von Frau Magda Rietel erhielt das Mu-

seum im Februar 1932 den Reliefglobus geschenkt, der lange Jahre auf dem Schreibtisch des Dichters gestanden hatte.[25] Dieser 1830 gefertigte Globus stammte vom Rat Kummer, dem Adoptivvater Emilies. Noch zwei weitere Erinnerungsstücke aus dem Nachlaß des Dichters befinden sich im Besitz des Museums, ein Geschicklichkeitsspiel aus Holz und ein Brieföffner aus Elfenbein, auf dessen Griff mit schwarz das Monogramm „*Th. F.*" eingraviert ist.[26] Allerdings ist die Herkunft der Stücke nicht überliefert.

Nach Emilies Tod nahm die Nachlaßkommission ihre Tätigkeit auf. Paul Schlenther, seit 1898 Direktor des Wiener Burgtheaters, weilte nur noch selten in Berlin. Daher setzte er Dr. Otto Pniower als seinen Vertreter ein. Pniower arbeitete zu diesem Zeitpunkt als Assistent im Märkischen Museum, 1918 wurde er Direktor. Martha Fritsch, Otto Pniower und Paul Meyer sichteten nun sämtliche erhaltenen Manuskripte, um eine Fontane-Gesamtausgabe und bisher ungedruckte Materialien zu veröffentlichen. 1905 erschienen *Causerien über Theater*[27] und *Theodor Fontanes Briefe an seine Familie*[28], 1908 *Aus dem Nachlaß von Theodor Fontane*[29] und 1909 *Theodor Fontane. Briefe an seine Freunde*[30]. In der kurzen Zeit von 1905 bis 1910 gab Friedrich

Fontane in zwei Ausgaben einmal zehn und einmal elf Bände Fontane-Werke heraus. Dabei griffen die Editoren zum Teil gravierend in die originalen Texte ein. Somit sind diese frühen Ausgaben historisch sicherlich von Interesse, als wissenschaftliche Grundlage jedoch nach heutigen Maßstäben nur noch bedingt nutzbar. Besonders deutlich wird dies an dem Roman *Mathilde Möhring*. Bereits 1891 hatte Fontane die Vorarbeiten und Niederschriften begonnen, erste Überarbeitungen erfolgten in den Jahren 1895/96. Innerhalb der Familie soll Fontane geäußert haben, daß er den Roman veröffentlichen wolle, wegen der intensiven Arbeit am *Stechlin* und den *Autobiographischen Schriften* blieb ihm aber nicht die Zeit, die endgültige Überarbeitung vorzunehmen. Das Manuskript war übersichtlich geordnet im Nachlaß enthalten. Josef Ettlinger übernahm die Korrektur und die Herausgabe des Romans.

In seinem Nachruf auf Emilie Fontane behauptet Otto Pniower[31], daß sich im Nachlaß Theodor Fontanes ein bis auf die Ausfeilungen fertiger Berliner Roman befunden habe, der zwar nicht zu Fontanes hervorragenden Leistungen gehöre, aber doch viel Interessantes enthalte, als eine Art Gegenstück zu den aristokratischen *Poggenpuhls* anzusehen sei und der die bürgerliche hauptstädtische Bevölkerung charakterisiere. Er verdiene schon als historisches Dokument, als *„Äußerung Fontanes Geistes"*, Beachtung. Er, Pniower, habe, nachdem er den Roman gelesen habe, Emilie davon erzählt und sie dadurch angeregt, ihn selbst zu lesen. Unmittelbar nach der Lektüre habe sie das Manuskript verbrannt, weil ihr der Inhalt ungenügend erschienen sei. Es ist nicht auszuschließen, daß Pniower hier der Witwe Unrecht tat. Der Beschreibung nach ist es möglich, daß es sich eben um das Manuskript *Mathilde Möhring* handelt. Emilie hat es ein Jahr vor ihrem Tode gelesen. Auf dem Umschlag des ersten Kapitels befindet sich der Vermerk: *„Leider nicht druckfertig. Mit Rührung gelesen, 31. Jan. 01. Die alte Fontane."*[32] Josef Ettlinger veröffentlichte den Roman im November und Dezember 1906 in der *Gartenlaube*. 1907 nahm er ihn in den Band *Aus dem Nachlaß von Theodor Fontane* auf. Im Vorwort verweist Ettlinger darauf, daß er das unvollendete Werk veröffentliche, weil es sich hierbei *„um einen Roman handelt, der in der besten Blütezeit von Fontanes Erzählkunst entstanden"* sei, *„wenn immer man sich sagen muß, daß vielleicht dieses oder jenes Detail bei einer letzten Redaktion noch eine andere Fassung, der Dialog da und dort eine etwas andere Appretur erhalten haben würde"*. In einer Anmerkung erklärt er: *„Die Redaktion des Druckes beschränkt sich auf eine leichte Nachbesserung noch vorhandener stilistischer Flüchtigkeiten und auf die Feststellung des Textes an den ziemlich zahlreichen Stellen, wo der Dichter selbst sich zwischen mehreren von ihm niedergeschriebenen Lesarten noch nicht entschieden hatte."* Trotz dieser eindeutigen Hinweise wurde diese *„überarbeitete"* Fassung jahrzehntelang unkritisch übernommen und immer wieder neu aufgelegt. Ettlinger hatte Fontanes Gliederung aufgehoben. Der Text enthält zahlreiche Lesefehler, die die Textaussage verändern. Weiterhin griffen scheinbare *„stilistische Verbesserungen"* stark verändernd in den Textcharakter ein. Erst nach mehr als 60 Jahren, 1969, erschien erstmalig der Roman auf der Textgrundlage der letzten, wenn auch nicht abschließend überarbeiteten Fassung Theodor Fontanes.[33]

Mit dem Tod von Paul Schlenther am 30. April 1916 und von Martha Fritsch am 10. Januar 1917 war das Wirken der Nachlaßkommission beendet. Die Söhne Theodor jr. und Friedrich übernahmen nun die uneingeschränkte Verantwortung für die noch unveröffentlichten Handschriften. 1917 übersiedelte Friedrich mit dem gesamten Konvolut nach Neuruppin. 1918 ver-

XIa/5, 6, 7, 8, 9 und 12

kaufte er den größten Teil seiner Verlagsrechte an den S. Fischer Verlag in Berlin. Beide Söhne begannen, die von ihnen verwalteten Nachlaßteile zu archivieren und machten sie der Wissenschaft zugänglich. Als Verwalter und Betreuer des Nachlasses zeigten sie sich der Forschung gegenüber außerordentlich großzügig. Bis Ende der zwanziger Jahre legte Friedrich einen ersten Katalog als Auskunftapparat an. In mühsamer Kleinarbeit gelang es ihm, zahlreiche Briefe des Vaters zurückzuerwerben bzw. Abschriften von Korrespondenzen anzufertigen, die ihm die Eigentümer leihweise zur Verfügung stellten. Auf dieser Grundlage basieren die Briefausgaben, die nach dem Zweiten Weltkrieg erschienen. Die Brüder erweiterten die Sammlung durch den gezielten Ankauf von Sekundärliteratur, Zeitungs- und Zeitschriftenartikeln.

1928 sahen sich Friedrich und Theodor jr. Fontane gezwungen, den gesamten Nachlaß vorübergehend für die öffentliche Benutzung zu sperren. Laut Urhebergesetz lief im Dezember, 30 Jahre nach dem Tod des Autors, die Schutzfrist für die Werke Fontanes ab. Damit besaßen die Söhne keinen Anspruch auf Zahlung von Tantiemen mehr. Neben den Einkommenseinbußen hatten sie starke Inflationsverluste hinzunehmen. Beiden war es unmöglich, den Nachlaß aus eigenen Mitteln weiter zu verwalten. Sie bemühten sich für die Weiterführung ihrer so wichtigen Arbeit um staatliche Unterstützung – vergebens. Schließlich sahen sie als einzige Alternative den Verkauf des gesamten Nachlasses. Ihr Ziel war es, möglichst alle Sammlungsteile inklusive Auskunftapparat geschlossen an eine öffentliche Einrichtung abzugeben. Der Wert der Sammlung wurde 1929 durch Experten auf ca. 100 000 Reichsmark geschätzt.[34] Die Fontanes setzten Ludwig Fulda, der Mitglied der Preußischen Akademie der Künste war, als ihren Interessenvertreter ein. Dieser bemühte sich, die Sammlung, die ca. 20 000 Seiten unveröffentlichter Manuskripte, 1 800 Briefe von und 500 Briefe an Fontane sowie die Handbibliothek des Dichters umfaßte, zu verkaufen. Der angestrebte Kaufpreis betrug 50 000 Reichsmark. Nach langjährigen ergebnislosen Verhandlungen, vor allem mit der Preußischen Staatsbibliothek in Berlin, reduzierten sie ihre Preisforderung auf 20 000 Reichsmark. Die Staatsbibliothek bot ihnen hingegen für das gesamte Material eine Summe von 8 000 Reichsmark, zahlbar in zehn Jahresraten. Der offerierte Preis entsprach in keiner Weise dem realen Wert. Die Brüder konnten dieses Angebot nicht annehmen. Erst jetzt übergaben sie das Konvolut der Autographenhandlung Hellmut Meyer & Ernst, Berlin. Am 9. Oktober 1933 wurde ein Teil des Nachlasses versteigert. Die Sammlung wurde in 266 Einzelposten zerrissen. Etwa ein Viertel der angebotenen Autographen fand einen Käufer. Gedichte und Balladen wurden wenig gekauft, Materialien zu den *Wanderungen* fanden gar keine Interessenten. Die Preußische Staatsbibliothek Berlin erwarb auf der Auktion 66 Notizbücher, zahlreiche Novellenentwürfe, u. a. auch zu *Mathilde Möhring*, Briefe an Wilhelm von Merckel und Friedrich Eggers. Das Reichsarchiv in Potsdam kaufte Fontanes Briefe aus der französischen Kriegsgefangenschaft. Ein Berliner Bank-

direktor, Paul Wallich, kaufte für 2 500 Reichsmark Tagebücher aus der Zeit von 1852 bis 1898. Außerdem wurden von vielen privaten Sammlern kleinere Konvolute ersteigert. Die Auktion von 1933 brachte den Erben einen Reingewinn von 8 283 Reichsmark, auf späteren Auktionen wurden wiederholt Materialien aus dem Nachlaß angeboten und brachten nochmals einen Erlös von insgesamt 7 323 Reichsmark. Die „unverkäuflichen Materialien" wurden von den Erben zurückgenommen.

Im Dezember 1935 schließlich kaufte die Brandenburgische Provinzialverwaltung den Restnachlaß. Der Vertrag wurde am 18. Dezember von Friedrich Fontane, sein Bruder Theo war 1933 gestorben, und Hermann Fricke unterzeichnet. Die Verwaltung des Provinzialverbandes verpflichtete sich, den Nachlaß im Archiv der Provinzialverwaltung der wissenschaftlichen Forschung dauernd öffentlich zugänglich zu machen. Dies war die Geburtsstunde des Theodor-Fontane-Archivs.

In den folgenden Jahren bemühte sich die junge Fontane-Forscherin Charlotte Jolles, eine Übersicht über den Verbleib der Handschriften zu erarbeiten. 1938 faßte sie ihr vorläufiges Arbeitsergebnis zusammen. Im Theodor-Fontane-Archiv der Brandenburgischen Provinzialverwaltung befanden sich die umfangreichsten Bestände. Dabei handelte es sich um Schriftstücke von der Jugendzeit bis an das Lebensende des Dichters. Dieser Sammlung kam an „*Reichhaltigkeit und Verschiedenartigkeit*"[35] der Besitz der Preußischen Staatsbibliothek am nächsten. Auch hier lagen Handschriften aus allen Lebensabschnitten. Den besonderen Wert des Besitzes des Märkischen Museums sah Frau Jolles in der Geschlossenheit der Sammlung der Roman-Handschriften. Nur wenige Jahre später trafen diese durch Frau Jolles zusammengetragenen Angaben nicht mehr zu. Alle genannten Institutionen erlitten während des Zweiten Weltkriegs schwere Verluste. Große Teile der Materialien verbrannten oder waren an unbekannten Orten ausgelagert, viele Museen in den Wirren des Kriegsendes geplündert worden.

Mit Ausbruch des Zweiten Weltkriegs war auch das Märkische Museum geschlossen worden. Große Teile der Sammlungsbestände wurden ausgelagert bzw. in den katakombenartigen Kellergewölben des Museums verschlossen. Das Museum wurde kurz vor Kriegsende zu 80 Prozent beschädigt. Ein Teil der Handschriften Fontanes war im Keller des Museums verblieben, sie wurden erst 1948 wiederentdeckt. Am 8. Juli meldete die *Neue Zeit*, daß Fontanes Romanmanuskripte aus dem Schutt des Märkischen Museums gerettet werden konnten. Dabei handelte es sich um die Originalhandschriften folgender Erzählungen und Romane: *Unterm Birnbaum, Onkel Dodo, L'Adultera, Vor dem Sturm, Effi Briest, Wanderungen* (ein Teil), *Meine Kinderjahre, Von Zwanzig bis Dreißig.*

Eine erste Durchsicht und Grobsortierung der geretteten Autographen, die, aus aufgebrochenen Kisten herausgerissen, verstreut im Keller herumgelegen hatten, förderte ein erschreckendes Ergebnis zu Tage. Es mußte vermutet werden, daß etwa die Hälfte der Fontane-Autographen vernichtet worden war. Folgende Titel fehlten komplett: *Ellernklipp, Schach* von Wuthenow, Graf Petöfy, Stine, Quitt, Unwiederbringlich, Frau Jenny Treibel, Cécile, Poggenpuhls, Geschichten und Plaudereien. Darüber hinaus war keines der wiedergefundenen Manuskripte vollständig erhalten.

Wie ein Wunder erschien es den Museumsmitarbeitern 1975, als vollkommen unerwartet ausgelagerte Sammlungsgüter aus Polen zurückgeführt wurden. Die Materialien waren im Verlauf des Zweiten Weltkriegs in Depots, die sich seit 1945 auf polnischem Staatsgebiet befanden, verlagert worden, die Manuskripte vermutlich im Schloß Raduhn. Nun kehrte auch ein Teil der Fontane-Autographen ins Märkische Museum zurück. Alle ursprünglich vorhandenen Titel bis auf Geschichten und Plaudereien fanden sich wieder. Die Manuskripte zu Eine Frau in meinen Jahren und Meine Kinderjahre sind wieder vollständig. Der genaue Weg der Autographen von ihrer Auslagerung bis zur Rückkehr ins Museum ist nicht rekonstruierbar. So ist es auch zu erklären, daß auf bedeutenden Auktionen immer wieder Autographen aus Fontanes Hand gehandelt werden. 1997 verkaufte ein Sammler, der in über 40 Jahren eine der bedeutendsten Fontane-Sammlungen privat zusammengetragen hatte, diese dem Theodor-Fontane-Archiv. Unter den 280 Einzelnummern befanden sich neben zahlreichen Briefen und Entwürfen einige Kapitel aus dem Manuskript Der Stechlin. Für die Forschung ist es von unermeßlicher Bedeutung, daß auch diese wieder öffentlich zugänglich sind.

„Wie Fontanes Weg zu seinem ‚Eigentlichen‘, wie es immer so schön heißt, ein langer Weg war, über den Balladendichter, Journalisten, und den zu ‚Vor dem Sturm‘ und 16 weiteren Romanen führte, so ist auch unser Weg zur Fontane Gesellschaft ein langer, aber immerhin doch ein kontinuierlicher Weg [...] Und wie die politischen Ereignisse des 19. Jahrhunderts Fontanes eigentliche Bestimmung verzögert haben – die 3 Kriege 1864, 1866 und 1870 bedeuten eine Unterbrechung an der Arbeit an seinem ersten Roman von 12 Jahren – so haben die Irrungen und Wirrungen der deutschen Geschichte im 20. Jahrhundert dazu beigetragen, daß wir erst heute an eine Gründung denken können.“[36] Mit diesen Worten begann Charlotte Jolles im Dezember 1990 in Potsdam anläßlich der Gründung der Theodor Fontane Gesellschaft e. V. ihren Festvortrag. Vorläufer der Vereinigung, die sich mit dem Schaffen Fontanes auseinandersetzten, hatte es seit seinem Tod schon mehrere gegeben. Zum 40. Todestag des Dichters war 1938 ein Heft Theodor Fontane zum Gedächtnis in der Reihe der Brandenburgischen Jahrbücher erschienen. In der Vorbemerkung beschrieb der damalige Leiter des Fontane-Archivs, Hermann Fricke, wie sich 1937 eine Arbeitsgemeinschaft junger Fontaneforscher zusammengefunden hatte. Für die jungen Forscher spielte neben der wissenschaftlichen Arbeit auch die Geselligkeit eine wichtige Rolle. Parallel zu dieser Gruppe trafen sich im Deutschen Dom am Gendarmenmarkt Mitglieder des Vereins für die Geschichte Berlins, der ebenfalls

XIb/5

im Besitz von Fontane-Handschriften war, zu gelegentlichen Vorträgen über den Dichter. Bereits 1927 war in Berlin der *Fontane-Abend* gegründet worden, eine Zusammenkunft von Bibliophilen, deren Arbeit direkt auf Theodor Fontanes Schaffen gerichtet war. Wiederholt veröffentlichten sie Faksimiles von Fontane-Manuskripten. Der Verein mußte sich 1933 selbst auflösen.[37] Weitere literarische Vereinigungen gründeten sich und arbeiten bis in die Gegenwart, wie z. B. der *Berliner Bibliophilen-Abend*. Die am 15. Dezember 1990 in Potsdam gegründete *Theodor Fontane Gesellschaft* ist die erste gesamtdeutsche literarische Vereinigung, die nach dem Zweiten Weltkrieg ins Leben gerufen wurde.

Anmerkungen

1 Theodor Fontane, Gedichte; GBA, Bd. 2, S. 464. Das Gedicht entstand wahrscheinlich im Herbst 1892.
2 Alfred Kerr, Wo liegt Berlin? Briefe aus der Reichshauptstadt 1895-1900, hg. von Günther Rühle, Berlin 1997, S. 5 f.
3 Wilhelm Lübke (1826-1893) gehörte dem Kreis um den Kunsthistoriker Franz Kugler an; häufig war er Gast im *Tunnel*, dem *Rütli* und der *Ellora*.
4 Vgl. Inventarbuch des Märkischen Museums VI 4, Eintragung vom 17.3.1902
5 René Maria Rilke (1875-1926). Eine ältere Schwester Rilkes war früh verstorben, an ihrer Stelle wurde René in den ersten fünf Lebensjahren wie ein Mädchen gekleidet und erzogen. Später nannte er sich Rainer Maria Rilke.
6 Der Band war 1895 fertiggestellt worden und erschien 1896 in Prag. Er umfaßt 106 Seiten.
7 Wegwarten. Zwei Hefte waren 1895 im Selbstverlag erschienen, 1895/96 erschienen im Wegwarten-Verlag, München/Dresden drei Hefte: 1. Lieder, dem Volke geschenkt. 15 S.; 2. Jetzt und in der Stunde unseres Absterbens. 15 S.; 3. Deutsche moderne Dichtungen. 19 S.
8 Der Kontakt zwischen dem jungen Rilke und dem alten Fontane war lange Zeit nicht bekannt. Erst bei Durchsicht der Werkmanuskripte Fontanes fand Wolfgang E. Rost den bis dahin unbekannten Brief und veröf-

fentlichte ihn 1931 erstmalig.
9 Der schottische Dichter Walter Scott (1771-1832) verfaßte romantische Versepen und zahlreiche historische Romane, außerdem sammelte er Volksballaden seiner Heimat.
10 In: Brandenburgische Jahrbücher, 1938, Heft 9, S. 63 ff.
Die hier aufgezählten und beschriebenen Materialien werden, soweit noch vorhanden, vom Stadtmuseum Berlin, dem Theodor-Fontane-Archiv in Potsdam und dem Neuruppiner Heimatmuseum bewahrt.
11 Gemeinschaftstestament der Eheleute Theodor und Emilie Fontane vom 7. Februar 1892, unterzeichnet am 7. März, Abschrift vom 21. Oktober 1898 (Theodor-Fontane-Archiv, Potsdam, Ga 34)
12 Vgl. Paul Meyer, Erinnerungen an Theodor Fontane, hg. von Hans Sternheim, Berlin 1936
13 Vgl. Postausgangsbuch des Märkischen Museums, Eintragung vom 18.1.1900
14 Vgl. Pressespiegel im Theodor-Fontane-Archiv, Potsdam (ohne Angaben über die Herkunft, z. T. ohne Datierung). – Siehe dazu auch: Christel Laufer, Vollständige Verzeichnung und Erschließung der Werkhandschriften „Unwiederbringlich", „Effi Briest", „Der Stechlin" von Theodor Fontane, Berlin 1973, S. 471, Nr. 11 (Folgende Zeitungen werden als Quelle angegeben: Allgemeine Zeitung [München], 19.2.1902; Berliner Morgenpost, 19.2.1902; Berliner Zei-

tung, 19.2.1902; Bohemia, 19.2.1902; Münchner Neueste Nachrichten, 20.2.1902; F. Düsel, Theodor Fontanes „Mielchen", in: Deutsche Zeitung, 20.2.1902)
15 Martha Fritsch an Paul Schlenther, Berlin, 2.3.1902. Theodor-Fontane-Archiv, Potsdam, C 163
16 Paul Schlenther an Martha Fritsch, Wien, 4.3.1902. Theodor-Fontane-Archiv, Potsdam, W 6
17 Ebd.
18 Wie Anm. 4
19 Inventarbuch des Märkischen Museums XV 1, Eintragung vom 30.7.1903
20 Führer durch das Märkische Museum, hg. von der Direktion, Berlin 1909, S. 21
21 Siehe Kat. XIa/1
22 Siehe Kat. IIIa/12
23 U. a.: Derfflinger, Seydlitz, Zieten, der Alte Dessauer, Prinz Louis Ferdinand
24 Vgl. Inventarbuch des Märkischen Museums VI 6/2, Eintragung vom 20.11.1930
25 Vgl. Inventarbuch des Märkischen Museums VI 7, Eintragung vom 5.2.1934
26 Vgl. Inventarbuch des Märkischen Museums II 9, Eintragung vom 14.11.1972
27 Kritische Causerien über Theater [= Gesammelte Werke 1905-1911, II 8]. Hg. von Paul Schlenther, Berlin 1905. Darin u. a.: *Die Londoner Theater* (Insonderheit mit Rücksicht auf Shakespeare).
28 Theodor Fontane, Briefe an seine Familie [= Gesammelte Werke 1905-1911, II 6 und 7]. Hg. von K. E. O. Fritsch,

2 Bde., Berlin 1905. Wahrscheinlich war die eigentliche Bearbeiterin Martha Fritsch, geb. Fontane, die die Briefe aber nicht unter ihrem Namen publiziert sehen wollte.
29 Aus dem Nachlaß von Theodor Fontane [= Gesammelte Werke 1905-1911, II 9]. Hg. von Josef Ettlinger, Berlin 1907. Darin u. a.: *Mathilde Möhring* (der Vorabdruck war bereits 1906 in der *Gartenlaube* erschienen), *Literarische Studien und Eindrücke, Die Märker und das Berlinertum*.
30 Theodor Fontane, Briefe an seine Freunde. Briefe, Zweite Sammlung [= Gesammelte Werke 1905-1911. II 10 und 11]. Hg. von Otto Pniower und Paul Schlenther, 2 Bde., Berlin 1910
31 Otto Pniower, Emilie Fontane, in: Der Tag, 20.2.1902
32 Das Manuskript befindet sich heute im Theodor-Fontane-Archiv, Potsdam.
33 Theodor Fontane, Romane und Erzählungen in acht Bänden, Bd. 7, hg. von Peter Goldammer, Gotthard Erler, Anita Golz, Jürgen Jahn, bearbeitet von Gotthard Erler, Berlin: Aufbau-Verlag 1969
34 Vgl. Laufer, a. a. O., S. 29
35 Charlotte Jolles. Der Nachlaß Theodor Fontanes, in: Brandenburgische Jahrbücher, 1938, Heft 9, S. 91
36 Charlotte Jolles, Festvortrag zur Gründung der Theodor Fontane Gesellschaft e. V. am 15. Dezember 1990 in Potsdam, in: Fontane-Blätter, 1991, Heft 51, S. 4
37 Vgl. Fontane-Blätter, 1988, Heft 45, S. 100 ff.; 1990, Heft 49, S. 68 ff.

XIa/1   Hanns Fechner

Bildnis Theodor Fontane, 1896

Öl auf Lwd.; 85 x 69
Stadtmuseum Berlin, VII 59 / 517 X

XIa/2   Zander & Labisch

Fontane am Schreibtisch sitzend, 1894
Mit Widmung: *Frau Theodor Fontane bittet das kleine Geschenk freundlich anzunehmen. Berlin d. 20. Dec. 1898.*

Photographie; 30,9 x 37,4
Stadtmuseum Berlin, XI 25057   (Abb. S. 251)

*„Wer in das selbstverständlich nicht modern aus-
gestattete Arbeitszimmer meines Vaters eintrat,
dem bot sich nicht etwa das bekannte Bild der
Blitzlichtaufnahme, die die Berliner Illustrirte [!]
zum 75. Geburtstage brachte, da zu dieser Aufnahme eine kleine Möbelverrückung notwendig
war. Der Schreibtisch stand vor den Fenstern,
während in der Mitte des Zimmers der ovale
Frühstückstisch vor dem zerschlissenen Sofa seinen Platz hatte.“*
Friedrich Fontane, Potsdamer Straße 134 c III/links, in:
Brandenburgische Jahrbücher, 1938, Heft 9, S. 63

**XIa/3   Johan Frederik Clemens /
            Johann Carl Richter nach
            Edward Francis C. Cunningham /
            Heinrich Anton Dähling**

*Friedrich der Große begleitet von den
Prinzen seines Hauses und seinen
Generalen kehrt vom Manoeuvre bei
Potsdam nach Sans-Souci zurück*, 1808

Kupferstich; 60,7 x 79,8
Stadtmuseum Berlin, XI 1708 W

In *Meine Kinderjahre* beschreibt Fontane ausführlich das Zimmer seines Vaters im Swinemünder Haus, in dem über dem Sofa das *„Prachtstück aus der Erbschaft des Großvaters“* hing
(NA XIV, S. 50). Derselbe Kupferstich schmückte
auch im Arbeitszimmer Theodor Fontanes den
Platz über dem Sofa.

XIa/1

XIa/4

Schreibsessel mit Lederkissen,
2. Hälfte 19. Jh.

Eiche, Rückenlehne und Sitz Rohrgeflecht; H. 83,5,
Sitzhöhe 46,5, Sitzfläche 53 x 53,5
Stadtmuseum Berlin, VII 72 / 62 Z

XIa/5

Tintenfaß mit Deckel, 2. Hälfte 19. Jh.

Bronze; H. 18,1, Dm. 10,3
Stadtmuseum Berlin, VI 14272   (Abb. S. 257)

Im März 1902, unmittelbar nach dem Tod Emilie
Fontanes, schenkte der Sohn Friedrich dem Märkischen Museum den Schreibtisch des Dichters,
der nicht mehr erhalten ist. Als weitere Erin-

nerungsstücke übergab Friedrich Fontane dem
Haus den Schreibsessel, das Tintenfaß, den Papierkorb, ein Pappkästchen mit präparierten
Gänsefedern und die Stahlbrille aus dem Besitz
des Vaters. Sessel und Tintenfaß sind erhalten.

XIa/6

Wachsstockhalter, 1. Hälfte 19. Jh.

Nickel; H. 15, Dm. 10
Stadtmuseum Berlin, VI 18817   (Abb. S. 257)

XIa/7

Schale, 2. Hälfte 19. Jh.

Holz, lackiert; H. 4,7, Dm. 8,3
Stadtmuseum Berlin, VI 18819   (Abb. S. 257)

XIa/8

Briefwaage, 2. Hälfte 19. Jh.

Eisen, Messing; H. 19,6
Stadtmuseum Berlin, VI 18820   (Abb. S. 257)

XIa/9

Rechtwinkliges Dreieck (ohne Skala),
2. Hälfte 19. Jh.

Holz; H. 11,8, L. 26,6
Stadtmuseum Berlin, VI 18823   (Abb. S. 257)

Diese Utensilien übergab Friedrich Fontane im
November 1930 dem Märkischen Museum. Theodor Fontane hatte sie an seinem Schreibtisch benutzt.

XIa/10

XIa/10

Physikalischer Reliefglobus, 1830
Karl Kummer, Berlin

Holz, Papiermaché; H. 62, Dm. 42
Stadtmuseum Berlin, IV 96/8 R

Im Arbeitszimmer Fontanes thronte auf dem
Kleiderschrank aus Mahagoni der Globus, ein
Erbstück oder Geschenk des Adoptivvaters von
Fontanes Frau. Das Museum erhielt ihn im Fe-
bruar 1932.

*„Rat Kummer, der überhaupt ein Tausendkünst-
ler war – er ist unter anderen auch der Erfinder
der Reliefkarten und -globen und hat sich dadurch ein wirkliches, der Erdkunde zugute kom-
mendes Verdienst erworben [...]“*
Theodor Fontane, Von Zwanzig bis Dreißig; NA XV, S. 315

XIa/11

Fangeball, ca. 1854

Holz; H. 37,8, Dm. 5
Stadtmuseum Berlin, II 72/861 L

*„Stundenlange geistige Anspannung des Künst-
lers erfordert Unterbrechung und Erholung, um
ihn vor Uebermüdung zu schützen, aufzufrischen
und zu neuer Tätigkeit zu befähigen [...] Wie
stärkte nun Theodor Fontane seine dichterische
Schaffenskraft in solchen Zwischenpausen? Vor
mir [Paul Meyer] liegt ein bekanntes Kinderspielzeug, das mir seine Schwiegertochter, Frau Geheimrat Fontane, gegeben hat, ein Fangeball. An
einem Holzgriff ist eine kleine, leere Tasse von
Holz befestigt. Ein an den Stock gebundener Faden endigt in eine kleine Kugel. Es gilt nun, durch
Schwingen des Holzgriffes den Faden und damit
die Kugel so in Bewegung zu setzen, daß sie in die
Tasse hineinfällt. Dieses Spielzeug lag beständig
bei Fontane und beschäftigte ihn in seinen Unter-
brechungspausen. Er kaufte ein kleineres bereits*

*in England – also wohl 1854 – und ersetzte es auf
einer seiner schlesischen Reisen durch das jetzige.
Es befindet sich darauf die Schneekoppe abgedruckt. So seltsam es erscheinen mag, daß ein alter Mann in den siebziger Jahren noch Fangeball
spielte, befremdet das bei Fontane nicht. Ihm lag
nichts Menschliches fern. Wie er alles tolerierte,
was ihm würdig erschien, und künstlerisch alles
aufnahm, was er für aufnahmewert hielt, so be-
anspruchte er auch für sich selbst, zu tun, was
ihm zusagte, also auch für seine Erholung und
Zerstreuung. Anfangs machte ihm das Spielzeug
gelegentlich wohl Spaß. Schließlich wurde es ihm
zur Gewohnheit. Es soll jetzt, dem Wunsche der
Spenderin entsprechend, auf dem Schreibtisch
des Dichters im Märkischen Museum seinen
Platz erhalten.“*
Paul Meyer, Theodor Fontanes Fangeball, unbekannte
Zeitung, 27.1.1929 (Theodor-Fontane-Archiv, Potsdam,
ZA-4q)

Das Motiv des Fangespiels hat Fontane künstlerisch verarbeitet. Im elften Kapitel des *Stechlin*
unterbricht Armgard ihre Handarbeit *„[...] und*

XIa/11

*spielte statt dessen mit einem Ballbecher, zu dem
sie regelmäßig griff, wenn es galt, leere Minuten
auszufüllen. Sie spielte das Spiel sehr geschickt,
und es gab immer einen kleinen hellen Schlag,
wenn der Ball in den Becher fiel. Melusine stand
draußen auf dem Balkon, die Hand an die Stirn
gelegt, um sich gegen die Blendung der unterge-
henden Sonne zu schützen. ‚Armgard‘, rief sie in
das Zimmer hinein, ‚komm; die Sonne geht eben
unter!‘ ‚Laß. Ich sehe hier lieber in den Kamin.
Und ich habe auch schon zwölfmal gefangen.‘
‚Wen?‘ ‚Nun, natürlich den Ball.‘ ‚Ich glaube, du
fingst lieber wen anders.‘“*
Theodor Fontane, Der Stechlin; NA VIII, S. 101

XIa/12

Brieföffner mit Initialen: *Th F*, 2. Hälfte
19. Jh.

Elfenbein; L. 31,5
Stadtmuseum Berlin, II 72/862 D   (Abb. S. 257)

Die Herkunft von XIa/11-12 ist nicht überliefert.

XIa/13   Erwin Kurz

Porträt Paul Heyse, 1893

Marmor; 53,5 x 47
Stadtmuseum Berlin, VI 18852

Friedrich Fontane beschreibt, daß sich im Arbeitszimmer seines Vaters, oberhalb der Tür zum
Nebenraum, ein Gipsmedaillon befand – vermutlich das Profil Paul Heyses. Weitere solcher Reliefplaketten hingen auch über anderen Türen
der Wohnung. Das beschriebene runde Gipsmedaillon ist nicht erhalten.

XIa/14   Emilie Fontane

Wirtschaftsbuch, Januar 1893 – Febr. 96

Handschrift; 35 x 11
Theodor-Fontane-Archiv, Potsdam, G 2,8

XIa/15   Theodor Fontane

Tagebuch, 1866–1882

Handschrift, gebunden; 22,7 x 18,5
Theodor-Fontane-Archiv, Potsdam, G 4,3

XIa/16   Theodor Fontane

Der Stechlin
Kapitel 32, Umschlagblatt

Handschrift; 33 x 21
Stadtmuseum Berlin, V 67/865

Mit schwarzer Tinte hatte Fontane das Umschlagblatt beschriftet: *„Abfahrt der Barbys. Gespräch
zwischen Dubslav und Lorenzen. Gespräch zwischen Dubslav und Adelheid. 22. Kapitel.“* Diese
Angabe korrigierte er in *„24. Kapitel“*, dann *„26.
Kapitel“*, mit Blaustift legte er fest: *„25. Kapitel“*.
In der endgültigen Fassung entspricht der Ma-
nuskripttext dem 32. Kapitel. Mit Bleistift ver-

zeichnete er genauere Inhaltsangaben und gab Emilie Hinweise, die sie beim Abschreiben zu beachten hatte: „*6. Verlobungskapitel Schluß des Aufenthalts des Brautpaars in Stechlin. Die Abfahrt der Barbys erfolgt bald nach Tisch / Dies ist das Kapitel das aus zwei wichtigen Gesprächen besteht: [...] Diesen Gesprächen voraus geht die Scene unmittelbar nach der Abreise der Barbys, wo Lorenzen, Katzler und Adelheid noch im großen Gartenzimmer zurückgeblieben sind und nicht recht wissen, was sie sprechen sollen. Die betr.: Stelle (S. 1) z. B. über die Gundermanns ist gut.*" Zusammenfassend vermerkte Fontane am Rand: „*Dies ist der Anfang; dann erst die beiden Gespräche aber auch mit einem Tag dazwischen, diesen zwischen diesen beiden Gesprächen.*" Nach diesen z. T. recht unübersichtlichen Hinweisen mußte Emilie die Abschrift vornehmen.

XIa/17   Unbekannter Künstler

Porträt Walter Scott

Gipsmedaillon in Messingrahmen; Dm. 7,5
Theodor-Fontane-Archiv, Potsdam, AI 77

1858 reiste Fontane gemeinsam mit Bernhard von Lepel nach Schottland. In *Jenseit des Tweed* berichtet Fontane über ihren Ausflug nach Abbotsford, dem Wohnort Walter Scotts (1771 bis 1832), zu jener „*Romanze in Stein und Mörtel, wie Walter Scott seinen selbsterrichteten Wohnsitz mit einem gewissen Selbstgefühle genannt hat.*" Fontane resümiert: „*Ich schied von der ,Romanze in Stein und Mörtel' ohne besondere Gehobenheit der Stimmung, jedenfalls ohne alle Begeisterung; dennoch blick' ich in Freuden auf jenen stillen grauen Tag zurück. Die Fahrt nach Abbotsford war eine Pilgerfahrt, eine erfüllte Pflicht, ein Zug, zu dem das Herz drängte. Was wäre der Ruhm Schottlands ohne die Erscheinung Walter Scotts! Er hat die Lieder seines Landes gesammelt und die Geschichte desselben durch eigene Dichtungen unsterblich gemacht. Eine volle und reine Befriedigung gewährt es mir jetzt, das Zinnen- und Giebelhaus durchwandert zu haben, das auch eine Schöpfung seines dichterischen Genius war und das – wie weit es gegen andere Schöpfungen seines Geistes zurückstehen mag – doch immer die Stätte bleibt, wo der Wunderbaum der Romantik seine schönsten und vor allem seine gesundesten Blüten trieb.*"
Theodor Fontane, Jenseit des Tweed; NA XVII, S. 397 u. 407f.

XIa/18   Theodor Fontane

Walter Scott in Westminster-Abtei, 1888

Handschrift; 33 x 21
Stadtmuseum Berlin, V 83/9

Der Gedichtentwurf ist in dem Romanmanuskript *Die Poggenpuhls* auf der Rückseite des Blattes 9, 11. Kapitel, vollständig enthalten. Den Text hat Fontane mit schwarzer Tinte niedergeschrieben und mit Tinte und Bleistift korrigiert.

XIa/21

XIa/19   F. A. von Witzleben

Karte des Zauch-Belzigschen Kreises, 1837

Druck; 42 x 39
Stadtmuseum Berlin, IV 63/3151 R

Friedrich Fontane beschreibt, daß eine Glastür vom Arbeitszimmer in das Hinterzimmer führte. Das Glas wurde durch eine an Stäben befestigte Landkarte – wie er vermutete des Kreises Zauch-Belzig – verdeckt.

XIa/20   Unbekannter Photograph

Potsdamer Straße 134 c

Photographie (Reproduktion)
Stadtmuseum Berlin   (Abb. S. 252)

Von Oktober 1872 bis zu seinem Tod am 20. September 1898 lebte Theodor Fontane mit seiner Frau Emilie und der Tochter Martha in dem Haus Potsdamer Straße 134 c. Die Familie bewohnte eine kleine Vierzimmer-Mansardenwohnung im dritten Obergeschoß, die beiden Fenster oben rechts gehörten zu Fontanes Arbeitsraum, die beiden Fenster links daneben zu Emilies Zimmer. Das graue Haus mit kleinem Vorgarten lag auf der Ostseite der Potsdamer Straße, zwischen Eichhornstraße und Potsdamer Platz.

XIa/21   Marie von Bunsen

Arbeitszimmer Theodor Fontanes, 13. November 1898

Aquarell; 39,3 x 28,2
Stadtmuseum Berlin, XI 59/474 W

Erst nach dem Tod Theodor Fontanes beendete Marie von Bunsen das Aquarell. Offensichtlich malte sie aus der Erinnerung. Unsicher war sie sich bei der Darstellung des Fensters; Bleistiftstriche, die eine andere Aufteilung erkennen lassen, scheinen durch die Farbe durch. Fontane wohnte „drei Treppen hoch" in der Mansardenwohnung des Hauses. Ein Vergleich zwischen Aquarell und Photographie des Arbeitszimmers macht deutlich, daß der Wohnraum eine maximale Höhe von 2,60 m gehabt haben dürfte. In einem Raum von so geringer Höhe waren keine zweisprossigen Fenster möglich.

XIa/22

Übersichtsplan der Stadt Berlin. Blatt III. B.

Farblithographie; 41 x 50
Berlin: Geographisches Institut und Landkarten-Verlag von Julius Straube 1897
Stadtmuseum Berlin, IV 63/3437 RM

XIa/23

Südliches Tiergartenviertel, 1990
Gartenplan Kulturforum

Druck; 31,5 x 59
Hg.: Museumspädagogischer Dienst Berlin
Stadtmuseum Berlin

Der Verlauf der alten Potsdamer Straße wurde nach dem Zweiten Weltkrieg geändert. Das Wohnhaus Theodor Fontanes befand sich nur etwa 80 m vom Weinhaus Huth entfernt, zwischen Link- und Eichhornstraße.

XIb/1 **Theodor Fontane**

Lebenswege, 1887–1889

Handschrift; 33 x 21
Aus: *Frau Jenny Treibel*, Kapitel 3, Bl. 1 verso
Stadtmuseum Berlin, V 83/7

XIb/2

Todesanzeige für Theodor Fontane

In: *Neue Preußische (Kreuz-)Zeitung*, 22. September 1898
Staatsbibliothek zu Berlin – Preußischer Kulturbesitz, ZTG 1961

„*Statt jeder besonderen Meldung. Am 20. September, Abends 9 Uhr, verschied an einem Herzschlage sanft und schmerzlos mein lieber Mann, der Schriftsteller Dr. Theodor Fontane, im fast vollendeten 79. Lebensjahre. Emilie Fontane, zugleich im Namen der übrigen Hinterbliebenen.*"

XIb/3

Sterbeeintrag Theodor Fontane

In: Sterberegister der Französischen Gemeinde MRT XI, 1874–1898, S. 436, Nr. 88
Handschrift (Reproduktion)
Consistorium der Französischen Kirche zu Berlin

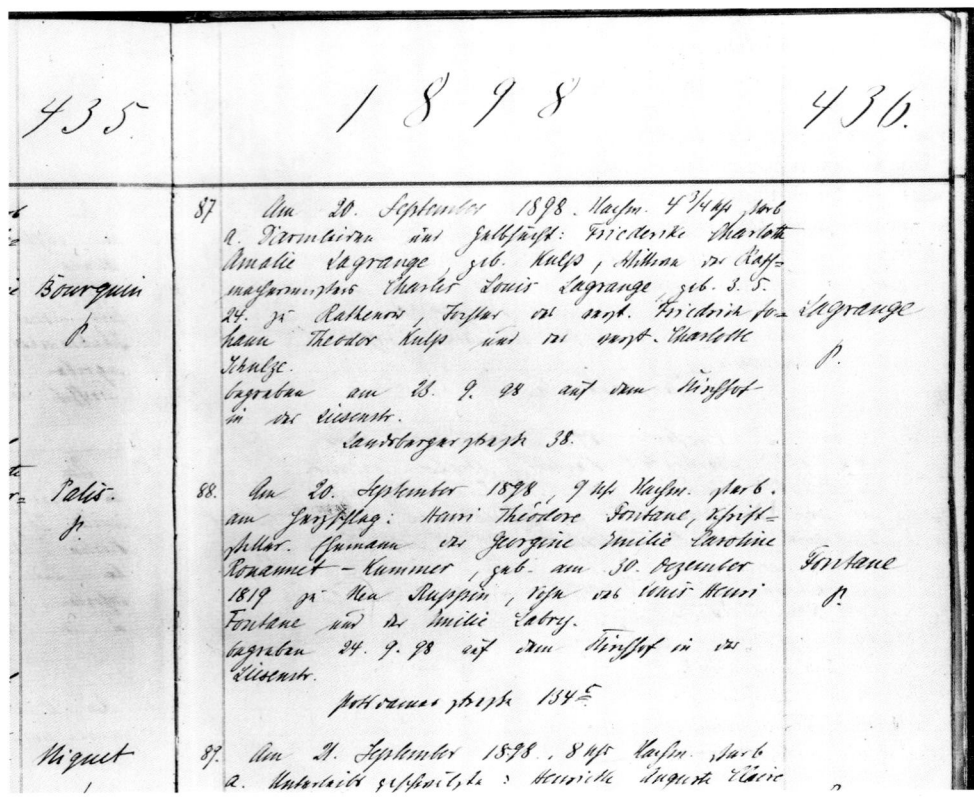

XIb/3

„*Am 20. September 1898, 9 Uhr Nachm. starb an Herzschlag: Henri Théodore Fontane, Schriftsteller. Ehemann der Georgine Emilie Caroline Rouannet-Kummer, geb. am 30. Dezember 1819 zu Neu Ruppin, Sohn des Louis Henri Fontane und der Emilie Labry. begraben 24.9.98 auf dem Kirchhof in der Liesenstr. Potsdamerstraße 134 c.*"

XIb/4

Sterbeeintrag Emilie Fontane

In: Sterberegister der Französischen Gemeinde MRT XII, XIII, 1899–1928, S. 126, Nr.23
Handschrift (Reproduktion)
Consistorium der Französischen Kirche zu Berlin

„*Sodem [18.2.1902] Vorm. 8 Uhr 40 Min. starb a. Lungenkatarrh und Lungenentzündung: Georgine Emilie Caroline Fontane, geb. Rouanet-Kummer. Witwe des Henri Theodore Fontane, Schriftsteller Dr. jur. geb. am 14. November 1824 zu Dresden. Adoptivtochter des Carl Wilhelm Kummer u. d. Marie Dorothee geb. Schultz. begraben am 21. Februar 1902 auf dem Kirchhof i. d. Liesenstraße. Elsholzstraße 17.*"
Fälschlich wird im Kirchenbuch als akademischer Titel „*Dr. jur.*" angegeben. Tatsächlich wurde Theodor Fontane am 24. November 1894, anläßlich seines 75. Geburtstages, durch die Philosophische Fakultät der Königlichen Friedrich-Wilhelms-Universität der Ehrentitel „Dr.h.c." verliehen.

XIb/5 **Unbekannter Photograph**

Die Gräber Theodor und Emilie Fontane, nach 1902

Photographie (Reproduktion)
Theodor-Fontane-Archiv, Potsdam, AI 68   (Abb. S. 259)

Adolph Menzel, der langjährige Freund aus der *Tunnel*-Zeit, dem Fontane nicht zuletzt durch die Zusammenkünfte im *Rütli* eng verbunden blieb, gehörte zu den Trauergästen. Als er der Witwe Emilie Fontane kondolierte, gab sie ihm ein Kuvert. Menzel öffnete es erst, als er zu Hause angekommen war, es enthielt eine Photographie Menzels, auf deren Rückseite Fontane die Zeilen geschrieben hatte: „*Gaben? – wer hätte sie nicht!/ Talente: Spielzeug für Kinder./ Erst der Ernst macht den Mann,/erst der Fleiß das Genie!*" (Zitiert nach: Rolf Hochhuth, Menzel. Maler des Lichts, Frankfurt am Main/Leipzig 1991, S. 57)

XIb/6 **Max Missmann**

Max Klein, Standbild Theodor Fontane im Tiergarten, 1910

Photographie; 22,6 x 17
Stadtmuseum Berlin, V 69/2673 Vc   (Abb. S. 12)

XIb/7

Banderole
Zusammengeklebt aus: *Dritte Beilage zur Vossischen Zeitung Nr. 75, 14. Februar 1895*

24,5 x 24,5
Stadtmuseum Berlin, V 67/864

Das abgeschlossene, abgeschriebene Manuskript *Von Zwanzig bis Dreißig* verwahrte Fontane, ganz nach seiner Gewohnheit, in seinem Schreibtisch auf. Zu diesem Zweck schlug er die einzelnen Kapitel sorgfältig in Zeitungspapier ein. Die Banderole versah er mit einem Zettel, den er eigenhändig beschriftete: *„Berlin 1840. In der Roseschen Apotheke, Der Lenau-Verein, Der Platen-Verein. – In der Roseschen Apotheke ist fertig und abgeliefert an ‚Pan'. In diesem Convolut liegt auch das Gesammt-Inhaltsverzeichniß."*

XIb/8

Banderole

Zusammengeklebt aus: *Achte Beilage zur Vossischen Zeitung Nr. 546, 21. November 1897*

24,5 x 24,5

Stadtmuseum Berlin, V 67/864

„Fertig. Erster Abschnitt Berlin 1840. 1. Kapitel. Im Wilh. Roseschen Hause. 2. Kapitel. Literar. Beziehungen. Der Lenau-Club. Fritz Esselbach. Maron. Faucher. 3. Kapitel. Der Platen-Club … Hanisch. Dies Convolut enthält alles fix und fertig. Kapitel 1 und 2 gedruckt, Kapitel 3 in Abschrift."

XIb/9

Banderole

Zusammengeklebt aus: *Dritte Beilage zur Vossischen Zeitung Nr. 531, 12. November 1895*

24,5 x 24

Stadtmuseum Berlin, V 67/864

Auf der Zeitung selbst notierte Fontane: *„Erster Abschnitt. Berlin 1840 Drei Kapitel In d. Roseschen Apotheke. Der Lenau-Club. Der Platen-Club. In der Roseschen Apotheke, siehe Pan Heft I. Lenau-Club, siehe Pan Heft II. Platen-Club, siehe in Abschrift in diesem Convolut. (ganz zu unterst)"*. Auf dem aufgeklebten Zettel vermerkte er: *„Dies Convolut enthält das ganze Berlin 1840 in drei Kapiteln. Die beiden ersten liegen in Pan-Fahnen obenauf; das 3. Kapitel (Platen-Club) liegt in M. 5. ganz zu unterst."*

XIb/10

Banderole

Zusammengeklebt aus: *Vierte Beilage zur Vossischen Zeitung Nr. 209, 5. Mai 1896*

24,5 x 24,5

Stadtmuseum Berlin, V 67/864

Diese Banderole ist mit einem Siegel befestigt und enthält den eigenhändigen Vermerk Fontanes: *„Der 18. März. 1. bis 6. Kapitel."*

XIb/11

Banderole

Zusammengeklebt aus: *Fünfte Beilage zur Vossischen Zeitung Nr. 546, 21. November 1897*

25 x 24

Stadtmuseum Berlin, V 67/864

Auf dem aufgeklebten Zettel: *„Zweiter Abschnitt ‚Mein Leipzig lob ich mir.' 1. Kapitel. Burg. Ankunft in Leipzig. 2. Kapitel. In der Hainstraße. Dr. Adler. Sommermorgen. Herbsttage auf d. Schlachtfeld. 3. Kapitel. Liter. Beziehungen. Herwegh-Club. 4. Kapitel. In der Poststraße. Onkel August. 5. Kapitel. Onkel August. Poststraße. Dresden. Wieder nach Leipzig."* Und auf der Zeitung selbst ist zu lesen: *„Fertig. Diese fünf Kapitel sind bei Schlenther. Drei werden wohl in der Vossin gedruckt werden, zwei in Abschrift wieder hier einlegen."*

XIb/12 **Theodor Fontane**

Von Zwanzig bis Dreißig.
Erstes Kapitel. Berlin 1840.
Umschlagblatt

Handschrift; 33 x 21
Stadtmuseum Berlin V 67/864

XIb/13 **Theodor Fontane**

Von Zwanzig bis Dreißig
Kapitel 1, Bl. 1

Handschrift; 33 x 21
Stadtmuseum Berlin, V 67/864

XIb//14 **Theodor Fontane**

Von Zwanzig bis Dreißig
Kapitel 1, Bl. 1

Handschrift, Abschrift Emilie Fontane; 33 x 21
Stadtmuseum Berlin, V 67/864

XIb/15 **Theodor Fontane**

Von Zwanzig bis Dreißig

In: Pan, Jahrgang 1, Heft 1, 1895
Universitätsbibliothek der Humboldt-Universität zu Berlin, Kunst 293

Hochverehrter Herr,

der Beifall, den Sie meinem Buche „Larenopfer" zollen, bereitet mir große und innige Freude, zumal er von Ihnen, verehrter Meister, kommt. Nur muß ich einen Irrthum berichtigen. Sie haben, hochverehrter Herr, durch meinen zweiten Vornamen verleitet, in mir eine Dame gesehen: dies ist nun nicht der Fall – ich bin männlichen Geschlechts und hoffe mich auch im Leben stets männlich im besten Sinne des Wortes, zu bethätigen. – Nehmen Sie, sehr verehrter Meister, nochmals meinen ergebensten Dank für Ihre freundlichen Worte und gewähren Sie mir, der bewußtsein, mich Ihrer Gewogenheit erfreuen zu dürfen. Dieses Bewußtsein beglückt mich.

René Maria Rilke

(Gleichzeitig geht ein Heft d. „Wegwarten" an Ihre w. Adresse ab. —)

Prag II. Wassergasse 15 B I.

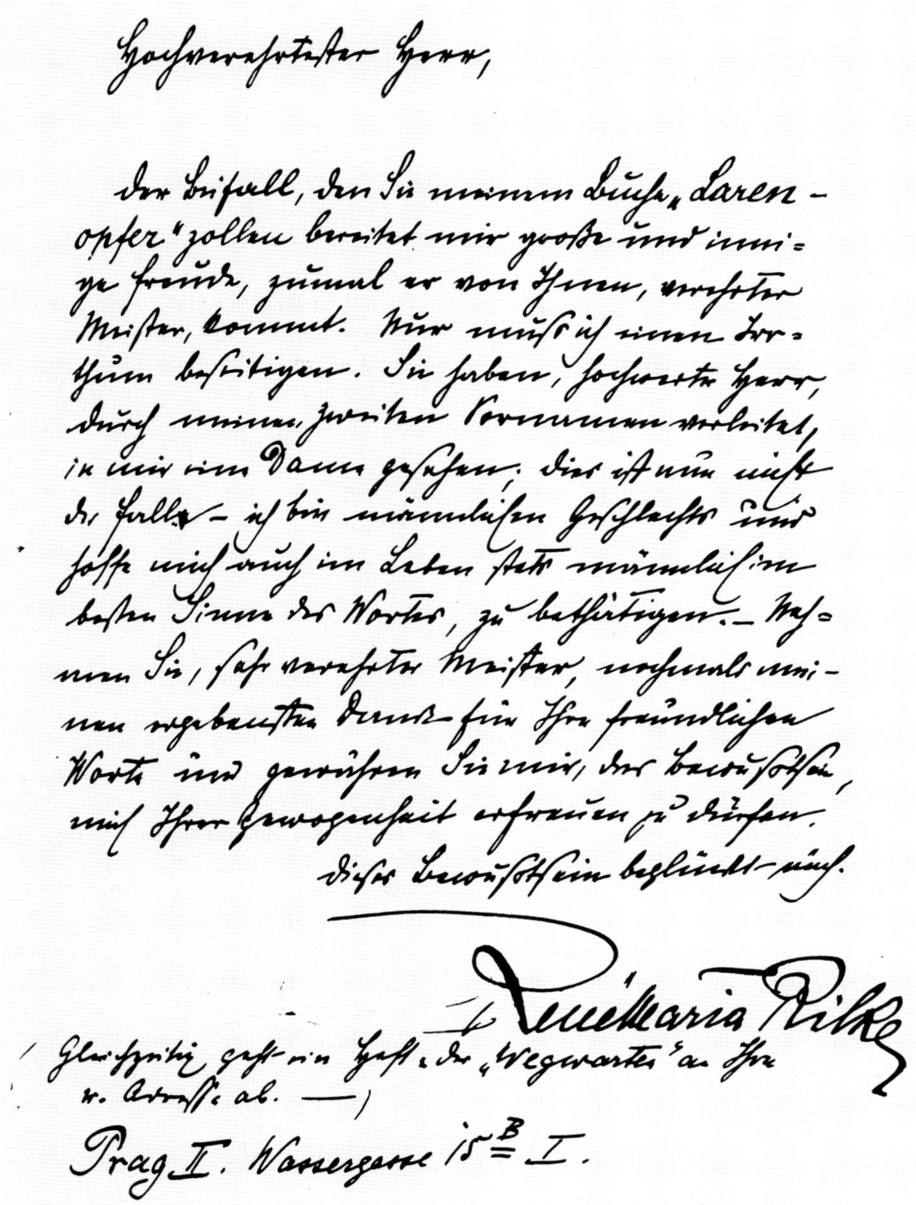

XIb/13

XIb/19

XIb/20

„Den Winter über arbeite ich an dem zweiten Bande meiner ‚Erinnerungen‘, also Fortsetzung von ‚Meine Kinderjahre‘. Einzelne Kapitel dieser Erinnerungen werden im ‚Pan‘ gedruckt, so ‚In der Roseschen Apotheke‘, das ‚literar. Berlin 1840‘ (Faucher) und ‚Bei Kaiser Franz‘."
Theodor Fontane, Tagebücher, Eintragung 1895; GBA, Bd.2, S. 262

XIb/16   Theodor Fontane

Von Zwanzig bis Dreißig.
Autobiographisches von Theodor Fontane.

Berlin: Friedrich Fontane & Co. 1898
Universitätsbibliothek der Humboldt-Universität zu Berlin, Fontane 103

Das Manuskript für die Buchausgabe stellte Fontane erst Anfang 1898 fertig. Im Juni 1898 erschien die Erstausgabe, im selben Jahr folgten noch zwei weitere Auflagen.

XIb/17   René Maria Rilke

Brief an Theodor Fontane, undatiert

Handschrift, Bl. 38, Rückseite eines aufgeklebten Zettels,
In: Theodor Fontane, Von Zwanzig bis Dreißig.
Der 18. März; 22,5 x 14,5
Stadtmuseum Berlin, V 67/864   (Abb. S. 265)

Der Brief Rainer Maria Rilkes (wie Rilke sich erst später nannte), den Fontane als Manuskript-papier verwendet hat, stammt wahrscheinlich vom Januar 1896. Im Konvolut *Von Zwanzig bis Dreißig* befinden sich noch weitere Briefe an Fontane, so z.B. auf Bl. 37 ein Schreiben von Dr. Raphael Löwenfeld, Gründer des Schiller-Thea-ters, vom 6. Januar 1896. Der Dichter „verarbei-tete" die Schreiben und klebte sie in das Manu-skript, an dem er gerade arbeitete.

XIb/18

Testament der Eheleute Theodor und Emilie Fontane vom 7. Februar 1892

Handschrift (Abschrift für Paul Schlenther vom 21. Oktober 1898); 33 x 21
Theodor-Fontane-Archiv, Potsdam, Ga 34

Im Testament war festgelegt, daß nach dem Tod des Letztlebenden die Verfügung über den unge-druckten handschriftlichen Nachlaß an eine Nachlaßkommission übergeben werde. Dieser Kommission sollten der Rechtsanwalt Paul Meyer, der befreundete Theaterkritiker Paul Schlenther und die Tochter Martha Fontane an-gehören.

XIb/19   Willy Römer

Otto Pniower

Photographie (Reproduktion); 16,5 x 11,5
Stadtmuseum Berlin

Nach dem Tod Emilie Fontanes nahm die Nach-laßkommission ihre Tätigkeit auf. Zu diesem Zeitpunkt arbeitete der Sprachwissenschaftler Otto Pniower als Assistent am Märkischen Pro-vinzial-Museum, später, von 1918 bis 1924, als Direktor. Paul Schlenther hatte sein Amt als Mitglied der Nachlaßkommission nicht antreten können, da er als Direktor des Burgtheaters in Wien nur noch selten in Berlin weilte. Im Ein-verständnis mit Meyer und Martha Fontane übernahm Pniower seine Aufgabe.

XIb/20   Ferdinand Urbahns

Paul Schlenther

Photographie; 17,6 x 10,2
Schiller Nationalmuseum/Deutsches Literaturarchiv, Marbach am Neckar, B 89. C 391

XIb/21   Unbekannter Photograph

Martha und Karl Otto Emil Fritsch, am Schreibtisch sitzend

Photographie; 22,5 x 16,7
Privatbesitz

XIb/22   Paul Schlenther

Brief an Martha Fontane, Wien, 4. März 1902

Handschrift, 1 Dbl., 4 S. beschrieben; 22,5 x 29
Theodor-Fontane-Archiv, Potsdam, W 6

Schlenther führt in seinem Schreiben an Mete aus, Emilie Fontane habe ihm gegenüber ge-äußert, der Schreibtisch des Vaters solle, mit dem gesamten Inhalt, ins *„Neue Märkische Mu-seum"* gegeben werden, damit sich die Kinder nicht um das Wertvollste aus dem Besitz streiten mögen. Außerdem übernehme so die Stadt Ber-lin die Verpflichtung, das Andenken an den Dichter Theodor Fontane zu bewahren.

XIb/23   Theodor Fontane

Brief an Leo Alfieri, Berlin, 5. Mai 1876

Handschrift, 1 Dbl., 2 S. beschrieben; 28,2 x 22,2
Stadtmuseum Berlin, IV 59/659

„Sehr geehrter Herr. Der Sonntagssitzung, in der das Maassche Bild ausgestellt war, habe ich bei-gewohnt. Mit einer Aeußerung über Werth und Ursprung desselben, bin ich nicht betraut wor-den; es wurde nur <u>vor</u> der Sitzung, privatim dar-über gesprochen. Es fiel das Wort, aber eher in Anerkennung als in despektirlichem Sinne, daß man ihm einen Corridorplatz einräumen könne. Ich persönlich bin der Meinung, daß die Kunst nichts mit der Sache zu thun hat, daß aber in einem märkisch-historischen Vereine das Bild am Platz sein würde. In vorzüglicher Ergebenheit Th. Fontane."

XIb/24   Unbekannter Photograph

Das Köllnische Rathaus, 1898

Photographie; 17,1 x 22,1
Stadtmuseum Berlin, IV 64/3215 Vb

Im Köllnischen Rathaus am Köllnischen Fisch-markt befand sich bis 1899 das Märkische Pro-vinzial-Museum. Links im Hintergrund ist der Turm der in den Jahren 1847 bis 1852 wiederer-bauten Petrikirche zu sehen.

XIb/25   Märkisches Provinzialmuseum der Stadtgemeinde Berlin

Inventarbuch VI 4 Neuzeit Deutschland.
12273–15850, 1896–1907

Stadtmuseum Berlin   (Abb. S. 255)

Aufgeschlagen: Eintragung vom 17. März 1902, Inventarnummern 14270-14274a: *„Erinnerun-gen an Theodor Fontane. Von den Theodor Fon-tane'schen Erben auf Grund des letzten Willens*

des Dichters dem Märk. Museum geschenkt,
dazu: Die Manuscripte seiner schon gedruckten
Werke, die in dem Schreibtisch liegen." Die Erinnerungen bestanden aus dem Schreibtisch, dem
Schreibsessel, einem Tintenfaß, einem Papierkorb, einem Pappkästchen und der Stahlbrille
des Dichters.

XIb/26   Märkisches Provinzial-Museum

Inventarbuch Handschriften,
Stammbücher XV I, 1–1775,
Februar 1884 – Januar 1921

Stadtmuseum Berlin

Aufgeschlagen: Eintragung vom 30. Juli 1903,
Inventarnummer 250: *„Geschenk der Erben des*
Dichters. Manuskripte verschiedener gedruckter
Werke Theodor Fontane's". Mit Bleistift wurde
am 15. Juli 1949 vermerkt, welche der aufgeliste-
ten Materialien erhalten geblieben waren.

XIb/27   Max Missmann

Märkisches Provinzial Museum und
Umgebung, 1904

Photographie, 22,8 x 29,4
Stadtmuseum Berlin, 13141

Die Ansicht zeigt das Museum mit der nach 1950
abgetragenen Waisenbrücke. Das von Ludwig
Hoffmann entworfene Gebäude am Köllnischen
Park wurde erst 1908 eröffnet, nachdem im Juni
1898 bereits der Grundstein für das Museumsge-
bäude gelegt worden war.

XIb/28

Führer durch das Märkische Museum

Berlin: Rudolf Mosse 1909
Stadtmuseum Berlin, 13958

XIb/29   Ewald von Brauchitsch

Fontane-Zimmer im Märkischen Museum,
1908

Photographie; 17,3 x 23,3
Stadtmuseum Berlin, Hoffmann-Mappe   (Abb. S. 256)

XIb/30   Hellmut Meyer & Ernst

Brief an die Direktion des Märkischen
Museums, 4. Oktober 1933

Handschrift; 28,5 x 22,5
Stadtmuseum Berlin

„Sehr geehrter Herr Professor
Unser heutiges Gespräch mit den Herrn der
Staatsbibliothek veranlasst uns Ihnen den Tag
unserer Fontane-Versteigerung – den 9. Oktober –
ins Gedächtnis zu rufen. Das Märkische Museum
besitzt die Manuskripte einiger Romane von Fon-
tane. Bei uns wird versteigert Mathilde Möhring,
die Wanderungen u.a. Von den Gedichten möch-
ten wir nur erwähnen: Herr Ribbek auf Ribbeck

XIb/21

[...] *Am Freitag und Sonnabend ist Besichtigung.*
Wir hoffen Sie begrüssen zu dürfen. Mit vorzügli-
cher Hochachtung Ihre sehr ergebenen Hellmut
Meyer & Ernst."

XIb/31   Hellmut Meyer & Ernst

Theodor Fontane/August von Kotzebue
Zwei deutsche Dichternachlässe.
Manuskripte und Briefe sowie ausgewählte
Autographen, Berlin 1933

Versteigerungs-Katalog 35
Privatbesitz

Fast 300 Positionen, die zum Verkauf angeboten
wurden, bezogen sich auf Manuskripte Theodor
Fontanes.

XIb/32

In Lagow eingestellte Gegenstände, 1944
Auslagerungslisten des Märkischen Museums

Typoskript; 29,5 x 20
Stadtmuseum Berlin

1944 wurden wertvolle Gegenstände des Märki-
schen Museums in vermeintlich nicht von Bom-
benangriffen gefährdete Gebiete ausgelagert. Die
Möbel gelangten nach Lagow, östlich der Oder.
Als eine Nummer ist der Schreibtisch Theodor
Fontanes aufgeführt, angegeben mit einem Wert
von 2 000,- Mark. Alle Museumsstücke dieser
Liste gelten heute als verschollen.

XIb/33

XIb/33 **Max Liebermann**

Porträt Theodor Fontane, 1896
Mit Autograph *Lebe zu lernen, lerne zu leben.*
Th. Fontane.

Lithographie; 36,9 x 27,6
Stadtmuseum Berlin, VII 69/46 W

Die Lithographie, die im Auftrag der Zeitschrift *Pan* entstand, geht auf eine Kreidezeichnung zurück, auf der Liebermann den 77jährigen Fontane darstellt. Das Blatt befand sich ursprünglich im Besitz von Georg Hermann-Borchardt (1871-1943), bekannt als Kunstkritiker und Erzähler unter dem Namen Georg Hermann. Auf der Rückseite vermerkte er: *„Diese Lithographie* *wurde mir kurz vor dem Ableben Fontanes von M Liebermann geschenkt und durch dessen (Fontanes) Sohn seinem Vater für mich zur Unterschrift vorgelegt. Grunew*[ald] *15.8.1914 Georg Hermann-Borchardt"*. Fontane signierte das Blatt und fügte den Spruch *„Lebe zu lernen, lerne zu leben"* hinzu. Dieser stammt aber nicht von Fontane, er entnahm ihn vielmehr dem von Ludwig Forck 1880 herausgegebenen Band *Wahl- und Wappensprüche*. (Vgl. Berliner Kunstfrühling. Malerei, Graphik und Plastik der Moderne 1888-1918 aus dem Stadtmuseum Berlin, Berlin 1997, S. 87 f.) Fontane übermittelte zahlreichen Autographensammlern verschiedene Sprüche aus diesem Sammelband unter seinem Namen.

Chronik

1819

24. März — Heirat des Apothekers Louis Henri Fontane mit Emilie Labry in Berlin

30. Dezember — Geburt Henri Theodore (Theodor) Fontanes in Neuruppin

1820

27. Januar — Taufe

1826 — Besuch der Neuruppiner Stadtschule

1827

Ende Juni — Übersiedlung der Familie Fontane nach Swinemünde; Kauf der *Adler-Apotheke* Kurzzeitiger Besuch der Swinemünder Stadtschule

1828 – 1832 — Unterricht durch den Vater und durch Hauslehrer

1832

Ostern — Aufnahme in die Quarta des Gymnasiums in Neuruppin

1833

1. Oktober — Eintritt in die Friedrichwerdersche Gewerbeschule von Karl Friedrich Klöden in Berlin. Unterkunft: Schülerpension Badke, Wallstraße 73

1834 — Logis bei August Fontane, Halbbruder des Vaters, Burgstraße 18, ab 1835 Große Hamburger Straße 30/30 a

1835 — Bekanntschaft mit Emilie Rouanet-Kummer, seiner späteren Frau

1836

März — Abgang von der Gewerbeschule mit dem Einjährigen-Zeugnis

1. April — Beginn der Lehre in der Apotheke *Zum Weißen Schwan* bei Wilhelm Rose in Berlin, Spandauer Straße 77/Ecke Heidereutergasse

20. Mai — Einzelkonfirmation durch Pastor Fournier in der Französisch-reformierten Kirche in der Klosterstraße in Berlin

1838

26. August — Übersiedlung der Eltern nach Letschin (Oderbruch)

1839

Dezember — Erste Veröffentlichung: Novelle *Geschwisterliebe* im *Berliner Figaro*

1840

9. Januar — Abschluß der Apothekerlehre in Berlin

Januar – März — Veröffentlichung von zwölf Gedichten im *Berliner Figaro*

Sommer — Arbeit an der Novelle *Heinrichs IV. erste Liebe* und am Roman *Du hast recht getan* (beide nicht überliefert)

1840

Oktober – Dezember — Gehilfe in der Apotheke von Dr. Kannenberg in Burg bei Magdeburg. Das satirische Epos *Burg* entsteht (Erstveröffentlichung 1928) Mitglied der Berliner Dichtervereine *Lenau-Club* und *Platen-Club*

1841

Januar – März — Nach schwerer Thyphuserkrankung Erholung bei den Eltern in Letschin

1. April — Gehilfe in der Apotheke *Zum Weißen Hirsch* von Dr. Neubert in Leipzig, Hainstraße Mitglied des Leipziger Dichtervereins *Herwegh-Club* Zusammenstellung der bis 1841 verfaßten Gedichte in den beiden handschriftlich (in dieser Form nie gedruckten) Sammlungen *Erstes* bzw. *Zweites Grünes Buch*

1841/42 — Veröffentlichung von Gedichten und Korrespondenzen in der Leipziger Zeitung *Die Eisenbahn. Ein Unterhaltungsblatt für die gebildete Welt*

1842

31. März — Ausscheiden aus Dr. Neuberts Apotheke

1. Juli — Anstellung in der *Salomonis-Apotheke* von Dr. Gustav Struve in Dresden

1843

1. April — Defektar in der väterlichen Apotheke in Letschin

23. Juli — Der Offizier und Schriftsteller Bernhard von Lepel führt Fontane in den Berliner literarischen Sonntagsverein *Tunnel über der Spree* ein. Fontane ist Mitglied des Vereins von 1844 bis 1865.

1844

1. April — Beginn des einjährigen Freiwilligen-Militärdienstes im Kaiser-Franz-Garde-Grenadierregiment Nr.2 in Berlin, Neue Friedrichstraße 5–8. Wohnung: Klosterstraße 64

25. Mai – 10. Juni — Erste London-Reise in Begleitung seines Neuruppiner Schulfreundes Hermann Scherz

Herbst — Logis: Jüdenstraße 55

1845

April – Juni — Rezeptar in der väterlichen Apotheke in Letschin

24. Juni — Zweiter Rezeptar in der *Polnischen Apotheke* des Medizinalrats Dr. Julius Schacht in Berlin, Friedrichstraße 153 a/Ecke Mittelstraße

8. Dezember — Verlobung mit Emilie Rouanet-Kummer Wohnung bei Onkel August: Dorotheenstraße 60

1846

30. Juni — Ausscheiden aus der *Polnischen Apotheke*, danach Vorbereitung auf das pharmazeutische Staatsexamen in Letschin

1847

2. März   Approbation als Apotheker erster Klasse

Sommer   Trennung der Eltern
1. Oktober   Arbeitsaufnahme als Erster Apotheker in der Apotheke *Zum Schwarzen Adler* von A. Jung in Berlin, Neue Königstraße 50/Ecke Georgenkirchplatz (heute Otto-Braun-Straße)

1848

18. März   Teilnahme an den Berliner revolutionären Straßenkämpfen
31. August   Publizistisches Debüt in der *Berliner Zeitungshalle* mit dem Artikel *Preußens Zukunft*. Drei weitere Aufsätze folgen bis zum 7. November
September   Anstellung im Diakonissenkrankenhaus Bethanien am Mariannenplatz als pharmazeutischer Ausbilder Arbeit am Drama *Karl Stuart* (Fragment geblieben)

1849

30. September   Beendigung der Tätigkeit als Ausbilder im Krankenhaus Bethanien und Aufgabe des Apothekerberufs. Arbeit als freier Schriftsteller in Berlin; Wohnung: Luisenstraße 12
November –
April 1850   Veröffentlichung einer Serie politischer Korrespondenzen in der *Dresdner Zeitung*
Dezember   Herausgabe der ersten beiden lyrisch-epischen Bücher *Männer und Helden. Acht Preußenlieder* und *Von der schönen Rosamunde* (Balladenzyklus)

1850

Juli   Fahrt nach Hamburg, um als Freiwilliger in die schleswig-holsteinische Armee einzutreten. Vorzeitige Rückkehr nach Berlin wegen Stellenangebots
August   Lektor im *Literarischen Kabinett* der Regierung in Berlin (31. Dezember 1850 Auflösung des *Kabinetts*)
16. Oktober   Heirat mit Emilie Rouanet-Kummer in der Französisch-reformierten Kirche, Klosterstraße. Erste gemeinsame Wohnung in der Puttkamerstraße 6 Nach Verkauf der Letschiner Apotheke Übersiedlung des Vaters nach Neustadt-Eberswalde, 1855 nach Schiffmühle bei Bad Freienwalde

1851

Mai   Erstauflage der *Gedichte*
31. Mai   Teilnahme an der Enthüllungsfeier von Rauchs Reiterdenkmal Friedrich II. Unter den Linden. Das Gedicht *Der Alte Fritz* entsteht.
14. August   Geburt des ersten Sohnes George Emile. Umzug in die Luisenstraße 35
1. November   Anstellung bei der neugegründeten *Zentralstelle für Preßangelegenheiten* der preußischen Regierung

1852

23. April –
25. September   Zweiter London-Aufenthalt. Korrespondenzen für die ‚ministerielle' preußische Presse, Berichte für Berliner Tageszeitungen, Theaterrezensionen
2. September   Geburt des zweiten Sohnes Rudolph (gestorben 15. September)

1853

Oktober   Geburt des dritten Sohnes Peter Paul (gestorben April 1854) Der Aufsatz *Unsere lyrische und epische Poesie seit 1848* erscheint in Leipzig. Debüt als Literaturkritiker

1854

Juli   Erscheinen des ersten Reisebuches *Ein Sommer in London* Mitherausgeber des Almanachs *Argo. Belletristisches Jahrbuch für 1854*

1855

29. Mai   Geburt des vierten Sohnes Ulrich (gestorben nach wenigen Tagen)
10. September   Beginn eines mehrjährigen London-Aufenthalts (bis 1859) im Auftrag der preußischen Regierung. Aufbau und Leitung der *Deutsch-englischen Correspondenz*

1856

Ende März   Einstellung der *Correspondence*. Tätigkeit als halbamtlicher Presseagent des preußischen Gesandten
3. November   Geburt des fünften Sohnes Theodor

1857

28. Juni   Von London aus Reise nach Manchester zur dortigen Kunstausstellung
27. Juli   Emilie Fontane übersiedelt mit den beiden Söhnen nach London.

1858

9. – 24. August   Schottlandreise mit Bernhard von Lepel
2. Dezember   Kündigung der Londoner Stellung nach dem Sturz der Regierung Manteuffel

1859

17. Januar   Rückkehr nach Berlin (5. Februar Ankunft der Familie)
6. April   Wohnung: Potsdamer Straße 33
18. – 23. Juli   Erste märkische Wanderung mit seinem Freund Lepel ins Ruppinische
August/September   Spreewaldtour. Erster *Wanderungs*-Aufsatz *In den Spreewald* erscheint.
29. September   Wohnsitz: Tempelhofer Straße 51 (heute Mehringdamm)

1860

21. März   Geburt der Tochter Martha (Mete)
1. Juni   Anstellung als Redakteur des „englischen Artikels" bei der *Neuen Preußischen (Kreuz-)Zeitung* Die Reiseerzählungen *Jenseit des Tweed* und *Aus England* sowie die erste Gesamtausgabe der *Balladen* (mit dem Veröffentlichungsjahr 1861) erscheinen.

1861

Ende des Jahres   Herausgabe des ersten Bandes der *Wanderungen durch die Mark Brandenburg* (mit dem Erscheinungsjahr 1862)

1862

27. September   Umzug in die Alte Jakobstraße 171 Vorarbeiten zum Roman *Vor dem Sturm*

1863

22. August   Reise nach Swinemünde und Heringsdorf. Wiederbegegnung mit den Stätten seiner Kindheit
1. Oktober   Wohnungswechsel in die Hirschelstraße 14 (heute Stresemannstraße) *Das Oderland, Barnim, Lebus*, der zweite Teil der *Wanderungen*, erscheint.

1864	
5. Februar	Geburt des sechsten Sohnes Friedrich (Friedel), des späteren Verlegers der letzten Werke seines Vaters
17. – 29. Mai und 9. – 30. September	Aufenthalt in Schleswig-Holstein und in Dänemark (dänischer Kriegsschauplatz)

1865	
26. August – 21. September	Reise mit seiner Frau Emilie an den Rhein und in die Schweiz. Erste der regelmäßig genossenen Sommerfrischen
Ende des Jahres	Herausgabe *Der Schleswig-Holsteinische Krieg im Jahre 1864* (mit dem Erscheinungsjahr 1866)

1866	
August/September	Reise an die Kriegsschauplätze des Preußisch-Österreichischen Krieges in Böhmen und Süddeutschland

1867	
August	Sommerfrische mit Emilie in Thüringen und Bad Kissingen
5. Oktober	Tod des Vaters in Schiffmühle bei Bad Freienwalde

1868	
Mai	Reise nach Thale (Harz). Stoffsammlung für seinen späteren Roman *Cécile*
August	Aufenthalt in Erdmannsdorf (Schlesien)

1869	
13. Dezember	Tod der Mutter in Neuruppin. Erscheinen des ersten Halbbandes von *Der deutsche Krieg von 1866* (zweiter Halbband 1870)

1870	
20. April	Kündigung der Stelle bei der *Neuen Preußischen (Kreuz-)Zeitung*
17. August	Debüt als Theaterkritiker für die *Vossische Zeitung* mit der Besprechung von Schillers *Wilhelm Tell*
27. September	Reise zum französischen Kriegsschauplatz
5. Oktober	Gefangennahme in Domrémy als vermeintlicher preußischer Spion
Oktober – November	Kriegsgefangenschaft und Internierung in Neufchâteau, Langres, Besançon und auf der Festung Château d'Oléron. Freilassung u.a. auf Intervention Bismarcks
5. Dezember	Rückkehr nach Berlin
Ende Dezember – Februar 1871	Vorabdruck der Erlebnisse *Kriegsgefangen* in der *Vossischen Zeitung*

1871	
9. April – Mitte Mai	Osterreise durch Nordfrankreich und Elsaß-Lothringen
November	Vorabdruck einzelner Auszüge des Reiseberichts *Aus den Tagen der Okkupation* in der *Vossischen Zeitung Kriegsgefangen. Erlebtes 1870* und *Aus den Tagen der Okkupation. Eine Osterreise durch Nordfrankreich und Elsaß-Lothringen 1871* (mit dem Veröffentlichungsjahr 1872) erscheinen.

1872	
3. Oktober	Umzug in die Potsdamer Straße 134 c, Fontanes Berliner Wohnung bis zu seinem Tod. Der erste Teilband *Der Krieg gegen Frankreich 1870–1871* (2. - 4. Bd. 1873-1875) und der dritte Teil der *Wanderungen* (mit dem Herausgabejahr 1873) erscheinen.

1873	
	Reise nach Thüringen. Vorarbeiten zu einem umfangreichen Werk *Örtlichkeiten Deutscher Sage und Geschichte* (nicht ausgeführt)

1874	
30. September – 19. November	Italienreise mit seiner Frau Emilie
November	Herausgabe der zweiten, neu zusammengestellten Auflage der *Gedichte*

1875	
3. August – 7. September	Reise durch die Schweiz, Oberitalien, Bayern und Österreich

1876	
6. März	Erster Ständiger Sekretär der Akademie der Künste in Berlin
2. August	Fontane erhält auf eigene Bitte den Entlassungsbescheid.
31. Oktober	Formeller Austritt aus der Akademie
Herbst	Wiederaufnahme der Arbeiten an dem Roman *Vor dem Sturm* (bis 1878)

1877	
	Arbeit am vierten Teil der *Wanderungen*

1878	
Juli/August	Aufenthalt in Wernigerode. Lokalstudien zur Erzählung *Grete Minde* in Tangermünde
Oktober	Buchausgabe *Vor dem Sturm. Roman aus dem Winter 1812 auf 1813* (Vorabdruck ab Januar im Familienblatt *Daheim*)

1879	
	Arbeit an den Erzählungen *Ellernklipp* und *Schach von Wuthenow*. Vorabdruck der Erzählung *Grete Minde* in der Monatsschrift *Nord und Süd*

1880	
Juni/Juli	Vorabdruck der Novelle *L'Adultera* in der Monatsschrift *Nord und Süd Grete Minde. Nach einer altmärkischen Chronik* erscheint. Vorarbeiten zum Roman *Graf Petöfy*

1881	
November	*Spreeland*, der letzte Band der *Wanderungen* erscheint (mit dem Veröffentlichungsjahr 1882). Herausgabe der Erzählung *Ellernklipp. Nach einem Harzer Kirchenbuch*. Vorabdruck in *Westermanns Illustrierte deutsche Monatsschrift*

1882	
März	Buchausgabe der Novelle *L'Adultera*, erster Berliner Gesellschaftsroman
Juli/August	Vorabdruck der Erzählung *Schach von Wuthenow* in der *Vossischen Zeitung*
Ende November	Buchausgabe *Schach von Wuthenow. Erzählung aus der Zeit des Regiments Gensdarmes*

1883	
	Zola-Studien in Thale (Harz) und Arbeit am Roman *Graf Petöfy*

1884	
Frühjahr	Arbeit an den Romanen *Irrungen, Wirrungen* und *Cécile* sowie *Unterm Birnbaum*
Sommer	Bekanntschaft mit dem Amtsrichter in Schmiedeberg (Schlesien), Dr. Georg Friedlaender. Beginn einer ausgedehnten Korrespondenz

1884		
September		Reise auf die Insel Rügen
		Der Roman *Graf Petöfy* erscheint. Vorabdruck in der
		Wochenschrift *Über Land und Meer*
1885		
August/September		Vorabdruck des Romans *Unterm Birnbaum* im
		Familienblatt *Die Gartenlaube*
		Unterm Birnbaum erscheint. Vorarbeiten zum
		Roman *Quitt*
1886		
12. Juni		Heirat seines ältesten Sohnes George in Berlin
5. Oktober		Heirat seines Sohnes Theodor in Münster
		Arbeit am *Wanderungen*-Ergänzungsband *Fünf*
		Schlösser
		Vorabdruck der Novelle *Cécile* in der Zeitschrift
		Universum
1887		
April		Buchausgabe *Cécile*
Juli/August		Vorabdruck des Romans *Irrungen, Wirrungen* in der
		Vossischen Zeitung
24. September		Tod des Sohnes George in Lichterfelde
1888		
Ende Januar		Der Roman *Irrungen, Wirrungen* erscheint.
Frühjahr		Abschluß der Arbeit am Roman *Frau Jenny Treibel*
Oktober		Friedrich Fontane gründet eigenen Verlag.
Ende des Jahres		Buchausgabe des *Wanderungen*-Ergänzungsbandes
		Fünf Schlösser. Altes und Neues aus der Mark Bran-
		denburg (mit dem Erscheinungsjahr 1889)
1889		
31. Dezember		Offizielles Ende der Tätigkeit als Theaterkritiker für
		die *Vossische Zeitung*, nur noch gelegentliche Rezen-
		sionen anläßlich von Aufführungen der *Freien Bühne*
		Abschluß des *Quitt*-Manuskripts; Arbeit am Roman
		Effi Briest
1890		
Januar – März		Gekürzter Vorabdruck des Romans *Stine* in der
		Wochenschrift *Deutschland*
April		Buchausgabe von *Stine* im Verlag Friedrich Fontanes
2. Juni		Ende der Tätigkeit als Theaterkritiker mit der Be-
		sprechung von Hauptmanns *Das Friedensfest*
		Der Roman *Quitt* erscheint. Vorabdruck im Familien-
		blatt *Die Gartenlaube*
		Erste Version von *Effi Briest*
1890/91		Erste Gesamtausgabe der erzählenden Werke in
		zwölf Bänden
1891		
Januar – Juni		Vorabdruck des Romans *Unwiederbringlich* in der
		Monatsschrift *Deutsche Rundschau*
19. April		Fontane erhält gemeinsam mit dem Lyriker und
		Erzähler Klaus Groth den Schiller-Preis.

1891		
Juni/Juli		Arbeit an den Romanen *Die Poggenpuhls* und
		Mathilde Möhring
November		Buchausgabe *Unwiederbringlich* (mit dem Erschei-
		nungsjahr 1892). Schlußredaktion des Romans
		Frau Jenny Treibel
26. Dezember		Der Aufsatz *Die gesellschaftliche Stellung der Schrift-*
		steller erscheint.
1892		
Januar – April		Vorabdruck des Romans *Frau Jenny Treibel* in der
		Monatsschrift *Deutsche Rundschau*
März – September		Schwere Erkrankung (Gehirnanämie) mit Depres-
		sionen
Oktober		Buchausgabe *Frau Jenny Treibel oder Wo sich Herz*
		zum Herzen find't
Oktober –		Allmähliche Genesung während der Arbeit an der
Dezember		Autobiographie *Meine Kinderjahre*
1893		
Mitte des Jahres		Überarbeitung des *Effi Briest*-Entwurfs
November		Buchausgabe von *Meine Kinderjahre* (mit dem Er-
		scheinungsjahr 1894) im Verlag Friedrich Fontanes
1894		
August – September		Kur in Karlsbad
Oktober –		Vorabdruck des Romans *Effi Briest* in der Monats-
März 1895		schrift *Deutsche Rundschau*
8. November		Ehrendoktor der Philosophischen Fakultät der
		Friedrich-Wilhelms-Universität Berlin
1895		
Anfang des Jahres		Beginn der Arbeit am Roman *Der Stechlin*
August – September		Kur in Karlsbad
Oktober		Roman *Effi Briest* erscheint im Verlag
		Friedrich Fontanes.
1895/96		Vorabdruck des Romans *Die Poggenpuhls* im
		Familienblatt *Vom Fels zum Meer*
1896		
Mai/Juni		Kur in Karlsbad
Anfang November		Buchausgabe *Die Poggenpuhls*
		Arbeit am Roman *Der Stechlin* und an der Autobio-
		graphie *Von Zwanzig bis Dreißig*
1897		
Oktober –		Vorabdruck des Romans *Der Stechlin* unter dem Titel
März 1898		*Stechlin* in der Wochenschrift *Über Land und Meer*
1898		
23. Mai – 28. Juni		Aufenthalt im Kurort Weißer Hirsch bei Dresden
Juni		Die Autobiographie *Von Zwanzig bis Dreißig*
		erscheint (Vorabdruck seit 1895 in verschiedenen
		Zeitungen und Zeitschriften).
16. September		Verlobung der Tochter Mete mit dem Architekten
		Karl Emil Otto Fritsch
20. September		Letztes Gedicht *Als ich zwei dicke Bände herausgab*
		Tod gegen 21 Uhr in seiner Berliner Wohnung
24. September		Beisetzung auf dem Friedhof der Französisch-
		reformierten Gemeinde an der Liesenstraße
Oktober		Buchausgabe *Der Stechlin*

Register

Aufgeführt sind weder „Theodor Fontane" noch die Namen „Berlin" und „Mark Brandenburg" in allgemeinen Wendungen wie Berliner, Berlinerin, berlinisch, märkisch, der Märker etc. Außerdem richten sich die topographischen Angaben nach den heutigen Stadtgrenzen Berlins.

Abbildungsnachweis

Prov: Brandenburg   Prov: Posen

STADT von über 100,000 Einwohnern.
STADT 50-100,000 „
STADT 25-50,000 „
Stadt 10-25,000 „
Stadt 5-10,000 „
Stadt unter 5000 „
Marktflecken
Dorf
Eisenbahn. Chaussee. Kanal. Höhen in Metern.
Die Hauptorte der Regierungsbezirke sind doppelt, die der Kreise einfach unterstrichen.

Mafsstab 1:1.350,000.

Geographische Meilen (15·1°)

Kilometer (111·3·1°)